2022-2023
101st ALL JAPAN HIGH SCHOOL
SOCCER
TOURNAMENT

応援団エリア限定ながらも、３年ぶりに声出し応援が再開。
選手たちは仲間の声とともに選手権を戦った

仲間の声とともに戦った冬

選手権は次の100年がスタート

令和4年度 第101回 全国高校サッカー選手権大会

主催：（公財）日本サッカー協会／民間放送43社　共催：（公財）全国高等学校体育連盟

決勝
選手権

一戦一戦成長、
岡山学芸館が岡山県勢初の日本一

決勝も最後まで攻めて、ハードワークして3発
東山は一時同点も京都府勢55年ぶりVに届かず

◀ともに勝てば初優勝。決戦の舞台へ向かう両校の選手たち
▶勝ち越しゴールを決めたMF木村（匡）は「クロスが良かったです。気持ちが出た感じですね」
▼前半25分、岡山学芸館FW今井が右サイドを抜け出すと、ゴール方向へのドリブルからラストパス。これが相手DFのオウンゴールを誘い、先制点

岡山学芸館 3
東山 1

▶岡山学芸館の攻撃テーマの一つであるクロスオーバー。DF中尾が狙いとする形からのクロスで勝ち越し点をアシスト
▼1−1の後半7分、岡山学芸館は左クロスからMF木村（匡）が勝ち越しゴール。先発11人で最も小柄な165cmのMFが頭で決めた

◀前半44分、東山MF真田（U17日本高校選抜）が同点弾。真田は今大会３得点目で得点王（他４人）になったが、「やっぱり得点王よりも日本一になりたかった」
▼MF真田は左サイドからの折り返しを右足ダイレクトで見事なゴール

▲一丸となって６試合を戦い抜いた
▶MF松橋は長短のパスと視野の広さで存在感。同点ゴールの起点になった

紙一重の差……
東山はクロスバーに阻まれ、決定機逸す

▶FW北村は前線で身体を張った攻守。MF真田のゴールをアシストした

▲１点を追う東山は後半29分、左クロスからMF阪田（J1C大阪加入）がヘディングシュート
◀だが、ボールはクロスバーをヒット。同点に追いつくことはできなかった

山（京都）
30
14

岡山学芸館は1点リードの終盤も「最後までやり合いたい」(高原監督) と攻める姿勢を継続。そして後半40分、MF木村 (匡) が右足ボレーでこの日2点目のゴール

▶決勝前、3人組ロックバンド『Saucy Dog(サウシードッグ)』が第101回選手権テーマソング『現在を生きるのだ。』を生演奏

▲岡山学芸館が高原監督を胴上げ。就任15年での全国制覇に「とにかく選手への感謝の思いが強いです」

▶岡山学芸館の"生命線"となったMF山田、MF木村(匡)によるダブルボランチのハードワーク。山田がインターセプトする

◀優勝の瞬間、岡山学芸館DF井上主将が両手を突き上げる。「自分たちは少しの技術と、気持ちが、みんな本当に強かった」

◀岡山学芸館のDF田口(大)が空中戦で競り勝つ。相手の高さに攻守で対抗した

▶東山は福重監督が「コロナ禍だからこそ、絆が深まっていた代」という世代がまとまり、一丸となって初の決勝進出。チームの歴史を変えた

準決勝

選手権

岡山学芸館が同校初、岡山県勢16年ぶりの決勝進出

2度追いつき、PK方式で勝利
神村学園は2度目の準決勝挑戦も涙

▼PK方式3人目、岡山学芸館GK平塚が神村学園のエースFW福田のシュートを止める。プロゴルファーの父を持つ2年生守護神が3回戦に続き、PK方式で活躍

岡山学芸館3［4PK1］3神村学園

先 岡山学芸館	PK	神村学園
岡本 ○	1	○ 大迫
木村(匡) ○	2	× 西丸
山田 ○	3	× 福田
井上 ○	4	
平塚	GK	広川

▶PK方式4人目、岡山学芸館DF井上主将が右足シュートを決めて決着

▲ドイツ・ボルシアMG加入の神村学園FW福田は、高校ラストゲームで悔しいPK失敗。「チームメイト、先生方に申し訳ない」

▼岡山学芸館は初の決勝進出。岡山県勢としても2006年度の作陽以来16年ぶりの快挙だった

準決勝

選手権

▶前半6分、岡山学芸館は左サイドから攻め、最後はMF田口（裕）が左足で２戦連発となる先制ゴール
▼神村学園は吹奏楽部も駆けつけて応援

神村学園は福田、大迫のゴールで逆転も……

▼後半14分、神村学園が勝ち越しに成功。日本高校選抜ＭＦ大迫主将（Ｊ１Ｃ大阪加入）が「あそこは決めれる気しかしなかった」と左足ＦＫを直接決めた
◀前半38分、神村学園は日本高校選抜ＦＷ福田がこぼれ球に鋭く反応。右足で同点ゴールを決めた。今大会３得点目で大会得点王（他４人）に

粘る岡山学芸館「スーパーゴール」で3-3に

▲岡山学芸館は応援にも背中を押され、勝利への執念を見せた
▶岡山学芸館は後半17分に同点。FW今井がターンからの右足シュートで今大会3得点目のゴールを決めた

◀後半24分、神村学園は右CKからDF中江が頭でゴール。再び勝ち越したが……
▼岡山学芸館MF岡本が利き足の「右足と同じように蹴れるように」磨いたという左足でスーパーゴール。神村学園の選手たちを落胆させた

◀後半28分、岡山学芸館はMF岡本が左足のコントロールショットを決めて3-3。高原監督も「アイツはあの角度を持っているので。見事なスーパーゴールを決めてくれました」と評する一撃だった

▶岡山学芸館のDF福井（左）がボールを奪う。右SBの福井と左SB中尾の的確な守備は大会を通して光った

▼神村学園は先発起用された1年生MF金城が右足シュート。強気のプレーがFW福田の同点ゴールに繋がった

◀神村学園のMF笠置（左）と岡山学芸館MF山田が競り合う。ともに的確な守備、ハードワークでチームを支えた

◀神村学園は2006年度以来となる準決勝進出。初の日本一を目指したが、準決勝で涙

▲有村監督は「今年の3年生の頑張りは、我々の想像を超えるもの」と評し、下級生たちが新たなことを成し遂げることを期待した

準決勝
選手権

東山が同校初、京都府勢10年ぶりの決勝進出

2試合連続でPK方式を制す
前回大会準優勝の大津は新国立初得点も3位に

▲東山がPK方式を制して初の決勝進出。京都府勢では2012年度の京都橘以来10年ぶりとなる決勝進出となった

東山 1 〔4 PK 2〕
大津 1

先 大津	PK	東山
小林 ○	1	○ 新谷
岩崎 ×	2	○ 阪田
碇 ○	3	○ 石井
中馬 ×	4	○ 松橋
西	GK	佐藤

▲ともにU17日本高校選抜でプレーした東山DF新谷主将（左）と大津FW小林主将が健闘を称え合う

◀「絶対に自分が止めて、チームを決勝に連れていく」という思いを持ってPK方式に臨んだ東山GK佐藤が、2本をストップする大活躍

▶前回大会、大津は準決勝が不戦勝で決勝はシュートゼロで敗戦。前半28分、FW小林主将が新国立でのチーム初シュート
▼大津の部員数は212人。一緒に切磋琢磨してきた控え選手たちが声でチームを後押し

1年前はシュートゼロに終わった国立。大津は「超越」の1得点

▲U-17日本代表DF碇が186cmの高さと抜群のスキルを発揮した
◀大津DF坂本(翼)と東山MF清水がボールを奪い合う。坂本(翼)は右サイドでの堅守で毎試合チームに貢献していた

▶前半39分、大津MF井伊が右足で先制点。初戦で怪我を負いながらも奮闘を続けたボランチが、貴重なゴールを決めた

▲東山は後半18分、MF松橋が同点ゴール。絶妙なボールコントロールでDFをかわし、そのまま「自分を信じてシュートを打った」

1年間こだわってきた平常心 東山は国立でも 普段通りのプレー

▼東山DF新谷主将がチームを鼓舞する。開会式の見事な選手宣誓でチームを勢いづけたリーダーは、抜群の統率力で決勝進出に貢献

▶東山の2年生DF志津は大津の191㎝エースFW小林に対抗。空中戦の強さも発揮

◀東山DF仲里は課題の守備面で手応えを得る大会に。準決勝でも相手のサイド攻撃を封じた

▶東山は福重監督から求められてきた、「どんな状況においても平常心でいること」を表現

▲大津MF田原（左）と東山MF真田はU17日本高校選抜のチームメイト。互いに技術力と強度の高い競り合いも披露

▶大津のMF浅野は出場停止から復帰。運動量を増やし、頭から飛び込む形でシュートも
▼東山のDF石井（右から2人目）が積極的な攻め上がりからシュート。空中戦で強さを発揮した

◀東山は前回大会の8強からさらに上へ。京都府勢55年ぶりの優勝に王手をかけた
▶大津は昨年を「超越」することをテーマにした1年間。結果、「細かいところでも超えられているか」（山城監督）を目指し、国立で昨年超えの1得点

開会式

選手権

▶第18代応援マネージャーの凛美さんが入場行進を先導

▶ご臨席された高円宮久子妃殿下と田嶋幸三・日本サッカー協会会長が出場選手たちの勇姿を見守る

◀東山のDF新谷主将が3分10秒にも及ぶ選手宣誓。先輩の日本代表MF鎌田大地も奮闘したW杯カタール大会を振り返りながら、「次は私たちが勇気や感動を日本中に届けたい」と誓った

開幕戦
選手権

17年ぶり出場の成立学園が第101回選手権最初の勝者に
津工は0−3から猛追もあと一歩

成立学園 3-2 津工

▼前半35分、成立学園MF陣田がゴール前のこぼれ球を押し込んで先制点。国立でのプレーを「自分の中では楽しめた」と振り返った

▲前半40分、成立学園は右CKからDF佐藤(由)が頭で追加点。DFとFWを兼任する"二刀流"が躍動した

▼後半4分、成立学園はMF渡辺が決めて3-0。勝利したものの、山本監督は「ミスがあれだけ多かったら苦しむ試合になってしまう」と指摘

◀15年ぶり出場の津工は惜敗。FW庄司主将は「残り20分が前半からもっとできていたら、もっと良い試合ができたと思う」と悔しがった

▲後半21分、津工はMF増山が追撃ゴール。スタンドの応援団を煽って盛り上げた

▼津工は後半33分、交代出場のDF鳴川が決めて1点差。片野監督は「同点になるんちゃうかという空気感になったのは子どもたちのお陰だった」と感謝

1回戦
選手権

12年ぶり出場の国見が1勝
四学大香川西が四国勢唯一の初戦突破

▶徳島市立のエースFW林（右）と、尚志のハードワーカーMF吉満が競り合う

▼前半11分、尚志FW網代がこぼれ球を右足で決めて先制点。2018年度大会得点王の先輩FW染野唯月超えを誓うストライカーはこの試合で2得点

尚志 3-0 徳島市立

◀徳島市立は新型コロナウイルス感染拡大の影響もあり、悔しい初戦敗退。U17日本高校選抜GK藤澤（左）も涙

国見 1 [6PK5] 1 北海

▶国見はOBで2000年度3冠メンバーの元日本代表FW大久保嘉人氏も応援に駆けつけた

▼選手権優勝6回、国見が13年ぶりの1勝。「勝利への執着心やひたむきさ、サッカーに対する情熱」（木藤監督）といった伝統の力、ボールを大事に戦う新たな一面も見せた

先 国見		PK		北海
北村	×	1	○	桜庭
利根	○	2	○	佐々木
平田	○	3	×	大森
村田	○	4	○	野村
上田	○	5	○	松永
和田	○	6	○	千葉
西山	○	7	×	金田
今村		GK		葉原

▲北海は縦に鋭い攻撃で反撃。後半27分にはMF桜庭主将が執念の同点ゴール

▼PK方式7人目、国見GK今村が読みを当て、2本目のシュートストップ

▶日大藤沢FW森重（J2清水加入）はFWとDFでプレーする“二刀流”プレーヤー。198cmの高さを活かしたヘッドで2得点を叩き出した

▼西原は163cmのDF與座ら小柄なDF陣が日大藤沢の大型FW陣に対抗した

日大藤沢 2
西原 0

▶米子北は同点に追いつかれた2分後の後半33分、10番MF中井が決勝点。4年ぶりの初戦突破を果たした

米子北 2
松本国際 1

◀松本国際のゲームメーカー、MF矢越は同点ゴールの起点となった

盛岡商 2
帝京第五 1

◀盛岡商は後半15分、交代出場のMF月折が同点ゴール。その後逆転し、優勝した2006年度大会以来となる1勝

▼帝京第五はMF武田を中心に悲願の選手権初出場。初白星を挙げることはできなかったが、今後に繋がる1得点

▶履正社は前後半に2得点ずつ挙げて初戦突破。U-18日本代表MF名願（J1川崎F加入、左端）も後半29分に選手権初ゴール

▲前半32分、東邦GK御子柴がPKを止めてガッツポーズ。優勝候補に食い下がった

履正社 4
東邦 1

◀鹿島学園は3年連続の初戦突破。前半8分、ロングスローのこぼれ球をFW若野がゴールへ押し込み、2-0とする

▶龍谷はセットプレーで“トルメンタ”にチャレンジ。前回大会で高川学園が披露したトリックプレーも活用してゴールを目指した

鹿島学園 2-1 龍谷

▲後半4分、岡山学芸館はセットプレーの流れからDF福井が決勝点。2年連続の初戦突破を果たした

▶帝京大可児の10番FW永井は、2022年1月に負った前十字靱帯断裂の大怪我を乗り越えて選手権出場も「何もできなくて悔しい」

岡山学芸館 1
帝京大可児 0

▼東山は後半17分、FW豊嶋が頭でこの試合2得点目。福重監督は「彼が前から貪欲に守備をしてくれる」と攻守両面で評価

東山 2-1 星稜

▼後半23分、星稜はロングスローから交代出場MF大木がゴール。1点差としたが、3年連続の初戦敗退に

聖和学園 2
大分 0

▶県予選で11ゴールを記録した大分MF青山は攻撃の組み立て役として奮闘
▼6年ぶりに出場の聖和学園が1勝。ボールを保持しながら攻め、セットプレーで2得点を挙げた

丸岡 1 (6 PK 5)
高知 1

▲丸岡はPK方式で全6選手が成功。2年ぶりの初戦突破を喜ぶ
▼高知FW角田（左）が身体を張ってボールキープ。後半13分にはチームのファーストシュートで同点弾

先 丸岡	PK	高知
岡 ○	1	○ 角田
小関 ○	2	○ 南部
中川 ○	3	○ 橋本
山田 ○	4	○ 西本
徳山 ○	5	○ 神谷
鷲見 ○	6	× 山本
清水	GK	東

日体大柏 3
芦屋学園 1

▼前半22分、日体大柏FW平野が決めて2−0。初出場校対決は日体大柏が制した

◀2022年、元日本代表FW工藤壮人さんが亡くなった。日体大柏はかつて指導を受けた恩師のユニフォームとともに初陣
▼芦屋学園は本格強化から11年目で初出場。0−3の後半14分にFW野田が意地のゴール

▼「準備してきたモノが出せた」（DF工藤主将）という日章学園は夏の全国王者と渡り合ったが、1点差で涙

▲全国高校総体優勝校・前橋育英は苦しい初戦に。だが、後半19分にFW高足が豪快な右足シュートを決めて流れを変え、逆転勝ち

前橋育英 2-1 日章学園

◀四学大香川西はセットプレーから2ゴールを奪うなど逆転勝ち。四国勢で唯一初戦を突破した

▶羽黒はドリブルを多用する戦いで、対抗。先発唯一の2年生MF小西は先制ゴールを決めた

四学大香川西 3
羽黒 2

日本文理 2-1 立正大淞南

◀試合開始からわずか15秒、日本文理FW杉本が左足で先制ゴール。県予選で1得点だったFWがこの試合は2得点の大活躍

▶立正大淞南は後半17分、交代出場のFW香西（17番）が同点ゴール。第5中足骨骨折から復帰のエースが歓喜をもたらしたが……

2回戦

選手権

前回大会優勝の青森山田、同準優勝の大津などが初戦突破

関東勢6校、九州勢４校が３回戦進出

青森山田 1
広島皆実 0

▼2連覇を狙う青森山田は持ち前の堅守を発揮。相手をシュート１本に封じ、後半６分にDF三橋が決勝点

▼青森山田のエースFW小湊は最前線で攻守に奮闘。広島皆実DF陣も身体を張った守備で対抗

国見 0 [4 PK 3]
尚志 0

先 尚志	PK	国見
岡野 ○	1	○ 利根
笹生 ○	2	○ 幸
白石 ○	3	○ 平田
神宮司 ×	4	○ 村田
藤田 ×	5	
鮎澤	GK	今村

◀国見は2試合連続PK方式で勝利。GK今村は「感覚や雰囲気は分かっていた」と経験を活かして１本を止めた

▲尚志のDF鈴木(大)は守備意識が高まり、攻守で活躍が目立つ右サイドバックに

日大藤沢 2
米子北 1

▶日大藤沢は、交代出場DF片岡のロングスローから2点を奪って逆転勝ち。後半23分には、MF野澤が同点ゴールを決めた

▶米子北は前半17分に右ショートコーナーからDF森川が先制ヘッド。全国高校総体の4強超えを目指したが、2回戦で涙

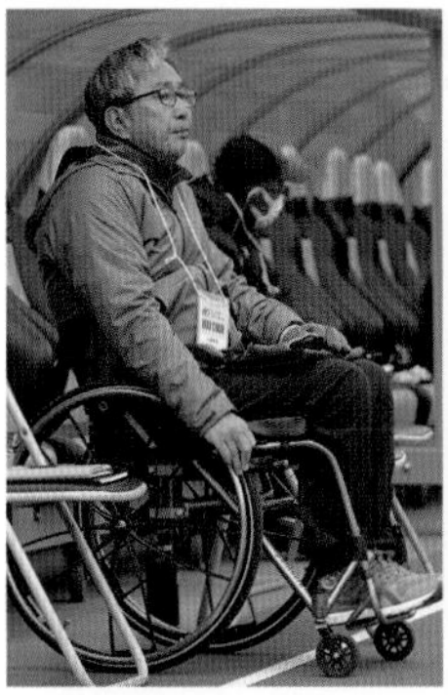

▲山梨学院の羽中田監督はかつて韮崎のFWとして活躍。監督としてチームを県内3冠へ導き、選手権に帰ってきた

▲高校から直接ドイツ挑戦することを決めて話題の、神村学園FW福田は圧倒的な個の力で1ゴール。観衆を驚かせた

◀前半4分、山梨学院はMF五十嵐が頭で先制点。「練習通り」というクロスからの得点だった

神村学園 3-2 山梨学院

佐野日大 1
奈良育英 0

▲佐野日大は交代出場のFW中埜が、後半40+2分に決勝点。夢の舞台で「ゴールを決めるなんて正直、思ってもみなかった」

◀奈良育英は最終ラインの要・DF西尾を中心に堅守を見せたが、悔しい初戦敗退に

履正社 6-0 盛岡商

▼履正社は後半の6得点で快勝。後半2分、デザインされたCKでの崩しからDF西坂(J2徳島加入)が先制ヘッド

▲盛岡商は集中した守りで健闘も後半に崩れ、2回戦敗退に

▶鹿島学園は高さを活かして対抗。前半38分にMF妹尾が決めるなどセットプレーから2得点

◀岡山学芸館は2度のリードを追いつかれる展開も、後半35分に鮮やかな崩しからMF山田が決勝点を挙げた

岡山学芸館 3
鹿島学園 2

▶前回大会3位の高川学園が伝統校対決を制して初戦突破。序盤に2得点を挙げ、DF岡を中心に守り抜いた

◀名門・富山第一は初戦敗退。GK辰島主将が一緒に戦ったスタンドのチームメイトに挨拶

高川学園 2
富山第一 0

國學院久我山 3
近大和歌山 1

◀國學院久我山FW塩貝は抜群のフィジカル能力を発揮するなど1得点。自分で考え、磨き上げたという武器を活かしたボールキープでDFを圧倒
▼近大和歌山が前半5分に先制点。こぼれ球に走り込んだDF長瀬が右足で叩き込んだ

東山 4-0 聖和学園

▶東山は後半にMF真田、MF清水(写真)ら4選手がゴールを決めて、4-0で快勝
◀聖和学園は得意のドリブルを普段通りに発揮できず、敗戦。選手たちの涙は止まらなかった

▶後半37分、日体大柏はMF片野が追加点。父・片野総監督の前で貴重なゴールを決めた
◀前半22分、日体大柏はFW古谷が相手GKのミスパスをインターセプト。そのまま先制点を決めた

日体大柏 2-0 丸岡

▲明桜は秋田経法附時代を含めて5度の選手権で未勝利。FW臼田ら下級生が1年後に初白星に挑む
▶初出場の飯塚が全国初陣を1-0で勝利。前半40分に決勝点を決めたMF原が大喜び

飯塚 1
明桜 0

▼後半40+4分、昌平MF篠田が左足シュートを決めて3点目。ゴールを確信したチームメイトは後方で駆け寄る準備？

昌平 3
近江 1

▲近江は全国高校総体3位の昌平相手にアグレッシブなプレスなどで健闘。後半21分にはMF鵜戸が同点ゴールを決めた

▶後半18分、四学大香川西はMF山田が自ら獲得したPKを決めて一矢報いる

前橋育英 6
四学大香川西 1

◀全国高校総体王者の前橋育英が快勝。後半37分には交代出場のMF堀川（左）が6点目をマーク

◀後半40＋2分、日本文理はFW曾根が反転からの左足シュートを決めて劇的な決勝ゴール

日本文理 1
成立学園 0

▼日本文理はスタンドの応援団とともに喜びを爆発。殊勲のFW曾根は「気分は超最高でした」

◀後半40＋4分、大津はパワープレーからMF中馬が左足シュート。浜松開誠館DFが懸命のクリアもゴールラインを割っていたため、1-1に

大津 1 [4PK3] 1 浜松開誠館

▲大津のU-17日本代表GK西がPK方式で4人目、5人目を連続セーブ。前回準優勝校を3回戦へ導いた

▶浜松開誠館は堅守と鋭いカウンター攻撃で強豪を苦しめたが、目前で白星を逃す結果に

先 大津		PK		浜松開誠館
小林	×	1	○	原田
岩崎	○	2	○	肥後
碇	○	3	○	山口
中馬	○	4	×	兼子
浅野	○	5	×	坂上
西		GK		藤村

3回戦 選手権

8試合中4試合がPK方式で決着

初出場校対決制した日体大柏、総体王者の前橋育英などが8強へ

▶青森山田のDF多久島主将（左）は怪我で前回大会を欠場。待望の選手権で高さを発揮した

青森山田 1 〔4 PK 2〕 国見 1

先 国見		PK		青森山田
利根	○	1	○	小湊
平田	×	2	○	櫻井
村田	○	3	○	多久島
和田	×	4	○	三橋
今村		GK		鈴木

▼青森山田はPK方式直前に投入されたGK鈴木（右）がPK2本をストップ。2戦連発のDF三橋と勝利を喜ぶ

▲後半27分、国見はFW利根が左足シュートを決めて同点。伝統校は意地を見せたが、PK方式で敗退に

神村学園 1 〔5 PK 3〕 日大藤沢 1

先 神村学園		PK		日大藤沢
大迫	○	1	×	野澤
西丸	○	2	○	宮﨑
福田	○	3	○	宗次
中江	○	4	○	森重
名和田	○	5		
広川		GK		岡本

▶神村学園GK広川はPK方式1人目をストップ。勝利が決まると、立役者となった守護神は歓喜のダッシュ

▼神村学園は1年生のU-16日本代表FW名和田がPK方式5人目のキッカーに。重圧のかかるシュートを堂々と決めて決着をつけた

◀日大藤沢は後半11分、左CKからFW森重が先制ヘッド。だが、8年ぶりの8強には届かず

▶履正社はMF名願（J1川崎F加入）が巧みな切り返しから同点ゴールも惜敗。「このメンバーであと3試合やりたかった」と悔しがった

先 履正社	PK	佐野日大
古田 ○	1	○ 向井
西坂 ○	2	○ 青木
小田村 ×	3	○ 小竹
加藤 ○	4	○ ヒアゴン
名願 ○	5	○ 籾山
ジョン	GK	平岡

佐野日大 1 ［5 PK 4］ 履正社 1

▲PK方式3人目、履正社はMF小田村が止められてしまう。大阪府予選から2回戦まで6戦連発も悔しいラストゲームに

▼佐野日大がプレミアリーグ勢の履正社を撃破。PK方式で活躍したGK平岡と最後のキッカーMF籾山が勝利を喜ぶ

◀後半2分、佐野日大は左ロングスローのこぼれ球からDF青木が右足で先制ゴール。我慢強く守り、チーム唯一のシュートで1点を挙げた

▶PK方式1人目、岡山学芸館GK平塚が相手エースFW塩貝のシュートを完璧にストップ

岡山学芸館 0 ［5 PK 3］ 國學院久我山 0

先 岡山学芸館	PK	國學院久我山
岡本 ○	1	× 塩貝
木村（匡） ○	2	○ 高橋
山田 ○	3	○ 岡井
井上 ○	4	○ 中山
今井 ○	5	
平塚	GK	石崎

▼岡山学芸館は押し込まれる時間帯が続いたものの、高原監督が「諦めず辛抱してくれたお陰」と評価する戦いで無失点。選手権では初の8強入りを果たした

▲國學院久我山はFW塩貝やFW中山（中央）を中心にボールを繋ぎ、仕掛けたが、1点が遠かった

▲試合開始からわずか48秒、先制ゴールを決めた東山DF石井（右端）が歓喜の咆哮
◀東山のMF真田はCKで先制点をアシストし、2試合連続となるゴールも記録

東山 2-0 高川学園

◀前回大会3位の高川学園は3回戦で敗退。U-16日本代表候補のFW山本ら下級生が来年度の雪辱を誓った

◀飯塚のU-16日本代表DF藤井は精度の高い左足キックも。最終学年で日本一に再挑戦する

日体大柏 1
飯塚 0

◀日体大柏が初出場校対決を制してベスト8進出。中盤の要・MF相原（7番）らが勝利を喜ぶ
▼前半20分、日体大柏はFWオウイエ（J1柏加入）が敵陣でインターセプト。そのままドリブルで持ち込み、左足で決勝点を決めた

◀前橋育英と昌平との関東勢対決は前橋育英が強さを見せつけて勝利。前橋育英のU-18日本代表MF徳永主将（左）と昌平のU-19日本代表候補MF荒井（J1 FC東京加入）がマッチアップ

前橋育英 2
昌平 1

▶昌平のDF津久井主将（J1鹿島加入、4番）は全国高校総体で負った大怪我から復帰。鋭い読みの守備を見せたが敗戦に涙

▼前橋育英FW山本は夏まで主に控えだったが、その後名門の柱へ成長。前半13分に同点ゴールを決めた

大津 3
日本文理 0

◀初戦の"負け試合"を反省。大津はMF浅野（左）やMF坂本（右）ら各選手がアグレッシブに戦って白星

▼後半22分、大津はU-19日本代表候補のFW小林主将が待望の今大会初ゴール。快勝で準々決勝進出を決めた

▲日本文理は勝てば初出場時の2017年度大会に並ぶベスト8だったが、3回戦で敗退

準々決勝 選手権

前回王者、総体覇者も準々決勝で散る

19年ぶりに関西以西が4強独占！

▶神村学園はGK広川を中心に青森山田のロングボール攻撃を凌いだ

◀後半20分、神村学園はエースFW福田が決勝ゴール。フランス代表FWムバッペを真似たゴールセレブレーションを披露

◀前半34分、青森山田は右サイドをFW小湊が抜け出し、最後はMF中山が詰める形で先制点

神村学園 2
青森山田 1

▲青森山田を選手権優勝3回、準優勝3回へ導いた黒田総監督はこの大会を最後にJ2町田監督へ転身。約30年間の高校サッカー指導者生活について、「一言で言ったらすごく楽しかった」

▶神村学園は王者・青森山田を破って16年ぶりの準決勝進出。栢野監督代行は「粘り強くやりながらリズムを持ってきたのは選手たちの成長」

▶神村学園は0-1の後半16分、速攻から2年生FW西丸が左足シュートを突き刺す。巧みなステップで相手DFをかわし、見事な一撃を決めて流れを変えた

岡山学芸館 4-0 佐野日大

▶岡山学芸館は前半12分、「ファーストシュートを撃とうと思っていた」というMF田口（裕）が思い切りの良い左足ミドルを決めて先制点。チームは初の4強入り

▶岡山学芸館は後半13分、左CKから鮮やかなトリックプレー。最後はFW今井がゴールへ押し込んだ
▼後半32分、交代出場の岡山学芸館MF木下が追加点。兄2人の背中を追って進学し、全国の舞台で結果を残した

▶佐野日大は我慢強い守備から高さを活かした攻撃でゴールへ迫った
◀応援の後押しを受けた佐野日大は最後まで全力プレー

▲後半40+4分、岡山学芸館はFW田邉がPKでゴール。4得点中3得点を2年生がマークした
▶佐野日大は敗れたが、堂々の8強。栃木県代表は最近7年間で6度の8強入りを果たしている

▲後半36分、日体大柏はペナルティエリアでの間接FKからFWオウイエが左足を振り抜く。だが、東山が執念の守備でシュートをブロックした

東山　0 [4 PK 3]
日体大柏　0

先 日体大柏	PK	東山
片野 ×	1	○ 新谷
古金谷 ○	2	○ 阪田
植木 ○	3	× 仲里
相原 ○	4	○ 松橋
オウイエ ×	5	○ 真田
原田	GK	佐藤

▼東山はMF阪田が高速ドリブルを連発。エースがチームを引っ張った

▲日体大柏のDF古金谷は文武両道のストッパー。読みの良い守備とビルドアップで貢献した
◀日体大柏を背中で牽引したFW吉田主将。後半には鋭いドリブルで相手の守備網を切り裂き、決定的なシュートも

▲前回大会の準々決勝敗退から1年。東山が初の4強入りを果たした
▶PK方式5人目、東山GK佐藤が相手エースFWオウイエのシュートをストップ。準決勝への切符を手繰り寄せた

▼後半18分、前橋育英のU−17日本代表MF小池が2度目の警告を受けて退場。鋭いドリブルでチームを牽引していたが……

◀大津は右のDF坂本（翼）、左のDF田辺（左）の両SBの好守が光った。前橋育英はFW高足らが鋭い仕掛けを見せていたが、大津の堅守は崩れなかった

▲前橋育英DF山内が身体を張った守備。前橋育英は大一番で試合を優勢に進めたが、1点を奪い取れなかった

先 前橋育英		PK		大津
徳永	○	1	○	小林
山内	×	2	○	岩崎
井上	○	3	○	碇
青柳	○	4	○	中馬
根津	○	5	○	稲田
雨野		GK		西

▲前橋育英はPK方式で敗退。日本高校選抜MF根津（右）が涙の2年生GK雨野を抱き起こす

▶後半27分、FW山下が決定的なヘッド。大津はサイド攻撃からより多くのチャンスを作って見せた

◀PK方式2人目、大津GK西がビッグセーブ。相手GK雨野の好守に刺激を受けていたという守護神がチームを準決勝へ導いた

大津 0 [5PK4] 0 前橋育英

▼両雄が互いの技術力や判断力、強度をぶつけ合い、今大会随一とも言えるような好勝負。PK方式の末、大津が2年連続の準決勝進出を決めた

第101回全国高校サッカー選手権大会
101st ALL JAPAN HIGH SCHOOL SOCCER TOURNAMENT

全国3883校代表

48校の晴れ姿

優勝 岡山学芸館 総

❶岡山県❷5回目❸高原良明❹三宅雄高❺井上斗嵩
❻矢野晃、福井槙、田口大槙、井上斗嵩、中尾誉、田口裕真、木村匡吾、岡本温叶、今井拓人、山田蒼、田邉望、平塚仁、平野大樹、田村日夏汰、高山隼磨、藤田剛志、西川晃生、木村奏人、木下瑠己、坂口空良、中原永輝、宮田倫太朗、北岡桜典、田中利樹、保津太一、松原蓮、岡野錠司、東海祐也、太田修次郎、井本涼太

準優勝 東山 総

❶京都府❷5回目❸福重良一❹中原大亮❺新谷陸斗
❻佐藤瑞起、石井亜錬、志津正剛、新谷陸斗、藤本崇太、仲里勇真、真田蓮司、松橋啓太、大谷彩斗、阪田澪哉、上田幸輝、菊山和椰、清水楓之介、北村圭司朗、豊嶋蓮央、中野翔真、牧純哉、濱瀬楽維、保坂崇人、鈴木康平、徳田光希、大野莉汰、河村尚哉、山下ヒロト、足立康生、海老原雅音、大山遼斗、松下凌大、古川清一朗、平尾和磨

❶地区　❷出場回数　❸監督　❹引率教員　❺主将　❻登録選手名（背番号順）　※高校名横に「総」マークがある高校は夏の総体出場校

3位 神村学園 総

❶鹿児島県❷10回目❸有村圭一郎❹柏野裕一❺大迫塁
❻広川豪琉、下川温大、大川翔、鈴木悠仁、槐之浦陽、中島大誠、有馬康汰、髙橋修斗、積歩門、名和田我空、髙倉太朗、西丸道人、福田師王、大迫塁、笠置潤、吉永夢希、府川柊哉、田中惇、前田翔亮、中江小次郎、川畑輝真、則松隼人、金城蓮央、難波大和、德田琥太郎、田中遥一郎、益山結翔、有馬昇永、尾迫楓輝、川路陽

3位 大津 総

❶熊本県❷19回目❸山城朋大❹山城朋大❺小林俊瑛
❻西星哉、大和田空、坂本翼、野田翔升、坂本龍之介、浅野力愛、岩崎大翔、碇明日麻、小林俊瑛、田原瑠衣、山下基成、田辺幸久、中馬颯太、稲田翼、井伊虎太郎、南太童、香山太良、山川柊、古川大地、益田一慶、石本温人、五嶋夏生、東海人、吉本篤史、兼松将、末松煌生、宗隆希、嶋本悠大、山下景司、中村健之介

北海

❶北海道❷12回目❸島谷制勝❹増田裕樹❺桜庭平良
❻小野寺信、武笠健次郎、岩井奏、金田凪斗、川合航世、千葉大雅、佐々木遥土、松永悠生、田中準人、桜庭平良、野村光希、白﨑桜雅、栗塚優丞、西脇雄太、大森晴喜、伊藤風楽、葉原慶太、岡野琉之介、中村隼成、森本悠雅、島谷侑征、中村心、福井柊哉、成澤晏士、須摩耀平、佐藤蒼良、角田蓮、輪島丞、渡部雄大、佐々木海

青森山田 総

❶青森県❷28回目❸正木昌宣❹正木昌宣❺多久島良紀
❻鈴木将永、渡邊来依、西脇虎太郎、三橋春希、多久島良紀、中山竜之介、小野理竜、小柳一斗、武田陸来、小湊絆、奈良岡健心、葛西淳、小林康人、芝田玲、谷川勇獅、高良幸之介、川原良介、津島巧、櫻井廉、アマエシ ハリソン翼、山本虎、小泉佳絃、中川勇輝、衣袋元基、迫田大空、菅澤凱、米谷壮史、釆田光立、成田朱偉、代田昂大

盛岡商業

❶岩手県❷17回目❸中田洋介❹諸橋遼亮❺大町陽斗
❻小原健暉、宮部賢治郎、大町陽斗、西村映瑠、五日市楓雅、間宮友輝、佐々木央汰、月折隼斗、工藤春、原田優汰、蒲田陽向、西野優太、小田島斗夢、髙橋頼央、佐藤凜、大塚陽太、伊藤世名、吉澤海、森匡史朗、小野心也、中野碧斗、高岡祐太、大久保聖永、岩渕暖大、藤原大河、川崎秀真、千田皐晴、帷子晴祈、佐々木蓮、遠藤優

明桜 総

❶秋田県❷5回目❸原美彦❹西澤拓也❺佐藤拓海
❻川村晃生、吉崎塁、久米颯、小笠原義斗、菅野琉空、大町璃音、畠山昴琉、佐藤拓海、臼田成那、小野亮輔、藤山成弥、佐藤瑠耶、加藤鳳夢、吉田秀、外山蓮、中山煌斗、廣森輝星、佐々木涼介、目黒琥珀、福島温大、塩田航大、増田剛琉、山口滉生、中野颯太、北川学、武田大和、庄司郁哉、大木源士郎、朴智晟、飯島健斗

羽黒

❶山形県❷9回目❸本街直樹❹山口誠❺瀬戸遥太
❻梅野晃成、池田彩夢、半田陸、髙橋大和、瀬戸遥太、田中美登、稲葉皓己、奥山拳生、成田藍士、荒井晴太、佐藤聡汰郎、高橋純大、斉藤壮琉、友野晃伸、小西謙吾、榎本成希、達本幸正、三國谷斗羽、川井啓太郎、井上喜太、石野翼、前田悠汰、垣屋祐太、齋藤颯汰、笹木蒼太、小田太航、斎藤匠、田村絆人、高尾波流、岡部晟士

聖和学園 総

❶宮城県❷5回目❸加見成司❹橋本真❺小野喬
❻小笠原信哉、福丸勝利、金井太一、益田吏玖斗、小野喬、雫駿介、森玲登、神田翔和、桃原泰河、石澤海陽、江藤彪汰、菅井一那、角野玲也、藤田晴、方城陸斗、玉腰翔、伊波渉、中村倫、増川琳太郎、樫木良雅、原颯太、丹野ヴィンセント合喜、中村雄矢、佐々木寛大、貴船友翔、伊澤睦喜、星野隼佑、大塚懸生、松尾海依、矢頭健

尚志 総

❶福島県❷13回目❸仲村浩二❹梅津知巳❺山田一景
❻鮎澤太陽、鈴木大翔、神宮司圭汰、高瀬大也、山田一景、吉満迅、山本叶多、神田拓人、鈴木虎太郎、岡野楽央、笹生悠太、藤田颯良、伊藤壮琉、若林来希、安斎悠人、布川陽大、網代陽勇、桜松駿、白石蓮、市川和弥、冨岡和真、吉田尚平、山嵜匠美、出来伯琉、友岡亜人武、津久井二湖、木山魁、大川廉、中村颯介、渡邉優空

鹿島学園 総

❶茨城県❷11回目❸鈴木雅人❹石川秋彦❺上原悠平
❻木村和輝、櫻井稜、髙橋寛介、上原悠平、篠田嵩人、妹尾俊兵、鈴木仁之介、大貫翼、若野晃大、林結人、井口愛翔、嶋﨑寛大、坂井大樹、熊倉優希、萩原駆、藤井快、石塚大地アントニオ、福留康輔、水戸陽太、森龍ノ介、紫垣翔太、川尻直紀、山本慶斗、文平千陽、柴田駿、野口凛輝斗、昌山豪、ボルサリ太陽ミケーレ、玉川颯太、矢治隆也

❶地区　❷出場回数　❸監督　❹引率教員　❺主将　❻登録選手名（背番号順）　※高校名横に「総」マークがある高校は夏の総体出場校

前橋育英 総

❶群馬県❷25回目❸山田耕介❹櫻井勉❺徳永涼
❻雨野颯真、山田佳、井上駿也真、齋藤駿、斉藤航汰、山内恭輔、根津元輝、大久保帆人、小池直矢、高足善、堀川直人、大澤脩人、杉山陽太、徳永涼、山本颯太、磯村陽軌、山田皓生、福永竜也、青柳龍次郎、芦田悠真、藤原優希、小川雄平、茂木碧生、ポンセ尾森才旺、眞玉橋宏亮、末森遥来、齋藤颯太、大當泰生、石井陽、尾上飛翔

佐野日大

❶栃木県❷9回目❸海老沼秀樹❹髙瀬亮❺江沢匠映❻槙田海里、緒形一真、大野結斗、小竹翔馬、青木柾、原朝哉、吉岡汰斗、小田智輝、中埜信吾、大久保昇真、田村一心、成田栞、門沢怜士、向井俊貴、上山颯斗、高根澤賢、平岡倖輝、籾山陽紀、江沢匠映、福島夢叶、松永白羽、春山真之将、福田一樹、廣瀬仁、村野大輝、ヒアゴンフランシス琉生、滝口悠映政、芝宮陽飛、菅野柊佑、中島郁蕗

昌平 総

❶埼玉県❷5回目❸藤島崇之❹藤島崇之❺津久井佳祐
❻上林真斗、武村圭悟、上原悠都、津久井佳祐、石川穂高、佐藤海空斗、土谷飛雅、長準喜、小田晄平、荒井悠汰、篠田翼、今井大翔、佐怒賀大門、佐々木小太朗、鄭志錫、葛西天河、伊藤風河、大谷湊斗、甲斐田陽大、田凩匡平、佐々木智太郎、田中瞭生、平叶大、前田大樹、上野旭陽、田口昊輝、佐々木康城、田尻優海、甲斐田裕大、白根翼

日体大柏

❶千葉県❷初出場❸片野慶輝❹紺野祐樹❺吉田眞翔❻倉田竜輝、寺村啓志、古金谷悠太、中村駿輝、柴田光琉、植木笙悟、相原大翔、大江颯太郎、平野伶、古谷柊介、吉田眞翔、原田眞透、神野匠斗、片野拓久、オウイエ ウイリアム、森田修士、岡田ナミト、佐藤伸哉、伊藤一智、大和田琉星、上森ウエストリー修人、川﨑裕人、宮脇凛乙、庄内蔵之介、岡崎来夢、吉村友佑、海老沼大翔、林大翔、篠田翼、早川ウワブライト

國學院久我山

❶東京都A❷9回目❸李済華❹時﨑一男❺塩貝健人❻石崎大登、馬場翔大、普久原陽平、鷹取駿也、内田幹太、山脇舞斗、岡井陶歩、高橋作和、中山織斗、塩貝健人、八瀬尾太郎、佐々木登羽、保土原海翔、近藤侑璃、松田駿、本田一路、太田陽彩、井料成輝、金山尚生、洪潤紀、高井琉士、入野瑛太、山田兼大、細川祐悟、大村太郎、小栗颯隼、丸山正剛、常森瑶平、前島魁人、スコット颯真ニコラス

成立学園

❶東京都B❷3回目❸山本健二❹澤口ひとみ❺八木玲
❻鈴木健太郎、清水冬真、大川拓海、藤井利之、瀧川穣、横地亮太、陣田成琉、武田悠吾、渡辺弦、八木玲、佐藤由空、武重陸人、山﨑真斗、高木淳、寳田一樹、外山朔也、清水大和、柏田凌佑、角田哲哉、菅野芳帆、新渕七輝、野尻七誠、平原健吉、竹谷來琉、飯田怜良、佐藤漣、関口陽大、山口陸久、鎌田真碧、湯浅世琉亜

日大藤沢 総

❶神奈川県❷6回目❸佐藤輝勝❹三武誉生❺岡本亜鶴
❻岡本亜鶴、アッパ勇輝、楠本爽、宮﨑達也、尾野優日、野澤勇飛、宗次柊磨、岡西亜憐、有竹翔吾、安場壮志朗、岡田生都、野島佑司、植田海音、前田俊亮、髙橋絢斗、仲川颯一、岸本尚也、関田向陽、森重陽介、吉田亘之介、城田優、川地皓、会津恒毅、片岡大慈、斎藤直晴、柳川大智、國分唯央、荻原大地、山上大智、布施克真

山梨学院 総

❶山梨県❷9回目❸羽中田昌❹村松征二郎❺宮岡拓海
❻長谷川皓亮、向山悦生、芳野伯、歳藤稜久、庄司優作、宮岡拓海、小棚木蒼大、吉本堅翔、栃尾瞭太、野田駿人、伊藤優作、吉野柊、臼田康太郎、小日山滉生、本多弥沙哉、高柳亮吾、廣瀬大翔、小尾丞斗、今野陽斗、高野夏輝、堀川史羽、五十嵐真翔、小林侑志郎、鈴木琉斗、浅川慶悟、青柳頼歩、齋藤剛志、山田逞人、二神弘輝、三浦礼久

日本文理

❶新潟県❷2回目❸駒沢隆一❹駒沢隆一❺曾根大輝❻日隠レックス海斗、小熊優斗、小舟戸結太、高橋葵、阿部飛祐、石澤賢汰、小林倫太朗、塩崎温大、杉本晴生、曾根大輝、高橋迅、川村太人、大島未月、大塚泰河、阿部雅大、北条快成、岩橋陽龍、西村ドゥラアムザ洸汰、築井啓汰、山田拓実、熊田浬空、宮下創輝、山城勇稀、谷澤功雅、松澤誠也、八百板青空、小林昂生、赤阪和輝、篠原悠大、中村瑠

富山第一 総

❶富山県❷33回目❸柳野年秀❹柳野年秀❺辰島尚悟
❻辰島尚悟、深井仁、湯川信治、高木克徳、大居優汰、田畑航成、水島雄之介、森川直哉、網谷飛来、大矢悠太郎、稲垣禅太郎、吉田成希、山本大心、沼田竜太朗、浅井泰之、太田翔空、舘颯之介、高松伶羽、多賀滉人、松井凛空、高口陸都、菊池晃太郎、髙橋大和、加藤隼也、村木奏太、守山凛太朗、慶伊駿、小西双豪、川原瑠偉、長尾琉生

松本国際

❶長野県❷5回目❸勝沢勝❹勝沢勝❺二木楓
❻丸山大貴、北村健、山田優太、川崎楓太、元木竜矢、佐々木遥暉、三浦大和、二木楓、高城泰史、矢越俊哉、岸琢人、三浦宙、長崎大吾朗、田部谷空大、坂東勇哉、金崎朔也、高野翼、元木夏樹、佐々木晄汰、鈴木侑斗、城元諒星、川村勇一朗、浜田万生、松野亜夢路、石山佳寛、工藤輝紀、中山勇斗、山口颯太、山本湧大、橋崎泰雅

星稜 総

❶石川県❷31回目❸河合伸幸❹長谷川昂❺山下陸❻加藤夕暉、西松勇里、奥名星太、猿楽侑也、髙橋大空、金谷章吾、福島元基、平良大研、宮前匠真、山下陸、山本陽大、アッシィ ニュートン光明、竹山開、中山裕紀、大木彪悟、天川達心、高倉尚吾、井田佳佑、北方陽己、橋本育磨、細川大翔、井ケ谷樹希、能登颯太、曽根悠斗、庄司蓮、土山愛叶、塩川晴也、門倉主至、倉畑鉄将、友影相太

❶地区　❷出場回数　❸監督　❹引率教員　❺主将　❻登録選手名（背番号順）　※高校名横に「総」マークがある高校は夏の総体出場校

丸岡 総

❶福井県❷33回目❸小阪康弘❹高倉泰希❺山田健太
❻吉田龍之介、西田陸晴、渡辺颯生、鷲見琉希、山田健太、徳山港音、岡俊樹、奥村洋武、中川優斗、伊藤大貴、小関晴人、横山天飛、名倉洸悠、渡辺祥気、稲村宥真、安嶋琉生、清水唯太、川下恭太郎、三村太雅、中川皇雅、山本貫太、久米田麻斗、新村柊那、杉田拓未、本田侑基、白木旋理、大藤航輝、丸尾颯輝、髙畑友輝、加藤証

浜松開誠館

❶静岡県❷2回目❸青嶋文明❹種吉圭造❺前田康尋
❻青柳由紀彦、原田渉夢、兼子壮太、八巻涼真、岩﨑総汰、岡田海人、今井航、山口莉生、坂上輝、前田康尋、肥後潤、藤村天洸、菅原太一、松本大樹、柘植瑛人、粟倉朱惟、若尾直哉、橘風芽、荒明斗空、高木亮、藤井海人、神間虹輪、堀江宰吏、信賀有希、森下太陽、田中脩、窪田佑介、鈴木廉穏、宮崎剛瑠、林雄琉

東邦

❶愛知県❷7回目❸石渡靖之❹杉坂友浩❺坪井風汰
❻御子柴里城、深田拓海、小川エンハル、岡田結希、福田怜士、深澤奏、羽田野成琉、原汰暢、坪井風汰、朴勢己、生駒隆季、藤川知大、名古屋佑乃介、森一琉、土川泰輝、浦中智也、林航摩、渡邊涼介、菅原悠翔、山端寧生、池田エンヒ、杉浦碧、辰奥秀太、奥野遥斗、久田玲央馬、伊藤洵太、吉永利成、清水悠希、廣江優、守内麻騎

帝京大可児 総

❶岐阜県❷9回目❸仲井正剛❹川村真太朗❺原田逸希
❻竹内耕平、増井俊介、兼松龍玖、原田逸希、堀内祥暉、松本翔暉、小島清太郎、吉兼伶真、長谷部希星、永井斗梧、棚橋奎斗、後藤龍斗、都築桜介、加藤隆成、目黒湧将、菊池鷹秀、加納和真、青山幹汰、鳥居風賀、生田慈勇、諏訪佑輔、河合龍、内藤和希、鷹見豪希、林竜世、遠藤翼、内山晴登、石田凱大、鳥居利成、明石望来

津工業

❶三重県❷3回目❸片野典和❹中村拓司❺庄司壮晴
❻田中蒼真、森裕正、岸修斗、原田暖大、服部直太郎、山副朱生、八木玲央翔、松本壮司、増山万太、庄司壮晴、北川漣、藤井瞭、土谷飛雅、佐藤優成、積温矢、西脇岳、前川大和、脇田竜翔、松原彪、石田大和、中尾楓汰、北川瑛大、山本伊織、鳴川幸輝、坂地佑太、服部暖、川崎颯太、山下立夢、平田真滉、森田大翔

近江

❶滋賀県❷2回目❸前田高孝❹臼井徳典❺岡田涼吾
❻野村仁人、金山耀太、西村想大、岡根莉空、長滝谷洸斗、高﨑亮、山門立侑、鵜戸瑛士、迎楓真、川島優人、岡田涼吾、山崎晃輝、瀧谷陽斗、大谷結衣斗、浅井晴孔、高木遥斗、西飛勇吾、荒砂洋仁、小山真尋、里見華威、栗本莉玖、井上航輔、大田日和、山本真亮、小島元輝、重田成輝、藤井陸、山中舜、西村竜輝、内藤多功真

奈良育英

❶奈良県❷15回目❸梶村卓❹鈴井浩一❺大西陽太
❻伊藤圭介、藤岡仙太郎、奥村央樹、山本海心、西尾駿、久代和夢、田中凰樹、磯貝新之助、大西陽太、濱上大輝、桝田琉、國時慎平、吉田悠人、水流大翔、八木涼輔、井登奏汰、田中琥士、木村航大、有友瑠、尾嵜雄太、山本浬、村田康成、瀧川笑玄、藤川陽太、竹田秦、水津煌人、植村翔輝、谷川琉希也、佐藤聡祐、河原鴻介

近大和歌山

❶和歌山県❷9回目❸藪真啓❹藪真啓❺畑下葵
❻奥奨太、森本一平、長瀬雄飛、澤一翔、湯川皓平、神田仰、尾藤瑠偉、畑下葵、瀧川結喜、木津拓己、阿児啓汰、藤原啓二朗、松林優、木村憲慎、嵜山仁、野村祐貴、中俊哉、中西荘太、佐久間瑛介、小嶺李王、安國僚汰、小畑圭吾、狩野一暉、赤坂歩夢、中井大和、竹川海、山盛悠生、福永誠剛、子安克典、竹本寿希也

履正社 総

❶大阪府❷4回目❸平野直樹❹上原岳大❺古田和之介❻ジョン カミィ信バー、西坂斗和、加藤日向、東尾大空、徳山亮伍、森川楓大、梶並笑顔、小田村優希、古田和之介、名願斗哉、宇都宮翔菜太、植野麟兵、大田睦月、川端元、中鉢大翔、森田夢生、中林漣音、河野朔也、田村遊吏、平井佑亮、植野泰斗、倉田竜雅、石塚蒼空、濵田頼、安羅夕雅、木村有磨、中村成那、片岡孝太、長谷怜、二宮智輝

芦屋学園

❶兵庫県❷初出場❸許泰萬❹吉本英寛❺酒井駿一
❻小山航輝、吉田開、岩本康生、柏木雄太、世羅大和、岩井大将、大島尚也、酒井駿一、スコット龍、出口遼人、倉光諒、重田達志、野田恵佑、長谷川康太、西脇輝、田尾直也、小山将仁、高岡快斗、岡部祥平、梅本國士、佐藤琉也、永田慧一郎、中原瑠海、元木丈、森虎太郎、松山煌基、古志智博、窪田力也、島田樹季、洪俊輝

米子北 総

❶鳥取県❷18回目❸中村真吾❹城市徳之❺野田徹生
❻西山飛源、森川和軌、青戸幸輝、野田徹生、倉田大雅、上原颯太、浅野颯真、小橋川海斗、福田秀人、中井唯斗、山田楓元、森田尚人、音田英琉、長谷川暖、仲田堅信、梶磨佐志、才木享明、小黒翼、石倉亜連、豊島蓮、畠山壮哉、三好颯乃、小坂豪、井出遥稀、大城伸夏、岸田紘季、鈴木一諒、森下琉亜、田村郁颯、竹口晴陽

立正大淞南 総

❶島根県❷19回目❸南健司❹野尻豪❺肥塚秀斗❻田中秀汰、松本吏央、長根悠仁、三輪陽斗、坂井悠飛、堀内拓、今野寧音、ユン ソンミン、ユン ジョンミン、肥塚秀斗、山田海聖、多田侑磨、桃井順都、矢野瑛吉、西口大稀、進海翔、香西銀二郎、野田叶、ダ シルバ イゴル ヤン、中村弦希、塩安飛羽、與古田怜、古堤広大、中井奏斗、後藤空、秋里圭治、石田陵雅、久島理功、永澤叶太、塚田喜心

❶地区 ❷出場回数 ❸監督 ❹引率教員 ❺主将 ❻登録選手名（背番号順） ※高校名横に「総」マークがある高校は夏の総体出場校

広島皆実

❶広島県❷17回目❸小熊和人❹三宅豊❺中谷颯太
❻大代初芽、金山佳吏、三浦祐輝、新中優大、島田承馬、島田琉輝、立通岳、杉原優希、中谷颯太、藤井颯天、岡本敬大、橋本宗一郎、渡部琉、藤井永遠、金山颯汰、角田凌哉、沖野嘉紘、木村俊太、竹本大雅、金城晴空、本田素也、竹廣凌介、高橋由馬、森本珠寿、岡田咲人、守本櫂人、杉原健太、藤井陽空、行政壮大、桑田達矢

高川学園 総

❶山口県❷28回目❸江本孝❹河村直樹❺山本陽
❻福島真斗、西村大和、松原朋榮、藤井蒼斗、岡楓太、高良優貴、武藤尋斗、熊谷康亮、梅田彪翔、山本吟侍、大下隼鋭、栗栖海晴、山本陽、矢次皐、佐藤大斗、岩瀬颯吾、松沢晃宏、原歩夢、村田吟、藤岡大誠、法貴大和、長野恭大、実森大翔、沖野眞之介、田邊太一、坂本健、行友祐翔、安井拓海、中島颯太、松木汰駈斗

四学大香川西

❶香川県❷12回目❸大浦恭敬❹大浦翔❺谷将貴
❻三谷虎大朗、辻本海琉、小島大空、山西憂斗、福平太一、塩川直幸、鈴木理生、菊池亜門、橋田璃大、山田晃市、伊藤俊介、竹本凜、中島嘉人、入口瀧斗、岡康生、水上将秀、勝敬二郎、日野友葉、玉田滉喜、鹿島優希、田中徳和、山口鼓生都、竹原大翔、齋藤稜介、阿久津凱利、本岡龍空、東恩納伊臣、内山凛人、伊地知柊也、谷将貴

帝京第五

❶愛媛県❷初出場❸植田洋平❹熊谷雄大❺武田健汰
❻杉浦健成、廣重陸、八子拓己、峯山隆介、津吹慶、山口雄人、一瀬健斗、梅澤玄季、松田侑弥、武田健汰、丹羽一心、飯島悠翔、藤野碧斗、五本木涼、樋口志、高橋璃心、毛利晃貴、蓑牟田翔、大澤蹴舞、本田颯馬、山田楓羽、内藤海斗、惣田和朝、和田大輝、三神晴路、宮島柊汰、佐藤史哉、小嶋矢眞斗、平井慈央、串田桜大

徳島市立 総

❶徳島県❷19回目❸河野博幸❹河野博幸❺織田大翔
❻藤澤芭琉、花房玲遠、稲川陽友、山本煌大、河合侑馬、河村壮真、織田大翔、山座拓達、吉田壮汰、林秀太、笠原颯太、瀬口竣介、川村琥太朗、野々村泰成、泉壮真、鈴木悠哉、安藝誠一郎、麻植光規、柴田侑茉、山口凜太郎、上田寛大、秋月大和、大佐古陸駆、藤川琉偉、岡快吏、池田怜以、太田夏壽人、原水智弘、日野主義、好浦悠仁

高知 総

❶高知県❷18回目❸大坪裕典❹細谷尚史❺角田颯磨
❻東大稀、森紺、西本翔馬、橋本拓実、市川快人、神谷昂成、南部翔太、尼崎幸誠、村田楓芽、角田颯磨、山本愁斗、高尾裕生、大久保天満、松井貫太、中越虹介、山下晃門、田辺陽翔、市原礼斗、酒井良汰、濱口達也、榎並谷礼央、岡村空星、中城夢良、湯澤作、松﨑大和、岡﨑彪我、川村匠人、小野響輝、門田翔平、岡﨑匠

飯塚

❶福岡県❷初出場❸中辻喜敬❹島田一真❺片山敬介
❻東谷康平、松島朝日、清水剛志、坂本海凪太、片山敬介、向野蓮、織田翔空、秦翼、原翔聖、村井天、見潮陽生、長谷川悠衣、池田悠夢、松尾優輝、芳野凱斗、深川恭伍、藤井葉大、大園治慈、溝口敢大、古川公琉、吉田一哉、藤村寛太、久保公斗、永原大真、小川拳斗、杉林夢斗、岩瀬太津也、江原士竜、中村城太、江下憲成

龍谷

❶佐賀県❷3回目❸太田恵介❹副島克成❺今野友聖
❻音成啓太、野口智隆、戸田宗岐、松藤修士、杉原涼、花田真之介、山下翔矢、山並仁貴、今野友聖、乗冨璃弥哉、竹内侑希、小野櫂音、太田聖也、伊崎稔拓、川村幌太、渡邉匠真、原口朝陽、島村岳、吉澤胡珀、中田脩斗、百田悠希、吉國辰、江原大翔、山田龍之介、中津海周慈、岡本光留、安藝洸輝、安積陽平、林田瑛斗、中村太朗

大分

❶大分県❷12回目❸小野正和❹河井寛次郎❺吉川獅子心
❻佐藤隼、安田晴翔、下村太智、大石吾乃、河野真裟斗、今田倖聖、青山京志郎、今田昂輝、佐藤翼、吉川獅子心、長尾浩希、前田晃平、三橋諒、菊地隆之輔、小泉斗眞、古野龍、小原優斗、渕野翔多、徳丸寛太、安藤将洋、松木明翔、山西蒼、野田航平、北山匠悟、瀬田冬獅朗、河上綺人、木下遥己、吉賀駿斗、中村勇太、森﨑翔愛

日章学園 総

❶宮崎県❷16回目❸原啓太❹福島将太❺工藤珠凜
❻小林俊雅、藏屋明徹、新穂海斗、工藤珠凜、芝清人、金川羅彌、高岡伶颯、石田誠二、田上遼馬、松下貴要、石﨑祥摩、赤木心玖朗、雑賀春輝、皆川春輝、篠田星凪、児玉寛汰、鈴木俊介、宮本大誠、安藤優翔、川越廉斗、吉村元翔、金丸宗蔵、三原蹴翔、阿部真大、松井脩真、水野凱、小坂駿介、郡大和、梶原壮一郎、藤本晃士

国見

❶長崎県❷24回目❸木藤健太❹木藤健太❺上田陽南太
❻今村泰斗、和田夢叶、村田一翔、平田大耀、上田陽南太、濱田渉帆、川添空良、中村敦貴、利根悠理、北村一真、中田敦士、川満誌杏、中山葵、西山蒔人、中村隼人、幸偉風、椛島眞於、荒木政斗、今林隆之介、川久保幸之介、新井健心、古川聖來、門崎健一、中浦優太、山口大輝、江藤呂生、松永大輝、上野晏翔、上野壮大、松本優星

西原

❶沖縄県❷5回目❸玉城真哉❹玉城真哉❺上田ゆん
❻津山智大郎、井口嘉人、與座盛恩、平良琉葵、上田ゆん、久高宗馬、宇座涼太、齋藤博斗、嘉納士恩、兼島遼、比嘉琥生、岸本壮琉、古謝秀咲、與座悠人、比嘉秋翔、下地惇生、下地健太、上地柊平、米村海、豊里琉、仲村将弥、宮城涼、上里南、安里大司、伊是名春葵、久手堅立憲、安里悠之介、仲間太紀、上原湊、神田竜寿

❶地区 ❷出場回数 ❸監督 ❹引率教員 ❺主将 ❻登録選手名（背番号順） ※高校名横に「総」マークがある高校は夏の総体出場校

優秀選手36名

第101回全国高校サッカー選手権大会

選考／公益財団法人全国高等学校体育連盟サッカー専門部技術委員会

MF 岡山学芸館 3年

木村《キムラ》匡吾《キョウゴ》

FW 岡山学芸館 3年

今井《イマイ》拓人《タクト》

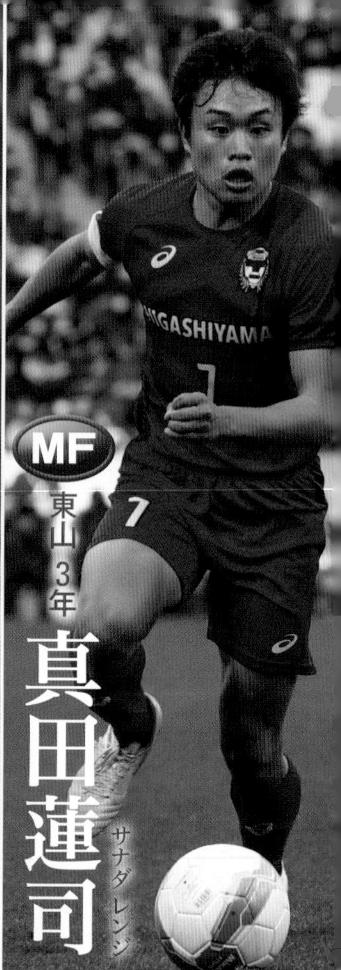

MF 東山 3年

真田《サナダ》蓮司《レンジ》

GK 岡山学芸館 2年

平塚《ヒラツカ》仁《ジン》

MF 山田《ヤマダ》蒼《アオイ》

岡山学芸館 3年

DF 岡山学芸館 3年

井上《イノウエ》斗嵩《ツカサ》

DF 新谷《シンタニ》陸斗《リクト》

東山 3年

FW

小湊 絆《コミナトツナ》

青森山田 3年

MF

名願斗哉《ミョウガントウヤ》

履正社 3年

MF

篠田 翼《シノダツバサ》

昌平 3年

MF

松橋啓太《マツハシケイタ》

東山 3年

MF

阪田澪哉《サカタレイヤ》

東山 3年

MF

徳永 涼《トクナガリョウ》

前橋育英 3年

MF

岡本温叶《オカモトハルト》

岡山学芸館 3年

DF

吉永夢希《ヨシナガ ユメキ》

神村学園 2年

FW

小林俊瑛《コバヤシ シュンエイ》

大津 3年

FW

福田師王《フクダ シオウ》

神村学園 3年

MF

笠置潤《カサギ ジュン》

神村学園 3年

FW

塩貝健人《シオガイ ケント》

國學院久我山 3年

DF

多久島良紀《タクシマ ヨシキ》

青森山田 3年

GK

佐藤瑞起《サトウ ミズキ》

東山 3年

GK
雨野《アマノ》颯真《ソウマ》
前橋育英 2年

DF
志津《シヅ》正剛《セイゴウ》
東山 2年

DF
碇《イカリ》明日麻《アスマ》
大津 2年

FW
森重《モリシゲ》陽介《ヨウスケ》
日大藤沢 3年

MF
大迫《オオサコ》塁《ルイ》
神村学園 3年

FW
西丸《ニシマル》道人《ミント》
神村学園 2年

MF
田原《タバル》瑠衣《ルイ》
大津 3年

SHOHEI
4
昌平 3年
津久井佳祐《ツクイケイスケ》
DF

大津 2年
田辺幸久《タナベヨシヒサ》
DF

FW
古田和之介《フルタカズノスケ》
履正社 3年
RISEISHA
9

MF
相原大翔《アイハラヒロト》
日体大柏 3年

FW
吉田眞翔《ヨシダマナト》
日体大柏 3年

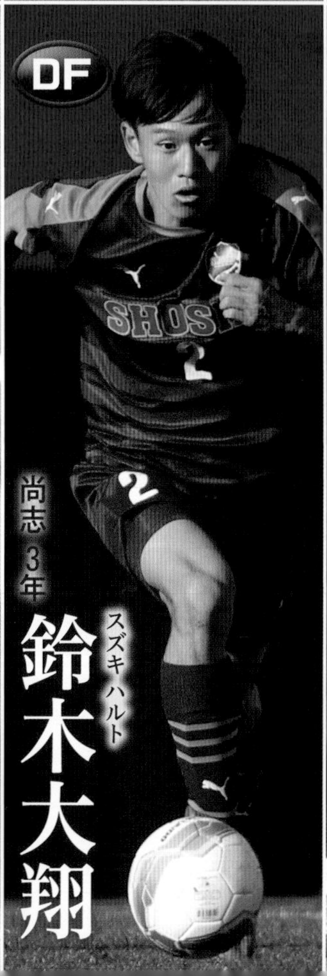
DF
尚志 3年
鈴木大翔《スズキハルト》

DF
前橋育英 3年
齋藤駿《サイトウシュン》

FW
國學院久我山 3年
中山織斗《ナカヤマオト》
久我山
9

発刊のあいさつ

Greeting

公益財団法人全国高等学校体育連盟
サッカー専門部 部長

玉生謙介

令和4年度も、いまだに続く新型コロナウイルス感染症の影響がある中での活動となりました。ウィズコロナの生活様式が進み、感染対策が徐々に緩和される中で、我々高体連サッカー専門部もその時々に適した感染対策を講じ、大会の運営に努めてまいりました。この一年の中で新型コロナウイルス感染症の感染対策の考え方、また内容は大きく変わったと感じております。昨年度の全国高等学校総合体育大会（以下、全国総体）、全国高等学校サッカー選手権大会（以下、選手権）では、残念ながらいずれも辞退校が出る事態となりました。今年度も全国総体では辞退校が出てしまいましたが、選手権、全日本高等学校女子サッカー選手権大会（以下、女子選手権）では辞退校が出ることなく終えることができました。日本国内の感染者数はその波が来るたびに多くなっているのが現状で、選手権、女子選手権の時期は昨年度より今年度のほうが多い中での開催となりました。そのような中で辞退校が出ることなく大会を終えることができたのは、感染対策の考え方、内容が大きく変わったからです。一年の締めくくりとして行われた選手権、女子選手権は完全ではないものの、コロナ禍以前の選手権、女子選手権を思わせるものでした。このような状況の中、全国総体、選手権、女子選手権と多くの方々のご尽力により大会を開催し、終えることができましたこと、この場を借りて心より感謝申し上げます。

令和４年度の全国総体は四国で開催され、サッカー競技は男女ともに徳島県で開催されました。先に触れたように、この時期はまだ感染対策が厳しく講じられており、大会の運営、実施に向けて準備の段階から頭を悩ませることが多くありました。しかし、徳島県高体連の先生方の献身的な努力のおかげで、大会を決勝戦まで終えることができましたこと、改めて感謝申し上げます。決勝は男女ともに1-0というスコアで、両校の思いの伝わる白熱した試合となりました。男子は昨年度優勝の青森山田高校に勝ち上がってきた帝京高校と、昨年度準優勝校の米子北高校に勝ち上がってきた前橋育英高校の対戦となり、前橋育英高校が優勝を果たしました。女子は昨年度優勝の神村学園高等部、準優勝の藤枝順心高校がともに１回戦で敗れる中、勝ち進んだ十文字高校と大商学園高校の対戦となり、延長の末、大商学園高校が優勝を果たしました。

昨年度、記念すべき第100回を迎えた選手権。オリンピックに向けて建て替え工事が行われた国立競技場を離れ、埼玉スタジアム２○○２で準決勝、決勝を行っていましたが、100回大会から国立競技場に戻ってきました。今年度の第101回選手権も国立競技場で準決勝、決勝が行われ、決勝は5万868人の大観衆の中で行われました。感染対策も緩和され、一般席は1回戦から収容100%、応援団席は50%としましたが声出しの応援を許可し、ブラスバンドも帰ってきました。その風景は「the 高校サッカー」。ピッチ、ベンチで一生懸命戦うチームと、それを一生懸命応援する応援団の作る会場の雰囲気は最高のものでした。大会はベスト4に優勝経験のない高校が名を連ねる大混戦でした。PK方式による決着が12試合と例年に比べ多かったのも、その表れだと思います。決勝は岡山県代表の岡山学芸館高校と京都府代表の東山高校との対戦になり、3-1で東山高校を下した岡山学芸館高校が岡山県勢としても初優勝を成し遂げました。

31回目を迎えた女子選手権は兵庫県のノエビアスタジアム神戸で決勝が行われ、東海1位代表の静岡県の藤枝順心高校と、関東1位代表の東京都の十文字高校の実力校同士の対戦になりました。一進一退の試合展開は終盤に1点を奪った藤枝順心高校が6度目の優勝を果たしました。

高校サッカー年鑑は1978年度から発刊をはじめ、その年度における高校生年代のすべての大会の記録が載せられています。この年代の資料として、これだけ詳細に記録を残し一冊にまとめ、長きにわたる書籍は類を見ません。内容についても記録だけではなく、その年度にあったトピックなども含め、興味深い事柄が多く掲載されています。高体連のサッカー関係者だけでなく、高校サッカーに興味をお持ちの多くの方々に読んでいただければ幸いです。

最後になりましたが、玉稿をお寄せいただいた皆さまと発刊に携わられた関係者の方々に心から感謝申し上げます。

令和４年度
（公財）全国高体連サッカー専門部

役員

部　　長	玉生　謙介	東京都・学習院高等科
副部長	川人健太郎	東京都立立川高校
	田内　成人	大阪府立富田林高校
	床爪　克至	東京都・文京学院大学女子高校
常任委員	沖野　大志	北海道札幌白石高校
	小林　幸大	福島県立安積高校
	川人健太郎	東京都立立川高校
	渡邉　晃	新潟県立新潟高校
	下野　善範	岐阜県立羽島北高校
	古井　成知	大阪府立東住吉総合高校
	上山　圭一	広島県立広島井口高校
	藤本　賢二	愛媛県立小松高校
	古川　淳	福岡県立伝習館高校
総務委員長	石川　勝利	東京都立東大和南高校
技術委員長	蔵森　紀昭	東京都・成城学園高校
審判委員長	木川田博信	東京都立松原高校
記録委員長	嶋野　雅春	東京都・城西大学附属城西高校
顧　　問	加藤　三郎	
	鈴木　勇作	
	上野二三一	
	平山　隆造	
	大倉　健史	
	日野　聡	埼玉県・本庄第一高校
	横田　智雄	
	滝本　寛	東京都立南葛飾高校

本書の略号、記号

ポジション

GK	ゴールキーパー	SW	スイーパー
DF	ディフェンダー	SH	サイドハーフ
MF	ミッドフィルダー	CF	センターフォワード
FW	フォワード	CB	センターバック
ST	ストッパー	FP	フィールドプレーヤー
SB	サイドバック		

キック等の種類

GK	ゴールキック	H	ヘディング
CK	コーナーキック	～	ドリブル
FK	フリーキック	→	ゴロパス
PK	ペナルティキック	⇀	浮き球パス
TI	スローイン	×	混戦
S	シュート	★	キックオフ

都道府県役員

地域	都道府県名	加盟校数（男子／女子）	役員名	勤務校
北海道 男子 189 女子 13	北海道	189／13	沖野　大志	札幌白石
東　北 男子 299 女子 44	青　森	50／7	齋藤　康弘	五所川原
	岩　手	48／7	進藤　祐一	盛岡市立
	秋　田	28／2	髙橋　佳照	大曲工業
	山　形	42／12	今野　誉康	山形東
	宮　城	70／11	平賀　玄太	多賀城
	福　島	61／5	小林　幸大	安積
関　東 男子 1,113 女子 191	茨　城	103／10	片野　武司	牛久
	栃　木	62／13	臼井　紀仁	宇都宮白楊
	群　馬	58／17	吉澤　正	前橋西
	埼　玉	168／41	二見　元	大宮東
	東　京	320／54	川人健太郎	立川
	千　葉	165／28	髙澤　篤	市立千葉
	神奈川	206／23	粉川　典史	横浜サイエンスフロンティア
	山　梨	31／5	土屋　安晴	甲府城西
北信越 男子 287 女子 24	新　潟	97／6	渡邉　晃	新潟
	長　野	79／6	金井　伸明	上田東
	富　山	41／4	澁谷　龍宏	高岡
	石　川	41／7	山上　茂信	小松工業
	福　井	29／1	小阪　康弘	丸岡
東　海 男子 408 女子 52	静　岡	113／18	大川　晃広	清水西
	愛　知	181／23	前田　幸美	南陽
	岐　阜	62／2	下野　善範	羽島北
	三　重	52／9	徳利　英明	上野
近　畿 男子 564 女子 68	滋　賀	51／3	前田　健	米原
	京　都	75／7	安部　俊之	莵道
	奈　良	35／3	中留　学	東大寺学園
	和歌山	31／3	清原　久雄	和歌山工業
	大　阪	210／33	古井　成知	東住吉総合
	兵　庫	162／19	笠原　弘樹	御影
中　国 男子 267 女子 30	岡　山	66／5	黒川　竜生	総社
	鳥　取	22／5	山本　康彦	米子西
	島　根	32／2	池野　聡祐	江津
	広　島	102／12	上山　圭一	広島井口
	山　口	45／6	大和　健一	南陽工業
四　国 男子 139 女子 20	香　川	37／3	佐々木浩児	高松東
	徳　島	27／7	村山　孝博	川島
	高　知	28／4	一柳　孝伸	高知小津
	愛　媛	47／6	藤本　賢二	小松
九　州 男子 486 女子 75	福　岡	128／16	古川　淳	伝習館
	佐　賀	36／4	田中　哲也	小城
	長　崎	52／5	渡邉　健	猶興館
	大　分	40／2	西尾　秀一	中津南
	宮　崎	43／8	増田　浩樹	五ヶ瀬中等
	熊　本	60／9	厚　晴仁	熊本学園大学付属
	鹿児島	70／6	鳥越美智人	甲南
	沖　縄	57／25	金城　武治	那覇西
男子 3,752 女子 517		3,752／517		

ベスト4主将インタビュー

MF 大迫塁 Rui Osako 神村学園

DF 井上斗嵩 Tsukasa Inoue 岡山学芸館

DF 新谷陸斗 Rikuto Shintani 東山

FW 小林俊瑛 Shunei Kobayashi 大津

戦い続けた3年間

次の100年への一歩として開催された第101回全国高校サッカー選手権大会。
準決勝には神村学園（鹿児島）、岡山学芸館（岡山）、東山（京都）、大津（熊本）が勝ち進んだ。
いずれも初優勝を狙う顔ぶれとなった2022年度のベスト4の主将たちは、
どのような思いで高校サッカーと向き合ってきたのか――。

質問／池邉左千夫、嶋野雅春、長山拓郎（全国高等学校体育連盟サッカー専門部）　構成／奥山典幸
このインタビューは、準々決勝終了後の2023年1月4日に、個別に電話取材で行いました。

神村学園 大迫 塁 主将

いままでの苦労が報われた 最後の選手権

——準々決勝は前回大会王者の青森山田を2-1で下して、神村学園の過去最高成績にならぶ4強入りとなりました。準々決勝を含めてここまで3試合を戦いましたが、ベストゲームは?

大迫　青森山田戦です。2回戦、3回戦よりボールをしっかり保持できたので、神村らしさを出せたと思っています。ボールを保持できる神村の強みに加えて、今年は粘り強さもあるので、いいチームになってきたなと感じています。

——神村学園としては2006年度以来の準決勝進出ですが、ここまで来ることができた要因はどこにあると思いますか?

大迫　チーム一人ひとりがやるべきことをしっかりやれた結果、こうして国立の舞台にくることができたのかなと思います。

——昨年度から開幕戦・準決勝・決勝は国立競技場で戦うことになりました。国立競技場への思いは?

大迫　小さいときから選手権を見ていましたし、選手権といえば国立でした。「ここでサッカーができたら素晴らしいだろうな」と開会式のときに感じたので、「ここに帰ってきたい」と強く思いました。

——大迫くんは1年生のときから3年連続で選手権に出場しています。

大迫　正直、1～2年生のときは、あまり好きな大会ではなかったです。なかなか結果を出すことができず悔しいばかりで、嫌な思い出のある大会でした。ただ、今回はいままで苦しかったことが報われてきているので、神村でサッカーを続けてきてよかったです。

——選手権直前の2022年11月～12月に行われたFIFAワールドカップカタール2022（W杯）での日本代表の戦いを見て感じたことはありますか?

大迫　国を背負って戦うことは素晴らしいことなんだと改めて感じました。でも、あのレベルの選手が揃っていてもまだベスト8に行けない。その壁は本当に高いんだと感じさせられた大会でした。

——大迫くんは世代別代表に選ばれています。

大迫　自分の夢は、W杯で優勝することです。それが、自分がサッカーをやっている理由のひとつなので、まずはW杯のピッチに立ちたいです。

——入学直前に新型コロナウイルスの感染拡大がはじまり、コロナ禍での高校3年間となってしまったのが大迫くんたちの代でした。

大迫　活動が制限されていたので、試合ができずに高校生活が終わる選手がいたのも事実です。もっと多くの人にチャンスがあったらよかったのにと思いますし、彼らの分も戦わないといけないと思っています。

——中学、高校の6年間、神村学園に通っていますが、神村学園を選んだ理由を教えてください。

大迫　自分が中学に入るまでの3年間、神村は選手権予選決勝で鹿児島城西に負けていて。ただ、自分としては、「神村はうまくて強いチームだな」と小学生ながらに感じていたんです。

——高校3年生になって、キャプテンに選ばれた経緯は?

大迫　中学でもキャプテンだったこともあって、キャプテンは自分しかいないと思っていましたし、有村圭一郎監督からも言われていました。

——キャプテンを務めたこの1年は、どんなことを心がけてきましたか?

大迫　最初はチームがうまくいかない時期のほうが長くて……。悩みを抱えている選手が打ち明けられない状況があったので、その時期は本当にキツかったです。自分としては、選手が思っていることを話せる環境を作りたくて、積極的にコミュニケーションをとることを心がけていました。いろいろな選手の意見を聞いたことで、自分の幅も広がったと感じています。

——チームが強くなるためには、どんなことが必要だと思いますか?

大迫　自由も大事ですけど、ルールを作ることで、より自分のやるべきことを整理できるようになると思っています。ピッチの中のことだけでなく、外のことに関してもルールを作って、それを実践することでチームとして成長したと感じています。

——「うちのチームはここがほかには負けない!」というところを教えてください。

大迫　勝負強さです。劣勢の状況でも逆転したり、勝ち切ったりしてきました。粘り強く最後まで戦うところは、チームとしてできていると思います。

——選手権はまだ続きますが、高校生活を振り返って誰に感謝を伝えたいですか?

大迫　良いときも悪いときも、ずっとサポートしてくれた親に感謝したいです。そのサポートがなかったら、キツい時期を乗り越えられなかったと思っています。

——今後、どのようなサッカー人生を送りたいと思っていますか?

大迫　まずは卒業後に入団するセレッソ大阪でしっかり活躍して、セレッソ大阪に関わる方々に応援される選手になりたいです。そして、海外に行って活躍したいと思っています。

——では最後に、高校サッカーを漢字一文字で表すとすると、大迫くんはどんな文字が思い浮かびますか?

大迫　そうですね……「笑」でお願いします。神村が活躍することで、いろいろな人を笑顔にできています。その笑顔を見ると、高校サッカーをやってよかったと実感できるんです。チームも常に笑っているような選手ばかりで、笑顔があふれています（笑）。

岡山学芸館 井上斗嵩 主将

無理だと思っていた岡山学芸館でのチャレンジ

――今大会の岡山学芸館は過去最高成績だった3回戦を突破して、4強まで勝ち上がりました。準々決勝までの4試合で、ベストゲームはどの試合ですか?

井上　２回戦の鹿島学園戦です。２失点してしまったんですけど、自分たちのやりたいことができた試合でした。決勝点となった３点目は、何人も連動しながらパスがつながってゴールをとることができました。

――ベスト4まで来ることができた要因はどこにあると思いますか?

井上　４月から平清孝先生（ゼネラルアドバイザー）の指導を受けているんですけど、自分たちが初めて聞くようなことばかりで。メンタルの面で成長できたことがチームとして大きいと思っています。

――具体的にはどんなことを言われたんですか?

井上　たとえば、３回戦の國學院久我山とのPK方式のときだったら、「相手は目線が下になっている。気持ちが下がっている。うちは明るい雰囲気だから絶対に勝てるぞ」と言われました。

――次の準決勝の舞台は国立競技場です。国立競技場に対しての思いを教えてください。

井上　日本で一番大きいスタジアムですし、そんな大舞台で自分たちがプレーできることに、まだ実感がないのが本音ですね。

――大舞台ということでいうと、選手権の直前にはカタールでW杯が開催されました。W杯での日本代表は見ていましたか?

井上　日本戦は全部見ました。世間的には、ドイツ、スペインが勝つと予想されていたと思うんですけど、それを覆して日本が勝ちました。やっぱり勝負の世界は、試合をやってみないとどっちが勝つかわからないんだと改めて感じました。

――井上くんの代は、入学直前に新型コロナウイルスの感染拡大がはじまり、コロナ禍での高校3年間となりましたが、どのような苦労がありましたか?

井上　コロナ禍もたいへんだったんですけど、個人的に1年生のときは、チームでのカテゴリの上げ下げがありました。中学のときにハジャス（FC）のチームメイトで、一緒に岡山学芸館に入学した今井拓人と岡本温叶は１年生のときからAチームにいて。それが悔しくて苦しんでもいたんですけど、「２人と一緒にプレーしたい」というモチベーションに変えることができました。

――岡山学芸館を選んだ理由を教えてください。

井上　学芸館は自分にはレベルが高すぎるから無理だろうと思っていたんです。でも、ハジャスと学芸館が練習試合をしたときに声をかけてもらって。せっかく声をかけてもらったんだから、強豪校でチャレンジしようという気持ちで入学を決めました。いまでは本当にきてよかったと思っています。

――井上くんがキャプテンに選ばれたのは、どういう経緯があったんですか?

井上　去年のキャプテンからの推薦もあったんですけど、キャプテンが決まる前は高原良明監督たちから日替わりでキャプテンが指名されていて、僕に回ってきたときに、次の日から指名がなくなってずっと僕がキャプテンをやってました。その後、正式に発表されるときに僕が指名されました。

――キャプテンを務めたこの1年は、どんなことを心がけてきましたか?

井上　最初のほうは何をしたらいいのか全然わからなかったので、「去年のキャプテンだったらどうしていたか」と考えながらやっていました。悩んでいるときに三宅雄高コーチに相談したら、「比べたりしなくていい。自分なりに、自分が思っているようにやってみたら」とアドバイスを受けて、それからは自信を持てるようになったんです。

――チームが強くなるためには、どんなことが必要だと思いますか?

井上　勝利への執着心を持つことですかね。選手権の４試合でそれを実感しています。

――「うちのチームはここがほかには負けない!」というところを教えてください。

井上　先ほどの質問の答えとかぶるのですが、勝ちたい気持ちは一人ひとり強いので、そこはどのチームにも負けないです。

――まだ選手権は終わっていないですが、高校生活の中で誰に感謝を伝えたいですか?

井上　一番は両親です。１年生のときに挫折しかけたんですけど、そのときに「１年生なんだからまだ時間はあるから。諦めずにがんばったらいいよ」と声をかけてくれて、それが励みになりました。

――これからどのようなサッカー人生を送りたいと思っていますか?

井上　卒業後は高原監督の薦めで日本体育大学でサッカーを続けます。練習会でチームの雰囲気、やっているサッカーを肌で感じて、「ここでサッカーをやってみたい」と思いました。大学を経て、将来はプロになりたいと思っています。じつは大学では、教員免許をとろうと思っているので、もしかしたら学芸館にもう一度戻ってくるかもしれません。

――最後の質問です。高校サッカーを漢字一文字で表すと?

井上　「変」ですかね。この選手権に出ることでメンタルが変わったり、人生が変わることもあると思っています。実際、初戦から勝ち上がっていくたびに、チームメイトが自信を深めてベスト４まできました。そういう変化があるので、「変」という漢字が浮かびました。

東山 新谷陸斗 主将

高校サッカーを通して 人間としての成長も実感

――東山としては昨年度の8強という記録を超えて、5回目の出場で初の4強入りとなりました。準々決勝までの4試合で、ベストゲームはどの試合ですか?

新谷　自分的には（3回戦の）高川学園との試合です。立ち上がり1分経っていないうちに先制点がとれました。苦しい時間帯もありましたけど、それをしのいで後半に追加点がとれて2-0で勝利することができました。個人としても冷静にプレーできていたと思います。

――チーム初のベスト4まで来ることができた要因はどこにあると思いますか?

新谷　チームワークです。チーム全員で話し合っていて、試合に出ているメンバーだけでなく、サブのメンバー、スタンドで応援してくれているメンバーも一体になっています。それがいい雰囲気をつくっているので、いまのチームの強みになっています。

――昨年度から開会式／開幕戦、準決勝、決勝の舞台が国立競技場になりました。国立競技場に対しての思いを聞かせてください。

新谷　小さいころからの夢に、「国立に行きたい」というのがありました。でもいまは国立に行くのが目標ではなくて、「国立で日本一になる」のが目標になっています。憧れの国立という気持ちも少しはありますけど、それよりは日本一をとることに集中しているので、次の試合に向けて気持ちを切り替えていきたいです。

――新谷くんは、開会式のときに国立競技場でいち早く選手宣誓という大役も担いました。

新谷　自分で文章を考えて、先生方に添削していただいて。家族の前で練習をしたり、開幕の前日にはチームメイトの前で予行したり、いろいろな人の協力があっての選手宣誓だったので、感謝の気持ちでいっぱいです。

――選手宣誓の中ではW杯のことにも触れていましたが、カタールでの日本代表の試合を見て、感じたことはありますか?

新谷　日本の試合はすべて生放送で見て、格上の相手でも勝てるということを示してくれた大会だったと思います。戦術的な部分で言うと、前半は苦しい状況の中でも耐えて、後半に選手を入れ替えたりして反撃に出るというのが、見ていてすごいなと思いました。

――新谷くんの代は、入学直前に新型コロナウイルスの感染拡大がはじまり、コロナ禍での高校3年間となりましたが、どのような苦労がありましたか?

新谷　チームで練習ができなくて、個人練習の日々が続きました。それでも、仲間の大切さを改めて強く感じられたので、その期間は無駄ではなく、いまの自分たちに還ってきているのだと思っています。

――東山に進学することを決めた理由を教えてもらえますか?

新谷　東山以外にも選択肢があったんですけど、東山の練習会に来たときに、サッカーの部分で魅力的だったのももちろん、人間性の部分でも学びが多そうだと強く感じたので、自分が成長できると思って選びました。

――キャプテンに選出された経緯を教えてください。

新谷　選手同士で話し合って、推薦という形で決まりました。1年生のころからリーダーシップを発揮しようとしていたので、そこをみんなが見てくれていたのかなと思っています。

――キャプテンを務めたこの1年は、どんなことを心がけてきましたか?

新谷　夏前にチームが勝てない時期が続いていたんですけど、それを立て直すにはどうしたらいいのか考えるようになったことが、キャプテンとして一番の経験になったと思います。キャプテンになってからは発言する回数も増えて、一人の人間として成長できたと思います。

――チームが強くなるためにはどんなことが必要だと思いますか?

新谷　試合に出ているメンバーだけではなく、部員全員で一体となって戦うことです。

――「うちのチームはここがほかには負けない!」。どんなところが挙げられますか?

新谷　みんなの仲がいいところです。学年関係なしにコミュニケーションをとれるところは、どこのチームにも負けないのかなと。

――選手権はまだ続きますが、高校生活を振り返って誰に感謝を伝えたいですか?

新谷　たくさんいるんですけど、まずは両親ですかね。自分は奈良から京都に通っているんですけど、母が朝早くに弁当を作ってくれました。また、サッカーだけでなく人間性についても指導してくださった福重良一監督を含めスタッフの皆さん、そして、この大会を開催するにあたって、支えてくださったすべての人に感謝したいです。

――今後、どのようなサッカー選手になりたいと思っていますか?

新谷　自分の夢はW杯に出場して優勝することです。大学サッカーを通してもっと成長して、プロになって、日本代表に入って、まずはW杯に出場することを目標にしています。

――では最後に、高校サッカーを漢字一文字で表すとすると、新谷くんはどんな文字が思い浮かびますか?

新谷　「人」という字です。サッカーを通して人との関わりが増えるのが、高校サッカーだと自分は思っています。技術も大切ですけど、それ以上に人間性を大事にしてこその高校サッカーだと思うので、「人」という漢字を選びました。

大津 小林俊瑛 主将

感謝を胸に憧れのチームでプレーした3年間

――準優勝した昨年度に続いて、2年連続で4強に入りました。準々決勝までに大津は3試合戦っていますが、ベストゲームを選ぶとしたら?

小林　大津らしいという意味で、今日の前橋育英戦です。PK方式での勝利でしたが、いい守備から、いい攻撃につなげられましたし、カウンターも狙っていた形で出せたと思います。

――2年連続のベスト4。ここまで来ることができた要因はどこにあると思いますか?

小林　選手一人ひとりが、指導者、保護者、スタンドで応援してくれている人たちのことを考え、みんなのためにプレーできたことが一番大きいと思います。応援してくれている人のために戦うということは、ミーティングで自分も声をかけています。

――小林くんが誰かのためにプレーする、という思いになったきっかけはありますか?

小林　去年の選手権は準優勝で終わってしまって、「今年こそは優勝する」という思いで1年間やってきました。その目標をかなえるためにも、感謝の気持ちを持って戦うことが大事なのだと思いました。

――昨年度も中心選手だった小林くんにとっては、2年連続での国立競技場でのプレーになります。国立競技場に対しての思いを聞かせてください。

小林　去年の決勝ではチームとしてシュート0、という悔しい結果もあるので……。それを払拭するためにも、次の準決勝に向けてしっかりといい準備をしていきたいですね。

――昨年のカタールでのW杯には、大津出身の谷口彰悟選手も出場していました。W杯での日本代表を見て、感じたことはありますか?

小林　日本戦は全部見たんですけど、「日本を代表して戦う」という気持ちの部分は、自分たちも学ぶべきだと思いました。惜しくもベスト8には届きませんでしたけど、ドイツやスペインといった強豪が相手でも「ひるまずに戦って勝つ」。その意味では自分たちにもできることなのかなと感じました。

――小林くんが入学する直前に新型コロナウイルスの感染拡大がはじまり、コロナ禍での高校3年間となりましたが、どのような苦労がありましたか?

小林　入学してすぐに休校になってしまって、2ヵ月間学校に行けない状況で高校生活がはじまりました。満足にサッカーができなくても、次第に練習や大会が再開されて、サッカーをできることに感謝できるようになれたことは、ポジティブにとらえています。

――神奈川県出身の小林くんが、熊本県の大津に進むことを決めた理由は何ですか?

小林　中学2年のときに選手権で、大津が桐光学園に5-0で勝利した試合を見て、このチームで選手権を戦ってみたいと思ったからです。

――キャプテンに選出された経緯を教えてください。

小林　きちんとした経緯はあまりわからないんですけど、去年の3年生の中で話し合って決まったそうです。おそらく去年から試合に出させてもらっている経験値も買われたのかなと思っています。

――キャプテンを務めたこの1年は、どんなことを心がけてきましたか?

小林　今年のチームは、一人ひとり個性が強いので、みんなのベクトルを同じ方向に向けるのが大変でした。それでも、総体やプレミアリーグの試合を重ねていくことでチームがまとまっていったと感じています。

――チームが強くなるためにはどんなことが必要だと小林くんは感じていますか?

小林　やるべきことをしっかりとやることです。守備のところも、攻撃のところも1対1で負けないとか、ハードワークするとか、そういった基本的なことをやりきることが大事だと思います。

――「うちのチームはここがほかには負けない!」というところを教えてください。

小林　今年のチームでいえば、サイド攻撃だと思います。

――選手権はまだ続きますが、高校生活を振り返って誰に感謝を伝えたいですか?

小林　まずは平岡和徳総監督、山城朋大監督。ずっと神奈川で支えてくれた親にも感謝したいです。あと、鵠沼《くげぬま》中学サッカー部監督の中村京平先生。高校に入ってもずっと自分のことを気にかけてくれていました。みなさんには、感謝しかありません。

――小林くんは今後、どんなサッカー人生を送りたいですか?

小林　筑波大学でサッカーを続けます。練習に参加したときに、一番自分に合っていて、ここでサッカーをやりたいという気持ちが一番大きかったので進学することを決めました。筑波大学では谷口選手をはじめ多くの大津の先輩がプレーしてきたことも、決め手のひとつになっています。筑波大学では、まずは試合に出ること、そしてプロになることを目標にやっていきたいです。その後は、日本代表に入って、W杯で優勝することを目標にしています。

――最後に、高校サッカーを漢字一文字で表すとすると、小林くんはどんな文字が思い浮かびますか?

小林　……「魂」ですかね。自分の中では高校サッカーといえば選手権が大きくて。特に今大会は3年間の集大成でもありますし、魂を込めて戦うことが選手権では一番大事なことだと思っています。

VOICE 若きイレブンの声

北海

島谷侑征 3年／GK

自分は、3年間で仲間と本気でぶつかる大切さを学びました。チームが一つになるために、練習中から気持ちを込めて本音を伝えるということに全力で取り組みました。時には言い合いになることもありましたが、そのたびに仲間との絆が深まり、チームの一体感を感じることができ、改めて高校サッカーっていいなと思いました。最後、目標を達成することができませんでしたが、仲間と全力で挑んだ3年間は自分の宝物です。

青森山田

多久島良紀 3年／DF

今年度は昨年度の三冠という偉大な成績を残した先輩方の後を託された後で、無冠という悔しい結果で終えることになりました。春のシーズン開始からプレッシャーを抱えながら新チームがスタートし、苦しいことの方が多かったですが、仲間と切磋琢磨し最後の選手権では自分達が持っているすべての力を出し切りました。チームとしても個人としてもまだまだ成長していかなければならないと感じました。この悔しさを糧にこれからの人生の勝者になれるように頑張りたいと思います。今後とも青森山田の応援をよろしくお願いします。

盛岡商

大町陽斗 3年／DF

私達は令和2年度に高校へ入学しましたが、新型コロナウイルスが流行し活動縮小を余儀なくされました。しかしその中でも選手権優勝を目標に掲げ、部活動に励んできました。時には仲間同士ぶつかってしまったり、チームとして上手くいかないことがありましたが、そのようなことがあったからこそ岩手県大会優勝、全国大会1回戦突破ができたのだと思っています。後輩たちには全国大会2回戦突破を目標に頑張ってほしいです。

明桜

佐藤拓海 3年／FW

今大会から声出しと吹奏楽による応援が緩和され、私たちが小さい頃に見ていた選手権大会と同じ雰囲気の中で大会を行うことができたことに感謝しています。この3年間は新型コロナウイルスに翻弄された高校生活でした。日々、状況が変わる中で、苦しい時期もありましたが、サッカーをチームで行える有難みを改めて感じました。そして、節目となる今大会に出場できたことを嬉しく思います。私たちの目標は達成することができませんでしたが、これからも続いていく選手権大会と同様に、後輩たちが歴史をつくっていくことを願っています。

羽黒

瀬戸遥太 3年／DF

私達は入学した当初からコロナ禍真っ只中で部活動が停止になったり、試合が中止になったりと、とても難しい3年間を過ごしました。高校3年間という貴重な時間が丸々コロナ禍だったことで、色々なことに気づきました。誰かのサポートがあっての自分達だったし、当たり前に活動できる訳じゃないなと思いながら、サッカーをすることができました。

聖和学園

小野喬 3年／DF

自分達は3学年で250人弱の部員数で、その中で出ている11人には250人の代表であるという責任感と重圧がある。でも試合に入ればこの人数はどこのチームよりも大きな力になっていたと思う。そしてその力が選手権の舞台でもグラウンドに立つ選手の背中を押してくれていた。これからの聖和学園を背負っていく1、2年生にはその自覚と自信を持ってどんな相手にも楽しんで勝てるチームになってほしい。3年間ありがとうございました。

尚志

山田一景 3年／DF

私は今回初めて選手権でプレーし、結果は良いものではありませんでしたが、これまでの目標である選手権に出られて本当に嬉しかったです。チームとしてのプレーはとても良く大会参加チームの中でもトップクラスだったと思います。私自身のプレーは良いとは言えない内容でした。そして最後のロッカールームで、監督から最後に言われた言葉は3年間で一番悔しかったです。選手権を通して、また一段上のサッカープレイヤーになれました。

鹿島学園

上原悠平 3年／DF

全国高校サッカー選手権を終えて、3年間があっという間に感じました。コロナ禍で中々サッカーができないこともありました。ですが部員全員が同じ目標に向かって、どんなきつい練習にも切磋琢磨しながらやってきました。積み上げてきたものは大きな財産です。掲げていた目標には届きませんでしたが、来年また頑張ってほしいです。

前橋育英

徳永涼 3年／MF

入学当初の話し合いで、選手権優勝という目標を立てました。しかし、中々上手くいかなく仲間同士でぶつかる時期が多かったですが、その度に仲間と正面衝突して壁を乗り越えてきました。3年生全員の話し合いでは、メンバー外になった仲間が「腐ることなく応援したい」と言ってくれ、より引き締まりやれることは全て行いました。負けてしまったのは悔しいですが、後悔はないです。この仲間に出会えた事に感謝したいです。

佐野日大

江沢匠映 3年／MF

私は、新型コロナウイルスや怪我の影響でインターハイ、選手権県大会でなかなか出場することができず、チームに迷惑をかけてしまうことがありました。しかし、副キャプテンを中心にたくさんの仲間がチームをまとめてくれて、選手権ではベスト8という結果を残すことができました。3年間を通してサッカーというスポーツ、また、仲間の素晴らしさをより実感できました。最高な仲間と出会えて良かったです。

昌平

津久井佳祐 3年／DF

この夏、全国高校総体の試合中に大怪我をしてしまいました。サッカーをもう一度全力でできるか不安の日々でした。しかし、共に汗を流した仲間や家族の支えがあり、諦めずにリハビリに取り組むことができました。憧れの舞台でもあった選手権のピッチに立ち、大観衆の前でプレーできた喜びは一生忘れることのない私の財産です。卒業後は厳しいプロの道へと進みます。高校での経験を活かし、常に成長を求め努力を続けていきます。

日体大柏

吉田眞翔 3年／FW

選手権が終わり、多くの感情がありますが、今回3年ぶりの声出し応援があり、チーム一丸となって戦えたと思います。その結果ベスト8という結果にも繋がりました。高校サッカー選手権の舞台は小さな頃からの夢であり、たくさんの方々に支えられたことを実感した大会で、個人的にすごくいい経験ができました。チームとしてもベスト8を超えられるよう、後輩にこれから新しい第一歩を踏み出していってもらいたいです。

國學院久我山

塩貝健人　3年／FW

全国高校サッカー選手権大会を終えて、私は大会に関わる全ての方々に感謝の気持ちを抱きました。私たちが思う存分プレーをする背景には、グラウンド整備や取材陣などのたくさんの大会関係者が、私たちのために動いていることを今大会を通して気付かされました。そうした方々のお陰で3年間の集大成である選手権を最高のものにする事ができました。本当にありがとうございました。

成立学園

八木 玲　3年／MF

大会を開催するにあたって関係者の方々、サポートや応援してくれた方々、ありがとうございました。17年ぶりに選手権に出場することができましたが2回戦敗退という結果で終わってしまったことはすごく悔しいです。この3年間思うように活動できず、苦しい期間が多かったですが最後の大会で多くの人の期待も背負い、素晴らしい舞台でサッカーができたことを嬉しく思います。来年は優勝を目指して頑張ってほしいです。

日大藤沢

岡本亜鶴　3年／GK

ベスト16という悔しい結果に終わりましたが、仲間と切磋琢磨し目標に向かって共に戦う素晴らしい経験ができました。また、多くの方々に支えられ、応援していただいている事を改めて実感しました。桜色に染まったスタンドを見上げた時、メンバーに入れず悔しいはずの選手も、必死に飛び跳ねて大声で応援している姿が、ピッチで戦っている選手の背中を強く押してくれました。これからも日大藤沢サッカー部の応援をよろしくお願いします。

山梨学院

宮岡拓海　3年／MF

私たちは、選手権に向けての活動の中でたくさんの困難を乗り越えてきました。県予選では新型コロナウイルスの影響で十分に準備することができず、苦しみながら勝利をつかみました。そして全国大会前はチームの雰囲気は良いとは言えませんでした。そんな中で迎えた最高の舞台。不思議とチームがひとつになっていると感じました。あの舞台は全ての人の心を奪う最高のボーナスステージです。山梨学院に来て良かったです。

日本文理

小熊優斗　3年／DF

日本文理高校に入学し、「選手権に出場する」という夢が叶いました。大会期間中、とても幸せな時間を過ごせました。5月に大怪我を負い、選手権出場が絶望視されました。ものすごく悔しくて、ものすごく苦しい期間が続きましたが、仲間たちが自分を「全国へ」と頑張っている姿を見て、少しでも出場できるよう懸命のリハビリを続けました。こうして素晴らしい舞台に連れて来てくれた最高の仲間達と過ごせた3年間は、全てが宝物です。

富山第一

辰島尚悟　3年／GK

いつも応援してくださる方やこれまで支えてくださった方の為に部員全員が全力を尽くした大会になりました。結果は残念でしたが、自分の為でなく、人の為に頑張ることは自分の持っている力以上のものが発揮されると高校サッカーを通じて学びました。また、コロナ禍で入学し、不安な高校サッカーを迎えましたが、最後は高校サッカーらしい声出し応援が戻ってきて、とても幸せな時間になりました。ありがとうございました。

松本国際

二木 楓　3年／MF

第101回全国高校サッカー選手権大会に出場して感じたこと。それは、今回は前年度からのレギュラーが多くいたので、結構通用するかなと思っていたが、個の能力だけではだめで、チームとして、グループとしてさらに質を上げないとだめだと痛感した。全国の舞台で積み上げたことをすべて出し切れなかったのは悔しいが、この大会を目標に練習して、チーム・個人が大きく成長できた。

星稜

山下 陸　3年／FW

入学当初は新型コロナウイルスにより練習ができずオンラインでの練習の日々が続きました。学校行事や修学旅行、1年時の総体など様々な行事や大会も中止になる中、この大会の為に全力を注いできました。結果を残すことはできませんでしたが、目標のために努力できたこと、切磋琢磨し合い、どんな時も支えてくれた仲間に感謝しています。

丸岡

山田健太　3年／DF

私達の代はコロナ禍で練習ができなかったり、制限のある中での活動と思い描いていたようにはなりませんでしたが、最高の仲間、監督、スタッフの方々、応援して下さった多くの方々と共に戦った選手権は最高でした。国立の景色、ピッチから見たスタンドの景色は一生忘れません。目標を果たすことができなかったので、後悔が無いというのは嘘になりますが、仲間と戦った最後の選手権は、素晴らしい大会でした。本当にありがとうございました。

浜松開誠館

前田康尋　3年／MF

対戦相手やこの選手権という大舞台に怖気付くことなく、全員がそれぞれの立場で最後まで諦めずに戦ったと思う。しかしどこか私自身に力が足りなかった。この大会で得た経験を今後の自らの人生やチームに活かさなければならない。浜松開誠館は人が育ち、全国制覇できる魅力的なチームであると思う。私は数年後必ずプロになる。そのために今できる最善のことをやり尽くし続けなければならない。そう強く思う大会だった。

東邦

生駒隆季　2年／DF

高校入学時より、コロナ禍の影響でトレーニングや試合ができず、思うようなサッカーをすることができない時期が続きました。全国大会が決まった後にも活動が3日間止まるなど、チームの中でも不安がありましたが、マスク着用、密を防ぐことを徹底して、無事全員で全国大会に臨むことができました。これからもすべての関係者に感謝し、仲間とサッカーができる喜びを胸に努力を重ねていきたいです。

帝京大可児

原田逸希　3年／DF

高校生活、最初で最後の声出し応援の中での試合で、応援していただける幸せを感じながらプレーすることができました。最高の舞台で引退することができ、3年間精一杯努力してきて良かったと思えることができました。大会を開催してくださった関係者の方々や帝京大学可児高校サッカー部を支えてくださった方には感謝の気持ちでいっぱいです。本当にありがとうございました。

VOICE 若きイレブンの声

津工

庄司壮晴 3年／FW

高校サッカーの最後に国立という素晴らしい舞台で開幕戦を戦うことができたことに感謝しています。3年生になりキャプテンとして自分がこれでよいのか考えることが多くありました。それでも多くの方の支えもあり15年ぶりに選手権の舞台に戻ってくることができました。勝つことができず悔しい気持ちもありますが、充実した3年間でした。感謝しています。来年も後輩達がこの舞台に戻ってきてくれると信じています。ありがとうございました。

近江

岡田涼吾 3年／FW

高校入学時からコロナ禍で思うようにサッカーができなかった自分達にとって、選手権という舞台で満員のスタジアム、素晴らしい相手と試合ができたことは当たり前のことではなく家族やチームメイト、大会関係者の方々やこれまでのサッカー人生で関わってきた全ての方々の支えで成り立っているのだと改めて実感しました。最高のチームメイトとのかけがえのない日々の中で多くのことを学びました。たくさんの人に感謝したいです。

東山

新谷陸斗 3年／DF

コロナ禍で活動できない日々が長く続き、とても苦しかったです。ですが、今回声出し応援が可能になった高校サッカー選手権大会が開催され、準優勝することができました。それは、ピッチに立った選手だけでなく、ベンチ裏でサポートしてくれていたメンバーや応援席で応援してくださっていた東山高校の関係者の皆様、全力で声を出してくれた部員のおかげです。本当にありがとうございました。

奈良育英

大西陽太 3年／MF

前回10年ぶりの出場を果たして迎えた今回は、奈良育英高校の新たな伝統を築くための大事な年でした。前回大会の大敗で全国との差を改めて実感し、その差を埋めるべく、日々努力してきました。今大会ではあと一歩のところで負けましたが、チーム全員で戦い、課題と手応えを得て終えることができたと思います。3大会ぶりの声出し応援が入った選手権は特別な舞台でした。また来年後輩達が選手権に戻ってきてくれることを期待しています。

近大和歌山

畑下葵 3年／MF

幼い頃からの憧れの舞台であった選手権に出場できとても嬉しく思います。また、出場するにあたって沢山の応援、支援してくださった方々に感謝したいと思います。結果は残念ながら2回戦敗退となりましたが、この悔しさを糧に次のステージで頑張りたいと思います。後輩たちにはまた同じ舞台に立ち、必ずリベンジしてほしいと思います。このチームのキャプテンができてよかったです。ありがとうございました。

履正社

古田和之介 3年／FW

僕たちには入学式がありませんでした。高校のチームメイトとはオンラインでしか会うことができず、一緒にサッカーができない状況で高校サッカーが始まりました。なかなか思い通りに練習や試合ができない、チームメイトと会うことすら難しい状況が続いていました。そんな中で、チームメイトの大切さを身をもって学ぶことができました。家族より長い時間をこの仲間と過ごしました。この仲間は永遠の宝物です。

芦屋学園

酒井駿一 3年／MF

今年度のチームは、新型コロナウイルスの影響を受けて新人戦を棄権、インターハイ予選では、逆転負けを喫し、結果を残せず兵庫県ベスト16で終わってしまうなど、不安や苦しいことがたくさんありました。しかし、常に上を見て切磋琢磨できる、支え合っていける仲間がいたから最後の選手権で全国大会に出場できました。結果は1回戦で敗れてしまいましたが、私は、この芦屋学園というチームで仲間とサッカーができて最高に楽しかったです。

米子北

野田徹生 3年／DF

一年を通して、コロナ禍の影響で思うようにトレーニングをすることができず心身ともに苦しい時期がありましたが、選手たち全員が下を向くことなくチーム一丸となってやっていくことができました。一人一人個性があって、考え方が違っているけれど、同じ目標に向かって取り組めたことは今後の人生の糧となり、一生の宝物です。本当に素晴らしい仲間たちに出会えたことに感謝したいと思います。

立正大淞南

矢野瑛吉 3年／FW

2年間この選手権の舞台に立つことができず、私たちにとっては初めての景色でした。部員全員の想いを背負って戦う厳しさを体感し、初めての声出し応援に背中を押され、どんなにキツい状況でも走りきれる経験をしました。それなのにメンバーに入れなかった3年生に結果で恩返しすることができずとても悔しかったです。ですが、最高の応援のおかげでチームとしても一体感をもった戦いができました。

広島皆実

中谷颯太 3年／FW

私たちは全国制覇を目標に掲げ3年間この大会の為だけに日々努力をしてきた。2大会ぶりの選手権は2年前と同じ対戦相手である青森山田との対戦だった。結果は0対1で負けた。チーム力、戦術、準備してきたもの全てが相手の方が上だった。この3年間を通し、沢山の方に応援され、沢山の方に支えられたことに改めて気づくことができた。感謝の気持ちを忘れることなく、これからも夢に向かって頑張りたい。

高川学園

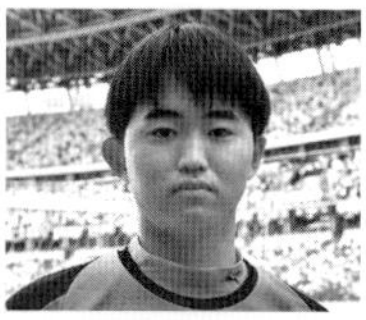

山本陽 3年／DF

私たちの学年は1年次からずっと最弱の代と呼ばれ続けてきました。そんな代でしたが、選手権予選では苦しみながらも勝ち取った全国の切符。「前回の先輩を超えよう。全国制覇しよう」と意気込んで迎えました。結果はベスト16。目標には届かず、本当に悔しかったです。しかし、仲間が全国で堂々と戦う姿を見て本当に感動しましたし、高川学園でサッカーができて幸せだったなと思いました。全国制覇の夢は後輩たちに託します。

岡山学芸館

井上斗嵩 3年／DF

この選手権で優勝できたのは、多くの方の応援のおかげだと思っています。メンバーに入れず悔しい気持ちがありながらも、声が嗄れるまで声援を送ってくれた仲間や、他の部活動の仲間、家族や友人、先輩など多くの方々が現地まで応援に駆けつけてくださったり、テレビの前などで応援をしてくださったおかげで、このチーム、そして私たち3年生最後の大会である選手権で日本一をとることができました。本当に感謝しています。

四学大香川西

山西憂斗
2年/DF

昨年は新型コロナウイルスの影響を受け、大変苦しい思いをした一年でした。チームでも感染が拡大し、万全とは程遠い状態で臨んだ高校総体で敗退した悔しさは鮮明です。私自身も怪我に悩まされた時期がありました。しかし3年生を中心に再建し、選手権で全国大会に出場できたことは大きな自信になっています。チーム一丸となって逆境に打ち勝った経験を受け継ぎ、さらなる飛躍を遂げる一年にすることをここに誓います。

帝京第五

武田健汰
3年/MF

今年度の選手はコロナ禍で多くのことを制限された年代だったと感じます。学校行事はほとんどが中止になり、部活動も練習時間や県外遠征が制限され我慢を多くしていた年代でした。その中で選手は選手権出場を勝ち取り、選手権初出場という帝京第五高校サッカー部に新しい歴史を作ってくれました。よく頑張ったと思いますし感謝しています。今後、後輩たちがこの歴史をより彩ってくれると信じています。

徳島市立

織田大翔
3年/MF

高校生活最後の選手権では、これまでお世話になった方々の前でプレーすることができました。大会を開催するにあたって、関わってくださった関係者の皆さまには感謝の気持ちでいっぱいです。ありがとうございました。この1年間、苦労することもありましたが、最後まで自分についてきてくれたチームメイトには、本当に感謝しています。後輩たちには、今回の選手権の悔しさを忘れずに、これからも頑張ってほしいです。

高知

角田颯磨
3年/FW

この3年間は、コロナ禍で満足に練習ができず、リーグ戦や大会などの公式戦が中止になるなど、満足にサッカーができない期間が多かったように感じます。しかし、そのおかげでこれまで当たり前だったことが、そうではないということに気づかせてもらいました。その中でも、最後の選手権で大声援のなかで頑張ってきた仲間とサッカーができたことは、本当に素晴らしい体験でした。ありがとうございました。

飯塚

片山敬介
3年/DF

全国大会はベスト16という悔しい結果で終わってしまいましたが、この大会を通じて選手達は良い経験をたくさんすることができました。またコロナ禍でなかなか遠征などに行けなかったり思う存分プレーをすることができませんでしたが、それによって気づけたこともあり成長できたこともありました。この経験を今後に活かしていけるようこれからも感謝の気持ちを持ち頑張りたいと思います。そしてここまで応援し支えてくださった方々、ありがとうございました。

龍谷

今野友聖
3年/MF

まずは、これまで支え、応援してくださった方々に感謝を伝えます。最後の試合は、前半2失点とありえない悔しい内容で、これが全国の舞台か、と痛感しました。後半は龍谷ペースで多くのチャンスを生みましたが、あと1点が本当に遠かった。しかし、それも自分たちの実力です。今大会で多くの方々が、私たちに注目してくださり、敗戦後も応援の声が届きました。だからこそ、後輩たちには頑張ってほしい。今後も応援よろしくお願いします。

大分

吉川獅子心
3年/MF

入学当初、コロナ禍で今まで当たり前に行っていた事が制限される生活でした。選手同士の関わりが少なく、お互いを理解し合う事が困難な中、少しずつ元の生活が送れるようになり、試合数をこなす度にチームができてきた様に思います。大分高校にとって3年ぶり、私たちの代にとっては初めての選手権の舞台に立てた事はこれからの人生で忘れる事のできない経験となりました。今まで関わってくださった全ての方々に感謝したいと思います。

日章学園

工藤珠凜
3年/DF

過去2年間、新型コロナウイルスの影響で無観客試合や声出し応援禁止などの様々な制限がかかっていた中、従来の姿を取り戻した今大会に出場できたことを嬉しく思います。日本一の夢は叶いませんでしたが、選手・スタッフの全員が最後まで力の限り闘った今大会はこれから日章学園が上進する大きなきっかけになったと思います。ピッチに立つことができなかった選手含め124名全員がチームの勝利の為に闘ってくれたこと、本当に感謝しています。

大津

小林俊瑛
3年/FW

前回の決勝戦での敗戦から、前回を超えることを目標に1年間仲間と努力を継続してきました。目標には届きませんでしたが、その過程で多くの学びと出会いがあり、振り返るととても充実した時間を過ごすことができていたと思います。また、前回に引き続き大津町・熊本県の方々から本当に多くの力をもらいました。この経験を糧に3年生は今後のサッカー人生に生かしたいですし、後輩には来年こそ平岡総監督を胴上げしてほしいです。

国見

上田陽南太
3年/DF

夢の選手権の舞台に、青と黄色の縦縞のユニフォームを着て帰れたことを誇りに思います。僕たちは「地域に愛されるチーム」という目標を掲げてやってきました。実際に全国大会に出場し、全国に国見を応援してくださる方がいることを身をもって知りました。今大会ではベスト16という結果でしたが、本来の目標は日本一です。日本一を取ってこそ国見復活だと言えます。国見高校の挑戦は続きます。

神村学園

大迫塁
3年/MF

今年の選手権は、私にとってとても大切な経験になりました。新チームが立ち上がった時の目標がプレミアリーグ昇格と選手権優勝。この2つの目標に向けて、チーム一丸となりやってきました。夏まではうまくいかず、チームの雰囲気も悪かったのですが、一人一人がチームの為に必死に行動し、すごく良いチームになりました。選手権では劣勢な状況の中でも、諦めず最後まで得点を狙い続ける事ができました。でも、あと一歩足りなかった。それも事実です。個人としてチームを勝たせることができなかったのがとても悔しいです。この想いを忘れずに次の舞台で頑張ります！最高の仲間、指導者と出会えてとても素晴らしい3年間となりました。

西原

上田ゆん
3年/DF

私達の高校サッカーはコロナ禍のために多くの制限があり、とても苦しい状況が続きました。それでも、乗り越えてこれたのは、「この仲間達と絶対に全国の舞台に立つ」という大きな目標があったからです。夢に見た全国大会のピッチは素晴らしく、初戦敗退したものの最後まで諦めずに仲間とボールを追いかけ続けたことは、これからの人生の大きな糧になります。後輩達には西原高校全国初勝利、沖縄県勢初のベスト4、を期待したいです。

男子 優勝監督 手記

岡山学芸館高校サッカー部監督 **高原良明**

「気づいたら たどり着いていた日本一」

チームが一つになれば

選手が最後まで本当によく戦ってくれました。こんなに早く、夢の舞台で頂点を取れるとは思っていなかったので、とにかく選手への感謝の思いが強いです。とにかく目の前の一戦に全力で立ち向かい戦うことにのみこだわっていたので、気づいたら日本一までたどり着いていました。

高校生は試合を重ねるごとにどんどん変わっていく、ということを実感できた大会でした。そして、代表選手や有名選手がいなくてもチームが一つになって一つの目標に向かっていけば、日本一を成し遂げられることを示してくれたと思います。

岡山学芸館の生命線は、全員のハードワークへの意識です。これは、よそのチームにも負けないものがあると思います。加えて、プレーの質も夏以降上がってきたと思います。今回の選手権は身体を張ってボールを防ぐことやボールを保持すること、耐えることなど、自分たちがやらなければいけないことを試合ごとに獲得できたことが大きかったです。

自分たちのサッカーをやり切る

初戦の相手・帝京大可児はテクニカルなチームという印象で、ボールを保持される時間が長くなることを想定していました。最初は硬さもありましたが、徐々にゲーム感に慣れ、自分たちのサッカーも少しずつ出せていきました。途中からは負ける気がしないという感覚になれました。初戦はどんな相手でも難しい試合になる中、しっかり勝って、かつ失点をゼロに抑えられたのは次のゲームへ向けてプラスの材料になったと思います。

続く2回戦の鹿島学園戦は、意外と前から来ないな、という印象だったのですが、身長の高い選手が多く、ロングスローなどのセットプレーは脅威で、そのセットプレーから見事に失点しました。点を取って取られての展開になり、自分たちの強みも弱さも出たゲームでした。決勝点の3点目は理想とする崩しからの攻撃で得点が生まれたので、この試合は私の中では凄く楽しめたゲームでした。これまでの選手権では、自分たちのサッカーをやり切れない負け方が多かったので、「今までやってきたことを全てぶつけて戦おう」と話していました。

3回戦の國學院久我山戦に関しては、能力の高いFW塩貝君をどう封じ込むかがポイントでした。我々のスタイルを貫き通したい気持ちもありましたが、押し込まれる時間帯が続いてしまいました。その中でこだわったのは、いかに守備の段階で数的優位を作り出すかというところです。最後の最後のところではしっかりとシュートブロックにいけていましたし、やられておかしくない場面もありましたが、全体的に集中してくれていたと思います。守備の強度や意識が本当に身についた試合でした。

準々決勝の相手・佐野日大は粘って粘ってワンチャンスを狙う、というプランだったのではないかと思います。履正社と佐野日大の3回戦を見て、履正社はボールを持つけれどなかなか侵入できず横パスが多いイメージがあったので、我々はとにかくボールを入れ込んでいき、入らなかったら横へ動かすというスタンスでした。中央がダメならとにかくクロスボールを入れまくる。前半に先制して後半、CKからのトリックプレーで2点目を取れたことでいけると感じました。思い通りの展開でゲームができたと思います。

準決勝は、まず国立競技場に立てたということが本当に嬉しかったです。対戦相手が高校ナンバーワンストライカーの福田君、そして大迫君もいる神村学園だったので、「どれだけ勝負できるかな」と思いつつ臨みましたが、本当に選手の頑張りと積み重ねが実を結びました。押し込まれる時間帯で自然とラインが下がったりすることもありましたが、リトリートするのではなく、とにかくボールへアタックしながら、奪ったらシンプルに速く攻めるプランでした。CKからヘディングで3失点目を喫した時は正直ダメかなと覚悟しました。でも、少しずつ相手の足も止まってきていたので、粘っていれば最後に何かあると考えていたところ、岡本が見事なスーパーゴールを決めてくれました。PK方式でGK平塚の活躍と、キッカーの選手たちが皆きっちり狙ったところに蹴ってくれたことも勝因でした。キッカーは、みんなの思いを背負っている代表選手です。「とにかく後悔するような蹴り方だけはするなよ」「自分がここと思ったところにGKが反応しても止められないぐらいのスピードで蹴れるようにならないとダメだよ」ということは、伝えてきたことでした。

最後までやり合いたい

国立競技場の舞台で、もう1試合この選手たちとサッカーができる。決勝を控えて強く思ったのはその喜びです。選手も、周囲が驚くほどリラックスした状態で試合に臨めました。前半はリスクを避けて、前線の今井ばかりを狙う単調なところがありました。ハーフタイムに、「あれは自分たちがやってきたことじゃないだろう」ということで、「後半はしっかりライン間に立ち位置をとりながら狙う時は狙えばいいし、ボランチを経由してサイドを変えたりと、自分たちらしいことをやっていこう」と話しました。2点目のクロスオーバーは攻撃のテーマにしている戦術の一つです。見事に中尾がオーバーラップしてくれてよいボールを蹴った瞬間、自分の中で「入った」と直感しました。木村（匡吾）は決勝まで攻撃面で仕事があまりできていませんでした。それでも、「ゴールを奪いたい」強い気持ちを持っていたので、最後にやってくれたと思います。終盤は、時間稼ぎをしようと思えばできました。しかし決勝の舞台ですし、「点を取られてもそれが自分たちの力だ。それより最後までやり合いたい」という気持ちでコーナーキープも指示しませんでした。本当に楽しかった。東山に点が入ってもおかしくない場面もありましたし、最後の最後に身体を張って防いだり、クロスバーに助けられたりなど、そのスリリングさに高校サッカーをやっているな、と感じました。

素晴らしい経験を財産に

恩師である平清孝先生が岡山学芸館に来られて1年目で優勝。できすぎです。こんなシナリオがあったのか、というくらいびっくりしています。僕は先生の最高の「選手権3位」という記録を一緒に塗り替えたいという思いがあったので、まさかこんな最高の終わり方をするとは、スタッフも誰も予想していなかったと思います。また、「岡山に少しでも恩返しできたらいいな」とここまで頑張ってきたので、少し報われたのかなと思います。

当初は、空き地から始まったサッカー部だったので、その頃から比べると本当に見違えるくらい、チームも、環境も、ガラッと変わったと思います。環境が良いということで岡山学芸館に目を向けてくれた選手もいますし、ハード面を含めてサポートしてくれた学校には本当に感謝したいです。あとは自分たちのサッカースタイルを追求してコツコツコツコツ、頑張ってきた成果だと思います。

指導者をやっていると家を空けることがほとんどなので、家族のサポートがなければここまでの仕事はできません。家族には本当に、一番感謝しています。また、学校関係者や地域住民の方々のサポートがなければ、ここまで来ることは絶対にできませんでした。

高校サッカーの良さは仲間と3年間一つのボールを追い、色々なチームと切磋琢磨することによって、人間性も成長させてもらえるところです。選手権でまた優勝したいという目標ができましたし、ここから日本代表選手や世界で通用するような選手を輩出したいという気持ちも持っています。岡山学芸館を含めて様々なチームが国立競技場を目指して、お互い切磋琢磨して、日本のサッカーレベルがさらに上がっていけばいいなと心から思います。

これからもまだまだ高校サッカーは続いていきます。毎年チームも変わります。日本の一番上に立ちましたが、このような素晴らしい経験ができたことを財産にしながら、また新たなチームで再出発したいと思います。

テクニカルレポート

2022年12月28日～2023年1月9日

101st ALL JAPAN HIGH SCHOOL SOCCER TOURNAMENT

第101回全国高校サッカー選手権大会

(公財)日本サッカー協会　技術委員会
(公財)全国高等学校体育連盟サッカー専門部　技術委員会

全国高等学校体育連盟
サッカー専門部
技術委員

田渕 常夫
埼玉県立熊谷高校

1 大会概要

①大会の流れ

【期　間】
2022年12月28日～2023年1月9日
【場　所】国立競技場・1都3県(東京・埼玉・千葉・神奈川)全9会場
【優　勝】岡山学芸館(岡山県)
【準優勝】東山(京都府)
【第3位】神村学園(鹿児島県)
大津(熊本県)

第101回を迎えた「全国高等学校サッカー選手権大会」は、全国高等学校体育連盟サッカー専門部加盟校3883校が参加し、各都道府県予選を勝ち抜いた48代表が全国の舞台に集結し、熱戦を繰り広げた。今大会では、新型コロナウイルス感染症の影響で禁じられていた「声出し応援」が出場チームの応援団エリアに限って認められ、会場には選手たちを後押しする声援が響き渡り、冬の風物詩が本来の姿にまた一歩近づくことができた。これも関係者の皆さまをはじめ、高校サッカーを支えてくださる皆さまのお力添えがあったからである。開幕戦前に行う開会式での選手宣誓は東山（京都府）の新谷陸斗主将が務め、コロナ禍での苦労や仲間の大切さ、サッカーへの思いが伝わる素晴らしい宣誓であった。12月28日から1月9日の決勝戦まで1都3県（東京・埼玉・千葉・神奈川）全9会場において、全47試合が行われた。

開幕戦は成立学園（東京都B）と津工（三重県）の対戦となった。ボールを保持して試合を優位に進める成立学園が3点を先行し、津工の反撃を2点に抑え、3-2で勝利を収めた。29日に行われた1回戦、12年ぶりに全国高校選手権に戻ってきた国見（長崎県）が北海（北海道）との互角の戦いをPK方式6-5で勝利し、2回戦進出を決めた。

大晦日に行われた2回戦、前々回大会王者の山梨学院（山梨県）とプロ内定者を擁する神村学園（鹿児島県）は、開始早々に山梨学院が先制点を奪う。しかし、神村学園は厚みのある攻撃から2点を奪い、前半のうちに逆転に成功する。後半、山梨学院がPKから同点に追いつくが、試合終了間際に神村学園が値千金の決勝ゴールを決め、3回戦に進んだ。

年が明けての3回戦、今年度全国高校総体覇者の前橋育英（群馬県）

令和4年度　第101回全国高校サッカー選手権大会

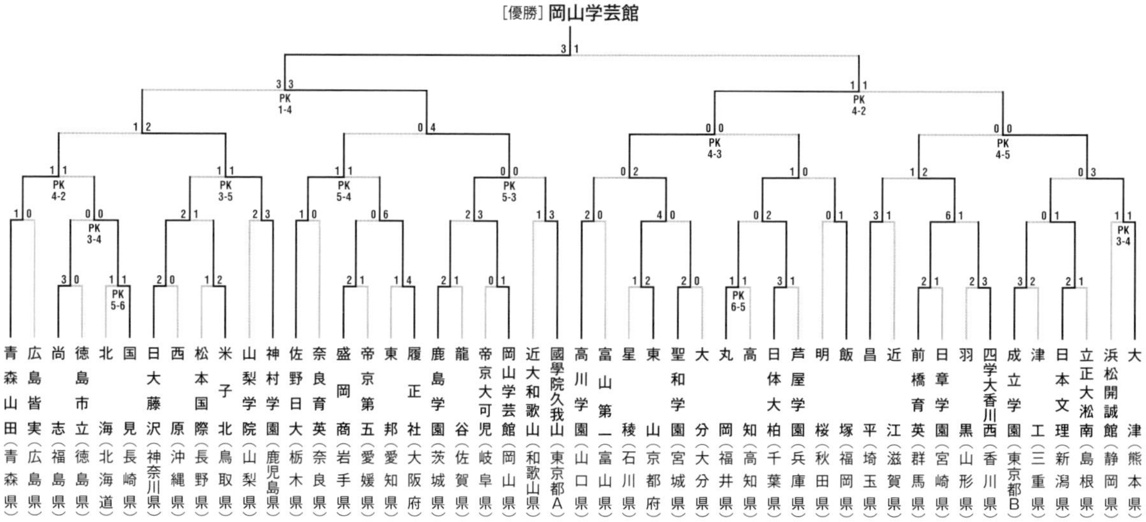

と同大会3位の昌平（埼玉県）との注目の一戦は、試合序盤に昌平が幸先良く先制点を挙げる。失点した前橋育英は、長短のパスを織り交ぜた攻撃と強度の高い守備で試合のペースを摑むと、2点を奪って逆転し、ベスト8進出を決めた。

準々決勝、前回大会王者の青森山田（青森県）と神村学園の一戦は、縦に速い攻撃を仕掛ける青森山田が先制し、前半を1点リードで折り返す。後半、追いかける展開となった神村学園が攻勢を強め、中央突破とカウンターから奪った2得点で逆転勝ちし、準決勝へ駒を進めた。4大会連続で決勝まで進んでいた青森山田は準々決勝敗退となった。

準決勝からは国立競技場に戦いの場を移した。第1試合、互いに初の決勝進出を目指す神村学園と岡山学芸館（岡山県）の一戦。序盤に岡山学芸館がMF田口（裕）のゴールで先制する。両チームともに攻守の切り替えが早く、球際で強度の高い攻防を繰り広げる中、神村学園エースFW福田がこぼれ球を押し込み同点とする。岡山学芸館は1-1で迎えた後半に神村学園に2度勝ち越しを許したが、そのたびに追いつく粘り強さを見せ、3-3で突入したPK方式を4-1で勝利し、初の決勝に駒を進めた。第2試合、初の4強入りをした東山と前回大会準優勝校の大津（熊本県）の対戦。東山が人とボールを動かしながら相手のプレスをかいくぐり攻め込む中、身体を張った守備で得点を許さなかった大津が、左サイドの連係からMF井伊のゴールで先制する。後半、一進一退の攻防が続く中、東山はCKからのクリアボールを拾ったMF松橋が同点ゴールを決める。試合終盤まで互いに積極的な選手交代を行ったが、追加点を挙げることができずに1-1のままPK方式へ突入する。GK佐藤の見事なPKストップで東山が勝利を収め、初の決勝進出を果たした。

決勝、国立競技場で5万868人の観客が見守る中、岡山学芸館と東山の試合がキックオフされた。序盤、互いにロングボール主体でFWを起点に主導権を握ろうとするが、堅守を前にチャンスを作り出すことができない。前半15分を過ぎると、東山はCB志津、新谷の正確なフィードを起点に相手ゴールに迫る機会を増やす。東山ペースで進んでいた前半25分、一瞬の隙を突いたカウンターから岡山学芸館がオウンゴールを誘い、先制点を挙げる。失点を喫した東山はMF真田、松橋にボールを集め、攻撃のリズムを作り出すことで流れを引き寄せると、同44分、真田が見事なミドルシュートを決めて同点に追いつき、前半を折り返す。後半、岡山学芸館は前線の配置転換で攻撃の活性化を図る。後半7分、この戦術が功を奏し、左クロスをMF木村（匡）が頭で決め再びリードする。同点に追いつきたい東山は、SBの積極的な攻撃参加から好機を演出するが、相手の身体を張った守備を崩し切れない。岡山学芸館は運動量が落ちることなく、攻守に強度の高いプレーを続け相手に主導権を渡さない。試合終盤に追加点を奪った岡山学芸館が3-1で勝利を収め、岡山県勢初優勝を果たした。

文責／野木悟志（庄和高校）

②トピックス

❶優勝経験のないベスト4

岡山県代表・岡山学芸館、京都府代表・東山、鹿児島県代表・神村学園、熊本県代表・大津、全てのベスト4進出校は優勝経験がなく、どこが優勝しても初優勝となった今大会を勝ち取ったのは岡山学芸館だった。さらに、岡山学芸館の優勝は岡山県に初めての栄冠をもたらした。初出場で県リーグ所属の日体大柏もベスト8に入る躍動を見せる（準々決勝では準優勝の東山と引き分け）など、新しい時代を感じさせる大会となった。様々な地域で、それぞれのチームがコンセプトを持って、インテンシティとクオリティを求めて取り組んでいる選手育成の成果といえるのではないだろうか。

❷均衡した試合の増加

全47試合において、得失点差の平均は1.38、4点差以上の試合は4試合で全体の9%、いずれも過去5大会で最も少なく、PK方式（引き分け）は12試合あり、最も多かった。コンセプトを持ったチームが多く、インテンシティの高いプレーをしたことで試合終了まで緊張感のあるゲームが多かった。このようなゲーム環境が選手を大きく成長させる。高校サッカーの締めくくりに相応しい大会であったといえる。

❸攻守のバランスが良いチームが勝ち上がる

11人全員で試合開始から終了までハードワークし、連動した組織的守備と連係のとれた組織的攻撃、素早い切り替えが準備できているチームが勝ち上がった。得点状況やゲームの流れに応じて、守備的な戦い方と攻撃的な戦い方を使い分けられるチームが上位進出した。また、それらのチームは選手交代だけでなく、出ている選手の配置転換（役割の交代）でも試合の流れを変えていた。選手が原則をしっかりと理解しているからこそできることだといえる。これは、サッカーの全体像を理解し、適切なプレーを実行できる選手の育成が勝利に繋がることを示しているのではないだろうか。

【第1表】過去5大会の得点推移

	第97回（2018年度）	第98回（2019年度）	第99回（2020年度）	第100回（2021年度）	第101回（2022年度）
大会総得点	138	134	135	151	131
得点（PK・OG以外）	126	127	125	145	121
PK	10	4	9	4	7
OG	2	3	1	2	3
1試合平均得点	2.94	2.85	2.87	3.28	2.79
1試合平均得失点差	1.74	1.55	1.60	2.23	1.38

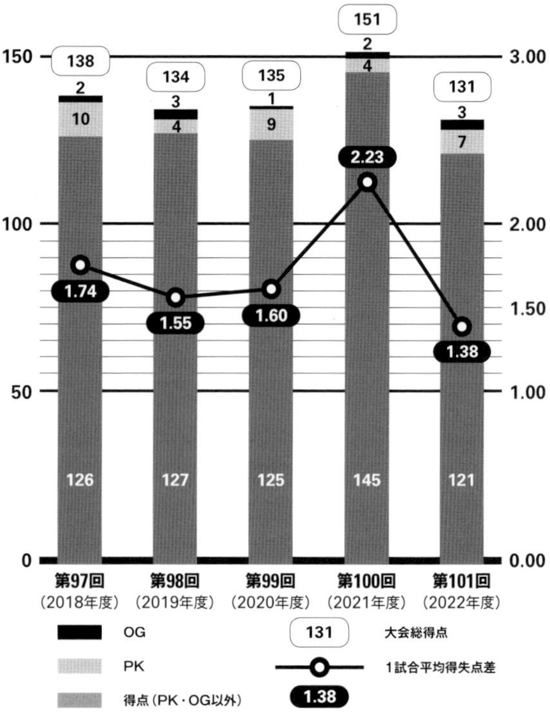

2 テクニカル分析

第82回全国高校サッカー選手権大会、この年から高体連TSG※の活動が本格化し、全国へ発信された。以来19年、高校サッカーの質を向上すべく様々なテーマを掲げて大会分析を行ってきた。直近の5年間では、世界基準を見据えた高校生の育成を念頭に「Intensity & Quality（インテンシティ：プレーの強度／クオリティ：プレーの質）」をテーマに分析を行った。TSGではインテンシティとクオリティは相乗して向上するものであること、その向上のためには日常の環境（試合、トレーニング）が大切であることを提言してきた。特に、近年のサッカーにおいては、育成年代であっても国際レベルの大会と同等の高いインテンシティでプレーすることが必須となっている。

日本サッカーの急速な進歩により、近年は高校サッカーにおいてもインテンシティの高まりは報告されている。前回大会の第100回という節目の大会においてもその高まりについては報告されている。そこで今大会では、高いインテンシティでのプレーはベースと捉えたうえで、サッカーにおける4つの局面（守備・守備から攻撃の切り替え・攻撃・攻撃から守備の切り替え）のプレーを3つのゾーン（ディフェンディングサード・ミドルサード・アタッキングサード）に着目してフラットな視点で分析を行った。

①守備

守備ブロックを形成して組織的に連動した守備を行うチームが多かった。上位に進出したチームはブロックを形成しているだけでなく、ボールに対してプレッシングを積極的にかけ、それと連動したカバーリングを連続して行えていた。さらに、ボールを失った後の切り替えが早く、すぐにボールを奪い返して攻撃に繋げており、波状攻撃を仕掛ける場面も多く見られた。攻守両面でプレーが準備されており、スムーズな切り替えの中で激しく攻防する場面が随所で見られるようになっており、インテンシティの高いゲームが行われていた。

❶前線の守備

多く見られたプレーは攻撃から守備への切り替えの局面で、アタッキングサードでボールを失った瞬間にプレスをかけてすぐに奪い返して波状攻撃を仕掛けたり、ファーストDFが縦へのパスコースを切りながらボールをアタッキングサードから逃さないように誘導し、そこから連動して数的優位を作り、ボールを中心とした守備からボールを奪ったりしていた。プレスをかけて誘導しながら、奪うチャンスを見逃さずに思い切り良くチャレンジして攻撃に繋げ、得点するシーンも見られた。

ビルドアップの攻撃に対しては、コンパクトにしながらDFの背後のスペースをGKとDFが連係して管理し、ボールにプレスをかけることで、相手の前進を阻止したり、ボールを奪ったりすることに成功していた。中盤より自陣側のスペースを消すポジションをとり、GKやCBからサイドへの横パスの移動中にプレスをかけ、ロングボールで回避できないところまでアプローチしている場面もいくつか見られ、組織的守備の向上を感じることができた。

しかし、コンパクトに陣形を整えているがボールにプレスがかからず簡単に前進を許したり、相手にロングボールを蹴られプレスを回避された時のDFの処理がうまくいかなかったりする場面も多かった。また、攻撃時のリスクマネジメントが悪く、ボールを失った後、クリアやロングボールがFWに通りカウンターを受ける場面も間々見られた。認知や予測などオフ・ザ・ボールでのプレーに磨きをかけてほしい。

❷中盤の守備

全体をコンパクトに保ち、DFラインの背後のスペースをGKが管理することで、DFラインを高く保ちプレスにいくチームが増えた。特に、ミドルサードで構えてボールを奪いにいくシーンが多くみられた。特に、勝ち上がったチームはスペースを埋めるポジショニング（中間ポジション）からボールに対するプレッシングが効果

※TSG＝テクニカル・スタディ・グループ

的であった。ファーストDFの決定が早く、パスコースを切りながら（カバーシャドウ）、カバーリングを担保に強度の高いプレスをかけていた。また、グループ戦術として、タッチラインを利用して2人あるいは3人でボールホルダーを囲み、スペースを圧縮することで相手の自由を奪い、隙を見つけてチャレンジしたり、ミスを誘発したりしてボールを奪っていた。特に、優勝した岡山学芸館はコンパクトなポジショニングから連係・連動したチャレンジ&カバーを高い強度で繰り返していた。対戦相手に、簡単にアタッキングサードまで進入させなかった。さらに、後半の終了間際まで高強度を保つことのできるフィットネスは素晴らしかった。ボール、スペース、相手、味方の状況を正確に把握し、遅らせる守備とボールを奪いにいく守備を的確に使い分けていた。

今大会も前回大会と同様に中盤における激しい攻防が多く見られた。攻撃のサポートポジションをとりながら、ボールを奪われたらすぐにプレスをかけボールを奪い返す場面が繰り返された。ロングボールによる前進を行うチームが多いこともあり、ライン間でセカンドボールを拾い、素早く攻撃を仕掛けたり、相手陣内に入って優位な状況を作りながら前進してチャンスを作り出したりする場面が何度も見られた。勝ち上がったチームは、運動量が多く、予測する能力の高いボランチの存在があった。

しかし、前線の守備と同様にスタートポジションはコンパクトだが、ボールに対してプレスがかからず、幅と深さを使われて前進される場面もあった。特に、サイドにボールが動いた時に、誰がプレスにいくのかがはっきりしていないことが多く、ボールを簡単に運ばれていた。

❸ゴール前の守備

ゴールを守る粘り強い守備は素晴らしく、失点しそうな場面でも身体を投げ出してシュートをブロックし、シュートやクロスを阻止する1対1の守備は高い強度で行われた。中央を強固に守り、簡単にペナルティエリアに進入させないよう、コンパクトにポジショニングをとり、チャレンジ&カバーを繰り返し、ボールをゴールから遠ざける守備が見られた。

サイドからの攻撃に対しては課題もある。特に、クロス対応はしっかりと質を上げていきたい。GKとDFが連係してゴール前のスペースを消しながら、飛び込んでくる選手を正確に認知し、フィニッシュの形を予測しながらボールにチャレンジしたい。ステップワークや競り合いの強さ、高さ、駆け引き、身体の向きや身体の当て方など、グループ・個人戦術を日常的にトレーニングしていく必要がある。

ビルドアップではサポートの距離が遠いことが多いので、どこでボールを奪われたらどのようにプレスをかけるのかが整理できておらず、ボールを奪われた直後に失点している場面も見られた。

②攻撃

今大会は全試合を通じて131ゴールが生まれた。組織的攻撃による得点は44点（34%）であった。そのうちサイドを起点とした攻撃による得点は33点（25%）であり、最終的なフィニッシュがペナルティエリア中央、およびゴールエリア内でのワンタッチシュートによるものは24点（18%）を占めた。カウンターによる得点は39点（30%）であった。クロスの攻撃とともに、コンビネーションでペナルティエリア内のポケットに進入し、より効果的なチャンスを作り出していた。前回大会でもカウンターによる得点は多く41点（27%）であり、得点源となっていることが分かる。守備から攻撃の切り替えを常に意識して、奪った瞬間に攻撃の優先順位の高いプレーを選択し、思い切りの良い飛び出しからチャンスを作り出す場面が多く見られた。中央での強固な守備ブロックに対して得点を奪うために、サイドを使った攻撃や守備組織を再構築される前にスピードある攻撃を仕掛けることが有効であることが分かる。

❶ビルドアップ

ボールを保持しながら攻撃を組み立てるチームは増加している。相手の守備組織の変化を観ながらドリブルやショートパスとロングパスを組み合わせてボールを前進させるプレーが見られた。一方で、ボール保持者の状況にかかわらず意図のないロングボールを蹴り込む場面は多い。奪ったボールをすぐに奪い返されてしまうことで失点することもあった。高い位置から守備をするチームが増えてきているので、プレーの中で相手のプレスを利用して、意図的に作ったスペースを利用して優位にボールを保持しながら前進できる判断力、テクニック、サポートなどの向上を期待したい。

❷中盤の攻撃

コンパクトに構える守備に対して、幅と深さを利用してボールを保持し、スペースを意図的に作り出して、連動した動きでスペースを使ってアタッキングサードに進入し、チャンスを作る場面が見られた。しかし、全般的には幅を有効に活用できずスペースを確保できなかったり、テンポが遅く守備組織を崩すことができなかったりしてボールを奪われていることが多かっ

【第2表】高円宮杯 所属カテゴリ別得点数

得点チーム ＼ 相手チーム	プレミア	プリンス	プリンス2部	都道府県
プレミアリーグ所属（4チーム）	0点	22点	1点	6点
プリンスリーグ所属（23チーム）	6点	24点	7点	19点
プリンスリーグ2部所属（4チーム）	1点	9点	0点	3点
都道府県リーグ所属（17チーム）	4点	13点	4点	12点

下位相手 58点

上位相手 37点

同位相手 36点

【第3表】得点に至るプロセス

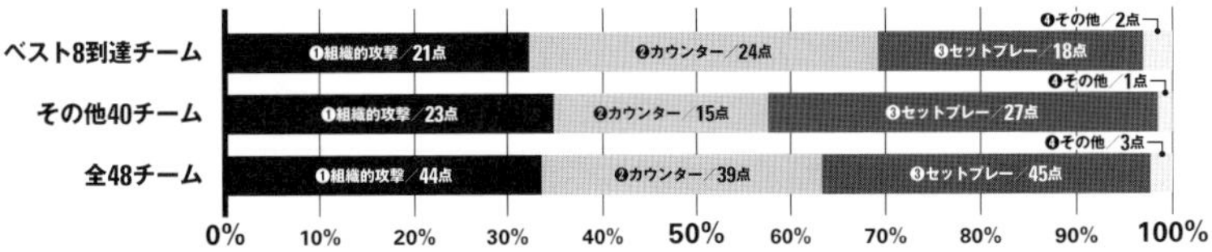

プロセス	詳細	ベスト8到達チーム		その他40チーム		全48チーム	
❶組織的攻撃	中央突破	3	21点	4	23点	7	44点
	サイド攻撃	15		18		33	
	ダイレクトプレー	3		-		3	
	ミドル・ロングシュート	-		1		1	
	その他	-		-		0	
❷カウンター	ロングカウンター	8	24点	5	15点	13	39点
	ショートカウンター	16		10		26	
	ミドル・ロングシュート	-		-		0	
	その他	-		-		0	
❸セットプレー	フリーキック	4	18点	6	27点	10	45点
	コーナーキック	6		10		16	
	スローイン	5		6		11	
	ペナルティキック	3		4		7	
	キックオフ・ゴールキック	-		1		1	
	クイックリスタート	-		-		0	
❹その他	相手のミス	2	2点	1	1点	3	3点
	上記に分類されない得点	-		-		0	
総計		65点		66点		131点	

【組織的攻撃・カウンター・セットプレーの分類】
●得点時点を起点とし、遡って最も近いアウトオブプレーからの再開時点を対象に分類する
──アウトオブプレーからの再開から10秒未満に得点に至っている時→セットプレー
──アウトオブプレーからの再開から10秒以上かけて得点に至っている時
→得点チームのボール保持開始から得点に至るまで10秒未満の時→カウンター
→得点チームのボール保持開始から得点に至るまで10秒以上の時→組織的攻撃
※注意
●シュートやパスがブロックやクリアを受けても、相手チームのボールコントロールを許さず得点チームがボールを保持し続けている場合、ボールの保持開始はさらに前のシーンまで遡る
●10秒未満／以上の基準を満たさなくとも下記のシーンに該当する場合、調査担当者の判断で分類を変更してもよいが、その旨備考に記すこと
──10秒以上15秒未満保持しているが、相手チームの守備が整わない状況で攻め込んだことで得点に至った場合→カウンター
──アウトオブプレー再開後10秒以上15秒未満保持しているが、セットプレーのためにゴール前に人数をかけたことで得点に至った場合→セットプレー

【カウンターの分類】
自陣内でボールを奪い10秒未満で得点に至った場合→ロングカウンター
相手陣内でボールを奪い10秒未満で得点に至った場合→ショートカウンター

た。左右へ揺さぶるためのミドルパスの精度とパススピードや受け手のコントロールやワンタッチでのパスの質を向上し、攻撃の質を高めていきたい。

❸アタッキングサード

サイドを起点とした攻撃、クロスからのチャンスが多い大会であった。個人での積極的な仕掛けはもちろんのこと、オフ・ザ・ボールの選手の関わりでクロスの局面を作り出す狙いを持っていた。クロスも多様化しており、深い位置から後方へ戻すボール（カットバック）やペナルティエリアのやや後方から斜めに供給するボールなど、クロスの守備が難しくなる状況を演出していた。クロスに対するアタッカーについては、飛び込むタイミングや強さ、高さがあるだけでなく、相手との駆け引きで空いているスペースに飛び込んだり、マークを外したりする工夫が見られた。クロスを上げる選手と飛び込むアタッカーがスペースとタイミングを共有している場面が見られた。

コンビネーションを使って、ボックス内に進入し、ポケットからチャンスを作り出すプレーも多く見られた。壁パスやインナーラップ、3人目の動きで相手の守備ブロックを崩していた。その中で、ラストパスの質には課題が残った。タイミング、強さ、方向の3要素をどのように調整して状況を打開するか、という判断力と実行力を身につけることが大切である。時間とスペースがない状況での技術に磨きをかけてほしい。

フィニッシュについては、時間とスペースのないゴール前でチャンスをものにする技術や、状況を把握し落ち着いてプレーするインテリジェンスを発揮している場面も見られた。今後、さらに質を高めて、多くのゴールが生まれることを期待したい。

③セットプレー

今大会セットプレーからのゴールは45得点であり全得点に対する割合は34%であった。依然として得点の3割以上を占める数値であり、前回大会の53得点35%と比較すると得点数は減少しているが割合は同程度であり、今大会においてもセットプレーは得点源となっている。「デザインされたセットプレー」が多く見られ、得点も生まれた。CKを中心に直接FKやスローインと、種々のセットプレーにおいて準備されたプレーを見ることができた。セットプレーの守備について研究が進んでいて、その守備組織を崩すための工夫を凝らしたプレーは会場を盛り上げた。特に、ニアストーンを動かしてスペースを作る仕掛けや、ファーサイドでマークがつきづらい状況を作る演出が目立った。ロングスローは今大会でも多く使われたが、投げ込む選手にプレッシャーをかけたり、ニアストーンとして高さのある選手を落下点に配置したり、GKが直接キャッチしたり、手で投げるボールの質（飛距離・スピード）に対する対策がしっかりしており、4得点（全体の3%）に留まった。また、CKやロングスローの守備からのカウンターで得点を生み出すチームもあり、セットプレーにおいても4局面でのプレーをしっかりと準備することが大切である。

④ゴールキーパー（GK）

❶GK全般

大会優秀選手にはベスト8へ進出した3チームから選出された。

◉雨野颯真（前橋育英／2年）184㎝
前所属：FC杉野ジュニアユース
◉佐藤瑞起（東山／3年）176㎝
前所属：セレッソ大阪U-15
◉平塚 仁（岡山学芸館／2年）184㎝
前所属：MIOびわこ滋賀U-15

今大会に登録されたGK158名の平均身長は178.0 cm、各チームの初戦（1回戦または2回戦）に先発出場し

【第4表】時間帯別得点分布

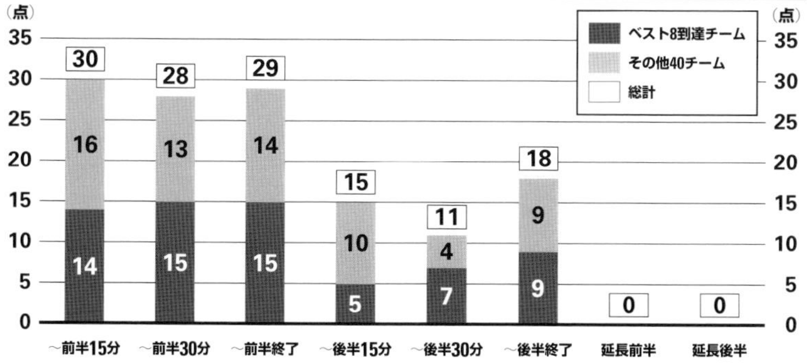

	前半			後半			延長	
	〜前半15分	〜前半30分	〜前半終了	〜後半15分	〜後半30分	〜後半終了	延長前半	延長後半
ベスト8到達チーム	14	15	15	5	7	9	0	0
その他40チーム	16	13	14	10	4	9	0	0
総計	30	28	29	15	11	18	0	0

たGKの平均身長は179.5cmとなっており、どちらも昨年と同等であった。2021年は179.5 cm、2020年は178.8 cm、2019年は178.3cmであり、出場GKの平均身長は第98回大会以降、徐々に伸びている傾向にある。185cm以上のGKは20名（全体の13％は昨年よりわずかに増加）のうち、出場したのは10名（うち1名はPK方式前に途中交代で出場）。また、170cm未満のGKは8名（全体の5.1％）のうち出場したのは3名である。各チームGKの登録メンバーの中で一番大きな選手ではないGKが出場していたのは48チーム中26チームあり、この26チームの先発GKと一番大きいGKとの差の平均は6.1cmだった。ベスト8以上に進出した先発GKの平均身長は181.3cmであり、各チームの先発GKと比べて明らかに大きく、今大会においては上位に残るチームには身長の高いGKが揃っているといえる。GKとして身長は大事な要素ではあるが、攻守ともにチーム戦術の中でGKがどのように関わるのかというチームフィロソフィや、ゲームにおけるGKの4局面のプレーのクオリティ、あるいはその全ての要素のバランスの良さなどを見比べて選手選考が行われていることがうかがえた。

また、各チームの先発出場したGKの学年は3年生28名、2年生は20名と、昨年の3年生36名、2年生12名と比較すると2年生のGKが増加した。出場こそなかったが1年生22名が21チームでメンバー登録（全チームの44％）されていた。2年生の先発が増えたことは、高校年代の指導だけではなく、3種年代以前での専門的な指導の賜物である。

登録人数の上限である30名のうち、3名登録が12チーム、4名登録が35チーム、5名登録が1チームであった。

❷大会を通して

全体的に守備のプレーの頻度やクオリティが向上しているが、判断やテクニックの部分に課題のあるGKも多かった。

【守備】

ブレイクアウェイは前回大会全試合の合計が81回だったが今大会は143回であった。そのうちクリア（エリア外）が32回から54回に増加している。カバーキャッチにおいても昨年より61回ほど増加していることから、DFラインの上下に合わせてGKも前後のポジションを修正しながら、背後のスペースをGKが広く守るという意識は高まっている。しかし、スタートポジションがボールサイドから遠すぎてしまうことや、素早くボールに向かえる姿勢や身体の向きなどの準備が足りないこと。ボールに対してアプローチする一歩目が正確に出せないことも多い。結果として、DFが十分にプレーできるシーンで飛び出してきてしまう判断ミスや、クリアする前に相手に先に触られてしまう（適切な距離までアプローチする前にシュートを撃たれてしまう）ことに繋がっていた。また、ブロッキングよりもキャッチやクリアの方がプレー頻度は高くなっていることから、ポジショニングやタイミングを的確に見つけることの優先順位は高い。ボールと相手、自分との距離を見極めて状況に応じたプレーを選択する中で、ブロッキングは最後の手段と捉えた方が良いといえる。

クロスへの対応では、目測を誤ってボールが頭上を越えてしまうノータッチが減り、キャッチが増えている。また、クロスがどこから蹴られるのかによって、身体の向きやポジションを修正できているGKが安定したクロス対応を見せていた。一方で、スタートポジションが低すぎてしまいノータッチになるシーンや、キャッチできず弾く場所が悪くなってしまい、セカンドボールを相手に奪われて失点に繋がるシーンも見られた。また、パンチングの技術が未熟なためピンチを回避できないシーンも少なくなかった。今大会もロングスローを取り入れるチームが多くあったが、GKを中心とした守備側の個と組織での対応力が高まっており、GKやストーンなどの配置の工夫により、簡単に失点をしないチームが増えた。前々回大会、スローインからの失点は全体の16％（21／135）を占めたが前回大会は10％（15／151）、今大会は8％（11／131）であった。FKからの失点は7.6％（10／131）、CKからは12％（16／131）であった。セットプレーの守備としては今後も継続して改善が必要である。プレー前の準備の部分ではストーンの配置やゾーンなのかマンツーマンなのかというオーガナイズ、DFラインの高さとGKのスタートポジションのバランス、相手との駆け引き（DFライン背後のスペースを牽制するポジショニングなど）、GKとフィールドプレーヤーの役割分担と連係を明確にしていくこと。プレー時には状況に適したテクニックを選択し、厳しいプレッシャーやボディコンタクトを受けながらでも正確に発揮することを追求していくことが大切であろう。

シュートストップではシュートが撃たれる前のボール移動中に細かなポジション修正をして、キッカーのシュート位置に対して的確なポジショニングから安全確実にキャッチできること。また、近距離からのシュートを確実に弾くなど、シュートに対しての反応やキャッチング技術の向上が見られた。しかし、ボールを安全な場所へ弾くことやDFと協力してシュートコースを限定し、連係してゴールを守ることは課題であった。大会を通してシュートストップのファンブルによる失点や、クロスのファンブル・ノータッチによる失点は少なからずあり、GKのミスが多いと大会を勝ち上がることは難しくなるといえる。

【攻撃】

GKからの攻撃データは前回大会と比較しても成功率は大きくは変わらなかった。攻撃の回数2559回の中でハーフウェイラインを越えたパスを選択した回数は1670回（成功率14.6%）ハーフウェイライン手前へのパス・スローを選択した回数889回（成功率74.5%）と、長いパスを多く選択する傾向が見られた。GKが選択した技術別で見てみると、キャッチしてから選択する技術はサイドボレー59.9%、転がしてキック17.7%、スロー22.5%という結果であった。スローの成功率が90.0%、サイドボレー（ハーフボレー含む）が13.4%、転がしてキックが29.9%であり、スローの成功率が最も高いことは明確な事実といえる。効果的に活用する方法として、相手のロングパスやスルーパスをカバーキャッチした後、ポジションをとったCBにアンダーアームスローで繋ぐ。あるいはクロスをキャッチ後、素早い切り替えから前方へのスペースに向かってランニングした味方にオーバーアームスローで繋ぐなど、ボールを保持してゴールを奪うという目的を達成するうえで、スタートになる部分におけるGKの確実なプレー選択として、各種スローをチーム戦術として活用する価値はあるといえる。

サイドボレーや転がしてキックを選択する際にはキャッチしてからプレーをするまで時間がかかる。これらのプレーの選択が多いと、相手守備は陣形を整える時間があるため、GKからのパスを確実に繋げていくのは難しいであろう。この辺りは、パス成功率の低さに繋がっているといえよう。ただ、ロングキックがチャンスに繋がっていることや、相手のポジショニングやプレスの方法を認知できず、味方の組織的な準備もできていない状況でショートパスを繋ごうとして相手に奪われ、ピンチを招くシーンも見られた。正確なロングフィードや精度の高いワンタッチパス、左右差なくキックができるプレーヤーも見られたことから、GKが持っているテクニックをもとにチーム戦術の中でフィールドプレーヤーと連係し、相手や味方の状況を把握したうえで判断してプレーすることが求められるであろう。

ゴールキックとFKについては、長いパスを選択した回数が839回（成功率12.6%）、短いパスは202回（成功率60.9%）である。短いパスの失敗の中には、長いパスを選択したがしっかりミートできずにハーフウェイラインを越えないキックになり、失っているシーンも含まれる。そのため意図的な短いパスの成功率は上記の数値より高い。つまり、長いパスと短いパスの成功率には明確な差が出たといえる。しかし、長いパスが失敗した場合でも、相手陣内でセカンドボールを回収して得点に繋がることもある。前線の味方と相手の人数が数的優位なのか、あるいは味方FWと対峙する相手CBの力関係がどうなのかなど、状況を把握したうえで判断することが大切であろう。チームとしてGKが長いパスを蹴ることに対してどう考えるのかは、チームのスタイルを持つうえでの一つの重要な要素になることがうかがえた。

⑤まとめ

全般的には攻守の両面において、オン・ザ・ボールでの思い切りの良いプレーが素晴らしかった。一方で、認知や判断、組織的な関わりといったオフ・ザ・ボールでの準備については改善の余地を残している。しかしながら、勝ち上がったチームは組織的なプレーの場面が多く、攻守のバランスが整っており、特に、素早い切り替えでゲームを優位に進めていた。例えば、守備から攻撃の切り替えの局面でのプレーで、多くのチームが「奪い返したボールをすぐ失ってしまう」のに対し、「ボールを確実に保持する」ことができていた。このように、高校サッカーの全体的な4局面の課題について解消する傾向が見られた。当然のことではあるが、相手ができないことができれば、勝利の確率は上がる。また、優勝した岡山学芸館は、組織的かつ献身的な守備が素晴らしかっただけでなく、試合終盤まで高いインテンシティでプレーするフィットネスも優れていた。

100年の歴史を刻んできた日本サッカー協会と高校サッカー。第101回の高校サッカー選手権は、Jリーグの開幕、ドーハの悲劇から30年となる2023年に開催された。日本代表は、2022年のカタールで開催されたFIFAワールドカップに7大会連続となる出場を果たした。目標のベスト8には届かなかったものの、グループステージではドイツとスペインに勝利し、決勝トーナメントでは前大会準優勝で今大会ベスト4のクロアチアと引き分けた。日本の誰もが世界のトップを意識する時代に入った日本サッカー。我々が描く未来を実現するために、今後、ますます育成年代でのインテンシティとクオリティの向上が重要である。自分の個性を様々な状況下でチームのために活かすことができる選手を育成するために、選手一人ひとりがテクニックを大事にし、サッカーの原則を理解できるような環境を用意することが大切である。前述したように、原則に基づきプレーする選手を育成し、攻守にバランスの良いチームが勝ち上がったことが今大会の特徴の一つである。これは、育成年代としてポジティブな方向を向いているといえる。4局面での目的とその目的を果たすためのアクションについて、理解を深め、高いレベルで実行できるようになるための日常を追求する楽しみと大切さを共有したい。

第101回全国高校サッカー選手権大会

Technical Report

ベスト16 チーム分析

(公財)全国高等学校体育連盟サッカー専門部
技術委員会

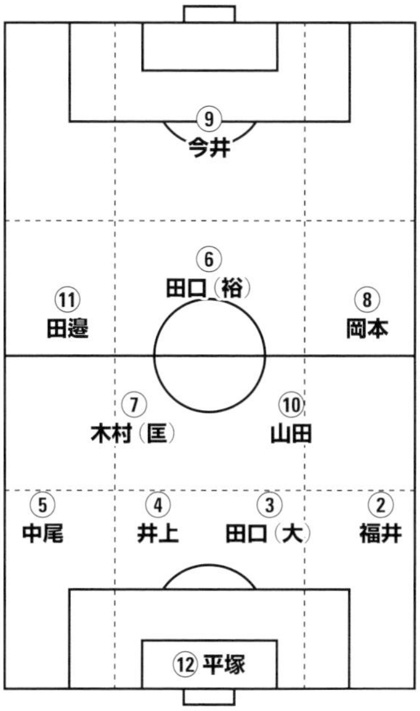

岡山学芸館(岡山県)

基本システム

1-4-2-3-1

フィジカルの強さを活かしながら、攻守ともに多くの選手が関わって主導権を握るチーム。守備では前線の高い位置から積極的にプレッシングを行い、相手に押し込まれる状況では中央に強固な守備ブロックを形成。素早いアプローチと連動したカバーリングで意図的に相手を誘導してボールを奪い、臨機応変に守備のデザインを変更して戦う。MF⑦木村(匡)は危機察知能力が高く、中盤でパスコースを消しながら相手の攻撃の芽を摘み、最終ラインでは統率力のあるDFリーダーのCB④井上や、対人に強いCB③田口(大)らが身体を張った守備でボールを奪い、攻撃に繋げる。攻撃時は、ボールが収まって推進力もあるFW⑨今井とその周囲で積極的にアクションを起こし、バイタルエリアではMF⑥田口(裕)が効果的な位置でボールを受け、チャンスメイクできるMF⑩山田らが関わることで厚みをもたせる。両サイドではMF⑧岡本が左右両足から質の高いボールをゴール前に供給し、MF⑪田邉は鋭いドリブルでゴール前に進入。SB②福井、⑤中尾も積極的に高い位置をとって多彩な攻撃を演出できる。

東山(京都府)

基本システム

1-4-4-2

全員がハードワークし、球際や1対1での対応が厳しく、粘り強い。チーム全体の攻守の切り替えが早く、個々の守備意識も高い。前線から積極的にプレスをかけ、プレスバックや囲い込みからボールを奪う。MF⑦真田、⑧松橋はDFライン前のスペースをケアしつつ、広範囲に厳しくプレスをかけ、ハードワークと対人の強さでチームを牽引する。両CB④新谷、③志津を中心にDFラインをコントロールし、コンパクトフィールドを形成する。ロングボールに対してもチャレンジ&カバーを繰り返して跳ね返す。攻撃では、両CB③志津、④新谷とGK①佐藤でボールを動かしながら、前線へのロングボールで前進させる。MF⑦真田、⑧松橋はハイボールに強く、キープ力のあるFW⑮豊嶋に入ったボールや、セカンドボールを回収してゴールを目指す。ゴール前ではダイレクトプレーやSH⑩阪田のドリブルからの仕掛けなど、個々のスキルの高さを活かしてチャンスを作り出す。

神村学園（鹿児島県）

基本システム

1-4-4-2

MF⑭大迫は攻撃時に2トップのすぐ後ろまで上がり、指揮をとる。高いキープ力でボールを保持し、鋭いスルーパスを供給。パサーとしてだけでなく、スペースがあれば自分で運び出してチャンスメイクを行う。FW⑫西丸、⑬福田は最終ラインへのタイミングの良い抜け出しや高いキープ力が特徴。2トップとして互いのバランスが良く、空中戦の強さやシュートセンスも武器としている。FW⑬福田はセットプレーのチャンスでもポイントになり、決定機を作り出す。左SB⑯吉永は、積極的に攻撃参加し、推進力のあるドリブルとコンビネーションで相手の脅威に。スーパーサブとして起用されたMF⑩名和田は、相手DF前のバイタルエリアでハーフポジションやサイドに位置をとり、高いテクニックを活かして相手と駆け引きを行い、攻撃を活性化する。MF⑮笠置は、視野の広さとゲームの流れを読む力があり、気の利いたポジショニングでチームのバランスを整え、攻守にわたって重要な役割を果たす。両サイドからの攻撃も、さまざまな質のクロスやドリブル、中央へのショートパスなど多彩なバリエーションを持ち、相手を苦しめた。

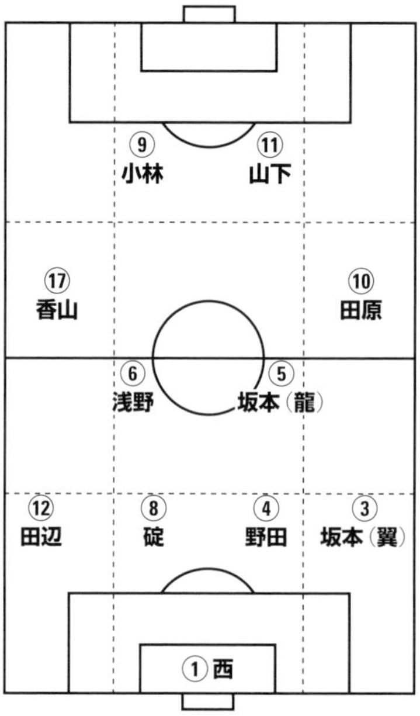

大津（熊本県）

基本システム

1-4-4-2

長身FW⑨小林にボールを集めて時間を作り、サイドを起点に攻撃を仕掛ける。両SB③坂本（翼）、⑫田辺が積極的に攻撃参加してサイドで数的優位を作り出し、FW⑪山下がDFラインの背後を狙い続けることで好機を演出する。右SH⑩田原はテクニックが高く、中央でもボールを引き出しながらドリブルやパスで攻撃を牽引する。攻撃時には、ボランチが縦関係となってMF⑥浅野が攻撃的なポジションで前線に関わり、MF⑤坂本（龍）は守備的なポジションで全体のバランスを保つ。守備は3ラインをコンパクトにし、集結を素早く行うことを徹底して相手に自由なプレーをさせない。前線からプレスにいく場面と、帰陣してミドルゾーンでブロックを作る場面とを状況によって使い分ける。中でも、CB⑧碇は空中戦の強さと的確なポジショニングで守備に安定感をもたらしていた。ボールを中心にプレスバックを行い、囲い込みは徹底する。ここからボールを奪えば、前線を起点にボールを失うことなく前進。数的優位を作り出しながら攻撃を仕掛ける。

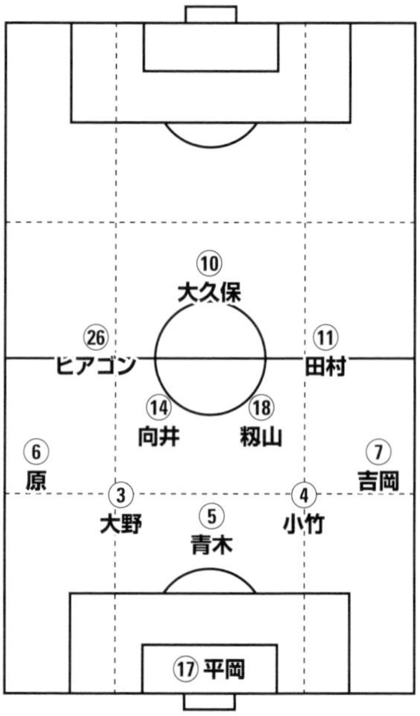

佐野日大（栃木県）

基本システム

1-3-4-2-1

守備時は5バックのブロックを形成。中央エリアはCB⑤青木、③大野、④小竹、MF⑭向井らが高さと球際の強さを活かして対応する。バイタルエリアではボランチの⑭向井、⑱籾山がチャレンジ&カバーを行ってボールホルダーにプレッシャーをかけ、相手のシュートに対しては身体を張ったプレーでブロックする。MF⑥原、⑦吉岡は両サイドで上下に躍動し、献身的なプレスバックで相手に自由を与えない。攻撃は縦に速い展開が特徴。ポストプレーを得意とする前方のFW⑩大久保へ積極的にボールを集めると、両ボランチ⑭向井、⑱籾山が関わって中央から崩すほか、MF㉖ヒアゴンがドリブル突破で相手を翻弄する。DF③大野の持つロングスローも大きな武器で、幾度もチャンスを作り出した。

日体大柏（千葉県）

基本システム
1-4-4-2

ボールを支配しながら、個に特徴を持つアタッカー陣であるFW⑮オウイエ、⑪吉田、両SH⑩古谷、⑨平野の4人へ積極的に縦パスを供給し、攻撃を組み立てる。ビルドアップではボランチ⑥植木、⑦相原がライン間にポジションをとって起点を作り、相手のプレッシングを見ながら両SB②寺村、⑰岡田が立ち位置を変える。うまく幅を作りながら前進し、FW⑮オウイエをターゲットとした前線へのシンプルなロングボールも機を見て混ぜ込む。素早いサポートから背後を狙って中央突破を行い、サイドからスピードを活かしたドリブルで崩せる力もある。自陣に押し込まれても、しのいで切れ味鋭いカウンターを発動でき、さまざまなパターンで多彩な攻撃を仕掛ける。守備では2トップが前線から規制をかけてボールを外へ誘導し、守備陣が取りどころを定めて相手の攻撃を封じる。球際の争いが力強いことも特徴で、個で奪い切る力を持つ。

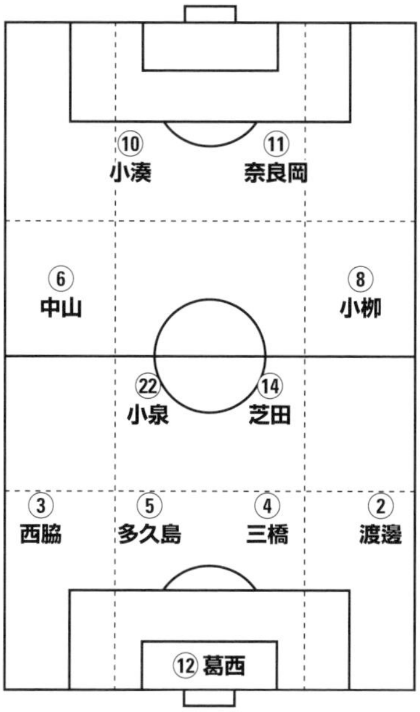

青森山田（青森県）

基本システム
1-4-4-2

基本システムは1-4-4-2。DFラインから対角へのロングボールなどを多用し、早いタイミングで前線にパスを供給。前線の中央にポジションをとるFW⑩小湊は足元の技術だけでなく力強さも兼ね備え、キープしながらボールを前に運ぶことで攻撃の起点となる。さらに、スピードのあるFW⑪奈良岡がその周囲や背後へと積極的にアクションを起こし、相手DFラインを翻弄する。FWにボールが入ると両SHの⑥中山、⑧小柳が関わり、クロスやゴール前へのラストパスに繋げる。FWへのボールが相手守備陣に跳ね返されてもチーム全体としてセカンドボールへの反応が非常に速く、球際でも力強さを見せて再びマイボールとし、ゴールに迫ることができる。守備時には空中戦や対人に強い両CBの④三橋、⑤多久島を中心に厳しいチェックをかけ、相手攻撃陣に簡単に前を向かせず、自由にプレーさせない。この空中戦や対人の強さは、セットプレーでも武器となり、FW⑪奈良岡からのロングスローやCK、FKで相手に脅威を与える。全試合を通して、一人ひとりが自信を持ちチーム戦術を徹底。攻守においてハードワークを行い、インテンシティの高いチームであった。

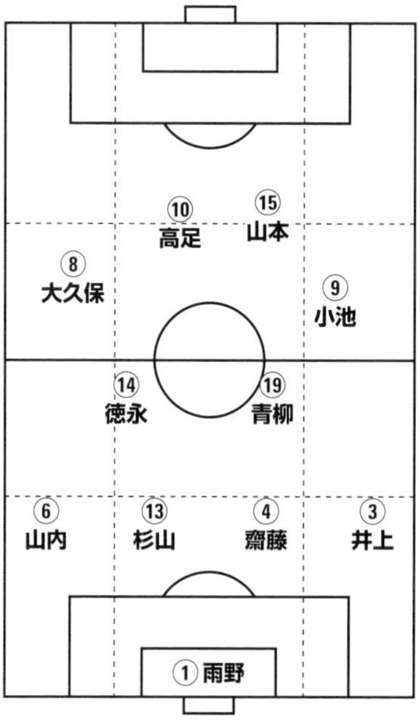

前橋育英（群馬県）

基本システム
1-4-4-2

原理原則やコンセプトがチーム全体に落とし込まれ、それを実行できるスキルと判断力を有する。ボール保持時はCBとボランチで相手のファーストプレスをかわし、両SHは2列目からの抜け出しを狙う。FW⑩高足が豊富な運動量で動き回り、これによって創出されたスペースを両SBが使って攻撃の起点となるほか、MF⑨小池やFW⑮山本がターゲットとなり、キープ力を発揮して前進。相手にブロックを敷かれても、丁寧に深いエリアまで進入し、崩し切る力を持っている。また、全員が高い判断力と技術を持ち、良い距離間を保って攻撃を仕掛けるため、失っても即時にボールを奪い返し、相手のカウンターを阻止できる。特に、MF⑭徳永は切り替えのスピードと予測力が光った。ボール非保持時には、アタッキングエリアから積極的にボールを奪いにいく。ミドルエリアに持ち込まれても、相手をうまくサイドに誘導して両SBがボールを奪うなど、メリハリのある統率された守備を行う。

國學院久我山（東京都A）

基本システム

1-4-1-2-3

個々の質と強度が高く、ゲームの主導権を握ることができるチーム。ビルドアップを開始すると、選手全員が関わりを持ちながら的確なポジショニングと判断力でボールと陣形を前進。ミドルサードでの安定したポゼッションから、ドリブルとショートパスのコンビネーションでゴールを目指す。また、相手守備陣が片側に集結すると、CB③普久原、④鷹取がロングボールで一気にサイドを変える。SB⑦岡井は中央にも顔を出し、ボールの中継地点となって攻撃を活性化させる。FW⑩塩貝、⑨中山の推進力あるドリブルやキープといった個の力も併せ持ち、チーム戦術とバランス良く織り交ぜて相手の脅威となった。ボールロスト後もMF⑧高橋、⑥山脇を中心に切り替えの意識が高く、強度の高い守備でボールを奪い返す。後方のCB③普久原、④鷹取やアンカー⑭近藤らは機を見て攻撃参加しつつも、リスク管理を徹底しており、相手のカウンター攻撃を許さない。攻守にわたりアグレッシブかつスピーディなサッカーを披露し、観客を魅了した。

高川学園（山口県）

基本システム

1-5-2-3

攻撃時は1-3-4-2-1となり、両ウイングバック②西村、⑲村田が高いポジションをとる。DFライン3枚とGKでボールを保持し、幅を使いながらFW⑨梅田、⑩山本、⑪大下で背後と相手DFライン前のスペースを使ってバランス良く攻撃を組み立てる。ビルドアップ時にはDF㉔沖野がアンカーのような位置をとるなどして、相手のプレッシャーを回避しようとする。ポストプレーを使った場合やセカンドボールを回収すると、両サイドからの駆け上がりや、FW⑩山本の推進力のある仕掛けで相手ゴールに迫る。守備時は5バックでブロックを形成し、両サイドにボールを追い込んで奪いにいく。サイドが引っ張られた際にスペースを使われてピンチを招くシーンも見られたが、ゴール前では粘り強く守備を行った。

日大藤沢（神奈川県）

基本システム

1-4-2-3-1

高さと強さのあるFW⑲森重はキープ力を活かしてターゲットとなり、ヘディングとシュート技術の高さを武器に得点を狙う。右SH⑧岡西はスピードのあるドリブルと、斜めのランニングが特徴で、攻撃の中心を担う。後方ではCB④宮崎が正確な対角へのロングボールで相手を揺さぶるほか、両SBも積極的な攻撃参加をし、インナーラップやオーバーラップからチャンスメイクを行う。また、MF⑦宗次は中央からのドリブルとパスで相手を翻弄し、3列目からDFラインの背後にも飛び出す。ビルドアップ時はSHと SBが連係し、幅をとる選手と中央に入り込む選手を明確に分けてパスコースを作る。細かいパス回しでの中央突破と、サイド攻撃をバランス良く併用し、FW⑲森重を狙ったシンプルなクロスも多用。さらに、多くのゲームで試合途中にFW⑲森重をCBへ変更し、前線にFW⑨有竹を途中投入する戦術を採用した。守備では、対人に強いCBを中心に身体を張って跳ね返し、ボランチがこぼれ球を回収。全員の守備意識が高く、ボールロストから素早く囲い込んで奪い、裏返してカウンターに繋げる狙いを見せた。

日本文理（新潟県）

基本システム

1-4-4-2

前線を起点にした縦に速い攻撃が基本形。ボールを保持するとFW⑨杉本へ配球し、周囲が回収して二次攻撃を仕掛ける。2トップ⑨杉本と⑩曽根は縦に位置どり、高い位置でボールを保持。互いが常に関わり合い、前線でタメを作ると、DFの背後への動きやポストプレーで相手を揺さぶる。MF⑧塩崎、⑥石澤のダブルボランチは左右前後に展開し、繋ぎ役に。前線の起点に対し、彼らがタイミング良く関わり、攻撃から守備の場面でも良い切り替えを見せて適切なポジショニングをとることでチームに貢献する。また、両サイドのMF⑪高橋（迅）、⑳山田はシンプルなドリブル突破によるサイド攻撃で違いを見せた。相手のシステムに合わせ、3バックに変更するなど、柔軟さも持ち合わせる。守備では基本的に前線からボールを奪う姿勢を披露。どのエリアにおいてもチャレンジ&カバーが徹底され、堅実な組織であった。

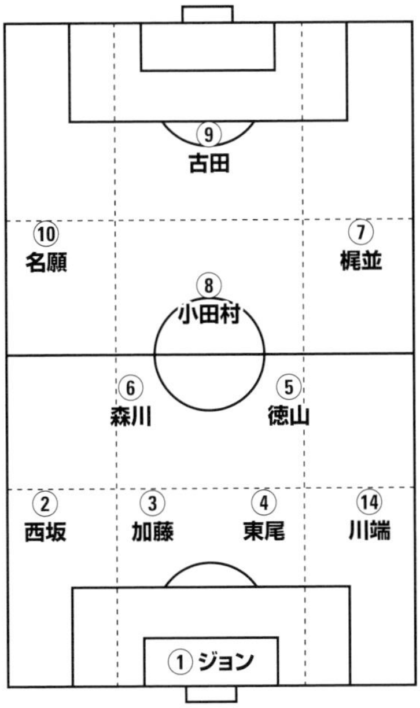

履正社（大阪府）

基本システム

1-4-2-3-1

ビルドアップではCB③加藤、④東尾とボランチ⑤徳山、⑥森川を中心にボールを動かし、ピッチの幅を広く使いながら前進。両SBは積極的に高いポジションをとり、SHとのコンビネーションによって突破を図る。特に、スピードがあり、クロスの精度が高いSB②西坂と、ドリブル突破でチャンスを作ることができるSH⑩名願のいる左サイドは相手の脅威となった。また、最前線のFW⑨古田はDFラインの背後へ何度も動き出して味方の正確なフィードを呼び込むとともに、MF⑧小田村が2列目から攻撃に絡んで多くのチャンスを創出した。守備では、ボールを中心にコンパクトな陣形を保ちながら、FW⑨古田の献身的なプレスでスイッチを入れ、チーム全体で奪いどころを共有。プレー強度が高いうえ、攻撃から守備への切り替えも早く、敵陣での奪い返しでチャンスを継続させるとともに、リスクマネジメントもしっかりと行われており、最終ラインとボランチを中心に相手のカウンター攻撃へのケアがなされていた。さらに、CKやFKのバリエーションも豊富でキックの精度も高く、デザインされたセットプレーから多くのチャンスや得点を生み出した。

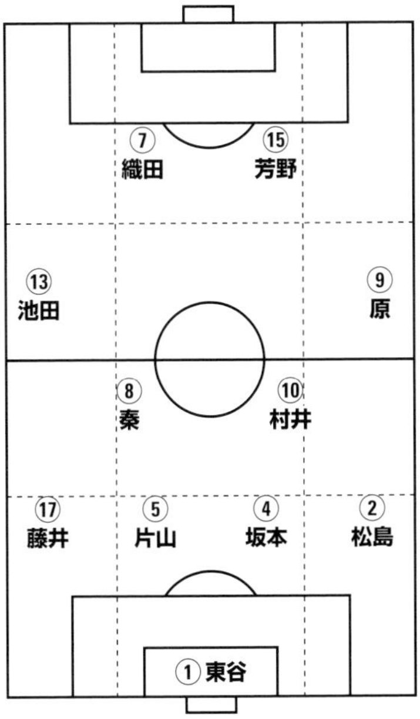

飯塚（福岡県）

基本システム

1-4-4-2

前線にロングボールを供給し、セカンドボールからMF⑬池田、FW⑮芳野のドリブルで相手ゴールを脅かす。GKが高い位置をとり、CBと3人でボールを動かし、MF⑧秦もビルドアップに加わってチャンスを窺う。全体の守備意識が高く、特に攻撃から失ったボールをすぐにプレッシャーをかけることで奪い返し、相手のカウンターを未然に防ぐ。相手のビルドアップに対しては2トップのハイプレスでコースを制限し、相手のロングボールに対してはCB⑤片山の高さあるヘディングで跳ね返す。

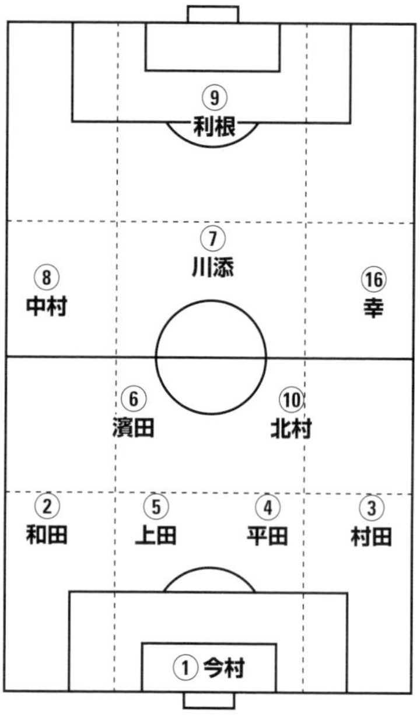

国見（長崎県）

基本システム
1-4-2-3-1

木藤監督が掲げる、パスワークを中心としたスタイルが主体。タクトを振るMF⑩北村は低い位置からビルドアップに関わって左右に展開しながら、フィジカルに強みを持つFW⑨利根らにパスを供給。SHも加わって厚みのある攻撃を作り出し、両SBはタイミングを見て高い位置で関わる。前線の選手と連動しながら両サイドで数的優位の状況を作り出して崩す意図を見せた。MF⑦川添はDFラインと中盤の中間で受け、高い位置でタメを作って前を向くシーンを多く作り、両サイドに振り分けてチャンスメイカーとしての役割を果たした。守備時は1-4-4-2でブロックを組む。コンパクトな陣形をとり、コレクティブな守備が特徴。前線の守備から相手のプレーを制限し、高い位置でボールを奪って良い守備から良い攻撃へ転じた。一人ひとりのハードワークを行う意識が高く、特にゴール前では身体を張った粘り強い対応が多く見られ、相手のチャンスを幾度も阻止した。

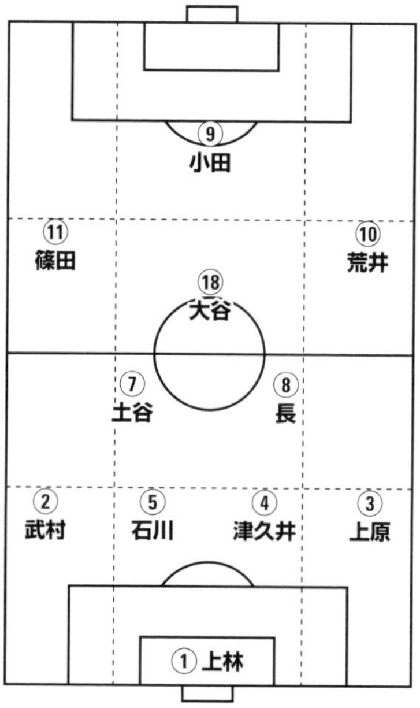

昌平（埼玉県）

基本システム
1-4-2-3-1

テクニックを活かした質の高いプレーと、良い距離間のポジショニングで主導権を掌握。中央のMF3人がライン間でボールを受けて素早いターンから攻撃のスイッチを入れ、両SHがインサイドにポジションをとってハーフスペースから持ち上がる。アタッキングサードへボールを前進させると、FW⑨小田が懐の深いボールキープで時間を作ることで、2列目のアタッカー陣が前を向いてドリブルを仕掛け、チャンスメイクをすることもできる。特に右SH⑩荒井のドリブル突破やカットインからのシュートは相手に大きな脅威を与えた。ボール保持時の選手の距離間が良いため、失った瞬間に素早い切り替えでプレスをかけて即時奪回も得意とする。両CB④津久井、⑤石川は空中戦も安定しており、競り勝ったセカンドボールをボランチ⑦土谷、⑧長が回収し、再びボールを保持してリズムを作る。

第101回全国高校サッカー選手権大会 技術委員メンバー

◉技術委員長
蔵森 紀昭（成城学園）

◉副技術委員長
砂金 伸（ふたば未来学園）
髙松 慎（駒場東邦）

◉TSGチーフ
田渕 常夫（熊谷）

◉GK部門チーフ
上原 克彬（大宮南）

◉埼玉県・技術委員
平尾 信之（浦和東）、大森 健司（草加）、野木 悟志（庄和）、上田 健爾（細田学園）、横山 晃一（南稜）、小川 駿（南稜）、柏 剛史（岩槻）、山田 純輝（川口市立）、滝口 陽介（川口北）、石田 寛季（熊谷農業）、石川 峻己（三郷）、久津間 岳文（飯能南）、谷内 謙介（八潮南）、中村 和彬（浦和東）

◉千葉県・技術委員
吉田 有政（野田中央）、平塚 智（土気）、三神 弘輔（泉）、谷口 新太郎（東京学館船橋）、上芝 俊介（八千代）、唐澤 貴人（白井）、田中 章太郎（生浜）、高橋 剛（船橋北）、佐藤 智也（市立柏）、堤 誠太郎（県立千葉）、尾張 堯映（市立柏）、佐藤研人（松戸馬橋）、菊野 将史（船橋芝山）、奥寺 亮介（千葉経済大附）、石川 大志（市原八幡）

◉神奈川県・技術委員
永山 晃（浅野）、鈴木 晋也（川崎市立幸）、海野 健介（県立商工）、宮澤 仁（大和）、鈴木 文人（横須賀）、森谷 周平（川崎市立橘）、伊藤 慎平（横浜平沼）、田之畑 宗孝（川和）、箕輪 義信（向の岡工）、西澤 拓真（川和）、加藤 健太郎（平塚工科）、永瀬 裕記（星槎国際湘南）、井上大生（横須賀総合）、魚住 聡（荏田）、倉知 祐秀（新羽）、池田 侑人（大和西）

◉東京都・技術委員
石川 創人（東京農大一）、加藤 悠（東久留米総合）、村永 康夫（日本学園）、竹原康夫（高輪）、田中 康之（松が谷）、池村雅行（日大三）、小野 貴裕（関東第一）、石部 元太（江戸川）、安田 直人（福生）、岩永 雄太（武蔵）、菅野 悟（成蹊）、金子翔一（創価）、栗山 孝幸（淵江）、鮫島 哲平（墨田工）

◉映像
福尾 祥（アリアンテ）

◉得点場面集計
森 政憲（桐朋）、田中 隆晴（保谷）

◉編集・データ分析
藤 宏明（データスタジアム株式会社）、髙瀬 健一郎（データスタジアム株式会社）

第101回 全国高等学校選手権大会記録一覧

第1回戦 12月28日(水) 国立競技場（晴）

（主）高崎航地　（副）穴井千雅，道山悟至

成立学園（東京都B） 3（2-0 / 1-2）2 **津　工**★（三重県）

得	S	学		背		背		学	S	得
0	0	③	鈴　木	1	GK	17	前　川	②	0	0
0	1	③	大　川	3	DF	4	原　田	③	0	0
0	1	③	藤　井	4		24	（鳴川）	②	1	1
0	0	③	瀧　川	5		14	佐　藤	③	0	0
0	0	③	（清水）	2		22	北川(瑛)	②	0	0
1	1	③	佐藤(由)	11		23	山　本	②	0	0
0	1	②	横　地	6	MF	6	山　副	③	0	0
0	0	③	（高木）	14		7	八　木	③	0	0
1	1	③	陣　田	7		8	（松本）	③	0	0
0	1	②	（外山）	16		9	増　山	③	2	1
0	2	③	武　田	8		11	北川(漣)	③	1	0
1	5	③	渡　辺	9		12	藤　井	②	0	0
0	0	②	（佐藤(漣)）	26		18	（脇田）	③	0	0
0	2	❸	八　木	10						
0	1	③	柏　田	18	FW	10	庄　司	❸	1	0
0	0	③	（野尻）	22						
3	16			10	GK	5			5	2
				5	CK	2				
				3	FK	11				
				0	PK	0				

【得点経過】
前半35分〔成〕瀧川→武田S（こぼれ球）**陣田S**
〃 40分〔成〕CK八木→**佐藤（由）HS**
後半 4分〔成〕横地→**渡辺S**
〃 21分〔津〕山副→**増山S**
〃 33分〔津〕庄司→**鳴川HS**
▼警告
〔成〕野尻
〔津〕原田

■守り切った成立学園が開幕戦を制す

第101回大会の開幕戦。成立学園は1-4-2-3-1，津工は1-3-4-3でスタートする。両チーム積極的な立ち上がりを見せ，津工は中盤のプレッシングからボールを奪うと中央の崩しからチャンスを作る。対する成立学園は左サイドのスペースを活用し，MF渡辺の仕掛けから得点機会を窺う。徐々にボールを保持し始めた成立学園はDFラインから丁寧にビルドアップ。サイドで人数の優位性を作り押し込むと，前半35分に先制点。さらにCKから追加点を奪い前半を折り返し，後半の立ち上がりに3点目を挙げる。津工は高い位置でボールを奪い敵陣に進入する機会を増やすと，サイド攻撃から2点を挙げる。終盤は疲労の見える成立学園に対し，津工がゴールに迫るが，守り切った成立学園が2回戦へと駒を進めた。

戦評　安田直人（福生高校）

第1回戦 12月29日(木) ニッパツ三ツ沢球技場（晴）

（主）加藤正和　（副）宇治原拓也，織戸理佐

尚　志★（福島県） 3（1-0 / 2-0）0 **徳島市立**（徳島県）

得	S	学		背		背		学	S	得
0	0	③	鮎　澤	1	GK	1	藤　澤	③	0	0
0	1	③	鈴木(大)	2	DF	2	花　房	③	0	0
0	0	❸	山　田	5		3	稲　川	③	1	0
0	0	②	（高瀬）	4		14	（野々村）	③	0	0
0	0	②	白　石	19		4	山　本	②	0	0
0	0	②	市　川	20		5	河　合	③	0	0
						12	瀬　口	②	0	0
0	0	③	吉　満	6	MF	6	河　村	③	0	0
0	1	②	（若林）	14		16	（鈴木）	①	0	0
0	0	②	神　田	8		7	織　田	❸	0	0
1	1	③	岡　野	10		20	（山口）	①	0	0
0	0	②	（出来）	24		8	山　座	②	0	0
0	0	②	安　斎	15						
0	1	③	（山本）	7						
0	1	③	鈴木(虎)	9	FW	10	林	③	1	0
0	1	②	（笹生）	11		15	（泉）	③	0	0
2	2	②	網　代	17		22	秋　月	③	0	0
						11	（笠原）	②	0	0
3	8			6	GK	9			2	0
				6	CK	1				
				14	FK	11				
				0	PK	0				

【得点経過】
前半11分〔尚〕鈴木（虎）S（相手GK）（こぼれ球）**網代S**
後半30分〔尚〕CK白石→山本→（こぼれ球）**網代S**
〃 33分〔尚〕網代→**岡野S**

■徳島市立に流れを渡さなかった尚志

序盤から両チームとも3ラインをコンパクトに保ち，相手にスペースを与えない守備でボール奪取を図る。尚志はMF岡野が両サイドに展開すると，DF鈴木（大），MF吉満が積極的に仕掛けてゴールを狙う。均衡が破れたのは前半11分，FW鈴木（虎）のシュートのこぼれ球に反応したFW網代が押し込み尚志が先制した。得点を奪った尚志は攻撃にリズムが生まれるが，GK藤澤を中心とし，身体を張った守備を見せる徳島市立が追加点を与えない。後半に入っても流れを渡さない尚志は，セットプレーなどからゴールを脅かす。一方，徳島市立はビルドアップに変化を加え，両サイドのDF花房，河合が高い位置をとるも局面を打開できない。すると30分，CKから尚志が追加点を奪い，33分には網代の折り返しから岡野が3点目を決めた。最後までゴールを目指す徳島市立は，バイタルエリアへの侵入を増やすも，尚志の集中した守備を崩すことができなかった。

戦評　田之畑宗孝（川和高校）

第1回戦 12月29日(木) ニッパツ三ツ沢球技場（晴）

（主）辛島宗烈　（副）谷弘樹，石川恭一郎

北　海（北海道） 1（0-1 / 1-0）1 **国　見**★（長崎県）
5 PK 6

得	S	学		背		背		学	S	得
0	0	②	小野寺	1	GK	1	今　村	③	0	0
0	0	③	（葉原）	17						
0	0	③	岩　井	3	DF	2	和　田	③	0	0
0	0	③	金　田	4		3	村　田	❸	0	0
0	0	②	川　合	5		4	平　田	②	0	0
						5	上　田	③	0	0
0	0	③	佐々木	7	MF	6	濱　田	③	0	0
0	0	③	松　永	8		7	川　添	③	0	0
1	1	❸	桜　庭	10		14	（西山）	①	0	0
0	0	②	栗　塚	13		8	中村(敦)	③	0	0
0	0	③	（大森）	15		13	（中山）	②	0	0
0	0	②	西　脇	14		10	北　村	③	0	0
0	0	③	（千葉）	6		16	幸	③	1	0
						19	（今林）	③	0	0
0	0	②	田　中	9	FW	9	利　根	③	2	1
0	1	①	（岡野）	18						
0	2	②	野　村	11						
1	4			8	GK	8			3	1
				5	CK	6				
				16	FK	10				
				0	PK	0				

【得点経過】
前半37分〔国〕幸→**利根S**
後半27分〔北〕**桜庭～S**
▼警告
〔北〕田中，佐々木
〔国〕和田，濱田

■12年ぶり出場の国見がPK方式で勝利

2年連続12回目の出場・北海と12年ぶり24度目の出場・国見による伝統校同士の対決。自陣でのボール奪取から2トップへの配球を試みる北海に対し，国見は攻撃時はサイドバックを高めに配置。GK今村やボランチのMF北村がビルドアップに関わり，長短のパスで組み立て，次第にペースを握る。FW利根のポストプレーから北村が前を向くとMF中村（敦），幸へ展開し，SB和田，村田のオーバーラップで攻撃に厚みを加える。すると前半37分，右サイドからの崩しで利根が先制点。後半に入り，北海は15分にFW岡野を投入してMF桜庭をFWに配すると，27分に桜庭が決めて追いつく。その後もハードワークを続ける北海に対し，国見は両サイドからの突破でペナルティエリア内への侵入を図るも決定機は作れない。一進一退の攻防が続くが同点のままタイムアップ。PK方式によって国見が2回戦進出を決めたが，粘り強く戦った北海の集中力も光った。

戦評　永山晃（浅野高校）

第1回戦　12月29日(木)　等々力陸上競技場（晴）

（主）堀善仁　（副）清水拓，小林拓未

日大藤沢（神奈川県） 2（1-0 / 1-0）0 西原（沖縄県）★

得	S	学		背		背		学	S	得
0	0	❸	岡　本	1	GK	24	安里(大)	②	0	0
0	1	③	アッパ	2	DF	3	與　座	③	0	0
0	0	③	（植田）	13		4	平　良	③	0	0
0	0	③	楠　本	3		5	上　田	❸	0	0
0	2	③	（有竹）	9		6	久　高	②	0	0
0	0	②	宮　﨑	4						
0	0	②	尾　野	5						
0	0	③	野　澤	6	MF	7	宇　座	③	1	0
0	0	③	宗　次	7		13	（古謝）	③	1	0
0	2	②	安　場	10		8	齋　藤	②	0	0
0	0	③	（仲川）	16		10	兼　島	③	1	0
						26	久手堅	③	0	0
						9	（嘉納）	③	1	0
						27	安里(悠)	②	0	0
						20	（豊里）	③	0	0
0	0	③	岡　西	8	FW	11	比　嘉	②	1	0
0	0	②	岡　田	11						
0	0	①	（布施）	30						
2	7	③	森　重	19						
0	1	②	（國分）	27						
2	13			5	GK	14			5	0
				8	CK	1				
				7	FK	5				
				0	PK	0				

【得点経過】
前半13分〔日〕野澤→森重S（相手FP）（こぼれ球）**森重HS**
後半 3分〔日〕岡西→アッパ→**森重HS**
▼警告
〔西〕嘉納

■森重が2得点の日大藤沢が初戦突破

立ち上がり，日大藤沢は両SBアッパ，尾野が高い位置をとり，ピッチを広く使いながら攻撃を仕掛ける。長短のパスやドリブルを織り交ぜて人とボールを動かし，クロスからFW森重を中心に決定機を作る。一方，西原は守備時に相手の立ち位置を見て，ブロックを作りスペースを消して守ろうとする。しかし，前半13分に森重が先制点を挙げた日大藤沢が，時間の経過とともにボールを保持する時間を増やし，主導権を握る。西原も縦への推進力や運動量を上げ，バイタルエリアに侵入してチャンスを作るが，日大藤沢GK岡本のセーブにより得点を奪えない。後半開始直後には森重が頭で決めて日大藤沢が追加点。その後も素早い切り替えでボールを即時奪回し，狭いスペースでも高い技術でチャンスを作る。西原も選手交代で流れを変えようとするが，日大藤沢の安定した守備によりペナルティエリア内に侵入できず無得点のまま試合が終了した。

戦評　加藤健太郎（平塚工科高校）

第1回戦　12月29日(木)　等々力陸上競技場（晴）

（主）鈴木智也　（副）原田大輔，山口航

松本国際（長野県）★ 1（0-1 / 1-1）2 米子北（鳥取県）

得	S	学		背		背		学	S	得
0	0	③	丸　山	1	GK	21	畠　山	③	0	0
0	0	③	山　田	3	DF	2	森　川	③	1	0
0	0	③	（川村）	22		4	野　田	❸	2	0
0	0	③	川　崎	4		5	倉　田	③	0	0
0	1	③	元木(竜)	5		16	梶	②	1	0
0	0	③	北　村	2	MF	6	上　原	②	1	1
0	0	③	（坂東）	15		7	浅　野	③	0	0
0	0	③	三浦(大)	7		19	（石倉）	②	0	0
0	0	❸	二　木	8		10	中　井	③	5	1
0	0	③	矢　越	10		3	（青戸）	③	0	0
1	1	③	岸	11		15	仲　田	②	2	0
						14	（長谷川）	③	0	0
0	0	③	高　城	9	FW	8	小橋川	③	0	0
0	0	②	佐々木(晄)	19		20	（豊島）	③	0	0
0	1	③	（高野）	17		9	福　田	③	0	0
1	3			16	GK	3			12	2
				2	CK	4				
				9	FK	7				
				0	PK	0				

【得点経過】
前半40+2分〔米〕仲田→福田→**上原S**
後半31分〔松〕高城～→**岸～S**
〃 33分〔米〕豊島→福田→仲田→**中井S**

■追いつかれた直後に決勝点

序盤から米子北は相手DFラインの背後へボールを送ってクロスからゴールに迫り，フィジカルの強さを活かしたセットプレーも効果的に用いた。MF中井は高い技術を発揮し，左サイドからのカットインでチャンスを作り出す。対する松本国際はウイングバックのMF岸，北村を活かしたピッチを広く使う攻撃に加え，FW佐々木（晄），高城，MF矢越のコンビネーションからゴールを狙った。コンパクトな陣形を保つ米子北はセカンドボールへの反応も早く，徐々に相手陣内に押し込む場面が目立ち始め，前半アディショナルタイムにMF上原がミドルシュートで先制点を挙げる。後半も米子北が試合を優位に進めたが，31分に松本国際の岸に同点ゴールを奪われる。しかし，直後の33分に中井が勝ち越しゴール。松本国際は最後まで諦めることなくゴールを狙う姿勢を見せるも，米子北の強固な守備を崩すには至らずそのまま試合終了となった。

戦評　伊藤慎平（横浜平沼高校）

第1回戦　12月29日(木)　浦和駒場スタジアム（晴）

（主）手塚優　（副）原崇，三塚大貴

盛岡商（岩手県）★ 2（0-0 / 2-1）1 帝京第五（愛媛県）

得	S	学		背		背		学	S	得
0	0	③	小　原	1	GK	12	飯　島	②	0	0
0	0	②	宮　部	2	DF	2	廣　重	③	0	0
0	0	❸	大　町	3		4	峯　山	③	0	0
0	0	③	間　宮	6		3	（八子）	③	0	0
0	0	③	佐　藤	15		5	津　吹	③	3	0
						9	松　田	②	0	0
						26	（宮島）	②	0	0
0	0	③	佐々木	7	MF	8	梅　澤	③	0	0
0	1	③	工　藤	9		10	武　田	❸	2	0
0	3	③	蒲　田	11		14	五本木	②	0	0
						6	（山口）	②	0	0
						15	樋　口	②	1	1
1	2	②	原　田	10	FW	7	一　瀬	③	2	0
0	1	③	髙　橋	14		13	（藤野）	③	0	0
0	0	③	（小田島）	13		11	丹　羽	③	2	0
0	2	②	藤　原	25		19	（大澤）	②	0	0
1	1	③	（月折）	8						
2	10			16	GK	12			10	1
				4	CK	1				
				6	FK	11				
				0	PK	0				

後半 9分〔帝〕松田→**樋口S**
〃 15分〔盛〕髙橋→宮部→（相手GK）（こぼれ球）**月折S**
〃 23分〔盛〕月折～→**原田S**
▼警告
〔盛〕佐々木，佐藤

■采配的中の盛岡商が逆転勝利

両チームともに開始直後から長短織り交ぜたパスでDFラインの背後を狙い，さらにロングスローも使って攻め合う展開となった。徐々に両チームの特長が出始め，盛岡商はロングボールを主体とし，FW藤原，髙橋の連係でDFラインの裏へと抜け出す。対する帝京第五はMF樋口の突破やFW丹羽を起点にショートパスとコンビネーションで仕掛けていく。前半20分を過ぎ，帝京第五が主導権を握る展開に。盛岡商のロングボールのセカンドボールを拾い，間延びしたスペースをショートカウンターで攻め込む。後半9分には一瞬の隙を突き，帝京第五が先制に成功。追いかける展開となった盛岡商は13分にMF月折を投入すると，2分後に月折が同点ゴールを決める。さらに23分，月折のクロスをFW原田が合わせて逆転に成功した。帝京第五は長身DF大澤を投入してチャンスを作ろうとするも，堅い守りの盛岡商に弾かれ得点に至らなかった。

戦評　加藤昂（広島国泰寺高校）

第1回戦 12月29日(木) 浦和駒場スタジアム（晴）

（主）國吉真吾　（副）橋本真光，坂田純平

東邦（愛知県） **1**（0-2／1-2）**4** **履正社**（大阪府）★

得	S	学	東邦	背		背	履正社	学	S	得
0	0	③	御子柴	1	GK	1	ジョン	③	0	0
0	0	③	深田	2	DF	2	西坂	③	2	0
0	1	③	岡田	4		3	加藤	③	0	0
1	1	❷	朴	10		4	東尾	③	2	0
0	0	①	名古屋	13		20	（平井）	③	0	0
0	0	②	（生駒）	11		14	川端	③	0	0
0	0	②	深澤	6	MF	5	徳山	③	1	0
0	1	③	羽田野	7		6	森川	③	0	0
0	0	③	（渡邊）	18		15	（中鉢）	②	0	0
0	2	③	原	8		7	梶並	③	1	0
0	1	②	森	14		16	（森田）	②	1	1
						8	小田村	③	3	1
						29	（長谷）	②	0	0
						10	名願	③	2	1
0	0	③	坪井	9	FW	9	古田	❸	6	1
0	0	③	（小川）	3		18	（河野）	②	0	0
0	1	①	山端	20						
0	0	①	（清水）	28						
1	7			9	GK	5			18	4
				3	CK	6				
				7	FK	6				
				0	PK	1				

【得点経過】

前半19分〔履〕徳山S（相手FP）HS（こぼれ球）**古田S**

〃 35分〔履〕FK名願→古田HS（相手GK）（こぼれ球）**小田村S**

後半29分〔履〕名願～→（相手GK）（こぼれ球）川端→古田S（相手FP）（こぼれ球）**名願S**

〃 38分〔履〕西坂→川端H→**森田S**

〃 40+2分〔東〕原～→**朴HS**

▼警告

〔東〕深田

〔履〕東尾

■履正社が攻撃の手を緩めずに4ゴール

試合序盤，互いに攻守の切り替えが早く，ボールを奪ってから縦にスピーディな攻撃で主導権を握ろうとする。前半10分を過ぎると，履正社はDFラインからビルドアップをしてサイドを起点に攻め込む。対する東邦は粘り強い守備でボール奪取を図ると，MF羽田野がスピードに乗った突破でチャンスを作る。球際での強さを発揮する履正社がペースを握り始めると，19分に先制に成功。その後も両SB川端，西坂の攻撃参加で数的優位を作ってサイドを攻略し，35分に追加点を奪う。後半も履正社がペースを握ると，流れを引き寄せたい東邦はDF朴をFWへ配置転換する。しかし，攻撃の手を緩めない履正社はMF名願，DF森田が追加点を奪い，試合を決定付ける。東邦は朴が頭で決めて一矢報いるが，履正社が勝利を収めた。

戦評　野木悟志（庄和高校）

第1回戦 12月29日(木) 駒沢陸上競技場（晴）

（主）塚原健　（副）鈴木渓，野村尚太郎

鹿島学園（茨城県）★ **2**（2-0／0-1）**1** **龍谷**（佐賀県）

得	S	学	鹿島学園	背		背	龍谷	学	S	得
0	0	③	木村	1	GK	1	音成	③	0	0
0	2	②	髙橋	3	DF	4	松藤	③	0	0
0	0	❸	上原	4		15	川村	②	0	0
0	0	③	（坂井）	13		18	島村	②	0	0
0	0	③	篠田	5						
0	0	③	櫻井	2	MF	2	野口	③	0	0
0	0	②	妹尾	6		6	花田	③	1	0
0	0	②	大貫	8		19	（吉澤）	③	0	0
0	0	①	文平	24		8	山並	③	1	0
0	0	③	（萩原）	15		9	今野	❸	2	1
						11	竹内	③	3	0
1	2	③	若野	9	FW	10	乗冨	③	1	0
0	0	②	（鈴木）	7		24	（山田）	③	2	0
1	1	③	林	10		20	中田	③	2	0
0	1	③	井口	11		3	（戸田）	③	0	0
2	6			11	GK	5			12	1
				2	CK	4				
				15	FK	6				
				0	PK	0				

【得点経過】

前半 4分〔鹿〕若野S（相手GK）（こぼれ球）**林S**

〃 8分〔鹿〕TI大貫×**若野S**

後半11分〔龍〕今野→竹内HS（相手GK）（こぼれ球）**今野S**

▼警告

〔鹿〕林，坂井

■開始8分で2得点の鹿島学園が逃げ切る

鹿島学園は1-4-4-2，龍谷は1-3-5-2の布陣でスタートする。前半4分，鹿島学園はMF櫻井，大貫を起点としたサイド攻撃からFW若野が放ったシュートのこぼれ球をFW林が詰め，先制に成功する。さらに8分，大貫のロングスローから若野が決めてリードを広げる。その後もピッチを幅広く使い，MF妹尾，文平がタイミング良くボールに関わり，FWを使いながら組み立て，サイドからチャンスを窺う。一方の龍谷はFW乗冨，中田にボールを集め，攻撃の糸口を探るが，鹿島学園DF上原を中心とした守備の前にゴールに迫れない。後半7分，龍谷はFW山田を投入。流れを引き寄せようとすると，11分に混戦からMF今野が得点を奪う。さらに龍谷はFWにボールを集め，同点ゴールを狙うが，鹿島学園は集中を切らさずにゴールを許さない。最後までゴールに迫り続けた龍谷の攻撃を，GK木村の好守などで凌いだ鹿島学園が2回戦進出を決めた。

戦評　菅野悟（成蹊高校）

第1回戦 12月29日(木) 駒沢陸上競技場（晴）

（主）原田雅士　（副）花川雄一，久保貴昭

帝京大可児（岐阜県） **0**（0-0／0-1）**1** **岡山学芸館**（岡山県）★

得	S	学	帝京大可児	背		背	岡山学芸館	学	S	得
0	0	②	竹内	1	GK	12	平塚	②	0	0
0	0	③	増井	2	DF	2	福井	③	1	1
0	0	③	兼松	3		3	田口㊅	③	2	0
0	0	❸	原田	4		4	井上	❸	0	0
0	0	②	堀内	5		5	中尾	③	0	0
0	0	③	（松本）	6						
0	0	③	小島	7	MF	7	木村㊄	③	2	0
0	1	②	吉兼	8		8	岡本	③	1	0
0	0	③	（遠藤）	26		10	山田	③	1	0
0	0	③	目黒	15		15	（高山）	②	0	0
0	0	②	（棚橋）	11		14	田村	②	1	0
0	1	①	明石	30		6	（田口(裕)）	②	0	0
0	0	③	（都築）	13						
0	2	③	永井	10	FW	9	今井	③	0	0
0	0	①	加藤	14		11	田邉	②	3	0
0	0	②	（内藤）	23		19	（木下）	②	0	0
0	4			15	GK	4			11	1
				2	CK	8				
				3	FK	11				
				0	PK	0				

【得点経過】

後半 4分〔岡〕CK岡本（相手FP）（クリア）田村→田邉→田口（大）H→井上（スルー）**福井S**

■岡山学芸館が堅い守備で得点を許さず

両チームともに1-4-4-2のシステムだが，帝京大可児はFW加藤を少し下げて前線を縦に並べ，岡山学芸館はFW今井，田邉を横に並べる形をとった。まず主導権を握ったのは帝京大可児。FW永井，加藤がDFラインからボールを引き出してアタッキングサードに侵入し，中盤に生まれたスペースでMF小島，吉兼が受け，厚みのある攻撃を仕掛けてシュート場面を作り出す。一方の岡山学芸館は局面で粘り強く対応し，ボールを奪えば右サイドのMF岡本を起点に攻撃を仕掛ける。後半4分にCKから先制点を奪うと，岡山学芸館がより積極的にドリブルで仕掛けるようになり，ボールを失っても連続したプレーで即座に奪い返し，帝京大可児に攻撃の機会を作らせない。帝京大可児は失点直後から5人の選手交代を行い，得点を奪おうとするが，岡山学芸館の帰陣の速い守備に遭ってボールを動かせずに，シュートチャンスを作り出せない。帝京大可児は試合終了まで攻撃の手を緩めなかったが，岡山学芸館の堅い守備を崩し切れなかった。

戦評　井手豊（広島工業高校）

第1回戦　12月29日（木）
ゼットエーオリプリスタジアム（晴）

（主）酒井達矢　（副）大田智寛，田口雄一

星稜★（石川県）1（0-1／1-1）2 東山（京都府）

得	S	学		背		背		学	S	得
0	0	③	加藤	1	GK	1	佐藤	③	0	0
0	0	③	奥名	3	DF	2	石井	③	0	0
0	0	③	猿楽	4		3	志津	②	0	0
0	0	③	髙橋	5		4	新谷	❸	0	0
0	0	②	井田	18		6	仲里	③	0	0
0	0	②	（能登）	23						
0	0	③	金谷	6	MF	7	真田	③	1	0
0	0	③	平良	8		8	松橋	③	0	0
0	1	③	宮前	9		10	阪田	③	0	0
0	0	③	山本	11		16	（中野）	③	0	0
1	1	③	（大木）	15		13	清水	③	2	0
0	1	③	福島	7	FW	14	北村	③	0	0
0	0	❸	山下	10		9	（大谷）	③	0	0
						15	豊嶋	③	5	2
						11	（上田）	③	0	0
1	3			6	GK	2			8	2
				1	CK	6				
				15	FK	7				
				0	PK	0				

【得点経過】
前半21分〔東〕**豊嶋～S**
後半17分〔東〕石井→**豊嶋HS**
〃 23分〔星〕TI髙橋×宮前S(こぼれ球)**大木S**
▼警告
〔東〕北村

■星稜の反撃を凌いだ東山が2回戦へ

両チームともにロングボールを使った立ち上がり，セカンドボールを拾う回数が多い東山が押し込み，MF清水の仕掛けとMF松橋のロングスローからゴールを狙う。一方の星稜はボールを奪ったら早いタイミングでFW福島，山下へ配球するが効果的な攻撃には結びつかない。時間の経過とともに東山はFW豊嶋にボールが収まる回数が増え，攻撃のリズムを作り始めると，前半21分に豊嶋が先制点を奪う。追いつきたい星稜は細かいパスワークとMF宮前の仕掛けからゴールを目指す。後半は星稜がセカンドボールを回収するシーンが増え，ボールを動かそうとチャレンジするが，球際の強さと切り替えの早さで東山に上回られてしまう。すると17分，東山はDF石井のクロスを豊嶋が頭で押し込み追加点。対して星稜は23分にDF髙橋のロングスローからの混戦でMF大木が押し込んで1点を返す。その後は一進一退の攻防もスコアは動かず，東山が2回戦に駒を進めた。

戦評　田中章太郎（生浜高校）

第1回戦　12月29日（木）
ゼットエーオリプリスタジアム（晴）

（主）長田望　（副）若宮健治，太田和翔

聖和学園（宮城県）2（0-0／2-0）0 大分★（大分県）

得	S	学		背		背		学	S	得
0	0	③	菅井	12	GK	1	佐藤(隼)	③	0	0
0	0	③	金井	3	DF	2	安田	③	0	0
0	1	③	益田	4		14	（菊地）	③	0	0
0	0	❸	小野	5		3	下村	③	1	0
0	1	③	雫	6		4	大石	③	0	0
						6	今田(倖)	③	0	0
0	0	③	神田	8	MF	7	青山	③	0	0
0	0	③	（森）	7		8	今田(昂)	③	0	0
0	0	③	石澤	10		13	（三橋）	③	0	0
0	0	③	（江藤）	11		10	吉川	❸	1	0
0	0	③	藤田	14		16	古野	③	0	0
0	0	②	方城	15		18	（渕野）	③	0	0
0	0	②	（伊波）	17						
1	2	③	桎木	20						
0	0	③	（中村(雄)）	23						
1	2	③	桃原	9	FW	9	佐藤(翼)	③	1	0
0	0	③	（角野）	13		5	（河野）	③	0	0
						11	長尾	③	0	0
						28	（吉賀）	②	0	0
2	6			5	GK	3			3	0
				3	CK	3				
				10	FK	11				
				0	PK	0				

【得点経過】
後半 8分〔聖〕FK雫→**桃原HS**
〃 12分〔聖〕FK雫→**桎木HS**
▼警告
〔大〕渕野

■聖和学園がセットプレーから2得点

聖和学園は選手の距離が近く，緩急をつけた突破を活かした攻撃が目立つ。特にDF金井のドリブルは大分のラインを崩す起点になった。一方の大分は守備ブロックを形成し，ボール奪取後はFW佐藤（翼）のポストプレーから，MF青山の個人技を活かしてパスを供給し，サイドに広げながらゴールに迫る。互いに決定機を作れずに前半を終了すると，後半8分にDF雫のFKをFW桃原がヘディングで決めて聖和学園が先制。さらに12分，またもや雫のFKからMF桎木がヘディングで追加点を奪い，流れを手繰り寄せる。聖和学園は得点後もスピードを上げ過ぎず，距離間の近いプレーを繰り返すため，ボールロスト後もすぐに回収が狙えた。交代選手にもドリブルで相手をはがせる選手が多く，特に途中出場のFW中村（雄）の仕掛けは大分DFを苦しめた。大分はゴール前までは迫るも得点には至らず，そのまま試合終了。聖和学園が2回戦に駒を進めた。

戦評　奥寺亮介（千葉経済大学附属高校）

第1回戦　12月29日（木）
県立柏の葉公園総合競技場（晴）

（主）宗像瞭　（副）柳岡拓磨，山本凌

丸岡（福井県）1（1-0／0-1）1 高知★（高知県）
6 PK 5

得	S	学		背		背		学	S	得
0	0	②	清水	17	GK	1	東	②	0	0
0	1	③	渡辺(颯)	3	DF	3	西本	③	0	0
0	0	③	鷲見	4		4	橋本	③	0	0
0	0	❸	山田	5		20	濱口	②	0	0
0	1	③	徳山	6		28	小野	①	0	0
						17	（田辺）	②	0	0
0	2	③	岡	7	MF	6	神谷	③	0	0
0	1	②	渡辺(祥)	14		7	南部	③	0	0
0	1	②	（奥村）	8		13	大久保	②	0	0
0	0	②	久米田	22		14	松井	②	0	0
0	1	③	（名倉）	13		11	（山本）	③	1	0
0	2	③	中川	9	FW	9	村田	③	1	0
0	2	③	伊藤	10		10	角田	❸	1	1
1	2	③	小関	11						
1	13			4	GK	12			3	1
				5	CK	2				
				12	FK	8				
				0	PK	0				

【得点経過】
前半22分〔丸〕(相手FP)（ミス）**小関S**
後半13分〔高〕山本→**角田～S**
▼警告
〔高〕小野

■緊迫した一戦を制した丸岡

両チームとも立ち上がりはリスクを冒さず，ロングボールを中心に攻撃を繰り返す。丸岡はFW小関にボールを集め，FW中川，伊藤のドリブルでペナルティエリアへの侵入を試み，CB山田のロングスローからゴール前で混戦を作り攻撃の糸口を掴もうとする。一方，高知は全員でハードワークし，かわされても粘り強く奪い返す守備を徹底する。奪ったボールは2トップのFW村田，角田へシンプルに供給。相手の背後を幾度となく狙うが，丸岡のCB鷲見，山田が集中を切らさずに跳ね返す展開となる。前半22分，GKへのバックパスをカットした小関が流し込み，丸岡が先制に成功。後半になると，高知は角田が決めて追いつく。同点になってからはセットプレーの回数が増える展開となるが，互いに決め切ることができない。緊迫した80分同様に，PK方式もサドンデスに突入。キッカー全員が決めた丸岡に軍配が上がり，2回戦へと駒を進めた。

戦評　菊野将史（船橋芝山高校）

第1回戦　12月29日(木)
県立柏の葉公園総合競技場（晴）

（主）石丸秀平　（副）井出本暸，筒井勇気

日体大柏 3（2-0 / 1-1）1 芦屋学園
★日体大柏（千葉県）　芦屋学園（兵庫県）

得	S	学		背		背		学	S	得
0	0	②	原　田	12	GK	12	重　田	❸	0	0
0	0	③	寺　村	2	DF	2	吉　田	③	0	0
0	0	③	(伊藤)	19		11	(倉光)	③	0	0
0	0	③	古金谷	3		24	(元木)	②	0	0
0	0	③	柴　田	5		3	岩　本	③	0	0
0	1	②	岡　田	17		4	柏　木	③	0	0
0	0	③	(中村)	4		5	世　羅	③	0	0
						15	西　脇	③	1	0
0	0	③	植　木	6	MF	6	岩　井	③	0	0
0	0	③	相　原	7		8	(酒井)	③	0	0
						7	大　島	③	1	0
1	2	③	平　野	9	FW	9	スコット	③	0	0
0	0	②	(大和田)	20		16	(田尾)	③	0	0
1	1	③	古　谷	10		10	出　口	③	1	0
0	0	②	(片野)	14		18	高　岡	③	0	0
1	1	❸	吉　田	11		13	(野田)	③	2	1
0	0	③	(上森)	21						
0	2	③	オウイエ	15						
3	7			6	GK	7			5	1
				1	CK	5				
				11	FK	5				
				0	PK	0				

【得点経過】
前半12分〔日〕オウイエ→平野→**古谷S**
〃 22分〔日〕オウイエS×**平野S**
後半11分〔日〕平野→**吉田S**
〃 14分〔芦〕重田→**野田S**

■初出場校同士の一戦は日体大柏に軍配

日体大柏は幅と深さを使いながらビルドアップし，前線4枚の強力な攻撃陣へ配球する。対する芦屋学園は3ラインでブロックを形成。ハイプレスから奪ったボールを前線に配球し，カウンターからゴールを目指す。テンポ良くボールを動かす日体大柏が徐々に主導権を握り，FW古谷の得点で先制。さらに，FW平野が追加点を挙げる。芦屋学園は中盤でセカンドボールを回収し，FWスコットの突破力，FW出口のテクニカルなドリブル，DF柏木のロングスローからゴールへ迫ろうとするが決定機には至らない。後半立ち上がりも日体大柏が主導権を握り，FW吉田のゴールで点差を広げる。一方の芦屋学園は，14分に途中出場のFW野田が決めて点差を詰める。その後，ロングボールを起点に押し込もうとするが，日体大柏が守り切り，初出場校同士の一戦を制した。

戦評　佐藤研人（松戸馬橋高校）

第1回戦　12月29日(木)
NACK5スタジアム大宮（晴）

（主）安川公規　（副）梅田智起，河津祐介

前橋育英 2（0-0 / 2-1）1 日章学園
前橋育英（群馬県）　日章学園（宮崎県）★

得	S	学		背		背		学	S	得
0	0	②	雨　野	1	GK	1	小　林	③	0	0
0	0	③	井　上	3	DF	2	藏　屋	③	0	0
0	0	③	齋　藤	4		3	新　穂	③	0	0
0	1	③	山　内	6		4	工　藤	❸	0	0
0	0	③	ポンセ	24		18	(宮本)	②	0	0
						5	芝	③	0	0
						24	(阿部)	②	0	0
0	1	③	根　津	7	MF	6	金　川	③	0	0
0	0	③	(山本)	15		7	高　岡	①	1	0
0	3	③	大久保	8		8	石　田	③	1	0
1	1	③	(山田)	17		10	松　下	③	0	0
0	0	❸	徳　永	14		20	(川越)	①	0	0
0	3	③	青　柳	19						
0	4	③	小　池	9	FW	11	石　﨑	③	1	1
1	3	③	高　足	10		19	(安藤)	②	0	0
0	0	③	(堀川)	11		15	篠　田	②	2	0
						9	(田上)	②	0	0
2	16			3	GK	13			5	1
				7	CK	3				
				11	FK	8				
				0	PK	0				

【得点経過】
後半10分〔日〕FK金川→**石﨑HS**
〃 19分〔前〕徳永→小池→**高足S**
〃 37分〔前〕高足→小池→青柳S→**山田S**

▼警告
〔前〕ポンセ
〔日〕工藤

■夏冬全国制覇を狙う前橋育英が逆転勝ち

夏の総体で優勝を飾り，夏冬全国制覇を目指す前橋育英と3年ぶりに選手権の舞台に戻ってきた日章学園の一戦。前橋育英はCBとボランチでパス交換しながら丁寧にボールを動かし，2トップの動き出しに合わせて前線に配球したり，アーリークロスを試みるなど多彩な攻撃を見せる。日章学園はコンパクトな3ラインを形成しながら，連動して強度の高いプレスをかけ続ける。ボールを奪うと2トップにロングボールを送って起点を作ろうとする。後半立ち上がりから前橋育英が攻勢に出るが，守勢に回っていた日章学園がセットプレーで先制に成功。前橋育英は慌てることなく選手交代とポジションチェンジで流れを引き戻し，すぐさま追いつく。前橋育英が攻勢を強めると，PK方式に突入するかと思われた終盤にMF山田が押し込み，逆転に成功した。

戦評　山田純輝（川口市立高校）

第1回戦　12月29日(木)
NACK5スタジアム大宮（晴）

（主）長谷拓　（副）村田裕紀，髙橋一生

羽黒 2（1-2 / 1-1）3 四学大香川西
★羽黒（山形県）　四学大香川西（香川県）

得	S	学		背		背		学	S	得
0	0	③	梅　野	1	GK	1	三　谷	③	0	0
0	0	③	池　田	2	DF	2	辻　本	③	0	0
0	0	③	半　田	3		3	小　島	②	2	1
0	1	③	髙　橋	4		4	山　西	②	1	0
0	0	❸	瀬　戸	5		5	福　平	❸	1	1
1	2	②	小　西	15	MF	6	塩　川	③	0	0
0	1	③	田　中	6		7	鈴　木	②	1	0
1	1	③	稲　葉	7		8	菊　池	③	2	0
0	1	③	(奥山)	8		10	山　田	③	1	0
0	1	③	荒　井	10		19	(玉田)	①	0	0
0	1	②	(小田)	26		12	(竹本)	③	0	0
0	2	③	佐　藤	11						
0	0	①	(岡部)	30						
0	2	③	成　田	9	FW	9	橋　田	③	3	0
0	1	②	(三國谷)	18		28	(内山)	①	0	0
						11	伊　藤	③	2	1
2	13			15	GK	11			13	3
				4	CK	7				
				5	FK	5				
				0	PK	0				

【得点経過】
前半 4分〔羽〕CK佐藤→髙橋H×**小西HS**
〃 32分〔四〕CK辻本→**福平HS**
〃 35分〔四〕CK辻本→塩川H(相手FP)(クリア)**小島S**
後半18分〔四〕山田～→(相手GK)(クリア)**伊藤S**
〃 25分〔羽〕佐藤→小西HS(ポスト返り)**稲葉S**

▼警告
〔四〕竹本

■逆転の四学大香川西が逃げ切る

県勢16年ぶりの初戦突破を目指す羽黒と4年ぶり12回目の出場となる四学大香川西の一戦は，開始早々に羽黒が先制に成功する。勢いに乗った羽黒は長身FW成田をターゲットにMF荒井，小西がセカンドボールを回収し，クロスから追加点を奪いにいく。四学大香川西はその後もピンチを迎えるが，GK三谷の好セーブで凌ぐと，CKのチャンスを決めて追いつく。さらにCKから再び決めて前半を折り返すと，後半18分に追加点を奪って突き放す。羽黒は荒井がライン間でボールを受け始め，自ら突破したり，スペースに運ぶなどして味方選手の上がりを待つプレーで厚みのある攻撃を仕掛ける。25分に羽黒が1点を返すが，集中力を切らさずに粘り強い守備を続けた四学大香川西が逃げ切って2回戦に駒を進めた。

戦評　石田寛季（熊谷農業高校）

第1回戦 12月29日(木) 味の素フィールド西が丘（晴）

（主）友政利貴　（副）長谷川雅，臼倉勝寿

日本文理 2 (1-0 / 1-1) 1 立正大淞南

★（新潟県）　　（島根県）

得	S	学		背		背		学	S	得
0	0	③	日隠	1	GK	30	塚田	②	0	0
0	0	③	小舟戸	3	DF	2	松本	③	0	0
0	0	③	高橋(葵)	4		7	(今野)	③	0	0
0	0	③	(小熊)	2		4	三輪	③	0	0
0	0	③	阿部	5		5	坂井	③	3	0
0	1	③	小林	7		15	西口	②	0	0
0	0	①	(赤阪)	28						
0	0	③	石澤	6	MF	10	肥塚	❸	0	0
0	0	③	(大島)	13		12	多田	③	0	0
0	0	③	塩崎	8		17	(香西)	③	1	1
0	0	③	高橋(迅)	11		13	桃井	③	0	0
0	0	③	(岩橋)	17		16	(進)	③	1	0
0	2	②	山田	20		19	イゴル ヤン	③	0	0
0	0	③	(大塚)	14		28	(久島)	②	0	0
2	2	③	杉本	9	FW	14	矢野	③	2	0
0	1	❸	曾根	10		18	野田	③	1	0
						11	(山田)	③	0	0
2	6			7	GK	13			8	1
				1	CK	8				
				12	FK	16				
				0	PK	0				

【得点経過】
前半 1分〔日〕×(こぼれ球)**杉本S**
後半17分〔立〕イゴル ヤン～→**香西S**
〃 34分〔日〕岩橋→**杉本HS**

▼警告
〔日〕日隠，高橋(葵)
〔立〕野田

■終盤にカウンターから決勝点

試合開始1分，ゴール前の混戦からFW杉本が押し込み，日本文理が先制する。日本文理は杉本をターゲットにシンプルに前線へ送り，起点を作るとFW曾根やMF山田が絡みゴールを目指す。対する立正大淞南もFW矢野をターゲットにしてゴールを狙い，右サイドのMFイゴル ヤンがスピードを活かした突破でチャンスを作る。両チームともにフィジカルに優れた選手が多く，球際で激しい攻防が繰り広げられる中，MF石澤，塩崎がセカンドボールを回収する日本文理が徐々にペースを掴む。後半に入ると，立正大淞南はFW香西，MF進を投入。システムを1-4-1-3-2に変更することで，セカンドボールを回収できるようになり，押し込む時間帯を増やす。主導権を握った立正大淞南はイゴル ヤンの突破から香西が決めて試合を振り出しに戻す。押し込まれる時間が続いた日本文理だが，カウンターから最後は杉本が得点し，勝ち越しに成功した。

戦評　岩永雄太（武蔵高校）

第2回戦 12月31日(土) ニッパツ三ツ沢球技場（曇）

（主）大橋侑祐　（副）高寺恒如，福島崇

青森山田 1 (0-0 / 1-0) 0 広島皆実

（青森県）　　（広島県）★

得	S	学		背		背		学	S	得
0	0	③	葛西	12	GK	17	沖野	②	0	0
0	1	③	渡邊	2	DF	4	新中	❸	0	0
0	0	③	西脇	3		5	島田	③	0	0
1	1	③	三橋	4		10	(藤井(颯))	③	0	0
0	0	❸	多久島	5		15	金山(颯)	②	0	0
0	0	③	中山	6		19	竹本	③	0	0
0	1	③	(武田)	9		12	(橋本)	③	0	0
						22	竹廣	①	0	0
0	0	③	小柳	8	MF	2	金山(佳)	③	0	0
0	0	③	(高良)	16		8	杉原	③	0	0
0	1	③	奈良岡	11		11	岡本	②	1	0
0	0	②	芝田	14		13	渡部	②	0	0
0	0	①	谷川	15						
0	0	③	(櫻井)	19						
0	3	③	小湊	10	FW	14	藤井(永)	③	0	0
0	0	②	(小泉)	22						
1	7			3	GK	15			1	0
				6	CK	1				
				8	FK	7				
				0	PK	0				

【得点経過】
後半 6分〔青〕FK芝田→小湊H→**三橋HS**

▼警告
〔青〕小柳

■力強さ発揮した前回大会王者

前回大会優勝校の青森山田は1-4-4-2，広島皆実は1-5-2-2-1で挑む。試合開始より青森山田はDFラインから早いタイミングでFW小湊をターゲットにフィードし，MF奈良岡がサポートに入り，サイドに展開すると，クロス，ロングスロー，CKから得点機を窺う。対する広島皆実はDFラインを5枚で形成し，MF杉原，渡部をボランチに配置して守備陣形を構築。粘り強い守備でボールを奪い，スピードのあるFW藤井（永）にMF岡本，金山（佳）の2シャドーが絡んだ速攻でゴールを目指す。青森山田は奈良岡のロングスローから決定機を2度迎えるが，得点には至らない。後半に入り青森山田は6分，FKから先制。立ち上がりの失点で前に出にくくなった広島皆実は自陣に押し込まれ，守備に追われる時間が増える。足が止まり始めると，選手交代で局面の打開を図ろうとするが，DF三橋，多久島を中心とした青森山田の堅い守備を崩し切れず，シュートチャンスを作り出せなかった。青森山田が攻守に力強さを発揮し，1-0で試合を終えた。

戦評　井手豊（広島工業高校）

第2回戦 12月31日(土) ニッパツ三ツ沢球技場（晴）

（主）友政利貴　（副）秋澤昌治，岡本脩作

尚志 0 (0-0 / 0-0) 0 国見

（福島県）　3 PK 4　（長崎県）★

得	S	学		背		背		学	S	得
0	0	③	鮎澤	1	GK	1	今村	③	0	0
0	0	③	鈴木(大)	2	DF	2	和田	③	0	0
0	0	❸	山田	5		3	村田	❸	0	0
0	0	②	(高瀬)	4		4	平田	②	0	0
0	0	②	白石	19		5	上田	③	0	0
0	0	②	市川	20						
0	0	③	(神宮司)	3						
0	0	③	吉満	6	MF	6	濱田	③	0	0
0	0	③	(藤田)	12		8	中村(敦)	③	0	0
0	0	②	神田	8		19	(今林)	③	0	0
0	0	③	岡野	10		10	北村	③	0	0
0	0	②	安斎	15		16	幸	③	0	0
0	0	③	(山本)	7						
0	4	③	鈴木(虎)	9	FW	9	利根	③	2	0
0	0	②	網代	17		13	中山	②	0	0
0	0	②	(笹生)	11		7	(川添)	③	0	0
0	4			5	GK	12			2	0
				10	CK	3				
				7	FK	11				
				0	PK	0				

▼警告
〔尚〕網代
〔国〕今林

■国見が2試合連続でPK方式を制す

試合開始から攻守の切り替えの早さや球際の強さが目立つ，インテンシティの高いゲームとなった。長短のパスやダイレクトプレーを使い分けてボールを保持する両チーム。尚志はMF岡野，国見はMF北村を軸に相手の3ラインのギャップや背後のスペースにボールを運び，ゴールに迫っていく。互いにアタッキングエリアまでボールを運ぶも，尚志DF山田，国見DF村田と両チーム主将がDFラインを統率し，ゴールを割らせない。拮抗した展開を打破すべく，尚志はMF安斎，吉満が両サイドから果敢に突破を試みる。流れを渡すわけにはいかない国見も，積極的に奪いにいく守備から速い攻撃へ繋げた。後半開始から尚志FW笹生が投入されると攻撃が活性化される。笹生が力強いドリブルでボールを運ぶと，DF鈴木（大）の攻撃参加の回数が増え，セットプレーからもゴールを狙うが国見GK今村が立ちはだかる。国見も狙い通りの守備から攻撃への展開でゴールを狙うなど，一進一退の攻防が続いた。80分間で勝敗が決しなかった試合はPK方式の末，国見が勝利した。

戦評　田之畑宗孝（川和高校）

第2回戦 12月31日(土) 等々力陸上競技場（晴）

（主）安川公規　（副）宇田川恭弘，高田直人

日大藤沢 2（0-1 2-0）1 米子北

（神奈川県）　　（鳥取県）★

得	S	学		背		背		学	S	得
0	0	❸	岡本	1	GK	21	畠山	③	0	0
0	0	③	アッパ	2	DF	2	森川	③	3	1
0	0	②	(片岡)	24		4	野田	❸	1	0
0	0	③	楠本	3		5	倉田	③	1	0
0	1	③	(有竹)	9		16	梶	②	0	0
0	0	②	宮崎	4		13	(音田)	③	0	0
0	1	②	尾野	5						
1	2	③	野澤	6	MF	6	上原	②	0	0
0	1	③	宗次	7		7	浅野	③	0	0
0	2	②	安場	10		19	(石倉)	②	0	0
0	0	③	(吉田)	20		10	中井	③	2	0
						15	仲田	②	1	0
						18	(小黒)	③	0	0
0	1	③	岡西	8	FW	8	小橋川	③	1	0
0	0	②	岡田	11		11	(山田)	③	0	0
0	0	③	(前田)	14		9	福田	③	1	0
0	1	③	森重	19		12	(森田)	②	0	0
1	9			9	GK	4			10	1
				1	CK	8				
				9	FK	11				
				0	PK	0				

【得点経過】
前半17分〔米〕CK上原→梶→**森川HS**
後半23分〔日〕TI片岡→有竹H→**野澤S**
〃 30分〔日〕TI片岡(相手FP)H(相手FP)(クリアミス)(オウンゴール)

▼警告
〔米〕浅野

■日大藤沢，スローインの流れから2得点

序盤から米子北は両サイドのDFライン背後へボールを送り，クロスからゴールに迫る。フィジカルの強さを活かし，セットプレーも効果的に用いた。MF中井は高い技術を発揮し，左サイドで攻撃の起点に。対する日大藤沢はビルドアップの際にピッチを広く使い，長短のパスやドリブルを織り交ぜて人とボールを動かし，FW岡田，岡西，MF安場のコンビネーションとFW森重の高さを武器にゴールを目指した。徐々に米子北が敵陣へ押し込む場面が目立ち始めると，前半17分に先制。後半も両チームともに集中力を切らすことなく，緊張感のある試合展開が続くと，23分にスローインの流れから日大藤沢が追いつく。勢いに乗った日大藤沢は30分，再びスローインからゴールに迫り，米子北のオウンゴールを誘って勝ち越しに成功した。米子北は最後までゴールを狙う姿勢を見せるも，日大藤沢の守備を崩すには至らずに試合終了となった。

戦評　伊藤慎平（横浜平沼高校）

第2回戦 12月31日(土) 等々力陸上競技場（曇）

（主）若宮健治　（副）宇治原拓也，田原慎乃介

山梨学院 2（1-2 1-1）3 神村学園

★（山梨県）　　（鹿児島県）

得	S	学		背		背		学	S	得
0	0	③	廣瀬	17	GK	1	広川	③	0	0
0	0	③	芳野	3	DF	3	大川	③	0	0
0	0	③	歳藤	4		7	有馬	②	0	0
0	0	③	庄司	5		6	(中島)	③	0	0
0	0	③	(小尾)	18		16	吉永	②	1	0
0	0	①	鈴木	24		20	中江	③	0	0
1	3	❸	宮岡	6	MF	2	下川	②	0	0
0	1	③	吉本	8		10	(名和田)	①	1	0
0	0	②	(本多)	15		9	積	③	0	0
0	1	③	臼田	13		14	大迫	❸	2	0
1	1	②	五十嵐	22		23	(金城)	①	0	0
0	1	③	(伊藤)	11		15	笠置	③	2	1
0	0	③	野田	10	FW	12	西丸	②	3	1
0	1	③	(小林)	23		13	福田	③	7	1
0	0	②	高野	20						
0	1	③	(小棚木)	7						
2	9			11	GK	9			16	3
				2	CK	7				
				10	FK	9				
				1	PK	0				

【得点経過】
前半 4分〔山〕宮岡→野田～→**五十嵐HS**
〃 36分〔神〕大迫～→福田(相手FP)(カット)**笠置S**
〃 38分〔神〕大迫→**福田～S**
後半27分〔山〕**PK宮岡S**
〃 39分〔神〕FK積→(相手GK)(クリア)名和田→**西丸HS**

■神村学園が土壇場で決勝ゴール

前々大会の覇者，山梨学院とプロ内定者を擁し，プレミアリーグ昇格を決めた神村学園の対戦。立ち上がり，山梨学院はサイドを起点に攻撃を仕掛け，FW野田，MF吉本の連係で左サイドを崩していく。すると開始早々の4分，野田のクロスをMF五十嵐が頭で合わせて先制。対する神村学園はMF大迫を中心にピッチを幅広く使い，丁寧なポゼッションからSBが攻撃参加し，厚みのある攻撃を仕掛けていく。22分にFW名和田を投入して攻勢を強めると，36分に同点とし，2分後にはFW福田が追加点を奪った。後半に入り，山梨学院は前線の選手を2人投入して得点機会を狙い，27分にMF宮岡がPKを決めて追いつく。しかし39分，神村学園は名和田のクロスをFW西丸がヘディングで合わせて決勝ゴールを奪った。

戦評　加藤昂（広島国泰寺高校）

第2回戦 12月31日(土) 味の素フィールド西が丘（曇）

（主）花川雄一　（副）長谷拓，伊藤祐斗

佐野日大 1（0-0 1-0）0 奈良育英

（栃木県）　　（奈良県）★

得	S	学		背		背		学	S	得
0	0	②	平岡	17	GK	1	伊藤	③	0	0
0	0	③	大野	3	DF	3	奥村	②	0	0
0	0	③	小竹	4		22	(村田)	②	0	0
0	2	③	青木	5		5	西尾	③	0	0
0	1	②	原	6		6	久代	③	0	0
						25	竹田	①	0	0
						28	谷川	①	0	0
0	0	③	吉岡	7	MF	2	藤岡	②	2	0
0	1	③	向井	14		8	磯貝	②	0	0
0	0	❸	籾山	18		10	(濱上)	③	0	0
0	0	②	(小田)	8		9	大西	❸	0	0
						26	(水津)	①	0	0
						21	山本	②	0	0
						16	(井登)	②	1	0
0	2	③	大久保	10	FW	14	水流	②	1	0
0	0	③	(江沢)	19						
0	1	③	田村	11						
1	4	③	(中埜)	9						
0	0	③	ヒアゴン	26						
0	0	②	(福田)	23						
1	11			9	GK	12			4	0
				2	CK	1				
				7	FK	10				
				0	PK	0				

【得点経過】
後半40+2分〔佐〕ヒアゴン→**中埜S**

▼警告
〔奈〕伊藤

■佐野日大が試合終盤に劇的な決勝点

ともに初戦となった一戦で佐野日大は1-5-4-1，奈良育英は1-4-4-2のフォーメーションでスタート。佐野日大は守備時にはブロックを敷き，ボールを奪うとFW大久保をターゲットにロングボールを送る。また，MF向井が攻守で存在感を示し，守備ではヘディングで相手ロングボールを弾き返し，攻撃時には自ら前線に運びチャンスを作る。奈良育英もシンプルに2トップへロングボールを送りチャンスを窺う。両チームともにロングボールを主体に攻撃を組み立てるが，両守備陣が集中したチャレンジ＆カバーでボールを弾き返し前半は無得点で折り返す。後半開始から両チームともに選手交代で活性化を図る。佐野日大はFW中埜へのロングボールで押し込むと，ロングスローからゴール前に混戦を生み出す。奈良育英は前線に入れたロングボールにMF磯貝が関わることで攻撃の糸口を見出そうとした。PK方式に突入するかと思われた終盤，佐野日大はFKのこぼれ球を最後は中埜が押し込み，劇的な決勝点を挙げた。

戦評　安田直人（福生高校）

第2回戦 12月31日（土） 味の素フィールド西が丘（晴）

（主）佐々木慎哉　（副）柳岡拓磨，斎藤雅也

盛岡商 0（0-0 / 0-6）6 履正社

★盛岡商（岩手県）　履正社（大阪府）

得	S	学		背		背		学	S	得
0	0	③	小　原	1	GK	1	ジョン	③	0	0
						12	（植野）	②	0	0
0	0	②	宮　部	2	DF	2	西　坂	③	2	2
0	0	❸	大　町	3		3	加　藤	③	1	1
0	0	②	（大久保）	23		4	東　尾	③	1	0
0	0	③	間　宮	6		23	（石塚）	②	0	0
						14	川　端	③	2	0
0	0	③	佐々木	7	MF	5	徳　山	③	1	0
0	0	③	工　藤	9		17	（中林）	②	0	0
0	0	③	（小田島）	13		6	森　川	③	0	0
0	0	③	蒲　田	11		15	（中鉢）	②	1	0
0	0	③	佐　藤	15		7	梶　並	③	0	0
0	0	②	（藤原）	25		16	（森田）	②	0	0
						8	小田村	③	2	1
						10	名　願	③	2	0
0	0	③	西　村	4	FW	9	古　田	❸	3	1
0	0	③	（月折）	8						
0	1	②	原　田	10						
0	0	③	髙　橋	14						
0	1			10	GK	3			15	5
				0	CK	5				
				10	FK	8				
				0	PK	0				

【得点経過】

後半 2分〔履〕名願→**西坂HS**
〃　8分〔履〕川端→名願→**西坂S**
〃 18分〔履〕CK名願→**古田S**
〃 26分〔履〕小田村S（こぼれ球）**加藤S**
〃 37分〔履〕古田～→**小田村S**
〃 40+4分〔履〕（オウンゴール）

■セットプレーから得点を重ねた履正社

盛岡商はFW原田をターゲットにロングボールを入れるが履正社のDF東尾が跳ね返す。履正社は奪ったボールをMF徳山が受けサイドに展開。サイド攻撃とFW古田へのロングボールを使いながら徐々にリズムを掴むが，盛岡商はDF大町を中心に5バックが粘り強く対応して決定機を作らせない。しかし，後半開始直後にゲームが動く。ショートコーナーからDF西坂が決めて履正社が先制すると，8分に追加点。盛岡商は献身的なプレスで攻撃を防ごうとするが，履正社の突破力の前に押し込まれる展開が続く。履正社はバリエーションのあるセットプレーからゴールに迫り，その後もセットプレーや前線でのコンビネーションから得点を重ねていく。最後まで攻撃の手を緩めなかった履正社が大量得点で勝利した。

戦評　森政憲（桐朋高校）

第2回戦 12月31日（土） 駒沢陸上競技場（晴）

（主）村田裕紀　（副）加藤正和，小梢正道

鹿島学園 2（1-2 / 1-1）3 岡山学芸館

鹿島学園（茨城県）　岡山学芸館（岡山県）★

得	S	学		背		背		学	S	得
0	0	③	木　村	1	GK	12	平　塚	②	0	0
0	0	③	櫻　井	2	DF	2	福　井	③	0	0
0	0	②	髙　橋	3		3	田口㊅	③	0	0
0	0	❸	上　原	4		4	井　上	❸	0	0
0	0	③	篠　田	5		5	中　尾	③	0	0
1	1	②	妹　尾	6	MF	6	田口（裕）	②	2	0
0	0	②	大　貫	8		14	（田村）	②	0	0
0	0	③	（井口）	11		7	木村（匡）	③	1	0
0	0	③	林	10		8	岡　本	③	1	0
0	0	③	熊　倉	14		10	山　田	③	2	2
1	1	③	（山本）	23						
0	0	③	萩　原	15						
0	0	②	（鈴木）	7						
0	0	③	石　塚	17						
0	0	③	（若野）	9						
					FW	9	今　井	③	3	1
						11	田　邉	②	0	0
2	2			14	GK	3			9	3
				4	CK	5				
				12	FK	7				
				0	PK	0				

【得点経過】

前半18分〔岡〕TI中尾→**山田～S**
〃 38分〔鹿〕TI大貫→上原×**妹尾S**
〃 39分〔岡〕中尾→山田→中尾→田口（裕）→**今井S**
後半13分〔鹿〕FK妹尾×鈴木→**山本S**
〃 35分〔岡〕中尾→田邉→**山田S**

▼警告

〔岡〕中尾

■追いつかれても勝ち越した岡山学芸館

鹿島学園はMF林のキープ力とMF石塚のフィジカルを活かしてチャンスを狙い，守備ではDFラインを崩さずにゴール前を両CBが固める。一方の岡山学芸館はMF田口（裕）の豊富な運動量により生まれるスペースにMF山田，木村（匡）が顔を出し，サイドに展開。アーリークロスも含めシンプルに突破を図り，DF井上を中心とした連続した守備で相手チームに時間とスペースを与えないようにした。前半は複数の選手の関わりから攻守を連続させた岡山学芸館が優位に試合を進め，18分に先制。鹿島学園が38分に追いつくが，1分後にFW今井のゴールで岡山学芸館がリードする。後半に入ると鹿島学園が11分に3人を同時投入。直後の13分に同点とするが，35分に3点目を挙げた岡山学芸館が勝ち越し，そのままタイムアップを迎えた。

戦評　小野貴裕（関東第一高校）

第2回戦 12月31日（土） 駒沢陸上競技場（晴）

（主）辛島宗烈　（副）宗像瞭，新堀隆

近大和歌山 1（1-0 / 0-3）3 國學院久我山

近大和歌山（和歌山県）　國學院久我山（東京都A）★

得	S	学		背		背		学	S	得
0	0	③	奥	1	GK	1	石　崎	③	0	0
1	1	③	長　瀬	3	DF	3	普久原	②	0	0
0	0	③	澤	4		4	鷹　取	③	1	0
0	1	③	湯　川	5		7	岡　井	③	0	0
0	0	①	（野村）	16		18	井　料	③	1	0
0	1	③	森　本	2	MF	6	山　脇	②	2	0
0	0	②	神　田	6		13	（保土原）	②	0	0
0	0	②	尾　藤	7		8	高　橋	③	4	2
0	0	①	（木村）	14		14	近　藤	①	2	0
0	0	❸	畑　下	8						
0	1	③	阿　児	11						
0	0	①	松　林	13						
0	0	③	木　津	10	FW	9	中　山	③	4	0
						10	塩　貝	❸	3	1
						11	八瀬尾	③	0	0
1	4			8	GK	5			17	3
				2	CK	4				
				8	FK	12				
				0	PK	1				

【得点経過】

前半 5分〔近〕阿児～S（こぼれ球）神田×**長瀬S**
後半 2分〔國〕中山～→**塩貝S**
〃　5分〔國〕八瀬尾→×**高橋S**
〃 40+1分〔國〕**PK高橋S**

■冷静な試合運びで3回戦進出

國學院久我山は丁寧にボールを繋ぎテンポ良く縦パスを入れてバイタルエリアに侵入しようとする。一方，近大和歌山は全員の守備意識が高く，中盤では中央に集結して相手の中央突破を簡単には許さない。開始直後には相手の一瞬の隙を突いた近大和歌山が先制に成功した。後半に入ると，開始直後に試合を振り出しに戻した國學院久我山が勢いに乗り，5分にMF高橋が詰めて逆転に成功。常に優位にゲームを運ぶ國學院久我山はFW塩貝の力強い突破で打開を図る。近大和歌山はボールを奪った後，MF畑下を中心に繋ごうとするが，國學院久我山の攻守の切り替えが早く，効果的な攻撃に繋げられない。最後まで諦めない近大和歌山は畑下がチームを鼓舞し続けるが，勝利には届かず。國學院久我山が，冷静な試合運びで3回戦へ駒を進めた。

戦評　竹原康夫（高輪高校）

第2回戦 12月31日(土) ゼットエーオリプリスタジアム（曇）

（主）俵元希　（副）勝部健，小林勇輝

高川学園 2（2-0 / 0-0）0 富山第一

（山口県）　　（富山県）★

得	S	学		背		背		学	S	得
0	0	③	福　島	1	GK	1	辰　島	❸	0	0
0	1	①	西　村	2	DF	2	深　井	③	0	0
0	0	❷	藤　井	4		5	大　居	②	0	0
0	0	③	岡	5		6	田　畑	③	2	0
0	0	②	村　田	19		13	山　本	②	0	0
0	0	①	沖　野	24						
0	0	②	大　下	11	MF	3	湯　川	③	2	0
0	0	①	矢　次	14		10	大　矢	③	1	0
1	1	③	実　森	23		19	多　賀	②	0	0
0	0	③	（長野）	22		14	（沼田）	③	0	0
0	0	③	梅　田	9	FW	7	水　島	③	0	0
0	0	③	（藤岡）	20		29	（川原）	②	1	0
1	5	②	山　本	10		8	森　川	③	2	0
0	0	③	（中島）	29		11	稲　垣	②	1	0
2	7			8	GK	4			9	0
				3	CK	12				
				21	FK	15				
				1	PK	0				

【得点経過】
前半 6分〔高〕（相手FP）（クリア）**実森S**
〃 17分〔高〕**PK山本S**
▼警告
〔高〕岡2
〔富〕大矢，田畑
▼退場
〔高〕岡

■強い気持ちを表現した高川学園

両チームとも試合開始時は相手の背後をシンプルに狙い，主導権を握ろうとする。立ち上がりから球際の激しい攻防が繰り広げられる中，高川学園は2トップをターゲットにサイド攻撃とFKからチャンスを窺う。対する富山第一は選手間の距離を適正に保ち，組織的な守備で奪ったボールを攻撃に繋げようとするが，高川学園の身体を張った粘り強い守備を攻略できない。前半6分にFKの流れから先制した高川学園はFW山本にボールを集め，DFラインの背後に抜け出して倒されて得たPKを山本自身が決めて2点差とする。後半に入ると，富山第一はMF大矢を中心に積極的な仕掛けとシュートから流れを引き寄せようとする。長短を織り交ぜたパスと個の仕掛けを駆使して反撃するが，得点は生まれなかった。最後まで身体を張った粘り強い守備と高い集中力，勝ちたいという強い気持ちを表現した高川学園が勝利し3回戦進出を決めた。

戦評　唐澤貴人（白井高校）

第2回戦 12月31日(土) ゼットエーオリプリスタジアム（曇）

（主）堀善仁　（副）橋本真光，永島淳平

東山 4（0-0 / 4-0）0 聖和学園

（京都府）　　（宮城県）★

得	S	学		背		背		学	S	得
0	0	③	佐　藤	1	GK	12	菅　井	③	0	0
0	1	③	石　井	2	DF	3	金　井	③	0	0
0	0	③	（保坂）	19		4	益　田	③	0	0
0	0	②	志　津	3		16	（玉腰）	③	0	0
0	0	❸	新　谷	4		5	小　野	❸	1	0
1	2	③	仲　里	6		6	雫	③	1	0
1	1	③	真　田	7	MF	8	神　田	③	0	0
0	0	③	松　橋	8		7	（森）	③	0	0
1	4	③	阪　田	10		10	石　澤	③	2	0
0	0	③	（大谷）	9		14	藤　田	③	0	0
1	2	③	清　水	13		22	（丹野）	②	0	0
0	0	③	（菊山）	12		15	方　城	②	1	0
						17	（伊波）	②	0	0
						20	椊　木	③	0	0
						23	（中村）	③	0	0
0	1	③	北　村	14	FW	9	桃　原	③	1	0
0	0	②	（濱瀬）	18						
0	0	③	豊　嶋	15						
0	0	③	（中野）	16						
4	11			6	GK	7			6	0
				1	CK	2				
				6	FK	8				
				1	PK	0				

【得点経過】
後半 5分〔東〕TI松橋→石井HS（相手GK）（クリア）**真田S**
〃 9分〔東〕清水～→北村S（相手FP）（こぼれ球）**清水S**
〃 18分〔東〕北村～→**阪田S**
〃 40+3分〔東〕**PK仲里S**
▼警告
〔東〕阪田
〔聖〕桃原

■ゲームをコントロールした東山

東山はFW豊嶋がターゲットとなり，FW北村と中盤の選手が流動的に動いて相手のプレッシャーを回避しながらボールを循環させようとする。対する聖和学園は守備時に5バック気味の形になり，連動してボールを奪いにいく。東山はパスコースを消されると豊嶋へのロングパスやMF阪田が抜け出した背後へのボールで起点を作ろうとする。聖和学園は東山のプレスによりロングボールを使うシーンが増えるが，要所でドリブルでの仕掛けを発揮してコンビネーションも交えながらゴールを狙う。東山が後半立ち上がりに先制すると，すぐに追加点を奪い優位にゲームを進める。聖和学園が反撃に出ようとするが，東山のチャレンジ＆カバーや粘り強い守備に遭って決定機には至らない。さらに追加点を重ね，ゲームをコントロールした東山が3回戦進出を決めた。

戦評　堤誠太郎（千葉高校）

第2回戦 12月31日(土) 県立柏の葉公園総合競技場（晴）

（主）松本康之　（副）大田智寛，蜂谷冬陽

丸岡 0（0-1 / 0-1）2 日体大柏

（福井県）　　（千葉県）★

得	S	学		背		背		学	S	得
0	0	②	清　水	17	GK	12	原　田	②	0	0
0	0	③	渡辺（颯）	3	DF	2	寺　村	③	0	0
0	0	③	鷲　見	4		3	古金谷	③	0	0
0	0	❸	山　田	5		5	柴　田	③	0	0
0	1	③	徳　山	6		17	岡　田	②	0	0
						16	（森田）	③	0	0
0	0	③	岡	7	MF	6	植　木	③	1	0
0	0	②	奥　村	8		18	（佐藤）	②	0	0
0	0	③	名　倉	13		7	相　原	③	1	0
0	1	③	中　川	9	FW	9	平　野	③	3	0
0	0	②	（渡辺(祥)）	14		20	（大和田）	②	0	0
0	0	③	伊　藤	10		10	古　谷	③	4	1
0	1	③	小　関	11		14	（片野）	②	1	1
						11	吉　田	❸	0	0
						21	（上森）	③	0	0
						15	オウイエ	③	0	0
0	3			2	GK	9			10	2
				5	CK	5				
				19	FK	9				
				0	PK	0				

【得点経過】
前半22分〔日〕（クリア）（相手GK）（ミス）**古谷～S**
後半37分〔日〕森田→（相手FP）（ミス）**片野～S**
▼警告
〔日〕岡田

■初出場の日体大柏が2回戦突破

ボールを支配しながら，前線の強力な4人へ縦パスを供給し，ゴールに迫りたい日体大柏と，前線からの連動したコンパクトな守備でスピードのある前線を活かしたカウンターを狙う丸岡の対戦は，前半22分に試合が動く。背後へのボールに反応した日体大柏の左SH古谷が抜け出すと，ゴールへ流し込んで先制。その後も日体大柏は，シンプルな前線への供給で相手のハイラインの背後を上手く利用してチャンスを作る。しかし，丸岡GK清水を含めた粘り強い守備に対応されて追加点を奪えずに前半終了。後半立ち上がり，丸岡が前線からのハイプレスと攻撃から守備への切り替えの早さで流れを引き寄せる。対する日体大柏は奪ってからの高速カウンターでゴールを脅かす展開。すると37分，日体大柏は左SH片野がカットインから右足のシュートを流し込み追加点。優位にゲームを進めた日体大柏が，初出場ながらも3回戦へ駒を進めた。

戦評　尾張堯映（柏高校）

第2回戦　12月31日(土)　県立柏の葉公園総合競技場（晴）

（主）山口隆平　（副）手塚優，柳澤健太

明桜 ★（秋田県） 0（0-1 / 0-0）1 飯塚（福岡県）

得	S	学	明桜	背		背	飯塚	学	S	得
0	0	②	川村	1	GK	1	東谷	③	0	0
0	0	③	吉崎	2	DF	2	松島	③	0	0
0	0	②	菅野	5		3	(清水)	③	0	0
0	0	③	(久米)	3		4	坂本	②	1	0
0	0	③	大町	6		5	片山	❸	1	0
0	0	②	(中山)	16		17	藤井	②	0	0
0	1	②	吉田	14						
0	0	②	(加藤)	13						
0	0	②	外山	15						
0	0	③	小笠原	4	MF	7	織田	③	1	0
0	0	③	小野	10		18	(大園)	②	3	0
						8	秦	③	0	0
						9	原	②	2	1
						10	村井	③	1	0
						13	池田	③	2	0
0	0	❸	佐藤	8	FW	15	芳野	③	0	0
0	0	②	臼田	9						
0	1	③	藤山	11						
0	2			8	GK	4			11	1
				1	CK	4				
				11	FK	10				
				0	PK	0				

【得点経過】
前半40分〔飯〕芳野～→池田→**原S**
▼警告
〔明〕吉田，小笠原

■1点を守り抜いた初出場の飯塚が初勝利

飯塚は前線からプレッシャーをかけ，セカンドボールの回収からMF池田とFW芳野の突破を武器にゴールに迫ろうとする。対する明桜は攻撃時に縦関係になる2トップへの配球が攻撃の起点。FW臼田が背後へのランニングで相手を下げ，手前のスペースにFW佐藤が落ちてボールを引き出し，前線で溜めを作ることで攻撃に厚みを加えようとする。序盤からプレススピードと運動量で上回る飯塚が主導権を握る。ボールを失ってもすぐに奪い返そうとする意識が高く，二次攻撃からゴールに迫る回数が増え，前半40分に先制。後半，明桜はMF小野を中心にビルドアップでボール保持を狙うも，飯塚の高い位置からのプレスに対して精度を欠き，効果的な縦パスを入れられない。逆に中盤でボールを奪う回数が増えた飯塚は，ショートカウンターからチャンスを作り，CKの回数も増えるが，明桜が粘り強く守る。終了間際，明桜はロングスローを中心に追いつこうとするが，集中した守備で無失点に抑えた飯塚が初出場・初勝利を手にした。

戦評　佐藤研人（松戸馬橋高校）

第2回戦　12月31日(土)　NACK5スタジアム大宮（晴）

（主）植松健太朗　（副）井出本瞭，芦野紘太

昌平（埼玉県） 3（0-0 / 3-1）1 近江 ★（滋賀県）

得	S	学	昌平	背		背	近江	学	S	得
0	0	③	上林	1	GK	1	野村	③	0	0
0	2	③	武村	2	DF	3	西村	②	0	0
0	0	①	上原	3		5	長滝谷	③	0	0
0	0	❸	津久井	4		6	高﨑	③	0	0
0	0	②	石川	5						
0	1	②	土谷	7	MF	2	金山	②	3	0
0	0	②	長	8		4	岡根	③	1	0
0	1	③	荒井	10		14	(大谷)	②	0	0
2	5	③	篠田	11		7	山門	②	1	0
0	3	①	大谷	18		8	鵜戸	②	1	1
						15	(浅井)	②	0	0
						10	川島	③	1	0
0	0	②	小田	9	FW	9	迎	③	1	0
1	1	③	(伊藤)	17		13	(瀧谷)	③	0	0
						11	岡田	❸	1	0
3	13			6	GK	10			9	1
				3	CK	3				
				10	FK	8				
				0	PK	0				

【得点経過】
後半15分〔昌〕CK荒井→(相手FP)(クリア)**篠田S**
〃 21分〔近〕瀧谷～→山門S(相手GK)(こぼれ球)**鵜戸S**
〃 34分〔昌〕篠田～→**伊藤S**
〃 40+4分〔昌〕伊藤→**篠田～S**

■終盤の2得点で昌平が突き放す

ドリブルとパスを状況によって使い分け，常にゴールに向かう積極性が目立つ昌平は，右SH荒井を軸に左SH篠田，トップ下の大谷が流動的にポジションチェンジを繰り返して敵陣に進入。ボランチのMF土谷，長を絡めての攻撃は幅と厚みを加える。対する近江は前線からの連動したプレスと5バック気味の守備ブロックを併用し，奪ってからテンポ良くボールを動かし両サイドがチャンスを作り出す。前半は両チーム無得点で終了するが後半は昌平に流れが傾き，篠田の得点で先制すると，さらに攻勢を強める。しかし，近江は失点後も冷静に対応することでリズムを取り戻し，同点に追いつく。一進一退の攻防が続く中，試合を決めたのは昌平。34分，中央を崩すと最後はFW伊藤が勝ち越しゴールを奪い，アディショナルタイムには篠田の得点で突き放した。

戦評　谷内謙介（八潮南高校）

第2回戦　12月31日(土)　NACK5スタジアム大宮（晴）

（主）谷弘樹　（副）原田大輔，原田一輝

前橋育英（群馬県） 6（1-0 / 5-1）1 四学大香川西 ★（香川県）

得	S	学	前橋育英	背		背	四学大香川西	学	S	得
0	0	②	雨野	1	GK	1	三谷	③	0	0
0	0	③	井上	3	DF	2	辻本	③	1	0
0	0	③	齋藤	4		3	小島	②	0	0
0	0	③	山内	6		4	山西	②	0	0
0	0	③	(福永)	18		14	(入口)	③	0	0
0	0	③	杉山	13		13	中島	❸	0	0
						5	(福平)	③	0	0
0	4	③	大久保	8	MF	6	塩川	③	0	0
0	2	③	(山田)	17		7	鈴木	②	1	0
2	6	③	小池	9		8	菊池	③	0	0
0	0	❸	徳永	14		10	山田	③	1	1
0	0	③	(根津)	7						
0	1	③	青柳	19						
1	5	③	高足	10	FW	11	伊藤	③	1	0
0	0	③	(眞玉橋)	25		20	(鹿島)	③	0	0
2	3	③	山本	15		12	竹本	③	1	0
1	1	③	(堀川)	11		9	(橋田)	③	0	0
						28	(内山)	①	0	0
6	22			4	GK	13			5	1
				5	CK	2				
				7	FK	8				
				0	PK	1				

【得点経過】
前半24分〔前〕山本→×(こぼれ球)**高足S**
後半 7分〔前〕徳永→**山本～S**
〃 16分〔前〕山内～→大久保→**小池HS**
〃 18分〔四〕**PK山田S**
〃 28分〔前〕小池→**山本S**
〃 34分〔前〕山内～→山田S(相手GK)(こぼれ球)**小池HS**
〃 37分〔前〕眞玉橋～→**堀川S**

■隙を与えなかった前橋育英が6ゴール

序盤から前橋育英がボールを保持する展開。ボランチのMF徳永を中心としたパスワークでリズムを作り，SH大久保のカットインやFW高足，山本のタイミングの良い裏への抜け出しなど多彩な攻撃を仕掛ける。前橋育英は上下だけでなく左右にも四学大香川西を揺さぶり，相手のスライドが遅れたスペースを見逃さずに先制に成功。追いつきたい四学大香川西は後半からプレスラインを上げるが，前掛かりになったスペースを前橋育英は選手間で共有し，山本が裏へ抜け出して追加点を奪う。PKで1点を返されるもその後は四学大香川西に隙を与えず，DFラインの背後を狙う動きを徹底して続けた。スペースを見極めて多くのパスコースを作り，フィニッシュを確実に決め切った前橋育英が3回戦へ駒を進めた。

戦評　石田寛季（熊谷農業高校）

第2回戦　12月31日(土)　浦和駒場スタジアム（曇）

（主）舟橋崇正　（副）塚原健，木戸洋平

成立学園 0 (0-0 / 0-1) 1 日本文理

★（東京都B）　　（新潟県）

得	S	学		背		背		学	S	得
0	0	③	鈴　木	1	GK	1	日　隠	③	0	0
0	0	③	大　川	3	DF	3	小舟戸	③	0	0
0	1	③	藤　井	4		4	高　橋	③	0	0
0	0	③	瀧　川	5		5	阿　部	③	0	0
0	1	③	佐藤(由)	11		7	小　林	③	0	0
0	1	②	横　地	6	MF	6	石　澤	③	0	0
0	0	③	(清水)	2		13	(大島)	③	0	0
0	1	③	陣　田	7		8	塩　崎	③	3	0
0	2	③	武　田	8		11	高　橋	③	2	0
0	0	②	(平原)	23		14	(大塚)	③	1	0
0	3	③	渡　辺	9		20	山　田	②	1	0
0	0	❸	八　木	10		16	(北条)	③	0	0
0	0	③	柏　田	18						
0	0	③	(飯田)	25						
					FW	9	杉　本	③	3	0
						10	曾　根	❸	2	1
0	9			15	GK	4			12	1
				3	CK	5				
				12	FK	7				
				0	PK	0				

【得点経過】
後半40+2分〔日〕小舟戸→(相手FP)杉本→**曾根S**

■アディショナルタイムに生まれた決勝点

立ち上がりは日本文理がFW杉本をターゲットにしたロングボールで高い位置でのスローインを獲得し，MF石澤のロングスローからチャンスを作る。対する成立学園は丁寧にパスを繋ごうと試みるも，日本文理のプレスをかいくぐれずにロングボールを蹴らされてしまう展開となる。日本文理は切り替えが早く球際の強さからセカンドボールを回収し，試合の主導権を握る。成立学園も徐々に日本文理のプレスに対応し，ボールを保持する時間を作り，左SH渡辺のドリブルからチャンスを作る。両チームとも激しい攻防を繰り返しながらチャンスを作り出すも，得点を奪えずに前半を折り返す。後半も立ち上がりは日本文理ペースで試合が進む。両チームとも徐々に疲れが見え始め，選手交代で流れを掴もうとするが，互いに身体を張った守備で決定的なシーンを作らせない。アディショナルタイムに突入し，PK方式突入かと思われたが，FW曾根が決めて日本文理が先制。そのまま試合終了を迎え，日本文理が劇的な勝利を収めた。

戦評　柏剛史（岩槻高校）

第2回戦　12月31日(土)　浦和駒場スタジアム（晴）

（主）石丸秀平　（副）清水拓，宗友雅輝

浜松開誠館 1 (1-0 / 0-1) 1 大　津

（静岡県）　3 PK 4　（熊本県）★

得	S	学		背		背		学	S	得
0	0	③	藤　村	12	GK	1	西	③	0	0
0	0	③	原　田	2	DF	3	坂本(翼)	③	0	0
0	0	②	八　巻	4		4	野　田	③	0	0
0	0	①	岩　﨑	5		8	碇	②	0	0
						12	田　辺	②	0	0
0	0	③	岡　田	6	MF	6	浅　野	③	0	0
0	0	③	(肥後)	11		10	田　原	③	2	0
0	2	③	今　井	7		14	(稲田)	②	0	0
0	1	❸	前　田	10		15	井　伊	③	0	0
0	1	③	粟　倉	16		13	(中馬)	③	1	1
0	1	③	(山口)	8		17	香　山	③	1	0
0	0	③	若　尾	17		7	(岩崎)	③	0	0
0	0	③	(兼子)	3						
1	2	③	坂　上	9	FW	9	小　林	❸	1	0
0	0	③	松　本	14		11	山　下	③	0	0
0	0	②	(菅原)	13		19	(古川)	②	0	0
1	7			8	GK	5			5	1
				5	CK	2				
				8	FK	8				
				0	PK	0				

【得点経過】
前半40分〔浜〕松本～→**坂上S**
後半40+4分〔大〕野田→(相手GK)(こぼれ球)(相手FP)(クリア)碇(カット)**中馬S**

▼警告
〔大〕浅野，坂本(翼)

■追いついた大津がPK方式で勝利

4年ぶり2回目の出場となる浜松開誠館と前回大会準優勝校である大津の一戦。序盤は互いにノーリスクを意識したプレーで敵陣への進入を図るが，開始10分以降はそれぞれのプレースタイルが見え始める。浜松開誠館はFW坂上が起点となり，FW松本とMF粟倉が果敢に追い越してサイドからの打開を試みる。サイド攻撃を徹底することでスローインやCKを獲得し，主導権を握ろうとする。対する大津は両SBが高い位置をとり，CBとボランチを経由しながらサイドチェンジを繰り返し，相手守備を崩しにかかる。一進一退の攻防が続いた前半終了間際，浜松開誠館が先制に成功する。後半に入ると，大津は選手交代とポジション変更で中盤の活性化を試みるが，浜松開誠館のコンパクトな陣形を前に決定機を作れない。このまま試合終了かと思われたが，大津がアディショナルタイムに劇的同点ゴール。追いついた大津がPK方式で勝利を収めた。

戦評　石川峻己（三郷高校）

第3回戦　1月2日（月）　等々力陸上競技場（曇）

（主）植松健太朗　（副）田代雄大，高田直人

青森山田 1 (1-0 / 0-1) 1 国　見

（青森県）　4 PK 2　（長崎県）★

得	S	学		背		背		学	S	得
0	0	③	葛　西	12	GK	1	今　村	③	0	0
0	0	②	(鈴木)	1						
0	0	③	渡　邊	2	DF	2	和　田	③	0	0
0	0	③	西　脇	3		3	村　田	❸	0	0
1	2	③	三　橋	4		4	平　田	②	0	0
0	2	❸	多久島	5		5	上　田	③	2	0
0	1	③	中　山	6						
0	0	③	(高良)	16						
0	1	③	小　栁	8	MF	6	濱　田	③	0	0
0	0	③	(武田)	9		7	川　添	③	0	0
0	2	③	奈良岡	11		14	(西山)	①	0	0
0	0	③	(アマエシ)	20		17	(椛島)	②	0	0
0	1	②	芝　田	14		8	中　村	③	0	0
0	0	①	谷　川	15		10	北　村	③	1	0
0	0	③	(櫻井)	19		16	幸	③	1	0
						13	(中山)	②	0	0
0	4	③	小　湊	10	FW	9	利　根	③	1	1
1	13			3	GK	9			5	1
				8	CK	3				
				11	FK	4				
				0	PK	0				

【得点経過】
前半40+3分〔青〕CK芝田→**三橋HS**
後半27分〔国〕和田→**利根S**

▼警告
〔国〕北村

■名門校同士の一戦はPK方式で決着

前回大会優勝の青森山田と12年ぶり24回目の出場となる国見との名門校同士の対決。青森山田はFW小湊，国見はFW利根をターゲットにして攻撃の起点を作る。また，互いにデザインされたセットプレーやロングスローを用いながらゴールを狙うが，青森山田DF多久島，国見DF村田と両チーム主将が統率するDFラインが決定機を与えない。しかし，アディショナルタイムに青森山田がCKから均衡を破った。後半に入ってもプレー強度の落ちない両チームは，集中した守備で3ラインを形成し，一進一退の攻防が続く。国見は青森山田の3ラインのギャップやスペースで受け，ボールを保持しながら同点ゴールを目指す。すると27分，ロングスローが警戒される中，スローインに変化を加える。DF和田が受けると角度を変えてクロスを送り，利根が合わせて追いついた。80分間で勝敗が決しなかった試合はPK方式の末，青森山田が勝利を収めた。

戦評　田之畑宗孝（川和高校）

第3回戦 1月2日（月） 等々力陸上競技場（晴）

（主）山口隆平　（副）清水崇之，斎藤雅也

日大藤沢 1（0-0 / 1-1）1 神村学園

（神奈川県）　3 PK 5　（鹿児島県）★

得	S	学		背		背		学	S	得
0	0	❸	岡　本	1	GK	1	広　川	③	0	0
0	0	③	アッパ	2	DF	3	大　川	③	1	1
0	0	②	（片岡）	24		6	中　島	③	1	0
0	1	③	楠　本	3		16	吉　永	②	2	0
0	1	③	（有竹）	9		20	中　江	③	0	0
0	0	②	宮　﨑	4						
0	1	②	尾　野	5						
0	1	③	野　澤	6	MF	8	髙　橋	②	0	0
0	0	③	宗　次	7		10	（名和田）	①	3	0
0	0	②	安　場	10		9	積	③	2	0
0	0	③	（吉田）	20		14	大　迫	❸	1	0
						15	笠　置	③	0	0
0	0	③	岡　西	8	FW	12	西　丸	②	2	0
0	0	②	（会津）	23		13	福　田	③	3	0
0	2	②	岡　田	11						
1	1	③	森　重	19						
1	7			9	GK	5			15	1
				3	CK	2				
				9	FK	9				
				0	PK	0				

【得点経過】

後半11分〔日〕CK宮﨑→**森重HS**

〃 15分〔神〕中島→**大川S**

■キッカー全員成功の神村学園が8強入り

両チームともに丁寧なビルドアップと奪われた後の素早いトランジションを見せ，主導権を握ることを試みた。神村学園はMF髙橋，積の仕掛けとDF吉永，中島の攻撃参加から，FW福田をターゲットにしたクロスでゴールを目指す。日大藤沢もFW森重を起点に，FW岡西のDFライン背後へのランニングからゴールに迫るが，決定機を生み出すには至らない。後半開始から神村学園はMF名和田を投入し，左サイドからの攻勢を強める。しかし11分，森重が強烈なヘディングシュートを叩き込み，日大藤沢が試合の均衡を破った。先制を許した神村学園だったが，直後の15分にDF大川のゴールで追い付く。勢いに乗る神村学園は名和田のキープ力とドリブルでの仕掛けに加え，サイドを広く使って相手を揺さぶり決定機を作るが，ゴールを割るには至らなかった。試合の勝敗はPK方式に委ねられ，5人のキッカー全員が成功した神村学園が勝利を収めた。

戦評　伊藤慎平（横浜平沼高校）

第3回戦 1月2日（月） 駒沢陸上競技場（晴）

（主）宇田川恭弘　（副）佐藤裕一，野村尚太郎

佐野日大 1（0-0 / 1-1）1 履正社

（栃木県）　5 PK 4　（大阪府）★

得	S	学		背		背		学	S	得
0	0	②	平　岡	17	GK	1	ジョン	③	0	0
0	0	③	大　野	3	DF	2	西　坂	③	1	0
0	0	③	小　竹	4		3	加　藤	③	1	0
1	1	③	青　木	5		4	東　尾	③	0	0
0	0	②	原	6		14	川　端	③	0	0
0	0	③	吉　岡	7	MF	5	徳　山	③	1	0
0	0	③	向　井	14		6	森　川	③	0	0
0	0	❸	籾　山	18		8	小田村	③	1	0
						10	名　願	③	1	1
						11	宇都宮	②	0	0
						16	（森田）	②	0	0
0	0	③	大久保	10	FW	9	古　田	❸	0	0
0	0	②	（福田）	23						
0	0	③	田　村	11						
0	0	③	（中埜）	9						
0	0	②	（緒形）	2						
0	0	③	ヒアゴン	26						
1	1			17	GK	3			5	1
				0	CK	2				
				8	FK	6				
				0	PK	0				

【得点経過】

後半 2分〔佐〕TI大野→中埜H（こぼれ球）**青木S**

〃 20分〔履〕西坂→**名願S**

■履正社の攻撃を防いだ佐野日大

立ち上がり佐野日大はFW大久保をターゲットにロングボールを入れるが，履正社のDF加藤，東尾が跳ね返す。履正社はFW古田とMF小田村にパスを入れるが，DF青木を中心とした佐野日大の堅固な守備によりシュートまで持ち込めない。徐々に履正社がボールを保持する時間が増えたものの，佐野日大のコンパクトな守備ブロックを崩せずに前半は終了した。すると，後半開始早々に試合が動く。ロングスローの流れから最後は青木が決めて佐野日大が先制する。履正社は両SBが高い位置をとりブロックを崩そうとするが決定機を作れない。しかし，押し込む展開が続くと20分にMF名願の得点で追いついた。その後は履正社が高い位置でボールを保持し，ゴールに迫るが得点を奪えずにPK方式へ。PK方式ではGK平岡のセーブもあり，佐野日大が勝利。最後まで高い集中力で守備組織を構築し，履正社の攻撃を防ぎベスト8進出を決めた。

戦評　森政憲（桐朋高校）

第3回戦 1月2日（月） 駒沢陸上競技場（曇）

（主）舟橋崇正　（副）佐々木慎哉，高橋一生

岡山学芸館 0（0-0 / 0-0）0 國學院久我山

（岡山県）　5 PK 3　（東京都A）★

得	S	学		背		背		学	S	得
0	0	②	平　塚	12	GK	1	石　崎	③	0	0
0	0	③	福　井	2	DF	3	普久原	②	0	0
0	0	③	田口㊅	3		4	鷹　取	③	1	0
0	0	❸	井　上	4		7	岡　井	③	0	0
0	0	③	中　尾	5		18	井　料	③	0	0
0	0	②	（木下）	19						
0	0	②	田口(裕)	6	MF	6	山　脇	②	0	0
0	0	②	（田村）	14		13	（保土原）	②	1	0
0	0	③	木村(匡)	7		23	（山田）	③	0	0
0	1	③	岡　本	8		8	高　橋	③	0	0
0	0	③	山　田	10		14	近　藤	①	0	0
0	0	③	今　井	9	FW	9	中　山	③	3	0
0	1	②	田　邉	11		10	塩　貝	❸	2	0
						11	八瀬尾	③	0	0
						19	（金山）	③	0	0
0	2			12	GK	7			7	0
				1	CK	6				
				14	FK	10				
				0	PK	0				

▼警告

〔國〕山脇

■PK方式制した岡山学芸館が準々決勝へ

序盤，國學院久我山はFW中山，塩貝のコンビネーションから好機を迎えるが，岡山学芸館の集中した守備にゴールを奪えない。岡山学芸館は奪ったボールをシンプルにFW今井に集めながら，両サイドを起点に攻撃を試みる。國學院久我山はMF山脇，近藤，高橋を中心としたパス交換から塩貝を起点に攻撃のチャンスを窺う。互いに中盤で強度の高い攻防が続くが，次第に國學院久我山が推進力のある個人での突破やパス交換，コンビネーションプレーから押し込む展開が増えてくる。しかし，岡山学芸館はDF井上を中心とした粘り強い守備でゴールを許さない。後半に入っても一進一退の攻防が続く中，國學院久我山はMF保土原，FW金山を投入して流れを掴もうとする。終盤，岡山学芸館も途中出場のMF田村，木下のサイド攻撃からチャンスを作ろうとするが得点を奪えない。両チームともに集中を切らさないプレーが続いたまま，後半を終了しPK方式へ。PK方式では岡山学芸館がGK平塚のセーブで優位に立ち，全員が冷静にゴールを決め，準々決勝進出を決めた。

戦評　菅野悟（成蹊高校）

第3回戦 1月2日（月） 県立柏の葉公園総合競技場（晴）

（主）大橋侑祐　（副）池田元，田口雄一

高川学園（山口県） 0（0-1 / 0-1）2 東山（京都府）★

得	S	学		背		背		学	S	得
0	0	③	福島	1	GK	1	佐藤	③	0	0
0	0	①	西村	2	DF	2	石井	③	1	1
0	0	②	（佐藤）	15		3	志津	②	1	0
0	0	❷	藤井	4		4	新谷	❸	0	0
0	0	③	高良	6		6	仲里	③	0	0
0	0	①	沖野	24						
0	1	③	中島	29						
0	0	②	大下	11	MF	7	真田	③	2	1
0	0	③	（岩瀬）	16		5	（藤本）	③	0	0
0	0	①	矢次	14		8	松橋	③	1	0
0	0	③	（松原）	3		10	阪田	③	1	0
0	0	③	実森	23		16	（中野）	③	0	0
0	0	②	（村田）	19		13	清水	③	0	0
						12	（菊山）	③	0	0
0	0	③	梅田	9	FW	14	北村	③	0	0
0	1	②	山本	10		18	（濱瀬）	②	0	0
						15	豊嶋	③	0	0
						30	（平尾）	③	1	0
0	2			8	GK	2			7	2
				1	CK	7				
				8	FK	12				
				0	PK	0				

【得点経過】
前半 1分〔東〕CK真田→**石井S**
後半11分〔東〕清水～→**真田S**

■試合の流れを左右した開始早々の先制点

試合開始早々，東山はMF阪田の突破から得たCKをDF石井が押し込み先制する。高川学園はGK福島のロングキックやFW山本のポストプレーからチャンスを窺う。対する東山はFW豊嶋，MF真田，松橋，阪田を中心としたパスワークでリズムを作る。前半は東山の崩しを高川学園が粘り強く守り，カウンターを狙う攻防が続くも，両チーム攻め手を欠いて終了。後半に入ると，11分に高川学園が人数をかけてゴールに迫るが，東山がカウンターから2点目を奪う。高川学園は「トルメンタ」を交えたセットプレーで変化をつけるも，中盤を省略したシンプルな攻撃が続き，東山DF新谷を中心とした堅守を崩し切れなかった。高川学園は立ち上がりの失点によりゲームプランが難しくなり，リスクをかけて得点を奪いにいかなければならなかったことが悔やまれる。逆にリスクマネジメントが手薄になった場面を見逃さなかった東山に軍配が上がった。

戦評　奥寺亮介（千葉経済大学附属高校）

第3回戦 1月2日（月） 県立柏の葉公園総合競技場（晴）

（主）田邉裕樹　（副）中井恒，河津祐介

日体大柏（千葉県）★ 1（1-0 / 0-0）0 飯塚（福岡県）

得	S	学		背		背		学	S	得
0	0	②	原田	12	GK	1	東谷	③	0	0
0	0	③	寺村	2	DF	4	坂本	②	1	0
0	0	③	（伊藤）	19		5	片山	❸	1	0
0	0	③	古金谷	3		17	藤井	②	0	0
0	0	③	柴田	5		19	溝口	②	1	0
0	0	②	岡田	17						
0	0	③	（森田）	16						
0	0	③	植木	6	MF	8	秦	③	0	0
0	0	③	相原	7		9	原	②	0	0
						10	村井	③	0	0
						13	池田	③	2	0
0	0	③	平野	9	FW	7	織田	③	0	0
0	0	②	（大和田）	20		18	（大園）	②	0	0
0	0	③	古谷	10		15	芳野	③	0	0
0	0	②	（片野）	14		24	（永原）	②	0	0
0	2	❸	吉田	11		16	（深川）	②	0	0
0	0	③	（上森）	21						
1	3	③	オウイエ	15						
1	5			6	GK	9			5	0
				4	CK	4				
				8	FK	5				
				0	PK	0				

【得点経過】
前半20分〔日〕（相手FP）（ミス）**オウイエ～S**
▼警告
〔飯〕秦

■日体大柏が初出場校同士の一戦を制す

初出場校同士の一戦は両チームともに前線からハイプレスをかけてボール奪取を狙う立ち上がり。激しい球際での攻防が続き，両チームともセットプレーからチャンスを作ろうとする。日体大柏は後ろからボールを繋いで前進したり，ロングボールのセカンドボールを回収して攻撃のきっかけを掴もうとする。高い位置でボールが収まるとサイドに展開して，クロスからゴールを狙った。両チームともに高い位置でのボール奪取からチャンスを作るが，前半20分に日体大柏が相手の横パスを奪い，FWオウイエが決めて先制に成功する。飯塚はMF秦，村井がDFラインに関わりながらボールを動かし，ペナルティエリア脇のスペースにアクションを起こした選手に配球してゴールに向かう。お互いに丁寧にボールを繋ごうとするが相手のプレッシャーを回避し切れず，風の影響もあり，ボールを失う機会が多くなる。ゴール前でもお互いに相手の守備を崩し切れず，スコアが動かないまま日体大柏が準々決勝進出を決めた。

戦評　堤誠太郎（千葉高校）

第3回戦 1月2日（月） 浦和駒場スタジアム（晴）

（主）矢野浩平　（副）松本康之，筒井勇気

昌平（埼玉県）★ 1（1-1 / 0-1）2 前橋育英（群馬県）

得	S	学		背		背		学	S	得
0	0	③	上林	1	GK	1	雨野	②	0	0
0	0	③	武村	2	DF	3	井上	③	0	0
0	0	①	上原	3		4	齋藤	③	0	0
0	0	③	（佐々木）	14		6	山内	③	0	0
0	0	❸	津久井	4		24	ポンセ	③	0	0
0	0	②	石川	5		13	（杉山）	③	0	0
0	0	②	土谷	7	MF	7	根津	③	0	0
0	0	②	長	8		9	小池	③	1	0
1	2	③	荒井	10		14	徳永	❸	0	0
0	0	③	篠田	11		19	青柳	③	2	1
0	0	①	大谷	18		8	（大久保）	③	0	0
0	0	③	（伊藤）	17						
0	0	③	上野	25	FW	10	高足	③	0	0
0	1	②	（小田）	9		11	（堀川）	③	0	0
						15	山本	③	2	1
1	3			4	GK	4			5	2
				0	CK	3				
				16	FK	17				
				0	PK	0				

【得点経過】
前半 3分〔昌〕土谷→上野（相手GK）（クリア）**荒井S**
〃 13分〔前〕山本～→小池→**山本S**
後半10分〔前〕根津→井上→小池→**青柳S**

■切り替えの早さが光った前橋育英

総体王者の前橋育英とベスト4の昌平が対戦。前半3分，FW上野がDFラインの裏に抜け出すと，こぼれ球をMF荒井が決めて昌平が先制する。失点した前橋育英は焦ることなくCBから落ち着いてビルドアップを行う。MF徳永，根津を中心にライン間を使いながら長短のパスを織り交ぜて中央とサイドから崩しにかかる。13分にはFW山本がMF小池とのコンビネーションから抜け出して同点とする。その後もボールを保持する中で失った後の切り替えが早く，チーム全体がハードワークすることで攻撃の時間を増やしていく。対する昌平はMF篠田，大谷がポジションを入れ替え流れを変えようとするが，相手のプレスにゴールへ迫ることができない。後半も前橋育英が素早い展開とコンビネーションでゴールに向かうと，10分に逆転に成功。選手交代で前線からの守備の強度を落とさずにゲームをコントロールし，昌平に同点ゴールを許さなかった。

戦評　久津間岳文（飯能南高校）

第3回戦　1月2日（月）　浦和駒場スタジアム（晴）

（主）西山貴生　（副）原崇，木戸洋平

日本文理 0（0-1 / 0-2）3 大　津
★（新潟県）　（熊本県）

得	S	学		背		背		学	S	得
0	0	③	日　隠	1	GK	1	西	③	0	0
0	0	③	小　熊	2	DF	3	坂本(翼)	③	0	0
0	0	①	(赤阪)	28		4	野　田	③	0	0
0	0	③	小舟戸	3		8	碇	②	0	0
0	0	③	高橋(葵)	4		12	田　辺	②	4	0
0	0	③	阿　部	5						
0	0	③	(岩橋)	17						
0	0	③	石　澤	6	MF	5	坂本(龍)	③	0	0
0	2	③	塩　崎	8		6	浅　野	③	2	1
0	2	③	大　塚	14		25	(兼松)	①	0	0
0	0	②	(山城)	23		10	田　原	③	0	0
0	1	②	山　田	20		13	(中馬)	③	0	0
0	0	③	(小林)	7		17	香　山	③	1	0
						7	(岩崎)	③	1	1
0	0	③	杉　本	9	FW	9	小　林	❸	4	1
0	2	❸	曽　根	10		18	(山川)	③	0	0
						11	山　下	③	3	0
						14	(稲田)	②	0	0
0	7			15	GK	9			15	3
				5	CK	7				
				8	FK	13				
				0	PK	1				

【得点経過】
前半30分〔大〕田原→坂本(翼)→(相手GK)(クリア)**浅野S**
後半22分〔大〕田辺S→**小林S**
〃40+3分〔大〕**PK岩崎S**
▼警告
〔大〕浅野

■大津，集中力切らさずに完封勝利

立ち上がり，日本文理はFWへのロングフィードで前進を図り，高い強度のプレスで押し込む。それに対して大津は屈することなく，ピッチを広く使い，サイドから攻撃を組み立て序盤からチャンスを作る。開始10分を過ぎて大津がボールを支配する時間が増えると，30分にMF浅野が決めて先制する。その後も大津が両サイドを起点にクロスからチャンスを作り出した。日本文理は後半からDF小林，赤阪を投入し，システムも変更。これが功を奏し，立ち上がりは日本文理が押し込み，ロングスローやFKから立て続けにチャンスを作る。しかし，10分を過ぎると大津が対応。横にボールを動かし，有効なスペースを使い，ボールを支配する展開となる。22分にはDF田辺のシュートにFW小林が触れて追加点。集中力を切らさず，相手にチャンスを与えなかった大津はアディショナルタイムにMF岩崎がダメ押しのPKを決め，準々決勝に駒を進めた。
戦評　上田健爾（細田学園高校）

準々決勝戦　1月4日（水）　等々力陸上競技場（晴）

（主）俵元希　（副）中井恒，長田望

青森山田 1（1-0 / 0-2）2 神村学園
（青森県）　（鹿児島県）★

得	S	学		背		背		学	S	得
0	0	③	葛　西	12	GK	1	広　川	③	0	0
0	0	③	渡　邊	2	DF	3	大　川	③	0	0
0	0	③	(アマエシ)	20		7	有　馬	②	1	0
0	0	③	西　脇	3		16	吉　永	②	0	0
0	1	③	三　橋	4		20	中　江	③	0	0
0	1	❸	多久島	5						
0	0	②	小　泉	22						
1	2	③	中　山	6	MF	9	積	③	0	0
0	1	③	小　栁	8		8	(髙橋)	②	0	0
0	0	③	(櫻井)	19		14	大　迫	❸	2	0
0	0	③	奈良岡	11		15	笠　置	③	0	0
0	0	③	(高良)	16		23	金　城	①	0	0
0	1	②	芝　田	14		10	(名和田)	①	0	0
0	0	③	(小野)	7						
0	3	③	小　湊	10	FW	12	西　丸	②	4	1
						13	福　田	③	5	1
1	9			8	GK	8			12	2
				6	CK	5				
				9	FK	12				
				0	PK	0				

【得点経過】
前半34分〔青〕小湊(カット)～→**中山S**
後半16分〔神〕大迫→福田→**西丸～S**
〃20分〔神〕名和田～→西丸～S(相手FP)(こぼれ球)**福田S**
▼警告
〔青〕西脇
〔神〕笠置，福田

■神村学園が青森山田の連覇を阻む

立ち上がり，神村学園はMF大迫を中心にボールを動かし，ピッチを広く使ってMF金城，DF吉永を中心にサイドからチャンスを窺う。また，FW西丸が相手MFの後ろのスペースで受けて攻撃の起点となる。対する青森山田はDF三橋を中心とした粘り強い守備で得点を許さない。奪ったボールをシンプルにFW小湊に送り，縦に速い攻撃を仕掛けた。前半34分には小湊のクロスをMF中山が押し込んで先制に成功する。追いかける展開となった神村学園は後半からMF名和田を投入し，攻撃の活性化を図る。16分に西丸が流し込んで同点とすると，20分にはFW福田が押し込んで逆転。1点を追いかけることとなった青森山田は前線から激しくプレッシャーをかけて，徐々に押し込む展開。両サイドからのクロスやセットプレーからゴールに迫るが，神村学園DFがこれを阻んだ。高い強度の中，質の高い攻撃を展開した神村学園がベスト4進出を果たした。
戦評　池田脩人（大和西高校）

準々決勝戦　1月4日（水）　等々力陸上競技場（晴）

（主）矢野浩平　（副）高寺恒如，池田元

佐野日大 0（0-1 / 0-3）4 岡山学芸館
★（栃木県）　（岡山県）

得	S	学		背		背		学	S	得
0	0	②	平　岡	17	GK	12	平　塚	②	0	0
0	0	③	大　野	3	DF	2	福　井	③	1	0
0	0	③	小　竹	4		3	田口(大)	③	0	0
0	0	③	青　木	5		4	井　上	❸	0	0
0	0	②	原	6		5	中　尾	③	0	0
0	0	③	(上山)	15		17	(西川)	③	0	0
0	0	③	吉　岡	7	MF	6	田口(裕)	②	2	1
0	0	③	(福島)	20		19	(木下)	②	1	1
0	0	③	向　井	14		7	木村(匡)	③	1	0
0	0	②	(福田)	23		8	岡　本	③	4	0
0	0	❸	籾　山	18		10	山　田	③	2	0
0	0	③	(江沢)	19						
0	2	③	大久保	10	FW	9	今　井	③	6	1
0	0	③	田　村	11		11	田　邉	②	2	1
0	0	③	(中埜)	9						
0	0	③	ヒアゴン	26						
0	2			8	GK	4			19	4
				0	CK	3				
				2	FK	10				
				0	PK	1				

【得点経過】
前半12分〔岡〕岡本→(相手FP)(クリア)(こぼれ球)**田口(裕)S**
後半13分〔岡〕田口(裕)→山田S(相手GK)(こぼれ球)**今井S**
〃32分〔岡〕今井～→山田→**木下S**
〃40+4分〔岡〕**PK田邉S**

■岡山学芸館が国立行きの切符を獲得

多彩な得点パターンを武器とする岡山学芸館は，開始早々から幅を使いながらボールを動かし，ゴールに迫ろうとする。一方の佐野日大はDF青木を中心に堅い守備を形成し，奪った後のカウンターでチャンスを窺う。すると前半12分，MF田口（裕）が決めて岡山学芸館が先制点を奪う。その後も岡山学芸館がボールを保持しながら，MF岡本のキックを活かした右サイドからのクロス，左サイドからはFW田邉と田口（裕）のコンビネーションからゴールに迫る。後半，佐野日大はFW中埜を前線に投入し，ロングボールを主体とした攻撃とロングスローを用いてゴールを狙う。対する岡山学芸館はDF井上の競り合いの強さで相手攻撃を跳ね返す。すると13分，デザインされたCKの流れからリードを2点に広げる。さらに2点を追加した岡山学芸館が国立行きの切符を手にした。
戦評　井上大生（横須賀総合高校）

準々決勝戦

1月4日（水）　浦和駒場スタジアム（晴）

（主）西山貴生　（副）佐藤裕一，鈴木渓

東山★（京都府）　0（0-0 / 0-0）0　**日体大柏**（千葉県）

4 PK 3

得	S	学		背		背		学	S	得
0	0	③	佐藤	1	GK	12	原田	②	0	0
0	0	③	石井	2	DF	2	寺村	③	0	0
0	0	②	志津	3		3	古金谷	③	0	0
0	0	❸	新谷	4		5	柴田	③	1	0
0	0	③	仲里	6		17	岡田	②	0	0
						16	(森田)	③	0	0
0	0	③	真田	7	MF	6	植木	③	0	0
0	0	③	松橋	8		7	相原	③	0	0
0	3	③	阪田	10						
0	1	③	清水	13						
0	1	③	北村	14	FW	9	平野	③	2	0
0	1	③	豊嶋	15		14	(片野)	②	0	0
						10	古谷	③	0	0
						19	(伊藤)	③	0	0
						11	吉田	❸	2	0
						15	オウイエ	③	6	0
0	6			6	GK	1			11	0
				6	CK	2				
				8	FK	9				
				0	PK	0				

▼**警告**
〔東〕豊嶋

■東山がPK方式を制して準決勝へ

日体大柏は長身FWオウイエに，東山は両サイドからのクロスといった形で早いタイミングでゴール前にボールを供給。アタッキングサードに侵入するが，ボールへの集結が追いつかずに厚みのある攻撃へと結びつけられない。前半11分には日体大柏が鋭いカウンターを仕掛けてフィニッシュまで持ち込むが，東山GK佐藤の好守に阻まれる。直後の東山の攻撃ではMF阪田が強烈なミドルシュートを放つも，日体大柏GK原田が弾き出した。34分には東山のバックパスをカットした日体大柏がカウンターでシュートまで持ち込むが，再び佐藤の好セーブに防がれた。後半に入ると，東山は距離間を縮めてアタッキングサードでのサポートの人数を増やし，攻撃に厚みを加え始める。距離間が良くなったことで奪い返す回数も増え，波状攻撃が見られるようになった。対する日体大柏は積極的に選手交代を繰り返して攻撃の活性化を図る。一進一退の攻防が続いたものの，80分ではスコアが動かずに決着はPK方式に持ち込まれる。PK方式の結果，東山が準決勝進出を果たした。

戦評　横山晃一（南稜高校）

準々決勝戦

1月4日（水）　浦和駒場スタジアム（晴）

（主）國吉真吾　（副）清水崇之，田代雄大

前橋育英（群馬県）　0（0-0 / 0-0）0　**大津★**（熊本県）

4 PK 5

得	S	学		背		背		学	S	得
0	0	②	雨野	1	GK	1	西	③	0	0
0	0	③	井上	3	DF	3	坂本(翼)	③	0	0
0	0	③	齋藤	4		4	野田	③	0	0
0	0	③	山内	6		8	碇	②	1	0
0	0	③	杉山	13		12	田辺	②	0	0
0	0	③	(ポンセ)	24						
0	1	③	大久保	8	MF	5	坂本(龍)	③	0	0
0	1	③	(堀川)	11		10	田原	③	1	0
0	0	③	小池	9		13	(中馬)	③	1	0
0	1	❸	徳永	14		15	井伊	③	0	0
0	1	③	青柳	19		17	香山	③	0	0
						7	(岩崎)	③	0	0
0	2	③	高足	10	FW	9	小林	❸	1	0
0	0	③	(根津)	7		11	山下	③	3	0
0	4	③	山本	15		14	(稲田)	②	0	0
0	10			7	GK	7			7	0
				1	CK	4				
				8	FK	8				
				0	PK	0				

▼**警告**
〔前〕小池2
▼**退場**
〔前〕小池

■大津が総体王者・前橋育英に勝利

試合序盤，大津はFW小林，山下へロングボールを供給し，セカンドボールを拾ってサイドを起点にゴールに迫る。高い位置にポジションをとるボランチの井伊，右SH田原がパスやドリブルでリズムを作り攻め込む。対する前橋育英は徐々に相手の縦に速い攻撃に対応し，MF徳永，青柳を中心にパスを繋いで敵陣へ進入。前半25分以降，前橋育英がペースを握り始めるが，コレクティブに守る大津を崩し切れず，スコアレスで前半は終了。後半に入ると，大津は出足の鋭い守備でボール奪取を図り，カウンターからチャンスを作ろうとする。一方の前橋育英はボールを保持し敵陣でのプレー時間を増やすが，相手の堅守の前に得点機を演出できない。その後，前橋育英は退場者が出るが攻守にハードワークすることで互角の展開を繰り広げる。大津はフレッシュな選手を投入しサイドを起点に畳み掛けようとするが，相手の粘り強い守備を崩し切れない。互いに勝利への執念をプレーで示し続けたが0-0のまま後半も終了。PK方式の末，大津が勝利し準決勝に駒を進めた。

戦評　野木悟志（庄和高校）

準決勝戦

1月7日（土）　国立競技場（晴）

（主）酒井達矢　（副）小出貴彦，宮原一也

神村学園（鹿児島県）　3（1-1 / 2-2）3　**岡山学芸館★**（岡山県）

1 PK 4

得	S	学		背		背		学	S	得
0	0	③	広川	1	GK	12	平塚	②	0	0
0	0	③	大川	3	DF	2	福井	③	0	0
0	0	②	有馬	7		3	田口(大)	③	0	0
0	1	②	吉永	16		4	井上	❸	0	0
1	2	③	中江	20		5	中尾	③	0	0
0	1	③	積	9	MF	6	田口(裕)	②	2	1
0	1	②	(髙橋)	8		7	木村(匡)	③	0	0
0	0	②	(下川)	2		8	岡本	③	2	1
1	1	❸	大迫	14		10	山田	③	0	0
0	0	③	笠置	15						
0	2	①	金城	23						
0	2	①	(名和田)	10						
0	1	②	西丸	12	FW	9	今井	③	2	1
1	3	③	福田	13		11	田邉	②	0	0
						19	(木下)	②	0	0
3	14			8	GK	9			6	3
				9	CK	1				
				13	FK	13				
				0	PK	0				

【得点経過】
前半 6分〔岡〕田邉→岡本→**田口（裕）S**
〃 38分〔神〕大迫→金城S（こぼれ球）**福田S**
後半14分〔神〕**FK大迫S**
〃 17分〔岡〕中尾→山田～→**今井S**
〃 24分〔神〕大迫CK→**中江HS**
〃 28分〔岡〕田口（裕）→今井～→**岡本～S**

▼**警告**
〔神〕髙橋

■粘り見せた岡山学芸館が初の決勝へ

ともに初の決勝進出を目指す両チームの一戦は，前半6分に岡山学芸館が先制。互いに中盤で攻守の切り替えが早く，球際でも強度の高い攻防を見せる。神村学園はFW福田のポストプレーからMF大迫，金城が素早くサポートして攻撃のリズムを作る。岡山学芸館はコンパクトな守備ブロックを形成し，MF木村（匡），山田が中盤でスペースを管理しながら，ボールを奪い守備から攻撃のリズムを作る。次第に神村学園がゴールに迫る機会を増やすと38分に同点とし，後半14分に勝ち越しに成功。17分に岡山学芸館が追いつくが，24分に神村学園が勝ち越す。しかし28分，岡山学芸館が再び同点とすると，その後は両チーム譲らずに後半を終えてPK方式に突入。キッカー全員が決めた岡山学芸館が初の決勝へと駒を進めた。

戦評　菅野悟（成蹊高校）

準決勝戦　1月7日（土）
国立競技場（晴）

（主）松澤慶和　（副）長谷川雅，千葉直史

東　山 1（0-1 / 1-0）1 **大　津** ★
（京都府）　4 PK 2　（熊本県）

得	S	学		背		背		学	S	得
0	0	③	佐　藤	1	GK	1	西	③	0	0
0	1	③	石　井	2	DF	3	坂本(翼)	③	0	0
0	0	②	志　津	3		4	野　田	③	0	0
0	0	❸	新　谷	4		8	碇	②	1	0
0	0	③	仲　里	6		12	田　辺	②	0	0
0	1	③	真　田	7	MF	6	浅　野	③	1	0
1	3	③	松　橋	8		10	田　原	③	0	0
0	1	③	阪　田	10		7	(岩崎)	③	2	0
0	0	③	清　水	13		15	井　伊	③	1	1
0	0	③	(上田)	11		5	(坂本(龍))	③	0	0
0	0	③	(菊山)	12		17	香　山	③	0	0
						13	(中馬)	③	0	0
0	1	③	北　村	14	FW	9	小　林	❸	1	0
0	0	③	(平尾)	30		11	山　下	③	2	0
0	3	③	豊　嶋	15		14	(稲田)	②	0	0
1	10			7	GK	18			8	1
				5	CK	5				
				9	FK	9				
				0	PK	0				

【得点経過】
前半39分〔大〕香山→小林→香山～→**井伊S**
後半18分〔東〕CK仲里→(相手FP)(クリア)**松橋～S**

■追いついた東山が初の決勝進出

序盤は東山が前線から連動したプレスをかけて最終ラインを高くし，主導権を握ろうとする。対する大津はFW小林をターゲットにしたロングボールを見せて東山に背後の意識を植えつけつつも，各選手がギャップに顔を出してショートパスでプレスを回避し，ゴールに迫る。東山は前半途中から，大津のプレスのかけ方を見てボール保持時のポジションチェンジを頻繁に行い，マークのずれを意図的に生じさせながら波状攻撃をかける。攻め込まれる時間が増える中でも，大津は慌てずに粘り強い守備で得点を許さない。すると39分，大津MF井伊が先制点を挙げる。後半，スコアが動かない時間帯が続くが，東山は18分にMF松橋が決めて追いつく。直後から互いに積極的な選手交代で攻撃の活性化を図り，決定的な場面を作り出すが，追加点を挙げられずに90分は終了。PK方式でGK佐藤が2本をストップした東山が勝利し初の決勝進出を果たした。

戦評　横山晃一（南稜高校）

決勝戦　1月9日（月）
国立競技場（晴）

（主）小屋幸栄　（副）森川浩次，梅田智起

岡山学芸館 ★ 3（1-1 / 2-0）1 **東　山**
（岡山県）　（京都府）

得	S	学		背		背		学	S	得
0	0	②	平　塚	12	GK	1	佐　藤	③	0	0
0	0	③	福　井	2	DF	2	石　井	③	0	0
0	0	③	田口(大)	3		19	(保坂)	③	0	0
0	0	❸	井　上	4		3	志　津	②	0	0
0	1	③	中　尾	5		4	新　谷	❸	0	0
						6	仲　里	③	2	0
0	0	②	田口(裕)	6	MF	7	真　田	③	4	1
0	0	②	(田村)	14		8	松　橋	③	1	0
2	2	③	木村(匡)	7		10	阪　田	③	1	0
0	0	③	岡　本	8		30	(平尾)	③	0	0
0	0	③	山　田	10		13	清　水	③	1	0
						9	(大谷)	③	0	0
0	2	③	今　井	9	FW	14	北　村	③	1	0
0	0	②	田　邉	11		15	豊　嶋	③	0	0
0	1	②	(木下)	19		16	(中野)	③	0	0
2	6			7	GK	9			10	1
				4	CK	3				
				14	FK	6				
				0	PK	0				

【得点経過】
前半25分〔岡〕(オウンゴール)
〃 44分〔東〕北村～→**真田S**
後半 7分〔岡〕田口(裕)→中尾→**木村(匡)HS**
〃 40分〔岡〕TI福井×**木村(匡)S**

■初優勝を懸けた一戦を岡山学芸館が制す

全国3883校の頂点を懸けた試合は，岡山学芸館と東山との決戦となった。序盤は互いにロングボール主体でFWを起点に主導権を握ろうとするも，堅守を前にシュートまで持ち込めない時間が続く。前半15分を過ぎると，東山がGK佐藤を含めたビルドアップから敵陣に進入する機会を増やす。岡山学芸館は守備をコンパクトに保ち，数的優位でボールを奪うが，切り替えの早い東山を前にボールロストしてしまい攻撃の形を作れない。東山ペースで進んでいた前半25分，岡山学芸館がオウンゴールを誘って先制点を挙げる。失点した東山は慌てずにMF真田，松橋にボールを集め，攻撃のリズムを作り流れを引き寄せ，44分に真田が決めて追いつく。後半，岡山学芸館は前線の配置転換で攻撃の活性化を図る。この戦術が功を奏し，左サイドでの崩しからMF木村（匡）が頭で決めて再びリード。終盤には木村（匡）が追加点を挙げて勝利を決定付ける。最後まで攻守に見応えのある試合は岡山学芸館が勝利を収め，悲願の初優勝を果たした。

戦評　石川峻己（三郷高校）

全国高校選手権大会
【地区大会記録】

北海道
●決勝トーナメント

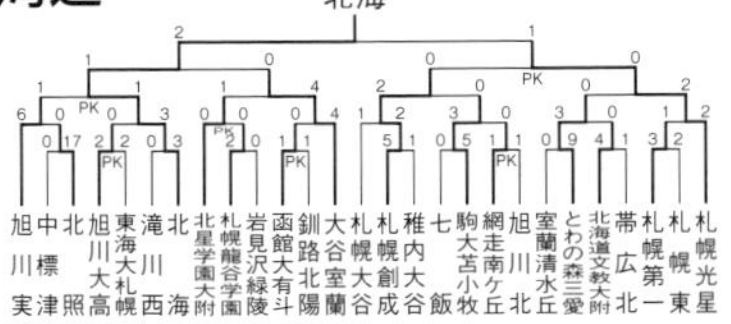

【函館地区】

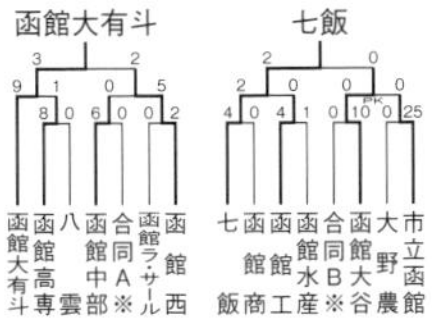

※合同A＝函館大柏稜・上磯・南茅部

※合同B＝知内・江差・檜山北

【小樽地区】 ●1次リーグ

A	北　照	小樽潮陵	小樽水産	順位
北　照		10－0	7－0	1
小樽潮陵	0－10		4－1	2
小樽水産	0－7	1－4		3

B	倶知安	合同※	小樽桜陽	順位
倶知安		4－1	2－5	2
合同※	1－4		1－12	3
小樽桜陽	5－2	12－1		1

※合同＝小樽未来創造・岩内・蘭越

〈決勝トーナメント〉

【札幌地区】

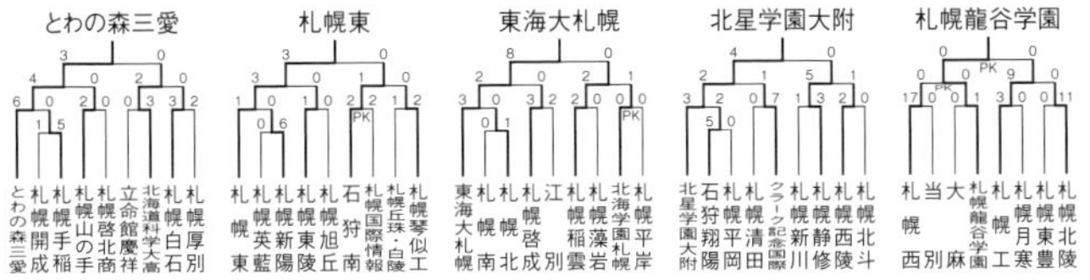

【北空知地区】

＊砂川は学校事情のため辞退

【旭川地区】

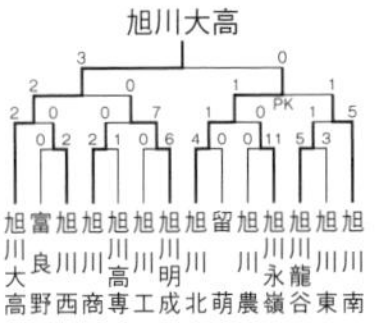

【苫小牧地区】

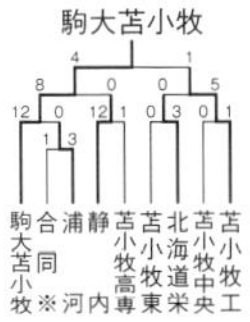

※合同＝えりも・白老東・鵡川・静内農

【釧路地区】

A	釧路湖陵	釧路工	釧路北陽	順位
釧路湖陵		1－1	0－3	2
釧路工	1－1		0－5	3
釧路北陽	3－0	5－0		1

B	武修館	釧路江南	釧路明輝	順位
武修館		2－1	7－0	1
釧路江南	1－2		2－0	2
釧路明輝	0 7	0 2		3

〈決勝戦〉

【十勝地区】

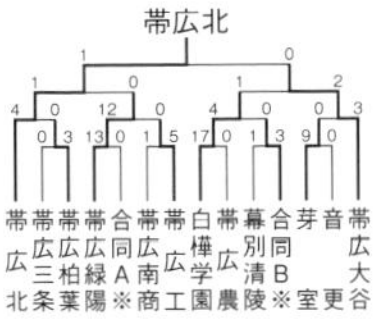

※合同A＝池田・鹿追・大樹

※合同B＝上士幌・更別農・清水・広尾

【宗谷地区】

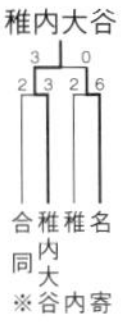

※合同＝枝幸・利尻・士別翔雲

【空知地区】

	岩見沢緑陵	岩見沢東	合同※	順位
岩見沢緑陵		1－1	6－0	1
岩見沢東	1－1		1－0	2
合同※	0－6	0－1		3

※合同＝栗山・長沼・岩見沢西・岩見沢農

【室蘭地区】 ●1次リーグ

A	室蘭栄	室蘭東翔	登別青嶺	順位
室蘭栄		0－0	5－1	1
室蘭東翔	0－0		3－0	2
登別青嶺	1－5	0－3		3

B	室蘭清水丘	伊達開来	合同※	順位
室蘭清水丘		2－0	10－1	1
伊達開来	0－2		6－1	2
合同※	1－10	1－6		3

※合同＝伊達緑丘・室蘭工・登別明日中等

〈決勝戦〉

【根室地区】

	中標津	別海羅臼	根室	順位
中標津		0－1	6－0	1
別海羅臼	1－0		2－3	2
根室	0－6	3－2		3

【オホーツク地区】

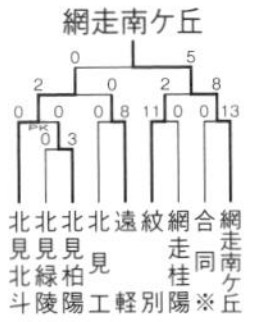

※合同＝津別・北見商・佐呂間・美幌

【千歳地区】 ●1次リーグ

A	北海道文教大附	恵庭南	恵庭北	順位
北海道文教大附		1－1	8－0	1
恵庭南	1－1		3－1	2
恵庭北	0－8	1－3		3

B	北広島	北広島西	千歳	札幌日大	順位
北広島		1－0	2－1	0－0	1
北広島西	0－1		2－1	1－0	2
千歳	1－2	1－2		0－3	4
札幌日大	0－0	0－1	3－0		3

〈決勝トーナメント〉

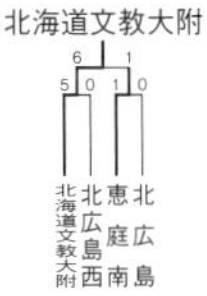

青森県
●決勝トーナメント

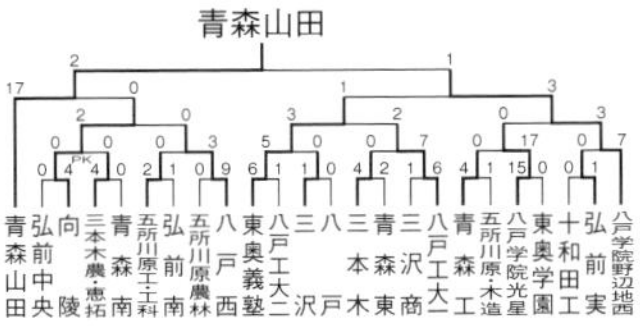

●1次トーナメント

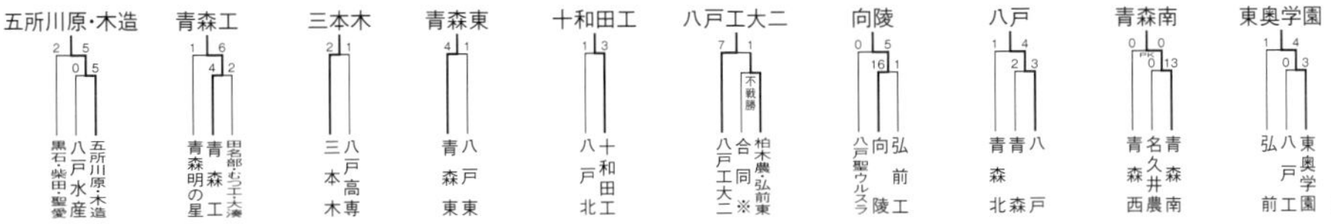

※合同＝青森商・青森中央

岩手県
●決勝トーナメント

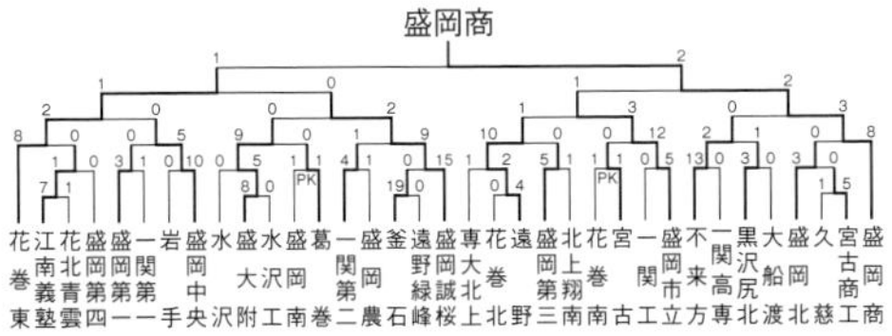

山形県

●決勝トーナメント

優勝：羽黒

山形中央・山形商・上山明新館・惺山・酒田西・東桜学館・米沢東・天童・鶴岡東・米沢中央・寒河江・山形東・創学館・南陽・米沢商・九里学園・鶴岡中央・山形南・鶴岡工・山形城北・東海大山形・庄内総合・高畠・新庄東・山形工・長井・村山産・鶴岡高専・新庄北・酒田光陵・米沢興譲館・日大山形・新庄神室産・山形学院・米沢工・鶴岡南・寒河江工・酒田東・酒田南・山形明正・羽黒

宮城県

●決勝トーナメント

優勝：聖和学園

聖和学園・泉・東北学院榴ケ岡・古川・多賀城・宮城工・仙台第三・古川黎明・仙台第二・仙台西・仙台二華・仙台育英・東北生文大高・東北・白石工・塩釜・仙台商・利府・仙台城南・富谷・仙台南・仙台大明成・古川工・東北学院

●1次トーナメント

富谷：富谷・仙台工・東陵
東北学院榴ケ岡：東北学院榴ケ岡・小牛田農林・白石
仙台第二：仙台第二・石巻工・角田
泉：泉・中新田・佐沼
仙台二華：泉館山・鹿島台商・仙台二華
古川工：古川工・高専名取・黒川
白石工：仙台東・松島・白石工
塩釜：塩釜・泉松陵・名取北
仙台商：仙台商・築館・尚絅学院
古川：古川・本吉響・加美農
東北：東北・涌谷・古川学園
仙台南：仙台南・仙台第一・日本ウェルネス宮城
古川黎明：仙台向山・名取・宮城広瀬・古川黎明
仙台西：仙台西・石巻西・宮城第一・石巻
多賀城：多賀城・亘理・仙台・登米総合
仙台大明成：仙台大明成・大崎中央・宮城農・気仙沼

秋田県

●決勝トーナメント

優勝：明桜

明桜・横手清陵・合同A※・秋田北鷹・本荘・秋田南・由利工・大曲・秋田・湯沢・秋田西・新屋・秋田高専・大館桂桜・男鹿工・横手・秋田工・西目・大館鳳鳴・国際情報・大曲工・合同B※・秋田商

※合同A＝角館・西仙北・大曲農
※合同B＝能代・能代松陽

福島県

●決勝トーナメント

優勝：尚志

＊＝不戦勝

尚志・磐城・会津学鳳・郡山東・日大東北・あさか開成・ふたば未来・平工・福島商・合同A※・東日大昌平・相馬総合・小高産技・白河実・聖光学院・須賀川桐陽・福島・岩瀬農・会津工・小名浜海星・郡山・須賀川創英館・清陵情報・会津・福島工・葵・喜多方・福島南・保原・喜多方桐桜・学法石川・橘・勿来工・磐城桜が丘・福島東・白河旭・郡山北工・本宮・若松商・福島西・いわき湯本・二本松工・いわき光洋・安積黎明・白河・安達・福島高専・福島成蹊・郡山商・合同B※・相馬・原町・船引・安積・帝京安積

※合同A＝相馬農・勿来・平商
※合同B＝福島明成・松韻福島

茨城県

●決勝トーナメント

優勝：鹿島学園

※合同A＝大子清流・常陸大宮・茨城東・茨城朝鮮　※合同B＝明野・結城第一・結城第二・三和・坂東清風
※合同C＝江戸崎総合・竜ケ崎南・竜ケ崎第二・石岡第二　※合同D＝波崎柳川・潮来・神栖

鹿島学園・守谷・並木中等・土浦湖北・日立工・勝田工・竜ケ崎第一・江戸川学園取手・下妻第一・霞ケ浦・下館第二・那珂・太田西山・勝田・下妻第二・下館第一・科学技術日立・茨城キリスト・第一学院・鹿島・土浦第一・つくば秀英・下館工・水戸工・日立北・つくば工科・古河中等・八千代・合同A※・日立第一・水戸桜ノ牧・常総学院・茗溪学園・笠間・岩瀬・合同B※・岩瀬日大・麻生・合同C※・土浦工・石岡第一・石下紫峰・波崎・東洋大牛久・水戸啓明・藤代・高萩清松・太田第一・多賀・古河第三・古河第二・土浦第三・藤代紫水・常磐大高・水戸葵陵・水城・牛久・取手松陽・伊奈・茨城・中央・土浦第二・鉾田第二・牛久栄進・水戸商・玉造工・海洋・日立商・那珂湊・水戸第一・水海道第一・清真学園・つくば国際・境・古河第一・佐和・土浦日大・つくば国際東風・鬼怒商・総和工・合同D※・竹園・緑岡・茨城高専・取手第一・水戸農・鉾田第一・明秀日立

群馬県

●決勝トーナメント

優勝：前橋育英

前橋育英・常磐・伊勢崎清明・前橋東・市立前橋・沼田・伊勢崎工・前橋工・高崎経大附・利根商・渋川工・健大高崎・共愛学園・桐生商・伊勢崎商・前橋・西邑楽・新島学園・前橋商・樹徳・高崎商・館林・安中総合・桐生第一

●1次トーナメント

桐生商：桐生工・館林商工・桐生商・利根実・高崎
渋川工：太田・玉村・清桜・市立太田・渋川工
前橋工：前橋工・高崎商大附・吾妻中央・前橋南・桐生
前橋東：前橋東・太田東・高崎東・東京農大二・前橋西
西邑楽：西邑楽・板倉・明和県央・渋川・高崎北
安中総合：富岡・勢多農林・中央中等・新田暁・安中総合
樹徳：四ツ葉・樹徳・太田工・藤岡工・藤岡中央
常磐：高崎工・青翠・常磐・吉井・伊勢崎・関東学園附

栃木県

●決勝トーナメント

優勝：佐野日大

矢板中央・栃木翔南・黒磯南・宇都宮東・益子芳星・黒羽・小山西・宇都宮・石橋・真岡北陵・宇都宮白楊・那須・烏山・高根沢・栃木・白鷗大足利・黒磯・小山北桜・茂木・那須拓陽・鹿沼・足利大附・宇都宮南・馬頭・鹿沼南・矢板東・矢板・足利工・宇都宮短大附・さくら清修・真岡工・幸福の科学・大田原・合同※・青藍泰斗・小山南・國學院栃木・那須清峰・今市・文星芸大附・佐野・小山城南・上三川・真岡・宇都宮工・足利清風・宇都宮清陵・鹿沼東・小山・壬生・栃木工・宇都宮北・佐野東・作新学院・足利・佐野松桜・今市工・宇都宮商・佐野日大

※合同＝宇都宮中央・栃木農・足利南

埼玉県

●決勝トーナメント

優勝：昌平

昌平・山村学園・浦和・聖望学園・川口北・本庄第一・市立浦和・川越・浦和北・ふじみ野・早大本庄・立教新座・細田学園・埼玉平成・本庄東・浦和西・山村国際・春日部・浦和東・埼玉栄・川越東・上尾南・豊岡・東農大三・春日部東・西武台・武蔵越生・川口市立・花咲徳栄・川口東・松山・三郷北・武南・大宮東・朝霞西・国際学院・坂戸西・和光国際・浦和学院・正智深谷・狭山ヶ丘・慶應志木・川口青陵・南稜・草加東・飯能南・浦和南・大宮南・久喜北陽・西武文理・伊奈学園・成徳深谷

●1次トーナメント

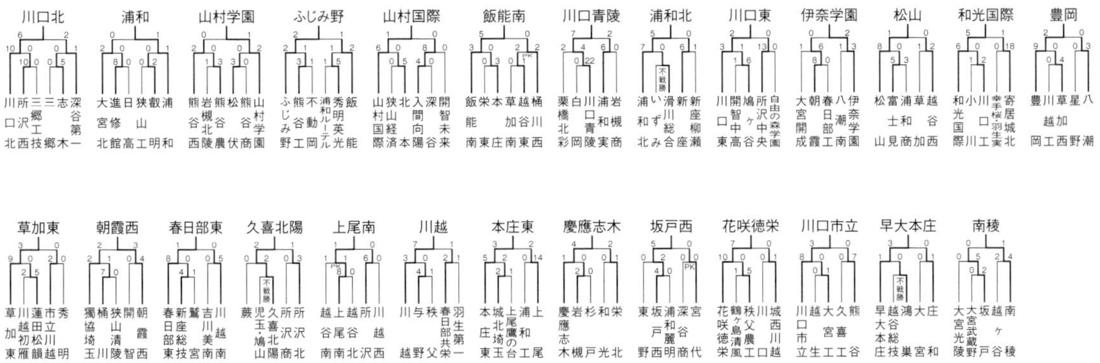

千葉県

●決勝トーナメント

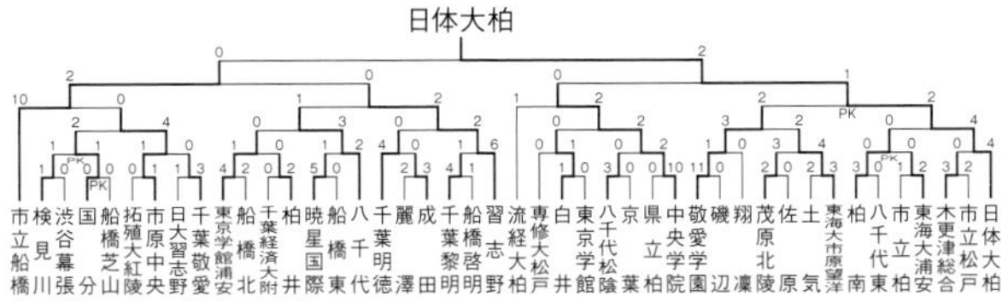

●1次トーナメント

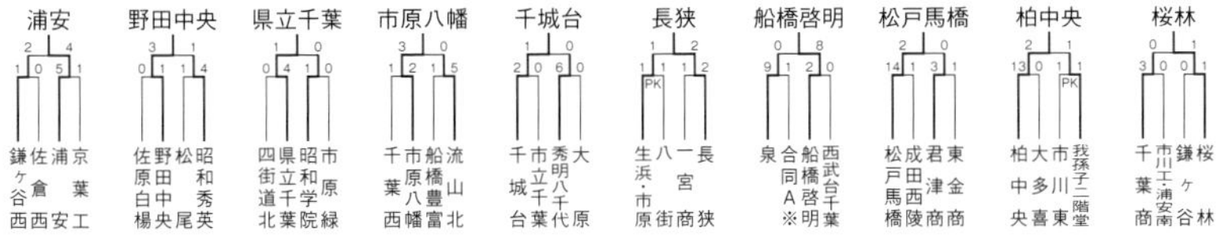

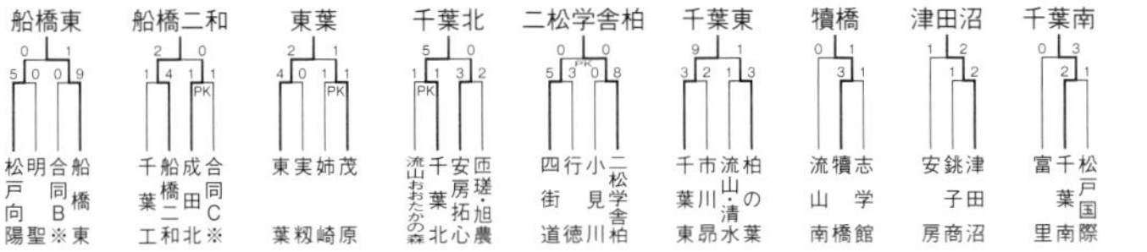

※合同A＝大網・横芝敬愛
※合同B＝天羽・館山総合
※合同C＝沼南・我孫子東・八千代西

●2次トーナメント

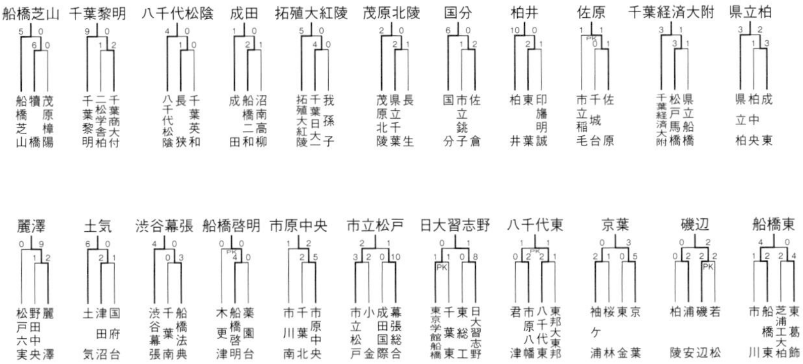

東京都

●決勝トーナメント

【A ブロック】

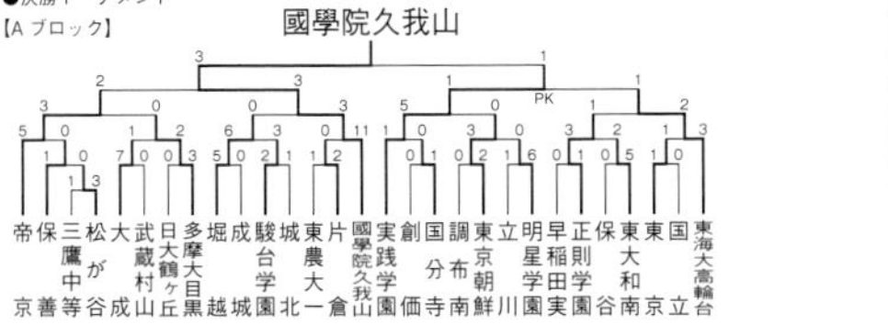

●決勝トーナメント

【B ブロック】

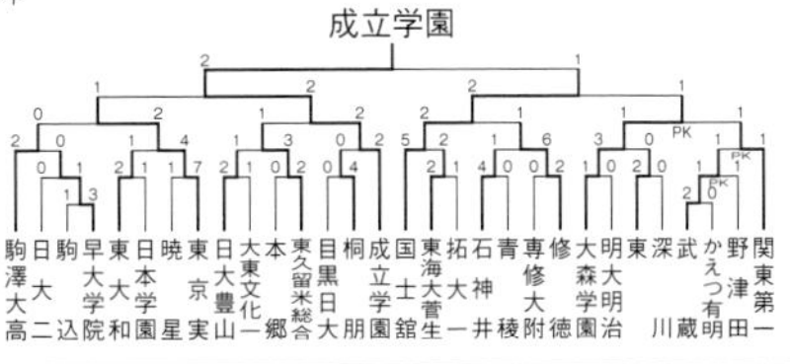

●東京都1次トーナメント

駒込
駒込・安田学園・二松学舎大附・多摩・國學院・文化学園大杉並・東京高専

武蔵
武蔵・順天・学芸大附国際・東京立正・桜町・八雲学園・府中

青稜
葛飾野・和光・芦花・青山・井草・荒川工・青稜

国分寺
国分寺・久留米西・東大附・江東商・神代・昭和・板橋

東海大菅生
東海大菅生・葛飾商・桜美林・北豊島工・渋谷教育学園渋谷・第四商・郁文館

暁星
暁星・帝京八王子・足立新田・三田・立教池袋・広尾・永山

明大明治
法政大高・東洋・飛鳥・獨協・錦城・貞静学園・目黒・明大明治

日大鶴ヶ丘
日大鶴ヶ丘・中央国際・小平・八王子実践・青井・深沢・目白研心・清瀬

駿台学園
駿台学園・帝京大学・芝浦工大附・東洋大京北・葛西工・昭和第一・東京電機大高・日工大駒場

※合同＝大島海洋国際・大島

石神井
石神井・国際・足立西・自由学園・武蔵野・中央学院大中央・つばさ総合・南平

本郷
本郷・橋・多摩工・戸山・合同※・拝島・千歳丘・上水

東
東・成瀬・共栄学園・足立東・科学技術・町田・葛飾総合・江戸川

創価
創価・世田谷総合・武蔵野大高・杉並学院・秋留台・明中八王子・日比谷・自由ヶ丘学園

野津田
野津田・晴海総合・日野・明大中野・葛西南・町田工・八丈・東村山

三鷹中等
三鷹中等・富士・上野・府中東・竹早・日大櫻丘・国際基督教大高・早稲田

保谷
杉並・聖徳学園・総合工科・三田国際学園・多摩大聖ヶ丘・板橋有徳・開智日本橋・保谷

目黒日大
日大一・立志舎・目黒日大・明法・科学技術学園・武蔵野北・田無工・美原

大東文化一
日大三・練馬・桜丘・府中西・光丘・広尾学園小石川・大東文化一・千早

拓大一
拓大一・都市大等々力・調布北・九段中等・大泉・本所・大田桜台・新宿

日大二
日大二・淑徳巣鴨・若葉総合・都立武蔵・昭和第一学園・筑波大附駒場・学芸大附・武蔵丘

片倉
東京工大附・富士森・東京都市大付・品川翔英・片倉・八王子東・世田谷学園・目黒学院

調布南
駒場・青梅総合・日本橋・小平南・調布南・芝商・小岩・東京成徳大高

東京
東京・両国・福生・正則・高島・成蹊・松原・立正大立正

正則学園
城東・足立・京華商・白鷗・正則学園・八潮・明星・墨田川

城北
城北・淑徳・向丘・小平西・羽村・王子総合・杉並総合・開成

武蔵村山
鷺宮・佼成学園・武蔵村山・中央大学・雪谷・五日市・城西大城西・豊島学院

早大学院
日野台・巣鴨・京華・田園調布・穎明館・海城・西・早大学院

桐朋
豊島・大崎・駒場学園・明学東村山・桐朋・宝仙学園・神津・三宅・篠崎

日本学園
芝・広尾学園・小松川・聖学院・日本学園・駒場東邦・府中工・八王子北

専修大附
高輪・学習院・立川国際中等・桜修館中等・専修大附・東亜学園・文教大付・大智学園

成城
成城・大森・第三商・大山・成城学園・小金井北・小石川中等・狛江

東京朝鮮
八王子・豊多摩・大東学園・中大杉並・東京朝鮮・麻布・玉川学園・紅葉川

国立
南葛飾・墨田工・足立学園・国立・小川・文京・豊南・明治学院

松が谷
工学院大附・第五商・山崎・筑波大附・松が谷・朋優学院・北園・中央大学

保善
日体大荏原・練馬工・翔陽・小山台・江北・東村山西・田無・保善

かえつ有明
攻玉社・多摩科学技術・岩倉・竹台・啓明学園・淵江・青山学院・かえつ有明

神奈川県

●決勝トーナメント

日大藤沢
湘南工科・市立戸塚・横須賀総合・相模原弥栄・横浜商大高・座間・浅野・鶴見・東海大相模・法政二・市立桜丘・慶應義塾・武相・住吉・横浜創学館・平塚学園・市立東・大和西・横浜・市ケ尾・市立橘・桐蔭学園・鎌倉・横須賀・湘南学院・横浜創英・柏陽・麻布大附・秦野・旭・桐光学園・相洋・横浜隼人・大和・日本大高・川和・三浦学苑・厚木北・市立金沢・日大藤沢

●1次トーナメント

【Aブロック】
鶴見
慶應藤沢・鶴見・自修館・厚木西・神奈川工・横浜学園・横浜栄・横浜清風・聖光学院・新栄・藤沢西・海老名・鵠沼

【Bブロック】
旭
旭・相模原中等・小田原・生田東・七里ガ浜・平塚江南・白山・向上・伊勢原・合同E※・合同F※・横須賀学院・光明相模原

【Cブロック】
住吉
星槎国際湘南・上鶴間・藤嶺藤沢・藤沢総合・公文国際・逗子開成・関東学院・住吉・平塚湘風・湘南台・大磯・中大横浜・希望ケ丘

【Dブロック】
横浜隼人
横浜隼人・森村学園・市立川崎・麻溝台・川崎総合科学・旭丘・厚木・鎌倉学園・横浜清陵・岸根・綾瀬西・横浜翠陵・サレジオ

【Eブロック】
柏陽
川崎北・柏陽・鶴見大附・桐蔭中等・合同D※・多摩・伊志田・橘学苑・麻生総合・鶴見総合・横浜緑園・横浜SF・麻生

【Fブロック】
市ケ尾
市ケ尾・横浜国際・横浜立野・湘南・横浜南陵・大和南・合同C※・藤沢清流・城北工・瀬谷西・瀬谷・新城・松陽

【Gブロック】
市立桜丘
市立桜丘・釜利谷・湘南学園・金井・横浜翠嵐・二宮・藤沢翔陵・上溝南・逗葉・舞岡・綾瀬・向の岡工・荏田

【Hブロック】
横浜
立花学園・青山学院横浜英和・相模原総合・県商工・秦野総合・足柄・横浜修悠館横須賀・磯子工・横浜氷取沢・神奈川総合・菅・市立高津・横浜

【Iブロック】
市立東
光陵・柏木学園・山手学院・茅ケ崎北陵・追浜・横浜緑ケ丘・神奈川朝鮮・市立東・茅ケ崎西浜・金沢総合・上溝・大船・山北・大師

【Jブロック】
横浜商大高
横浜商大高・上矢部・高浜・新羽・横須賀大津・相模田名・市立南・保土ケ谷・霧が丘・橋本・合同A※・港北・座間総合・栄光学園

【Kブロック】
横須賀
相模原・県立川崎・関東六浦・横浜商・津久井浜・深沢・元石川・藤沢工科・百合丘・生田・神大附・茅ケ崎・逗子・横須賀

【Lブロック】
川和
鶴嶺・アレセイア湘南・横浜平沼・平塚中等・西湘・合同B※・川崎市立幸・川和・城郷・秦野曽屋・寒川・有馬・城山・平塚工科

※合同A=永谷・横浜桜陽・横浜旭陵
※合同B=大井・平塚農商・小田原東
※合同C=相原・津久井
※合同D=厚木清南・愛川
※合同E=横須賀工・三浦初声・海洋科学・横須賀南
※合同F=厚木東・厚木商

山梨県

●決勝トーナメント

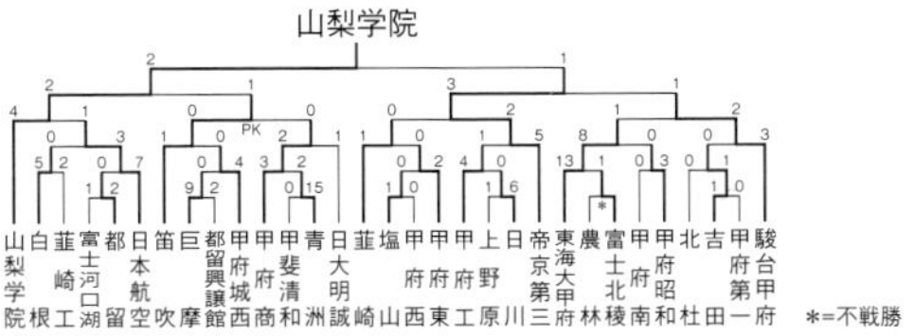

新潟県

●決勝トーナメント

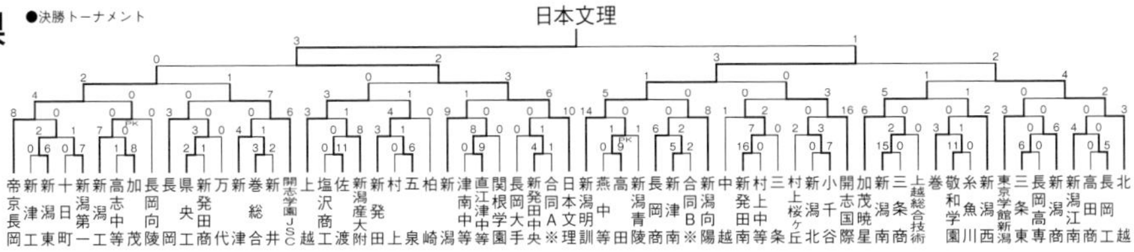

※合同A=長岡農・見附
※合同B=小千谷西・六日町

長野県

●決勝トーナメント

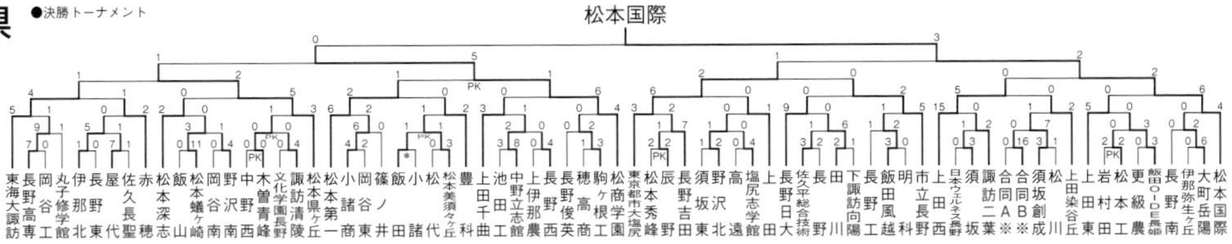

＊＝不戦勝
※合同A＝軽井沢・東御清翔
※合同B＝梓川・南安曇農

富山県

●決勝トーナメント

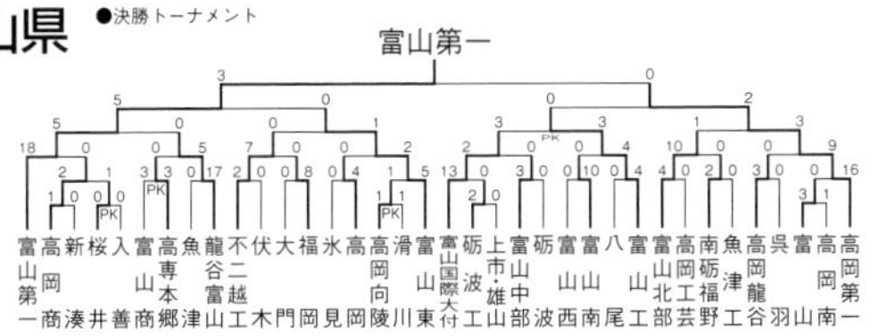

福井県

●決勝トーナメント

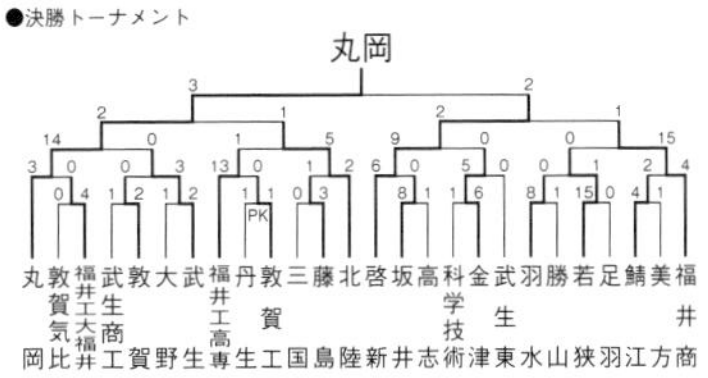

石川県

●決勝トーナメント

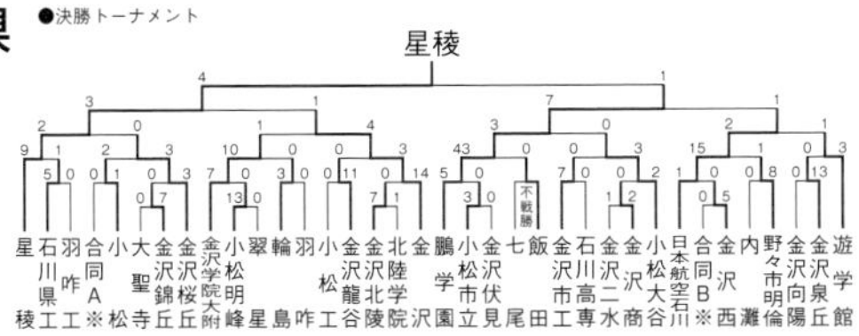

※合同A＝松任・寺井・辰巳丘
※合同B＝志賀・鹿西・東雲

静岡県

●決勝トーナメント

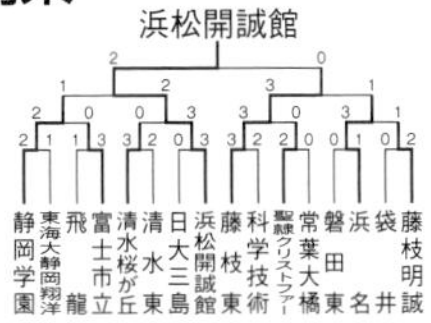

●1次トーナメント

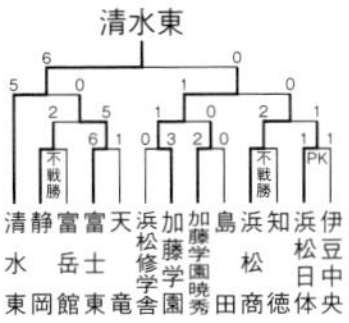

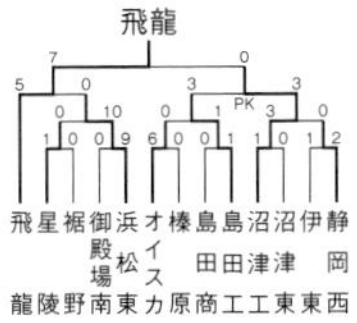

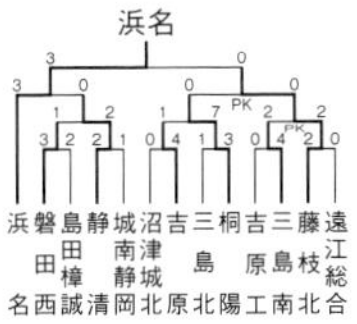

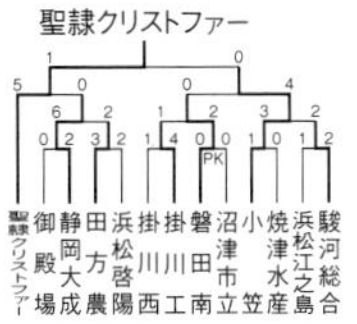

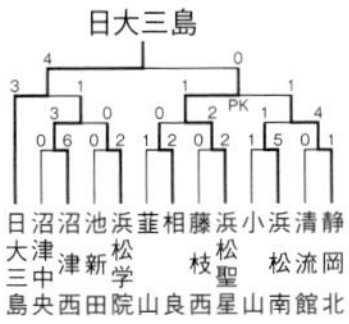

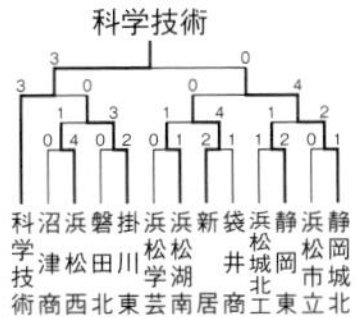

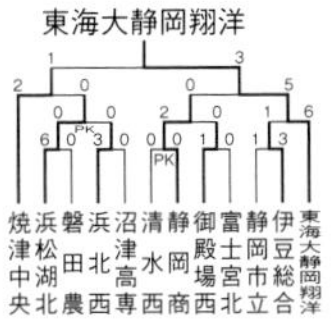

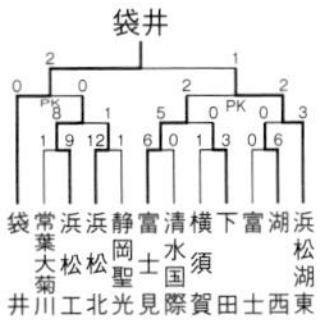

愛知県

●決勝トーナメント

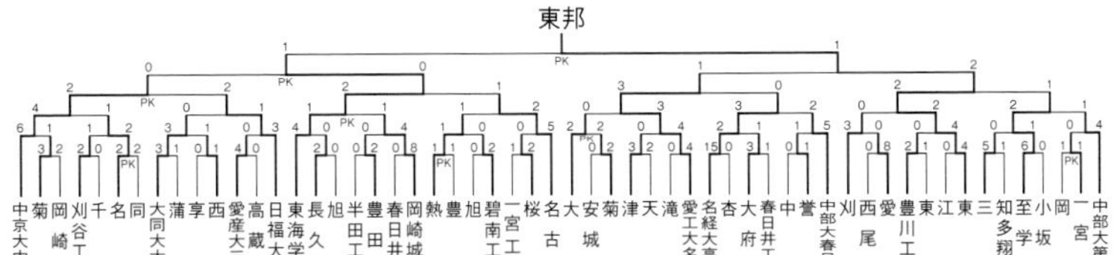

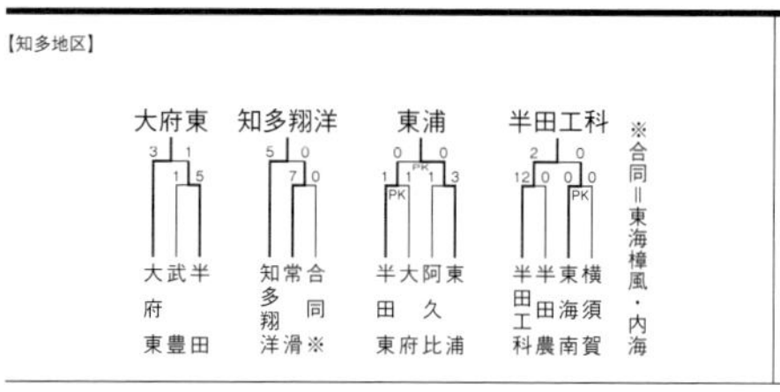

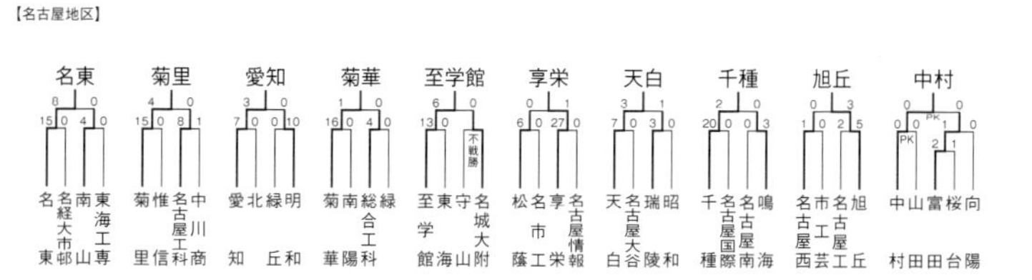

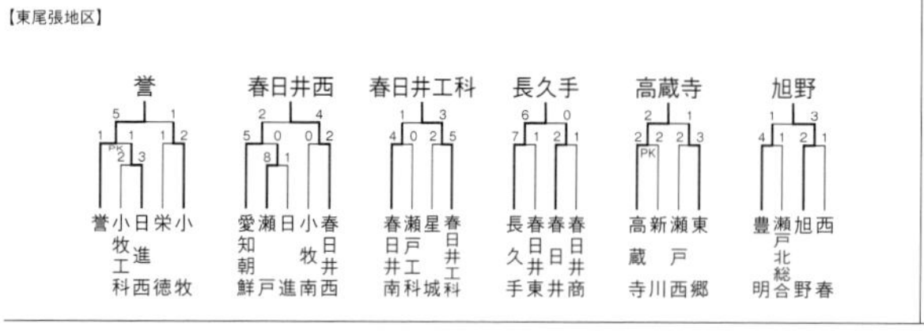

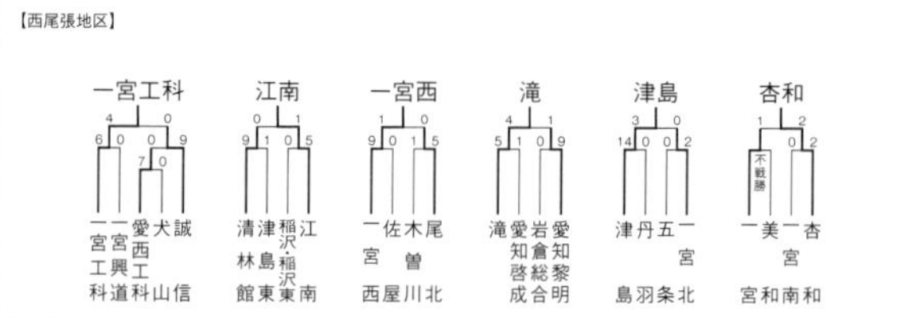

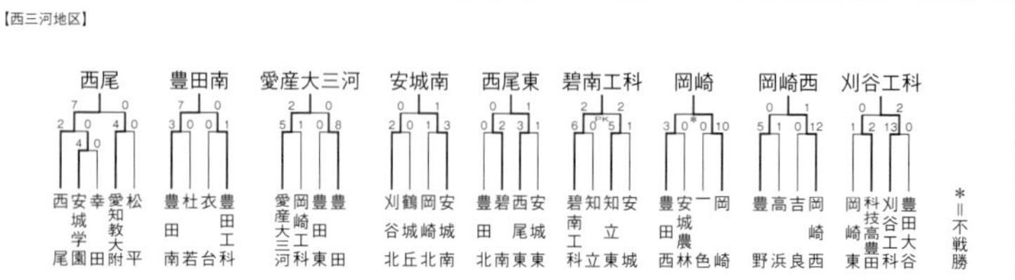

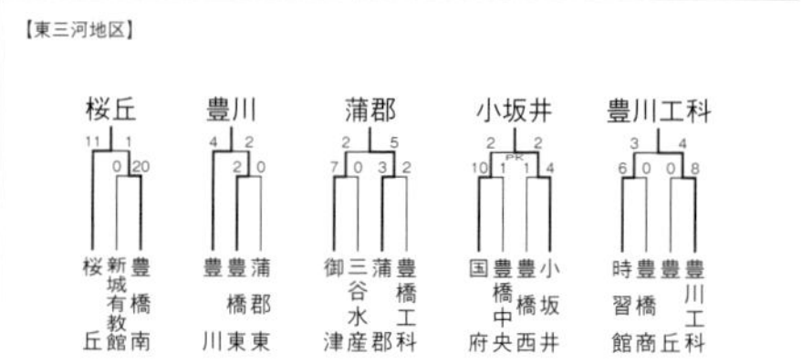

三重県

●決勝トーナメント

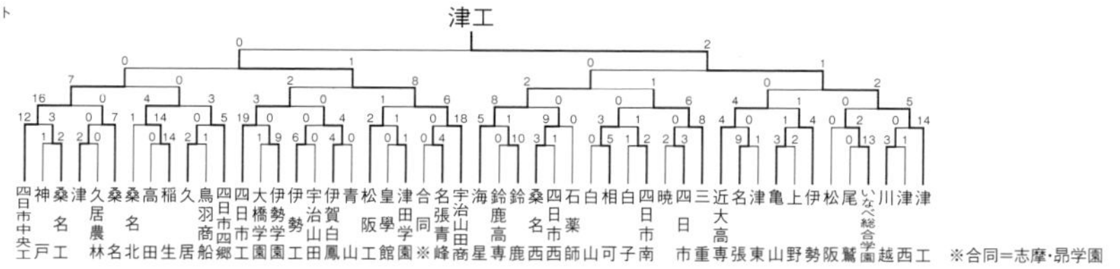

岐阜県

●決勝トーナメント

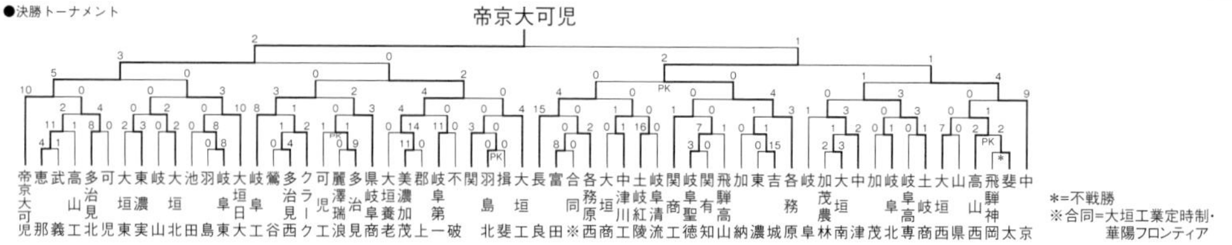

滋賀県

●決勝トーナメント

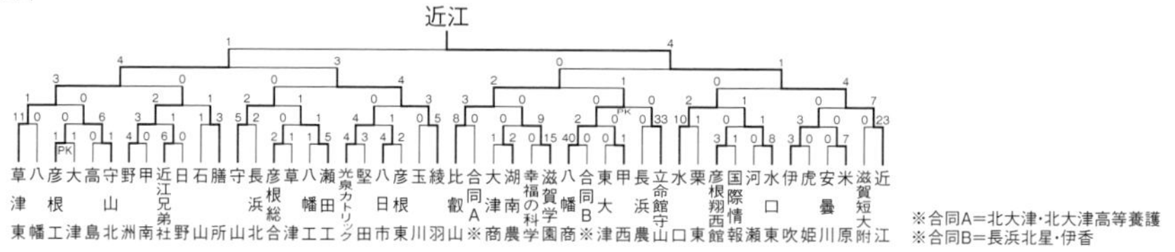

奈良県

●決勝トーナメント

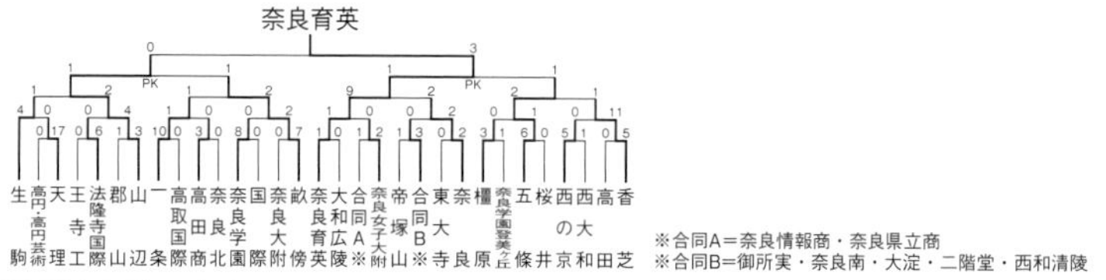

京都府

●決勝トーナメント

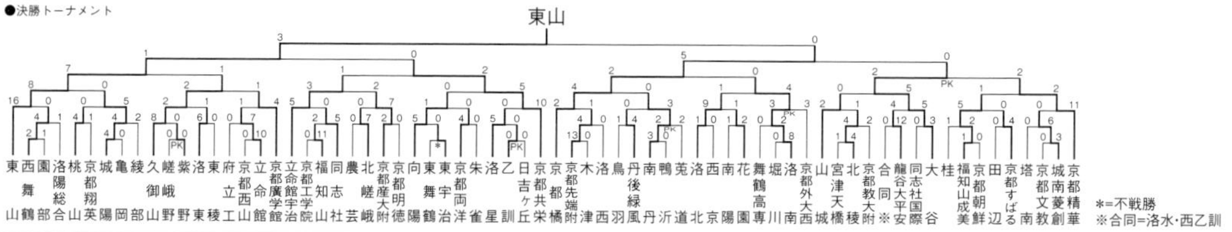

大阪府

●決勝トーナメント

優勝：履正社

履正社／清明学院／大阪偕星学園／東大阪大柏原／帝塚山泉ヶ丘／常翔学園／近大附／大阪商大堺／摂津／関西大一／桜宮／アサンプション／金光大阪／興國／大商学園／賢明学院／清風／阪南大高／大塚／茨木／東海大大阪仰星／関大北陽／豊中／槻の木／刀根山／大阪桐蔭／初芝立命館／大体大浪商／桃山学院

和歌山県

●決勝トーナメント

優勝：近大和歌山

和歌山北／神島／田辺／和歌山工／合同※／星林／和歌山南陵／海南／向陽／市和歌山／紀央館／橋本／笠田／初芝橋本／近大新宮／新翔／田辺工／耐久／紀北工／桐蔭／日高／粉河／新宮／那賀／開智／和歌山高専／和歌山商／近大和歌山

※合同=串本古座・高野山・和歌山東

大阪府

●1次トーナメント

清明学院：清明学院／大阪教育C附／西野田工科／阪南／大阪緑涼／上宮太子／教大天王寺／農芸／同志社香里

大阪偕星学園：茨木西／公立大高専／池田／金蘭千里／初芝富田林／追手門／電通大高／河南／大阪偕星学園

東大阪大柏原：千里青雲／清風南海／東淀工／上宮／桜塚／合同A※／今宮／芥川／東大阪大柏原

帝塚山泉ヶ丘：帝塚山泉ヶ丘／大阪／大阪商大高／近大泉州／門真なみはや／都島工／淀川工科／緑風冠／交野

常翔学園：東大谷／あべの翔学／千里／清教／和泉／常翔学園

大阪商大堺：大阪商大堺／東百舌鳥／日根野／園芸／西成／吹田／大手前／枚方津田／富田林／港／精華

摂津：摂津／早稲田摂陵／布施工科／今宮工科／市立堺／八尾翠翔／牧野／いちりつ／みどり清朋

関西大一：福井／東／金剛／香里丘／箕面／関西大一

桜宮：貝塚／日新／四條畷／英真学園／布施／枚方／登美丘／伯太／教大平野／桜宮

アサンプション：アサンプション／昇陽／枚岡樟風／北野／旭／咲くやこの花／堺西／清水谷／久米田

大商学園：藤井寺／大阪青凌／三島／大商学園／芦間／枚方なぎさ／山本／狭山／関西大倉／住吉／太成学院大高

賢明学院：賢明学院／八尾北／箕面学園／長尾／関西創価／夕陽丘／金光藤蔭／北千里／泉大津

清風：守口東／高石／明星／高槻／堺東／清風

大塚：花園／四天王寺東／大阪朝鮮／皐が丘／佐野／高津／春日丘／浪速／大冠／大塚

茨木：茨木／信太／北摂つばさ／汎愛／豊島／天王寺／羽衣学園／渋谷／貝塚南

豊中：教大池田／懐風館／堺上／建国／OBF／箕面自由／成城／豊中／岬／佐野工科／合同B※

槻の木：槻の木／星光／関大高等部／大阪学芸／三国丘／関西福祉科学／泉北／生野／阿武野

刀根山：阿倍野／布施北／吹田東／合同C※／星翔／鳳／追手門大手前／刀根山／ヌヴェール

初芝立命館：寝屋川／岸和田／開明／東大阪大敬愛／常翔啓光／金岡／岸和田産／東住吉／初芝立命館

大体大浪商：大体大浪商／高槻北／八尾／市岡／堺工科／合同D※／城東工科／東淀川／福泉

桃山学院：大阪国際／門真西／東住吉総合／山田／泉陽／桃山学院

*=不戦勝
※合同A=泉尾工・桜和
※合同B=長吉・松原・美原
※合同C=柴島・箕面東
※合同D=西寝屋川・茨田

兵庫県

●決勝トーナメント

優勝：芦屋学園

三田／飾磨／琴丘／西宮南／明石商／東灘／三木北／神戸第一／神戸科技／社／甲南／市西宮／滝川／西宮北／伊川谷／川西緑台／葺合／報徳／淡路三原／神戸国際附／明石西／啓明／県伊丹／神戸星城／市尼崎／神港／県立大附／川西明峰／関学／伊川谷北／宝塚北／芦屋学園／蒼開／神戸朝鮮／相生学院／県西宮／兵庫／加古川西／雲雀丘／滝川第二／宝塚／育英／明石城西／猪名川／龍野／神戸／芦屋／神戸弘陵

●1次トーナメント

宝塚北：東播工／伊丹北／宝塚北

神戸第一：加古川北／神戸第一／豊岡総合

加古川西：神戸鈴蘭台／加古川西／神戸高塚

宝塚：神戸甲北／宝塚／三田西陵

芦屋：北須磨／長田／芦屋

関学：関学／姫路東／相生産

飾磨：洲本実／飾磨／伊丹西

神戸：出石・和田山／赤穂／神戸

明石西：明石西／白陵／相生

滝川第二：滝川第二／御影／三田松聖

県伊丹：県伊丹／姫路南／明石高専

伊川谷北：伊川谷北／須磨学園／姫路商

育英：育英／香寺／東播磨

社：須磨翔風／明石／社

西宮南：西宮南／尼崎工／神戸北

神戸朝鮮：豊岡／六甲アイランド／神戸朝鮮

県立大附：尼崎北／市伊丹／県立大附

相生学院：相生学院／明石南／兵庫工／網干

西宮北：加古川東／吉川／須磨東／西宮北

川西緑台：川西緑台／姫路西／三木／西脇工

神戸国際附：神戸国際附／八鹿／姫路工／西脇

蒼開：蒼開／尼崎西／北条／合同※

龍野：北摂三田／三木東／神戸学院／龍野

雲雀丘：雲雀丘／神戸高専／須磨友が丘／西宮甲山

葺合：葺合／灘／山崎／神大附中等

甲南：甲南／佐用・太子／姫路／舞子

神戸科技：神戸科技／松陽／尼崎双星／有馬

神港：川西北陵／神港／県農／三田祥雲館

猪名川：宝塚西／福崎／猪名川／姫路飾西

明石城西：明石城西／尼崎稲園／加古川南／尼崎小田

芦屋学園：芦屋学園／宝塚東／柏原／西宮今津

淡路三原：西宮東／津名／夢野台／淡路三原

伊川谷：伊川谷／飾磨工／淡路／龍野北

東灘：東灘／甲陽／篠山産／淳心

明石商：明石商／洲本／高砂／明石清水

報徳：明石北／報徳／六甲／武庫荘総合

琴丘：神戸龍谷／琴丘／高砂／小野

川西明峰：星陵／小野工／川西明峰／村野工

三木北：三木北／東洋大姫路／県尼崎／神港橘

啓明：仁川／近畿大豊岡／鳴尾／啓明

※合同=姫路別所・夢前

鳥取県

●決勝トーナメント

優勝：米子北

米子北／鳥取西／倉吉総産／鳥取中央育英／境／鳥取東／倉吉東／米子西／境港総合／米子松蔭／鳥取城北／鳥取工／鳥取湖陵／米子工／八頭／鳥取商／鳥取敬愛／倉吉北・倉吉西／米子高専／米子東

島根県

●決勝トーナメント

優勝：立正大淞南

立正大淞南／松江北／吉賀／松江農林／松江高専／三刀屋／松江東／松江南／平田／出雲北陵／出雲／浜田／益田／大田／開星／明誠／合同※／情報科学／出雲工／出雲西／出雲商／益田翔陽／益田東／松江西／松江商／浜田商／松江工／石見智翠館／大社

※合同=江津工・出雲農林

岡山県

●決勝トーナメント

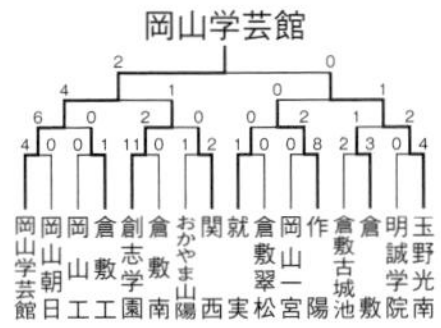

●１次トーナメント

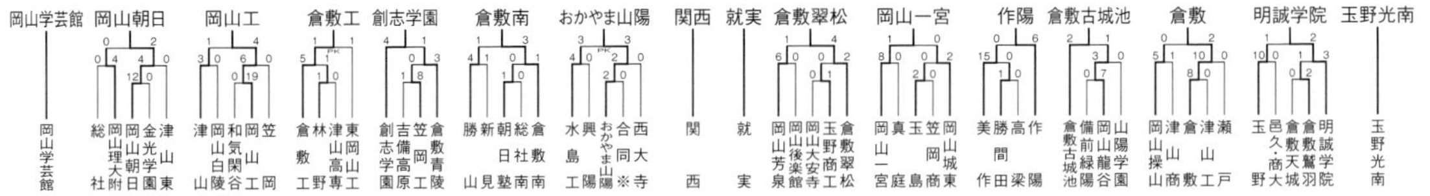

※合同＝井原・玉島商・矢掛

広島県

●決勝トーナメント

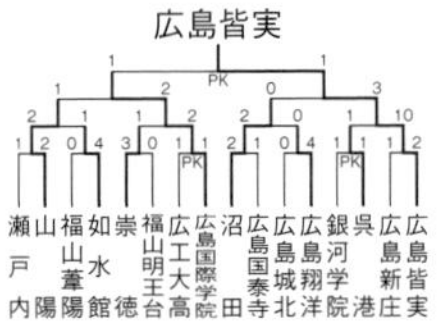

●１次トーナメント

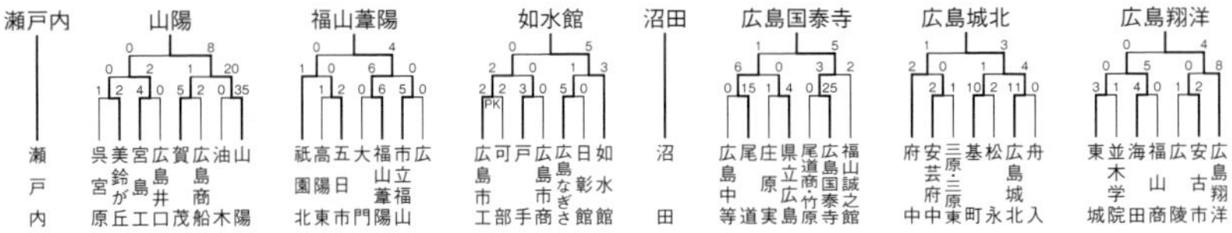

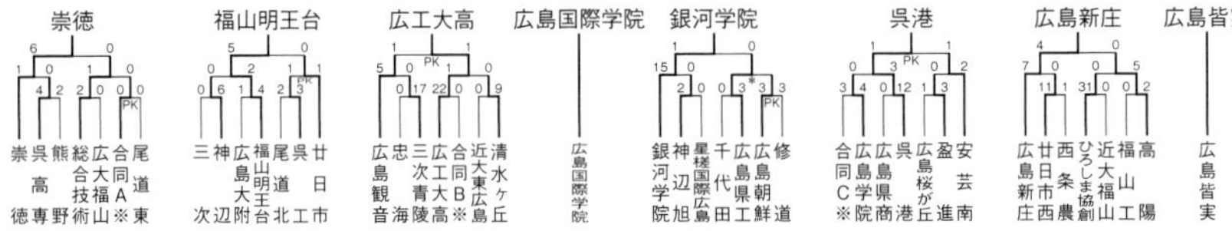

＊=不戦勝
※合同A=西城紫水・庄原格致・向原・吉田
※合同B=大崎海星・世羅
※合同C=呉昭和・呉三津田・黒瀬

山口県

●決勝トーナメント

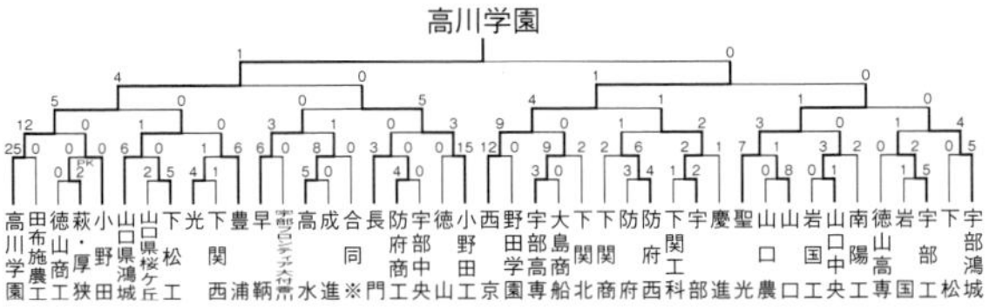

※合同=岩国総合・柳井学園

徳島県

●決勝トーナメント

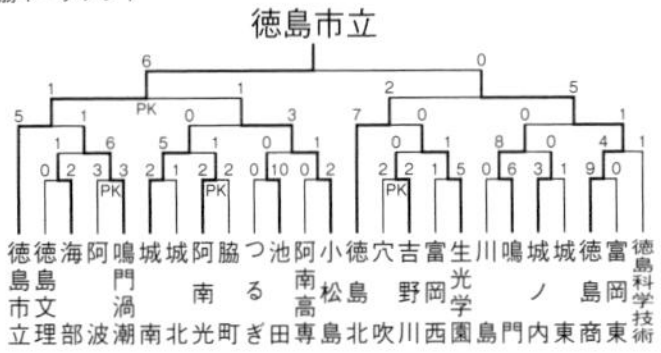

高知県

●決勝トーナメント

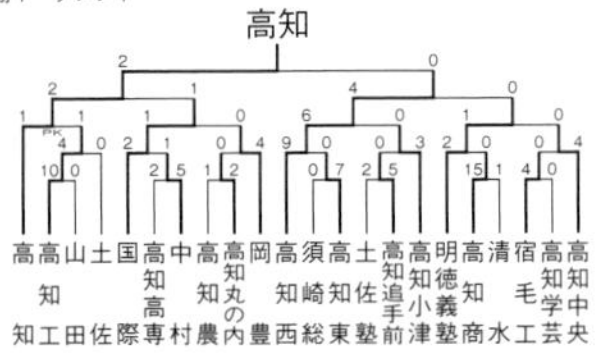

香川県

●決勝トーナメント

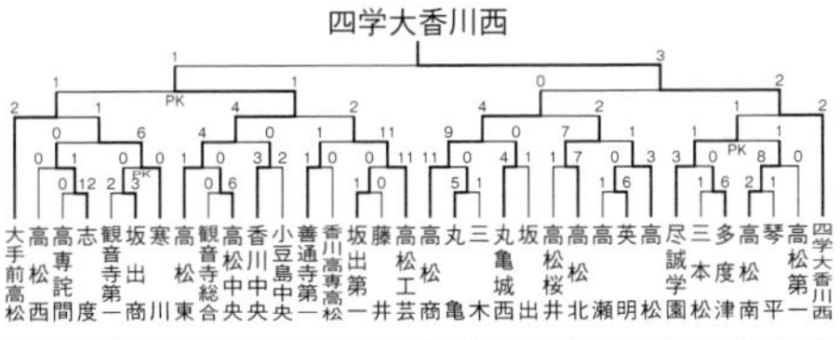

愛媛県

●決勝トーナメント

帝京第五

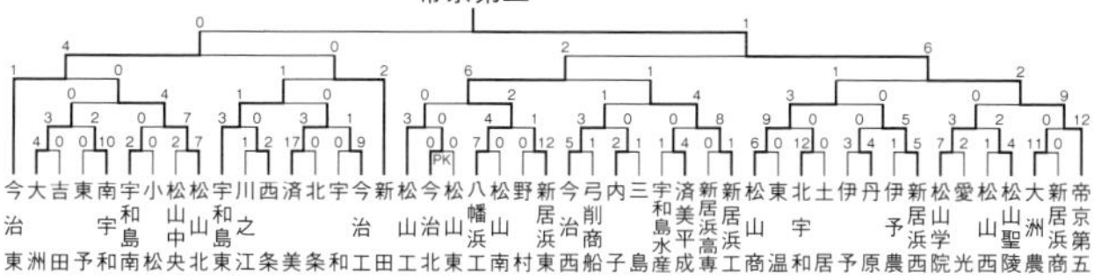

福岡県

●決勝トーナメント

飯塚

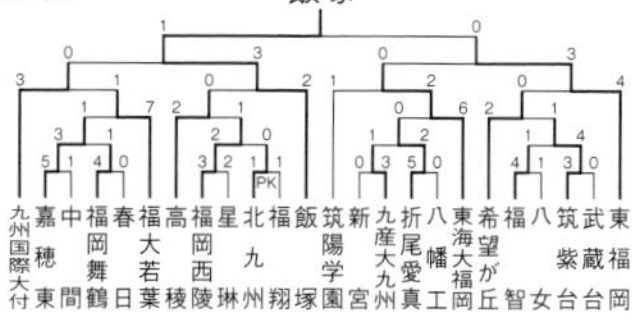

●1次トーナメント【Aパート】

星琳　折尾愛真　福翔　武蔵台　福智　春日　北九州　八女

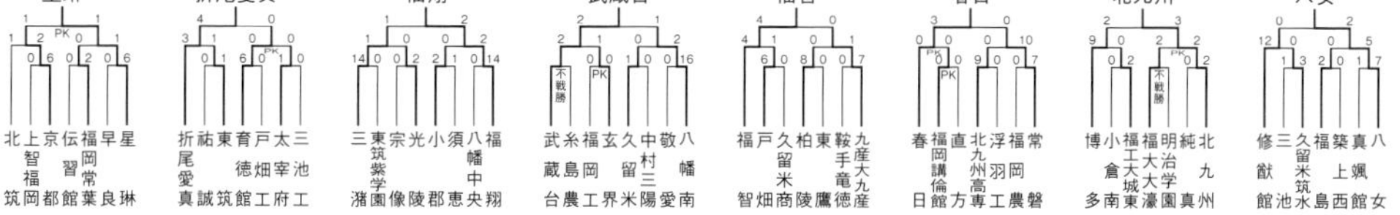

【Bパート】

筑紫台　九産大九州　嘉穂東　新宮　福岡舞鶴　中間　福岡西陵　八幡工

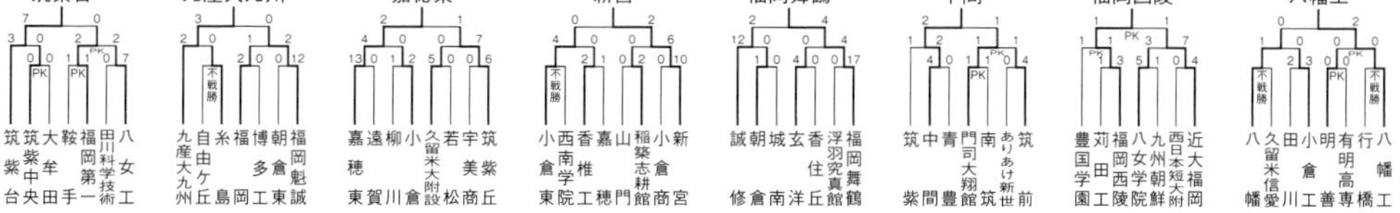

長崎県

●決勝トーナメント

国見

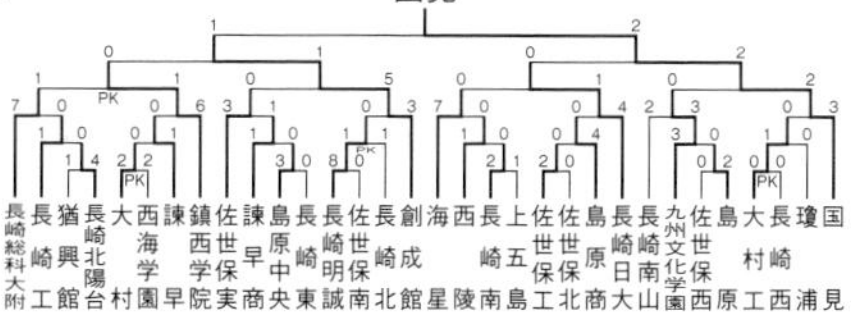

【県北地区】

A	佐世保北	西海学園	対　馬	壱　岐	波佐見	順位
佐世保北		1－1	2－0	12－0	19－0	2
西海学園	1－1		2－0	11－0	22－0	1
対　馬	0－2	0－2		不戦勝	6－0	3
壱　岐	0－12	0－11	不戦敗		4－1	4
波佐見	0－19	0－22	0－6	1－4		5

B	佐世保南	平　戸	佐世保高専	佐世保商	順位
佐世保南		10－1	2－0	1－1	1
平　戸	1－10		0－3	1－1	4
佐世保高専	0－2	3－0		2－0	2
佐世保商	1－1	1－1	0－2		3

C	鹿町工	猶興館	佐世保東翔	清　峰	順位
鹿町工		0－1	8－0	3－3	2
猶興館	1－0		6－0	4－2	1
佐世保東翔	0－8	0－6		0－8	4
清　峰	3－3	2－4	8－0		3

〈代表決定戦〉

	佐世保北	佐世保高専	鹿町工	順位
佐世保北		5－1	6－0	1
佐世保高専	1－5		6－1	2
鹿町工	0－6	1－6		3

【長崎地区】

〈3位決定戦〉

長崎西　長崎北陽台　長崎東

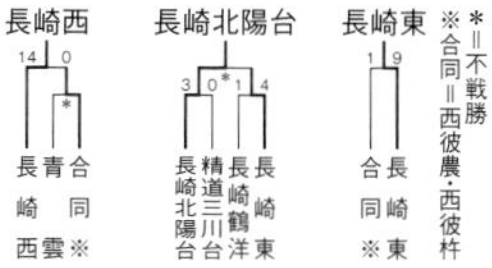

＊＝不戦勝
※合同＝西彼農・西彼杵

【離島地区】

	五　島	五島海陽	上五島	順位
五　島		3－1	1－1	2
五島海陽	1－3		0－3	3
上五島	1－1	3－0		1

【中地区】

	島　原	島原工	口加・小浜	順位
島　原		1－0	7－0	1
島原工	0－1		10－0	2
口加・小浜	0－7	0－10		3

佐賀県

●決勝トーナメント

龍谷

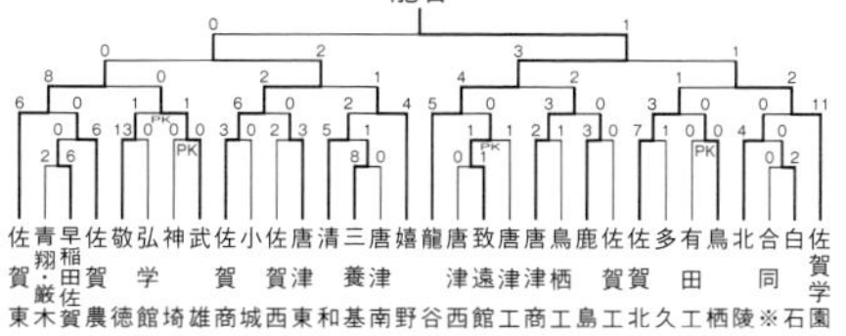

※合同=高志館・伊万里

大分県

●決勝トーナメント

大分

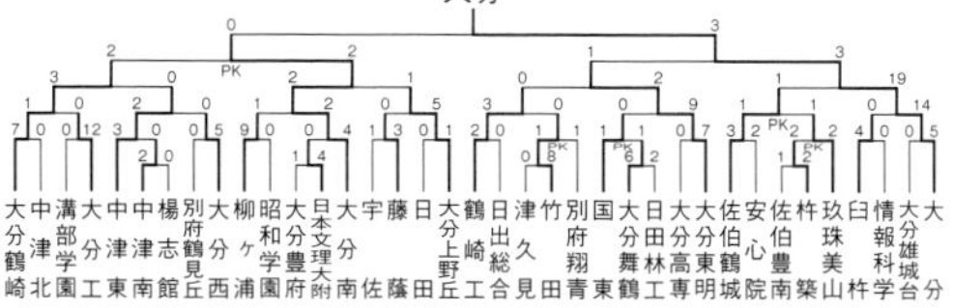

宮崎県

●決勝トーナメント

日章学園

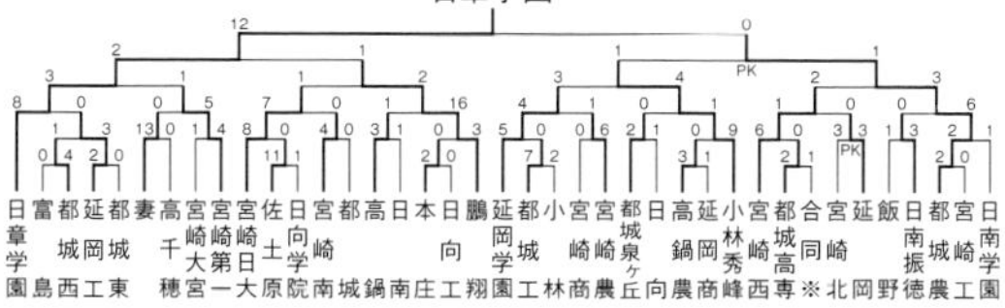

※合同=五ヶ瀬・延岡星雲・宮崎海洋

熊本県

●決勝トーナメント

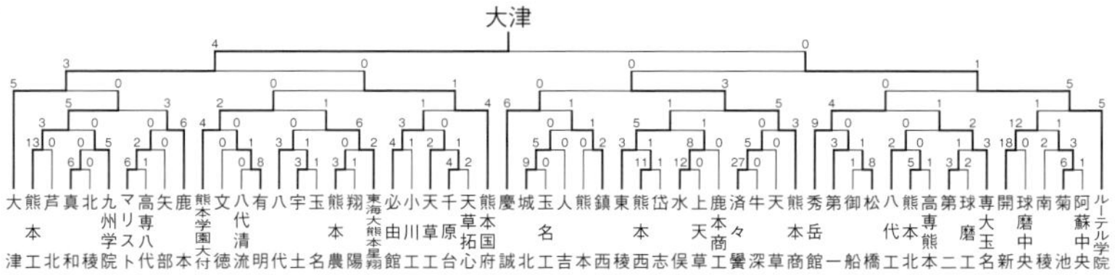

鹿児島県

●決勝トーナメント

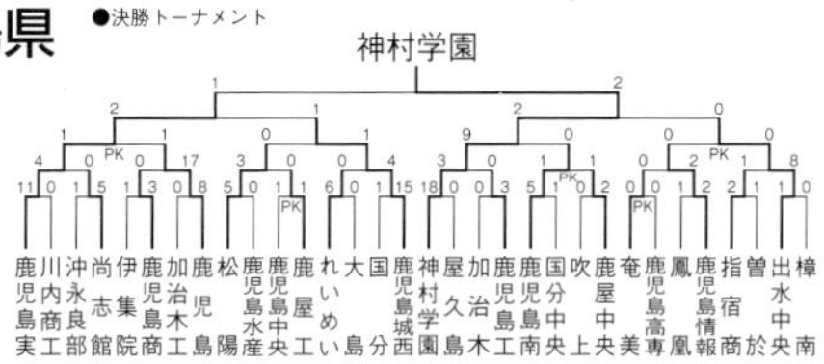

【姶良・伊佐地区】

1日目A	加治木工	蒲　生	合 同 ※	加 治 木	順位
加治木工		12－0	2－0		2
蒲　生	0－12			0－8	4
合 同 ※	0－2			0－6	3
加 治 木		8－0	6－0		1

2日目A	国　分	蒲　生	鹿児島高専	合 同 ※	順位
国　分		15－0		2－0	1
蒲　生	0－15		0－9		4
鹿児島高専		9－0		1－0	2
合 同 ※	0－2		0－1		3

1日目B	鹿児島高専	鹿児島第一	国分中央	国　分	隼 人 工	順位
鹿児島高専		7－0			0(4 PK 2)0	2
鹿児島第一	0－7		0－2			5
国分中央		2－0		0－5		3
国　分			5－0		9－0	1
隼 人 工	0(2 PK 4)0			0－9		4

2日目B	加 治 木	鹿児島第一	加治木工	国分中央	隼 人 工	順位
加 治 木		4－0			1－0	2
鹿児島第一	0－4		0－2			5
加治木工		2－0		4－0		1
国分中央			0－4		1－0	3
隼 人 工	0－1			0－1		4

※合同＝大口・伊佐農・池田・志學館

【鹿児島地区】

1日目A	松　陽	武 岡 台	鹿児島工	甲　南	順位
松　陽		1－1		0－0	2
武 岡 台	1－1		0－1		3
鹿児島工		1－0		4－0	1
甲　南	0－0		0－4		4

2日目A	鹿児島工	鶴　丸	鹿児島玉龍	ラ・サール	順位
鹿児島工		3－1		5－0	1
鶴　丸	1－3		3－2		2
鹿児島玉龍		2－3		0－0	3
ラ・サール	0－5		0－0		4

1日目B	鹿児島南	鹿児島情報	明 桜 館	鶴　丸	順位
鹿児島南		0－1	8－0		2
鹿児島情報	1－0			5－0	1
明 桜 館	0－8			1－3	4
鶴　丸		0－5	3－1		3

2日目B	鹿児島商	錦 江 湾	鹿児島情報	武 岡 台	順位
鹿児島商		4－0		1－0	2
錦 江 湾	0－4		0－9		4
鹿児島情報		9－0		4－0	1
武 岡 台	0－1		0－4		3

1日目C	鹿 児 島	鹿児島玉龍	錦 江 湾	順位
鹿 児 島		6－0	9－1	1
鹿児島玉龍	0－6		1－1	2
錦 江 湾	1－9	1－1		3

2日目C	鹿 児 島	甲　南	鹿児島南	順位
鹿 児 島		7－1	0－0	2
甲　南	1－7		0－7	3
鹿児島南	0－0	7－0		1

1日目D	鹿児島中央	ラ・サール	鹿児島商	順位
鹿児島中央		3－0	5－0	1
ラ・サール	0－3		0－1	3
鹿児島商	0－5	1－0		2

2日目D	鹿児島中央	明 桜 館	松　陽	順位
鹿児島中央		2－0	0－0	2
明 桜 館	0－2		0－5	3
松　陽	0－0	5－0		1

【大島地区】

	沖永良部	徳之島・与論	喜　界	大　島	樟 南 二	奄　美	順位
沖永良部			8－0		13－1		2
徳之島・与論				1－5		0－0	4
喜　界	0－8					0－11	5
大　島		5－1			20－0		1
樟 南 二	1－13			0－20			6
奄　美		0－0	11－0				3

【北薩地区】

1日目A	川　内	出水中央	合 同 ※	順位
川　内		0－7	1－3	3
出水中央	7－0		11－0	1
合 同 ※	3－1	0－11		2

1日目B	れいめい	出 水 商	川内商工	順位
れいめい		2－0	8－0	1
出 水 商	0－2		2－3	3
川内商工	0－8	3－2		2

2日目	出水中央	れいめい	合 同 ※	川内商工	川　内	出 水 商	順位
出水中央				6－0		0－0	2
れいめい			6－0		2－1		1
合 同 ※		0－6				1－0	4
川内商工	0－6				4－2		3
川　内		1－2		2－4			6
出 水 商	0－0		0－1				5

※合同＝出水工・出水・鶴翔

【熊毛地区】

屋 久 島（５－１）合 同 ※

※合同＝種子島・種子島中央・古仁屋

【南薩地区】

1日目A	鳳　凰	指　宿	鹿児島水産	加 世 田	順位
鳳　凰		12－0		11－0	1
指　宿	0－12		2－3		3
鹿児島水産		3－2		5－1	2
加 世 田	0－11		1－5		4

1日目B	吹　上	頴　娃	伊 集 院	指 宿 商	薩 南 工	順位
吹　上		5－0			16－0	1
頴　娃	0－5		1－2			4
伊 集 院		2－1		0－1		3
指 宿 商			1－0		15－0	2
薩 南 工	0－16			0－15		5

2日目A	鳳　凰	頴　娃	鹿児島水産	薩 南 工	順位
鳳　凰		10－0		12－0	1
頴　娃	0－10		1－3		3
鹿児島水産		3－1		6－0	2
薩 南 工	0－12		0－6		4

2日目B	吹　上	加 世 田	伊 集 院	指　宿	指 宿 商	順位
吹　上		5－0		6－1		1
加 世 田	0－5				0－4	4
伊 集 院				7－0	1－0	2
指　宿	1－6		0－7			5
指 宿 商		4－0	0－1			3

【大隅地区】

1日目A	曽　於	尚 志 館	鹿　屋	楠　隼	順位
曽　於		0－4		11－0	2
尚 志 館	4－0		3－1		1
鹿　屋		1－3		8－0	3
楠　隼	0－11		0－8		4

1日目B	鹿屋中央	合 同 ※	鹿 屋 工	志 布 志	順位
鹿屋中央		17－0		16－0	1
合 同 ※	0－17		1－9		3
鹿 屋 工		9－1		11－1	2
志 布 志	0－16		1－11		4

2日目A	尚 志 館	志 布 志	曽　於	合 同 ※	順位
尚 志 館		9－0		13－0	1
志 布 志	0－9		0－5		3
曽　於		5－0		7－0	2
合 同 ※	0－13		0－7		4

2日目B	鹿屋中央	鹿　屋	鹿 屋 工	楠　隼	順位
鹿屋中央		7－1		11－0	1
鹿　屋	1－7		2－3		3
鹿 屋 工		3－2		5－1	2
楠　隼	0－11		1－5		4

※合同＝鹿屋農・枕崎

沖縄県

●決勝トーナメント

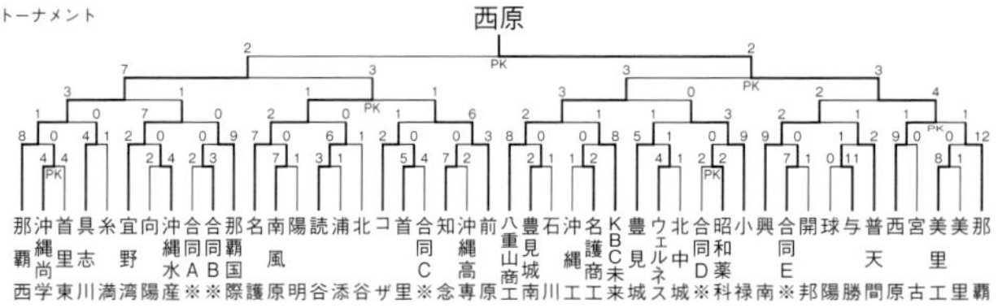

※合同A=南部商・やえせ高支
※合同B=那覇工・浦添工・嘉手納・真和志・美来工科
※合同C=八重山・八重山農林
※合同D=宮古総実・本部・南部農林・久米島
※合同E=具志川商・中農・中農高支

全国高等学校選手権大会優勝校および本大会出場校

回数	1	2	3	4	5	6	7	8	9	10	11	12	13	14
年	大正7年	8年	9年	10年	11年	12年	13年	14年	15年	昭和3年	4年	5年	6年	7年
優勝校	御影師$_{1}$	御影師$_{2}$	御影師$_{3}$	御影師$_{4}$	御影師$_{5}$	御影師$_{6}$	御影師$_{7}$	神戸一中$_{1}$	御影師$_{8}$	平壌崇実$_{1}$	御影師$_{9}$	神戸一中$_{2}$	御影師$_{10}$	御影師$_{11}$
準優勝	明星商$_{1}$	明星商$_{2}$	姫路師$_{1}$	姫路師$_{2}$	神戸一中$_{1}$	姫路師$_{3}$	京都師$_{1}$	御影師$_{1}$	広島一中$_{1}$	広島一中$_{2}$	平壌高$_{1}$	広島師$_{1}$	広島一中$_{3}$	愛知一師$_{1}$
三位	神戸一中$_{1}$ 姫路師$_{1}$	姫路師$_{2}$ 奈良師$_{1}$	神戸一中$_{2}$ 関学高$_{1}$	明星商$_{1}$ 関学高$_{2}$	京都師$_{1}$ 関学高$_{3}$	神戸一中$_{3}$ 桃山中$_{1}$	神戸商$_{1}$ 神戸一中$_{4}$	京都師$_{2}$ 池田師$_{1}$	京都師$_{3}$ 暁星中$_{1}$	高師附中$_{1}$ 都島工$_{1}$	青山師$_{1}$ 明星商$_{2}$	市岡中$_{1}$ 高師附中$_{2}$	青山師$_{2}$ 堺　中$_{1}$	京都師$_{4}$ 広島一中$_{1}$
参加校	8	10	12	14	18	18	18	22	8	8	8	9	9	12
北海道												函館商$_{1}$	函館師$_{1}$	函館工$_{1}$
青森														
岩手														
秋田														
山形														
宮城														宮城師$_{1}$
福島														
東京									暁星中$_{1}$	高師附中$_{1}$	青山師$_{1}$	高師附中$_{2}$	青山師$_{2}$	青山師$_{3}$
千葉														
茨城														
群馬														
栃木														
埼玉														埼玉師$_{1}$
神奈川														関東学院$_{1}$
山梨								生野中$_{1}$						
静岡								泉尾工$_{1}$						
愛知					関　大$_{1}$	関　大$_{2}$	高津中$_{1}$	高津中$_{2}$	愛知一師$_{1}$		愛知一師$_{2}$	愛知一師$_{3}$	愛知一師$_{4}$	愛知一師$_{5}$
岐阜					桃山中$_{1}$	桃山中$_{2}$	桃山中$_{3}$	桃山中$_{4}$		岐阜中$_{1}$				
三重					大阪工$_{1}$	大阪工$_{2}$	大阪工$_{3}$	大阪工$_{4}$						
新潟					天王寺師$_{1}$	天王寺師$_{2}$	天王寺師$_{3}$	天王寺師$_{4}$						
長野				市岡中$_{1}$	市岡中$_{2}$	市岡中$_{3}$	市岡中$_{4}$	市岡中$_{5}$						
富山			池田師$_{1}$	池田師$_{2}$	池田師$_{3}$	池田師（棄）		池田師$_{4}$	神通中$_{1}$	富山師$_{1}$	富山師$_{2}$	富山師$_{3}$	富山師$_{4}$	富山師$_{5}$
福井		岸和田中$_{1}$		岸和田中$_{2}$		岸和田中$_{3}$	岸和田中$_{4}$	岸和田中$_{5}$						
石川	堺　中$_{1}$	堺　中$_{2}$	堺　中（棄）	堺　中$_{3}$	堺　中$_{4}$	堺　中$_{5}$	堺　中$_{6}$	今宮中（棄）						
大阪	明星商$_{1}$	明星商$_{2}$	明星商$_{3}$	明星商$_{4}$	明星商$_{5}$	明星商$_{6}$	明星商$_{7}$	明星商$_{8}$	桃山中$_{5}$	都島工$_{1}$	明星商$_{9}$	市岡中$_{6}$	堺　中$_{7}$	堺　中$_{8}$
和歌山			和歌山中$_{1}$	和歌山中（棄）	海草中$_{1}$			海草中$_{2}$						
奈良	奈良師$_{1}$	奈良師$_{2}$	奈良師$_{3}$	奈良師$_{4}$	奈良師$_{5}$	奈良師$_{6}$	奈良師$_{7}$	奈良師$_{8}$						
滋賀				八幡商$_{1}$			滋賀師$_{1}$	滋賀師（棄）			滋賀師$_{2}$			
京都	京都師$_{1}$	京都師$_{2}$	京都師（棄）	京都師$_{3}$	京都師$_{4}$	京都師$_{5}$	京都二商$_{1}$	京都師$_{7}$	京都師$_{8}$	京都師$_{9}$		京都師$_{10}$	京都師$_{11}$	京都師$_{12}$
兵庫	御影師$_{1}$	御影師$_{2}$	御影師$_{3}$	御影師$_{4}$	御影師$_{5}$	御影師$_{6}$	京都師$_{6}$	御影師$_{8}$	御影師$_{9}$	御影師$_{10}$	御影師$_{11}$	神戸一中$_{9}$	御影師$_{12}$	御影師$_{13}$
岡山	神戸一中$_{1}$	神戸一中$_{2}$	神戸一中$_{3}$	神戸一中$_{4}$	神戸一中$_{5}$	神戸一中$_{6}$	御影師$_{7}$	神戸一中$_{8}$						
鳥取	姫路師$_{1}$	姫路師$_{2}$	姫路師$_{3}$	姫路師$_{4}$	姫路師$_{5}$	姫路師$_{6}$	神戸一中$_{7}$	姫路師$_{8}$						
島根	関学高$_{1}$	関学高$_{2}$	関学高$_{3}$	関学高$_{4}$	関学高$_{5}$	関学高$_{6}$	姫路師$_{7}$	神戸商$_{2}$						
山口		神戸高商（棄）	神高商$_{1}$		甲陽中$_{1}$	甲陽中$_{2}$	神戸商$_{1}$	甲陽中$_{4}$						
広島			神戸二中$_{1}$		神戸二中$_{2}$	神戸二中$_{3}$	甲陽中$_{3}$	神戸二中$_{5}$	広島一中$_{1}$	広島一中$_{2}$	広島一中$_{3}$	広島師$_{1}$	広島一中$_{4}$	広島一中$_{5}$
愛媛				関学中$_{1}$	関学中$_{2}$	関学中$_{3}$	神戸二中$_{4}$	関学中$_{4}$						
香川														
高知														
徳島														
福岡														
大分														
長崎														長崎師$_{1}$
佐賀														
熊本												熊本二師$_{1}$	熊本二師$_{2}$	
宮崎														
鹿児島														
沖縄														
朝鮮									培材高$_{1}$	平壌崇実$_{1}$	平壌高$_{1}$			
台湾														
校名変更および備考	第1回から第8回までは大阪毎日新聞社主催「日本フートボール大会」として関西を中心に開催された（東京、名古屋にも別に同じような大会があった）。会場は豊中、1月開催			2月に開催		会場は宝塚		中等学校と高専を分離。会場は甲子園球場、1月開催	昭和2年の大会は諒闇（大正天皇崩御）のため中止「全国中等学校蹴球大会」として予選制度の全国大会になる		会場は南甲子園			

回数	15	16	17	18	19	20	21	22	26	27	28	29	30	31
年	8年	9年	10年	11年	12年	13年	14年	15年	22年	24年	25年	26年	27年	28年
優勝校	**神戸一中3**	**岐阜師1**	**神戸一中4**	**広島一中1**	**埼玉師1**	**神戸一中5**	**広島一中2**	**普成中1**	**広島高師附中1**	**鯉　城3**	**池　田1**	**宇都宮1**	**浦　和1**	**修　道1**
準優勝	**青山師1**	**明星商3**	**天王寺師1**	**韮崎中1**	**神戸一中2**	**滋賀師1**	**聖峰中1**	**神戸三中1**	**尼崎中1**	**上野北1**	**宇都宮1**	**小田原1**	**三国丘1**	**韮　崎2**
三　位	**愛知一師1**	**御影師1**	**刈谷中1**	**海星中1**	**明星商3**	**崇仁商1**	**札幌師1**	**明星商4**	**甲府中1**	**池　田1**	**刈　谷2**	**岸和田1**	**長　田1**	**上　野1**
(四位)	**京都師5**	**京都師6**	**富山師1**	**埼玉師1**	**豊島師1**	**広島一中2**	**湘南中1**	**滋賀師1**	**水戸工1**	**山　田1**	**山口東1**	**高知農1**	**真　岡1**	**刈　谷3**
参加校	12	12	12	14	13	16	16	16	16	16	16	16	16	16
北海道	函館師2	函館師3	函館師4	函館師5	函館師6	函館師7	札幌師1	函館師8	函館市中1	函館商(棄)	函　館2	札幌西1	北　海1	函館商2
青　森														
岩　手					盛岡中1							盛　岡2		
秋　田														秋田商1
山　形													鶴岡工1	
宮　城	宮城師2	宮城師3	宮城師4	仙台二中1		東北学院1	東北学院2	仙台二中2	仙台一中1	仙台育英1	仙台一2			
福　島														
東　京	青山師4	青山師5	高師附中3	府八中1 現小山台	豊島師1	豊島師2	青山師6	青山師7	都五中1 現小石川中等教育	大　泉1	都九高1 現北園		大　泉2	豊多摩1
千　葉														
茨　城									水戸工1					
群　馬														
栃　木										宇都宮1	宇都宮2	宇都宮3	真　岡1	真　岡2
埼　玉	埼玉師2	埼玉師3		埼玉師4	埼玉師5	埼玉師6	埼玉師7	浦和中1		浦　和2			浦　和3	浦和西1
神奈川					湘南中1		湘南中2	湘南中3	小田原中1			小田原2		
山　梨			韮崎中1	韮崎中2		韮崎中3			甲府中1	韮　崎4	日　川1		韮　崎5	韮　崎6
静　岡												静岡城内1 現静岡		
愛　知	愛知一師6		刈谷中1		愛知一師7	愛知商1	愛知商2	刈谷中2	刈谷中3		刈　谷4	刈　谷5	刈　谷6	刈　谷7
岐　阜		岐阜師1		岐阜師2							岐　阜2	長　良1		
三　重										上野北1	上　野2	上　野3	上　野4	上　野5
新　潟														
長　野														
富　山	富山師6	富山師7	富山師8	富山師9	富山師10	富山師11	富山師12	富山師13	富山中1	富山南部1	富山中部2			
福　井														
石　川												金沢泉丘1	金沢高師附1	金沢大附2
大　阪	天王寺師5	明星商10	天王寺師6	堺　中9	明星商11	明星商12	明星商13	明星商14	明星中15	池　田1	池　田2	岸和田6	三国丘10	明　星16
和歌山													桐　蔭2	
奈　良														
滋　賀			滋賀師3			滋賀師4		滋賀師5						
京　都	京都師13	京都師14		京都師15	京都師16		聖峰中1		京都二中1	堀　川1	堀　川2	西　京1		西　京2
兵　庫	神戸一中10	御影師14	神戸一中11	関学中5	神戸一中12	神戸一中13	神戸一中14	神戸三中1	尼崎中1	兵　庫6	長　田2	神　戸15	長　田3	兵　庫7
岡　山									岡山一中1	勝　山1		関　西1	岡山朝日2	岡山朝日3
鳥　取														
島　根														
山　口											山口東1		山　口2	
広　島	修道中1	広島一中6	広島一中7	広島一中8	広島一中9	広島一中10	広島一中11	修道中2	広島高師附中1	鯉　城12	修　道3	国泰寺13		修　道4
愛　媛	松山中1							愛媛師1	松山中2					
香　川			香川師1	高松中1	高松商1		高松中2							
高　知						高知商1						高知農1		高知農2
徳　島		徳島商1								富岡一1	富岡西2		富岡西3	
福　岡					嘉穂中1				山田中1	山　田2				
大　分														
長　崎		長崎師2	長崎師3	海星中1		海星中2	瓊浦中1	長崎師4						
佐　賀														
熊　本	熊本師1			熊本師2		熊本師3	熊本商1		済々黌1	済々黌2			熊本工1	熊本工2
宮　崎														
鹿児島								鹿児島商1			鶴　丸1	鶴　丸2		
沖　縄														
						崇仁商1	培材中(棄)	普成中1						
						台北一師1	台北一中1	長栄中1						
校名変更および備考		8月に全国中学招待大会を開催（神戸一中が優勝）大日本蹴球協会主催となる（関東大会を廃止して一本化）	8月に開催（第22回まで）					第23・24回大会は戦争のため中止、別に神宮大会などが行われた	会場は西宮、12月開催 21年8月に関西のみの復活招待大会が第25回として行われた（神戸一中が優勝）明星中←明星商	鯉城←広島一中、兵庫←神戸二中 学制改革により第27回より「全国高等学校蹴球選手権大会」となる。1月開催	上野←上野北、富山中部←神通中、富岡西←富岡一、長田←神戸三中、函館←函館市中	神戸←神戸一中、国泰寺←鯉城	桐蔭←和歌山中、三国丘←堺中、岡山朝日←岡山一中、山口←山口東	金沢大附←金沢高師附

32	33	34	35	36	37	38	39	40	41	42	43	44	(45)	(46)
29年	30年	31年	32年	33年	34年	35年	36年	37年	38年	39年	40年	41年	41年度	42年度
{東千田2 岸和田1	**浦和2**	**浦和3**	**浦和西1**	**秋田商1**	**山城1**	**浦和市立1**	**浦和市立2**	**修道2**	**藤枝東1**	**藤枝東2**	**浦和市立3**	**{明星1 習志野1**	**{秋田商2 藤枝東3**	**{洛北1 山陽1**
	刈谷1	**秋田商1**	**日立一1**	**刈谷2**	**広大附1**	**明星4**	**遠野1**	**山城1**	**浦和市立1**	**明星5**	**宇都宮学園1**			
韮崎1	**朝鮮人1**	**韮崎2**	**仙台育英1**	**浦和西1**	**教大附3**	**神戸5**	**藤枝東3**	**宮城工1**	**明星7**	**豊田西1**	**仙台育英2**	**新島学園1**	**浦和市立2**	**習志野1**
宇都宮工1	**熊本工1**	**宇都宮工2**	**藤枝東1**	**明星5**	**明星6**	**藤枝東2**	**秋田商1**	**関学1**	**広大附1**	**浦和市立1**	**鎌倉学園1**	**京都商1**	**神戸1**	**韮崎1**
16	20	20	25	25	26	26	26	32	32	32	32	32	16	16
美唄工1	北海2	函館東1	美唄工2	北海3	美唄工3 室蘭工1	岩見沢東1 北海4	清水丘1 美唄工4	美唄工5 北海5	室蘭商1 美唄工6	函館有斗1 岩見沢東2	釧路江南1 函館東2	室蘭工2 釧路工1	函館工2	斜里1
										五戸1		十和田工1	五戸2	
			遠野1	遠野2	遠野3	遠野4	遠野5	遠野6	盛岡商1		釜石南1			
秋田商2	秋田商3	秋田商4	秋田商5	秋田商6	秋田商7	船川水産1	秋田商8	秋田商9	秋田商10	西目農1	秋田商11	西目農2	秋田商12	秋田商13
	仙台育英2	仙台一3	仙台育英3	仙台育英4	宮城県工1	仙台育英5	仙台育英6	宮城県工2	宮城県工3	宮城県工4	仙台育英7	仙台育英8		仙台育英9
青山学院1	朝鮮人1	青山学院2	私城北1	暁星2	教大附4	私城北2	帝京1	早大学院1	私城北3	帝京2	帝京3	帝京4		帝京5
									習志野1	習志野2		習志野3		習志野4
			日立一1	日立工1	日立一2	日立一3	日立一4	日立一5			日立一6			
					館林1		館林2		館林3			新島学園1		
宇都宮工1	宇都宮工2	宇都宮工3	喜連川1	喜連川2		宇都宮工4		宇都宮工5		宇都宮学園1	宇都宮学園2			
	浦和4	浦和5	浦和西2	浦和西3	浦和6	浦和市立1	浦和市立2	浦和市立3	浦和市立4	浦和市立5	浦和市立6	川口工1	浦和南1 浦和市立7	浦和南2 浦和市立8
小田原3			栄光学園1		鎌倉学園1		横浜商1	湘南4	小田原4	栄光学園2	鎌倉学園2	湘南5		
韮崎7	日川2	韮崎8		韮崎9		日川3		甲府工1	韮崎10	甲府工2	甲府工3	甲府商1	甲府工4	韮崎11
		藤枝東1	藤枝東2	藤枝東3	藤枝東4	藤枝東5	藤枝東6	藤枝東7	藤枝東8	藤枝東9	藤枝東10	藤枝北1	藤枝東11	
刈谷8	刈谷9		刈谷10	刈谷11	熱田1	熱田2	豊田西1	刈谷12	刈谷13	豊田西2	豊田西3	刈谷14	刈谷15	刈谷16
								岐阜商1	大垣工1	大垣工2	岐阜商2	大垣工3	大垣工4	
上野商工1	上野6	上野7	上野商工2	上野商工3	上野商工4	上野商工5	上野商工6	上野商工7	上野8	上野9	上野工8	上野工9		上野工10
											新潟明訓1			
			松本深志1	穂高1	穂高2	松本深志2	穂高3	松本県ヶ丘1	松本県ヶ丘2	松本県ヶ丘3		松本深志3	松本県ヶ丘4	上田1
富山商1	富山中部3	富山中部4	富山中部5	富山中部6	富山中部7		富山北部1	富山北部2	富山商2	高岡工芸1	富山第一1	富山第一2		
						小浜水産1								
岸和田7	三国丘11	明星17	三国丘12	明星18	明星19	明星20	明星21	明星22	明星23	明星24	明星25	明星26	明星27	
桐蔭3	桐蔭4	桐蔭5	古座1	星林1	桐蔭6	新宮1	古座2	串本1	新宮2	新宮3	新宮4	新宮商1		
		甲賀1						甲賀2	甲賀3	甲賀4	甲賀5	甲賀6		甲賀7
	桂1		山城1	城南1	山城2	京都商1	山城3	山城4	山城5	山城6	山城7	京都商2		洛北1
神戸16	夢野台1	芦屋1	神戸17	神戸18	関西学院6	神戸19	兵庫工1	関西学院7	兵庫工2	神戸20	関西学院8	鳴尾1	神戸21	
関西2	関西3	関西4	勝山2	関西5			岡山工1	勝山3	勝山4	勝山5	関西6	津山工1		
					大社1	浜田1								
						山口3		多々良学園1	山口4	小野田工1	多々良学園2	小野田工2		
東千田2	舟入1	山陽1	修道5	舟入2	広大附3		広大附4	修道6	広大附5	山陽2	山陽3	広島市商1	広大附6	山陽4
宇和島東1	松山商1	松山商2	北宇和1	宇和島東2	宇和島東3	松山商3	松山商4	南宇和1	松山北1	松山商5	新居浜東1	松山工1		
											高松商2			
				高知農3				高知農4	高知農5	佐川1		高知農6		
	富岡西4	富岡西5	徳島商2		徳島商3	徳島商4	徳島商5	徳島商6	徳島商7	徳島商8	徳島商9	徳島商10	徳島商11	徳島商12
													山田3	
						中津東1		中津東2	中津南1	中津南2	中津南3	中津商3	大分工1	中津工1
島原1	島原2	島原3	島原商1	島原商2	島原商3	島原商4	島原商5	島原商6	島原商7	島原商8	島原商9	島原商10		
	熊本工3	熊本工4			熊本商2	八代1	熊本工5	熊本商3	熊本商4	熊本商5	熊本工6	熊本工7		
			延岡向洋1	延岡恒富1	延岡向洋2		延岡向洋3	延岡向洋4	延岡向洋5	延岡向洋6	延岡向洋7			
			鶴丸3	鹿児島商2								出水工1		
決勝戦引き分け 東千田↑広島高師附中					教大附↑高師附中 広大附↑東千田 関西学院↑関学中					大阪靱《うつぼ》公園が主会場になる	大阪長居競技場が主会場になる 上野工↑上野商工	決勝戦引き分け 中津商↑中津東	会場が西宮に戻る 毎日新聞社が主催から外れる。高校総体、国体上位校は推薦で出場 三位決定戦が実施される 決勝戦引き分け	決勝戦引き分け

回数	(47)	(48)	(49)	(50)	(51)	(52)	(53)	(54)	(55)	(56)	(57)	(58)	59	60
年	43年度	44年度	45年度	46年度	47年度	48年度	49年度	50年度	51年度	52年度	53年度	54年度	55年度	56年度
優勝校	**初芝$_{1}$**	**浦和南$_{1}$**	**藤枝東$_{4}$**	**習志野$_{2}$**	**浦和市立$_{4}$**	**北陽$_{1}$**	**帝京$_{1}$**	**浦和南$_{2}$**	**浦和南$_{3}$**	**帝京$_{2}$**	**古河一$_{1}$**	**帝京$_{3}$**	**古河一$_{2}$**	**武南$_{1}$**
準優勝	**山陽$_{1}$**	**初芝$_{1}$**	**浜名$_{1}$**	**壬生川工$_{1}$**	**藤枝東$_{1}$**	**藤枝東$_{2}$**	**清水東$_{1}$**	**静岡工$_{1}$**	**静岡学園$_{1}$**	**四日市中央工$_{1}$**	**室蘭大谷$_{1}$**	**韮崎$_{3}$**	**清水東$_{2}$**	**韮崎$_{4}$**
三位	**広島県工$_{1}$**	**広島市商$_{1}$**	**浦和南$_{1}$**	**帝京$_{1}$**	**{関西大倉$_{1}$**	**相模工大附$_{1}$**	**{児玉$_{1}$**	**愛知$_{1}$**	**帝京$_{3}$**	**北陽$_{1}$**	**八千代$_{1}$**	**水戸商$_{1}$**	**韮崎$_{3}$**	**古河一$_{1}$**
(四位)	**遠野$_{1}$**	**韮崎$_{2}$**	**初芝$_{1}$**	**清水市商$_{1}$**	**帝京$_{2}$**	**四日市中央工$_{1}$**	**相模工大附$_{2}$**	**広島県工$_{2}$**	**八幡浜工$_{1}$**	**浦和南$_{2}$**	**本郷$_{1}$**	**愛知$_{2}$**	**岡崎城西$_{1}$**	**清水市商$_{1}$**
参加校	16	16	16	24	24	28	28	29	31	31	32	32	32	48
北海道	函館有斗$_{2}$	美唄工$_{7}$	室蘭大谷$_{1}$	室蘭大谷$_{2}$	室蘭大谷$_{3}$	室蘭大谷$_{4}$	室蘭大谷$_{5}$	室蘭大谷$_{6}$	室蘭大谷$_{7}$	函館有斗$_{3}$	室蘭大谷$_{8}$	札幌光星$_{1}$	室蘭大谷$_{9}$	札幌光星$_{2}$
青森	五戸$_{3}$			五戸$_{4}$	五戸$_{5}$	五戸$_{6}$	五戸$_{7}$					五戸$_{8}$		五戸$_{9}$
岩手	遠野$_{7}$	遠野$_{8}$						遠野$_{9}$	遠野$_{10}$	遠野$_{11}$	遠野$_{12}$		遠野$_{13}$	盛岡商$_{2}$
秋田	秋田商$_{14}$			秋田商$_{15}$	秋田商$_{16}$	秋田商$_{17}$	秋田商$_{18}$			西目農$_{3}$	西目農$_{4}$	秋田商$_{19}$	西目農$_{5}$	秋田商$_{20}$
山形								日大山形$_{1}$	日大山形$_{2}$					日大山形$_{3}$
宮城			仙台育英$_{10}$	仙台育英$_{11}$	仙台育英$_{12}$		仙台育英$_{13}$	仙台育英$_{14}$		仙台育英$_{15}$	仙台育英$_{16}$	仙台育英$_{17}$		仙台向山$_{1}$
福島			郡山商$_{1}$			郡山商$_{2}$			郡山商$_{3}$				磐城$_{1}$	安積商$_{1}$
東京			帝京$_{6}$	帝京$_{7}$	帝京$_{8}$	本郷$_{1}$	帝京$_{9}$	本郷$_{2}$	帝京$_{10}$	帝京$_{11}$	本郷$_{3}$	帝京$_{12}$	帝京$_{13}$	帝京$_{14}$ 創価$_{1}$
千葉	習志野$_{5}$		習志野$_{6}$	習志野$_{7}$	習志野$_{8}$			八千代$_{1}$	習志野$_{9}$	習志野$_{10}$	八千代$_{2}$	八千代$_{3}$	八千代松陰$_{1}$	八千代$_{4}$
茨城						古河一$_{1}$	水戸商$_{1}$		古河一$_{2}$	日立一$_{7}$	古河一$_{3}$	水戸商$_{2}$	古河一$_{4}$	古河一$_{5}$
群馬				新島学園$_{2}$				前橋工$_{1}$	前橋工$_{2}$				前橋工$_{3}$	高崎$_{1}$
栃木		宇都宮工$_{6}$			宇都宮学園$_{3}$	宇都宮工$_{7}$	宇都宮学園$_{4}$			宇都宮農$_{1}$	宇都宮農$_{2}$	今市$_{1}$		今市$_{2}$
埼玉	県立川口$_{1}$	浦和南$_{3}$	浦和南$_{4}$	浦和市立$_{9}$	浦和市立$_{10}$	浦和西$_{4}$	児玉$_{1}$	浦和南$_{5}$	浦和南$_{6}$	浦和南$_{7}$	浦和南$_{8}$	武南$_{1}$	浦和南$_{9}$	武南$_{2}$
神奈川		相模工大附$_{1}$			希望ヶ丘$_{1}$	相模工大附$_{2}$	相模工大附$_{3}$	日大$_{1}$	相模工大附$_{4}$	日大$_{2}$	相模工大附$_{5}$	旭$_{1}$	相模工大附$_{6}$	旭$_{2}$
山梨	韮崎$_{12}$	韮崎$_{13}$		韮崎$_{14}$		韮崎$_{15}$		韮崎$_{16}$	韮崎$_{17}$	韮崎$_{18}$	韮崎$_{19}$	韮崎$_{20}$	韮崎$_{21}$	韮崎$_{22}$
静岡	藤枝東$_{12}$	藤枝東$_{13}$ 清水市商$_{1}$	浜名$_{1}$ 藤枝東$_{14}$	清水市商$_{2}$	藤枝東$_{15}$	藤枝東$_{16}$	清水東$_{1}$	静岡工$_{1}$	静岡学園$_{1}$	浜名$_{2}$	静岡学園$_{2}$	藤枝東$_{17}$	清水東$_{2}$	清水市商$_{3}$
愛知		熱田$_{3}$				岡崎城西$_{1}$	熱田$_{4}$	愛知$_{1}$	刈谷$_{17}$	愛知$_{2}$	愛知$_{3}$	愛知$_{4}$	岡崎城西$_{2}$	岡崎城西$_{3}$
岐阜		大垣工$_{5}$							大垣工$_{6}$			吉城$_{1}$		岐阜工$_{1}$
三重				上野$_{10}$	四日市中央工$_{1}$	四日市中央工$_{2}$	四日市中央工$_{3}$	上野$_{11}$		四日市中央工$_{4}$	四日市中央工$_{5}$		四日市中央工$_{6}$	上野工$_{11}$
新潟					新潟明訓$_{2}$	新潟明訓$_{3}$	巻$_{1}$	巻$_{2}$			新潟工$_{1}$	新潟工$_{2}$	新潟工$_{3}$	新潟工$_{4}$
長野	松本県ヶ丘$_{5}$	松本深志$_{4}$		松本県ヶ丘$_{6}$			蘇南$_{1}$	丸子実$_{1}$	松本県ヶ丘$_{7}$	松本工$_{1}$	豊科$_{1}$		豊科$_{2}$	豊科$_{3}$
富山			富山工$_{1}$	魚津工$_{1}$	富山工$_{2}$				富山東$_{1}$	富山東$_{2}$		富山第一$_{3}$		富山第一$_{4}$
福井						三国$_{1}$								丸岡$_{1}$
石川							金沢経大星稜$_{1}$	金沢桜丘$_{1}$	河北台商$_{1}$	金沢経大星稜$_{2}$	金沢経大星稜$_{3}$	金沢西$_{1}$	金沢西$_{2}$	金沢西$_{3}$
大阪	初芝$_{1}$	初芝$_{2}$	初芝$_{3}$	初芝$_{4}$	関西大倉$_{1}$	北陽$_{1}$	初芝$_{5}$	摂津$_{1}$	初芝$_{6}$	北陽$_{2}$	清風$_{1}$	北陽$_{3}$	北陽$_{4}$	清風$_{2}$
和歌山				新宮商$_{2}$	和歌山北$_{1}$	和歌山北$_{2}$	和歌山北$_{3}$	新宮$_{5}$	新宮$_{6}$	新宮商$_{3}$				和歌山北$_{4}$
奈良											大淀$_{1}$	大淀$_{2}$	大淀$_{3}$	天理$_{1}$
滋賀						甲賀$_{8}$	膳所$_{1}$			水口$_{9}$	守山$_{1}$	水口$_{10}$		守山$_{2}$
京都			嵯峨野$_{1}$	朱雀$_{1}$	嵯峨野$_{2}$			紫野$_{1}$	京都商$_{3}$				洛北$_{2}$	京都商$_{4}$
兵庫	関西学院$_{9}$	西宮東$_{1}$		報徳学園$_{1}$	神戸$_{22}$	神戸$_{23}$	報徳学園$_{2}$	神戸$_{24}$	神戸$_{25}$	御影工$_{1}$	御影工$_{2}$	東灘$_{1}$	御影工$_{3}$	御影工$_{4}$
岡山							水島工$_{1}$		玉野$_{1}$	水島工$_{2}$	水島工$_{3}$			作陽$_{1}$
鳥取						米子工$_{1}$		米子工$_{2}$				米子東$_{1}$	米子工$_{3}$	米子工$_{4}$
島根				益田農林$_{1}$	浜田$_{2}$				松江南$_{1}$					浜田$_{3}$
山口				山口$_{5}$		岩国工$_{1}$	山口$_{6}$	山口$_{7}$		山口$_{8}$	山口$_{9}$	山口$_{10}$	多々良学園$_{3}$	小野田工$_{3}$
広島	山陽$_{5}$ 広島県工$_{1}$	広島市商$_{2}$	広大附$_{7}$ 国泰寺$_{14}$		広島県工$_{2}$	広島県工$_{3}$	広島県工$_{4}$	広島県工$_{5}$	崇徳$_{1}$	広島県工$_{6}$	国泰寺$_{15}$	広島県工$_{7}$	広島県工$_{8}$	広島県工$_{9}$
愛媛		壬生川工$_{1}$		壬生川工$_{2}$	壬生川工$_{3}$	東予工$_{4}$	新田$_{1}$	東予工$_{5}$	八幡浜工$_{1}$	東予工$_{6}$		南宇和$_{2}$		新田$_{2}$
香川											高松商$_{3}$		高松商$_{4}$	高松南$_{1}$
高知						高知工$_{1}$								高知$_{1}$
徳島	徳島商$_{13}$		徳島商$_{14}$	徳島商$_{15}$	徳島商$_{16}$		徳島商$_{17}$	徳島商$_{18}$	川島$_{1}$	徳島商$_{19}$	徳島商$_{20}$	徳島商$_{21}$	徳島商$_{22}$	徳島商$_{23}$
福岡					福岡商$_{1}$	福岡商$_{2}$	福岡商$_{3}$	福岡商$_{4}$	門司工$_{1}$	門司工$_{2}$	福岡商$_{5}$	東福岡$_{1}$	東福岡$_{2}$	東海大五$_{1}$
大分	中津工$_{2}$			大分工$_{2}$	大分工$_{3}$	大分工$_{4}$	中津工$_{3}$	大分工$_{5}$		大分工$_{6}$			大分工$_{7}$	鶴崎工$_{1}$
長崎	島原工$_{1}$	島原工$_{2}$	島原商$_{11}$			島原商$_{12}$	島原商$_{13}$	島原商$_{14}$	島原商$_{15}$	島原商$_{16}$	島原商$_{17}$	島原商$_{18}$	島原商$_{19}$	島原商$_{20}$
佐賀				佐賀北$_{1}$							佐賀商$_{1}$	佐賀学園$_{1}$		佐賀商$_{2}$
熊本					済々黌$_{3}$				八代工$_{1}$				済々黌$_{4}$	熊本農$_{1}$
宮崎									都城工$_{1}$		宮崎工$_{1}$	宮崎工$_{2}$		都城工$_{2}$
鹿児島			鹿児島工$_{1}$	鹿児島工$_{2}$		鹿児島商$_{3}$	鹿児島商$_{4}$	鹿児島工$_{3}$		鹿児島商$_{5}$	鹿児島実$_{1}$	鹿児島実$_{2}$	鹿児島実$_{3}$	鹿児島商$_{6}$
沖縄									豊見城$_{1}$	中部農林$_{1}$	コザ$_{1}$	前原$_{1}$	北谷$_{1}$	西原$_{1}$
校名変更および備考			日本テレビ系が後援、全国大会を放映。高校総体の一、二位のみ推薦出場	再び大阪長居競技場が主会場になる 全国民放テレビが後援、予選から放映。推薦出場制度は廃止	三位決定戦引き分け	東予工←壬生川工	三位決定戦引き分け	三位決定戦廃止	国立競技場が主会場になる 首都圏（東京・埼玉）開催になる	水口《みなくち》←甲賀 全国民放テレビ41社が共催に加わる	三ツ沢（神奈川）が会場に加わる		回数制が復活する 都合により三ツ沢が会場から外れる	60回の記念大会として東京から2校、各道府県から各1校参加

61	62	63	64	65	66	67	68	69	70	71	72	73	74	75
57年度	58年度	59年度	60年度	61年度	62年度	63年度	平成元年度	2年度	3年度	4年度	5年度	6年度	7年度	8年度
清水東1	**帝京4**	**帝京5・島原商1**	**清水市商1**	**東海大一1**	**国見1**	**清水市商2**	**南宇和1**	**国見2**	**四日市中央工1・帝京6**	**国見3**	**清水市商3**	**市立船橋1**	**鹿児島実1・静岡学園1**	**市立船橋2**
韮崎5	**清水東3**		**四日市中央工2**	**国見1**	**東海大一1**	**市立船橋1**	**武南1**	**鹿児島実1**		**山城2**	**国見2**	**帝京1**		**桐光学園1**
帝京4	**韮崎4**	**藤枝東4**	**宇都宮学園1**	**秋田商3**	**四日市中央工2**	**前橋商1**	**前橋商2**	**東海大五1**	**国見2**	**武南3**	**鹿児島実1**	**奈良育英1**	**東福岡2**	**徳島商1**
守山1	**四日市中央工1**	**武南1**	**秋田商2**	**室蘭大谷1**	**市立船橋1**	**暁星2**	**国見1**	**武南2**	**市立船橋2**	**習志野2**	**東福岡1**	**守山北1**	**初芝橋本1**	**静岡学園1**
32	48	48	48	48	48	48	48	52	48	48	48	48	48	48
室蘭大谷10	室蘭大谷11	室蘭大谷12	室蘭大谷13	室蘭大谷14	室蘭大谷15	室蘭大谷16	室蘭大谷17	北海6	室蘭大谷18	室蘭大谷19	登別大谷1	室蘭大谷20	室蘭大谷21	室蘭大谷22
	五戸10	五戸11	五戸12	光星学院1	五戸13	光星学院2	五戸14	光星学院3	青森山田1	光星学院4	光星学院5	三本木農1	青森山田2	光星学院6
盛岡商3	遠野14	盛岡商4	盛岡商5	盛岡商6	盛岡商7	盛岡商8	盛岡商9	遠野15	盛岡市立1	盛岡市立2	盛岡商10	遠野16	盛岡商11	大船渡1
秋田商21	西目農6	秋田経法附1	秋田商22	秋田商23	秋田経法附2	秋田商24	西目7	秋田商25	秋田商26	秋田商27	秋田経法附3	秋田商28	秋田商29	西目8
	鶴岡南1	山形東1	日大山形4	日大山形5	日大山形6	日大山形7	鶴商学園1	日大山形8	山形中央1	日大山形9	日大山形10	日大山形11	山形中央2	山形市商1
東北学院3	仙台向山2	東北1	仙台育英18	仙台育英19	東北学院4	仙台育英20	仙台育英21	宮城県工5	仙台育英22	仙台育英23	宮城県工6	仙台育英24	東北2	仙台育英25
	安積商2	磐城2	磐城3	郡山北工1	平工1	郡山商4	平工2	福島工1	福島工2	郡山1	磐城4	郡山2	福島東1	郡山商5
帝京15	暁星3 帝京16	帝京17 暁星4	修徳1 帝京18	私城北4 暁星5	帝京19 暁星6	帝京20 暁星7	帝京21 堀越1	暁星8 帝京22	帝京23 堀越2	久留米1 帝京24	暁星9 修徳2	帝京25 東亜学園1	帝京26 東海大菅生1	修徳3 國學院久我山1
習志野11	八千代5	八千代松陰2	市立船橋1	市立船橋2	市立船橋3	市立船橋4	習志野12	市立船橋5 (推)習志野13	市立船橋6	習志野14	市立船橋7	市立船橋8	市立船橋9	市立船橋10
水戸商3	日立工2	日立工3	古河一6	古河一7	古河一8	水戸商4	日立工4	水戸商5	水戸商6	古河一9	水戸短大附1	水戸短大附2	鹿島1	水戸商7
	前橋商1	前橋商2	前橋商3	前橋育英1	前橋商4	前橋商5	前橋商6	前橋育英2	前橋育英3	前橋育英4	前橋育英5	前橋育英6	前橋商7	前橋育英7
矢板東1	今市3	國學院栃木1	宇都宮学園5	宇都宮学園6	佐野日大1	真岡3	真岡4	宇都宮学園7	真岡5	真岡6	矢板東2	作新学院1	真岡7	佐野日大2
浦和南10	浦和市立11	武南3	大宮東1	大宮東2	大宮東3	武南4	武南5	大宮東4 (推)武南6	武南7	武南8	武南9	大宮東5	浦和東1	浦和市立12
旭3	鎌倉1	藤沢西1	鎌倉2	日大藤沢1	旭4	湘南6	桐蔭学園1	旭5	桐蔭学園2	桐蔭学園3	桐光学園1	向上1	桐光学園2	桐光学園3
韮崎23	韮崎24	東海大甲府1	東海大甲府2	機山工1	機山工2	機山工3	韮崎25	帝京第三1	韮崎26	韮崎工1	韮崎27	帝京第三2	帝京第三3	韮崎28
清水東3	清水東4	藤枝東18	清水市商4	東海大一1	東海大一2	清水市商5	清水東5	清水東6 (推)清水市商6	清水市商7	静岡学園3	清水市商8	清水市商9	静岡学園4	静岡学園5
中京1	愛知5	刈谷18	中京2	愛知6	岡崎城西4	愛知7	中京3	中京4	中京5	愛知8	愛知9	中京6	岡崎城西5	松蔭1
	岐阜工2	岐阜工3	岐阜工4	岐阜工5	岐阜工6	岐阜工7	岐阜工8	岐阜工9	岐阜工10	大垣工7	岐阜工11	岐阜工12	岐阜工13	各務原1
四日市中央工7	四日市中央工8	四日市工1	四日市中央工9	四日市中央工10	四日市中央工11	四日市中央工12	四日市中央工13	四日市中央工14	四日市中央工15	四日市中央工16	四日市中央工17	四日市中央工18	上野工12	四日市中央工19
新潟工5	新潟工6	新潟工7	新潟西1	新潟工8	新潟工9	新潟西2	東京学館新潟1	新潟工10	新潟工11	東京学館新潟2	東京学館新潟3	新潟工12	新潟明訓4	新潟工13
上田東1	上田東2	上田東3	上田東4	松本筑摩1	松本深志5	上田2	松本県ヶ丘8	上田東5	松本県ヶ丘9	上田東6	松商学園1	松商学園2	松商学園3	松商学園4
	富山第一5	富山第一6	富山第一7	富山中部8	富山第一8	水橋1	富山第一9	富山第一10	富山工3	富山第一11	富山第一12	伏木1	富山第一13	富山工4
	北陸1	大野1	丸岡2	大野2	丸岡3	丸岡4	丸岡5	丸岡6	北陸2	丸岡7	丸岡8	丸岡9	丸岡10	丸岡11
金沢西4	金沢錦丘1	金沢西5	金沢西6	金沢桜丘2	星稜4	金沢1	星稜5	金沢2	星稜6	金沢桜丘3	金沢桜丘4	星稜7	金沢桜丘5	星稜8
摂津2	高槻南1	北陽5	北陽6	高槻南2	北陽7	大阪商1	北陽8	東海大仰星1	北陽9	高槻南3	高槻南4	北陽10	近畿大附1	近畿大附2
和歌山北5	和歌山北6	和歌山北7	那賀1	那賀2	和歌山工1	和歌山工2	和歌山工3	田辺1	新宮商4	近大和歌山1	新宮7	初芝橋本1	初芝橋本2	初芝橋本3
	大淀4	大淀5	大淀6	天理2	奈良育英1	上牧1	上牧2	奈良育英2	大淀7	奈良育英3	広陵1	奈良育英4	耳成1	奈良育英5
守山3	膳所2	守山4	水口11	守山5	水口12	守山6	守山7	水口13	水口14	草津東1	守山北1	守山北2	守山北3	水口15
	京都商5	山城8	京都商6	山城9	京都商7	山城10	山城11	京都学園8	洛南1	山城12	洛南2	城陽1	東山1	東山2
御影1	北須磨1	伊丹西1	御影2	滝川第二1	滝川第二2	神戸弘陵1	滝川第二3	滝川第二4	滝川第二5	神戸弘陵2	神戸弘陵3	滝川第二6	神戸弘陵4	神戸弘陵5
作陽2	作陽3	作陽4	作陽5	玉野光南1	作陽6	玉野2	玉野光南2	玉野光南3	倉敷工1	玉野光南4	作陽7	作陽8	作陽9	作陽10
	米子東2	米子工5	米子東3	米子東4	米子工6	米子工7	米子工8	米子北1	米子工9	米子東5	米子東6	米子工10	米子北2	米子東7
益田農林2	浜田4	大社2	益田農林3	松江東1	松江東2	大社3	益田1	大社4	大社5	出雲工1	出雲1	大社6	益田2	淞南学園1
	多々良学園4	山口11	山口12	山口13	多々良学園5	山口14	山口15	山口16	山口17	山口18	多々良学園6	多々良学園7	多々良学園8	多々良学園9
広島県工10	国泰寺16	広島県工11	広島県工12	広島県工13	広島県工14	国泰寺17	国泰寺18	国泰寺19	広島県工15	山陽6	福山葦陽1	沼田1	沼田2	美鈴が丘1
八幡浜工2	南宇和3	南宇和4	八幡浜工3	南宇和5	南宇和6	南宇和7	南宇和8	南宇和9	八幡浜工4	南宇和10	南宇和11	南宇和12	南宇和13	南宇和14
	高松商5	高松商6	高松商7	高松商8	高松商9	高松商10	高松商11	高松商12	高松商13	高松商14	高松商15	香川西1	高松北1	高松北2
	高知小津1	高知農7	高知2	高知3	高知4	高知5	高知6	高知小津2	高知農8	高知7	高知小津3	高知商2	高知追手前1	高知農9
徳島商24	徳島商25	徳島商26	徳島市立1	徳島商27	徳島市立2	徳島商28	徳島商29	徳島市立3	徳島市立4	徳島市立5	徳島市立6	徳島市立7	徳島市立8	徳島商30
東海大五2	東海大五3	東海大五4	東海大五5	東海大五6	東海大五7	東海大五8	伝習館1	東海大五9	福大大濠1	東海大五10	東福岡3	東福岡4	東福岡5	東海大五11
中津工4	大分工8	中津工5	別府商1	中津工6	大分上野丘1	大分鶴崎1	大分工9	大分鶴崎2	大分工10	大分工11	情報科学1	情報科学2	大分豊府1	大分1
島原商21	島原商22	島原商23	平戸1	国見1	国見2	国見3	国見4	鎮西学院1 (推)国見5	国見6	国見7	国見8	国見9	国見10	国見11
	佐賀学園2	佐賀商3	佐賀学園3	佐賀商4	佐賀学園4	佐賀学園5	佐賀商5	佐賀学園6	佐賀商6	佐賀商7	佐賀商8	佐賀学園7	佐賀商9	佐賀学園8
九州学院1	熊本農2	九州学院2	九州学院3	九州学院4	大津1	大津2	熊本農3	熊本農4	荒尾1	熊本農5	熊本商大付1	熊本農6	熊本商6	大津3
	宮崎工3	小林工1	都城農1	宮崎工4	宮崎中央1	宮崎中央2	宮崎工5	宮崎工6	鵬翔3	宮崎工7	鵬翔4	宮崎工8	鵬翔5	日章学園1
鹿児島実4	鹿児島実5	鹿児島商7	鹿児島実6	鹿児島実7	鹿児島実8	加治木工1	鹿児島実9	鹿児島実10	鹿児島実11	れいめい1	鹿児島実12	鹿児島実13	鹿児島実14	鹿児島実15
浦添1	中部工1	与勝1	知念1	与勝2	小禄1	西原2	那覇西1	西原3	与勝3	南部農林1	那覇西2	那覇西3	与勝4	宜野湾1
等々力（神奈川）、千葉県総合運動場が会場に加わる	大会規模を拡大し東京から2校、各道府県から各1校参加。浦和市駒場競技場が会場に加わる	決勝戦引き分け 江戸川区営競技場、習志野市秋津サッカー場が会場に加わる			星稜←金沢経大星稜	昭和天皇崩御のため、準決勝、決勝戦が二日間順延となる	元号が「平成」に 西目←西目農	日本サッカー協会の推薦により4校が予選免除で出場 京都学園←京都商	決勝戦引き分け 鵬翔←宮崎中央	川越運動公園陸上競技場と平塚競技場が会場に加わる		12月30日に開会式を実施する年末年始開催となり、休養日が3日間になる	決勝戦引き分け	高体連加盟校以外の専門学校等にも門戸を開放 選手登録が25人となる

回数	76	77	78	79	80	81	82	83	84	85	86	87	88	89
年	9年度	10年度	11年度	12年度	13年度	14年度	15年度	16年度	17年度	18年度	19年度	20年度	21年度	22年度
優勝校	**東福岡1**	**東福岡2**	**市立船橋3**	**国見4**	**国見5**	**市立船橋4**	**国見6**	**鹿児島実2**	**野洲1**	**盛岡商1**	**流経大柏1**	**広島皆実1**	**山梨学院1**	**滝川第二1**
準優勝	**帝京2**	**帝京3**	**鹿児島実2**	**草津東1**	**岐阜工1**	**国見3**	**筑陽学園1**	**市立船橋2**	**鹿児島実3**	**作陽1**	**藤枝東3**	**鹿児島城西1**	**青森山田1**	**久御山1**
三位	**丸岡1** **藤枝東5**	**滝川第二1** **前橋育英1**	**前橋育英2** **富山第一1**	**富山第一2** **青森山田1**	**前橋育英3** **鹿児島実2**	**滝川第二2** **桐蔭学園1**	**滝川第二3** **鹿児島実3**	**国見3** **星稜1**	**多々良学園1** **遠野1**	**八千代2** **神村学園1**	**津工1** **高川学園2**	**鹿島学園1** **前橋育英4**	**矢板中央1** **関西大一1**	**立正大淞南1** **流経大柏1**
参加校	48	48	48	49	48	48	48	48	48	48	48	48	48	48
北海道	室蘭大谷23	室蘭大谷24	室蘭大谷25	旭川実1	帯広北1	室蘭大谷26	札幌第一1	北海7	北海8	室蘭大谷27	室蘭大谷28	北海9	旭川実2	室蘭大谷29
青森	青森山田3	青森山田4	青森山田5	青森山田6	青森山田7	青森山田8	青森山田9	青森山田10	青森山田11	青森山田12	青森山田13	青森山田14	青森山田15	青森山田16
岩手	大船渡2	遠野17	大船渡3	遠野18	遠野19	盛岡商12	盛岡商13	盛岡商14	遠野20	盛岡商15	遠野21	不来方1	盛岡市立3	遠野22
秋田	秋田商30	秋田商31	秋田商32	西目9	秋田西1	秋田商33	西目10	秋田商34	西目11	秋田商35	秋田商36	秋田商37	秋田商38	秋田商39
山形	日大山形12	山形中央3	山形中央4	山形中央5	鶴岡東2	山形中央6	鶴岡東3	羽黒1	山形中央7	羽黒2	羽黒3	山形中央8	山形中央9	羽黒4
宮城	仙台育英26	東北3	仙台育英27	東北4	東北5	仙台育英28	仙台育英29	仙台育英30	利府1	利府2	宮城県工7	東北6	東北7	宮城県工8
福島	福島工3	平工3	磐城5	郡山3	平工4	福島東2	福島東3	福島東4	湯本1	尚志1	尚志2	富岡1	尚志3	尚志4
東京	帝京27 駒場1	帝京28 修徳4	帝京29 國學院久我山2	東海大菅生2 修徳5	帝京30 国士舘1	帝京31 国士舘2	成立1 国士舘3	実践学園1 修徳6	成立学園2 修徳7	久留米2 暁星10	帝京32 三鷹1	帝京33 國學院久我山3	東久留米総合1 帝京34	駒場2 駒澤大高1
千葉	八千代6	習志野15	市立船橋11	(推)市立船橋12 渋谷幕張1	市立船橋13	市立船橋14	市立船橋15	市立船橋16	流経大柏1	八千代7	流経大柏2	市立船橋17	八千代8	流経大柏3
茨城	水戸短大附3	鹿島2	鹿島3	水戸短大附4	鹿島4	鹿島5	水戸商8	鹿島学園1	鹿島学園2	鹿島学園3	水戸短大附5	鹿島学園4	鹿島6	鹿島学園5
群馬	前橋商8	前橋育英8	前橋育英9	前橋商9	前橋育英10	前橋商10	前橋育英11	前橋商11	伊勢崎商1	前橋育英12	前橋育英13	前橋育英14	前橋育英15	前橋育英16
栃木	國學院栃木2	佐野日大3	真岡8	真岡9	宇都宮白楊3	佐野日大4	佐野日大5	矢板中央1	真岡10	真岡11	矢板中央2	宇都宮白楊4	矢板中央3	佐野日大6
埼玉	浦和東2	浦和東3	武南10	武南11	浦和南11	武南12	武南13	西武台1	浦和東4	武南14	埼玉栄1	市立浦和13	西武台2	西武台3
神奈川	逗葉1	桐蔭学園4	日大藤沢2	桐蔭学園5	桐蔭学園6	桐蔭学園7	桐蔭学園8	麻布大渕野辺1	麻布大渕野辺2	桐光学園4	日大藤沢3	桐光学園5	武相1	座間1
山梨	帝京第三4	韮崎29	韮崎30	帝京第三5	帝京第三6	韮崎31	帝京第三7	韮崎32	甲府東1	帝京第三8	韮崎33	韮崎34	山梨学院1	山梨学院2
静岡	藤枝東19	清水市商10	静岡学園6	清水市商11	静岡学園7	静岡学園8	藤枝東20	藤枝東21	常葉橘1	静岡学園9	藤枝東22	藤枝東23	藤枝明誠1	静岡学園10
愛知	愛産大三河1	刈谷19	東邦1	中京大中京7	東邦2	岡崎城西6	東邦3	東海学園1	中京大中京8	中京大中京9	中京大中京10	東海学園2	中京大中京11	中京大中京12
岐阜	岐阜工14	岐阜工15	岐阜工16	各務原2	岐阜工17	岐阜工18	岐阜工19	各務原3	岐阜工20	帝京大可児1	岐阜工21	岐阜工22	岐阜工23	帝京大可児2
三重	四日市工2	四日市中央工20	四日市中央工21	暁1	四日市中央工22	日生学園第二1	四日市中央工23	津工1	四日市中央工24	四日市中央工25	津工2	四日市中央工26	四日市中央工27	四日市中央工28
新潟	新潟工14	新潟工15	新潟明訓5	帝京長岡1	東京学館新潟4	北越1	長岡向陵1	北越2	帝京長岡2	高志1	北越3	北越4	北越5	新潟西3
長野	明科1	松商学園5	松商学園6	松商学園7	松商学園8	地球環境1	松商学園9	東海大三1	上田西1	東海大三2	松商学園10	武蔵工大二1	松商学園11	松商学園12
富山	富山第一14	水橋2	富山第一15	富山第一16	水橋3	水橋4	富山第一17	富山第一18	富山第一19	富山第一20	富山第一21	富山第一22	富山第一23	水橋5
福井	丸岡12	丸岡13	丸岡14	丸岡15	丸岡16	丸岡17	丸岡18	丸岡19	丸岡20	丸岡21	福井商1	丸岡22	丸岡23	丸岡24
石川	星稜9	金沢桜丘6	星稜10	星稜11	星稜12	星稜13	星稜14	星稜15	星稜16	星稜17	星稜18	星稜19	星稜20	星稜21
大阪	関西大一1	金光第一1	関西大一2	大阪朝鮮1	東海大仰星2	金光大阪2	近畿大附3	東海大仰星3	大阪朝鮮2	大阪朝鮮3	近畿大附4	大阪桐蔭1	関西大一3	関西大一4
和歌山	近大和歌山2	初芝橋本4	初芝橋本5	初芝橋本6	近大和歌山3	初芝橋本7	初芝橋本8	近大和歌山4	和歌山北8	初芝橋本9	近大和歌山5	近大和歌山6	近大和歌山7	初芝橋本10
奈良	奈良育英6	奈良育英7	奈良育英8	耳成2	奈良育英9	一条1	奈良育英10	奈良育英11	一条2	一条3	奈良育英12	一条4	一条5	香芝1
滋賀	草津東2	草津東3	草津東4	草津東5	草津東6	野洲1	守山北4	草津東7	野洲2	野洲3	野洲4	野洲5	野洲6	野洲7
京都	山城13	洛北3	久御山1	久御山2	久御山3	伏見工1	京都朝鮮1	城陽2	城陽3	福知山成美1	久御山4	京都橘1	立命館宇治1	久御山5
兵庫	滝川第二7	滝川第二8	神戸弘陵6	神戸弘陵7	滝川第二9	滝川第二10	滝川第二11	滝川第二12	滝川第二13	滝川第二14	神戸科学技術1	滝川第二15	神戸科学技術2	滝川第二16
岡山	東岡山工1	玉野光南5	作陽11	岡山理大附1	作陽12	水島工4	作陽13	玉野光南6	作陽14	作陽15	作陽16	作陽17	作陽18	作陽19
鳥取	米子工11	米子東8	境1	境2	境3	境4	米子北3	米子北4	米子北5	境5	境6	境7	境8	米子北6
島根	大社7	益田3	淞南学園2	淞南学園3	立正大淞南4	立正大淞南5	立正大淞南6	益田4	立正大淞南7	立正大淞南8	江の川1	立正大淞南9	立正大淞南10	立正大淞南11
山口	多々良学園10	多々良学園11	多々良学園12	多々良学園13	多々良学園14	多々良学園15	多々良学園16	多々良学園17	多々良学園18	高川学園19	高川学園20	西京1	山口19	宇部1
広島	沼田3	広島皆実1	山陽7	広島皆実2	広島皆実3	広島皆実4	広島皆実5	広島観音1	広島観音2	広島皆実6	広島皆実7	広島皆実8	広島観音3	広島皆実9
愛媛	新居浜工1	南宇和15	新居浜工2	新居浜西1	南宇和16	松山工2	南宇和17	済美1	松山工3	済美2	済美3	松山北2	松山北3	宇和島東4
香川	高松商16	高松商17	高松北3	高松商18	高松商19	高松商20	高松北4	尽誠学園1	高松商21	香川西2	香川西3	香川西4	香川西5	香川西6
高知	高知8	岡豊1	土佐1	明徳義塾1	明徳義塾2	高知9	高知10	高知11	明徳義塾3	高知12	高知中央1	高知13	高知14	明徳義塾4
徳島	徳島市立9	徳島市立10	徳島商31	徳島商32	徳島市立11	鳴門1	徳島商33	徳島商34	徳島商35	鳴門2	徳島商36	徳島商37	徳島商38	徳島商39
福岡	東福岡6	東福岡7	東福岡8	東海大五12	東福岡9	東福岡10	筑陽学園1	東福岡11	東福岡12	九州国際大付1	東福岡13	筑陽学園2	東福岡14	九州国際大付2
大分	情報科学3	大分2	大分鶴崎3	大分3	大分4	大分5	情報科学4	大分6	柳ヶ浦1	大分鶴崎4	大分鶴崎5	情報科学5	中津東1	大分鶴崎6
長崎	国見12	国見13	国見14	国見15	国見16	国見17	国見18	国見19	国見20	国見21	島原商24	長崎日大1	国見22	国見23
佐賀	佐賀商10	佐賀商11	佐賀北2	佐賀北3	佐賀学園9	佐賀北4	佐賀商12	佐賀東1	佐賀東2	佐賀東3	佐賀北5	佐賀東4	佐賀東5	佐賀北6
熊本	大津4	熊本国府1	大津5	大津6	大津7	大津8	大津9	大津10	大津11	大津12	ルーテル学院1	大津13	ルーテル学院2	大津14
宮崎	鵬翔6	宮崎工9	日章学園2	日章学園3	鵬翔7	日章学園4	鵬翔8	鵬翔9	鵬翔10	鵬翔11	日章学園5	日章学園6	日章学園7	日章学園8
鹿児島	鹿児島実16	鹿児島工4	鹿児島実17	鹿児島城西1	鹿児島実18	鹿児島実19	鹿児島実20	鹿児島実21	鹿児島実22	神村学園1	鹿児島実23	鹿児島城西2	神村学園2	神村学園3
沖縄	那覇西4	宜野湾2	具志川1	宮古1	与勝5	那覇西5	那覇西6	那覇西7	那覇西8	那覇西9	那覇1	那覇西10	南風原1	那覇西11
校名変更および備考			開会式直後に開幕試合を実施する	前回優勝の市立船橋は予選なしで推薦出場。決勝戦引き分け両校優勝がなくなる 中京大中京←中京	推薦出場制度は廃止 鶴岡東←鶴商学園 宇都宮白楊←宇都宮農 立正大淞南←淞南学園	決勝戦が成人の日開催となり、勝利校の校歌演奏が廃止される 金光大阪←金光第一	決勝戦のみ45分ハーフで実施	決勝戦、延長PK方式で優勝校を決定	決勝戦は延長で優勝校決定 成立学園←成立	高川学園←多々良学園		準決勝も45分ハーフで実施 市立浦和←浦和市立	三ツ沢球技場改修中のため平塚競技場を使用。フクダ電子アリーナが会場に加わる	駒沢競技場、うらわ駒場競技場改修中のため江戸川陸場競技場と大宮サッカー場を使用

注：第88回大会大分県代表・中津東は学校統合による校名変更のため第38・40回出場校とは別扱い

90	91	92	93	94	95	96	97	98	99	100	101	102	103	104
23年度	24年度	25年度	26年度	27年度	28年度	29年度	30年度	令和元年度	2年度	3年度	4年度			
市立船橋5	**鵬　翔1**	**富山第一1**	**星　稜1**	**東福岡3**	**青森山田1**	**前橋育英1**	**青森山田2**	**静岡学園2**	**山梨学院2**	**青森山田3**	**岡山学芸館1**			
四日市中央工3	**京都橘1**	**星　稜1**	**前橋育英1**	**國學院久我山1**	**前橋育英2**	**流経大柏1**	**流経大柏2**	**青森山田2**	**青森山田3**	**大　津1**	**東　山1**			
大　分1	**星　稜2**	**四日市中央工3**	**日大藤沢1**	**星　稜3**	**東海大仰星1**	**上田西1**	**尚　志2**	**矢板中央3**	**帝京長岡2**	**高川学園3**	**神村学園2**			
尚　志1	**桐光学園1**	**京都橘1**	**流経大柏2**	**青森山田2**	**佐野日大1**	**矢板中央2**	**瀬戸内1**	**帝京長岡1**	**矢板中央4**	**関東第一1**	**大　津1**			
48	48	48	48	48	48	48	48	48	48	48	48			
旭川実3	旭川実4	札幌大谷1	大谷室蘭30	札幌大谷2	旭川実5	旭川実6	旭川実7	北　海10	札幌大谷3	北　海11	北　海12			
青森山田17	青森山田18	青森山田19	青森山田20	青森山田21	青森山田22	青森山田23	青森山田24	青森山田25	青森山田26	青森山田27	青森山田28			
盛岡商16	盛岡中央1	遠　野23	遠　野24	遠　野25	遠　野26	遠　野27	遠　野28	専大北上1	遠　野29	専大北上2	盛岡商17			
西　目12	西　目13	秋田商40	新　屋1	秋田商41	秋田商42	秋田商43	秋田商44	秋田商45	明　桜4	秋田商46	明　桜5			
羽　黒5	山形中央10	米沢中央1	東海大山形1	日大山形13	山形中央11	羽　黒6	羽　黒7	山形中央12	日大山形14	羽　黒8	羽　黒9			
聖和学園1	仙台育英31	東　北8	聖和学園2	聖和学園3	聖和学園4	仙台育英32	仙台育英33	仙台育英34	仙台育英35	仙台育英36	聖和学園5			
尚　志5	聖光学院1	富　岡2	尚　志6	尚　志7	尚　志8	尚　志9	尚　志10	尚　志11	学法石川1	尚　志12	尚　志13			
東久留米総合2 國學院久我山4	修　徳8 実践学園2	修　徳9 國學院久我山5	國學院久我山6 三　鷹2	國學院久我山7 駒澤大高2	駒澤大高3 関東第一1	実践学園3 関東第一2	国士舘4 駒澤大高4	東久留米総合3 國學院久我山8	堀　越3 関東第一3	堀　越4 関東第一4	國學院久我山9 成立学園3			
市立船橋18	八千代9	市立船橋19	流経大柏4	市立船橋20	市立船橋21	流経大柏5	流経大柏6	市立船橋22	市立船橋23	流経大柏7	日体大柏1			
鹿島学園6	鹿島学園7	水戸啓明6	第一学院1	明秀日立1	鹿島学園8	明秀日立2	明秀日立3	明秀日立4	鹿島学園9	鹿島学園10	鹿島学園11			
桐生第一1	前橋育英17	桐生第一2	前橋育英18	前橋育英19	前橋育英20	前橋育英21	前橋育英22	前橋育英23	前橋商12	前橋育英24	前橋育英25			
矢板中央4	佐野日大7	矢板中央5	矢板中央6	矢板中央7	佐野日大8	矢板中央8	矢板中央9	矢板中央10	矢板中央11	矢板中央12	佐野日大9			
浦和東5	正智深谷1	市立浦和14	昌　平1	正智深谷2	正智深谷3	昌　平2	浦和南12	昌　平3	昌　平4	西武台4	昌　平5			
桐光学園6	桐光学園7	桐光学園8	日大藤沢4	桐光学園9	桐光学園10	桐蔭学園9	桐光学園11	日大藤沢5	桐蔭学園10	桐光学園12	日大藤沢6			
山梨学院3	日本航空1	帝京第三9	山梨学院4	帝京第三10	山梨学院5	山梨学院6	日本航空2	日大明誠1	山梨学院7	山梨学院8	山梨学院9			
清水商12	常葉橘2	藤枝東24	静岡学園11	藤枝東25	藤枝明誠2	清水桜が丘1	浜松開誠館1	静岡学園12	藤枝明誠3	静岡学園13	浜松開誠館2			
中京大中京13	東　邦4	東海学園3	中京大中京14	中京大中京15	東　邦5	中京大中京16	東　邦6	愛工大名電1	東海学園4	中部大第一1	東　邦7			
帝京大可児3	帝京大可児4	岐阜工24	岐阜工25	各務原4	中　京1	帝京大可児5	岐阜工26	帝京大可児6	帝京大可児7	帝京大可児8	帝京大可児9			
四日市中央工29	四日市中央工30	四日市中央工31	宇治山田商1	四日市中央工32	海　星1	三　重1	四日市中央工33	四日市中央工34	海　星2	三　重2	津　工3			
新潟西4	帝京長岡3	帝京長岡4	開志学園JSC1	新潟明訓6	帝京長岡5	日本文理1	帝京長岡6	帝京長岡7	帝京長岡8	帝京長岡9	日本文理2			
都市大塩尻2	創造学園1	松商学園13	都市大塩尻3	都市大塩尻4	創造学園2	上田西2	都市大塩尻5	松本国際3	松本国際4	市立長野1	松本国際5			
富山南1	富山第一24	富山第一25	水　橋6	富山第一26	富山第一27	富山第一28	富山第一29	富山第一30	富山第一31	富山第一32	富山第一33			
北　陸3	丸　岡25	丸　岡26	丸　岡27	丸　岡28	北　陸4	北　陸5	丸　岡29	丸　岡30	丸　岡31	丸　岡32	丸　岡33			
星　稜22	星　稜23	星　稜24	星　稜25	星　稜26	鵬学園1	星　稜27	星　稜28	鵬学園2	星　稜29	星　稜30	星　稜31			
近畿大附5	東海大仰星4	履正社1	履正社2	阪南大高1	東海大仰星5	大阪桐蔭2	大阪学院大高1	興　國1	履正社3	阪南大高2	履正社4			
初芝橋本11	和歌山北9	初芝橋本12	初芝橋本13	初芝橋本14	和歌山北10	初芝橋本15	和歌山北11	和歌山工4	初芝橋本16	近大和歌山8	近大和歌山9			
奈良育英13	香　芝2	一　条6	郡　山1	香　芝3	一　条7	一　条8	一　条9	五　條1	山　辺1	奈良育英14	奈良育英15			
守山北5	野　洲8	綾　羽1	草津東8	野　洲9	野　洲10	草津東9	草津東10	草津東11	近　江1	草津東12	近　江2			
立命館宇治2	京都橘2	京都橘3	京都橘4	京都橘5	京都橘6	京都橘7	東　山3	京都橘8	京都橘9	東　山4	東　山5			
市立西宮1	滝川第二17	神戸弘陵8	滝川第二18	神戸弘陵9	滝川第二19	滝川第二20	関西学院10	神戸弘陵10	神戸弘陵11	滝川第二21	芦屋学園1			
作　陽20	作　陽21	玉野光南7	作　陽22	玉野光南8	岡山学芸館1	作　陽23	岡山学芸館2	岡山学芸館3	作　陽24	岡山学芸館4	岡山学芸館5			
米子北7	米子北8	米子北9	米子北10	米子北11	米子北12	米子北13	米子北14	米子北15	米子北16	米子北17	米子北18			
大　社8	立正大淞南12	立正大淞南13	立正大淞南14	大　社9	立正大淞南15	立正大淞南16	立正大淞南17	立正大淞南18	大　社10	大　社11	立正大淞南19			
高川学園21	聖　光1	西　京2	高川学園22	山口鴻城1	高川学園23	高川学園24	西　京3	高川学園25	高川学園26	高川学園27	高川学園28			
山　陽8	広島観音4	広島皆実10	広島皆実11	広島皆実12	広島皆実13	広島皆実14	瀬戸内1	広島皆実15	広島皆実16	瀬戸内2	広島皆実17			
済　美4	松山工4	松山商6	松山北4	松山工5	松山北5	松山工6	宇和島東5	今治東中等1	新　田3	今治東中等2	帝京第五1			
香川西7	香川西8	香川西9	香川西10	高松南2	高松商22	高松商23	四学大香川西11	大手前高松1	大手前高松2	高松商24	四学大香川西12			
土　佐2	高　知15	高知商3	明徳義塾5	明徳義塾6	明徳義塾7	高知西1	高知西2	高　知16	明徳義塾8	高　知17	高　知18			
徳島市立12	鳴　門3	徳島市立13	徳島市立14	鳴　門4	徳島市立15	徳島北1	徳島市立16	徳島市立17	徳島市立18	徳島商40	徳島市立19			
東海大五13	東海大五14	東福岡15	東福岡16	東福岡17	東福岡18	東福岡19	東福岡20	筑陽学園3	東福岡21	東福岡22	飯　塚1			
大　分7	中津東2	中津東3	中津東4	大　分8	大　分9	大分西1	大　分10	大　分11	日本文理大附1	中津東5	大　分12			
長崎日大2	長崎総科大附1	長崎総科大附2	長崎総科大附3	長崎南山1	長崎総科大附4	長崎総科大附5	長崎総科大附6	長崎総科大附7	創成館1	長崎総科大附8	国　見24			
佐賀東6	佐賀商13	佐賀東7	佐賀東8	佐賀北7	佐賀東9	佐賀東10	龍　谷1	龍　谷2	佐賀東11	佐賀東12	龍　谷3			
ルーテル学院3	大　津15	熊本国府2	秀岳館1	大　津16	ルーテル学院4	東海大熊本星翔1	大　津17	熊本国府3	ルーテル学院5	大　津18	大　津19			
日章学園9	鵬　翔12	日章学園10	日章学園11	日章学園12	鵬　翔13	日章学園13	日章学園14	日章学園15	宮崎日大1	宮崎日大2	日章学園16			
鹿児島城西3	鹿児島城西4	神村学園4	鹿児島城西5	鹿児島城西6	鹿児島城西7	神村学園5	神村学園6	神村学園7	神村学園8	神村学園9	神村学園10			
那覇西12	宮　古2	那覇西13	前　原2	那覇西14	那覇西15	宜野湾3	那覇西16	前　原3	那覇西17	西　原4	西　原5			
決勝戦は延長で優勝校決定 都市大塩尻↑武蔵工大二 清水商↑清水市商	相模原麻溝公園競技場を使用。決勝戦は降雪のため4日間順延、延長PK方式で優勝校を決定	国立競技場最後の大会 水戸啓明↑水戸短大附	開会式、開幕戦は駒沢競技場で、準決勝、決勝戦は埼玉スタジアムで実施 交代枠が3↓4、登録人数25↓30に 大谷室蘭↑室蘭大谷			交代枠が4↓5に	四学大香川西↑香川西	元号が「令和」に 松本国際↑創造学園	新型コロナウイルス感染拡大の影響で開幕戦が中止 飲水タイム導入 明桜↑秋田経法附	開会式、開幕戦、準決勝、決勝は新・国立競技場で実施 飲水タイムなし 連戦なしの日程へ変更				

「日本高校サッカー選抜」の活動理念

技術委員長 **蔵森紀昭**
成城学園高校

日本高校サッカー選抜の活動は、1972年に始まり、多くの選手・指導者達がこの舞台を経験してサッカー界のみならず、社会全体で活躍してくれています。
「世界で通用する選手・指導者の育成」をモットーに、日本サッカーのレベルアップ、FIFAワールドカップで日本代表がトロフィーを掲げる日が1日でも早く訪れてくれるように、このような活動が必須であると我々は確信しております。

今回、全国高校サッカー選手権の第100回大会を記念して、通常の日本高校選抜に加え、U17日本高校選抜を編成し、欧州遠征を企画いたしました。残念ながら、新型コロナウイルス感染症（COVID-19）の影響により、一昨年、昨年に続いて欧州遠征は中止となり、国内のみの活動となってしまいましたが、関係者の努力により非常に充実した活動を実施することができました。

特に、初めて実施したU17日本高校選抜の活動を経験した選手達が、来シーズンの高校サッカーを盛り上げる中心選手になってくれるものと確信しております。

今回は第100回大会記念として2チームの日本高校選抜を編成しましたが、今後も継続してこのような活動が続くことを強く願っております。

強化合宿（しんよこフットボールパーク）

令和3年度 第50回 U18日本高校選抜 活動報告

2022 Japan High School Selection U18 Team's Report

団長 **玉生謙介**
学習院高等科

日本高校サッカー選抜の活動を終えて

全国高校サッカー選手権大会が100回目を迎え、日本高校サッカー選抜の活動も記念すべき第100回大会を盛り上げる一環として今まで以上の活動を模索し、実施する運びとなった。これまでは高校3年生以下（U18）でチームを編成して活動を行っていたが、今回はこのチームに加え高校2年生以下（U17）のチームも編成し、2チーム編成での活動とした。高校選抜の活動を通して多くの刺激を受けて人間力を高め、将来につなげていくことを目的としているこの活動に、2チーム編成になることで多くの選手がかかわれることは、単純に良いことであると考える。しかし2チーム編成になることで、当然ながらかかる費用やスタッフの人選など、クリアしなければならない問題は少なくはなかった。そのような中、2チーム編成での活動にご理解をいただき、ご協力いただいた関係者の皆さまには感謝申し上げたい。2チーム編成での活動が決定し、当初は2チームとも国内活動を経て、最後は海外での活動を計画していたが、いまだに続く新型コロナウイルス感染症の影響で、海外での活動は中止となり、今年度も国内だけの活動となった。

選考合宿

1月27日から30日の日程で静岡県御殿場市の時之栖にてU18、U17ともに選考合宿を行った。基本的にそれぞれの活動は別々であったが、U18対U17のトレーニングマッチを行うなど、交流もある活動となった。U18では発熱者が出たことにより、最終日に予定していた活動を中止して解散することとなった。やはりコロナ禍ということで感染対策にも気を遣いながらの活動は様々な難しさや負担があったが、チーム全員の協力のもと次につながる活動となった。

神奈川・静岡合宿

2月12日に日産スタジアムにて行われ

たFUJIFILM SUPER CUP 2022 NEXT GENERATION MATCHに向けて9日から合宿を行った。敗れはしたものの日本高校選抜という誇りをもって、Jリーグを代表するチームと大舞台で戦う経験は非常に貴重で、今後も継続したいイベントである。

3月6日に行われた第37回静岡県ヤングサッカーフェスティバルでの静岡県ユース選抜との対戦に向け、4日から合宿を行った。静岡県ヤングサッカーフェスティバルは2年連続中止となっていたが、今年度は感染対策を徹底し開催された。静岡県もまん延防止等重点措置期間であったが、関係者の皆さまの努力により開催され、草薙陸上競技場には多くのサッカーファンが訪れ観戦していただき、喜びと元気を与えることができた。

福島合宿

静岡県ヤングサッカーフェスティバルの後、チームは解散せずに第36回デンソーカップチャレンジサッカー 福島大会が行われた福島県Jヴィレッジへと移動した。デンソーカップが終わる13日まで9泊10日の長期間のシリーズとなったこの活動は、一つの課題であると考える。

昨年度から参加させてもらっているデンソーカップチャレンジサッカーは、各地域で選抜された大学生と真剣勝負ができ、多くの刺激をいただける場として、引き続き参加させていただきたい非常に有意義な大会である。大学連盟側も高校選抜が参加することのメリットを感じてくださっており、ぜひ来年も参加してほしいとの話をいただいている。高校と大学が連携してお互いの、そして日本サッカーの活性化に繋がる活動として期待される。

まとめ

今回、U18の団長として高校選抜の活動に携わらせていただいたが、前述したとおりU17の活動も行われ、全国高体連サッカー専門部の部長として、この2チーム編成の活動のメリットや大きな成果を感じている。第100回選手権大会の記念の事業として行われた2チーム編成ではあるが、今後も継続できないか検討をしていきたい。

お礼

今回もコロナ禍での活動になったが、ともに活動したスタッフ、選手の皆さんは志高く、快く参加してくださりありがとうございました。そして参加に際し、ご協力いただいたご家庭や学校関係者の皆さまに感謝申し上げます。また、2チーム編成になったにもかかわらず、物品の提供に最大限のご協力をいただいたsfidaの梶原さん、新津さん、選考合宿でお世話になった時之栖の皆さん、NEXT GENERATION MATCHでお世話になったJリーグの皆さん、静岡県ヤングサッカーフェスティバルでお世話になった静岡県の関係者の皆さん、デンソーカップチャレンジサッカーでお世話になった大学連盟、Jヴィレッジの皆さん、本当にありがとうございました。活動を通してご支援をいただいたセイムトゥーの皆さん、カメラマンの小林さん、そしてアドバイスいただいたJFAの市川さん、ありがとうございました。高校選抜の成功、高体連の発展のためにご尽力くださいましたJFA林副会長、本当にありがとうございました。チームを代表し、ご支援、ご協力いただきましたすべての皆さまに心より感謝申し上げます。

監督 仲村浩二
尚志高校

経験を将来の成長のために

2021年度の高校選抜の活動は、デュッセルドルフ国際ユースサッカー大会がコロナ禍の影響で中止と決定されていた。残念な気持ちにはなったが、FUJIFILM SUPER CUP 2022 NEXT GENERATION MATCHで川崎フロンターレU-18に勝利すること、第37回静岡県ヤングサッカーフェスティバルで静岡県ユース選抜に勝利すること、第36回デンソーカップチャレンジサッカー 福

選手団名簿

役員・スタッフ

■団長	玉生 謙介	学習院高等科
■総務	佐々木 浩児	県立高松東高校
■監督	仲村 浩二	尚志高校
■コーチ	鈴木 勝大	桐光学園高校
■GKコーチ	平田 俊英	聖和学園高校
■トレーナー	鈴木 優	BB Trainer's
■主務	杉田 俊幸	県立京葉高校
■主務	大渓 晃太	県立大師高校
■記録	小林 洋	高体連記録部・高校サッカー年鑑

選手

1	GK	佐藤 瑠星	大津高校▶筑波大学
17		吉田 優翔	桐光学園高校▶産業能率大学
23		鮎澤 太陽	尚志高校2年
2	DF	田口 空我	流通経済大学付属柏高校▶流通経済大学
3		柳生 将太	前橋育英高校▶専修大学
4		馬場 拓己	桐光学園高校▶同志社大学
5		海老沼 慶士	米子北高校▶IPU・環太平洋大学
12		大川 佳風	流通経済大学付属柏高校2年
13		チェイス アンリ	尚志高校▶VfBシュトゥットガルト
21		佐々木 奈琉	帝京長岡高校▶早稲田大学
22		川副 泰樹	大津高校▶福岡大学
6	MF	小泉 龍之介	静岡学園高校▶拓殖大学
7		川口 敦史	大津高校▶順天堂大学
8		山市 秀翔	桐光学園高校▶早稲田大学
11		藤森 颯太	青森山田高校▶明治大学
15		薬師田 澪	大津高校▶法政大学
16		田澤 夢積	青森山田高校▶新潟医療福祉大学
19		根津 元輝	前橋育英高校２年
20		阪田 澪哉	東山高校2年
9	FW	松永 颯汰	静岡学園高校▶流通経済大学
10		福田 師王	神村学園高等部２年
14		大迫 塁	神村学園高等部２年
18		守屋 練太郎	前橋育英高校▶神奈川大学

島大会で優勝すること、この3つの目的を達成するため、気持ちを入れ替え選手選考に入った。「Jリーガーになるメンバーは選考外」という条件のため、大学進学者・高校2年生以下のメンバーで構成する。3大会を勝ち切るバランスの良い闘う集団を、1回の選考で決める選考会を1月27日～30日に時之栖で行った。コロナ関連の事情で10名前後のメンバーが辞退となってしまったため、不安でいっぱいであった。

選手選考の基準は「高体連3937チーム、選手14万9619人の代表として、川崎フロンターレU-18とのゲームで勝利を収める覚悟を持った集団になる」こと。

集まったメンバーは、さすがに優秀選手に選ばれるだけある。初日から素晴らしいパフォーマンスを発揮してくれ、ハイレベルな紅白戦やU17高校選抜とのトレーニングマッチでアピールをしてくれた。残念ながら最終日の大学生とのトレーニングマッチは、コロナ禍の関係の事情で中止となり、FUJIFILM SUPER CUP 2022 NEXT GENERATION MATCHでの川崎フロンターレU-18に合わせたシミュレーションはできなかったが、来てもらえたメンバーの中から23名を選考できた。

2月9日～2月12日の強化合宿では、12日の川崎フロンターレU-18戦に向けて、以下のゲームコンセプトを決めた。

【攻撃】

◉常にゴールを目指す。

◉背後を狙う。追い越す。

◉ボールを動かしイニシアチブをとる。

【守備】

◉前線からプレッシングをかけ積極的にボールを奪う。

◉頭を休ませないで相手の死角からボールを奪う。

◉ゴールを隠す。ゴールを奪われない。

◉セットプレーでゴールを奪い・ゴールを守る。

◉全力でサッカーを楽しもう。

ミーティングでこれらを確認し、ワンチームの精神を落とし込んでいった。

強調したトレーニング

①ボールの奪い方を確認するために、FWのスイッチからサイドに追い込みボールを奪いショートカウンターを狙う

②ポゼッションする時にボランチのシステムを可変し、DFラインで数的優位をとる

これらの共通認識に力を入れた。

選考合宿での振り返りと、川崎フロンターレU-18の戦い方を映像で確認し、大学生とのトレーニングマッチで最終確認を行い試合に臨んだ。0-1と敗れてしまったが、内容的に完敗したというよりは、ゴールが奪えなかったというもどかしさが残るゲームであった。

3月4日～13日の強化合宿では、6日の静岡県ユース選抜戦と9日からのデンソーカップチャレンジサッカーに向け前回のコンセプトを継続し、川崎フロンターレU-18との試合の反省をプラスして「ゴールを奪う」をテーマにコンビネーション・シュート練習に力を注いだ。第37回静岡県ヤングサッカーフェスティバルは、卒業式・コロナ禍の事情でメンバーが揃わず苦慮したが、静岡県ユース選抜に2-1で勝利を掴むことができた。

大学生との試合を行うデンソーカップチャレンジサッカーでは、内容はともかく勝つための手段として、3バックでゴール前を固めながら攻撃を仕掛けるシステムに変更し、優勝した関東選抜Bと1-1で引き分けることができたが、前年度に続き勝ち切ることはできなかった。

大学生との試合で感じたこと

①フィジカルコンタクトの中でのプレーの質

②トップスピードの中でのプレーの質

③ゴール前でのプレーの質(攻守)

悔しい試合が多かったために、来年こそは勝利を掴み取りたいと思った。

思うような調整や試合ができたとは言えないが、コロナ禍でも活動を可能にしていただき、高校選抜監督として高体連を代表して3大会を戦うことができた

FUJIFILM SUPER CUP 2022　NEXT GENERATION MATCH

U18日本高校サッカー選抜 (0-1) 川崎フロンターレU-18

第37回静岡県ヤングサッカーフェスティバル

U18日本高校サッカー選抜 (2-1) 静岡県ユース選抜

第36回デンソーカップチャレンジサッカー 福島大会

グループA	関東B	東海	U-20	U18高校	勝点	得失点差	順位
関東選抜B		1○0	1○0	1△1	7	2	1
東海選抜	0●1		1△1	3○0	4	2	2
U-20全日本選抜	0●1	1△1		2○0	4	1	3
U18日本高校選抜	1△1	0●3	0●2		1	-5	4

グループB	関西	関東A	九州	プレーオフ	勝点	得失点差	順位
関西選抜		1△1	2○0	1○0	7	3	1
関東選抜A	1△1		0△0	3○1	5	2	2
九州選抜	0●2	0△0		2○1	4	-1	3
プレーオフ選抜	0●1	1●3	1●2		0	-4	4

決勝戦 **関東選抜B (1-0) 関西選抜**

3位決定戦 **東海選抜 (2-1) 関東選抜A**

5·6位決定戦 **九州選抜 (1-0) U-20全日本選抜**

7·8位決定戦 **プレーオフ選抜 (3-0) U18日本高校選抜**

のは、とても幸せだと感じた。また、代表選手たちのプレーは、全ての高体連選手の刺激になったことは間違いない。この活動を継続していく意義を理解し、高校サッカーの発展のために今後も尽力していきたいと思う。

最後に、高校選抜に関わってくださった全ての皆さまに感謝の意を表するとともに、将来の目標に向かって選手が成長していくことをお祈り申し上げます。

コーチ　鈴木勝大
桐光学園高校

第100回大会の歴史的瞬間にコーチとして携われることに誇りと責任を持ち、活動に力を注ぎました。

普段と違いコーチという立場でしたが所属先と変わらず、コミュニケーションを意識して取り組みました。

①監督とのコミュニケーション
　仲村監督が目指すサッカーを私自身が理解する。
　特に短期間の選抜チームのためグレーゾーンを作らずはっきりと方向性を理解する。

②選手とのコミュニケーション
　各々のチームでは中心選手のため自我の強さと選抜でのやり方の微調整。

③スタッフとのコミュニケーション
　GKコーチ、トレーナー、総務主務・副務らと、選手の状況、スケジュールの密な確認と予測の共有。

コロナ禍のため、これらのことを心構えとして、何が起きても動じないようシミュレーションして活動に従事しました。

天候不順や選手の怪我などにより招集できないこともあり、選手たちもより難しさを経験しながら選手として人間として経験値が積まれたと思います。

日本サッカー協会、高体連、スポンサー各位の素晴らしいサポートの中、素晴らしいスタッフ・選手と時間を共有できたことを誇りに思います。

私は初めてこの活動に関わりました。選手の選考から始まりデンソーカップチャレンジサッカーまで、多くの人のエネルギーを感じられたこと。これが私自身の最大の収穫です。

高校選抜としては3年生の招集とコンディションという難しい課題も肌で感じられました。この高校選抜の歴史と更なる発展に高校サッカーを愛する全ての皆さまと共存、共有しながら私自身も携わっていきたいと思います。

改めて、関わっていただいた全ての方々に感謝申し上げます。

日本高校選抜海外遠征記録

回	参加大会	大会成績	団長	監督	訪問先
1		1勝3敗	山之内繁夫	中田貞三	フィリピン、タイ
2		2勝1敗1分	川口玲雄	森　貞男	シンガポール、マレーシア
3		3勝1敗	川崎富康	松本暁司	シンガポール、タイ
4		1勝3敗	宮田賢三	松本暁司	シンガポール、マレーシア
5		2勝1敗1分	小林与三次	鈴木勇作	中国
6		1勝2敗1分	魚永　正	魚永　正	西ドイツ、イギリス
7	第39回ベリンツォーナ大会6位	1敗3分	松浦利夫	倉岡誠親	オランダ、スイス
8	第40回ベリンツォーナ大会5位	2勝2敗	松浦利夫	勝沢　要	オランダ、スイス
9	親善試合のみ		川口玲雄	三沢好章	オランダ、西ドイツ
10	第42回ベリンツォーナ大会7位	1勝3敗	川口玲雄	横森　巧	オランダ、スイス
11	第21回デュッセルドルフ大会6位	4分	加藤三郎	勝沢　要	オランダ、西ドイツ
12	第44回ベリンツォーナ大会7位	1勝3敗	加藤三郎	古沼貞雄	オランダ、スイス
13	第23回デュッセルドルフ大会8位	1勝3敗1分	加藤三郎	古沼貞雄	オランダ、西ドイツ
14	ブルガリアユース代表と引き分け		鈴木勇作	高橋正弘	オランダ、ブルガリア
15	第25回デュッセルドルフ大会6位	2勝2敗1分	鈴木勇作	望月保次	オランダ、西ドイツ
16	第48回ベリンツォーナ大会3位	2勝1敗1分	鈴木勇作	山成宣彦	西ドイツ、スイス
17	第27回デュッセルドルフ大会4位	1勝2敗3分	三澤好章	沢村哲郎	スイス、西ドイツ
18	第50回ベリンツォーナ大会2位	2勝1敗1分	加藤三郎	小泉敏治	西ドイツ、スイス
19	第29回デュッセルドルフ大会5位	3勝1敗1分	馬越敏行	栗屋昌俊	スイス、ドイツ
20	第52回ベリンツォーナ大会3位	3勝1敗	清水眞事	古沼貞雄	ドイツ、スイス
21	第31回デュッセルドルフ大会5位	2勝1敗2分	高田久行	長谷川二三	スイス、ドイツ
22	第54回ベリンツォーナ大会7位	1勝3敗	高田久行	天久　弘	ドイツ、スイス
23	第33回デュッセルドルフ大会7位	1勝1敗3分	三澤好章	志波芳則	スイス、ドイツ
24	第56回ベリンツォーナ大会優勝	3勝1敗	山成宣彦	林　義親	ドイツ、スイス
25	第35回デュッセルドルフ大会2位	4勝1敗1分	高田久行	久下恭功	スイス、ドイツ
26	第58回ベリンツォーナ大会3位	3勝1敗	上野二三一	逢坂利夫	ドイツ、スイス
27	第37回デュッセルドルフ大会9位	1敗3分	伊藤克臣	上間政彦	スイス、ドイツ
28	第60回ベリンツォーナ大会7位	2勝2敗	天久　弘	加藤栄治	ドイツ、スイス
29	第39回デュッセルドルフ大会3位	4勝　1分	平山隆造	今泉守正	スイス、ドイツ
30	第62回ベリンツォーナ大会3位	3勝1敗1分	天久　弘	齋藤重信	ドイツ、スイス
31	第41回デュッセルドルフ大会3位	3勝　2分	徳永哲彦	樋口士郎	スイス、ドイツ
32	第64回ベリンツォーナ大会2位	1勝2敗2分	上野二三一	平　清孝	ドイツ、スイス
33	第43回デュッセルドルフ大会5位	2勝1敗1分	植村　久	大森貞夫	スイス、ドイツ
34	第66回ベリンツォーナ大会優勝	3勝　1分	秋森　学	松崎博美	ドイツ、スイス
35	第45回デュッセルドルフ大会10位	4敗	大倉健史	河崎　護	スイス、ドイツ
36	第68回ベリンツォーナ大会4位	2勝1敗2分	栗原鏡成	悦勝公豪	ドイツ、スイス
37	第47回デュッセルドルフ大会9位	3敗1分	大倉健史	砂金　伸	スイス、ドイツ
38	第70回ベリンツォーナ大会7位	1勝3敗	樋川利雄	大浦恭敬	ドイツ、スイス
39	第49回デュッセルドルフ大会5位	2勝2敗1分	中川　潔	平岡和徳	スイス、ドイツ
40	第72回ベリンツォーナ大会7位	1勝2敗1分	横田智雄	山下正人	ドイツ、スイス
41	第51回デュッセルドルフ大会優勝	4勝　2分	栗田和彦	野村雅之	スイス、ドイツ
42	第52回デュッセルドルフ大会8位	1勝3敗	滝本　寛	山田耕介	ドイツ
43	第53回デュッセルドルフ大会6位	2勝3敗	松田　司	大野聖吾	オランダ、ドイツ
44	第54回デュッセルドルフ大会3位	4勝1敗1分	横田智雄	早稲田一男	オランダ、ドイツ
45	第55回デュッセルドルフ大会5位	3勝1敗1分	栗田和彦	黒田　剛	オランダ、ドイツ
46	第56回デュッセルドルフ大会優勝	3勝　3分	田内成人	平野直樹	オランダ、ドイツ
47	第57回デュッセルドルフ大会6位	1勝1敗3分	三井　耕	朝岡隆蔵	オランダ、ドイツ
48	第58回デュッセルドルフ大会	中止	新型コロナウイルス感染拡大の影響により		
49	第59回デュッセルドルフ大会	中止	新型コロナウイルス感染拡大の影響により		
50	第60回デュッセルドルフ大会	中止	新型コロナウイルス感染拡大の影響により		

U18日本高校選抜活動日程

1月8日（土）、10日（月）	選考	▶選考会	国立競技場
1月27日（木）～30日（日）	選考	▶選考合宿 ▶練習試合（vs.U17日本高校選抜）	静岡県御殿場市
2月9日（水）～12日（土）	強化合宿 親善試合	▶強化合宿 ▶練習試合（vs.桐蔭横浜大学） ▶FUJIFILM SUPER CUP 2022 「NEXT GENERATION MATCH」	神奈川県横浜市 日産スタジアム
3月4日（金）～6日（日）	強化合宿 大会	▶強化合宿 ▶第37回静岡県ヤングサッカーフェスティバル	静岡県静岡市 草薙陸上競技場
3月8日（火）～13日（日）	強化合宿 大会	▶強化合宿 ▶第36回デンソーカップチャレンジサッカー 福島大会	福島県双葉郡 Jヴィレッジ

強化合宿（Jヴィレッジ）

令和3年度 第1回 U17日本高校選抜 活動報告

2022 Japan High School Selection U17 Team's Report

団長 滝本 寛
都立南葛飾高校

新たな試み

コロナ禍の影響により、記念すべき第100回選手権大会が制限付きの有観客で開催された。その影響は高校選抜の活動にも及び、3年連続で欧州遠征が中止。今回は記念大会ということで、特別にU18、U17の2チームを編成し、それぞれが欧州遠征を行う計画であった。

U17高校選抜は、インターハイと選手権で活躍が目覚ましい選手をピックアップし、その中からさらに選考した1、2年生の選手たちである。

コーチングスタッフは一昨年のメンバーがそのままスライドして3年目の任務にあたることとなった。国内で3度の選考・強化合宿を行い、3月に福島県で行われる最終合宿を集大成とすることとした。現地で開催される「第4回 J-VILLAGE CUP U-18」にエントリーし、同大会においてU-17日本代表に勝利することと、「優勝」を最終目標に設定し、活動を開始した。

❶選考合宿（Jヴィレッジドリームカップ参加）@福島県Jヴィレッジ

2021年11月25日から3泊4日で福島県Jヴィレッジに20名を集め「Jヴィレッジドリームカップ」に参加した（※前年度版参照）。選手が1、2年生で、所属チームでも中心的な存在にはなっておらず、なかなかリーダーが現れなかったが、時間経過とともにコミュニケーションが深まり、集団としての動きもスムーズになってきた。1試合に全員を出場させる形で臨み、結果は1勝2敗で4チーム中3位と芳しくなかったが、時間を追うごとにお互いの特徴を掴み、歯車がかみ合う場面も増え、最終日にはチームとしての連係やまとまりも見られた。

❷選考合宿@静岡県時之栖

2022年1月27日から3泊4日の合宿を時之栖で行った。ミーティングの中でチームコンセプトを伝え、トレーニングとトレーニングマッチを通じてそれを共有・徹底し、同時に選手選考を行った。トレーニングマッチで東京国際大学のスピードとパワーに苦戦したが、次第に対応できる場面や、チームコンセプトを体現できる時間も増え、チームとしての成長が期待できる、手応えを感じられた合宿となった。

一方、新型コロナウイルスの感染者数が増えており、事前事後に抗体検査を実施しての参加となり、スタッフとしても感染予防とコンディション管理に神経質にならざるを得なかった。しかし、選手はオフの時間も規律を重んじ立派に振る舞い、無事全日程を終えることができた。

❸強化合宿@静岡県時之栖

2月17日から3回目となる強化合宿を時之栖で実施した。選手には、3月に行われる「第4回 J-VILLAGE CUP U-18」を集大成と位置づけ、このチームで切磋琢磨することで、自らのサッカー選手としての可能性を大きく広げるように伝えた。駒澤大学、拓殖大学、桐蔭横浜大学とトレーニングマッチを行い、大学生を相手に遜色なく戦えるチームへと成長できた。怪我などでプレーができない者もチームサポートとして参加するなど、同じメンバーで時間を共有し、次第に一体感を深めることができた。

❹最終合宿@福島県Jヴィレッジ

3月17日からの最終合宿では選手・スタッフともにすっかり慣れ、チームコンセプトやチーム戦術を共有し、互いの性格や特徴も理解し合い、自然とチームとしてのまとまりの強さが実感できるチーム状態となった。そして、「第4回 J-VILLAGE CUP U-18」では、多くのスカウトやメディアが見守る中で行われたU-17日本代表戦に勝利し、決勝戦で履正社高校に勝ち優勝。この活動の最終目標を達成し、選手・スタッフともに大きな喜びと達成感を得ることができた。なお、大会MVPに大津高校の小林俊瑛選手、最優秀監督に蒲原晶昭監督が選出された。

まとめ

欧州遠征が3年連続で中止となり、残念な思いもあるが、限られた条件下で最大限の可能性を追求することで、多くの収穫もあったと実感する。また、1、2年生ということで、所属チームにはご迷惑をおかけしたが、チーム作りがスムーズとなり、強い一体感を作ることができた。次年度以降もぜひ継続し、我が国のサッカー界の発展に寄与する事業として定着してもらいたい、と強く希望する。

お礼

まずは、選手の皆さん。欧州遠征が中止になったにもかかわらず、自分の将来のため、チームのために、高いモチベーションで精一杯取り組んでくれた君たちを誇りに思うとともに、心から感謝いたします。今後の大きな飛躍を期待しています。

そして、コロナ禍にもかかわらず、素晴らしい環境下でこの活動を全うすることができたのは、多くの方々の温かなご支援のおかげです。

今回の活動を物資面で支えてくださったイミオの皆さま、宿泊・施設面でお世話になった時之栖、Jヴィレッジの皆さん、トレーニングマッチの相手をしてくださった駒澤大学、東京国際大学、拓殖大学、桐蔭横浜大学の皆さん、U-17日本代表のスタッフの方々、様々な調整に動いてくださったJFA、セイムトゥーの皆さん、カメラマンの小林さん、高校選抜の成功と高体連の発展のために、あらゆる角度からご配慮、ご支援くださったJFA林副会長、本当にありがとうございました。チームを代表し、応援してくださったすべての皆さんに、心より感謝申し上げます。

監督 蒲原晶昭
県立佐賀東高校

2年生年代強化のため

2021年度は高校2年生年代の強化のため、U17日本高校選抜チームが発足しました。その監督をさせていただき、光栄に思うと同時に責任の重さも感じながらのスタートとなりました。

1月末に実施した選考合宿では、選考を兼ねてトレーニングマッチを中心に行いました。U18日本高校選抜、東京国際大学との試合では、選手の意識も高く、高校選抜チームに選ばれたいという強い気持ちが伝わってきました。チームを作るにあたっては、「プレーの原則」を、映像を取り入れながら提示しました。また、特に強調したのは、個の特長を最大限に活かしてプレーすることでした。そのためには、お互いがコミュニケーションをとることが必須になります。プレーの回数が増えるごとにそれぞれペアの関係性も良くなり、3人4人とグループとして機能することも多くなりました。4日間の短い合宿ではありましたが、積極的なチャレンジや、お互いの特長を理解したプレーが発揮されるなど、確実に成果が見られました。そして、大変苦慮しながら23名を選出しました。

2月の強化合宿は、選考した23名で行いました。いよいよ個の成長とチームの成熟が試されると感じながら、駒澤大学、拓殖大学、桐蔭横浜大学に胸を借りてトレーニングマッチを行いました。関東1部リーグの大学生相手にスピード、フィジカルで圧倒されましたが、それでも積極的に前からボールを奪いにいき、ゴールを目指しました。勝利に対する強い気持ちから選手同士での要求も増え、チームが完成していく過程を感じることができました。攻撃面では、個とグループの融合でチャンスを作り、得点が増えたことや、守備面では積極的に前からボールを奪いにいき、奪ってからシンプルにフィニッシュまでいく機会が作れたことなど、たくさんの成果がありました。同時に、単発の攻撃で選手同士の距離感が悪い場面や、守備の連係不足から失点することも多かった点などが課題となりました。

目標を達成

最後の強化合宿は、集大成として臨んだ第4回 J-VILLAGE CUP U-18でした。同世代のU-17日本代表を倒して、さらに優勝することがチームの目標でした。監督として考えていたのは、

①個の特長を最大限活かすこと
②毎試合全員が試合に出場して勝利をすること

の2点です。これらを実行することが選手の成長に繋がると考えました。

予選リーグは川崎フロンターレU-18に5-2、清水エスパルスユースに2-0、U-17日本代表に2-0、決勝戦は履正社高校に2-0と4連勝し、優勝することができました。選手一人一人が勝利のために、攻守にわたってハードワークをし、

選手団名簿

役員・スタッフ

■団長	滝本 寛	都立南葛飾高校
■総務	池田 一義	県立川口北高校
■監督	蒲原 晶昭	県立佐賀東高校
■コーチ	中村 真吾	米子北高校
■GKコーチ	佐々木 篤史	作陽高校
■トレーナー	服部 浩史	はっとり整骨院
■主務	高松 慎	駒場東邦高校
■主務	川北 康博	県立越谷西高校
■記録	小林 洋	高体連記録部・高校サッカー年鑑

選手

1	GK	デューフエマニエル 凛太朗	流通経済大学付属柏高校2年
17		藤澤 芭琉	徳島市立高校2年
23		佐藤 安悟	帝京長岡高校2年
2	DF	宝納 拓斗	佐賀東高校2年
3		鈴木 大翔	尚志高校2年
4		津久井 佳祐	昌平高校2年
5		新谷 陸斗	東山高校2年
15		保田 成琉	阪南大学高校2年
16		都築 駿太	流通経済大学付属柏高校2年
19		萩原 聖也	流通経済大学付属柏高校2年
22		豊田 怜央	桐光学園高校2年
6	MF	白井 柚希	静岡学園高校2年
7		真田 蓮司	東山高校2年
8		田原 瑠衣	大津高校2年
9		小池 直矢	前橋育英高校2年
10		廣井 蘭人	帝京長岡高校2年
11		名願 斗哉	履正社高校2年
12		髙橋 隆大	静岡学園高校2年
14		徳永 涼	前橋育英高校2年
18		篠田 翼	昌平高校2年
13	FW	小林 俊瑛	大津高校2年
20		福田 秀人	米子北高校2年
21		澤田 佳憲	瀬戸内高校2年

追加招集：阪田 澪哉（東山高校2年）

一戦一戦全力で臨んでくれました。また、得点11、失点2、しかも3試合は無失点という、強化合宿からの課題も解決できた結果となりました。

U17日本高校選抜の活動を、J-VILLAGE CUP U-18優勝という有終の美を飾って終えられたことに感無量です。これもひとえに献身的に支えてくださったスタッフ、頼もしかった選手の一致団結の賜物です。本当にありがとうございました。

最後に、日本高校選抜の活動を支えてくださった全ての方々に深く感謝申し上げます。そして、選手のみんなが第101回全国高校サッカー選手権大会で大いに活躍してくれることを祈念しています。

第4回 J-VILLAGE CUP U-18

予選（他チームの結果は省略）

U17日本高校選抜（5-2）川崎フロンターレU-18
U17日本高校選抜（2-0）清水エスパルスユース
U17日本高校選抜（2-0）U-17日本代表

順位決定戦

1位決定戦	U17日本高校選抜（2-0）履正社高校
3位決定戦	鹿島アントラーズユース（7-1）JFAアカデミー福島U-18
5位決定戦	湘南ベルマーレU-18（2-1）流通経済大学付属柏高校
7位決定戦	川崎フロンターレU-18（3[4PK1]3）京都橘高校
9位決定戦	富山第一高校（2-1）浜松開誠館高校
11位決定戦	清水エスパルスユース（3-2）旭川実業高校
13位決定戦	昌平高校（3-1）U-17日本代表
15位決定戦	尚志高校（3-2）横浜FCユース
17位決定戦	帝京長岡高校（3-2）明秀学園日立高校
19位決定戦	岡山学芸館高校（3-2）関東第一高校

U17日本高校選抜活動日程

1月8日（土）、10日（月）	選考	▶選考会	国立競技場
1月27日（木）～30日（日）	選考	▶選考合宿 ▶練習試合（vs.U18日本高校選抜）（vs.東京国際大学）	静岡県御殿場市
2月17日（木）～20日（日）	選考	▶強化合宿 ▶練習試合（vs.駒澤大学）（vs.拓殖大学）（vs.桐蔭横浜大学）	静岡県御殿場市
3月17日（木）～21日（月）	強化合宿大会	▶強化合宿 ▶第4回 J-VILLAGE CUP U-18	福島県双葉郡Jヴィレッジ

コーチ 中村真吾
米子北高校

初めての試みとなるU17高校選抜がスタートしたのが、2021年11月。2019年と2020年の日本高校選抜と同様、滝本団長、蒲原監督の下、今年の3月に行われた第4回 J-VILLAGE CUP U-18まで4回にわたって活動を行いました。

翌年度の高校選抜で主力を務める選手を育成するため、高校選抜同様に前から積極的にボールを奪いにいくハイプレスと最終ラインを連係で崩すスタイルをコンセプトにしました。同世代の選手が集まる機会が少なかったため、昨年11月のJヴィレッジドリームカップに向けて集まった選手たちからは、モチベーションと能力の高さを感じました。一方で、急造チームの難しさを感じたのも事実です。特に最終日のU-16日本代表候補戦では、プレー選択の判断の遅れが目立ちました。守備では攻撃に繋がるハイプレスを徹底しきれませんでした。

今年1月には年末年始に行われた高校サッカー選手権大会でのプレーを踏まえ、選手選考を行いました。2日続けて、U18高校選抜と練習試合をしましたが、初日は1-3で敗れ、力の差を痛感させられました。ただ、選手からはポジティブな反応が多く、トレーニングを重ねてきた内容が出せるようになった結果、選手のやりたいプレーが明確になりました。2日目はチームとしての雰囲気も良く、立ち上がりからチャンスが作れたため、4-2で勝利できました。

次に行った東京国際大学との練習試合は、結果的に1-6の大敗となりましたが、フィジカル面で大きな違いがあった大学生相手にも、選手は正面からぶつかっていきました。大学生も手を抜くことなく戦ってくれたため、判断の早さ、ゴール前での粘り強さといった課題が鮮明になったのは収穫でした。

活動の締めくくりとして、3月には第4回 J-VILLAGE CUP U-18に挑みました。継続的な活動によって、ボールを奪いにいくハイプレスと意図的に相手にボールを持たせるブロック守備の使い分けを選手が強く意識できました。また、選手から守備方法の提案が出るなど、勝利を目指して主体的に考えて動いてくれた結果、発足時に勝てなかった世代別代表に勝利。全勝という結果で優勝できました。

最後に、コロナ禍でU18高校選抜の活動だけでも大変な中、U17高校選抜の活動をはじめ選手に貴重な機会を作っていただいたことをとても感謝しています。ご尽力くださった皆さんのおかげで、選手は人として大きく成長できました。私自身も今回の経験を無駄にすることなく、自チームに活かしていきます。

ユース審判員育成活動のスタート

審判委員長
都立松原高校 **木川田博信**

高校サッカー選抜に従来のU18に加えU17チームが誕生した。世界で加速する若年層の育成に対応した試み。それは選手に限らず、審判員にも当てはまることだ。今回の合宿ではもうひとつ、高校サッカー選抜と同世代に当たる「ユース審判員」を育成する場も新たに設けられた。その目的と意義とは。

世界で進む審判員の若年化

日本代表のレベルアップには適切なレフェリングが必須であり、選手と同時に審判員のレベルアップも並行しなければならない。ゆえに若年層、特にユース世代の審判員育成の必要性は長いこと言われてきました。現在、世界のサッカーは高速化の一途をたどっています。選手たちはよりハードワークを求められ、よりタフな動きをするようになっています。その動きに審判もついていかなければなりません。必然的に若く優秀な審判員が求められるようになります。今の世界の審判員は20代前半にして国内のトップリーグで笛を吹き、20代半ばで国際審判員となり、30歳くらいからワールドカップの試合を任される例が増えてきました。

そんな現状を鑑みながら、ユース世代に接している我々高体連サッカー専門部でもなにかできることはないか、と模索を続けてきました。そして2022年(2021年度)、ユース審判員育成への取り組みが新たにスタートしました。

前向きで意欲的

あらゆる方面からユース審判員育成の要望をいただく中、2024年度から総体サッカー競技が固定開催となるタイミングで、審判もユース審判員を採用していく構想が生まれました。そこへ向けて動き出す際、高校サッカー選抜のトレーニングマッチを裁く審判員をユース審判員に任せ、経験を積ませたらどうか。技術委員長の蔵森先生からいただいたアドバイスから、今回の取り組みは始まりました。

まず全国から3級審判員の資格を取得している高校生を募集したところ、約20名の希望者が集まりました。そこからコロナ禍の状況や3度行われる合宿場所へのアクセスなどを考慮し、関東近郊から4名、関西から1名の計5名のユース審判員に来てもらい、U18とU17高校サッカー選抜とともに合宿を行いました。

実際に合宿を行ってみると、彼らの審判員に対する前向きで意欲的な取り組みに驚かされました。我々が用意したレクチャーなどの研修メニューを、目をキラキラ輝かせながら興味をもって聞き入ってくれる。話を聞いたところ、「国際舞台で笛を吹きたい」「Jリーグのレフェリーになりたい」という明確な目標、夢を持っている生徒たちばかりでした。

当初は高校サッカー選抜チームのコンディションなども考慮して、トレーニングマッチのアシスタントレフェリーから様子を見ていこうと考えていました。しかし彼らの熱意あふれる意欲的な姿勢を見て、思い切って最初から主審を任せてみることにしました。

感じた潜在能力と期待

実際に主審をしてもらうと、個々でレフェリングにばらつきはあったものの、全体的に堂々とした立ち居振る舞いを見せてくれました。5人ともこの時点で3級審判員の資格保持者でしたが、すぐにひとつ上の級の資格を取得できるような力量を見せてくれる生徒もいました。全国には審判になることを目指し、本気で取り組んでいる高校年代の生徒たちが少なからずいる。全国に目を向ければ、大きなポテンシャルを秘めた生徒たちがどれだけいるのだろう、という楽しみと期待を感じさせてくれました。

これまでも総体では、イレギュラーな形でユース審判員に副審や第4の審判を担当してもらうことはありました。今後、ユース審判員が総体でレギュラーとして笛を吹くようにするためには、心配な面もあります。高校生を対象に、毎年一定数のユース審判員が集まってくれるのか。いる、という保証はありません。しかし、ユース審判員育成に初めて取り組んでみて、全国には想像以上に希望者がいるという確信を得ました。今後は、こういった希望者たちをきちんと育てられる環境作りを続けていくことが必要だと考えています。

いずれ全国大会の舞台で

若い年代からレフェリングを身につけ、ゆくゆくは世界に対応できる審判員に。ユース審判員にはそれぐらいの夢を持ってほしいと思います。一方で、課題も感じています。高校年代から審判員に興味を抱いてもらうことはとても重要なことですが、選手経験が少ないまま若くして審判の世界に入ると、サッカー観が育っていないことがありえます。その場合、いかにサッカー観を身につけてもらうかは、ユース審判員育成における課題かもしれません。また、審判員に対する試合中の物言いが、時として心に傷を負わせる類のものである場合があります。高校年代でそれを経験してしまうと、審判員になりたいという意欲を根こそぎ奪いかねません。審判に対するリスペクトが日本でもっと成熟していくことが、若く優秀な審判員を育てる環境作りには不可欠だとも感じています。

今後も高校サッカー選抜と合わせてユース審判員育成の活動も続けていく予定です。この先、ワールドカップの試合で笛を吹くような生徒がこの活動から輩出されることを願っています。また、そこまでいかなくとも、1級審判員となって高校サッカーの全国大会の舞台で試合を任されるようになってもらえれば嬉しいです。実際、今回の合宿に参加した生徒のうちの一人は、高校サッカー選手権予選決勝で副審を務めたと聞きました。こういった動きが全国に広まるよう、これからも活動を続けていきます。

日本高校選抜とU17日本高校選抜の
合同写真（2023年1月、時之栖にて）

令和5年 日本高校選抜チーム活動告知

本年度からの高校選抜活動は、昨年度の活動を検証した結果『日本高校選抜（国内＋海外遠征）』『U17日本高校選抜（国内）』の2チーム編成で行うことにした。高校選抜は中断されていた海外遠征が3年振りに復活する。また、2023年1月に行われた今回の選抜合宿では、全国を対象にした高校生審判の研修合宿も併せて行われた。

日本高校選抜スタッフ

団長	**田内 成人**	全国高体連サッカー専門部副部長
監督	**仲村 浩二**	尚志高校
コーチ	**鈴木 勝大**	桐光学園高校
GKコーチ	**平田 俊英**	聖和学園高校
トレーナー	**鈴木 優**	BB Trainer's
ドクター	**森尾 秀徳**	
主務	**大渓 晃太**	大和西高校
主務	**宮坂 拓弥**	駒込高校

スケジュール

【2月7日〜12日】 NEXT GENERATION MATCH合宿
【2月11日】 FUJIFILM SUPER CUP 2023 NEXT GENERATION MATCH　横浜F・マリノスユース戦（国立競技場）
【2月28日〜3月4日】 第37回デンソーカップチャレンジサッカー茨城大会（茨城県）
【3月31日〜4月2日】 欧州遠征直前合宿
【4月3日〜12日】 ドイツ・デュッセルドルフ遠征

選考合宿参加者名簿

ポジション	氏名	氏名（カタカナ）	所属高校	学年
GK	佐藤 瑞起	サトウ ミズキ	東山	3
GK	上林 真斗	カンバヤシ マサト	昌平	3
GK	鈴木 健太郎	スズキ ケンタロウ	成立学園	3
GK	デューフ エマニエル 凛太朗	デューフエマニエル リンタロウ	流経大柏	3
DF	井上 斗嵩	イノウエ ツカサ	岡山学芸館	3
DF	新谷 陸斗	シンタニ リクト	東山	3
DF	坂本 翼	サカモト ツバサ	大津	3
DF	多久島 良紀	タクシマ ヨシキ	青森山田	3
DF	三橋 春希	ミツハシ ハルキ	青森山田	3
DF	齋藤 駿	サイトウ シュン	前橋育英	3
DF	山内 恭輔	ヤマウチ キョウスケ	前橋育英	3
DF	鈴木 大翔	スズキ ハルト	尚志	3
DF	大田 知輝	オオタ カズキ	帝京	3
DF	都築 駿太	ツヅキ シュンタ	流経大柏	3
MF	山田 蒼	ヤマダ アオイ	岡山学芸館	3
MF	木村 匡吾	キムラ キョウゴ	岡山学芸館	3
MF	真田 蓮司	サナダ レンジ	東山	3
MF	松橋 啓太	マツハシ ケイタ	東山	3
MF	笠置 潤	カサギ ジュン	神村学園	3
MF	田原 瑠衣	タバル ルイ	大津	3
MF	徳永 涼	トクナガ リョウ	前橋育英	3
MF	根津 元輝	ネヅ ゲンキ	前橋育英	3
MF	小池 直矢	コイケ ナオヤ	前橋育英	3
MF	篠田 翼	シノダ ツバサ	昌平	3
MF	吉満 迅	ヨシミツ ジン	尚志	3
MF	廣井 蘭人	ヒロイ ランド	帝京長岡	3
MF	野頼 駿介	ノヨリ シュンスケ	桐光学園	3
FW	今井 拓人	イマイ タクト	岡山学芸館	3
FW	小林 俊瑛	コバヤシ シュンエイ	大津	3
FW	小湊 絆	コミナト ツナ	青森山田	3
FW	山本 颯太	ヤマモト ソウタ	前橋育英	3
FW	高足 善	タカアシ ゼン	前橋育英	3
FW	塩貝 健人	シオガイ ケント	國學院久我山	3
FW	古田 和之介	フルタ カズノスケ	履正社	3
FW	福田 秀人	フクタ ヒデト	米子北	3
FW	諏訪 晃大	スワ コウタ	桐生第一	3

U17日本高校選抜スタッフ

団長	**髙澤 篤**	千葉県高体連サッカー専門部委員長
監督	**米澤 一成**	京都橘高校
コーチ	**有村 圭一郎**	神村学園高等部
GKコーチ	**大田 渉**	京都橘高校
トレーナー	**和泉 彰宏**	京都橘高校
主務	**加藤 悠**	東久留米総合

スケジュール

【3月1日〜4日】 強化合宿（静岡県）
【3月5日】 第38回静岡県ヤングサッカーフェスティバル
U-17静岡県ユース選抜戦（草薙総合運動場陸上競技場）
【3月16日〜21日】 第5回 J-VILLAGE CUP U18（福島県）

選考合宿参加者名簿

ポジション	氏名	氏名（カタカナ）	所属高校	学年
GK	平塚 仁	ヒラツカジン	岡山学芸館	2
GK	雨野 颯真	アマノソウマ	前橋育英	2
GK	中村 圭佑	ナカムラ ケイスケ	静岡学園	2
GK	中浦 悠大	ナカウラ ユウタ	京都橘	2
DF	碇 明日麻	イカリ アスマ	大津	2
DF	田辺 幸久	タナベ ヨシヒサ	大津	2
DF	山田 佳	ヤマダ カイ	前橋育英	1
DF	石川 穂高	イシカワ ホタカ	昌平	2
DF	上原 悠都	ウエハラ ユウト	昌平	1
DF	宮﨑 達也	ミヤザキ タツヤ	日大藤沢	2
DF	白石 蓮	シライシ レン	尚志	2
DF	市川 和弥	イチカワ カズヤ	尚志	2
DF	岩﨑 総汰	イワザキ ソウタ	浜松開誠館	1
DF	八巻 涼真	ヤマキ リョウマ	浜松開誠館	2
DF	梶 磨佐志	カジ マサシ	米子北	2
DF	塩川 桜道	シオカワ ハルミチ	流経大柏	2
DF	青谷 舜	アオヤ シュン	桐光学園	1
DF	野田 隼太郎	ノダ シュンタロウ	藤枝東	2
DF	田中 佑磨	タナカ ユウマ	佐賀東	1
MF	田邉 望	タナベ ノゾミ	岡山学芸館	2
MF	金城 蓮央	キンジョウ レオ	神村学園	1
MF	芝田 玲	シバタ レイ	青森山田	2
MF	谷川 勇獅	タニカワ ユウシ	青森山田	1
MF	土谷 飛雅	ツチヤ ヒュウガ	昌平	2
MF	長 準喜	オサ ジュンキ	昌平	2
MF	近藤 侑璃	コンドウ ユウリ	國學院久我山	1
MF	神田 拓人	カンダ ヒロト	尚志	2
MF	安斎 悠人	アンザイ ユウト	尚志	2
MF	仲田 堅信	ナカタ ケンシン	米子北	2
MF	松田 悠世	マツダ ユウセイ	桐光学園	2
MF	福永 裕也	フクナガ ユウヤ	京都橘	2
MF	宮地 陸翔	ミヤチ リクト	京都橘	1
FW	田口 裕真	タグチ ユウマ	岡山学芸館	2
FW	西丸 道人	ニシマル ミント	神村学園	2
FW	小田 晄平	オダ コウヘイ	昌平	2
FW	山本 吟侍	ヤマモト ギンジ	高川学園	2

2022年度高校生審判選抜合宿

参加者

❶山田 周	東京都／駒澤大学高校1年［3級］
❷渡邉 彪斗	静岡県／県立伊豆総合高校3年［3級］
❸林田 萌芽	広島県／修道高校2年［2級］
❹小崎 一心	三重県／県立四日市工業高校3年［2級］
❺中川 航	大阪府／府立住吉高校2年［3級］
❻木村 尚暉	徳島県／県立徳島科学技術高校1年［3級］

スタッフ

木川田 博信	都立松原高校
福島 崇	正則高校
俵 天希	都立南多摩中等教育学校
高田 直人	都立三鷹中等教育学校
小杖 勇輝	都立昭和高校

2022年1月8日～3月13日 令和3年度 第50回

U18日本高校選抜

2022 Japan High School Selection U18

第37回静岡県ヤングサッカーフェスティバル後。勝利の後で選手たちも充実の表情

▲U18とU17と合同の選考合宿。U18仲村監督（左）とU17蒲原監督（右）でともに準備
▼U18、U17という高校選抜2チームが同時活動という初の試み。選考合宿中も合同会議が開かれた

▲活動中には貢献事業として合宿地の子どもたちとのサッカー教室も。サッカーを通じ社会性を学ぶ
◀合宿地で楓の植樹も行った。サッカーができる環境のありがたさを身をもって感じる

2月12日 FUJIFILM SUPER CUP 2022　NEXT GENERATION MATCH

10:20キックオフ　40分ハーフ　日産スタジアム

U18日本高校サッカー選抜 0（0-1 / 0-0）1 川崎フロンターレU-18

▲後半、CBのチェイスを前線に上げパワープレーを試みるも不発

GK 佐藤瑠星

DF 田口空我／チェイスアンリ／馬場拓己／大川佳風

MF 薬師田澪／山市秀翔／藤森颯太／田澤夢積▶阪田澪哉

FW 松永颯汰▶大迫塁／守屋練太郎▶福田師王

▲右SBの田口は攻守に奮闘。後半6分にはクロスバーを直撃するシュートを放つ
▶右SHの藤森はセットプレーのキッカーも務め、積極的なプレーが光った

3月6日 第37回静岡県ヤングサッカーフェスティバル

14:00キックオフ　40分ハーフ　草薙総合運動場陸上競技場／得点者:福田（34、45分）

U18日本高校サッカー選抜 2（1-0 / 1-1）1 静岡県ユース選抜

GK 佐藤瑠星▶鮎澤太陽

DF 海老沼慶士／大川佳風▶佐々木奈琉／チェイスアンリ▶柳生将太／川副泰樹

MF 川口敦史▶松永颯汰／田澤夢積▶小泉龍之介／根津元輝／阪田澪哉▶藤森颯太

FW 福田師王▶守屋練太郎／大迫塁

▶チーム初ゴールに歓喜の輪が広がる
▼高校2年生で構成された相手に対し、安定した守備を見せつけた

▲昨年度から日本高校サッカー選抜に選ばれている福田が2得点

3月9日 第36回デンソーカップチャレンジサッカー 福島大会　グループA 第1節

9:30キックオフ　45分ハーフ　会場非公開

GK 佐藤瑠星
DF 馬場拓己
海老沼慶士▶田口空我
大川佳風
川副泰樹
MF 山市秀翔▶川口敦史
薬師田澪▶小泉龍之介
田澤夢積▶藤森颯太
根津元輝
阪田澪哉
FW 福田師王▶守屋練太郎

U18日本高校サッカー選抜 0 (0-2 / 0-1) 3 東海選抜

▲試合前の入念な戦術確認は大会を通して行われた
▼試合後には東日本大震災・原子力災害伝承館をチームで訪問

▲大学生相手に高さ勝負に持ち込まれ、攻撃も高い強度に阻まれた

3月10日 第36回デンソーカップチャレンジサッカー 福島大会　グループA 第2節

9:30キックオフ　45分ハーフ　会場非公開／得点者:松永（44分）

U18日本高校サッカー選抜 1 (1-1 / 0-0) 1 関東選抜B

▲前半終了間際、松永がこぼれ球を押し込み同点ゴール

GK 吉田優翔
DF 田口空我
柳生将太
海老沼慶士
佐々木奈琉
MF 小泉龍之介
薬師田澪
田澤夢積▶藤森颯太
FW 松永颯汰▶川口敦史
大迫塁▶山市秀翔
守屋練太郎▶チェイスアンリ

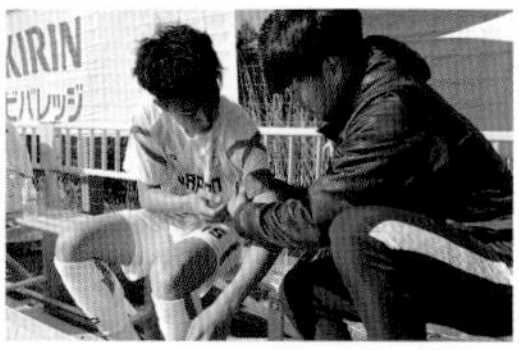

▲キャプテンマークを巻いた薬師田。この試合1-3-6-1にシステム変更した3バックの中心で活躍
▼第1節はU-21日本代表候補合宿参加のため不在だったチェイスも復帰

3月11日 第36回デンソーカップチャレンジサッカー 福島大会 グループA 第3節

9:30キックオフ　45分ハーフ　会場非公開

U18日本高校サッカー選抜 0（0-0 / 0-2）2 U-20全日本選抜

GK 佐藤瑠星
DF 田口空我▶佐々木奈琉
柳生将太
大川佳風▶海老沼慶士
チェイスアンリ
MF 山市秀翔
藤森颯太▶大迫塁
薬師田澪
根津元輝▶小泉龍之介
阪田澪哉
FW 福田師王▶守屋練太郎

◀2時46分。東日本大震災の犠牲となられた方々へ哀悼の意を表し黙禱
▼シュート4本に抑えられ退場者も出す中、阪田は2本のシュートを放つ積極性を見せた

▲相手には昨年度の日本高校サッカー選抜だった安斎颯馬の顔も。強豪相手に粘るも後半27分、ついに失点。その後安斎にも得点を許した

3月13日 第36回デンソーカップチャレンジサッカー 福島大会　7・8位決定戦

9:30キックオフ　45分ハーフ　会場非公開

U18日本高校サッカー選抜 0（0-1 / 0-2）3 プレーオフ選抜

▲毎試合、大幅にスタメンを変えながら臨んだ最終戦。守屋はチーム最多のシュート2本。誰が出ても一定のチーム力を発揮できることを証明した

GK 鮎澤太陽
DF 海老沼慶士
チェイスアンリ
佐々木奈琉
川副泰樹
MF 小泉龍之介
川口敦史▶藤森颯太
田澤夢積▶阪田澪哉
FW 松永颯汰▶田口空我
大迫塁▶薬師田澪
守屋練太郎

▲DFも全選手がくまなく出場。真剣勝負で大学生を相手にする守備はなによりの経験に
▼GK鮎澤ら、2年生にとってもU18日本高校サッカー選抜での体験は宝に

2022年1月8日～3月21日 令和3年度 第1回

U17日本高校選抜

2022 Japan High School Selection U17

第4回 J-VILLAGE CUP U-18で4連勝しての優勝後、歓喜の集合写真

▶福島合宿中はU18同様、東日本大震災・原子力災害伝承館の見学も行われた
▲合宿中の食事はビュッフェ形式。マスクとビニール手袋で新型コロナウイルス対策を徹底

▶30分×3本で行われたU18日本高校サッカー選抜との練習試合は、2、3本目で勝利
▲選考合宿では同じ合宿地だったU18日本高校サッカー選抜と練習試合。兄貴分の胸を借りた

3月18日　第4回 J-VILLAGE CUP U-18 予選第1試合

14:00キックオフ　45分ハーフ　Jヴィレッジ第3ピッチ／得点者:小林（5、21、71、80分）、真田（29分）

U17日本高校サッカー選抜 5（3-1 / 2-1）2 川崎フロンターレU-18

GK 藤澤芭琉
DF 鈴木大翔
津久井佳祐▶萩原聖也
新谷陸斗▶宝納拓斗
都築駿太▶保田成琉
MF 真田蓮司▶白井柚希
阪田澪哉▶田原瑠衣
名願斗哉▶篠田翼
徳永涼
FW 小林俊瑛
福田秀人▶澤田佳憲

◀大会初戦は雪
▼前半29分。真田が左足シュートを決め、前半で早くも3点リード

▲この試合4ゴールと大暴れの小林。先発起用の期待に応えた

3月19日　第4回 J-VILLAGE CUP U-18 予選第2試合

13:00キックオフ　45分ハーフ　Jヴィレッジ第3ピッチ／得点者:小林（37分）、福田（90分）

U17日本高校サッカー選抜 2（1-0 / 1-0）0 清水エスパルスユース

GK 佐藤安悟
DF 宝納拓斗▶新谷陸斗
保田成琉▶都築駿太
萩原聖也
豊田怜央▶鈴木大翔
MF 白井柚希▶徳永涼
真田蓮司▶津久井佳祐
田原瑠衣▶阪田澪哉
篠田翼▶名願斗哉
FW 小林俊瑛▶福田秀人
澤田佳憲

▲試合前ミーティング。話を聞く選手たちの表情は真剣そのもの
▶後半終了間際、福田がゴール。この試合の2点は2人のFWで挙げた

3月20日　第4回 J-VILLAGE CUP U-18 予選第3試合

11：30キックオフ　45分ハーフ　Jヴィレッジ第4ピッチ／得点者:小林（11分）、阪田（52分）

U17日本高校サッカー選抜 2（1-0 / 1-0）0 U-17日本代表

GK 藤澤芭琉▶佐藤安悟
DF 津久井佳祐▶宝納拓斗
新谷陸斗
都築駿太▶保田成琉
豊田怜央▶鈴木大翔
MF 白井柚希▶真田蓮司
田原瑠衣▶阪田澪哉
徳永涼
篠田翼▶名願斗哉
FW 小林俊瑛▶澤田佳憲
福田秀人

◀FWの小林はこの試合でも得点。予選の3試合6ゴールでエースに君臨
▼後半7分には囲まれながらも阪田が右足を振り抜いて追加点

▲後半から出場した名願は、予選2試合で3アシストを記録。注目された同世代代表との試合でも活躍

3月21日　第4回 J-VILLAGE CUP U-18 1位決定戦

10：00キックオフ　45分ハーフ　Jヴィレッジスタジアム／得点者:小林（50分）、阪田（79分）

U17日本高校サッカー選抜 2（0-0 / 2-0）0 履正社

▼後半34分、阪田が試合を決定づける2点目を決めてベンチへ走る。チームの雰囲気は最高潮に

GK 藤澤芭琉▶佐藤安悟
DF 宝納拓斗▶津久井佳祐
鈴木大翔
新谷陸斗
保田成琉▶都築駿太
MF 白井柚希▶徳永涼
田原瑠衣▶阪田澪哉
真田蓮司
篠田翼▶名願斗哉
FW 福田秀人▶澤田佳憲
小林俊瑛

▲変則的な大会形式とはいえ20チームの頂点に。優勝カップが新谷主将に渡される
◀解団式を経て合宿終了。第1回の活動は、非常に実り多きものになった

躍動の青い力 四国総体 2022
燃え上がれ我らの闘志 四国の大地へ

初参戦のプレミアリーグで磨かれた攻守発揮
前橋育英が13年ぶり夏の日本一！

帝京は惜敗も名門復活へ新たな一歩

決勝戦		
	前橋育英	1
	帝京	0

▲高さの利がある前橋育英はDF齋藤（駿、4番）らがセットプレーからゴールを狙うが、帝京はGK川瀬やDF陣が粘り強くゴールを守った
▶中盤を生命線とする両校。前橋育英MF徳永（中央）、帝京MF押川（左）はともに切り替えの速さと技術力で存在感を放った
◀後半35+4分、前橋育英FW高足がドリブルから右足シュートを決め、決勝点

決勝点を決めた前橋育英ＦＷ高足は胸の「10」をアピール。それまでチャンスを逸していたが、「10番としての意地を見せられた、と思います」

前半35+5分、帝京はカウンターから抜け出したDF大田が左足シュート。だがGK雨野が足で止め、前橋育英を救った

▲帝京は後半６分から得点ランキング首位タイのFW齊藤を投入。帝京は齊藤や押川ら怪我を抱える主軸が途中出場して奮闘したが……
▼前橋育英は2022年シーズンからプレミアリーグに参戦。山田監督は「今までよりも細部に」こだわってきたことも優勝の要因に挙げた

優勝　前橋育英

雨野颯真、茂木碧生、齋藤颯太、齋藤駿、斉藤航汰、山内恭輔、根津元輝、大久保帆人、小池直矢、高足善、井上駿也真、大澤脩人、杉山陽太、徳永涼、山本颯太、眞玉橋宏亮、山田皓生、堀川直人、青柳龍次郎、芦田悠真（背番合順。以下同じ）

準優勝　帝京

川瀬隼慎、島貫琢土、小林佳太、梅木怜、藤本優翔、大田知輝、松本琉雅、押川優希、橋本マリーク識史、伊藤聡太、山下凜、前濱就意、齊藤慈斗、山崎湘太、藤﨑巧士、大橋藍、横山夢樹、田中遥稀、前野翔平、並木雄飛

総体男子

帝京が19年ぶりの決勝進出
際の守備と多彩な攻撃光る

初の決勝目指した昌平は３度目の３位

昌平は準々決勝で右足首脱臼の大怪我を負ったDF津久井（J1鹿島加入）が欠場。涙の主将を藤島監督が慰める

準決勝

帝京 1
昌平 0

▶後半26分、帝京は交代出場のMF山下が右サイドでポストの跳ね返りを拾い、右足シュート。強烈な一撃をニアサイドへ突き刺した

▼昌平はともに２年生のDF石川（左）とDF佐怒賀が健闘。津久井主将は「CBの2人は自分以上にやってくれたと思います」と感謝

◀後半勝負の昌平はMF荒井（J1 FC東京加入、右）が鋭く前進。だが、帝京はDF島貫（左）が素晴らしいカバーリングを連発するなど無失点勝利

第3位

昌平

上林真斗、武村圭悟、上原悠都、津久井佳祐、石川穂高、佐藤海空斗、土谷飛雅、長準喜、小田晄平、荒井悠汰、篠田翼、田中瞭生、佐怒賀大門、佐々木小太朗、鄭志錫、葛西天河、伊藤風河、平叶大、大谷湊斗、三浦悠代

▶前橋育英がＰＫ方式の末、13年ぶりの決勝進出。交代出場のＧＫ大澤を中心に喜びを爆発させた

前橋育英が13年ぶりの決勝進出
劣勢から立て直し、PK方式で勝ち切る

前回準Vの米子北は効果的な守備で主導権握るも……

◀立ち上がり、米子北はプレッシングとブロックを意図的に使い分けた守備で主導権を握る。徐々に劣勢となったが、ＦＷ福田のシュートなどで1点を目指した

▶序盤はうまくいかないことが多かった前橋育英だが、立て直してペースを奪還。ＭＦ青柳（左）はＭＦ徳永とともに攻守の中心に

準決勝

前橋育英 0 ［4 PK 3］ **米子北 0**

先 米子北		PK		前橋育英
福田	○	1	○	根津
倉田	○	2	○	徳永
野田	×	3	○	小池
中井	○	4	○	青柳
森川	×	5		
畠山		GK		大澤

第3位

米子北

畠山壮哉、森川和軌、青戸幸輝、野田徹生、倉田大雅、上原颯太、浅野颯真、小橋川海斗、福田秀人、中井唯斗、小坂豪、森田尚人、音田英琉、長谷川暖、仲田堅信、梶磨佐志、西山飛源、藤原壮志朗、石倉亜連、田村郁颯

総体女子

粘り強さと勝負強さ発揮の大商学園が初優勝

延長後半終了間際に劇的な決勝点
十文字は倍以上のシュート17本も実らず、準Vに

決勝戦 大商学園 1-0 十文字

▶延長後半8分、大商学園FW亀井が右足でロングシュート。ボールは前めのポジションを取っていた相手GKの頭上を越え、決勝点となった
▼十文字は相手の8本の倍以上となる17本のシュートを放ったが、1点が遠かった

▲大商学園DF長尾主将が身体を張って浮き球を跳ね返す。集中した守りを90分間継続した
▶悲願の初優勝。試合終了の瞬間、大商学園は控え選手もピッチへ飛び出して大喜び

▲２度目の優勝を狙う十文字はFW氏原の2ゴールで関東勢対決を制した

▲日本航空が3人掛かりでボール奪取。準決勝で敗れたが、初の3位に

準決勝

十文字　2
日本航空 1

十文字が2度目の優勝へ王手

日本航空は惜敗も初の3位

大商学園が7年ぶりの決勝進出

準決勝

日ノ本学園は2度のリードも準決勝敗退に

▶優勝回数5度の日ノ本学園はMF藤原の2得点で2度リードを奪うも、逆転負けで3位に

大商学園 3-2 日ノ本学園

▲大商学園は前半24分、MF佐溝が右足シュートを決めて同点。逆転勝ちで7年ぶりの決勝進出

優勝　大商学園

井上加菜美、榎本いつき、太田美月、松浦加奈、田中美優、森和奏、佐溝愛唯、柳原さくら、亀井七奈、長尾ののか、安藤早英、新美沙弥、吉原汐音、鬼頭こはな、倉橋陽菜、藤田菜摘、井原凛、上原すずか、清水日茉莉、森のの子

準優勝　十文字

長谷川想、新井萌禾、米口和花、杉山遥菜、岡田恭佳、三宅万尋、太田千満、野村亜未、氏原里穂菜、野口初奈、千葉梨々花、浅香美結、村田あずき、菊池真唯子、村山茉美、安田優花、梅本恵、山﨑亜沙、早間美空、三谷友夏

第3位　日本航空

白鳥咲瑛、一瀬葵夢、城山にこ、北原歩奈、五味小暖、中野愛弓、沼中彩里、籏崎はるか、市村萌那、大島暖菜、常盤美琴、田中至野、吉田美のり、河西小夏、横田晴、土屋奈桜、杉本結月、蘆田木乃葉、伊藤咲良、佐藤マリー奈々美

第3位　日ノ本学園

赤羽柚寿、田中晴菜、菅原眞名、荻本里那、竹内あゆみ、本多瑠己、高城青空、金谷愛心、中村優那、新谷楓華、林織羽、高橋亜優、河西百花、伊藤沙奈、今井双葉、藤原良、渡邊絢音、岡林柚葉、古谷千佳子、久田優里愛

国体 少年男子

「いちご一会とちぎ国体 2022」
THE 77th JAPAN NATIONAL SPORTS FESTIVAL

いちご一会とちぎ国体
第77回 国民体育大会 夢を感動へ。感動を未来へ。2022

スタイル貫徹
神奈川県が8度目の全国制覇!
青森県は惜敗も初の決勝進出、準優勝

決勝戦

神奈川県	2
青森県	1

▶神奈川県は後半23分、MF加治佐が左足で決勝ゴール。右SBながら関東トレセンリーグ得点王を獲得している得点力を発揮した
▼神奈川県が2017年以来8度目の全国制覇。ボールを中心に多くの選手が係わり、最終的にゴールをこじ開ける「神奈川スタイル」で頂点に立った

青森県は前半31分、DF小沼の左サイドからの折り返しをMF浅野が決めて同点に追いつく
▲青森県は主将のDF山本を中心とした堅守、奪ったボールを大事につなぐ部分を初の決勝で表現。上田監督は「次は日本一を獲って欲しい」とエール

優勝
神奈川県

折原怜、笹歩睦、山中大輝、和田悠青、布施克真、香取武、上西遥喜、高橋友矢、白須健斗、望月耕平、德田佑真、山下将真、寺下翔和、加治佐海、吉沢実頼、埜口怜乃

準優勝 青森県

嶺翔莉、西尾啓汰、伊藤柊、山本虎、小沼蒼珠、山口元幹、澤田篤志、浅野瑠唯、大沢悠真、谷川勇獅、三浦陽、磯村颯、増田敢太、川口琥牙、野間風希、別府育真

国体少年女子

新設された少年女子は東京都が制す!

攻撃力示した静岡県が2位

決勝戦 東京都 2-1 静岡県

▶1点リードを守り抜いた東京都が優勝。優勝の瞬間、両手で顔を覆うMF夏目主将ら東京都の選手たちが喜びを爆発

▲後半2分、静岡県は右CKの二次攻撃からFW藤原が頭で同点ゴールを奪う

▶後半7分、東京都は左CKからMF新井（9番）が決勝ヘッド。十文字の新井は総体準優勝も、国体で〝優勝ゴール〟

◀前半25分、右サイドから攻め上がった東京都DF佐藤が右足で先制ゴール

優勝 東京都

中村菫、小島世里、佐藤美晴、中山結花、夏目真凛、山﨑亜沙、石浦和歌、大山真由奈、新井萌禾、筒井まつり、藤崎智子、鳥澤知香子、安西愛、梅本恵、福島茉莉花

準優勝 静岡県

伊藤美侑、小澤瑠奈、名木野桃嘉、弦間結月、脇川あかり、樋口梨花、弟子丸紗羽、松尾侑芽実、鈴木由真、木村未来、藤原凛音、田尻結菜、松浦芽育子、中島沙彩、宮路花菜

高円宮杯

高円宮杯 JFA U-18 サッカープレミアリーグ 2022 ファイナル

PRINCE TAKAMADO TROPHY JFA U-18 FOOTBALL PREMIER LEAGUE 2022 / FINAL

同点で迎えた後半16分、サガン鳥栖U-18は左サイドから流れるような崩しで最後はDF大里がフィニッシュ。逆転に成功する

3年ぶり開催のファイナルはサガン鳥栖U-18が初戴冠

◀前半44分、川崎フロンターレU-18は相手GKのこぼれ球をFW五木田が拾ったところを倒されPKを獲得。先制した

▲試合終了のホイッスルと同時にピッチに倒れ込んだ両チームの選手たち。最も感情を表していたのはトップ昇格を決めている川崎フロンターレU-18主将のMF大関だった

▶逆転ゴールからわずか2分後。ドイツのバイエルン・ミュンヘンへの移籍が決まっているサガン鳥栖U-18主将のMF福井が、高い位置でカットしたボールを自ら持ち込み3点目を決める

12月11日（日）国立競技場（晴のち曇）
（主）榎本一慶　（副）阿部将茂、桶本亨

キックオフ

川崎フロンターレU-18 2（1-1 / 1-2）3 サガン鳥栖U-18

（プレミアEAST1位）　（プレミアWEST1位）

得	S			背	背			S	得
0	0	濱崎	GK	21	1	GK	栗林	0	0
1	1	松長根	DF	3	2	DF	山本	0	0
0	1	高井	DF	4	3	DF	竹内	0	0
0	1	江原	DF	22	5	DF	今村	1	0
0	0	（信澤）	DF	13	11	DF	大里	2	1
0	1	土屋	DF	35	13	DF	松岡	0	0
0	0	大関	MF	⑩	19	MF	（先田）	0	0
0	0	大瀧	MF	14	4	MF	坂井	0	0
1	2	（岡崎）	FW	20	⑩	MF	福井	3	1
0	0	尾川	MF	17	7	FW	楢原	0	0
0	0	由井	MF	18	9	FW	堺屋	2	0
0	1	（浅岡）	DF	5	16	MF	（林）	0	0
0	0	志村	MF	25	17	FW	増崎	2	1
0	1	（柴田）	DF	32	6	MF	（鬼木）	0	0
0	0	五木田	FW	9					
2	8			9	GK	10		10	3
				4	CK	5			
				10	FK	10			
				1	PK	0			

【得点経過】

前半　44分　〔川〕PK松長根S
45+1分　〔サ〕山本～→福井→増崎S
後半　16分　〔サ〕増崎→楢原～→福井→楢原→大里S
18分　〔サ〕福井（インターセプト）~S
24分　〔川〕岡崎（インターセプト）→五木田→岡崎S

◀サガン鳥栖U-18は２０１９年末の参入戦プレーオフを制してプレミアリーグＷＥＳＴに昇格。以来、コロナ禍で中止や変則的なシーズンを２年間経て迎えた国立競技場でのファイナルだった

総体男子

令和4年度 全国高等学校総合体育大会
2022 JAPAN INTER HIGH SCHOOL ATHLETIC MEET

躍動の青い力 四国総体 2022
燃え上がれ我らの闘志 四国の大地へ

決勝は関東勢対決に
最近15大会で関東勢の優勝は12度目

▶徳島市球技場の2回戦前に開始式が行われ、徳島市立MF織田主将が「最後まで全力でプレーすることを誓います」と選手宣誓

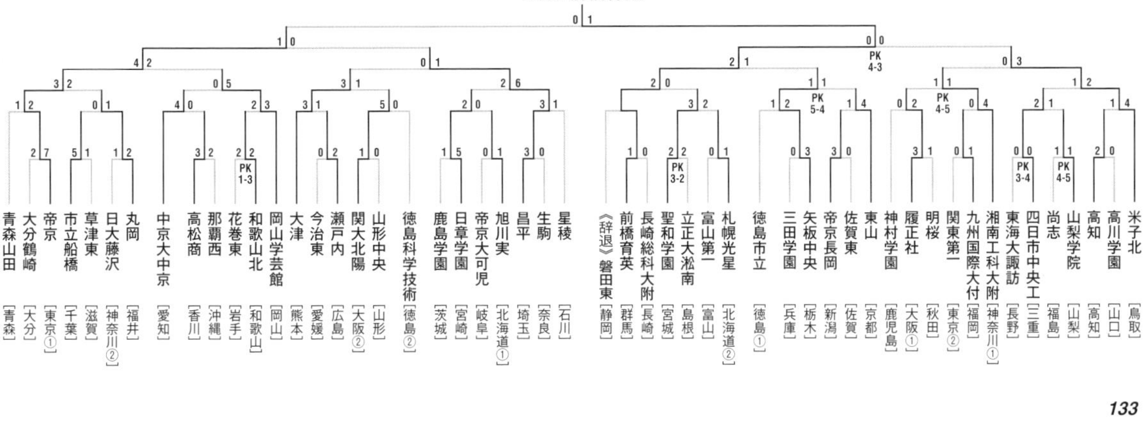

総体男子 1回戦

24年ぶりに四国開催の総体開幕
四国勢では高松商と高知が初戦突破
初出場3校は初白星ならず

市立船橋 5
草津東 1

最多優勝9度を誇る市立船橋が初戦突破。GKドゥーリー主将が飛び出し、ハイボールに対応する

帝京は2007年以来となる総体での白星。FW齊藤はハットトリックを達成した

帝京 7-2 大分鶴崎

▲丸岡は後半31分に追いつくと、さらに34分、FW小関が強烈な右足シュート。本人も「びっくり」と驚く決勝点によって逆転勝ちした

▶CBとの"二刀流"で注目された日大藤沢の198㎝ FW森重（J1清水加入）はPKで全国初ゴールも悔しい逆転負け

丸岡 2
日大藤沢 1

高松商 3-2 那覇西

高松商DF柴村（左）がタックルを決める。開催地の隣県・香川の伝統校が10年ぶりの初戦突破

◀和歌山北は終盤に追いつかれたが、PK方式で2回戦進出。4人目のキッカー・MF田中が右足シュートを決めて決着
▼元日本代表主将・柱谷テクニカルアドバイザーらの指導を受ける花巻東が初出場。初陣は黒星もFW中村のゴールなど2得点

和歌山北 2 [3 PK 1] 花巻東 2

先 花巻東	PK	和歌山北
加藤 ×	1	○ 岩瀬
遠藤 ×	2	○ 竹谷
工藤 ×	3	× 西野
藤原 ○	4	○ 田中
高橋	GK	久保西

瀬戸内が21年ぶり出場の今治東に2-0で勝利。推進力のある動きを見せたFW野上（右）は先制点をアシスト

瀬戸内 2
今治東 0

山形中央のGK清水が身体を張った守備。だが、後半35分の失点で21年ぶりの白星には届かず

日章学園 5
鹿島学園 1

２年連続で同カードとなった日章学園対鹿島学園は、前回大会に続き日章学園が勝利。MF金川（J3宮崎加入）は先制点を叩き出した

北陽時代の1978年大会で優勝している関大北陽が初戦突破。チームメートの応援を力に変え、劇的な白星

関大北陽 1
山形中央 0

旭川実 1
帝京大可児 0

▶初戦から激しい攻防戦の連続。1点差、PK方式での決着が合わせて11試合もあった

▶前半15分、旭川実MF渡辺が先制点を喜ぶ。北海道王者が難敵を振り切り、初戦突破を果たした

昌平 3-0 生駒

後半15分、昌平はDF津久井主将がヘディングシュートを決めて3点目。堅守も発揮した昌平は被シュート2本で快勝した

初出場の生駒は強豪相手に健闘。主将のMF横路がボールを奪って前進する

聖和学園 2 [3 PK 2]
立正大淞南 2

先 立正大淞南		PK		聖和学園
永澤	○	1	○	益田
矢野	○	2	○	近藤
三輪	×	3	○	小野
野田	×	4	×	増川
坂井	×	5		
塚田		GK		菅井

◀前半25分、FW香西がPKを決めて勝ち越し。立正大淞南はハイプレスと鋭い仕掛けで優位に立つも、白星は掴めなかった

▼聖和学園はPK方式でGK菅井が3本連続セーブの離れ業。11年ぶりとなる夏の1勝

前橋育英 1
長崎総科大附 0

1回戦屈指の好カードは前橋育英が勝利。長崎総科大附の3バックから徹底マークを受けていたFW小池が、後半にゴールをこじ開けた

札幌光星は1994年以来となる総体出場。2019年大会準優勝の富山第一を下し、1985年以来となる全国1勝

札幌光星 1-0 富山第一

堅守・矢板中央が強度の高い守備で三田学園を封鎖。無失点で2回戦進出を決めた

矢板中央 3
三田学園 0

▲プレミアリーグ所属の履正社は同点を許すも、初戦突破。1回戦に出場したプレミアリーグ勢は3チーム全て2回戦へ
▼前半11分、明桜がFW臼田(9番)の同点ゴールを喜ぶ。1989年以来の総体出場で好勝負を演じた

履正社 3
明桜　 1

帝京長岡 3-0 佐賀東

帝京長岡はU-17日本代表MF廣井の先制点などで快勝。選手権では2度3位に入っているが、総体は6度目の挑戦で待望の初白星

▲関東第一は初の4強入り、無念の準決勝辞退を経験した選手権に続く全国出場。経験者のDF矢端主将を中心に勝利を目指した

九州国際大付 1-0 関東第一

▲九州国際大付は後半33分、"切り札"のFW山本が先制点。初出場した2013年大会に続く初戦突破を果たした

四日市中央工 0 [4 PK 3] 東海大諏訪 0

PK方式6人目、四日市中央工GK鈴木が右へ跳んでストップ。2人連続失敗から巻き返した名門校が2回戦へ進出した

先 四日市中央工		PK		東海大諏訪
平尾	×	1	○	斉藤
野崎	×	2	×	桑原
川北	○	3	○	バスネット
及川	○	4	○	藤森
片岡	○	5	×	岡本
古谷	○	6	×	井上
鈴木		GK		栗原

2回目出場の東海大諏訪は初勝利目前に迫ったが、8年前と同じくPK方式で初戦敗退に

山梨学院 1 [5 PK 4] 尚志 1

先 尚志		PK		山梨学院
白石	○	1	○	小棚木
岡野	○	2	○	臼田
若林	○	3	○	庄司
鮎澤	×	4	×	歳藤
山田	○	5	○	宮岡
鈴木(大)	×	6	○	野田
鮎澤		GK		長谷川

韮崎FWとして選手権などで活躍した羽中田監督が指揮を執る山梨学院が、2018年以来の出場。終盤に追いつかれたが、PK方式の末に1勝

高知 2-0 高川学園

▶選手権3位の高川学園は決定力を欠いて無得点。我慢強く戦った高知が後半の2ゴールで白星を収めた

◀気温35度を超える厳しい環境の中、マネージャーも全力でチームをサポート

総体男子 2回戦

前年度夏冬全国優勝の青森山田が初戦敗退
帝京が逆転で王者の連覇阻止

地元・徳島勢、前回3位の星稜、神村学園なども初戦で姿消す

▲選手権優勝6回、総体優勝３回の名門・帝京が、前年度の総体、選手権を制した青森山田を撃破。後半24分、主将のFW伊藤が右足シュートを決め、決勝点

▲青森山田は前回大会でもゴールを決めているエースFW小湊が技ありの先制点。チームを勢いづけたが……

◀帝京は後半5分、右クロスからニアサイドへ飛び込んだMF松本が同点ヘッド。歓喜の咆哮

帝京 2-1 青森山田

中京大中京 4-0 高松商

2回戦から登場の中京大中京が、連戦の高松商相手に会心の白星。9年ぶりに3回戦進出

丸岡 1
市立船橋 0

後半34分、FW伊藤が劇的な決勝点。連動した守備、素早い攻撃と、特長を発揮した丸岡がプレミアリーグ勢から白星を勝ち取った

▼関大北陽がDF大平主将のゴールを喜ぶ。5得点、被シュート3本で快勝した

▼徳島科学技術は開催県第2代表として初出場。苦しい戦いとなったが、最後まで諦めずにプレー

関大北陽 5
徳島科学技術 0

岡山学芸館 3
和歌山北 2

後半13分、岡山学芸館は精度の高いキックを特長とするMF岡本が、左足シュートを決めて決勝点

大津 3
瀬戸内 1

▶瀬戸内MF江川は間接FKから鮮やかなコントロールショットを決めたが、2回戦で涙

▲大津の強みは選手層の厚さ。同点に追いつかれた1分後の後半31分、交代出場のMF岩崎（左端）が縦への仕掛けから決勝点を決めた

日章学園 2-0 旭川実

日章学園は2年連続でベスト16入り。DF工藤（左）とDF蔵屋が相手を挟み込む形でボールを奪う

昌平 3-1 星稜

昌平は前回大会3位の星稜を撃破。2得点のMF篠田は大会を通して4得点をマークし、得点王（他2人）に

後半35+2分に追いつかれた聖和学園はその5分後、ゴール前のこぼれ球をDF玉腰がプッシュ。再び勝ち越して白星をもぎ取った

聖和学園 3
札幌光星 2

前橋育英 **中止** 磐田東

※磐田東が出場を辞退。前橋育英が3回戦へ進出

矢板中央 2
徳島市立 1

▲徳島市立は後半35+3分、ロングスローの流れからFW林が同点ゴール。地元で意地を見せたが……

▶矢板中央は開催県第1代表の徳島市立を撃破。MF高橋（海）の決勝点は得意のロングスローから生まれた

▼帝京長岡は前半14分、2年生FW堀のゴールで先制。だが、後半の失点後はチャレンジする姿勢を欠いてしまった

▲東山は後半に怒濤の4ゴール。後半11分、勝ち越し点を決めた日本高校選抜MF阪田（J1C大阪加入）が両手を掲げて喜ぶ

東山 4-1 帝京長岡

湘南工科大附 4
九州国際大付 0

湘南工科大附はしたたかに相手の背後を突いたMF大木が大暴れ。後半33分には右足ループを決めてハットトリック達成

▶履正社のＦＷ古田主将は相手ＳＢの背後を的確に、繰り返し突いてチャンスメイク。１ゴール１アシストの活躍でチームを勝利へ導いた

履正社 2
神村学園 0

◀全国制覇への強い思いを持つ神村学園MF大迫主将（J1C大阪加入）は悔し涙が止まらず
▶神村学園はコロナ禍によるコンディション不良の影響で動きが重く、前回大会得点王のエースFW福田も無得点で敗退に

前半35+3分、四日市中央工はエースFW平尾がシュートのこぼれ球を頭でゴール。後半にもカウンターから2点目を挙げた

四日市中央工 2
山梨学院 1

米子北 4-1 高知

前回大会決勝で逆転負けの米子北がまず1勝。前半33分にDF野田主将が先制点を決めるなど4ゴールで高知を圧倒した

総体男子 3回戦

3試合が逆転、2試合がPK方式で決着

関西勢は8年ぶりに8強ゼロに

▲帝京は後半35+10分に劇的な決勝点。「（全国）トップレベルでキックがうまいんじゃないか」と自負するMF田中（18番）が右足FKを直接決めた

▼丸岡はFW小関が混戦から抜け出す形で2ゴール。だが、小阪監督が「どこかで勝負に対して甘かった」と指摘する課題が出て逆転負け

帝京 3
丸岡 2

大津 3
関大北陽 1

大津は前半7分にFW山下（基）がヘディングシュートを決めるなど快勝。2年連続、公立校では唯一の8強入りを果たした

前半35+2分、岡山学芸館は縦パスを受けたMF木村（匡）が素早いターンから左足を一閃。見事なミドルシュートを決め、大量得点の口火を切った

岡山学芸館 5-0 中京大中京

昌平 6-2 日章学園

◀昌平は一時リードを許す展開。だが、交代出場MF佐々木（左端）の2得点など、後半23分からの11分間で5得点を奪い、逆転勝ち
▶日章学園は「もっと上のステージで」と意気込む1年生MF川越が奮闘。後半15分に勝ち越し点を決めたが…

湘南工科大附 1［5 PK 4］
履正社 1

先 履正社		PK		湘南工科大附
古田	○	1	○	三觜
名願	×	2	○	高橋
東尾	○	3	○	伊藤
小田村	○	4	○	中山
西坂	○	5	○	三浦
ジョン		GK		岩崎

▶U−17日本高校選抜でも活躍した履正社MF名願（J1川崎F加入）は初の全国大会出場。ベストではなかったが、鋭いドリブルで魅せた

▼湘南工科大附は41年ぶりの8強。密集での奪い返しから、的確なポジショニングとパスという持ち味を発揮し、プレミアリーグ勢を撃破

矢板中央がPK方式を制し、初の準々決勝進出。MF田邉主将（左）は先制ヘッドに加え、中盤で推進力のあるプレー

矢板中央 1［5 PK 4］
東山 1

先 東山		PK		矢板中央
真田	○	1	○	畑岡
阪田	○	2	○	田邉
仲里	○	3	○	勝田
松橋	○	4	○	木村
新谷	×	5	○	坂本
佐藤		GK		上野

前橋育英 2-0 聖和学園

前橋育英は攻撃的な左SBの山内が得意の左足で先制点。幼い頃から2人の兄と練習してきたという武器を大舞台で発揮

米子北 2
四日市中央工 1

好ゲームは奪い返しの速さなど細部で差をつけた米子北に軍配。後半26分、投入されたばかりのFW森田が決勝ヘッド

総体男子 準々決勝

関東勢3校が4強入り

米子北は2年連続で準々決勝突破

帝京 4
岡山学芸館 2

▶立ち上がりからボールを支配して攻めた帝京が、ＤＦ大田の2ゴールなどセットプレーの強さも見せて快勝。東京都勢では7年ぶりの4強

◀岡山学芸館は初の準決勝には届かなかったものの、ＦＷ田邉が次へ繋げる2ゴール

▶大津はU-19日本代表候補の191㎝ＦＷ小林の高さも活かして攻めたが、シュート12本で無得点。小林は「決めるという気持ちが劣っていた」

昌平 1
大津 0

◀昌平はDF津久井主将が前半に負傷交代するアクシデント。特に後半は押し込まれたが、U-16日本代表DF上原(右)らが集中した守り

▼後半、ゴールカバーした昌平MF長が頭でスーパークリア。1-0での粘り勝ちに藤島監督は「これも良い経験になる」

総体男子 準々決勝

▼前橋育英は立ち上がりに失点したものの、相手の高さに対して集中力を欠かさずに対応。逆転勝ちに結びつけた

前橋育英 2
矢板中央 1

▲矢板中央DF木村が「自信はあります」というロングスローで3試合連続アシスト。ファーポストまで届く武器で対戦相手の脅威となった

▶前橋育英は後半16分、MF山田（中央、奥）が右サイドからシュートを決めて逆転。5年ぶりの準決勝進出を果たした

米子北 3
湘南工科大附 0

◀米子北は前半8分、ハイプレスで相手のミスを誘発し、FW小橋川が先制点。「次から繋ぐのは難しくなるような奪い方」（中村監督）で流れを引き寄せた

▼米子北のMF石倉は前半7分に緊急出場。その9分後にゴールを決め、チームに勢いをもたらした

◀35年ぶりに出場の湘南工科大附はMF小島らを中心に繋ぐスタイルを徹底して2勝。室井監督は経験を持ち帰り、「彼らとまた作っていきたい」

令和4年度
全国高等学校総合体育大会記録一覧

第1回戦　7月24日（日）　ヨコタ上桜スポーツグラウンド（吉野川市多目的グラウンド）（晴）

（主）大久保秀斗　（副）岡田司，小林清訓

大分鶴崎（大分県）　**2**（0-4 / 2-3）**7**　**帝　京**（東京都第1）★

得	S	学		背		背		学	S	得
0	0	③	三　宮	1	GK	1	川　瀬	②	0	0
						16	（大橋）	①	0	0
0	0	③	廣　川	2	DF	2	島　貫	③	0	0
0	0	②	（奥田）	19		3	（小林）	③	0	0
0	0	③	井　上	3		4	梅　木	②	0	0
0	0	❸	遠　山	4		12	（前濱）	③	0	0
0	0	②	衛　藤	5		6	大　田	③	0	0
						20	並　木	③	0	0
0	0	②	高　橋	6	MF	7	松　本	③	2	1
0	1	③	伊　東	7		17	（横山）	②	2	1
0	0	③	増　田	8		8	押　川	③	1	0
						18	田　中	③	3	1
1	1	②	楠　元	9	FW	9	橋　本	③	0	0
1	2	③	川　野	10		11	（山下）	③	0	0
0	0	③	水　本	11		10	伊　藤	❸	1	1
0	0	②	（大川）	14		13	齊　藤	③	6	3
2	4			8	GK	8			15	7
				1	CK	5				
				10	FK	7				
				1	PK	0				

【得点】
前半 9分〔帝〕**田中**
〃 16分〔帝〕**齊藤**
〃 34分〔帝〕**松本**
〃 35+4分〔帝〕**齊藤**
後半 4分〔帝〕**伊藤**
〃 10分〔大〕**楠元**
〃 21分〔帝〕**齊藤**
〃 27分〔帝〕**横山**
〃 29分〔大〕**川野**

▼警告
〔大〕衛藤

■帝京，大分鶴崎の反撃許さずに7得点

大分鶴崎は1–4–3–3，対する帝京も1–4–3–3のシステム。守備時に大分鶴崎はMF増田が前線に，帝京はMF押川がMF田中と2ボランチぎみで，お互いに1–4–4–2のDFラインを形成。立ち上がりはシンプルに相手の背後を狙う攻撃を仕掛ける。前半9分，帝京はFW齊藤の突破からFKを獲得すると，田中が直接ゴールネットを揺らし先制。大分鶴崎は，奪ったボールをシンプルにFW楠元に集めてチャンスを作るも，ゴールまでは至らず。押し込む帝京が前半を4–0で折り返した。後半に入り，大分鶴崎は前線からの守備が機能し始め，高い位置でボールを奪いチャンスを作っていく。7–1とされた29分にFW川野がPKを決めて7–2とし，粘り強い守備で反撃を試みるも，帝京が勝利した。

戦評　藤本貴大（神山中学校）

第1回戦　7月24日（日）　鳴門・大塚スポーツパーク球技場（晴）

（主）河野航大　（副）伊勢裕介，植田隆浩

★**市立船橋**（千葉県）　**5**（3-1 / 2-0）**1**　**草 津 東**（滋賀県）

得	S	学		背		背		学	S	得
0	0	❸	ドゥーリー	1	GK	17	西　野	③	0	0
1	1	③	藤　田	2	DF	3	西　脇	③	0	0
0	0	③	懸　樋	4		4	篠　原	③	1	0
0	0	②	佐　藤	13		5	西　村	③	0	0
0	0	②	内　川	16		6	渡　邉	③	1	0
						19	梅　辻	②	0	0
						9	（権田）	③	0	0
0	1	③	北　川	6	MF	8	竹　下	③	1	1
0	0	①	（峯野）	19		10	河　合	❸	1	0
2	2	③	丸　山	7		12	中　野	③	0	0
0	1	③	（土岐）	8		2	（山本）	③	0	0
0	1	③	渡　邉	11						
0	0	③	（桒原）	3						
0	0	②	白　土	15						
1	4	③	青　垣	9	FW	11	河　野	③	1	0
1	1	②	（佐々木）	20		18	森	③	1	0
0	1	②	郡　司	10		7	（伊藤）	③	0	0
0	0	③	（イジェンバ）	14		20	（宮本）	③	0	0
5	12			5	GK	5			6	1
				1	CK	2				
				13	FK	8				
				0	PK	0				

【得点】
前半18分〔市〕**青垣**
〃 30分〔草〕**竹下**
〃 33分〔市〕**藤田**
〃 35+5分〔市〕**丸山**
後半 9分〔市〕**丸山**
〃 35+3分〔市〕**佐々木**

▼警告
〔草〕西脇

■徐々にペース握った市立船橋

序盤は互いにロングボールを活用し，リスクの少ない入りとなる。草津東はMF竹下を起点に左サイドからチャンスメイク。対して，市立船橋は中盤で前を向く場面が増え始め，前半17分にMF丸山の突破から先制点が生まれる。草津東はクロスを徹底してファーサイドに送り続けると，クーリングブレイク後，グラウンダーのクロスを受けた竹下がDF2人をかわして同点ゴール。その後，市立船橋は両インサイドハーフが積極的に中央に入ってリズムを作ると，前半を3–1で折り返した。後半立ち上がりから再び市立船橋がペースを握る。FW郡司，MF丸山がボールを運び，草津東DFの圧力がかかりにくくなり始める。草津東は選手交代で長身の選手をFWに投入し，流れを変えようと試みたが市立船橋が5–1で勝利した。

戦評　森大樹（板野中学校）

第1回戦　7月24日（日）　鳴門・大塚スポーツパークポカリスエットスタジアム（晴）

（主）深谷聡一　（副）北沢倫章，山口亮太

日大藤沢（神奈川県第2）　**1**（1-0 / 0-2）**2**　**丸　岡**（福井県）★

得	S	学		背		背		学	S	得
0	0	❸	岡　本	1	GK	17	清　水	②	0	0
0	0	②	宮　﨑	4	DF	3	渡辺(颯)	③	0	0
0	0	②	尾　野	5		4	鷲　見	③	1	0
0	0	②	坂　口	13		5	山　田	❸	2	0
0	1	③	楠　本	14						
0	1	③	野　澤	6	MF	6	徳　山	③	1	1
0	0	③	宗　次	7		7	岡	③	0	0
0	1	②	安　場	10		8	奥　村	②	0	0
0	1	③	（岸本）	20		14	渡辺(祥)	②	0	0
0	1	③	岡　西	8	FW	10	伊　藤	③	1	0
0	0	③	（有竹）	9		11	小　関	③	1	1
0	2	③	仲　川	11		16	川　下	②	0	0
0	1	②	（会津）	17		13	（名倉）	③	0	0
1	4	③	森　重	19						
1	12			6	GK	6			6	2
				3	CK	1				
				10	FK	12				
				1	PK	0				

【得点】
前半14分〔日〕**森重**
後半31分〔丸〕**徳山**
〃 34分〔丸〕**小関**

■丸岡が終盤2得点で逆転勝利

日大藤沢は1–4–5–1，丸岡は1–4–4–2の布陣でスタートした。序盤，丸岡が両翼に展開し，右SH川下，左SH伊藤へボールを集め，積極的な仕掛けを繰り返し，主導権を握った。対する日大藤沢はCB宮﨑を中心に安定した守備を見せた。前半14分，198cmの長身FW森重へボールを集めていた効果が出る。バイタルエリア左で森重が起点となり，抜け出したMF安場へスルーパス。丸岡GK清水が反応するも交錯しPKを得ると，森重が落ち着いて決めて先制した。先制点を許した丸岡だが，セカンドボールの回収率が高く，二次攻撃に厚みがある。前半終盤まで丸岡のペースとなる。後半，丸岡はミドルサードで長短のパスを繋ぎながら両SHの仕掛けのタイミングを作り出す。31分，DF山田のロングスローからゴール前の混戦に反応したMF徳山が押し込み，同点弾。続く34分，FW小関がペナルティエリアへ進入した所からニアサイドへシュートを突き刺す。この得点が決勝点となった。

戦評　新村世紀（逗子高校）

第1回戦　7月24日（日）　徳島市球技場第２競技場（晴）

（主）高永至　（副）山崎智貴，野村尚太郎

高松商（香川県） **3**（1-0 / 2-2）**2** **那覇西**（沖縄県）★

得	S	学		背		背		学	S	得
0	0	③	広瀬	1	GK	1	新垣(碧)	③	0	0
1	1	③	浅井	2	DF	2	田場	②	0	0
0	0	③	青木	3		4	小原	③	0	0
0	0	②	柴村	4		5	新垣(大)	③	0	0
0	0	③	市原	5						
0	1	③	(鍋島)	7						
0	3	②	神	6	MF	7	山川	②	2	0
0	1	❸	浜浦	8		8	赤嶺	③	0	0
0	2	③	百々	9		10	外間	❸	1	0
2	2	②	秋山	13		13	比嘉	③	0	0
0	0	②	(谷口)	14		15	(高嶺)	③	1	1
0	0	①	櫨林	15		14	仲里	③	1	0
0	1	①	(清水)	20						
0	1	②	木村	11	FW	11	石川	③	1	1
0	2	①	(星野)	17		20	(玉城)	②	0	0
						17	頭山	②	3	0
						9	(新城)	③	0	0
3	14			5	GK	11			9	2
				0	CK	8				
				5	FK	8				
				0	PK	0				

【得点】
前半35+7分〔高〕**秋山**
後半 3分〔高〕**浅井**
〃 5分〔那〕**石川**
〃 20分〔高〕**秋山**
〃 30分〔那〕**高嶺**

■高松商が那覇西の追走を振り切る

高松商は1-4-4-2のシステムで，攻撃ではリスクを回避しながらシンプルに前線に送り，2トップの連係でゴールを目指す。守備ではブロックを形成し，高い位置でボールを奪ってからのショートカウンターを狙う。那覇西は1-4-5-1のシステムで4バックから丁寧にビルドアップし，MF外間を中心とした中盤の数的優位を活かした攻撃でペースを掴みにかかる。膠着状態が続くが，前半アディショナルタイムに高松商が先制。後半立ち上がりに高松商が追加点も，那覇西も直後にFW石川が決め2-1とする。オープンな展開になってきた20分，高松商MF秋山のミドルシュートが決まりリードを広げる。那覇西もサイドの連動した崩しが増えゴール前まで運べるようになり，1点差まで迫るがタイムアップを迎えた。

戦評　山部晃（倉敷古城池高校）

第1回戦　7月24日（日）　JAアグリあなん運動公園陸上競技場（晴）

（主）宮城竜人　（副）大塚一輝，秦泉寺力

★**花巻東**（岩手県） **2**（1-1 / 1-1）**2** **和歌山北**（和歌山県）
1 PK 3

得	S	学		背		背		学	S	得
0	0	③	坂上	1	GK	1	久保西	③	0	0
0	0	①	(高橋)	12						
0	0	③	菊地(大)	2	DF	3	松尾	③	1	0
0	0	③	遠藤	3		4	西野	③	0	0
0	1	③	及川	4		5	西垣内	③	0	0
0	1	③	船山	13		20	近藤	②	1	1
0	0	③	八重樫	5	MF	6	田中	③	1	0
0	0	②	(岩渕)	20		7	竹谷	③	2	0
0	0	③	加藤	7		8	岩瀬	③	1	0
1	1	③	工藤	8		10	森井	❸	1	0
0	1	❸	作山	10	FW	12	奥村	③	3	1
0	0	②	(吉田)	14		11	(柴田)	③	0	0
1	2	③	中村	11		19	宮尾	③	0	0
0	1	③	加々美	18		15	(三谷)	③	1	0
0	1	③	(藤原)	9						
2	8			8	GK	12			11	2
				2	CK	4				
				7	FK	9				
				0	PK	0				

【得点】
前半13分〔花〕**中村**
〃35+1分〔和〕**近藤**
後半10分〔和〕**奥村**
〃 27分〔花〕**工藤**

■ペース握った和歌山北，PK方式で勝利

立ち上がりはお互いにシンプルに相手DFラインの背後にロングボールを入れ主導権を握ろうとする。花巻東はFW作山を起点に組み立て，和歌山北は左サイドのMF岩瀬を起点に仕掛ける。和歌山北は背後への動き出しでできたスペースに縦パスを入れ，サイドに展開したり，突破を試みながらペースを握る。だが，花巻東がMF加藤のクロスをFW中村がヘディングで決め先制。その後は中盤からブロックを作ってボールを奪い，組み立てる和歌山北のペースで試合が進み，岩瀬の突破から得たCKを決め追いついた。後半も和歌山北がペースを握り，FW宮尾のクロスからFW奥村が追加点を奪う。花巻東は徐々にボールポゼッションが安定。アンカーやシャドーへの縦パスを意識しながらサイドに展開し，MF工藤が決めて追いつく。PK方式の結果，和歌山北が勝利した。

戦評　大須賀淳志（新宮高校）

第1回戦　7月24日（日）　徳島市球技場第１競技場（晴）

（主）蜂谷冬陽　（副）田中将人，林航太朗

今治東（愛媛県） **0**（0-1 / 0-1）**2** **瀬戸内**（広島県）★

得	S	学		背		背		学	S	得
0	0	②	井門	12	GK	1	大木	③	0	0
0	0	③	竹内	2	DF	2	池田	③	0	0
0	0	③	加地	4		3	岩崎	③	0	0
0	1	③	佐伯	8		5	高橋	③	0	0
0	0	③	小松	19						
0	1	❸	越智	6	MF	6	川本	③	0	0
0	1	③	今井	7		7	江川	③	0	0
0	0	①	(高瀬)	15		17	渡辺	②	0	0
0	2	③	髙橋	10		20	(長村)	①	0	0
0	0	③	薦田	14						
0	0	①	(岡田)	20						
0	0	②	樋口	9	FW	8	佐野	③	1	0
0	0	③	(上田)	17		15	(美籐)	②	0	0
0	4	②	大荒	11		9	野上	③	3	0
						18	(小田)	②	0	0
						10	澤田	❸	2	1
						11	(浦岡)	③	1	1
						14	山口	③	0	0
						19	(新井)	②	1	0
0	9			10	GK	10			8	2
				2	CK	4				
				8	FK	0				
				0	PK	0				

【得点】
前半27分〔瀬〕**澤田**
後半34分〔瀬〕**浦岡**
▼警告
〔今〕越智

■瀬戸内，粘る今治東を突き放す

今治東は1-4-1-4-1，対する瀬戸内は攻撃時1-3-6-1，守備時は4バックになる可変システムで試合開始。立ち上がり，今治東は高い位置からプレスをかけボールを奪いゴールを狙いにいく。瀬戸内も序盤は今治東のプレスに慌てていたが，時間とともに落ち着きを取り戻し，丁寧にボールを動かし相手を崩して得点を奪いにいく。瀬戸内はMF江川を起点に，2シャドーが今治東のアンカーの脇で受けての展開や，FW野上のスピードを活かし背後を突くなど，相手に的を絞らせない攻撃を繰り広げていく。すると前半27分，FW澤田がミドルシュートを決め先制。先手を取られた今治東はFW樋口に代えてMF上田を投入，FW大荒を1トップに配置して反撃を試みる。後半に突入するも前半と同じような展開が続く。すると34分，瀬戸内は，高い位置からプレスをかけていた今治東の守備に慌てることなくボールを動かし，最後はFW浦岡が追加点を決めた。

戦評　平石健太（福山葦陽高校）

第1回戦 7月24日（日）

ワークスタッフ陸上競技場（徳島市陸上競技場）（晴）

（主）田口平蔵　（副）木戸洋平，近藤志之

関大北陽 1（0-0 / 1-0）0 山形中央

★（大阪府第2）　（山形県）

得	S	学		背		背		学	S	得
0	0	③	野津	1	GK	1	清水	②	0	0
0	0	③	磯部	2	DF	3	菊地	❸	1	0
0	0	②	（矢田）	20		5	渡邉	③	0	0
1	1	③	宝栄	3		6	横川	③	0	0
0	1	❸	大平	4		13	大風	③	0	0
0	1	②	田中(悠)	8						
0	0	③	福場	6	MF	8	高橋(健)	③	0	0
0	0	②	立花	7		20	（金子）	②	0	0
0	0	③	（小西）	13		10	高橋(一)	③	1	0
0	1	③	栗野	11		14	伊藤	②	0	0
0	0	③	村田	12		19	元木	②	1	0
0	0	①	（岡崎）	16		7	（高橋(聖)）	③	0	0
0	2	②	東村	10	FW	9	佐貝	③	0	0
0	0	②	森山	19		18	篠田	②	0	0
0	1	③	（亀井）	9						
0	0	③	（田中(慎)）	14						
1	7			4	GK	8			3	0
				4	CK	0				
				12	FK	10				
				0	PK	0				

【得点】
後半35分〔関〕**宝栄**

■終了間際の決勝点で関大北陽が初戦突破

立ち上がりは互いにロングボールでリズムを掴みにいく中，関大北陽はFW森山のポストプレーからMF栗野，村田のスピードに乗った仕掛けでサイドからチャンスを作る。だが，山形中央のDF菊地を中心とした最終ラインの粘り強い対応で得点には繋がらない。山形中央はFW佐貝の飛び出しとFW篠田の高さをシンプルに使い相手を押し下げたいが，関大北陽の両CBの大平，宝栄の対人の強さ，MF福場，立花のプレスバックの速さの前に効果的な攻撃が生み出せない。時間の経過とともに中盤の攻防で関大北陽が優勢となり，セカンドボールを回収してからのサイドへの展開で押し込む時間が続いた。後半，関大北陽は前線からのプレスの強度をさらに上げ，相手の特徴であったロングボールを蹴らせない。圧力をかけ相手ラインを下げさせたことで高い位置でボールを保持し，SBの攻撃参加も出てきた。ゴール前に密集した相手をなかなか崩せなかったが，終了間際に生まれた宝栄の1点を守り切り，関大北陽が2回戦へ駒を進めた。

戦評　桂田光（牧野高校）

第1回戦 7月24日（日）

鳴門・大塚スポーツパーク第二陸上競技場（晴）

（主）樋口晃生　（副）堀拓人，佐々木宏晃

鹿島学園 1（0-2 / 1-3）5 日章学園

（茨城県）　（宮崎県）★

得	S	学		背		背		学	S	得
0	0	③	木村	1	GK	1	小林	③	0	0
0	0	❸	上原	2	DF	2	藏屋	③	0	0
0	0	②	髙橋	4		16	（雑賀）	③	0	0
0	0	③	篠田	17		3	新穂	③	0	0
0	1	②	（森）	15		4	工藤	❸	0	0
0	0	③	櫻井	7		5	芝	③	0	0
1	1	②	妹尾	8	MF	6	金川	③	1	1
0	1	③	池田	9		8	石田	③	1	0
0	0	②	（鈴木）	18		12	（赤木）	③	0	0
0	0	③	萩原	14		10	松下	③	2	0
0	1	②	（川尻）	6		14	（安藤）	②	0	0
0	0	③	（熊倉）	13		11	石﨑	③	2	2
0	0	③	水戸	19		15	（高岡）	①	0	0
0	0	③	（石塚）	16		20	川越	①	0	0
						7	（川野）	③	1	1
0	0	③	林	10	FW	9	田上	②	1	1
0	2	③	井口	20						
1	6			2	GK	4			8	5
				5	CK	0				
				14	FK	13				
				0	PK	0				

【得点】
前半 5分〔日〕**金川**
〃 11分〔日〕**田上**
後半 5分〔日〕**石﨑**
〃 13分〔日〕**石﨑**
〃 20分〔鹿〕**妹尾**
〃 32分〔日〕**川野**

▼警告
〔日〕金川，川越，石田，新穂，赤木

■効果的に得点を重ねた日章学園

開始5分，FKをMF金川が直接決め，日章学園が先制。鹿島学園は中央に人数をかけ，相手DFを集め，空いているサイドを使う形でゲームを進めていく。対する日章学園は早い時間の先制を活かし，少ない手数でゴールを狙う。11分にDF藏屋のクロスをFW田上が頭で合わせて追加点。日章学園は守備ブロックをコンパクトに敷き，リスクマネージメントを徹底しながら速攻を繰り出す。後半，鹿島学園はMF石塚，川尻を投入し，ショートパスとドリブルを駆使しながら，ゴールへの圧力を強める。しかし，日章学園MF石﨑が自らのシュートのこぼれ球を決め，3点目。さらに，MF川越のクロスを石﨑が頭で決める。鹿島学園はMF妹尾のミドルシュートで1点を返すが，日章学園MF川野が5点目を奪取し，試合が終了した。

戦評　松下洋平（鳴門渦潮高校）

第1回戦 7月24日（日）

徳島スポーツビレッジピッチC（晴）

（主）松本大地　（副）金子彰，石川恭一郎

帝京大可児 0（0-1 / 0-0）1 旭川実

★（岐阜県）　（北海道第1）

得	S	学		背		背		学	S	得
0	0	②	竹内	1	GK	1	石川	③	0	0
0	0	③	増井	2	DF	4	荒谷	③	0	0
0	0	③	兼松	3		7	酒井	❸	0	0
0	0	❸	原田	4		14	庄子	②	0	0
0	0	②	堀内	5		18	長谷川	③	0	0
0	0	③	小島	7	MF	6	山本	③	0	0
0	0	②	吉兼	8		19	（鵜城）	②	0	0
0	0	①	明石	13		8	板垣	③	0	0
0	2	③	（目黒）	11		10	樫山	③	0	0
0	3	②	棚橋	14		5	（五十嵐）	③	0	0
0	0	③	遠藤	18		11	渡辺	③	3	1
0	1	③	（松本）	6		13	（鈴木）	③	0	0
0	0	③	長谷部	9	FW	2	安保	③	1	0
0	0	①	（加藤）	10		16	（須見）	③	0	0
						12	和嶋	②	3	0
						20	（田中）	③	0	0
0	6			5	GK	5			7	1
				2	CK	0				
				11	FK	5				
				0	PK	0				

【得点】
前半15分〔旭〕**渡辺**

■旭川実が貴重な先制点を守り抜く

帝京大可児は立ち上がり，旭川実のコンパクトな守備に対してロングボールを多用した。対する旭川実は，FW安保を起点にMF渡辺の突破からチャンスを作る。前半15分，ロングボールをFW和嶋が収め，走り込んできたMF樫山へ。安保にスルーパスが送られ，GKが出てきたところ，渡辺に流し，フィニッシュ。旭川実が先制した。クーリングブレイク後，旭川実は相手の高いDFラインに対してGKからのロングボールを繰り返し，セカンドボールを帝京大可児が拾う展開となる。帝京大可児はバイタルエリアへの進入は増えたが，旭川実の堅い守備を破れず，ボックス内には進入できなかった。後半立ち上がり，帝京大可児がボールを保持する時間が長くなり，旭川実は引いて守る時間が増え，前線へ人数がかけられずにシンプルな攻撃に終始。これにより帝京大可児は，高い位置でセカンドボールを奪えるようになった。ロングスローを活用するなど様々な戦術で攻め込むが，最後まで牙城を崩せず，守り抜いた旭川実に軍配が上がった。

戦評　横手誉之（津田中学校）

第1回戦 7月24日（日）
徳島スポーツビレッジピッチB（晴）

（主）仙波諒平　（副）江﨑俊平，望月純樹

昌平 3（1-0 / 2-0）0 生駒★
（埼玉県）　　（奈良県）

得	S	学		背		背		学	S	得
0	0	③	上林	1	GK	1	谷	③	0	0
0	0	③	武村	2	DF	7	田中	③	0	0
0	0	①	（三浦）	20		11	吉田	③	0	0
1	1	①	上原	3		16	片柴	③	0	0
0	0	②	（田中）	12		2	佐藤（笑）	③	0	0
1	1	❸	津久井	4		18	（竹中）	③	0	0
0	0	②	石川	5						
0	1	③	佐藤	6	MF	3	本田	③	1	0
0	0	②	土谷	7		6	岩崎	③	1	0
1	1	②	長	8		20	（中谷）	③	0	0
0	3	③	荒井	10		8	大久保	③	0	0
0	0	③	（佐々木）	14		9	佐藤（航）	③	0	0
0	5	③	篠田	11		10	横路	❸	0	0
0	0	①	（大谷）	19						
0	0	②	小田	9	FW	13	西上	③	0	0
0	3	②	（平）	18		14	（木之下）	③	0	0
3	15			6	GK	13			2	0
				7	CK	1				
				2	FK	6				
				0	PK	0				

【得点】
前半12分〔昌〕**上原**
後半 1分〔昌〕**長**
〃 15分〔昌〕**津久井**
▼警告
〔昌〕上原

■優位に試合を進めた昌平が無失点勝利

立ち上がり，生駒はロングボールで押し込もうとするが，昌平は全体をコンパクトに保ち，こぼれ球をMF土谷が拾いボール保持を安定させる。生駒は左MF佐藤（航）と右MF岩崎のサイドアタックからペースを摑もうとする。しかし，昌平は土谷，MF佐藤，長，篠田を中心に生駒陣内でのボール保持率を高めながら優位に試合を進め，土谷のCKから先制。生駒はミドルゾーンでDFラインを高く保ち，2トップのMF本田，FW西上が昌平CB津久井，石川からの配球を牽制しつつコンパクトな布陣で守るも，プレスが弱く制限をかけられない。昌平は互いの距離を近く保ち，ポゼッションを安定させながら，FW小田とMF荒井がタイミング良く背後へアクションを起こし，ゴールへ迫る。後半開始直後，篠田が仕掛けてシュートを撃つとこぼれ球の回収から長がゴール。その後もCKから追加点を奪った昌平が交代カードも最大5人使いながら，2回戦進出を決めた。

戦評　田渕常夫（熊谷高校）

第1回戦 7月24日（日）
鳴門・大塚スポーツパークポカリスエットスタジアム（晴）

（主）村田裕紀　（副）本郷真康，丸山航希

★前橋育英 1（0-0 / 1-0）0 長崎総科大附
（群馬県）　　（長崎県）

得	S	学		背		背		学	S	得
0	0	②	雨野	1	GK	1	亀井	③	0	0
0	0	③	齋藤（駿）	4	DF	3	長嶺	③	0	0
0	1	③	山内	6		5	京谷	②	1	0
0	0	③	井上	11		20	（宇土（尊））	①	0	0
0	0	③	杉山	13		19	（野見山）	③	0	0
						15	副島	③	0	0
						17	瀬戸	③	1	0
0	1	③	大久保	8	MF	2	梅野	③	0	0
0	0	❸	徳永	14		8	竹田	❸	1	0
0	0	③	山田	17		13	大屋	②	0	0
0	0	③	（堀川）	18		11	（甲斐）	②	0	0
0	0	③	青柳	19		16	平山	②	2	0
0	0	③	（根津）	7		18	尾島	②	0	0
						9	（佐藤）	③	0	0
1	2	③	小池	9	FW	14	福島	②	0	0
0	0	③	高足	10		7	（新垣）	②	0	0
0	0	③	（山本）	15						
1	4			5	GK	4			5	0
				2	CK	1				
				4	FK	10				
				0	PK	0				

【得点】
後半16分〔前〕**小池**

■安定した試合運び見せた前橋育英

前橋育英は，パスとドリブルを織り交ぜてテンポよく前進していく。前線には裏への抜け出しと打開力が光るFW高足，小池の強力2トップを配し，左SH大久保，右SH山田は突破力とゴール前の勝負強さに優れ，どこからでもゴールを狙う。長崎総科大附は個性を最大限に活かしたロングボール中心の縦に速い攻撃と，組織的な守備をベースに選手全員のハードワークとスプリントで，対戦相手を上回っていく。前半はお互いの特徴を出し攻め合うが，無得点のままハーフタイムを迎える。後半に入ると前橋育英は長崎総科大附の守備ブロックの間に積極的にボールを入れシュートまで持ち込む場面を増やす。すると16分に左SB山内のクロスから小池がヘディングシュートをファーに流し込み先制する。長崎総科大附はサイドから積極的に仕掛け打開を図ろうとしたが，前橋育英の出足の速い守備に持ち味を発揮できなかった。前橋育英は安定したゲーム展開で試合を進め，終盤も長崎総科大附のパワープレーを凌ぎ，2回戦に駒を進めた。

戦評　山田浩史（生光学園高校）

第1回戦 7月24日（日）
鳴門・大塚スポーツパーク球技場（晴）

（主）中村翔太　（副）齋藤一真，竹田敬幸

★聖和学園 2（1-2 / 1-0）2 立正大淞南
（宮城県）　3 PK 2　（島根県）

得	S	学		背		背		学	S	得
0	0	③	菅井	12	GK	1	塚田	②	0	0
0	0	③	金井	3	DF	2	松本	③	0	0
0	0	③	益田	4		3	與古田	③	0	0
0	0	❸	小野	5		4	三輪	③	0	0
0	0	③	玉腰	18		5	坂井	③	0	0
0	0	③	江藤	11	MF	8	多田	③	1	0
0	0	③	（増川）	19		13	（山田）	③	0	0
0	1	③	藤田	14		14	（矢野）	③	0	0
1	1	②	方城	15		10	肥塚	❸	1	0
0	0	②	伊波	17		16	進	③	2	0
0	0	③	（伊澤）	16		18	野田	③	4	1
0	0	③	近藤	20		19	ダ シルバ	③	2	0
1	2	③	角野	13	FW	17	香西	③	3	1
						15	（永澤）	②	0	0
2	4			2	GK	0			13	2
				1	CK	0				
				16	FK	14				
				0	PK	1				

【得点】
前半 3分〔聖〕**角野**
〃 7分〔立〕**野田**
〃 25分〔立〕**香西**
後半30分〔聖〕**方城**
▼警告
〔聖〕角野2，玉腰
〔立〕野田
▼退場
〔聖〕角野

■1人少ない聖和学園がPK方式を制す

試合開始からお互いのストロングポイントを活かした攻防を繰り広げ，前半3分に聖和学園が先制し，7分と25分に得点した立正大淞南が逆転する展開に。前線からハードワークし，連動した守備で奪ったボールを中央突破やサイド攻撃に繋げ，手数をかけずにゴールを目指す立正大淞南。対して相手のスピードのある攻撃に冷静に対応し，ドリブルで前進しながら2人目，3人目が関わりつつ守備陣の隙を突いていく聖和学園。激しい攻防が続き前半が終了。後半，13分に聖和学園が1人少ない展開になるも，30分，クロスをMF方城がヘディングで決め同点に。数的優位を活かしたい立正大淞南であったが，CB小野を中心とした粘り強い守備で聖和学園は得点を許さない。PK方式ではGK菅井の3本連続ストップにより3-2で勝利した聖和学園が2回戦進出となった。

戦評　木下健生（妻高校）

第1回戦　7月24日（日）　徳島市球技場第2競技場（晴）

（主）佐々木慎哉　（副）小林勇輝，中川琢士

★富山第一（富山県） 0（0-0 / 0-1）1 札幌光星（北海道第2）

得	S	学		背		背		学	S	得
0	0	❸	辰島	1	GK	1	下田	③	0	0
0	1	③	深井	2	DF	2	伊藤	③	0	0
0	1	③	湯川	3		3	中上	③	0	0
0	0	②	大居	5		4	熊谷	③	0	0
0	0	③	田畑	13		5	土井	❸	0	0
0	0	③	藤堂	6	MF	6	合坂	③	0	0
0	0	③	（浅井）	15		8	池田	③	0	0
0	0	③	大矢	10		20	（村山）	①	0	0
0	1	②	多賀	19		14	片岡	①	0	0
						17	（甲田）	①	0	0
0	1	③	水島	7	FW	9	川合	③	2	1
0	1	③	網谷	9		10	佐藤	③	0	0
0	0	③	（森川）	17		18	青木	②	0	0
0	3	②	稲垣	11		11	（小原）	③	0	0
0	0	③	（太田）	16		13	（横山）	②	0	0
0	8			2	GK	11			2	1
				6	CK	2				
				9	FK	9				
				0	PK	0				

【得点】
後半35分〔札〕**川合**

■耐えた札幌光星が終了間際に決勝点

富山第一は1-4-1-4-1のシステムで，両CBとアンカーのMF大矢を起点に自陣から丁寧にビルドアップし，攻撃を組み立てる。札幌光星は1-4-4-2のシステムで，シンプルにFW川合をターゲットにした攻撃を仕掛ける。序盤から富山第一がボールを保持する時間が続く。右SH稲垣の突破や左サイドではSB大居とFW網谷の連係で崩すものの，フィニッシュには至らない。対する札幌光星は相手がボールを保持すると川合を残してブロックを形成し対応する。サイドを崩されても，対人の強さを持つ両CB中上，熊谷が弾き返し続けた。後半も富山第一が主導権を握る展開となる。相手DFラインの前でMF藤堂と多賀が受ける回数が増え，厚みのある攻撃でより攻勢を強めていく。札幌光星は崩される場面もあったが，粘り強い対応で得点を許さない。猛攻を凌いだ札幌光星は，終了間際の35分にFW村山からのパスで抜け出した川合がGKと1対1となり，冷静に流し込み先制点。富山第一はアディショナルタイムも攻め続けたが得点を奪えなかった。

戦評　石原康彦（出水工業高校）

第1回戦　7月24日（日）　ヨコタ上桜スポーツグラウンド（吉野川市多目的グラウンド）（晴）

（主）宮城修人　（副）籾山智哉，網矢守

三田学園（兵庫県） 0（0-2 / 0-1）3 矢板中央（栃木県）★

得	S	学		背		背		学	S	得
0	0	③	中西	1	GK	1	上野	③	0	0
0	0	③	小川	2	DF	2	勝田	③	1	0
0	1	②	八木	4		3	梶谷	②	0	0
0	1	③	小山	5		4	畑岡	③	0	0
0	0	①	黒瀬	14		5	木村	③	1	0
0	0	③	清井	6	MF	6	田邉	❸	0	0
0	0	❸	（新井）	3		8	髙橋	③	1	0
0	1	③	山根	7		16	（鳥塚）	②	0	0
0	0	③	阪倉	8		14	長田	③	1	1
0	1	③	（加藤）	18		9	（柏木）	③	0	0
						15	吉川	③	0	0
						11	（坂本）	③	1	0
0	1	③	宮島	9	FW	18	高橋（秀）	③	1	0
0	0	③	（中島）	13		10	（若松）	③	1	1
0	0	③	宮内	10		19	下平	③	0	0
0	1	③	上山	11		7	（高橋（海））	③	1	1
0	6			8	GK	8			8	3
				0	CK	6				
				7	FK	5				
				0	PK	0				

【得点】
前半32分〔矢〕**長田**
〃 35+5分〔矢〕**高橋（海）**
後半 6分〔矢〕**若松**
▼警告
〔三〕宮内

■選手交代で攻勢を強めた矢板中央

三田学園は長短のパスで攻撃を組み立て，両SHと2トップが近い距離でテンポの良いパスワークやワンツーで，ペナルティエリアへの進入を試みる。矢板中央は前線へ素早く送り，セカンドボールを前向きの状態で拾い，シュートやクロスに繋げていく。中盤での激しい攻防で強度の高い膠着状態が続く中，右SB勝田の対角へのロングボールや左SB木村のロングスローから矢板中央の押し込む時間帯が増えていく。さらに2トップをMF高橋（海），FW若松に交代して攻撃を活性化させると，前半32分に若松のクロスをMF長田がヘディングで決めて先制。前半終了間際に高橋(海)が追加点を奪うと，後半6分に若松のシュートで3点目。その後，三田学園は前線に人数をかけたコンビネーションによって，積極的にアタッキングサードに進入していく。しかし，MF田邉を中心にした粘り強い守備で矢板中央がゴールを許さずに2回戦に駒を進めた。

戦評　金子翔一（創価高校）

第1回戦　7月24日（日）　JAアグリあなん運動公園陸上競技場（晴）

（主）犬飼朝久　（副）矢島光，筒井勇気

★帝京長岡（新潟県） 3（0-0 / 3-0）0 佐賀東（佐賀県）

得	S	学		背		背		学	S	得
0	0	③	佐藤	1	GK	1	松雪	❸	0	0
0	1	③	清川	2	DF	3	石橋	③	0	0
1	2	②	内山	5		4	宝納	③	1	0
0	0	③	森	15		5	渡邉	③	0	0
0	0	③	（狩野）	12		2	（岡）	③	0	0
0	0	③	笠井	16		16	関（絢）	③	0	0
0	0	③	（足立）	20						
0	0	❸	桑原	4						
0	1	③	石鉢	6	MF	8	坂本	③	0	0
0	0	③	（五十嵐）	7		9	松本	③	0	0
0	4	③	松山	11		10	江口	②	1	0
0	0	③	（岡山）	19		20	（宮﨑（空））	②	0	0
2	2	③	廣井	14		13	大島	①	0	0
						11	（関（裕））	③	0	0
						18	右近	②	0	0
						12	（江頭）	①	0	0
0	3	③	土門	9	FW	19	宮川	②	1	0
0	2	②	堀	10						
0	1	②	（山村）	13						
3	16			3	GK	11			3	0
				2	CK	2				
				10	FK	14				
				0	PK	0				

【得点】
後半 4分〔帝〕**廣井**
〃 9分〔帝〕**廣井**
〃 19分〔帝〕**内山**
▼警告
〔帝〕笠井，堀

■帝京長岡がボールを保持し主導権を握る

帝京長岡は最終ラインでボールを動かし，隙を窺いながら，攻撃を組み立てる。アタッキングサードでは細かく繋ぎ，右SH松山や左SB内山を中心にサイドからチャンスを作るが，佐賀東はCB宝納を中心に跳ね返す。対する佐賀東はスリーラインをコンパクトに保ち，自陣でプレスをかけ，ボールを奪う機会を狙う。ボールを奪うと，前線にシンプルに配球し，FW宮川を起点に縦に速い攻撃でゴールに迫る。前半は終始，帝京長岡がボールをテンポ良く動かし，チャンスを作るがゴールを奪えなかった。後半も細かいパスを繋ぎ，MF廣井を中心に仕掛ける帝京長岡が4分に先制。流れを変えたい佐賀東はFW関(裕)を投入し，攻撃の活性化を試みる。しかし，攻撃の手を緩めない帝京長岡は廣井のミドルシュートで突き放すと，廣井のパスから抜け出した内山が3点目。最後までボールを保持し，主導権を握った帝京長岡が2回戦に駒を進めた。

戦評　重野滋之（東みよし町立三好中学校）

第1回戦　7月24日（日）
鳴門・大塚スポーツパーク第二陸上競技場（晴）

（主）本多文哉　（副）白石隆晃，小滝良平

履正社 3（1-1 / 2-0）1 明桜
★（大阪府第1）　（秋田県）

得	S	学		背		背		学	S	得
0	0	③	湯地	1	GK	1	川村	②	0	0
0	0	③	（ジョン）	12						
0	0	③	西坂	2	DF	2	吉崎	③	0	0
0	0	③	加藤	3		3	久米	③	0	0
0	0	③	東尾	4		6	大町	③	0	0
0	0	②	（森田）	18		17	吉田	②	0	0
0	1	③	平井	20		5	（目黒）	②	0	0
0	0	②	（石塚）	16						
0	1	③	徳山	5	MF	4	小笠原	③	0	0
0	2	③	小田村	8		7	畠山	③	0	0
0	0	②	（中鉢）	15		15	（外山）	②	0	0
0	2	③	名願	10		10	小野	③	0	0
1	1	③	川端	14						
0	1	③	梶並	7	FW	8	佐藤(拓)	❸	2	0
0	1	②	（河野）	19		9	臼田	②	1	1
2	3	❸	古田	9		19	（廣森）	①	0	0
						11	藤山	③	2	0
3	12			5	GK	9			5	1
				3	CK	2				
				8	FK	8				
				0	PK	0				

【得点】
前半 2分〔履〕**古田**
〃 11分〔明〕**臼田**
後半 1分〔履〕**古田**
〃 35+4分〔履〕**川端**

■履正社が要所要所でゴールを重ねる

開始早々，履正社が積極的な攻撃を見せ試合が動く。左SH名願が仕掛け，こぼれ球を拾ったFW古田が先制点。負けじと明桜もFW藤山のクロスをFW臼田が合わせ同点とする。飲水タイム後，履正社が徐々にボールを保持した攻撃を見せる。テンポよくショートパスとサイドチェンジを繰り返し，名願がドリブルを仕掛ける。対する明桜も粘り強い守備からショートカウンターでゴールに迫った。履正社は後半から1-4-4-2にシステムを変更すると，1分に古田が追加点を奪う。その後も攻撃の手を緩めない。ドリブルとパスを織り交ぜながらビルドアップし，明桜を敵陣深くまで押し込むと，アディショナルタイムに3点目。明桜は最後まで粘り強い守備から縦に速い攻撃でゴールを目指すが，履正社が落ち着いたゲーム運びを見せ，要所要所でゴールを重ねた。

戦評　濱田悠暉（宮崎海洋高校）

第1回戦　7月24日（日）
徳島スポーツビレッジピッチB（晴）

（主）榎波亮介　（副）池田元，平島一起

関東第一 0（0-0 / 0-1）1 九州国際大付
★（東京都第2）　（福岡県）

得	S	学		背		背		学	S	得
0	0	③	小関	20	GK	1	與田	③	0	0
0	0	❸	矢端	3	DF	2	田中	②	0	0
0	0	③	池田	4		3	椎山	③	0	0
0	0	③	（湯田）	8		4	米山	❸	0	0
0	0	②	北村	5		5	井上	③	2	0
0	0	②	小松	6	MF	7	高瀬	③	0	0
0	0	①	（渡邊）	7		8	藤井	②	2	0
0	0	②	石塚	13		11	井谷	③	1	0
0	0	①	（岡崎）	12		15	（小林）	③	0	0
0	0	②	平形	16		13	濱中	②	1	0
0	1	②	日野	17		19	（安部）	③	0	0
0	1	②	松野	19		14	濱田	③	1	0
0	0	③	清水	9	FW	10	潁川	③	2	0
0	0	③	（鹿岡）	11		9	（山本(悠)）	③	1	1
0	1	③	本間	10						
0	3			14	GK	7			10	1
				0	CK	4				
				11	FK	8				
				0	PK	0				

【得点】
後半33分〔九〕**山本（悠）**

■ロングスローから終盤に決勝点

立ち上がりはお互いに球際で激しく競り合い主導権を握ろうとする。九州国際大付はボールを奪ってから縦に速い攻撃で攻め込むが，関東第一は身体を張ったブロックでゴールを許さない。関東第一はFW本間にボールを当てて攻め込もうとするが，九州国際大付DF米山が弾き返しリズムを掴ませない。徐々にゲームが落ち着きだし，関東第一は相手2トップに対して最終ラインで数的優位を作り，ポゼッションを試みる。しかし，九州国際大付のプレスに苦しみ，中盤への縦パスが通らずに前進できない。後半に入ると，関東第一は中盤への縦パスが入るようになり，自分たちのペースでゲームを動かし始める。一方，九州国際大付はサイドから迫力のある攻撃でゴールに迫るが，関東第一の守備に跳ね返され続けた。だが，再三狙いをもって投げたロングスローからチャンスを掴む。終了間際，ロングスローの流れからFW山本（悠）が押し込み，先制に成功。その後も一進一退の攻防が続いたが，九州国際大付が粘り強く守り切った。

戦評　阿部大悟（藍住中学校）

第1回戦　7月24日（日）
ワークスタッフ陸上競技場（徳島市陸上競技場）（晴）

（主）増田裕之　（副）高田直人，大槻隼人

東海大諏訪 0（0-0 / 0-0）0 四日市中央工
★（長野県）　3 PK 4　（三重県）

得	S	学		背		背		学	S	得
0	0	③	鎌崎	1	GK	1	鈴木	③	0	0
0	0	③	（栗原）	17						
0	0	③	野崎	2	DF	2	山本	②	0	0
0	0	③	斉藤	3		4	及川	③	0	0
0	0	③	小川	4		6	野崎	❸	0	0
0	0	②	宮下(倫)	16		19	古谷	③	1	0
0	0	③	藤森	6	MF	8	加藤	③	2	0
0	0	②	井上	7		10	川北	③	1	0
0	0	③	宮下(直)	15		15	平野	②	2	0
0	0	②	（石田）	20		18	（西脇）	②	0	0
						16	片岡	②	1	0
0	0	❸	岡本	8	FW	17	平尾	③	1	0
0	1	③	桑原	9		14	南	③	0	0
0	0	③	竹田	11		13	（近澤）	③	0	0
0	0	③	（パスネット）	13						
0	1			9	GK	3			8	0
				1	CK	6				
				11	FK	6				
				0	PK	0				

■押し込んだ四日市中央工，PK方式で勝利

序盤は互いにロングボールを多用し，四日市中央工はFW平尾，東海大諏訪はFW竹田が相手DFの背後を狙い試合のペースを掴もうとする。四日市中央工がセカンドボールを敵陣で回収してペースを掴むと，素早いサイドチェンジを繰り返しながらゴールへ迫る。一方，東海大諏訪は四日市中央工の素早いプレスになかなか相手ペナルティエリアに進入することができない。四日市中央工は平尾を起点として相手を押し込み，MF片岡を経由したサイドチェンジによるサイドからの攻撃でゴール前に迫るが，東海大諏訪はGK鎌崎とDF小川を中心とした粘り強い守備で対応する。後半も四日市中央工はMF平野，加藤のクロスから再三ゴール前に迫るが，前半同様，東海大諏訪の身体を張った守備により得点できずに後半も終了。PK方式では，東海大諏訪は後半終了直前に出場したGK栗原が先攻の四日市中央工の1本目をストップし流れを作ったかと思われたが，東海大諏訪5人目が外してしまう。四日市中央工GK鈴木が6本目をセーブし勝利を掴み取った。

戦評　吉岡征一郎（江南高校）

第1回戦　7月24日（日）　徳島市球技場第1競技場（晴）

（主）野澤陽介　（副）原田明宏，森広導

尚志 1（0-0 / 1-1）1 山梨学院

（福島県）　4 PK 5　（山梨県）★

得	S	学		背		背		学	S	得
0	0	③	鮎澤	1	GK	1	長谷川	③	0	0
0	0	③	鈴木(大)	2	DF	3	芳野	③	0	0
0	1	❸	山田	5		4	歳藤	③	0	0
0	2	②	白石	19		5	庄司	③	0	0
0	1	②	市川	20		13	小尾	③	0	0
0	1	③	吉満	6	MF	6	宮岡	❸	0	0
0	1	②	（若林）	14		7	小棚木	③	3	1
0	0	③	山本	7		10	吉本	③	0	0
0	0	②	（安斎）	12		16	（臼田）	③	0	0
0	0	②	神田	8						
1	1	③	岡野	10						
0	1	③	鈴木(虎)	9	FW	19	富岡	②	1	0
0	1	②	（網代）	17		11	（伊藤）	③	0	0
0	0	②	桜松	11		12	高野	②	0	0
0	0	②	（笹生）	3		9	（栃尾）	③	1	0
						20	五十嵐	②	0	0
						18	（齋藤）	③	0	0
						8	（野田）	③	0	0
1	9			4	GK	8			5	1
				7	CK	1				
				6	FK	10				
				1	PK	0				

【得点】
後半 5分〔山〕**小棚木**
〃 35分〔尚〕**岡野**

▼警告
〔尚〕鈴木(大)
〔山〕芳野

■後半開始直後に掴んだ流れから先制点

1-4-4-2の尚志と守備時は1-4-4-2，攻撃時はMF小棚木が一列上がって，1-4-3-3となる山梨学院の対戦。平均身長で3.8cm，平均体重で5.3kg上回る山梨学院がフィジカルで優位，尚志はボールを持ち運ぶテクニックで優位か。序盤は山梨学院が中央のボール奪取でやや優位に立つが，時間が経つにつれ，尚志の縦パスやドリブル突破が成功しだし，シュートやクロスで終わる場面を作り出す。しかし，山梨学院の守備は堅くゴールを許さない。後半から山梨学院はFW栃尾にロングボールを入れ，攻撃の迫力が増すと，DF庄司から小棚木へ，最終ライン裏へのボールが入り，1-0とする。尚志はドリブルやコンビネーションで中央突破を行い，攻撃を優位に進めていくと，MF安斎がペナルティエリア内へ仕掛け，獲得したPKをMF岡野が決めて同点とする。その後，どちらもチャンスを作るが，決め切れずにPK方式へ。山梨学院が5-4でPK方式を制した。

戦評　近藤充義（城南高校）

第1回戦　7月24日（日）　徳島スポーツビレッジピッチC（晴）

（主）吉田純平　（副）杉浦一輝，津崎泰生

高知 2（1-0 / 1-0）0 高川学園

（高知県）　（山口県）★

得	S	学		背		背		学	S	得
0	0	②	東	1	GK	17	福島	③	0	0
0	0	②	森	2	DF	2	西村	①	0	0
1	1	③	西本	3		3	岡	③	1	0
0	0	③	橋本	4		4	中島	③	1	0
0	0	②	濱口	15		9	岡﨑	③	0	0
						20	（田辺）	③	1	0
0	0	③	神谷	6	MF	6	藤井	②	0	0
1	1	③	南部	7		16	実森	③	0	0
0	0	③	尼﨑	8		18	大下	②	2	0
0	1	②	（大久保）	13		19	（岩瀬）	③	0	0
0	0	③	村田	9						
0	0	③	（山本）	11						
0	0	②	松井	14						
0	0	❸	角田	10	FW	10	山本(吟)	②	4	0
						11	梅田	❸	0	0
						12	伊藤	③	2	0
						14	（佐藤）	②	0	0
2	3			14	GK	3			11	0
				0	CK	5				
				19	FK	18				
				0	PK	0				

【得点】
前半35+5分〔高知〕**西本**
後半16分〔高知〕**南部**

■高知がミドルシュート2発を決める

立ち上がりから高川学園がロングボールを使い，高知を押し込み試合の流れを握る。FW山本(吟)を起点に攻撃するが，高知も粘り強い守備でシュートを許さない。クーリングブレイク後は，高知もロングボールを使い，敵陣で起点を作ろうとするもなかなかうまくいかない。両チームとも縦に速い展開が続いたが，前半終了直前に高知DF西本がミドルシュートを決め，1-0として前半を折り返す。後半も高川学園がロングボールを使いゴールを目指すが，高知はGK東を中心に堅い守備でゴールを許さない。高川学園の攻撃の時間が続く中，16分，高知はセカンドボールを拾った流れからMF南部のミドルシュートで追加点を挙げる。クーリングブレイク後，高川学園はFW田辺を投入してゴールを狙うが，高知は身体を張った守備で得点を許さない。最後まで運動量が落ちず，粘り強い守備と，攻撃から守備への切り替えが早かった高知が2回戦へと進出した。

戦評　一ノ渡靖彦（葛巻高校）

第2回戦　7月25日（月）　徳島市球技場第1競技場（晴）

（主）北沢倫章　（副）中川琢士，小滝良平

青森山田 1（1-0 / 0-2）2 帝京

（青森県）　（東京都第1）★

得	S	学		背		背		学	S	得
0	0	②	鈴木	1	GK	1	川瀬	②	0	0
0	0	③	渡邊	2	DF	2	島貫	③	0	0
0	1	③	西脇	3		4	梅木	②	0	0
0	1	❸	多久島	5		6	大田	③	0	0
0	0	②	山本	13		20	並木	③	0	0
						12	（前濱）	③	0	0
0	1	③	小柳	8	MF	7	松本	③	1	1
0	0	③	（奈良岡）	11		8	押川	③	1	0
0	1	②	芝田	14		18	田中	③	0	0
0	0	③	櫻井	16						
0	0	②	（小泉）	15						
0	1	②	川原	17						
0	0	③	（三橋）	4						
1	1	③	小湊	10	FW	9	橋本	③	0	0
0	0	②	津島	18		11	（山下）	③	0	0
0	0	③	（武田）	9		10	伊藤	❸	2	1
						5	（藤本）	③	0	0
						13	齊藤	③	1	0
1	6			2	GK	6			5	2
				2	CK	0				
				13	FK	11				
				0	PK	0				

【得点】
前半12分〔青〕**小湊**
後半 5分〔帝〕**松本**
〃 24分〔帝〕**伊藤**

▼警告
〔青〕櫻井

■帝京が連覇狙う青森山田に逆転勝利

連覇に挑む青森山田，帝京ともに1-4-4-2の守備時のシステム。攻撃時，青森山田はSHが幅と高さをとり，背後とサイドからのクロスでゴールを狙う。対する帝京は相手に掴まらないポジションをとって流動的にボールを引き出し，高い位置へ上がった両SBやFWが背後への抜け出しを試みる。だが，青森山田は素早いプレスからボールを奪い，カウンターでアタッキングサードへ進入。前半12分，FW小湊が抜け出して先制する。その後もサイドへの展開やサイドチェンジで決定機を作るが，帝京が身体を張った守備で追加点を許さない。後半，帝京が徐々にゴールに迫る場面を増やすと，MF松本が決めて同点。さらにクロスのこぼれ球をFW伊藤が押し込み逆転する。失点後，青森山田は4人を交代し，ロングスローやFKでゴール前に何度も迫り，帝京は5バックにして守備の安定を図る。最後まで集中を切らさなかった帝京が3回戦進出を決めた。

戦評　金子翔一（創価高校）

第2回戦 7月25日（月） 徳島スポーツビレッジピッチC（晴）

（主）松本大地　（副）杉浦一輝，白石隆晃

市立船橋 0（0-0 / 0-1）1 丸　岡 ★

（千葉県）　（福井県）

得	S	学		背		背		学	S	得
0	0	❸	ドゥーリー	1	GK	17	清　水	②	0	0
0	0	③	藤　田	2	DF	2	西　田	②	0	0
0	0	③	懸　樋	4		3	(渡辺(颯))	③	0	0
0	1	③	北　川	6		4	鷲　見	③	0	0
0	1	②	佐　藤	13		5	山　田	❸	0	0
0	0	②	内　川	16		6	徳　山	③	0	0
0	1	③	丸　山	7	MF	7	岡	③	1	0
0	0	②	(佐々木)	20		8	奥　村	②	0	0
0	0	③	渡　邉	11		14	渡辺(祥)	②	0	0
0	1	②	白　土	15						
0	1	③	青　垣	9	FW	10	伊　藤	③	1	1
0	0	②	(森)	18		11	小　関	③	4	0
0	2	②	郡　司	10		16	川　下	②	1	0
0	0	③	(土岐)	8		13	(名倉)	③	0	0
0	7			7	GK	4			7	1
				3	CK	6				
				10	FK	10				
				0	PK	0				

【得点】

後半34分〔丸〕**伊藤**

▼警告

〔市〕藤田

〔丸〕渡辺(颯)

■丸岡，一瞬の隙を逃さずに市立船橋下す

立ち上がりリズムを掴んだのは丸岡で，球際で相手を上回りセカンドボールの回収からFW伊藤，川下の鋭い動き出しでサイドを突破したり，MF小関のボールへの反応が早く，そこにFW岡が絡んでのチャンスメイクでゴールへ迫る。市立船橋は2トップのアクションに対して両SHが幅を取らずインサイドに入ってきて，4人の近い距離でのコンビネーションで崩しを狙う。ボランチを使いながら足下への楔と背後へのボールをミックスし攻撃を構築したいが，丸岡のプレスの強度も高く，前半は無得点で終わる。後半，市立船橋は前線4人が中央にポジションをとる中でセカンドボールでの攻防で上回る。丸岡は小関を起点にした守備から攻撃への鋭い崩しは継続し，伊藤と岡のポジションを入れ替えながら攻撃に変化を作る。34分，丸岡DF山田のロングスローの混戦から一瞬フリーになった伊藤が先制点を決める。リスクをかけて市立船橋も同点ゴールを狙うが，山田を中心とした守備で丸岡が最後まで相手の攻撃を跳ね返した。

戦評　桂田光（牧野高校）

第2回戦 7月25日（月） ヨコタ上桜スポーツグラウンド（吉野川市多目的グラウンド）（晴）

（主）増田裕之　（副）木戸洋平，大槻隼人

中京大中京 4（1-0 / 3-0）0 高 松 商 ★

（愛知県）　（香川県）

得	S	学		背		背		学	S	得
0	0	②	黒　柳	1	GK	1	広　瀬	③	0	0
0	1	②	那　須	2	DF	2	浅　井	③	0	0
0	0	③	(浅岡)	13		3	青　木	③	0	0
0	0	②	渡　辺	3		18	(太田)	③	0	0
0	0	②	出　崎	4		4	柴　村	②	0	0
0	1	❸	伊藤(凛)	5		16	(大西)	③	0	0
0	0	③	(太田)	15		5	市　原	③	0	0
0	1	③	宮　澤	6	MF	6	神	②	1	0
0	0	②	(清田)	17		8	浜　浦	❸	0	0
0	1	③	蛭　田	7		9	百　々	③	0	0
0	0	③	伊藤(聖)	8		13	秋　山	②	1	0
0	0	②	(山田)	18		20	(清水)	①	1	0
1	1	③	野々部	11		15	櫨　林	①	0	0
0	1	③	(杉山)	16		14	(谷口)	②	0	0
						19	明　石	③	0	0
						11	(木村)	②	0	0
1	4	③	溝　口	10	FW					
2	2	②	松　﨑	20						
4	12			10	GK	5			3	0
				6	CK	1				
				5	FK	9				
				0	PK	0				

【得点】

前半26分〔中〕**野々部**

後半 2分〔中〕**松﨑**

〃 25分〔中〕**溝口**

〃 31分〔中〕**松﨑**

▼警告

〔中〕宮澤，那須

■攻撃の手を緩めることなく4得点

両チームともミドルサードにブロックを作り，様子を窺う立ち上がり。中京大中京はDFラインとMF蛭田，伊藤(聖)でボールを保持し，FW溝口と右SH野々部が背後へアクションしたところにパスを送り，攻撃を組み立てる。高松商はアンカーのMF浜浦がCB浅井と柴村の間に下りてビルドアップを開始し，MF百々のポストプレーからMF神，櫨林が関わり試合を優位に進めようとする。クーリングブレイク後，試合が動く。中京大中京は伊藤(聖)のスルーパスを受けた野々部が先制点。高松商は前線からのプレスが弱く，制限をかけられないため中京大中京が優位にゲームを進める。後半2分，中京大中京FW松﨑のミドルシュートが決まり2点目，その後も攻撃の手を緩めることなく追加点を奪い，交代カード最大5人をうまく使いながら3回戦進出を決めた。

戦評　吉岡征一郎（江南高校）

第2回戦 7月25日（月） JAアグリあなん運動公園陸上競技場（晴）

（主）大塚一輝　（副）宮城竜人，筒井勇気

★ **和歌山北 2（2-2 / 0-1）3 岡山学芸館**

（和歌山県）　（岡山県）

得	S	学		背		背		学	S	得
0	0	③	久保西	1	GK	12	平　塚	②	0	0
0	0	③	松　尾	3	DF	2	中　尾	③	0	0
0	1	③	西　野	4		3	福　井	③	1	1
0	0	③	西垣内	5		4	井　上	❸	1	0
0	0	③	(河端)	2		14	藤　田	③	0	0
0	0	②	近　藤	20						
0	0	③	田　中	6	MF	6	木村(匡)	③	2	1
0	0	③	竹　谷	7		8	岡　本	③	1	1
1	2	③	岩　瀬	8		10	山　田	③	0	0
0	0	③	(川﨑)	13		15	山　河	②	0	0
0	2	❸	森　井	10		7	(田口(裕))	②	2	0
0	0	③	奥　村	12	FW	9	今　井	③	1	0
0	2	③	(栗山)	9		11	田　邉	②	0	0
1	1	③	宮　尾	19		17	(木村(奏))	②	2	0
0	0	③	(柴田)	11						
2	8			7	GK	4			10	3
				7	CK	2				
				7	FK	5				
				0	PK	0				

【得点】

前半10分〔岡〕**木村(匡)**

〃 33分〔和〕**岩瀬**

〃 35+1分〔和〕**宮尾**

〃 35+3分〔岡〕**福井**

後半13分〔岡〕**岡本**

▼警告

〔岡〕木村(匡)，田邉

■岡山学芸館がシーソーゲームを制す

立ち上がりは互いにシンプルに前線への配球からペースを掴みにかかる。前半10分，岡山学芸館MF木村(匡)が決め先制。和歌山北は2トップとサイドハーフの連動した動きで背後のスペースを作り出し，FW宮尾のランニングからゴールを目指す。前半終盤，和歌山北はMF岩瀬，宮尾が決めて逆転に成功。しかし，岡山学芸館はDF福井が決め2-2で前半を終了する。後半，選手変更と配置変更をした岡山学芸館に対し，和歌山北は粘り強い守備とFW奥村の効果的な動きだしや配球でチャンスを窺う。13分，岡山学芸館MF岡本が左足のシュートを決め3-2とする。和歌山北は前線に選手を残し，良い距離でのパス交換からペナルティエリア内に侵入するが，岡山学芸館GK平塚の好セーブもあり得点には至らなかった。

戦評　山部晃（倉敷古城池高校）

第2回戦 7月25日（月） 徳島市球技場第2競技場（晴）

（主）山崎智貴　（副）齋藤一真，石川恭一郎

大津 3（1-0 2-1）1 瀬戸内

★（熊本県）　（広島県）

得	S	学		背		背		学	S	得
0	0	③	西	1	GK	1	大木	③	0	0
0	0	③	坂本	3	DF	2	池田	③	1	0
0	0	①	五嶋	5		3	岩崎	③	0	0
0	2	②	田辺	12		4	岩垂	③	0	0
						5	高橋	③	0	0
						18	（小田）	②	0	0
0	0	③	浅野	6	MF	6	川本	③	1	0
0	1	②	碇	8		7	江川	③	2	1
0	1	③	田原	10						
0	1	③	（中馬）	13						
0	1	③	井伊	15						
0	0	②	（稲田）	14						
2	7	❸	小林	9	FW	8	佐野	③	0	0
0	0	③	山川	18		11	（浦岡）	③	1	0
1	3	③	（岩崎）	17		9	野上	③	1	0
0	1	③	山下（基）	19		10	澤田	❸	1	0
0	0	①	（山下（景））	11		14	山口	③	0	0
						19	（新井）	②	1	0
						20	（長村）	①	0	0
3	17			5	GK	11			8	1
				6	CK	3				
				6	FK	10				
				1	PK	0				

【得点】
前半 8分〔大〕**小林**
後半30分〔瀬〕**江川**
〃 31分〔大〕**岩崎**
〃 35+5分〔大〕**小林**
▼警告
〔大〕五嶋

■自分達のサッカーを崩さなかった大津

立ち上がりから大津は，前線からのプレスで相手に自由を与えない。2トップで瀬戸内のボランチを消しながらプレスをかけ，相手にロングボールを蹴らせてセカンドボールを回収。攻撃ではサイドにボールを集め，長身FW山下(基)へのクロスから得点を狙う。瀬戸内は相手の強度の高いプレスにより，ボランチがボールを受けることができず，前線に効果的な配球ができない。前半8分，PKを獲得した大津はFW小林が決め先制。瀬戸内は後半に入ると，大津の前線からのプレスを剥がし，ゴールに迫る場面を増やす。試合終盤，瀬戸内はMF江川が決め同点とするが，直後に大津がMF岩崎のミドルシュートで勝ち越す。さらに小林の得点で試合を決定づけた。瀬戸内に流れが傾きかけたが自分達のサッカーを崩さなかった大津が3回戦へと駒を進めた。

戦評　平石健太（福山葦陽高校）

第2回戦 7月25日（月） 鳴門・大塚スポーツパーク第二陸上競技場（晴）

（主）池田元　（副）河野航大，小林清訓

関大北陽 5（2-0 3-0）0 徳島科学技術

★（大阪府第2）　（徳島県第2）

得	S	学		背		背		学	S	得
0	0	③	野津	1	GK	1	松木	③	0	0
0	0	③	磯部	2	DF	2	古川	②	0	0
0	0	③	宝栄	3		3	長谷原	③	0	0
1	2	❸	大平	4		4	青山	③	0	0
						5	赤尾	②	0	0
						11	（鈴江）	①	0	0
						16	（市原）	②	0	0
0	0	③	福場	6	MF	6	森	②	0	0
0	0	③	（田中（慎））	14		18	（藤井）	②	0	0
0	1	②	立花	7		7	畠中	③	0	0
2	2	②	田中（悠）	8		8	廣瀬	❸	0	0
0	0	③	栗野	11		17	（佐藤（暖））	③	0	0
0	0	②	（矢田）	20		15	（佐藤（佑））	③	0	0
0	1	③	村田	12		9	鹿耳	②	1	0
0	0	①	（岡崎）	16						
1	2	②	東村	10	FW	10	住友	③	1	0
0	1	③	（小西）	13		19	扶川	②	1	0
0	0	②	森山	19						
1	2	③	（亀井）	9						
5	11			5	GK	5			3	0
				9	CK	1				
				6	FK	7				
				2	PK	0				

【得点】
前半27分〔関〕**東村**
〃 35+6分〔関〕**田中(悠)**
後半 4分〔関〕**田中(悠)**
〃 16分〔関〕**亀井**
〃 35+6分〔関〕**大平**
▼警告
〔徳〕松木

■スペースへの配球続け，大量得点

関大北陽，徳島科学技術ともにトップ下を置く1-4-4-2システム。どちらも早めにロングボールやアーリークロスをゴール前に入れる展開で始まった。序盤は徳島科学技術がFW扶川にロングボールを入れ，そこからMF畠中が展開しチャンスを作る。だが，試合が落ち着いてくると，関大北陽が相手DF裏にロングボールを入れる回数が増え，FW森山の仕掛けにより，試合を優位に運ぶ。関大北陽はスペースへの配球を続け，前半27分にFW東村の得点で1-0。さらにMF田中(悠)がPKを決めて2-0とする。後半，関大北陽は交代で入ったFW亀井にボールが収まりだす。PKで3-0とすると，速攻にかける人数を増やして攻撃に厚みを加え，さらに2点を追加。徳島科学技術は3トップにして得点を目指すが，無得点で試合が終わった。

戦評　近藤充義（城南高校）

第2回戦 7月25日（月） 徳島スポーツビレッジピッチB（晴時々曇）

（主）榎波亮介　（副）原田明宏，丸山航希

日章学園 2（0-0 2-0）0 旭川実

★（宮崎県）　（北海道第1）

得	S	学		背		背		学	S	得
0	0	③	小林	1	GK	1	石川	③	0	0
1	1	③	藏屋	2	DF	4	荒谷	③	0	0
0	0	③	新穂	3		20	（田中）	③	0	0
0	0	❸	工藤	4		7	酒井	❸	0	0
0	0	③	芝	5		14	庄子	②	0	0
						18	長谷川	③	0	0
0	1	③	金川	6	MF	8	板垣	③	0	0
0	0	③	石田	8		10	樫山	③	0	0
0	1	③	石﨑	11		19	（鵜城）	②	0	0
0	1	②	皆川	18		11	渡辺	③	2	0
1	1	①	（高岡）	15		6	（山本）	③	0	0
0	0	①	川越	20		13	鈴木	③	1	0
0	0	③	（川野）	7		17	（立花）	③	0	0
0	2	②	田上	9	FW	2	安保	③	0	0
0	0	②	（安藤）	14		16	（須見）	③	0	0
						12	和嶋	②	2	0
2	7			7	GK	11			5	0
				7	CK	2				
				9	FK	6				
				0	PK	0				

【得点】
後半25分〔日〕**藏屋**
〃 35+7分〔日〕**高岡**
▼退場
〔旭〕石川

■背後のスペースを突いてダメ押し点

試合開始より，両チームともに高さとスピードのある攻撃陣をターゲットに，最終ラインの背後を狙った攻撃を仕掛け，相手DF陣がクリアしたボールをマイボールにできたチームが二次攻撃に持ち込む展開が続いた。クーリングブレイク後は，ショートパスとロングパスを使い分け，空いたスペースを突きたい日章学園に対し，旭川実は長身FW安保を起点にFW和嶋，MF渡辺，鈴木にボールが入ると積極的にペナルティエリア内に侵入し，シュートチャンスを作り出そうとする。試合が動いたのは後半のクーリングブレイク直後。日章学園DF藏屋が相手DFを1人かわしてミドルシュート，これが決まり先制に成功した。その後，旭川実はGK石川が相手FWへの得点機会阻止により退場し，10人に。日章学園は，後半アディショナルタイム，前がかりになった旭川実の背後にできたスペースに，FW高岡が抜け出し，追加点を奪った。

戦評　木下健生（妻高校）

第2回戦 7月25日（月） 鳴門・大塚スポーツパーク球技場（晴）

（主）野澤陽介　（副）籾山智哉，本郷真康

昌平（埼玉県） **3（1-0 / 2-1）1** **星稜**★（石川県）

得	S	学		背		背		学	S	得
0	0	③	上　林	1	GK	1	加　藤	③	0	0
0	0	③	武　村	2	DF	2	塩　川	②	0	0
0	0	①	上　原	3		3	（奥名）	③	0	0
0	0	❸	津久井	4		4	東	③	0	0
0	0	②	石　川	5		5	猿　楽	③	0	0
						6	髙　橋	③	1	0
0	1	③	佐　藤	6	MF	7	福　島	③	4	0
0	1	②	土　谷	7		9	金　谷	③	0	0
0	0	②	長	8		14	（中山）	③	0	0
0	0	③	荒　井	10		12	宮　前	③	2	0
0	0	①	（大谷）	19		18	北　方	①	0	0
2	3	③	篠　田	11		8	（平良）	③	0	0
0	0	③	（佐々木）	14						
0	0	①	鄭	15	FW	10	山　下	❸	1	1
1	1	②	（小田）	9		11	山　本	③	1	0
0	0	③	（伊藤）	17		15	（竹山）	②	0	0
3	6			6	GK	4			9	1
				7	CK	1				
				10	FK	13				
				0	PK	0				

【得点】
前半34分〔昌〕**篠田**
後半 2分〔昌〕**小田**
〃 18分〔昌〕**篠田**
〃 35+3分〔星〕**山下**

▼警告
〔星〕山下，奥名

■星稜の巻き返しを許さなかった昌平

立ち上がり，星稜はロングボールをサイドの深い位置に送り，ロングスローを含むセットプレーとクロスからのチャンスメイクを窺う。昌平は前後左右にボールを動かし，相手の守備の形を窺う。前線でのボール保持率を上げたい昌平ベンチはクーリングブレイクで動き，FW鄭に代えてFW小田を投入。ミドルサードでのプレッシングスピードに慣れ，守備をかいくぐる回数が増え始めると，前半34分にMF篠田が抜け出し先制点を奪う。星稜はハーフタイムでボランチ2人を交代し巻き返しを図るが，昌平がボールを保持し，ペナルティエリア近くでFKを得る。FKのこぼれ球を小田が蹴り込み，後半開始早々，追加点を得る。昌平は飲水タイム直後にも追加点。その後も昌平ペースで試合が続くが，星稜も激しく戦い，終盤にはゴールを奪う健闘を見せた。

戦評　田渕常夫（熊谷高校）

第2回戦 7月25日（月） 鳴門・大塚スポーツパーク球技場

磐田東（静岡県）　**前橋育英**（群馬県）

【辞退】

磐田東の出場辞退により前橋育英が3回戦へ進出

第2回戦 7月25日（月） 徳島スポーツビレッジピッチC（晴）

（主）宮城修人　（副）高田直人，津崎泰生

聖和学園★（宮城県） **3（0-1 / 3-1）2** **札幌光星**（北海道第2）

得	S	学		背		背		学	S	得
0	0	③	菅　井	12	GK	1	下　田	③	0	0
						12	（米田）	①	0	0
0	0	③	金　井	3	DF	2	伊　藤	③	1	1
0	1	③	益　田	4		3	中　上	③	0	0
0	0	❸	小　野	5		4	熊　谷	③	2	1
1	1	③	玉　腰	18		5	土　井	❸	0	0
						16	（石田）	③	0	0
0	1	③	石　澤	10	MF	6	合　坂	③	1	0
0	0	③	藤　田	14		8	池　田	③	0	0
0	0	②	方　城	15		13	（横山）	②	0	0
0	0	②	伊　波	17		14	片　岡	①	0	0
0	0	③	（神田）	8		7	（藤代）	③	0	0
2	2	③	増　川	19						
0	1	③	近　藤	20						
					FW	9	川　合	③	1	0
						10	佐　藤	③	0	0
						20	村　山	①	0	0
						11	（小原）	③	0	0
3	6			6	GK	3			5	2
				4	CK	3				
				6	FK	6				
				0	PK	0				

【得点】
前半24分〔札〕**伊藤**
後半10分〔聖〕**増川**
〃 17分〔聖〕**増川**
〃 35+2分〔札〕**熊谷**
〃 35+7分〔聖〕**玉腰**

■個人技を活かして好機作った聖和学園

聖和学園は序盤，細かいパスワークとドリブルでポゼッションしながらゲームを組み立てていく。札幌光星はミドルゾーンからプレスを仕掛け，コンパクトな陣形と連動した守備でチャンスを作らせない。攻撃では相手が前から奪いにくれば，スペースにロングボールを送り，ショートカウンターなどからゴールを狙う。札幌光星は前半24分，素早い仕掛けから右SB伊藤が流し込んで先制。その後は聖和学園がボールを保持する時間が増え，個人技を活かしてチャンスを作る。後半10分，MF増川が鋭いターンから強烈なシュートを決めて追いつくと，増川の追加点で逆転。札幌光星は終了間際にCB熊谷が決めて同点とするが，直後のCKで混戦からDF玉腰が押し込み，聖和学園が激しい攻防を制した。

戦評　山田浩史（生光学園高校）

第2回戦 7月25日（月） 徳島市球技場第1競技場（晴）

（主）伊勢裕介　（副）田中将人，堀拓人

徳島市立 ★（徳島県第1） **1**（0-1 / 1-1）**2** **矢板中央**（栃木県）

得	S	学		背		背		学	S	得
0	0	③	藤澤	1	GK	1	上野	③	0	0
0	0	②	山本	2	DF	2	勝田	③	1	0
0	0	③	河合	4		3	梶谷	②	1	0
0	0	③	花房	5		4	畑岡	③	0	0
0	0	③	野々村	15		5	木村	③	0	0
0	0	②	（瀬口）	12						
0	0	❸	織田	7	MF	6	田邉	❸	1	0
0	1	②	山座	8		8	髙橋	③	0	0
0	0	③	（泉）	14		16	（鳥塚）	②	0	0
0	0	③	河村	9		14	長田	③	1	0
0	0	①	（藤川）	3		9	（柏木）	③	0	0
						15	吉川	③	0	0
0	0	②	笠原	6	FW	10	若松	③	7	1
1	1	③	林	10		11	（坂本）	③	0	0
0	0	③	秋月	11		18	高橋(秀)	③	1	0
0	0	①	（鈴木）	19		7	（高橋(海)）	③	1	1
1	2			8	GK	8			13	2
				3	CK	3				
				13	FK	6				
				0	PK	0				

【得点】
前半30分〔矢〕**若松**
後半35+3分〔徳〕**林**
〃 35+4分〔矢〕**高橋(海)**

▼警告
〔矢〕吉川

■土壇場で追いつかれるも直後に勝ち越し

立ち上がりは矢板中央がDFラインからのロングボールを2トップに合わせ，ペースを掴もうとし，前半10分頃からはクロスやロングスローなどでゴールに迫る回数を増やす。徳島市立はDFラインから組み立てようとするが，相手の前線からのプレスを受けてボールを前に運べない。ロングパスを入れても，2トップが相手CBに自由を奪われた。すると30分，矢板中央はDF木村のロングスローをFW若松が頭で合わせて先制。後半に入ると徳島市立がボールを保持し，アタッキングサードまで運ぼうとするが，相手の集散の速い守備の前にペナルティエリア内に侵入できない。矢板中央は前がかりになった徳島市立に対し，我慢強い守備で対抗しながら追加点を狙い続ける。アディショナルタイム，徳島市立はFW林のミドルシュートで追いつくが，直後に矢板中央MF高橋（海）が押し込み勝ち越し。そのまま試合終了し，矢板中央が3回戦に進出した。

戦評　浅野誠仁（徳島県スポーツ振興課）

第2回戦 7月25日（月） JAアグリあなん運動公園陸上競技場（曇）

（主）矢島光　（副）犬飼朝久，秦泉寺力

帝京長岡 ★（新潟県） **1**（1-0 / 0-4）**4** **東山**（京都府）

得	S	学		背		背		学	S	得
0	0	③	佐藤	1	GK	1	佐藤	③	0	0
0	0	③	清川	2	DF	4	新谷	❸	0	0
0	0	②	内山	5		6	仲里	③	2	0
0	0	③	森	15						
0	0	③	（足立）	20						
0	0	③	笠井	16						
0	0	❸	桑原	4						
0	1	③	石鉢	6	MF	8	松橋	③	0	0
0	0	③	（五十嵐）	7		2	藤本	③	0	0
0	0	③	廣井	14		5	大谷	③	0	0
						18	（志津）	②	0	0
						7	真田	③	3	0
						16	（石井）	③	0	0
						10	阪田	③	2	1
						12	（濱瀬）	②	0	0
						13	清水	③	2	1
						19	（沖村）	①	0	0
0	1	③	土門	9	FW	9	豊嶋	③	4	2
0	0	③	（狩野）	12		15	（中野）	③	0	0
1	1	②	堀	10		14	北村	③	1	0
0	0	③	（岡村）	8						
0	0	③	松山	11						
0	1	②	（山村）	13						
1	4			9	GK	3			14	4
				5	CK	3				
				10	FK	8				
				0	PK	0				

【得点】
前半14分〔帝〕**堀**
後半 8分〔東〕**清水**
〃 11分〔東〕**阪田**
〃 28分〔東〕**豊嶋**
〃 35分〔東〕**豊嶋**

▼警告
〔帝〕廣井

■守備戦術変更で流れ引き寄せ逆転勝利

帝京長岡はパスとドリブルを駆使し，丁寧にビルドアップしながらゴールを目指すと前半14分に先制。東山はアタッキングサードでボールを保持すると，ワンタッチパスを連続させたり，果敢なオーバーラップを見せたりと多彩なコンビネーション攻撃を見せる。後半，東山は全体をコンパクトにし積極的にプレッシングを行う。組織的な守備からボールを奪うと，前半から見せていた何人もの選手が関わるコンビネーション攻撃から同点とし，さらに組織的な守備から右SH阪田が決めて逆転する。果敢なプレッシングを続ける東山はまたも相手ボールを奪い3点目。終了間際にカウンターから4点目を決めた。東山は守備戦術を変えたことにより，ボールを奪うと何人もの選手が駆け上がる厚みのある攻撃で逆転に成功した。

戦評　濱田悠暉（宮崎海洋高校）

第2回戦 7月25日（月） 徳島市球技場第2競技場（晴）

（主）樋口晃生　（副）金子彰，小林勇輝

神村学園（鹿児島県） **0**（0-0 / 0-2）**2** **履正社**（大阪府第1）★

得	S	学		背		背		学	S	得
0	0	③	広川	1	GK	12	ジョン	③	0	0
0	0	②	有馬	2	DF	2	西坂	③	3	0
0	0	③	大川	3		13	（岡田）	③	0	0
0	2	③	中江	8		3	加藤	③	0	0
0	1	②	吉永	16		4	東尾	③	0	0
0	0	③	西村	18		18	森田	②	0	0
0	0	②	（西丸）	12		16	（石塚）	②	0	0
0	2	③	積	9	MF	5	徳山	③	0	0
0	3	❸	大迫	14		8	小田村	③	0	0
0	1	③	笠置	15		10	名願	③	1	0
0	0	②	（高橋）	20		14	川端	③	3	1
						17	（中村）	②	0	0
0	1	①	名和田	10	FW	7	梶並	③	0	0
0	0	②	（長沼）	19		19	（河野）	②	0	0
0	2	③	福田	13		9	古田	❸	5	1
0	12			7	GK	4			12	2
				4	CK	4				
				14	FK	10				
				0	PK	1				

【得点】
後半 7分〔履〕**古田**
〃 11分〔履〕**川端**

▼警告
〔神〕有馬，西丸

■左サイドからチャンスを生み出す

神村学園はビルドアップでは両CBとMF笠置でボールを動かして前進を図る。対する履正社はFW古田をターゲットにして，サイド攻撃を仕掛け，MF名願とDF西坂のコンビネーションで左サイドを突破し，チャンスを作る。その後も西坂が高いポジションをとり，左サイドを徹底して攻撃。神村学園はピッチを広く使い，サイドチェンジから突破を試みるが，フィニッシュまで至らない。後半，ともに選手交代から2トップにシステムを変更する。変更が功を奏したのは履正社。FW河野へのファウルでPKを獲得すると，古田が流し込む。履正社は得点後に守備の強度を上げ，相手に圧力をかけ続けて主導権を握り，11分に追加点。神村学園はフレッシュな選手を送り込み，決定機を作ったが得点には至らず。その後も安定したゲーム運びをした履正社が勝利。神村学園は，相手の狙いである左サイドの攻撃に対応し切れなかったことが敗因となった。

戦評　石原康彦（出水工業高校）

第2回戦　7月25日（月）　鳴門・大塚スポーツパーク第二陸上競技場（晴）

（主）大久保秀斗　（副）田口平蔵，林航太朗

九州国際大付 0（0-0 / 0-4）4 湘南工科大附

★（福岡県）　　（神奈川県第1）

得	S	学		背		背		学	S	得
0	0	③	水　津	12	GK	1	岩　崎	③	0	0
0	0	③	（與田）	1						
0	0	③	椎　山	3	DF	2	高　橋	③	1	0
0	0	❸	米　山	4		13	（前田）	③	0	0
0	0	③	高　森	16		3	小　川	③	0	0
0	0	③	竹　原	17		4	三　浦	❸	0	0
0	1	③	大　崎	18		5	伊　藤	③	1	0
0	0	②	（濱中）	13						
0	0	③	高　瀬	7	MF	6	小　島	③	0	0
0	0	②	藤　井	8		8	三　觜	③	0	0
0	3	③	濱　田	14		11	大　木	③	3	3
0	0	③	（小林）	15		7	（橋山）	③	1	1
						14	村　岡	③	0	0
						18	（荻野）	①	0	0
0	0	③	山本(悠)	9	FW	9	岩　崎	③	0	0
0	0	③	（井上）	5		20	（高木）	③	0	0
0	0	③	安　部	19		10	中　山	②	1	0
0	0	③	（井谷）	11						
0	4			7	GK	4			7	4
				1	CK	6				
				9	FK	10				
				0	PK	0				

【得点】
後半 1分〔湘〕**大木**
〃 32分〔湘〕**大木**
〃 33分〔湘〕**大木**
〃 35+1分〔湘〕**橋山**

▼警告
〔九〕濱中

■流動的なポゼッションサッカーで勝利

九州国際大付は初戦から先発を多く代えるも，選手個々のフィジカル，球際で上回り，MF濱田を中心にチャンスを作り出す。湘南工科大附は選手個々の技術が高く，数的優位を作りながらゴールへ迫った。また，相手の守備位置を見ながら，流動的にポジションを変え，FW中山のカットインからシュートへ結びつける。後半1分，湘南工科大附はMF大木が先制点。九州国際大付はMF井谷，濱中を投入も，湘南工科大附のポゼッションとSBのオーバーラップで厚みを増した攻撃に流れを変えられず。すると，湘南工科大附はミドルサードで相手のファーストDFが決まらない所を見逃さずに2点を追加。さらに35+1分，試合を決定付ける4点目を決めた。九州国際大付は積極的に先発を入れ替えたが，湘南工科大附の技術を活かした流動的なポゼッションサッカーに屈した。

戦評　新村世紀（逗子高校）

第2回戦　7月25日（月）　ヨコタ上桜スポーツグラウンド（吉野川市多目的グラウンド）（晴）

（主）吉田純平　（副）江﨑俊平，高永至

四日市中央工 2（1-0 / 1-1）1 山梨学院

★（三重県）　　（山梨県）

得	S	学		背		背		学	S	得
0	0	③	鈴　木	1	GK	1	長谷川	③	0	0
0	0	②	山　本	2	DF	3	芳　野	③	1	0
0	0	③	及　川	4		4	歳　藤	③	0	0
0	2	❸	野　崎	6		5	庄　司	③	0	0
0	0	③	古　谷	19		13	小　尾	③	0	0
						2	（向山）	③	0	0
0	0	③	岩　田	5	MF	6	宮　岡	❸	0	0
0	0	②	（西脇）	18		7	小棚木	③	1	0
0	3	③	加　藤	8		14	（小日山）	②	0	0
0	1	③	川　北	10		10	吉　本	③	1	0
0	0	②	（田頭）	7		16	（臼田）	③	0	0
0	3	②	平　野	15		11	伊　藤	③	0	0
0	0	③	（南）	14		20	五十嵐	②	0	0
0	1	②	片　岡	16		8	（野田）	③	1	0
2	6	③	平　尾	17	FW	12	高　野	②	0	0
						9	（栃尾）	③	1	1
2	16			4	GK	3			5	1
				3	CK	5				
				13	FK	11				
				0	PK	0				

【得点】
前半35+3分〔四〕**平尾**
後半 8分〔山〕**栃尾**
〃 29分〔四〕**平尾**

■四日市中央工が反撃を凌ぎ切る

立ち上がりはお互いにロングボールを多用し，四日市中央工はFW平尾がDFの背後を狙い，試合の主導権を握ろうとする。一方の山梨学院はMF五十嵐にシンプルにボールを集め，押し込む時間帯が続く。お互いに攻守の切り替えが早く，球際の激しいインテンシティの高いゲームとなる。クーリングブレイク後からゲームが落ち着き始め，四日市中央工がサイドを起点にボールを保持する時間が長くなり，チャンスを作り始めると，前半終了間際に先制に成功。後半開始から山梨学院は選手交代し，攻撃の活性化を図る。するとFW栃尾が頭で決め試合を振り出しに戻す。その後，お互いにチャンスを作るも，ゴール前での集中した守備で得点を奪えない時間が続く。膠着状態を破ったのは四日市中央工。29分，平尾がGKとの1対1をゴールに流し込み追加点。山梨学院の反撃を凌ぎ切り，2–1で勝利を収めた四日市中央工が3回戦進出を果たした。

戦評　藤本貴大（神山中学校）

第2回戦　7月25日（月）　徳島スポーツビレッジピッチB（晴）

（主）蜂谷冬陽　（副）本多文哉，深谷聡一

高　知 1（0-2 / 1-2）4 米子北

（高知県）　　（鳥取県）★

得	S	学		背		背		学	S	得
0	0	②	東	1	GK	1	畠　山	③	0	0
0	0	②	森	2	DF	2	森　川	③	1	0
0	0	③	西　本	3		4	野　田	❸	2	1
0	0	③	橋　本	4		5	倉　田	③	0	0
0	0	②	濱　口	15		16	梶	②	0	0
						14	（長谷川）	③	0	0
0	0	③	神　谷	6	MF	6	上　原	②	1	0
0	0	①	（門田）	20		12	（森田）	②	1	0
0	0	③	南　部	7		7	浅　野	③	2	0
0	0	③	（市川）	5		20	（田村）	②	1	0
0	0	③	尼　﨑	8		10	中　井	③	4	0
0	1	②	（大久保）	13		15	仲　田	②	1	1
0	0	③	山　本	11		19	（石倉）	②	0	0
0	0	③	（村田）	9						
0	0	②	松　井	14						
1	1	❸	角　田	10	FW	8	小橋川	③	1	0
						3	（青戸）	③	0	0
						9	福　田	③	3	2
1	2			14	GK	5			17	4
				0	CK	7				
				8	FK	9				
				1	PK	0				

【得点】
前半33分〔米〕**野田**
〃 35+6分〔米〕**福田**
後半 4分〔米〕**仲田**
〃 14分〔米〕**福田**
〃 35+1分〔高〕**角田**

■主導権を渡さなかった米子北

立ち上がり，高知はFW角田，米子北はFW小橋川，福田をターゲットにロングボールで相手の背後を狙うが，攻撃の起点を作れない。クーリングブレイク後は米子北がこぼれ球を拾っての二次攻撃，前線からの守備によって主導権を握り，ロングスローやCKでチャンスを作る。アタッキングサードでボールを保持できるようになると，DF野田のミドルシュートで先制。さらにDF梶のクロスを福田が決め，2–0で前半を折り返す。後半も米子北が主導権を握る流れは変わらず，MF仲田が追加点。攻撃の手を緩めることなく，MF中井のドリブル，縦へ速い仕掛けを続け，野田のパスを受けた福田が決める。対する高知もシンプルにゴールを目指す攻撃を展開する中で角田がPKを決めるが，その後はチャンスを作れなかった。

戦評　一ノ渡靖彦（葛巻高校）

第3回戦　7月26日（火）　鳴門・大塚スポーツパークポカリスエットスタジアム（晴）

（主）大塚一輝　（副）宮城修人，野澤陽介

帝京（東京都第1）3（1-2 / 2-0）2 丸岡（福井県）★

得	S	学		背		背		学	S	得
0	0	②	川瀬	1	GK	17	清水	②	0	0
1	1	③	島貫	2	DF	3	渡辺(颯)	③	0	0
0	0	③	(小林)	3		4	鷲見	③	0	0
0	0	②	梅木	4		5	山田	❸	0	0
1	2	③	大田	6		6	徳山	③	0	0
0	0	③	並木	20						
0	0	③	松本	7	MF	7	岡	③	1	0
0	0	②	(山﨑)	14		8	奥村	②	0	0
0	2	③	藤﨑	15		14	渡辺(祥)	②	1	0
0	2	③	(押川)	8						
1	1	③	田中	18						
0	0	③	橋本	9	FW	9	中川	③	0	0
0	0	③	(山下)	11		16	(川下)	②	0	0
0	0	❸	伊藤	10		13	(名倉)	③	0	0
0	3	③	齊藤	13		10	伊藤	③	0	0
						11	小関	③	2	2
3	11			5	GK	6			4	2
				6	CK	0				
				13	FK	6				
				0	PK	0				

【得点】
前半 8分〔帝〕**大田**
〃 35+3分〔丸〕**小関**
〃 35+6分〔丸〕**小関**
後半17分〔帝〕**島貫**
〃 35+10分〔帝〕**田中**

▼警告
〔帝〕松本

■帝京がセットプレーから3得点

帝京はボランチで組み立てながらFW齊藤を起点として，前向きにゴールへ迫る状況を増やす。丸岡は2トップがボールサイドに流れて起点を作り，背後を突こうとする。前半8分，CKのこぼれ球を押し込んで帝京が先制。サイドでの攻防，セカンドボールの回収で帝京が上回り，押し込む時間を増やす。だが，辛抱強く耐えていた丸岡はFW小関の2得点で逆転に成功。後半，帝京は前線の個性を活かしたドリブルやスルーパスからゴールを目指す。一方，守備の強度を上げた丸岡はセカンドボールを拾う機会が増え，ロングボールやサイドからの仕掛けでチャンスを狙う。17分，帝京はCKから同点とすると，終了間際にMF田中が直接FKを突き刺す。白熱したシーソーゲームはセットプレーで3点を奪った帝京が勝利した。

戦評　金子翔一（創価高校）

第3回戦　7月26日（火）　徳島スポーツビレッジピッチB（晴）

（主）北沢倫章　（副）蜂谷冬陽，樋口晃生

★中京大中京（愛知県）0（0-1 / 0-4）5 岡山学芸館（岡山県）

得	S	学		背		背		学	S	得
0	0	②	黒柳	1	GK	12	平塚	②	0	0
0	0	②	那須	2	DF	2	中尾	③	0	0
0	0	②	渡辺	3		4	井上	❸	1	0
0	0	②	出崎	4		5	田口(大)	③	0	0
0	0	❸	伊藤(凛)	5		14	藤田	③	0	0
0	0	②	大野	19						
0	0	③	(溝口)	10						
0	0	③	蛭田	7	MF	3	福井	③	0	0
0	0	③	伊藤(聖)	8		6	木村(匡)	③	2	1
0	0	③	野々部	11		16	(田中)	③	0	0
0	0	③	(太田)	15		7	田口(裕)	②	3	1
0	0	③	杉山	16		11	(田邉)	②	0	0
0	1	③	(宮澤)	6		8	岡本	③	4	0
						19	(西川)	③	0	0
						10	山田	③	2	1
						18	(仲谷)	①	1	0
0	0	②	松﨑	20	FW	9	今井	③	4	2
0	0	②	(清田)	17						
0	1			14	GK	4			17	5
				1	CK	7				
				6	FK	12				
				0	PK	0				

【得点】
前半35+2分〔岡〕**木村(匡)**
後半15分〔岡〕**田口(裕)**
〃 22分〔岡〕**今井**
〃 26分〔岡〕**山田**
〃 32分〔岡〕**今井**

■攻撃の手を緩めずに得点を積み重ねる

立ち上がり，岡山学芸館はロングボールをサイドに送り，SHやSBの連係からクロスを上げてゴールに迫る。一方，中京大中京はDF大野，FW松﨑のポストプレーとアーリークロスで攻撃のチャンスを窺う。ペースを掴んだ岡山学芸館は攻め込む時間が続くが，中京大中京がゴール前で弾き返す。飲水タイム後，岡山学芸館はMF木村(匡)がトップ下にポジションを移すと，アディショナルタイムに先制。後半12分，中京大中京はシステムを変更して反撃に出ようとするが，岡山学芸館の圧力により攻撃の芽を摘み取られてしまう。岡山学芸館はFW今井とMF山田が頻繁にポジション変更しながら追加点を狙うと，15分にMF田口(裕)が決めて2点目。その後，攻撃の手を緩めることなく得点を積み重ねて準々決勝へ駒を進めた。

戦評　吉岡征一郎（江南高校）

第3回戦　7月26日（火）　徳島スポーツビレッジピッチC（晴）

（主）本多文哉　（副）増田裕之，大久保秀斗

★大津（熊本県）3（3-0 / 0-1）1 関大北陽（大阪府第2）

得	S	学		背		背		学	S	得
0	0	③	西	1	GK	1	野津	③	0	0
0	0	③	坂本	3	DF	2	磯部	③	0	0
0	0	①	五嶋	5		13	(小西)	③	0	0
0	0	③	(齋藤)	4		3	宝栄	③	0	0
0	0	②	田辺	12		8	田中(悠)	②	0	0
0	0	②	(古川)	2						
0	0	③	浅野	6	MF	6	福場	❸	0	0
0	1	②	碇	8		7	立花	②	0	0
0	0	③	田原	10		11	栗野	③	1	0
0	0	③	(香山)	7		12	村田	③	3	1
1	1	③	中馬	13		20	(矢田)	②	0	0
0	0	③	(岩崎)	17		14	田中(慎)	③	0	0
0	0	③	井伊	15		4	(大平)	③	0	0
1	2	❸	小林	9	FW	19	森山	②	0	0
1	2	③	山下(基)	19		9	(亀井)	③	2	0
0	0	②	(稲田)	14		18	(日谷)	②	0	0
						10	東村	②	2	0
3	6			4	GK	4			8	1
				5	CK	5				
				10	FK	8				
				1	PK	0				

【得点】
前半 7分〔大〕**山下**
〃 10分〔大〕**中馬**
〃 26分〔大〕**小林**
後半12分〔関〕**村田**

▼警告
〔大〕古川

■前半3得点の大津が逃げ切る

関大北陽は，特徴でもある3ラインをコンパクトにした中での，前線からのプレスで相手のミスを誘う場面を作り，開始早々は持ち味を出す。だが，大津が前半7分にロングスローから先制。幸先よくリードした大津が落ち着いて試合を進める。10分，フリーのMF中馬が決めて2点目。その後もMF田原が相手ブロックの間にタイミングよくポジションをとり，相手が狙いとするミドルブロックの奪い所を外していく。大津は強度を落とさず，守備から攻撃の鋭さで相手を圧倒し，PKから3点目を奪った。後半，関大北陽は選手を交代して反撃を狙う。最終ラインにDF大平が入ったことで前半よりも高くラインを設定し，前向きの力強い守備からミドルカウンターで相手ゴールへ迫る場面が増える。一瞬の隙を突きMF村田が1点を返し，その後も決定機を作り，猛攻を仕掛けるがタイムアップを迎えた。

戦評　桂田光（牧野高校）

第3回戦　7月26日（火）　鳴門・大塚スポーツパーク球技場（晴）

（主）犬飼朝久　（副）佐々木慎哉，高永至

日章学園（宮崎県）　**2**（1-1 / 1-5）**6**　**昌　平**（埼玉県）★

得	S	学		背		背		学	S	得
0	0	③	小　林	1	GK	1	上　林	③	0	0
						16	（葛西）	③	0	0
0	0	③	藏　屋	2	DF	2	武　村	③	0	0
0	0	③	新　穂	3		3	上　原	①	0	0
0	0	❸	工　藤	4		12	（田中）	②	0	0
0	0	③	芝	5		4	津久井	❸	0	0
						5	石　川	②	0	0
						13	（佐怒賀）	②	0	0
0	1	③	金　川	6	MF	6	佐　藤	③	2	0
0	0	③	石　田	8		14	（佐々木）	③	2	2
0	0	②	皆　川	18		7	土　谷	②	1	0
0	0	②	（安藤）	14		8	長	②	1	0
0	0	③	（川野）	7		10	荒　井	③	4	2
1	1	①	川　越	20		11	篠　田	③	3	2
0	0	①	（高岡）	15						
0	1	②	田　上	9	FW	18	平	②	0	0
1	1	③	石　﨑	11		9	（小田）	②	2	0
2	4			3	GK	6			15	6
				1	CK	0				
				13	FK	8				
				0	PK	1				

【得点】
前半17分〔昌〕**荒井**
〃 29分〔日〕**石﨑**
後半15分〔日〕**川越**
〃 23分〔昌〕**篠田**
〃 24分〔昌〕**佐々木**
〃 26分〔昌〕**佐々木**
〃 31分〔昌〕**荒井**
〃 34分〔昌〕**篠田**

■昌平が残り12分で5得点の猛攻

昌平がボールを保持する展開となり，MF土谷，CB津久井を中心に組み立てる。さらにFW平のポストプレーや右SH荒井の仕掛けなど多彩な形でゴールへ迫り，荒井のPKで先制。対する日章学園もCB工藤，新穂を中心にDFラインを押し上げ全体をコンパクトにし，激しいプレッシングでボールを奪う展開を見せる。攻撃ではテンポ良くボールを動かしながら両SBがオーバーラップし，ワイドな攻撃。29分，FW石﨑のシュートで同点とした。後半，昌平が前半同様に主導権を握ろうとするのに対し，日章学園も積極的なプレッシングでボールを奪いにいく。15分に日章学園が逆転するが，昌平はMF佐々木を投入してギアを上げ，23分に同点とする。さらに佐々木が決め逆転すると，続けざまに得点し残り12分で5点を奪い勝利した。

戦評　濱田悠暉（宮崎海洋高校）

第3回戦　7月26日（火）　徳島スポーツビレッジピッチＢ（晴）

（主）山崎智貴　（副）松本大地，深谷聡一

前橋育英（群馬県）★　**2**（1-0 / 1-0）**0**　**聖和学園**（宮城県）

得	S	学		背		背		学	S	得
0	0	②	雨　野	1	GK	12	菅　井	③	0	0
0	1	③	齋藤(駿)	4	DF	3	金　井	③	0	0
1	2	③	山　内	6		4	益　田	③	0	0
0	1	③	井　上	11		5	小　野	❸	0	0
0	0	③	杉　山	13		18	玉　腰	③	0	0
0	2	③	大久保	8	MF	10	石　澤	③	0	0
0	0	③	（眞玉橋）	16		11	（江藤）	③	0	0
0	0	❸	徳　永	14		14	藤　田	③	0	0
0	2	③	堀　川	18		8	（神田）	③	0	0
0	0	③	（山田）	17		15	方　城	②	0	0
0	2	③	青　柳	19		17	伊　波	②	0	0
0	0	③	（根津）	7		6	（雫）	③	0	0
						20	近　藤	③	0	0
						16	（伊澤）	③	0	0
1	1	③	小　池	9	FW	13	角　野	③	0	0
0	2	③	高　足	10		19	（増川）	③	0	0
0	0	③	（山本）	15						
2	13			1	GK	10			0	0
				7	CK	0				
				5	FK	11				
				0	PK	0				

【得点】
前半33分〔前〕**山内**
後半 3分〔前〕**小池**
▼警告
〔前〕杉山

■前橋育英が攻守において連動性発揮

2回戦を不戦勝で勝ち上がった前橋育英が立ち上がりからペースを掴み，ゴールを脅かすが聖和学園GK菅井の好セーブにより得点を奪えない。しかし，その後も両SBが幅をとり聖和学園の両ウイングバックの前でボールを引き出し，FW高足にボールを預け厚みのある攻撃を展開する。一方，聖和学園も自陣にリトリートし守備をコンパクトに保ちながら粘り強く対応。しかし，攻撃の手を緩めない前橋育英は前半33分，SB山内が左足を振り抜き待望の先制点を奪う。聖和学園は距離をコンパクトにし，ドリブルを中心にボールを保持しながら攻撃を試みるが，前橋育英の守備を崩せない。後半も前橋育英のペースは変わらず，3分に追加点を奪う。聖和学園がボールを奪おうとも，前橋育英は攻守の切り替えが早く，球際の厳しさもあり攻撃を組み立てられない。試合はそのまま2-0で終了。前橋育英の攻守においての連動性が素晴らしい試合であった。

戦評　大須賀淳志（新宮高校）

第3回戦　7月26日（火）　鳴門・大塚スポーツパークポカリスエットスタジアム（晴）

（主）宮城竜人　（副）榎波亮介，吉田純平

矢板中央（栃木県）　**1**（1-0 / 0-1）**1**　**東　山**（京都府）★
5 PK 4

得	S	学		背		背		学	S	得
0	0	③	上　野	1	GK	1	佐　藤	③	0	0
0	0	③	勝　田	2	DF	4	新　谷	❸	0	0
0	0	②	梶　谷	3		6	仲　里	③	0	0
0	0	③	畑　岡	4		8	松　橋	③	0	0
0	1	③	木　村	5						
1	1	❸	田　邉	6	MF	5	大　谷	③	0	0
0	1	③	髙　橋	8		19	（沖村）	①	1	0
0	0	③	長　田	14		7	真　田	③	0	0
0	0	③	（柏木）	9		13	清　水	③	2	1
0	2	③	吉　川	15						
0	0	③	若　松	10	FW	9	豊　嶋	③	1	0
0	0	③	（坂本）	11		10	阪　田	③	1	0
0	0	③	高橋(秀)	18		14	北　村	③	1	0
0	0	③	（高橋(海)）	7		15	中　野	③	1	0
						16	（石井）	③	0	0
1	5			8	GK	5			7	1
				3	CK	7				
				8	FK	9				
				0	PK	0				

【得点】
前半 4分〔矢〕**田邉**
後半34分〔東〕**清水**

■PK方式制した矢板中央がベスト8に

主導権を握ろうと両チームが様子を見ていた立ち上がりの前半4分，矢板中央はMF田邉が決め先制。その後もロングボールでFWを狙い，FKやCK，ロングスローでチャンスを作る。対する東山もFW豊嶋，中野を狙ったロングボール，MF清水のドリブルなどで攻撃を仕掛けるも，矢板中央に数的有利な状況を作られてしまった。クーリングブレイク後，東山がボールを保持する時間が長くなるが，相手の堅い守備を崩せない。後半も矢板中央は東山の縦パスへのプレス，前線の選手のプレスバック，攻撃から守備への素早い切り替えで東山に攻撃の起点を作らせず。東山は豊嶋とFW阪田のポジションを入れ替え，DF仲里が高い位置をとることで中盤の人数を増やす。クーリングブレイク後にはMF石井，沖村を投入し，さらに前線に関わる人数を増やし，34分に同点とする。1-1のまま後半が終了し，決着はPK方式となり，矢板中央がベスト8に進出した。

戦評　一ノ渡靖彦（葛巻高校）

第3回戦 7月26日（火） 徳島スポーツビレッジピッチC（晴）

（主）河野航大　（副）村田裕紀，仙波諒平

履正社 1（0-1 / 1-0）1 湘南工科大附
★（大阪府第1）　4 PK 5　（神奈川県第1）

得	S	学		背		背		学	S	得
0	0	③	ジョン	12	GK	1	岩崎	③	0	0
0	0	③	西坂	2	DF	2	高橋	③	0	0
0	0	③	加藤	3		3	小川	③	0	0
0	0	③	東尾	4		4	三浦	❸	0	0
0	1	②	森田	18		5	伊藤	③	0	0
1	3	②	（宇都宮）	11						
0	0	③	徳山	5	MF	6	小島	③	0	0
0	0	②	（中林）	6		8	三觜	③	0	0
0	0	③	小田村	8		11	大木	③	1	1
0	0	③	名願	10		7	（橋山）	③	0	0
0	0	③	川端	14		14	村岡	③	2	0
0	0	②	（石塚）	16						
0	0	③	梶並	7	FW	9	岩崎	③	0	0
0	0	②	（河野）	19		10	中山	②	5	0
0	2	❸	古田	9						
1	6			5	GK	10			8	1
				3	CK	4				
				10	FK	13				
				0	PK	0				

【得点】
前半18分〔湘〕**大木**
後半23分〔履〕**宇都宮**
▼警告
〔履〕平野

■逆転許さずにPK方式で勝利掴む

序盤からお互いの特徴が出た。湘南工科大附はポゼッションサッカーを軸にハイサイドでチャンスを作り，立て続けにCKを得る。対する履正社はFW古田，梶並が相手GKリスタートにはハイプレス，守備の陣形を整えた場面ではミドルゾーン手前から相手CBからSBへ連動したプレスをかけ，守備から主導権を握りにいく。攻撃ではテンポの良いビルドアップから左サイドへ展開し，DF西坂，MF名願，2トップの連係からチャンスを作り出した。しかし前半18分，MF大木が流し込み湘南工科大附が先制。後半から履正社は3選手を交代し，1-3-4-1-2へシステム変更。これが功を奏し，再三チャンスを作り出す。3連戦の疲れを見せず，勝利への執着心から運動量を増やす履正社はMF宇都宮が同点弾。終盤まで履正社の勢いは止まらなかったが追加点を奪えずにPK方式へ。すると，GK岩崎のセーブがあった湘南工科大附がPK方式を5-4で勝利した。

戦評　新村世紀（逗子高校）

第3回戦 7月26日（火） 鳴門・大塚スポーツパーク球技場（晴）

（主）中村翔太　（副）田口平蔵，宮崎扇空

四日市中央工 1（0-0 / 1-2）2 米子北
★（三重県）　（鳥取県）

得	S	学		背		背		学	S	得
0	0	③	鈴木	1	GK	1	畠山	③	0	0
0	0	②	山本	2	DF	2	森川	③	0	0
0	0	③	及川	4		4	野田	❸	1	0
0	0	❸	野崎	6		5	倉田	③	0	0
0	2	③	古谷	19		16	梶	②	2	0
0	1	③	加藤	8	MF	6	上原	②	0	0
0	0	②	（西脇）	18		7	浅野	③	1	0
0	0	③	川北	10		14	（長谷川）	③	1	0
0	2	③	近澤	13		10	中井	③	4	0
0	0	③	（岩田）	5		19	（石倉）	②	0	0
0	0	②	片岡	16		15	仲田	②	1	0
0	0	③	（田中）	3		12	（森田）	②	4	1
1	2	②	平野	15	FW	8	小橋川	③	3	1
0	0	③	（南）	14		3	（青戸）	③	0	0
0	2	③	平尾	17		9	福田	③	2	0
1	9			7	GK	6			19	2
				3	CK	10				
				12	FK	11				
				0	PK	0				

【得点】
後半 5分〔米〕**小橋川**
〃 12分〔四〕**平野**
〃 26分〔米〕**森田**
▼警告
〔四〕田中
〔米〕小橋川

■選手交代で流れ引き寄せた米子北

互いに前線に特徴のある選手を擁し，機動力のあるFW平野，高さのあるFW平尾を中心に攻撃を展開する四日市中央工。対する米子北は空中戦に強いFW小橋川と攻守において前線からハードワークできるFW福田を中心とした縦に速い攻撃でゴールへ迫る。お互いにコンパクトな守備ブロックの中で，中盤で前向きにボールを奪えたチームがペナルティエリア付近まで持ち込む展開が続く。だが，スルーパスやクロスが合わずにスコアレスのまま前半が終了した。後半開始早々，両チームともにGKとの1対1が訪れるも得点が奪えず，膠着状態が続くかと思われたが，5分に小橋川が決めて米子北が先制。しかし，四日市中央工はカウンターからゲームを振り出しに戻した。その後，米子北は途中出場のFW森田がチャンスを作り，26分に勝ち越し点を奪う。終盤はDFを5枚にし，四日市中央工の猛攻を凌いだ米子北が逃げ切り，準々決勝へ進出した。

戦評　木下健生（妻高校）

準々決勝戦 7月28日（木） 鳴門・大塚スポーツパーク球技場（晴）

（主）池田元　（副）網矢守，水谷健太郎

帝京 4（2-1 / 2-1）2 岡山学芸館
★（東京都第1）　（岡山県）

得	S	学		背		背		学	S	得
0	0	②	川瀬	1	GK	12	平塚	②	0	0
0	1	③	島貫	2	DF	2	中尾	③	0	0
0	0	③	（小林）	3		4	井上	❸	0	0
0	0	②	梅木	4		5	田口㊤	③	0	0
2	3	③	大田	6		14	藤田	③	0	0
0	0	③	並木	20		17	（木村(奏)）	②	0	0
0	1	③	松本	7	MF	3	福井	③	0	0
0	0	②	（山崎）	14		6	木村(匡)	③	1	0
0	0	③	（前野）	19		8	岡本	③	1	0
0	0	③	押川	8		10	山田	③	0	0
0	1	③	田中	18		7	（田口(裕)）	②	0	0
						11	田邉	②	4	2
0	0	③	橋本	9	FW	9	今井	③	2	0
0	1	③	（山下）	11						
1	3	❸	伊藤	10						
1	4	③	齊藤	13						
0	1	②	（横山）	17						
4	15			2	GK	7			8	2
				6	CK	1				
				7	FK	8				
				0	PK	0				

【得点】
前半 7分〔帝〕**大田**
〃 14分〔帝〕**齊藤**
〃 16分〔岡〕**田邉**
後半 8分〔帝〕**大田**
〃 26分〔帝〕**伊藤**
〃 35+6分〔岡〕**田邉**
▼警告
〔岡〕中尾

■優勢に試合を運んだ帝京が準決勝進出

試合開始直後，岡山学芸館は中盤のプレスの強度が高く，ボール奪取からゴールに迫るが，帝京の最終ラインが突破を許さない。帝京は前半7分，MF田中のFKからDF大田が得点。先制後は帝京が，FW齊藤のサイドからドリブルによる仕掛けや，FW伊藤が相手アンカーの横を上手く使いだし，やや優勢に試合を運ぶ。14分に帝京が齊藤のミドルシュートで追加点を奪うが，岡山学芸館は16分にMF田邉が決めて1点を返す。後半，岡山学芸館はMF木村(匡)を一列下げ，システムを1-4-2-3-1に変更。しかし，帝京が8分に大田のヘディングで3点目を奪うと，26分にはテンポの良いパスで崩して4点目。岡山学芸館はプレスが良く効果的なカウンターを繰り返し，田邉が頭で決めて4-2とするが試合終了。帝京勝利となった。

戦評　近藤充義（城南高校）

準々決勝戦　7月28日（木）　JAアグリあなん運動公園陸上競技場（晴）

（主）村田裕紀　（副）森広導，尾留川琢也

大津★（熊本県）　0（0-1／0-0）1　**昌平**（埼玉県）

得	S	学		背		背		学	S	得
0	0	③	西	1	GK	1	上林	③	0	0
0	0	③	坂本	3	DF	2	武村	③	0	0
0	0	①	五嶋	5		3	上原	①	0	0
0	0	③	（齋藤）	4		4	津久井	❸	0	0
0	2	②	田辺	12		13	（佐怒賀）	②	0	0
						5	石川	②	0	0
0	2	③	浅野	6	MF	6	佐藤	③	0	0
0	1	②	碇	8		19	（大谷）	①	0	0
0	1	③	田原	10		7	土谷	②	0	0
0	1	③	中馬	13		8	長	②	0	0
0	1	③	（岩崎）	17		10	荒井	③	1	0
0	0	③	井伊	15		11	篠田	③	1	0
0	3	❸	小林	9	FW	18	平	②	0	0
0	1	③	山下(基)	19		9	（小田）	②	2	0
0	0	①	（山下(景)）	11						
0	12			5	GK	8			4	0
				9	CK	2				
				13	FK	13				
				0	PK	0				

【得点】
前半23分〔昌〕オウンゴール
▼警告
〔昌〕石川

■主将が負傷も昌平が逃げ切る

大津は長身のFW小林，山下(基)にシンプルにボールを預け，2列目からMF田原，井伊が飛び出しを狙いながらアタッキングサードでのプレー回数を増やそうとする。一方の昌平はMF土谷を中心にドリブルとミドルパスを交えながらボールを保持し，MF荒井やMF篠田の個の仕掛けから突破を試みる。一進一退の攻防が続く中，昌平は安定した守備を見せていたキャプテンDF津久井が負傷で交代を余儀なくされる。だが，再開直後にオウンゴールで昌平が先制に成功。後半，追いつきたい大津が攻撃から守備への切り替えのスピードを早め，ボールを奪うと田原に集め，サイドの連係から得点を狙う。大津は決定的なチャンスを作りながらも，昌平の身体を張った守備の前にゴールが遠い。昌平は個々の技術を活かして敵陣への侵入を試みるが，思うようにアタッキングサードにボールを運べない。アディショナルタイムには大津がクロスバー直撃のシュートを放つも得点は奪えず，タイムアップとなり，昌平が準決勝に駒を進めた。

戦評　浅野誠仁（徳島県スポーツ振興課）

準々決勝戦　7月28日（木）　鳴門・大塚スポーツパーク球技場（晴）

（主）佐々木慎哉　（副）樋下隆，岡﨑光樹

前橋育英★（群馬県）　2（0-1／2-0）1　**矢板中央**（栃木県）

得	S	学		背		背		学	S	得
0	0	②	雨野	1	GK	1	上野	③	0	0
0	0	③	齋藤(駿)	4	DF	2	勝田	③	1	0
0	2	③	山内	6		3	梶谷	②	0	0
0	1	③	井上	11		4	畑岡	③	0	0
0	0	③	（斉藤）	5		5	木村	③	0	0
0	0	③	杉山	13						
0	2	③	大久保	8	MF	6	田邉	❸	0	0
0	1	❸	徳永	14		8	髙橋	③	0	0
2	2	③	山田	17		20	（竹ノ谷）	③	0	0
0	0	③	（堀川）	18		14	長田	③	0	0
0	2	③	青柳	19		17	（菊地）	③	0	0
0	0	③	（山本）	15		15	吉川	③	0	0
						9	（柏木）	③	2	0
0	2	③	小池	9	FW	10	若松	③	2	1
0	3	③	高足	10		11	（坂本）	③	0	0
0	0	③	（根津）	7		18	高橋(秀)	③	0	0
						7	（高橋(海)）	③	0	0
2	15			2	GK	10			5	1
				2	CK	2				
				12	FK	11				
				0	PK	0				

【得点】
前半 4分〔矢〕**若松**
後半 2分〔前〕**山田**
〃 16分〔前〕**山田**
▼警告
〔矢〕梶谷

■前橋育英が関東同士の一戦を制する

関東同士の一戦は前半4分，左SB木村のロングスローをFW若松が押し込み矢板中央が先制。開始早々に主導権を握る。矢板中央はDF畑岡からのロングボールを素早く前線に入れながらカウンターを狙う。一方，前橋育英はMF徳永を起点に前線のFW高足，小池，左SH大久保が果敢に仕掛ける。ボールを保持しながら両SBが幅をとり，高足が積極的にシュートを撃つなど，前橋育英は得点の匂いを感じさせる。しかし矢板中央もコンパクトな守備ブロックを形成し，MF田邉を中心に強度の高い守備で前半を守り切る。前橋育英は後半開始早々，MF山田のミドルシュートで同点とすると，16分に再び山田が角度のない位置から決めて勝ち越し。さらに前橋育英は追加点を狙うがポストに阻まれるなど，決め切れない。両チーム，猛暑での連戦による疲労の中，背後やサイドのスペースをシンプルに使いゴールへの前進を試みるが，前橋育英が2-1で逃げ切った。

戦評　山田浩史（生光学園高校）

準々決勝戦　7月28日（木）　JAアグリあなん運動公園陸上競技場（晴）

（主）伊勢裕介　（副）望月純樹，植木雄仁

湘南工科大附（神奈川県第1）　0（0-3／0-0）3　**米子北**★（鳥取県）

得	S	学		背		背		学	S	得
0	0	③	岩崎	1	GK	1	畠山	③	0	0
0	0	③	高橋	2	DF	2	森川	③	0	0
0	0	③	小川	3		4	野田	❸	0	0
0	1	❸	三浦	4		5	倉田	③	0	0
0	2	③	伊藤	5		16	梶	②	0	0
0	1	③	小島	6	MF	6	上原	②	1	0
0	0	③	三觜	8		19	（石倉）	②	1	1
0	0	③	大木	11		7	浅野	③	0	0
0	0	③	（橋山）	7		14	（長谷川）	③	1	0
0	0	③	村岡	14		10	中井	③	1	0
						15	仲田	②	0	0
						18	（藤原）	②	0	0
0	0	③	岩﨑	9	FW	8	小橋川	③	1	1
0	0	③	（前田）	13		12	（森田）	②	0	0
0	1	②	中山	10		9	福田	③	1	1
						13	（音田）	③	0	0
0	5			5	GK	8			6	3
				1	CK	1				
				7	FK	6				
				0	PK	0				

【得点】
前半 8分〔米〕**小橋川**
〃 16分〔米〕**石倉**
〃 35+3分〔米〕**福田**
▼警告
〔湘〕中山

■前半の3点で勝負を決めた米子北

湘南工科大附は持ち前のポゼッション力を活かし，相手を見ながら慌てずにゲームを進めていく。対する米子北は鋭いプレスを仕掛け，ショートカウンターから前半8分にFW小橋川，16分にMF石倉が得点。2点のビハインドを背負った湘南工科大附は，縦へのギアを上げて仕掛けるも，米子北のコンパクトな守備ブロックを破れない。逆に前半終了間際，米子北が自陣からのロングフィードで，相手DFラインの裏に抜け出したFW福田が3点目。前に出るしかない湘南工科大附は後半開始早々，ショートパスから相手ペナルティエリアに複数回侵入するも，GK畠山を中心とする米子北守備陣の対応にゴールを奪えない。このままでは終われない湘南工科大附はDF前田を投入し，最後までゴールを諦めず，プレーの強度を上げる。だが，3点のセーフティーリードを持つ米子北は終了間際の苦しい時間をうまく凌ぎ，そのまま試合は終了した。

戦評　松下洋平（鳴門渦潮高校）

準決勝戦

7月29日（金）　鳴門・大塚スポーツパークポカリスエットスタジアム（晴）

（主）伊勢裕介　（副）秦泉寺力，山口亮太

帝　京 1（0-0 / 1-0）0 昌　平

★（東京都第1）　（埼玉県）

得	S	学		背		背		学	S	得
0	0	②	川　瀬	1	GK	1	上　林	③	0	0
0	1	③	島　貫	2	DF	2	武　村	③	0	0
0	0	②	梅　木	4		3	上　原	①	0	0
0	1	③	大　田	6		12	（田中）	②	0	0
0	0	③	並　木	20		5	石　川	②	1	0
						13	佐怒賀	②	0	0
0	3	③	松　本	7	MF	6	佐　藤	❸	0	0
0	0	③	（小林）	3		10	（荒井）	③	0	0
0	0	③	藤　﨑	15		7	土　谷	②	2	0
0	1	③	田　中	18		14	佐々木	③	2	0
						19	大　谷	①	0	0
						11	（篠田）	③	0	0
0	0	③	橋　本	9	FW	15	鄭	①	1	0
1	1	③	（山下）	11		9	（小田）	②	0	0
0	0	❸	伊　藤	10		17	伊　藤	③	1	0
0	0	③	（前野）	19		8	（長）	②	0	0
0	2	③	齊　藤	13						
0	0	③	（前濱）	12						
1	9			6	GK	6			7	0
				4	CK	4				
				12	FK	8				
				0	PK	0				

【得点】
後半26分〔帝〕**山下**

▼**警告**
〔昌〕上原

■5バックに変更した帝京が1点を守り切る

序盤は昌平の中盤のプレスが強く，ショートカウンターからゴールに迫る。対する帝京も中盤でボールを奪ってショートカウンターやダイレクトプレーでゴールを目指す。帝京はMF田中の組み立てから前線への配球を狙うが，昌平の守備に阻まれる。しかし，中盤のボール奪取から幅を使いながらゴールに向かう力が強く，シュートチャンスを作る。対する昌平はFW鄭がボールを収め，起点となる攻撃を行う。全体的に良い予測からのボールを奪う守備ができており，ショートカウンターで帝京ゴールに迫る。前半のチャンスは昌平がやや多いが，帝京は相手ゴール前まで迫る推進力が強く，五分の戦い。後半に入ると，帝京は時間が進むにつれ守備の圧力を強め，素早い攻撃で何度もチャンスを作り，試合を優位に運ぶ。26分にMF山下の得点でリードした帝京は終盤に1-5-4-1にシステム変更し，1点を守りにいく。昌平はロングボールを前線に入れ，得点を狙うが，帝京のDFに阻まれ，試合終了。帝京が決勝進出を決めた。

戦評　近藤充義（城南高校）

準決勝戦

7月29日（金）　徳島市球技場第1競技場（晴）

（主）村田裕紀　（副）平島一起，宮崎扇空

前橋育英 0（0-0 / 0-0）0 米 子 北

（群馬県）　4 PK 3　（鳥取県）★

得	S	学		背		背		学	S	得
0	0	②	雨　野	1	GK	1	畠　山	③	0	0
0	0	③	（大澤）	12						
0	1	③	齋藤(駿)	4	DF	2	森　川	③	0	0
0	1	③	山　内	6		4	野　田	❸	3	0
0	0	③	井　上	11		5	倉　田	③	0	0
0	0	③	杉　山	13		16	梶	②	0	0
						12	（森田）	②	0	0
						19	石　倉	②	0	0
0	0	③	大久保	8	MF	7	浅　野	③	0	0
0	0	❸	徳　永	14		14	（長谷川）	③	0	0
0	0	③	山　田	17		10	中　井	③	0	0
0	0	③	（堀川）	18		15	仲　田	②	1	0
0	0	③	青　柳	19		6	（上原）	②	0	0
0	3	③	小　池	9	FW	8	小橋川	③	0	0
0	0	③	高　足	10		3	（青戸）	③	0	0
0	1	③	（根津）	7		9	福　田	③	1	0
0	6			3	GK	6			5	0
				3	CK	4				
				7	FK	13				
				0	PK	0				

■前橋育英がPK方式を制して決勝進出

立ち上がりは米子北が2トップへロングボールを配球し，そのセカンドボールに対してハイプレスをかけ，押し込む展開に。米子北がロングスローやCKからゴールに迫るが，前橋育英はGK雨野を中心とした守備でゴールを割らせない。前半15分頃から前橋育英はMF徳永を中心にゲームをコントロールしてペースを握り返す。両サイドMFやFW高足がライン間でボールを受け，そこから連動した崩しを見せる。押し込まれる米子北もコンパクトに組んだブロックで対抗し，0-0で前半を終えた。後半に入っても前橋育英が押し込む展開が続く。インサイドにポジションをとった左SB山内と左MF大久保の連係で崩しにかかる。対する米子北はフレッシュな選手を投入し，前線からの圧力を強めてカウンターを繰り出そうとするも，前橋育英が素早い切り替えでそれを許さない。その後は前橋育英がミドルシュートなどでゴールに迫る場面が見られたが，得点は生まれずに後半が終了。PK方式にもつれ込んだ一戦は2人が外した米子北に対し，全員が決めた前橋育英が決勝戦に駒を進めた。

戦評　浅野誠仁（徳島県スポーツ振興課）

決勝戦

7月30日（土）　鳴門・大塚スポーツパークポカリスエットスタジアム（晴時々雨）

（主）佐々木慎哉　（副）池田元，伊勢裕介

帝　京 0（0-0 / 0-1）1 前橋育英

★（東京都第1）　（群馬県）

得	S	学		背		背		学	S	得
0	0	②	川　瀬	1	GK	1	雨　野	②	0	0
0	0	③	島　貫	2	DF	4	齋藤(駿)	③	0	0
0	0	②	梅　木	4		6	山　内	③	0	0
0	1	③	大　田	6		11	井　上	③	0	0
0	0	③	並　木	20		18	（堀川）	③	0	0
						13	杉　山	③	1	0
0	0	③	松　本	7	MF	8	大久保	③	1	0
0	0	②	（山崎）	14		17	（山田）	③	0	0
0	1	③	山　下	11		14	徳　永	❸	0	0
0	0	③	（前野）	19		19	青　柳	③	0	0
0	0	③	藤　﨑	15						
0	0	③	（押川）	8						
0	0	③	田　中	18						
0	0	②	（横山）	17						
0	0	③	橋　本	9	FW	9	小　池	③	2	0
0	0	③	（齊藤）	13		10	高　足	③	4	1
0	0	❸	伊　藤	10		15	山　本	③	1	0
						7	（根津）	③	1	0
0	2			8	GK	1			10	1
				2	CK	5				
				11	FK	10				
				0	PK	0				

【得点】
後半35+4分〔前〕**高足**

▼**警告**
〔帝〕島貫

■終了間際の決勝点で前橋育英が優勝

序盤は前橋育英が帝京のライン間でボールを受けながら，テンポのいいボール回しで主導権を握る。その後，帝京がコンパクトな守備陣形からボランチMF田中を中心にプレスの圧力を強めてボールを奪い，試合を優位に進める。クーリングブレイクを挟んで，再び前橋育英が多くの関わりを持ちながら，ボールを保持しだし，ドリブルや精度の高い縦パスで，帝京ゴールに迫る場面が多くなる。帝京は前橋育英のサイドに広げるボールやトップに入るボールに対し，狙いを持ったチャレンジができており，カウンターでチャンスを作る。前半はともにチャンスを作りながらも無得点で終える。後半は，前橋育英が裏への抜け出しから，帝京ゴールへ迫る機会が多くなるが，帝京はGK川瀬を中心に落ち着いた守備を見せ，得点を許さない。その後も前橋育英の攻撃を帝京は防ぎ続けるが，後半アディショナルタイムに前橋育英FW高足がドリブルで抜け出し，ゴールを決める。そのまま試合終了となり1-0で前橋育英が勝利した。

戦評　近藤充義（城南高校）

男子 優勝監督 手記

前橋育英高校監督 **山田耕介**

重視したコンディショニング

令和4年度全国高等学校総合体育大会男子サッカー競技は、四国・徳島県で行われました。ようやくコロナ禍の厳しい制限が緩和された大会になりました。

インターハイに臨むにあたって、暑さ対策を踏まえたコンディショニングが、一番重要であると考えました。1週間で6試合という過酷な大会であること、そのためには、各ポジションに誰が出てもチーム力が変わらないことが、優勝には絶対不可欠であると考え、インターハイ直前まで高円宮杯 JFA U-18サッカープレミアリーグ2022 EASTで戦う流経大柏、横浜F・マリノスユース、柏レイソルU-18との試合では、毎試合メンバーを少しずつ変え、チャレンジしました。その結果、ある程度誰が出場してもやれるな、という確信まではいかないものの、今後を考えれば十分いけるなと感じ本大会に臨みました。

また暑さに加え、試合時間70分の中でのクーリングブレイクや飲水タイムなど試合のルーティンが、他の大会と異なるので、バスケットボールの試合と同じ第1・第2・第3・第4クォーターの感じでいかに集中力を維持し、持っていけるかがこの大会のポイントであると考え毎試合臨みました。

大会を振り返って

1回戦の長崎総科大附との一戦は、何か運命を感じる組み合わせでした。年頭に逝去された小嶺忠敏先生から、私と長崎総科大附監督の定方敏和先生に対して「お前らこれからも頼むぜ、頑張れよ」というメッセージを感じた対戦になりました。長崎総科大附の守備をどう剝がしていくのかが、ポイントでした。全員が球際に強く身体を張った守備は、やはりなかなか崩せず苦労しましたが、何とか1点を取ることができ辛勝しました。

2回戦の磐田東に関しては、大会前からここがターニングポイントだと思っていました。映像を見て素晴らしい組織的な守備ができ、これは苦労するなと思っていましたが、何と出場辞退となり、磐田東の選手そしてスタッフのことを考えると複雑な気持ちになりました。磐田東監督の山田智章先生から電話をもらった時は、本当にショックでこのレギュレーションは何とかならないのかと、怒りさえ湧き上がってきました。

大会前から予想していましたし、高体連全体の大会なので理解できますが、本当に残念でたまりませんでした。しかしこの不戦勝により我々は、一致団結し絶対磐田東のためにも日本一を取るぞと、チーム全体が一気に一つになったことは事実だと思います。

3回戦の聖和学園は、個人技を活かした攻撃サッカーをどう攻略するかが重要でした。連動した守備、コンパクトな布陣で相手にスペースを与えない「組織的な守備」がキーワードだと思い戦いました。選手たちは、高円宮杯 JFA U-18サッカープレミアリーグ 2022 EASTで戦っているイメージをそのまま出してくれて2-0で勝つことができました。

準々決勝の矢板中央は堅守速攻のチームで、相手のロングスローは脅威であるとわかっていました。それでも想像以上のスピードと距離で開始4分に失点、見事にやられました。ただ時間は十分あるので、選手たちはすぐ切り換え、本来の前橋育英のビルドアップから、リズムとテンポで徐々にペースを摑み、逆転することができました。

チャレンジャーとして

準決勝の相手は米子北。粘り強い守備から縦に速く攻めるスタイルは健在で、また今年度のチームは、連動した組織的な守備がより構築されていました。選手たちは試合開始から戸惑い、本来のパスサッカーができず、クーリングブレイクが早く来ないかと初めて思いました。そして、このレギュレーションに助けられました。このクーリングブレイクの3分間で冷静になることができ、「イライラするな」「本来の前育のスタイルを思い出せ」「慌てずポゼッションしていこう」と話し、その後は徐々に前橋育英のペースになりテンポがよくなってきました。しかし、さすがに米子北も最後の守備は厳しく身体を張ってきます。終了間際、PK方式に備えてGKを替えました。こちらに来てPKの練習の際、ことごとく止めていた大澤に全てをかけました。そして見事、期待に応えてくれて勝つことができました。

決勝戦の相手は帝京です。今年度のチームは攻守に戦力が充実しており、現3年生が1年生の頃から期待されていたメンバーたちです。各ポジションに優れた選手がいて、バランスがとれており、優勝候補だと思っていました。だからこそ我々は、「チャレンジャーとして戦うぞ」と、選手たちとも確認して臨みました。やはり決勝が大会6試合目か5試合目かだと違うと感じた決勝戦でした。帝京は、怪我人も多くてベストメンバーではなく、疲労感もあるなと感じました。本来の動きができておらず、我々にとっては本当に救いでした。決勝では思い切って山本を初めてスタメン出場させ、期待通りの活躍をしてくれて、2009年度以来の2度目の優勝を果たすことができました。

おわりに

高校サッカーが、世界基準のインテンシティとクオリティの高い試合を目指し、進化のスピードを速めることは、日本の強化に繋がると確信しております。育成と勝利を両立させ、これからも精進していきたいと思います。最後に徳島県の高体連の先生・生徒、地域の方々、大会を作り上げてくれた皆さま、本当にありがとうございました。そして徳島ヴォルティスの皆さまにも感謝しております。選手たちは、最後まで全力で戦い抜くことができました。全ての方々に感謝をし、手記とさせていただきます。

男子 総評

徳島県立城南高校
近藤充義

はじめに

令和4年度「燃え上がれ我らの闘志四国の大地へ」をスローガンに開催された全国高等学校総合体育大会男子サッカー競技は、7月24日～30日の7日間という日程で、徳島市、鳴門市、阿南市、吉野川市、板野町の計10会場にて熱戦が繰り広げられました。今回はコロナ禍での有観客の試合ということで、細心の注意を払い実施されました。感染者の関係で、無念にも1チームが辞退となってしまいました。万全を期して大会を運営するためとはいえ、我々も心を痛めました。辞退されたチーム・関係者の皆さまには今後の奮起を願うばかりです。さて、今大会の決勝は、素早い切り替えから、強度の高い守備と推進力のある攻撃を行う帝京（東京都第1）と、全員が高いテクニックを持ち、多くの関わりを持ち続けながら攻撃を繰り出す前橋育英（群馬県）との対戦となりました。帝京は攻守の切り替えが早く、ボールを失った瞬間から奪い返しにいき、いい状態でボールを奪うと、ボールホルダーを追い越す動きを入れ、幾度となくカウンターを仕掛けました。また、ブロックを敷いた守備では、コンパクトな陣形から狙いを持ったチャレンジが行えていました。それに対し、前橋育英は攻撃の優先順位を意識し、ゴールへ向かう動き出しを多く入れながら、グループでの関わりを多く持つ攻撃ができていました。結果、後半終了間際に、前橋育英がいい距離感でゴールに向かうパスからボールを持ち出し、得点。1-0で前橋育英の優勝となりました。両チームとも素早い切り替え、強度の高いボール奪取をスタンダードにしながら、攻撃・守備に優先順位をつけたサッカーの原理原則に基づいたプレーをしていました。決勝戦にふさわしい試合であったと感じています。

大会運営

今回の大会は，新型コロナウイルス第7波の真っ只中でありながら、有観客での実施としました。そのため、昨年度の福井県の総体で行われた感染対策に加え、選手・観客が一切接触しないよう、動線の工夫を行いました。また、選手だけでなく、観戦者にも健康チェックシートの提出を求め、全員に検温を行いました。運営の工夫もあり実施された有観客試合では、無観客試合にはない熱気に満ちた空気を感じました。鳴門・大塚スポーツパークポカリスエットスタジアムで行われた決勝戦では2000人以上が観戦し、スローガン通りの熱気あふれる大会が実施されたと思っています。改めて感染対策に気を遣いながら、運営に関わっていただいたすべての方にお礼申し上げます。

また、熱中症対策として、各チームへ氷を配ったり、気化熱を利用したファンをベンチに置いたり、さらにクーリングブレイクに加え、飲水タイムを設けるなど、選手が熱中症にならないよう対策を行いました。その結果、大きなトラブルもなく、大会を終えられたと思っています。

本大会では、1回戦から3回戦を連戦で行い、休息日を1日挟んで、準々決勝・準決勝・決勝と連戦で行いました。また、徳島市内から車で1時間程度離れた阿南市も会場となったため、上位に進出したチームは連戦や移動の疲れがあったかと思います。しかし上位進出したどのチームも、試合で疲労を感じさせることはなく、改めて選手たちの力量に感動しました。

大会の報告

【ベスト8】

関東：矢板中央（栃木県）、前橋育英（群馬県）、帝京（東京都第1）、湘南工科大附（神奈川県第1）、昌平（埼玉県）、中国：米子北（鳥取県）、岡山学芸館（岡山県）、九州：大津（熊本県）が勝ち上がりました。上位に進出したチームは、試合の状況に応じた守備ができていました。前線からプレスをかけるが、剥がされた時は帰陣しブロックを敷き直したり、前線からのプレスでボールが奪えそうな時は、前に出て複数でボールを奪いに行ったりと、状況に応じて判断し、グループでの守備が行えていました。また、上位に進出した多くのチームでは、相手のロングボールに対しシンプルに弾き返すだけでなく、相手のプレッシャーがなければ胸トラップでマイボールにするなど、周囲の状況を見て、自身のテクニックを発揮していたように思えました。ノックアウト方式のトーナメントですが、プレッシャーの中で、自分が磨いてきたテクニックを発揮することが大切だと感じました。

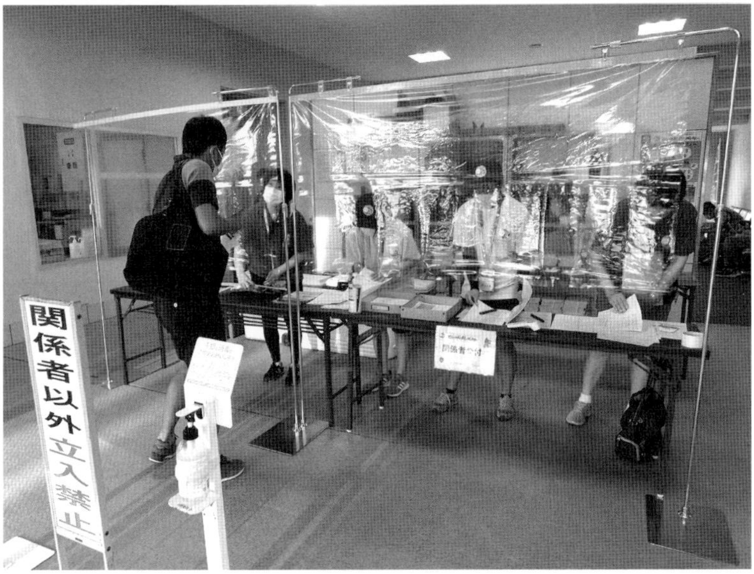

【選手起用】

ほとんどのチームが、ほぼ同じスターティングメンバーの中で、九州国際大付（福岡県）は、1回戦からメンバーを6人入れ替えて、2回戦に臨みました。結果、2回戦で敗れてしまいましたが、素晴らしいチャレンジだったと感じています。

【GK】

本大会の優秀選手であるGK雨野颯真（前橋育英2年）は身長184cm、川瀬隼慎（帝京2年）は178cmで、非常に大型化が進んでいます。本大会のGKの平均身長は178.0cmで、2019年の平均身長177.1cmより大きくなっています。今後もこの傾向は続いていくと思います。また、素晴らしいポジショニングからシュートストップを行う場面が多く見られ、高いテクニックを発揮できていました。

【守備】

自分たちのゴール前での守備では、GKと連動し粘り強い守備を行い、最後は身体を投げ出して、相手のシュートを防ぎ切る場面が多く見られました。決定機を招いても、ゴールを割らせない守備が多くのチームでできていました。また、チームで決められた組織的な守備はすべてのチームで行われており、どの場所でボールを奪うか、全体で共有した守備ができていました。特に矢板中央は、前線からプレスをかけるが、剥がされると自陣に帰陣して相手の攻撃を防ぎ切る守備を行っていました。チームの全員が守備イメージを共有できていると感じました。

【攻撃】

どのチームも優先順位を意識した攻撃ができており、相手の背後を狙う動きからチャンスを作り出していました。また素早い攻守の切り替えにより、いい状態で味方がボールを持った時、ボールホルダーを追い越す動きを入れ推進力を持ったカウンター攻撃ができていました。一方で、相手のプレッシャーに押されてしまうと意図のないロングボールでの攻撃になる場面も見られました。

大会を通じて

大会を通じて感じることは、「必要性が生み出す技術」ということです。本大会では、攻守の切り替えのスピードが速くなっており、自陣ゴール前の守備の強さが上がっていると感じました。それは、その技術がないと予選を勝ち上がれないからです。より強度の高い試合を行い、必要な技術を求めていくことこそ、育成において最も重要なことではないかと感じました。鳴門・大塚スポーツパークポカリスエットスタジアムで行われた決勝戦を見ていると、必要なことを求め選手を育成している指導者、良い試合を行ってもらうための運営関係者、役員、審判、ボランティアの生徒、全国の技術委員の方々など、多くの人たちの思いを感じ、感慨深い気持ちになりました。そして、私がサッカーに関われていることへの喜びを感じることができました。本大会を通じて、徳島に多くのものをもたらしていただいたすべての方々に感謝いたします。誠にありがとうございました。

男子大会優秀選手

GK	2年	**雨野颯真**	前橋育英
	2年	**川瀬隼慎**	帝京
DF	3年	**齋藤駿**	前橋育英
	3年	**杉山陽太**	前橋育英
	3年	**山内恭輔**	前橋育英
	3年	**大田知輝**	帝京
	3年	**並木雄飛**	帝京
	3年	**津久井佳祐**	昌平
	3年	**倉田大雅**	米子北
	3年	**森川和軌**	米子北
	3年	**木村匠汰**	矢板中央
MF	3年	**青柳龍次郎**	前橋育英
	3年	**徳永涼**	前橋育英
	3年	**押川優希**	帝京
	3年	**田中遥稀**	帝京
	3年	**松本琉雅**	帝京
	3年	**荒井悠汰**	昌平
	3年	**篠田翼**	昌平
	2年	**土谷飛雅**	昌平
	2年	**仲田堅信**	米子北
	3年	**浅野力愛**	大津
	3年	**木村匡吾**	岡山学芸館
FW	3年	**小池直矢**	前橋育英
	3年	**高足善**	前橋育英
	3年	**伊藤聡太**	帝京
	3年	**齊藤慈斗**	帝京
	3年	**小橋川海斗**	米子北
	3年	**福田秀人**	米子北
	3年	**小林俊瑛**	大津
	3年	**大木啓汰**	湘南工科大附
	3年	**小関晴人**	丸岡

以上 31名
（公財）全国高等学校体育連盟サッカー専門部
技術委員会選出

E N T R Y

登録選手一覧

令和４年度
全国高等学校
総合体育大会
サッカー競技

旭川実業　北海道第１

[監督]富居徹雄　[引率教員]斎藤達弘

背番号	位置	氏　名	学年
1	GK	石川　佳吾	3
2	FW	安保　悠輝	3
3	DF	尾池　泰知	3
4	DF	荒谷　笙吉	3
5	MF	五十嵐大都	3
6	MF	山本　直矢	3
⑦	DF	酒井　柚稀	3
8	MF	板垣　侃寿	3
9	FW	大澤　龍明	3
10	MF	樫山　一生	3
11	MF	渡辺　健斗	3
12	FW	和嶋　陽佳	2
13	FW	鈴木　健斗	3
14	DF	庄子　羽琉	2
15	DF	鎌田　颯太	3
16	FW	須見　奏詩	3
17	GK	立花虎太郎	3
18	DF	長谷川羽空	3
19	FW	鵜城　温人	2
20	FW	田中　裕元	3

札幌光星　北海道第２

[監督]小林宏之　[引率教員]相原賢行

背番号	位置	氏　名	学年
1	GK	下田　和舞	3
2	DF	伊藤　恒太	3
3	DF	中上　瑠基	3
4	DF	熊谷　灯真	3
⑤	MF	土井　駿輔	3
6	MF	合坂　颯太	3
7	MF	藤代　太河	3
8	MF	池田　峻大	3
9	FW	川合　流央	3
10	FW	佐藤　来音	3
11	FW	小原　祥郁	3
12	GK	米田　幹汰	1
13	DF	横山　太輝	2
14	MF	片岡　龍音	1
15	MF	小渕　　希	3
16	FW	石田　翔哉	3
17	MF	甲田　宗爾	1
18	DF	青木　結道	2
19	FW	戸田　大貴	3
20	FW	村山　琉依	1

青森山田　青森県

[監督]黒田 剛　[引率教員]黒田 剛

背番号	位置	氏　名	学年
1	GK	鈴木　将永	2
2	DF	渡邊　来依	3
3	DF	西脇虎太郎	3
4	DF	三橋　春希	3
⑤	DF	多久島良紀	3
6	MF	中山竜之介	3
7	MF	小野　理竜	3
8	MF	小柳　一斗	3
9	FW	武田　陸来	3
10	FW	小湊　　絆	3
11	MF	奈良岡健心	3
12	GK	葛西　　淳	3
13	DF	山本　　虎	2
14	MF	芝田　　玲	2
15	DF	小泉　佳絃	2
16	MF	櫻井　　廉	3
17	MF	川原　良介	2
18	FW	津島　　巧	2
19	DF	小林　康人	3
20	MF	中川　勇輝	3

花巻東　岩手県

[監督]清水康也　[引率教員]佐々木弓子

背番号	位置	氏　名	学年
1	GK	坂上　徹太	3
2	DF	菊地　大翔	3
3	DF	遠藤　朋城	3
4	DF	及川真ノ介	3
5	MF	八重樫優成	3
6	DF	菊池　竜篤	3
7	MF	加藤　志門	3
8	MF	工藤　琉音	3
9	FW	藤原　　涼	3
⑩	FW	作山　寛都	3
11	FW	中村　翔大	3
12	GK	高橋　　晃	1
13	DF	船山　智哉	3
14	MF	吉田　洸大	2
15	DF	西井　才蔵	1
16	DF	押切　大和	3
17	MF	本多　将梧	1
18	FW	加々美敦己	3
19	MF	菊地　琉翔	1
20	MF	岩渕　里城	2

聖和学園　宮城県

[監督]加見成司　[引率教員]加見成司

背番号	位置	氏　名	学年
1	GK	小笠原信哉	3
2	DF	福丸　勝利	3
3	DF	金井　太一	3
4	DF	益田吏玖斗	3
⑤	DF	小野　　喬	3
6	DF	雫　　駿介	3
7	MF	森　　玲登	3
8	MF	神田　翔和	3
9	FW	桃原　泰河	3
10	MF	石澤　海陽	3
11	MF	江藤　彪汰	3
12	GK	菅井　一那	3
13	FW	角野　玲也	3
14	MF	藤田　　晴	3
15	DF	方城　陸斗	2
16	MF	伊澤　睦喜	3
17	DF	伊波　　渉	2
18	DF	玉腰　　翔	3
19	FW	増川琳太郎	3
20	MF	近藤　良雅	3

ノースアジア大学明桜　秋田県

[監督]原 美彦　[引率教員]西澤拓也

背番号	位置	氏　名	学年
1	GK	川村　晃生	2
2	DF	吉崎　　昱	3
3	DF	久米　　颯	3
4	MF	小笠原義斗	3
5	DF	目黒　琥珀	2
6	DF	大町　璃音	3
7	MF	畠山　昂琉	3
⑧	FW	佐藤　拓海	3
9	FW	臼田　成那	2
10	MF	小野　亮輔	3
11	FW	藤山　成弥	3
12	GK	佐藤　瑠耶	1
13	MF	加藤　鳳夢	2
14	MF	佐々木涼介	1
15	FW	外山　　蓮	2
16	MF	武田　大和	2
17	DF	吉田　　秀	2
18	DF	溝口　蓮人	3
19	MF	廣森　輝星	1
20	DF	鎌田　琉佑	1

県立山形中央　山形県

[監督]羽角哲弘　[引率教員]佐藤良二

背番号	位置	氏　名	学年
1	GK	清水　昱斗	2
2	DF	設楽　卓人	2
3	DF	菊地　謙辰	3
4	DF	髙橋　未来	2
5	DF	渡邉　悠真	3
6	DF	横川　涼太	3
7	MF	高橋　聖名	3
8	MF	高橋　健太	3
9	FW	佐貝　　誠	3
10	MF	高橋　一颯	3
11	FW	須藤　櫂斗	3
12	MF	長沼　裕也	1
13	DF	大風　春人	3
14	MF	伊藤　優人	2
15	FW	柴田　純介	1
16	DF	梅津　裕大	2
⑰	GK	小川　湧右	3
18	FW	篠田ヒカル	2
19	MF	元木　悠人	2
20	FW	金子　優斗	2

尚志　福島県

[監督]仲村浩二　[引率教員]西田 潤

背番号	位置	氏　名	学年
1	GK	鮎澤　太陽	3
2	DF	鈴木　大翔	3
3	MF	笹生　悠太	2
4	DF	高瀬　大也	2
⑤	DF	山田　一景	3
6	MF	吉満　　迅	3
7	MF	山本　叶多	3
8	MF	神田　拓人	2
9	FW	鈴木虎太郎	3
10	MF	岡野　楽央	3
11	FW	桜松　　駿	2
12	MF	安斎　悠人	2
13	MF	出来　伯琉	2
14	MF	若林　来希	2
15	DF	藤田　颯良	3
16	GK	布川　陽大	3
17	FW	網代　陽勇	2
18	MF	吉田　尚平	2
19	DF	白石　　蓮	2
20	DF	市川　和弥	2

鹿島学園　茨城県

[監督]鈴木雅人　[引率教員]石川秋彦

背番号	位置	氏　名	学年
1	GK	木村　和輝	3
②	DF	上原　悠平	3
3	DF	福留　康輔	3
4	DF	髙橋　寛介	2
5	DF	藤井　　快	3
6	MF	川尻　直紀	2
7	DF	櫻井　　稜	3
8	MF	妹尾　俊兵	2
9	FW	池田　修斗	3
10	MF	林　　結人	3
11	FW	若野　晃大	3
12	GK	嶋﨑　寛大	3
13	MF	熊倉　優希	3
14	MF	萩原　　駆	3
15	FW	森　龍ノ介	2
16	MF	石塚 大地 アントニオ	3
17	MF	篠田　嵩人	3
18	MF	鈴木仁之介	2
19	MF	水戸　陽太	3
20	FW	井口　愛翔	3

矢板中央　栃木県

[監督]髙橋健二　[引率教員]金子文三

背番号	位置	氏　名	学年
1	GK	上野　豊季	3
2	DF	勝田　大晴	3
3	DF	梶谷皇光斗	2
4	DF	畑岡　知樹	3
5	DF	木村　匠汰	3
6	MF	田邉　海斗	3
7	MF	髙橋　海斗	3
8	MF	髙橋　靖一	3
9	MF	柏木　康介	3
10	FW	若松　優大	3
11	FW	坂本　怜輝	3
12	GK	浅野　裕大	3
13	DF	小林　陽真	3
14	MF	長田　皐汰	3
15	MF	吉川　侑輝	3
16	MF	鳥塚　翔真	2
17	MF	菊地　純平	3
18	FW	髙橋　秀斗	3
19	FW	下平　悠斗	3
20	DF	竹ノ谷　介	3

群馬育英学園前橋育英　群馬県

[監督]山田耕介　[引率教員]中島和哉

背番号	位置	氏　名	学年
1	GK	雨野　颯真	2
2	MF	茂木　碧生	3
3	MF	齋藤　颯太	3
4	DF	齋藤　　駿	3
5	DF	斉藤　航汰	3
6	DF	山内　恭輔	3
7	MF	根津　元輝	3
8	MF	大久保帆人	3
9	FW	小池　直矢	3
10	FW	高足　　善	3
11	DF	井上駿也真	3
12	GK	大澤　脩人	3
13	DF	杉山　陽太	3
⑭	MF	徳永　　涼	3
15	FW	山本　颯太	3
16	FW	眞玉橋宏亮	3
17	MF	山田　皓生	3
18	MF	堀川　直人	3
19	MF	青柳龍次郎	3
20	MF	芦田　悠真	3

昌平　埼玉県

[監督]藤島崇之　[引率教員]藤島崇之

背番号	位置	氏　名	学年
1	GK	上林　真斗	3
2	DF	武村　圭悟	3
3	DF	上原　悠都	1
④	DF	津久井佳祐	3
5	DF	石川　穂高	2
6	MF	佐藤海空斗	3
7	MF	土谷　飛雅	2
8	MF	長　　準喜	2
9	FW	小田　晄平	2
10	MF	荒井　悠汰	3
11	MF	篠田　　翼	3
12	DF	田中　瞭生	2
13	DF	佐怒賀大門	2
14	MF	佐々木小太朗	3
15	FW	鄭　　志錫	1
16	GK	葛西　天河	3
17	FW	伊藤　風河	3
18	FW	平　　叶大	2
19	MF	大谷　湊斗	1
20	DF	三浦　悠代	1

市立船橋　千葉県

[監督]波多秀吾　[引率教員]木村直純

背番号	位置	氏　名	学年
①	GK	ドゥーリー　大河	3
2	DF	藤田　大登	3
3	DF	粟原　大知	3
4	DF	懸樋　　開	3
5	MF	太田　隼剛	2
6	MF	北川　　礁	3
7	MF	丸山　侑吾	3
8	MF	土岐　泰斗	3
9	FW	青垣　　翔	3
10	FW	郡司　璃来	2
11	MF	渡邉 慎和 ムセマ	3
12	DF	大塚　清瑚	3
13	DF	佐藤　凛音	2
14	FW	イジェンバ リチャード	3
15	MF	白土　典汰	2
16	DF	内川　　遼	2
17	GK	田中　公大	3
18	MF	森　　駿人	2
19	MF	峯野　　倖	1
20	FW	佐々木裕涼	2

帝京　東京都第１

[監督]日比 威　[引率教員]日比 威

背番号	位置	氏　名	学年
1	GK	川瀬　隼慎	2
2	DF	島貫　琢土	3
3	DF	小林　佳太	3
4	DF	梅木　　怜	2
5	DF	藤本　優翔	3
6	DF	大田　知輝	3
7	MF	松本　琉雅	3
8	MF	押川　優希	3
9	FW	橋本マリーク　識史	3
⑩	FW	伊藤　聡太	3
11	MF	山下　　凜	3
12	DF	前濱　就意	3
13	FW	齊藤　慈斗	3
14	MF	山崎　湘太	2
15	MF	藤嵜　巧士	3
16	GK	大橋　　藍	1
17	FW	横山　夢樹	2
18	MF	田中　遥稀	3
19	MF	前野　翔平	3
20	DF	並木　雄飛	3

関東第一　東京都第２

[監督]小野貴裕　[引率教員]小野貴裕

背番号	位置	氏　名	学年
1	GK	遠田　　凌	3
2	DF	小谷　旺嗣	3
③	DF	矢端　虎聖	3
4	DF	池田　歩柊	3
5	DF	北村　　翼	2
6	MF	小松　奏哉	2
7	MF	渡邊　倖大	1
8	MF	湯田　欧雅	3
9	FW	清水　大生	3
10	FW	本間　　凜	3
11	FW	鹿岡　翔和	3
12	DF	岡崎　礼暉	1
13	MF	石塚　優斗	2
14	FW	長谷川凌翼	2
15	MF	栗栖　晴己	2
16	MF	平形　京太	2
17	MF	日野　　昱	2
18	DF	エバイェメウ　賢人	1
19	MF	松野　竜成	2
20	GK	小関　健流	3

湘南工科大学附属　神奈川県第１

[監督]室井雅志　[引率教員]中嶋昂平

背番号	位置	氏　名	学年
1	GK	岩崎　　翔	3
2	DF	高橋　陽翔	3
3	DF	小川　源生	3
④	DF	三浦翔遼人	3
5	DF	伊藤　大輔	3
6	DF	小島　大和	3
7	FW	橋山　翔太	3
8	MF	三觜　真生	3
9	FW	岩﨑　由磨	3
10	MF	中山　陽輝	2
11	FW	大木　啓汰	3
12	GK	永山　航世	3
13	DF	前田　　蓮	3
14	MF	村岡　　遊	3
15	DF	森田　羚音	2
16	DF	小林　智輝	2
17	MF	﨑井　　圭	3
18	MF	荻野　寛太	1
19	FW	成田　梨甫	1
20	FW	高木　直人	3

日本大学藤沢　神奈川県第２

[監督]佐藤輝勝　[引率教員]上野尚輝

背番号	位置	氏　名	学年
①	GK	岡本　亜鶴	3
2	DF	片岡　大慈	2
3	DF	アッパ　勇輝	3
4	DF	宮﨑　達也	2
5	DF	尾野　優日	2
6	MF	野澤　勇飛	3
7	FW	宗次　柊磨	3
8	FW	岡西　亜憐	3
9	FW	有竹　翔吾	3
10	MF	安場壮志朗	2
11	FW	仲川　颯一	3
12	GK	斎藤　直晴	2
13	DF	坂口　康生	2
14	DF	楠本　　爽	3
15	DF	國分　唯央	2
16	MF	荻原　大地	2
17	FW	会津　恒毅	2
18	MF	岡田　生都	2
19	FW	森重　陽介	3
20	FW	岸本　尚也	3

山梨学院　山梨県

[監督]羽中田昌　[引率教員]横森 巧

背番号	位置	氏　名	学年
1	GK	長谷川皓亮	3
2	DF	向山　悦生	3
3	DF	芳野　　伯	3
4	DF	歳藤　稜久	3
5	DF	庄司　優作	3
⑥	MF	宮岡　拓海	3
7	MF	小棚木蒼大	3
8	MF	野田　駿人	3
9	FW	栃尾　瞭太	3
10	MF	吉本　堅翔	3
11	FW	伊藤　優作	3
12	FW	高野　夏輝	2
13	DF	小尾　丞斗	3
14	MF	小日山滉生	2
15	MF	本多弥沙哉	2
16	DF	臼田康太郎	3
17	GK	廣瀬　大翔	3
18	FW	齋藤　剛志	3
19	FW	富岡　玲音	2
20	FW	五十嵐真翔	2

東海大学付属諏訪　長野県

[監督]忽滑谷祐介　[引率教員]山田 秀

背番号	位置	氏　名	学年
1	GK	鎌﨑　　道	3
2	DF	野﨑　　凌	3
3	DF	斉藤　　謙	3
4	DF	小川　航平	3
5	DF	上田　智也	3
6	MF	藤森　大夢	3
7	MF	井上　汰知	2
⑧	FW	岡本　圭佑	3
9	FW	桑原　輝来	3
10	FW	赤廣　虎伯	2
11	FW	竹田　琉矢	3
12	DF	宮本　情大	2
13	FW	バスネット　力丸	3
14	MF	鎌田　睦輝	3
15	MF	宮下　直大	3
16	DF	宮下　　倫	2
17	GK	栗原　　陸	3
18	MF	松本　洋人	2
19	DF	伊藤　駿介	2
20	FW	石田　拓暉	2

帝京長岡　新潟県

[監督]古沢 徹　[引率教員]谷口哲朗

背番号	位置	氏　名	学年
1	GK	佐藤　安悟	3
2	DF	清川　郁生	3
3	MF	金　　壽男	3
④	DF	桑原　航太	3
5	DF	内山　開翔	2
6	MF	石鉢　真斗	3
7	MF	五十嵐丈一郎	3
8	MF	岡村　　空	3
9	FW	土門　遥斗	3
10	FW	堀　　颯汰	2
11	MF	松山　北斗	3
12	FW	狩野　健太	3
13	MF	山村　朔冬	2
14	MF	廣井　蘭人	3
15	DF	森　健太朗	3
16	DF	笠井　冠晟	3
17	GK	吉田　奏音	3
18	DF	瀧本　梓恩	2
19	MF	岡山　琉斗	3
20	DF	足立　瀬名	3

富山第一　富山県

[監督]柳野年秀　[引率教員]柳野年秀

背番号	位置	氏　名	学年
①	GK	辰島　尚悟	3
2	DF	深井　　仁	3
3	DF	湯川　信治	3
4	DF	山本　大心	2
5	DF	大居　優汰	2
6	MF	藤堂　碧人	3
7	FW	水島雄之介	3
8	MF	舘　颯之介	3
9	FW	網谷　飛来	3
10	MF	大矢悠太郎	3
11	FW	稲垣禅太郎	2
12	GK	吉田　成希	3
13	DF	田畑　航成	3
14	MF	沼田竜太朗	3
15	MF	浅井　泰之	3
16	FW	太田　翔空	3
17	FW	森川　直哉	3
18	MF	高松　伶羽	3
19	MF	多賀　滉人	2
20	MF	松井　凛空	2

星稜　石川県

[監督]河合伸幸　[引率教員]木原力斗

背番号	位置	氏　名	学年
1	GK	加藤　夕暉	3
2	DF	塩川　晴也	2
3	DF	奥名　星太	3
4	DF	東　　晃大	3
5	DF	猿楽　侑也	3
6	DF	髙橋　大空	3
7	MF	福島　元基	3
8	MF	平良　大研	3
9	MF	金谷　章吾	3
⑩	FW	山下　　陸	3
11	FW	山本　陽大	3
12	MF	宮前　匠真	3
13	MF	天川　達心	2
14	MF	中山　裕紀	3
15	FW	竹山　　開	2
16	DF	井田　佳佑	2
17	GK	橋本　育磨	1
18	MF	北方　陽己	1
19	DF	内久保道我	1
20	GK	澤田　拓実	1

県立丸岡　福井県

[監督]小阪康弘　[引率教員]高倉泰希

背番号	位置	氏　名	学年
1	GK	吉田龍之介	3
2	DF	西田　陸晴	2
3	DF	渡辺　颯生	3
4	DF	鷲見　琉希	3
⑤	DF	山田　健太	3
6	MF	徳山　港音	3
7	MF	岡　　俊樹	3
8	MF	奥村　洋武	2
9	FW	中川　優斗	3
10	FW	伊藤　大貴	3
11	FW	小関　晴人	3
12	MF	河奥　正流	2
13	MF	名倉　洸悠	3
14	MF	渡辺　祥気	2
15	MF	稲村　宥真	3
16	FW	川下恭太郎	2
17	GK	清水　唯太	2
18	FW	加藤　　証	2
19	DF	金川　　心	3
20	DF	藤田　　直	3

磐田東　静岡県

[監督]山田智章　[引率教員]伊藤圭佑

背番号	位置	氏　名	学年
1	GK	岡村　虹輝	2
2	DF	倉田　幸栄	3
3	DF	前嶋　　誠	3
4	DF	森　　蓮太	3
5	DF	鈴木　彩斗	3
6	MF	鈴木　王太	3
7	MF	能野　日路	3
8	MF	瀧井　　空	2
⑨	MF	港　　聖頼	3
10	MF	谷野　暁希	3
11	FW	徳増　　倭	2
12	FW	藤田　頼旗	3
13	MF	伊藤　悠陽	1
14	DF	森谷　柊平	3
15	FW	神谷　宥河	3
16	MF	笹田　　凌	2
17	MF	杉山　充希	2
18	MF	金原　温大	3
19	DF	松浦　翔夷	3
20	GK	鈴木　天結	2

中京大学附属中京　愛知県

[監督]鈴村真平　[引率教員]山口秀和

背番号	位置	氏　名	学年
1	GK	黒柳　昊士	2
2	DF	那須　琳斗	2
3	DF	渡辺　晴斗	2
4	DF	出崎　蓮太	2
⑤	DF	伊藤　凛人	3
6	MF	宮澤　　隼	3
7	MF	蛭田　郁海	3
8	MF	伊藤　聖矢	3
9	FW	松岡　怜哉	3
10	FW	溝口　絢人	3
11	MF	野々部慎一郎	3
12	GK	後藤　　榛	3
13	DF	浅岡　來羽	3
14	DF	伊藤　秀太	3
15	DF	太田　　愁	3
16	MF	杉山　　耀	3
17	MF	清田　　空	2
18	MF	山田　銀時	2
19	FW	大野　泰誠	2
20	FW	松﨑　大雅	2

県立四日市中央工業　三重県

[監督]伊室陽介　[引率教員]伊室陽介

背番号	位置	氏　名	学年
1	GK	鈴木廉太郎	3
2	DF	山本　拓弥	2
3	DF	田中　涼太	3
4	DF	及川　惺那	3
5	MF	岩田　楓太	3
⑥	DF	野崎竣大郎	3
7	MF	田頭　篤弥	2
8	MF	加藤　源大	3
9	MF	久山　侑人	3
10	MF	川北　琉雅	3
11	FW	坪井　　凪	3
12	GK	原田　海誠	2
13	FW	近澤　春吹	3
14	FW	南　　星耶	3
15	MF	平野　颯汰	2
16	MF	片岡　空良	2
17	FW	平尾　勇人	3
18	MF	西脇　　葉	2
19	DF	古谷　柊飛	3
20	DF	小林　倫大	3

帝京大学可児　岐阜県

[監督]仲井正剛　[引率教員]川村真太朗

背番号	位置	氏　名	学年
1	GK	竹内　耕平	2
2	DF	増井　俊介	3
3	DF	兼松　龍玖	3
④	DF	原田　逸希	3
5	DF	堀内　祥暉	2
6	MF	松本　翔暉	3
7	MF	小島清太郎	3
8	MF	吉兼　伶真	2
9	FW	長谷部希星	3
10	FW	加藤　隆成	1
11	MF	目黒　湧将	3
12	DF	後藤　龍斗	3
13	MF	明石　望来	1
14	MF	棚橋　奎斗	2
15	DF	河合　　龍	3
16	MF	菊池　鷹秀	3
17	GK	土田　壮太	2
18	MF	遠藤　　翼	3
19	GK	諏訪　佑輔	3
20	DF	生田　慈勇	3

県立草津東　滋賀県

[監督]牛場哲郎　[引率教員]竹中陽祐

背番号	位置	氏　名	学年
1	GK	福田　駿介	3
2	DF	山本　知寛	3
3	DF	西脇　凜癒	3
4	DF	篠原　優太	3
5	DF	西村　海希	3
6	DF	渡邉　　良	3
7	MF	伊藤　翔汰	3
8	MF	竹下　蓮人	3
9	FW	権田英史朗	3
⑩	MF	河合　勇徳	3
11	FW	河野　晟也	3
12	MF	中野　貴元	3
13	MF	上原　　周	1
14	FW	四方田　匠	3
15	DF	須永　虎佑	3
16	MF	六車　桜太	2
17	GK	西野　勇太	3
18	FW	森　　優斗	3
19	DF	梅辻　　奨	2
20	MF	宮本慶次郎	3

東山　京都府

[監督]福重良一 [引率教員]中原大亮

背番号	位置	氏　名	学年
1	GK	佐藤　瑞起	3
2	DF	藤本　崇太	3
3	DF	保坂　崇人	3
④	DF	新谷　陸斗	3
5	MF	大谷　彩斗	3
6	DF	仲里　勇真	3
7	MF	真田　蓮司	3
8	MF	松橋　啓太	3
9	FW	豊嶋　蓮央	3
10	MF	阪田　澪哉	3
11	FW	大山　遼斗	2
12	DF	濱瀬　楽維	2
13	MF	清水楓之介	3
14	MF	北村圭司朗	3
15	FW	中野　翔真	3
16	MF	石井　亜錬	3
17	GK	牧　純哉	2
18	DF	志津　正剛	2
19	MF	沖村　大也	1
20	MF	菊山　和椰	3

履正社　大阪府第1

[監督]平野直樹 [引率教員]上原岳大

背番号	位置	氏　名	学年
1	GK	湯地　駿介	3
2	DF	西坂　斗和	3
3	DF	加藤　日向	3
4	DF	東尾　大空	3
5	MF	徳山　亮伍	3
6	MF	中林　漣音	2
7	FW	梶並　笑顔	3
8	MF	小田村優希	3
⑨	FW	古田和之介	3
10	MF	名願　斗哉	3
11	MF	宇都宮翔菜太	2
12	GK	ｼﾞｮﾝ ｶﾐｨ 信 ﾊﾞｰ	3
13	DF	岡田　誠也	3
14	MF	川端　元	3
15	MF	中鉢　大翔	2
16	DF	石塚　蒼空	2
17	MF	中村　成那	2
18	DF	森田　夢生	2
19	FW	河野　朔也	2
20	DF	平井　佑亮	3

関西大学北陽　大阪府第2

[監督]矢田竜之 [引率教員]矢田竜之

背番号	位置	氏　名	学年
1	GK	野津照太郎	3
2	DF	磯部　天青	3
3	DF	宝栄　朔弥	3
④	DF	大平　直哉	3
5	DF	濱本　照海	2
6	MF	福場　壮洸	3
7	MF	立花　蓮	2
8	MF	田中　悠矢	2
9	FW	亀井　文貴	3
10	FW	東村　春	2
11	MF	栗野　優吾	3
12	MF	村田　将太	3
13	MF	小西　孝史	3
14	MF	田中　慎一	3
15	MF	多田　悠稀	2
16	MF	岡崎　瑛煌	1
17	GK	笹木　桜汰	2
18	FW	日谷　陵真	2
19	FW	森山　響己	2
20	DF	矢田　徹志	2

県立和歌山北　和歌山県

[監督]中村大吾 [引率教員]中村大吾

背番号	位置	氏　名	学年
1	GK	久保西翔貴	3
2	DF	河端　晃暉	3
3	DF	松尾　光瑠	3
4	DF	西野　榛人	3
5	DF	西垣内孝紀	3
6	MF	田中　涼心	3
7	MF	竹谷　咲人	3
8	MF	岩瀬　悠人	3
9	FW	栗山璃玖斗	3
⑩	MF	森井　保貴	3
11	FW	柴田　幹宗	3
12	FW	奥村　大翼	3
13	MF	川﨑　陽大	3
14	MF	毛見　烈士	3
15	FW	三谷　凌久	3
16	MF	川口　永遠	2
17	GK	松本　隆義	3
18	DF	川本　大輝	2
19	FW	宮尾　一矢	3
20	DF	近藤　暖人	2

県立生駒　奈良県

[監督]古田泰士 [引率教員]古田泰士

背番号	位置	氏　名	学年
1	GK	谷　悠真	3
2	DF	佐藤　笑夢	3
3	MF	本田　翔陽	3
4	FW	石井　駿伍	3
5	DF	寺田　裕勝	2
6	MF	岩崎　尚太	3
7	DF	田中　凌太	3
8	MF	大久保壬琴	3
⑨	MF	佐藤　航	3
10	MF	横路　拓哉	3
11	DF	吉田侠太朗	3
12	GK	山本　真翔	3
13	FW	西上　楽人	3
14	FW	木之下南瑠	3
15	MF	加藤　大幹	3
16	DF	片柴　蒼太	3
17	MF	種谷　優佑	2
18	MF	竹中　悠人	3
19	MF	森田　和真	2
20	MF	中谷　輝弘	3

三田学園　兵庫県

[監督]福原幸明 [引率教員]上野将嗣

背番号	位置	氏　名	学年
1	GK	中西　孝太	3
2	DF	小川　蒼葉	3
③	DF	新井　生	3
4	DF	八木　捷斗	2
5	DF	小山　朝陽	3
6	MF	清井　海尋	3
7	MF	山根　遊馬	3
8	FW	阪倉　寛人	3
9	FW	宮島　幸大	3
10	FW	宮内泉太朗	3
11	MF	上山　悠仁	3
12	GK	稲田　慈之	3
13	DF	中島　大地	3
14	DF	黒瀬　直弥	1
15	MF	三澤　玲太	3
16	MF	西田　勇大	3
17	DF	冨江　立修	3
18	FW	加藤　拓人	3
19	FW	奈田　弥六	3
20	FW	姫田　琢斗	1

翔英学園米子北　鳥取県

[監督]中村真吾 [引率教員]城市徳之

背番号	位置	氏　名	学年
1	GK	畠山　壮哉	3
2	DF	森川　和軌	3
3	DF	青戸　幸輝	3
④	DF	野田　徹生	3
5	DF	倉田　大雅	3
6	MF	上原　颯太	2
7	DF	浅野　颯真	3
8	FW	小橋川海斗	3
9	FW	福田　秀人	3
10	MF	中井　唯斗	3
11	FW	小坂　豪	3
12	FW	森田　尚人	2
13	MF	音田　英琉	3
14	DF	長谷川　暖	3
15	MF	仲田　堅信	2
16	DF	梶　磨佐志	2
17	GK	西山　飛源	3
18	DF	藤原壮志朗	2
19	DF	石倉　亜連	2
20	MF	田村　郁颯	2

立正大学淞南　島根県

[監督]南 健司 [引率教員]野尻 豪

背番号	位置	氏　名	学年
1	GK	塚田　喜心	2
2	DF	松本　吏央	3
3	DF	與古田　怜	3
4	DF	三輪　陽斗	3
5	DF	坂井　悠飛	3
6	DF	堀内　拓	3
7	MF	桃井　順都	3
8	MF	多田　侑磨	3
9	MF	ユン　ソンミン	3
⑩	MF	肥塚　秀斗	3
11	MF	中井　奏斗	3
12	DF	今野　寧音	3
13	FW	山田　海聖	3
14	MF	矢野　瑛吉	3
15	FW	永澤　叶太	2
16	MF	進　海翔	3
17	FW	香西銀二郎	3
18	MF	野田　叶	3
19	MF	ﾀﾞ ｼﾙﾊﾞ ｲｺﾞﾙ ﾔﾝ	3
20	GK	田中　秀汰	3

岡山学芸館　岡山県

[監督]高原良明 [引率教員]三宅雄高

背番号	位置	氏　名	学年
1	GK	矢野　晃	3
2	DF	中尾　誉	3
3	MF	福井　槙	3
④	DF	井上　斗嵩	3
5	DF	田口　大慎	3
6	MF	木村　匡吾	3
7	MF	田口　裕真	2
8	MF	岡本　温叶	3
9	FW	今井　拓人	3
10	MF	山田　蒼	3
11	FW	田邉　望	2
12	GK	平塚　仁	2
13	DF	平野　大樹	2
14	DF	藤田　剛志	3
15	MF	山河　獅童	2
16	MF	田中　利樹	3
17	FW	木村　奏人	2
18	FW	仲谷　蓮斗	1
19	MF	西川　晃生	3
20	MF	高山　隼磨	2

広島県瀬戸内　広島県

[監督]田中健二郎 [引率教員]田中健二郎

背番号	位置	氏　名	学年
1	GK	大木　泰季	3
2	DF	池田　航陽	3
3	DF	岩崎　幸大	3
4	DF	岩垂　翼	3
5	DF	高橋　隼士	3
6	MF	川本　琉聖	3
7	MF	江川　楓	3
8	FW	佐野　謙信	3
9	FW	野上　凌雅	3
⑩	FW	澤田　佳憲	3
11	FW	浦岡龍之介	3
12	DF	尼児　琉仁	2
13	MF	大田　巧	2
14	FW	山口　青	3
15	FW	美籐　慶音	2
16	DF	猿山　和輝	3
17	DF	渡辺　浩史	2
18	FW	小田　虎哲	2
19	FW	新井　悠河	2
20	MF	長村　星波	1

高川学園　山口県

[監督]江本 孝 [引率教員]河村直樹

背番号	位置	氏　名	学年
1	GK	法貴　大和	3
2	DF	西村　大和	1
3	DF	岡　楓太	3
4	DF	中島　颯太	3
5	FW	藤岡　大誠	3
6	MF	藤井　蒼斗	2
7	DF	藤岡　竜空	3
8	MF	長野　恭大	3
9	DF	岡﨑　海吏	3
10	FW	山本　吟侍	2
11	MF	梅田　彪翔	3
12	FW	伊藤　氷麗	3
⑬	DF	山本　陽	3
14	MF	佐藤　大斗	2
15	MF	武藤　尋斗	3
16	MF	実森　大翔	3
17	GK	福島　真斗	3
18	MF	大下　隼鋭	2
19	FW	岩瀬　颯吾	3
20	FW	田辺　太一	3

県立高松商業　香川県

[監督]川原寛之亮 [引率教員]田代正人

背番号	位置	氏　名	学年
1	GK	広瀬　光希	3
2	DF	浅井　七瑠	3
3	DF	青木　鷹飛	3
4	DF	柴村　泰駕	2
5	DF	市原　立暉	3
6	MF	神　騎士	2
7	MF	鍋島　愛翔	3
⑧	MF	浜浦　開司	3
9	MF	百々　歩夢	3
10	FW	多田　蒼生	3
11	MF	木村　晄誠	2
12	GK	立岩　幸晟	1
13	MF	秋山　慧汰	2
14	MF	谷口　陽斗	2
15	MF	櫨林　康生	1
16	DF	大西　晃瑠	3
17	FW	星野　滉成	1
18	FW	太田　仁人	3
19	DF	明石　一真	3
20	FW	清水　朱翔	1

徳島市立　徳島県第1

[監督]河野博幸 [引率教員]藤本大地

背番号	位置	氏　名	学年
1	GK	藤澤　芭琉	3
2	DF	山本　煌大	2
3	DF	藤川　琉偉	1
4	DF	河合　侑馬	3
5	DF	花房　玲遠	3
6	FW	笠原　颯太	2
⑦	MF	織田　大翔	3
8	MF	山座　拓達	2
9	MF	河村　壮真	3
10	FW	林　秀太	3
11	FW	秋月　大和	3
12	DF	瀬口　竣介	2
13	DF	川村琥太朗	2
14	MF	泉　壮真	3
15	DF	野々村泰成	3
16	FW	岡　快吏	1
17	GK	安藝誠一郎	2
18	MF	太田夏壽人	2
19	FW	鈴木　悠哉	1
20	MF	池田　怜以	2

県立徳島科学技術　徳島県第2

[監督]川越英司 [引率教員]大西利治

背番号	位置	氏　名	学年
1	GK	松木　拓海	3
2	DF	古川　大将	2
3	DF	長谷原雄介	3
4	DF	青山　維冴	3
5	DF	赤尾　凌空	2
6	MF	森　生成	2
7	MF	畠中　涼太	3
⑧	MF	廣瀬　叶空	3
9	MF	鹿耳　大空	2
10	FW	住友　嵐汰	3
11	FW	鈴江京太郎	1
12	GK	美馬　諒汰	3
13	DF	中川　凛音	3
14	DF	竹中　和	1
15	MF	佐藤　佑音	3
16	MF	市原　大聖	2
17	MF	佐藤　暖瑠	3
18	FW	藤井　太志	2
19	FW	扶川　魁一	2
20	FW	金本　歩大	1

県立今治東中等教育　愛媛県

[監督]谷 謙吾 [引率教員]森山祐之朗

背番号	位置	氏　名	学年
1	GK	矢野晴太郎	3
2	DF	竹内　海人	3
3	DF	田村　陸斗	3
4	DF	加地誉志輝	3
5	DF	赤星　来智	3
⑥	MF	越智小次郎	3
7	MF	今井　澪斗	3
8	DF	佐伯　柊二	3
9	FW	樋口　智大	2
10	FW	髙橋　周斗	3
11	FW	大荒　陽平	2
12	GK	井門　泰誠	2
13	FW	濱川　将磨	3
14	MF	薦田　大翔	3
15	MF	高瀬　一光	1
16	DF	高市　律己	3
17	MF	上田　史詠	3
18	MF	近藤　大和	2
19	DF	小松　相太	3
20	DF	岡田　瑛斗	1

高知　高知県

[監督]大坪裕典 [引率教員]細谷尚史

背番号	位置	氏　名	学年
1	GK	東　大稀	2
2	DF	森　紺	2
3	DF	西本　翔馬	3
4	DF	橋本　拓実	3
5	MF	市川　快人	3
6	MF	神谷　昂成	3
7	MF	南部　翔太	3
8	MF	尼﨑　幸誠	3
9	FW	村田　楓芽	3
⑩	FW	角田　颯磨	3
11	MF	山本　愁斗	3
12	FW	高尾　裕生	3
13	FW	大久保天満	2
14	MF	松井　貫太	2
15	DF	濱口　達也	2
16	GK	榎並谷礼央	2
17	MF	川村　匠人	3
18	DF	田辺　陽翔	2
19	FW	亀岡　春陽	1
20	FW	門田　翔平	1

九州国際大学付属　福岡県

[監督]江藤謙一 [引率教員]待鳥 篤

背番号	位置	氏　名	学年
1	GK	與田　和也	3
2	DF	田中　翔太	2
3	DF	椎山　浬	3
④	DF	米山　凛	3
5	DF	井上　陽斗	3
6	MF	黒岩　峻	3
7	MF	高瀬　泰斗	3
8	MF	藤井　滉稀	2
9	FW	山本　悠太	3
10	FW	潁川　楓	3
11	MF	井谷　和希	3
12	GK	水津　陽音	3
13	MF	濱中　翔太	2
14	MF	濱田　大夢	3
15	MF	小林　豪王	3
16	DF	高森　皓英	3
17	DF	竹原　慧	3
18	DF	大崎　愛斗	3
19	FW	安部　勝汰	3
20	DF	山本　遥斗	2

県立佐賀東　佐賀県

[監督]蒲原晶昭 [引率教員]杠 美津司

背番号	位置	氏　名	学年
①	GK	松雪　翔吾	3
2	DF	岡　功輝	3
3	DF	石橋　拓磨	3
4	DF	宝納　拓斗	3
5	DF	渡邉　皓斗	3
6	MF	小島　琉生	3
7	MF	宮﨑　飛羽	3
8	MF	坂本　寛樹	3
9	MF	松本　天地	3
10	MF	江口　恭平	2
11	FW	関　裕心	3
12	DF	江頭　瀬南	1
13	MF	大島　弘賀	1
14	MF	西川　葵翔	2
15	DF	甲斐　桜助	1
16	DF	関　絢心	3
17	GK	岡石　圭生	3
18	MF	右近　歩武	2
19	FW	宮川　昇太	2
20	FW	宮﨑　空夢	2

長崎総合科学大学附属　長崎県

[監督]定方敏和 [引率教員]定方敏和

背番号	位置	氏　名	学年
1	GK	亀井　一起	3
2	MF	梅野　佑汰	3
3	DF	長嶺　空	3
4	FW	下田龍久翔	3
5	DF	京谷　來夢	2
6	DF	原田真之介	2
7	FW	新垣　太一	2
⑧	MF	竹田　天馬	3
9	MF	佐藤　海斗	3
10	MF	宇土　空冴	3
11	FW	甲斐　智也	2
12	GK	宮本　健介	2
13	MF	大屋　麻尋	2
14	FW	福島　文輝	2
15	DF	副島　裕生	3
16	DF	平山　零音	2
17	DF	瀬戸　俊樹	3
18	MF	尾島　琹蓮	2
19	DF	野見山宙将	3
20	MF	宇土　尊琉	1

県立大津　熊本県

[監督]山城朋大 [引率教員]山城朋大

背番号	位置	氏　名	学年
1	GK	西　星哉	3
2	DF	古川　大地	2
3	DF	坂本　翼	3
4	DF	齋藤　翔	3
5	DF	五嶋　夏生	1
6	MF	浅野　力愛	3
7	MF	香山　太良	3
8	MF	碇　明日麻	2
⑨	FW	小林　俊瑛	3
10	MF	田原　瑠衣	3
11	FW	山下　景司	1
12	DF	田辺　幸久	2
13	MF	中馬　颯太	3
14	MF	稲田　翼	2
15	MF	井伊虎太郎	3
16	GK	南　太童	3
17	MF	岩崎　大翔	3
18	MF	山川　柊	3
19	FW	山下　基成	3
20	MF	日置　陽人	2

県立大分鶴崎　大分県

[監督]首藤謙二 [引率教員]山元一広

背番号	位置	氏　名	学年
1	GK	三宮　羽詠	3
2	DF	廣川　陽介	3
3	DF	井上　拓哉	3
④	DF	遠山　隼都	3
5	DF	衛藤　恵希	2
6	MF	高橋　涼介	2
7	MF	伊東　蒼馬	3
8	MF	増田　真聡	3
9	FW	楠元　和馬	2
10	FW	川野　竜聖	3
11	FW	水本　楓大	3
12	DF	廣瀬　長治	3
13	MF	西川　凜	3
14	FW	大川　万葉	2
15	MF	野々下蒼斗	1
16	MF	大久保優心	2
17	GK	工藤拳士朗	2
18	FW	安東　壮大	1
19	DF	奥田　翔太	2
20	MF	矢野　駿介	2

日章学園　宮崎県

[監督]原 啓太 [引率教員]原 啓太

背番号	位置	氏　名	学年
1	GK	小林　俊雅	3
2	DF	藏屋　明徹	3
3	DF	新穂　海斗	3
④	DF	工藤　珠凜	3
5	DF	芝　清人	3
6	MF	金川　羅彌	3
7	MF	川野　漣斗	3
8	MF	石田　誠二	3
9	FW	田上　遼馬	2
10	MF	松下　貴要	3
11	MF	石﨑　祥摩	3
12	MF	赤木心玖朗	3
13	DF	宮本　大誠	2
14	MF	安藤　優翔	2
15	FW	高岡　伶颯	1
16	DF	雑賀　春輝	3
17	GK	鈴木　俊介	3
18	MF	皆川　春輝	2
19	DF	田實　優翔	2
20	MF	川越　廉斗	1

神村学園高等部　鹿児島県

[監督]有村圭一郎 [引率教員]今村龍介

背番号	位置	氏　名	学年
1	GK	広川　豪琉	3
2	DF	有馬　康汰	2
3	DF	大川　翔	3
4	DF	鈴木　悠仁	1
5	DF	楊之浦　陽	3
6	DF	中島　大誠	3
7	MF	則松　隼人	3
8	DF	中江小次郎	3
9	MF	積　歩門	3
10	FW	名和田我空	1
11	FW	高倉　太朗	3
12	FW	西丸　道人	2
13	FW	福田　師王	3
⑭	MF	大迫　塁	3
15	MF	笠置　潤	3
16	DF	吉永　夢希	2
17	GK	府川　柊哉	3
18	MF	西村　羽琉	3
19	DF	長沼　政宗	2
20	DF	高橋　修斗	2

県立那覇西　沖縄県

[監督]平安山良太 [引率教員]運天直樹

背番号	位置	氏　名	学年
1	GK	新垣　碧斗	3
2	DF	田場　海斗	2
3	DF	ﾁﾒｽﾞﾁｬｰﾙｽﾞ ﾃｨﾀﾞ	3
4	DF	小原　広大	3
5	DF	新垣　大翔	3
6	MF	宜保　泰琉	3
7	MF	山川　輝	2
8	MF	赤嶺　琉星	3
9	FW	新城　旭	3
⑩	MF	外間　達也	3
11	FW	石川　桔平	3
12	GK	古謝　瑞祥	3
13	MF	比嘉　隼	3
14	MF	仲里　広夢	3
15	MF	高嶺　丞	3
16	DF	屋冨祖昴輝	2
17	FW	頭山　亮太	2
18	DF	宮城　主英	2
19	MF	崎原　拓将	3
20	FW	玉城　寿翔	2

全国高校
総合体育大会
都道府県大会記録

北海道
●決勝トーナメント
第１代表：旭川実　第２代表：札幌光星

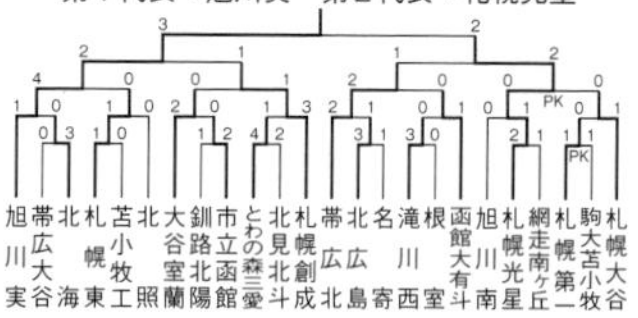

【函館支部】
函館大有斗
※合同＝大野農・上磯・南茅部・函館大柏稜

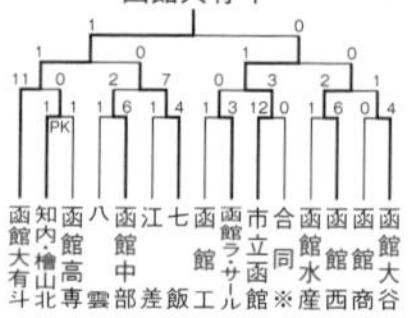

【空知支部】
滝川西
※合同＝長沼・滝川工・岩見沢西・栗山

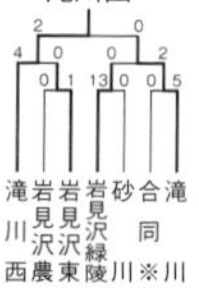

【小樽支部】
北照
※合同＝岩内・小樽未来創造

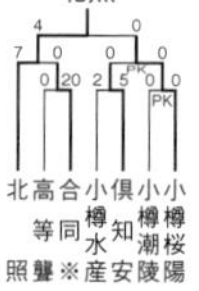

【室蘭支部】
大谷室蘭・駒大苫小牧
（中止による両校優勝）
※合同＝静内農・えりも・白老東・鵡川

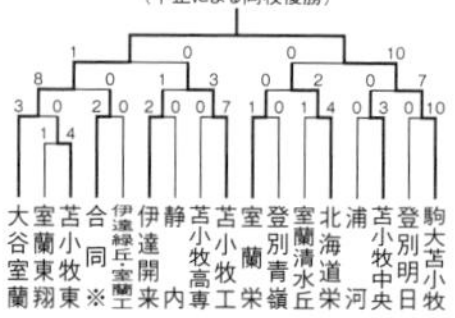

〈3位決定戦〉
苫小牧工

【旭川支部】
旭川実

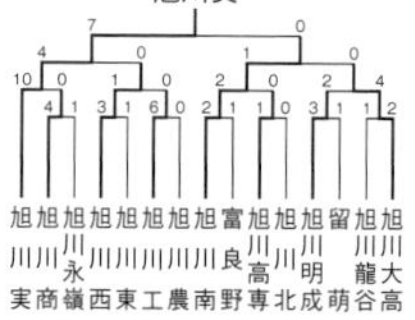

〈3位決定戦〉
旭川大高

【札幌支部】
札幌大谷
※合同＝札幌あすかぜ・当別

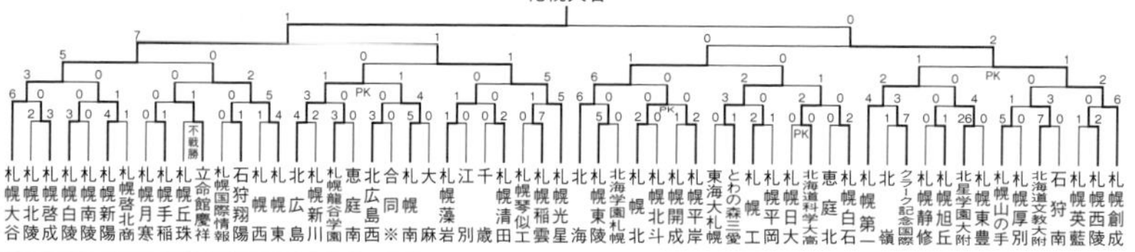

【名寄支部】
名寄

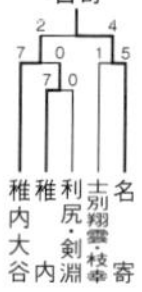

【オホーツク支部】
北見北斗
※合同＝津別・北見商・佐呂間・美幌

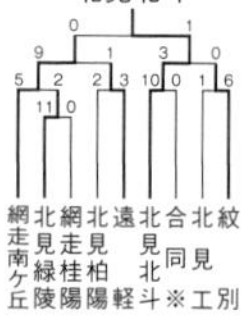

【十勝支部】
帯広北
※合同A＝池田・音更・大樹
※合同B＝上士幌・更別農・鹿追・清水・広尾

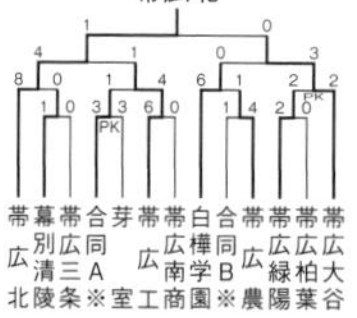

〈3位決定戦〉
白樺学園

【釧根支部】
釧路北陽
※合同＝中標津農・厚岸翔洋

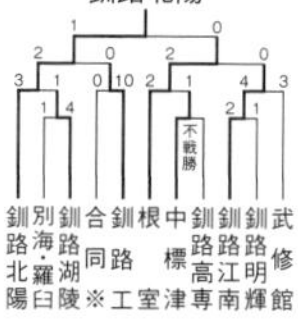

青森県
●決勝トーナメント
青森山田

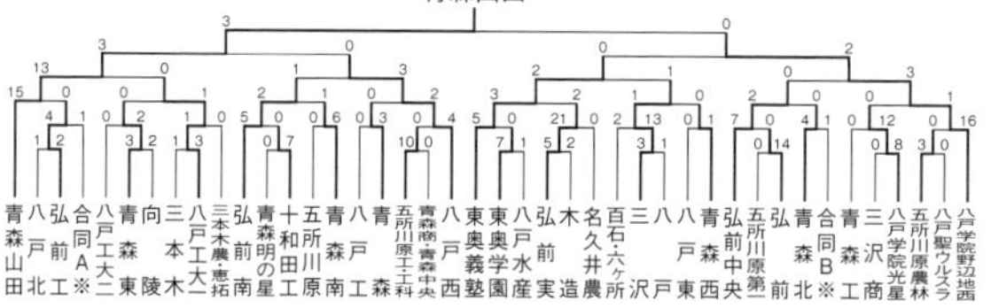

〈3位決定戦〉
東奥義塾

※合同A＝黒石・柏木農・聖愛・弘前東・柴田
※合同B＝田名部・むつ工・大湊

岩手県
●決勝トーナメント
花巻東

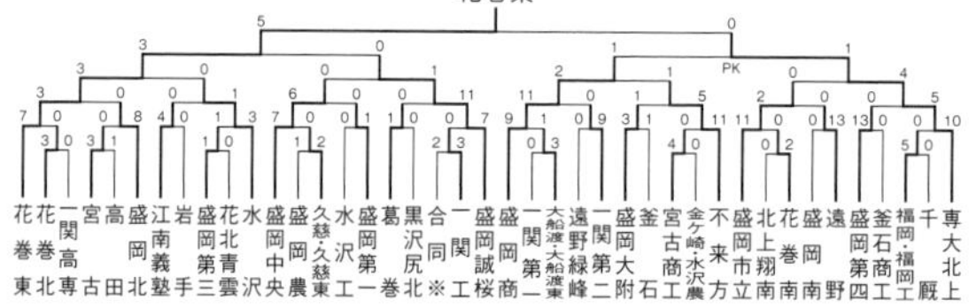

〈3位決定戦〉
盛岡商

※合同＝岩泉・盛岡スコーレ

秋田県
●決勝トーナメント
明桜
※合同＝角館・西仙北・大曲農

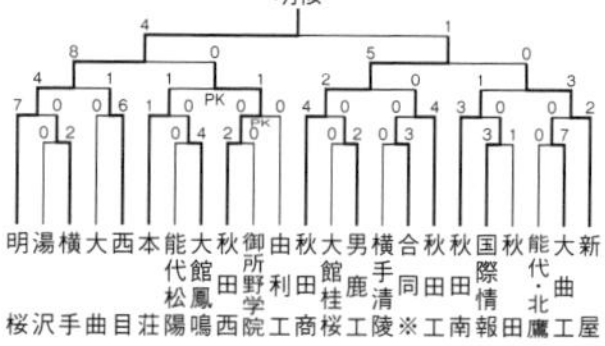

〈3位決定戦〉
新屋

山形県
●決勝トーナメント
山形中央

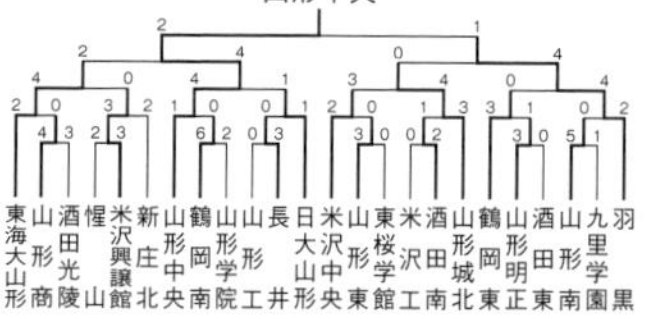

〈3位決定戦〉
東海大山形

【庄内地区】

●決勝トーナメント〈3位決定戦〉

鶴岡東　　鶴岡南

羽黒　鶴岡南　酒田光陵　鶴岡東

鶴岡南　酒田光陵

●5位～8位順位決定リーグ

	酒田南	酒田東	鶴岡中央	酒田西	順位
酒田南		0－1	4－0	2－0	6
酒田東	1－0		2－0	7－0	5
鶴岡中央	0－4	0－2		1－1	7
酒田西	0－2	0－7	1－1		8

●9位～10位決定トーナメント

鶴岡工

鶴岡高専　鶴岡工

●予選リーグ

A	酒田南	鶴岡中央	酒田光陵	鶴岡高専	順位
酒田南		4－0	1－3	6－0	2
鶴岡中央	0－4		0－4	3－2	3
酒田光陵	3－1	4－0		1－1	1
鶴岡高専	0－6	2－3	1－1		4

B	鶴岡南	酒田東	酒田西	鶴岡工	順位
鶴岡南		3－2	6－0	5－0	1
酒田東	2－3		7－0	5－0	2
酒田西	0－6	0－7		5－0	3
鶴岡工	0－5	0－5	0－5		4

【置賜地区】

●決勝戦

長井

米沢工　長井

〈順位決定戦〉

九里学園　　米沢興譲館　　米沢東

九里学園　南陽

高畠　米沢興譲館

米沢東　長井工

●予選リーグ

A	米沢工	米沢東	九里学園	米沢商	高畠	順位
米沢工		2－1	1－1	5－0	4－0	1
米沢東	1－2		1－2	2－1	0－1	4
九里学園	1－1	2－1		2－0	3－0	2
米沢商	0－5	1－2	0－2		2－2	5
高畠	0－4	1－0	0－3	2－2		3

B	米沢興譲館	長井	南陽	長井工	順位
米沢興譲館		3－4	4－1	4－1	2
長井	4－3		7－0	3－2	1
南陽	1－4	0－7		3－0	3
長井工	1－4	2－3	0－3		4

【最北地区】

	新庄神室産	新庄北	東桜学館	新庄東	村山産	順位
新庄神室産		0－3	1－5	2－1	4－1	3
新庄北	3－0		1－0	0－0	5－0	1
東桜学館	5－1	0－1		2－1	3－0	2
新庄東	1－2	0－0	1－2		3－1	4
村山産	0－4	0－5	0－3	1－3		5

【村山地区】

●順位決定トーナメント

山形中央

東海大山形　山形工　惺山　山形東　山形中央　日大山形　山形明正　山形商　山形南　山形城北

〈3位決定戦〉山形城北

惺山　山形城北

〈5位決定トーナメント〉山形南

東海大山形　山形東　山形明正　山形南

〈7位決定戦〉山形明正

東海大山形　山形明正

〈9位決定戦〉山形商

山形東　山形商

〈11位決定トーナメント〉山形学院

天童　創学館　寒河江　山形学院　寒河江工　明新館

〈13位決定戦〉明新館

寒河江　明新館

〈15位決定戦〉創学館

創学館　寒河江工

●予選リーグ

A	山形東	山形工	明新館	創学館	順位
山形東		3－0	3－0	8－0	1
山形工	0－3		2－0	1－1	2
明新館	0－3	0－2		3－1	3
創学館	0－8	1－1	1－3		4

C	山形商	寒河江	山形学院	惺山	順位
山形商		2－0	3－1	3－0	1
寒河江	0－2		1－3	1－2	4
山形学院	1－3	3－1		0－6	3
惺山	0－3	2－1	6－0		2

B	山形南	山形明正	天童	順位
山形南		1－2	3－0	2
山形明正	2－1		16－0	1
天童	0－3	0－16		3

宮城県

●決勝トーナメント

聖和学園

東北学院　高専名取　仙台東　富谷　石巻商　中新田　仙台第二　古川　仙台青陵中等　仙台向山　亘理　松島　佐沼　黒川　宮城工　仙台大明成　東陵　尚絅学院　角田　仙台西　石巻　涌谷　利府　東北学院榴ケ岡　名取　塩釜　日本ウェルネス宮城　宮城広瀬　加美農　迫桜　東北生文大　聖和学園　古川学園　泉松陵　登米総合　仙台工　白石工　本吉響　泉館山　古川黎明　仙台南　築館　宮城第一　白石　仙台　石巻工　仙台城南　仙台第三　宮城農　泉　石巻西　東北　気仙沼　古川工　仙台第一　多賀城　小牛田農林　仙台二華　名取北　仙台商　鹿島台商　仙台育英

〈3位決定戦〉東北生文大

東北生文大　仙台育英

福島県

●決勝トーナメント

尚志

尚志　東日大昌平　日大東北　福島東　須賀川創英館　ふたば未来学園　郡山　いわき湯本　郡山北工　福島西　福島成蹊　郡山商　帝京安積　会津工　小高産技　喜多方桐桜　安積　福島工　学法石川　葵　須賀川桐陽　平工　磐城桜が丘　聖光学院

〈3位決定戦〉いわき湯本

いわき湯本　聖光学院

【県北地区】　●決勝トーナメント

福島工

聖光学院　橘　福島西　福島東　本宮　福島南・保原　福島明成　福島工　二本松工　松韻福島　福島成蹊　安達　福島　福島商

〈敗者復活トーナメント〉

福島西

福島成蹊　橘　松韻福島　福島　安達　福島明成　二本松工　福島西　福島南・保原　本宮　福島商　福島東

〈5位決定戦〉

福島東

橘　福島東

【会津地区】　●決勝トーナメント

喜多方桐桜

会津　会津工　葵　喜多方　喜多方桐桜　会津学鳳　若松商　ザベリオ

〈敗者復活トーナメント〉

会津工

会津工　若松商　会津学鳳　喜多方　会津　ザベリオ

【県南地区】　●決勝トーナメント

郡山

郡山　白河　白河実　須賀川創英館　白河旭　郡山東　船引　日大東北　あさか開成　清陵情報　郡山北工　安積　安積黎明　郡山商　須賀川桐陽

〈3位決定戦〉

日大東北

須賀川創英館　日大東北

〈敗者復活トーナメント〉

安積

白河　安積黎明　須賀川桐陽　郡山東　あさか開成　郡山北工　清陵情報　白河旭　船引　安積　白河実

〈7位決定戦〉

須賀川桐陽

須賀川桐陽　清陵情報

【相双地区】　●決勝トーナメント

ふたば未来学園

ふたば未来学園　相馬農　原町　相馬　相馬総合　小高産技

〈敗者復活トーナメント〉

小高産技

小高産技　原町　相馬農　相馬総合　相馬

【いわき地区】　●決勝トーナメント

東日大昌平

東日大昌平　小名浜海星　いわき光洋　磐城　勿来工　平工　福島高専　磐城桜が丘　いわき湯本　合同※

〈敗者復活トーナメント〉

平工

磐城　小名浜海星　勿来工　磐城桜が丘　福島高専　合同※　いわき光洋　平工

※合同＝いわき秀英・いわき総合・勿来・平商

茨城県

●決勝トーナメント

鹿島学園

鹿島学園　古河第一　水戸葵陵　水戸工　茨城　水戸桜ノ牧　鹿島　第一学院　藤代　岩瀬日大　茨城キリスト　常磐大高　常総学院　古河第三　日立北　下妻第二　玉造工　伊奈　土浦日大　緑岡　水戸啓明　東洋大牛久　波崎　日立工　土浦第一　竹園　水戸第一　牛久栄進　日立第一　水戸商　多賀　麻生　鉾田第一　藤代紫水　霞ヶ浦　境　明秀日立

【県西地区】 ※合同＝結城第一・結城第二・三和・明野・坂東清風

古河第三：古河第三、古河第二、古河中等、水海道第一

岩瀬日大：岩瀬日大、鬼怒商、石下紫峰、茗溪学園

境：境、岩瀬、並木中等、下館工

竹園：竹園、八千代、つくば工科、下妻第一

下妻第二：守谷、つくば秀英、下館第一、下妻第二

伊奈：下館第二、総和工、合同※、伊奈

【県北地区】

日立北：日立北、日立商、科学技術日立

日立工：日立工、高萩清松

茨城キリスト：茨城キリスト、太田第一

多賀：太田西山、多賀

【県東地区】 ※合同＝波崎柳川・神栖・潮来

鉾田第一：麻生、鉾田第一

麻生：麻生、合同※

波崎：波崎、清真学園

玉造工：玉造工、鉾田第二

【水戸地区】 ※合同＝常陸大宮・大子清流・茨城朝鮮・茨城東

水戸桜ノ牧：水戸桜ノ牧、那珂湊、合同※

水戸葵陵：水戸葵陵、茨城高専、那珂

水戸工：水戸工、笠間

常磐大高：常磐大高、勝田

水戸第一：水戸第一、水城

緑岡：緑岡、勝田工

茨城：佐和、茨城

【県南地区】 ※合同＝江戸崎総合・竜ヶ崎南

常総学院：常総学院、石岡第二、つくば国際東風

牛久栄進：牛久栄進、土浦日大中等、中央

土浦日大：土浦日大、合同※、江戸川学園取手

土浦第一：土浦第一、石岡第一、竜ヶ崎第一

藤代紫水：藤代紫水、つくば国際、土浦第二

霞ヶ浦：霞ヶ浦、土浦第三、土浦湖北、取手松陽

藤代：藤代、土浦工、取手第一、牛久

群馬県

●決勝トーナメント

＊＝不戦勝

前橋育英

前橋育英、東農大二、渋川青翠、桐生、商大附、樹徳、高崎商、西邑楽、高崎北、関東学園、渋川、板倉、市立前橋、伊勢崎工、利根商、安中総合、前橋東、前橋西、吉井、沼田、高崎、前橋、桐生工、桐生清桜、新田暁、市立太田、太田、共愛学園、健大高崎、四ツ葉、前橋南、太田工、伊勢崎清明、藤岡中央、常磐、伊勢崎商、館林商工、勢多農林、高崎東、藤岡工、高崎工、新島学園、前橋商、前橋工、伊勢崎、桐生商、中央中等、太田東、高崎経大附、渋川工、館林、明和県央、富岡、吾妻中央、玉村、桐生第一

栃木県

●決勝トーナメント

矢板中央

矢板中央、黒磯、小山南、小山西、栃木工、宇都宮白楊、壬生、烏山、小山、宇都宮北、黒羽、足利清風、栃木、黒磯南、那須清峰、さくら清修、鹿沼東、真岡工、那須拓陽、國學院栃木、宇都宮、今市、矢板、足利大附、宇都宮清陵、作新学院、鹿沼南、小山北桜、文星芸大附、鹿沼、真岡、佐野日大、小山城南、佐野東、足利、上三川、那須、幸福の科学、真岡北陵、宇都宮南、合同※、高根沢、佐野、青藍泰斗、宇都宮工、白鷗大足利、宇都宮商、宇都宮東、石橋、矢板東、佐野松桜、益子芳星、栃木翔南、大田原、馬頭、茂木、今市工、足利工、宇都宮短大附

※合同＝宇都宮中央・栃木農・足利南

埼玉県

●決勝トーナメント

昌平

昌平、和光国際、栗橋北彩、浦和東、東農大三、市立浦和、狭山ヶ丘、松山、草加東、熊谷西、浦和南、武蔵越生、大宮開成、山村国際、本庄第一、春日部、ふじみ野、獨協埼玉、三郷北、蕨、川口東、細田学園、武南、正智深谷、西武文理、大宮東、飯能南、春日部東、大宮北、豊岡、川越、埼玉栄、浦和北、本庄東、成徳深谷、立教新座、川越東、浦和西、埼玉平成、国際学院、大宮南、川口北、越谷南、聖望学園、浦和学院、西武台

【南部地区】

浦和北：浦和北、浦和商、浦和実、大宮武蔵野、南稜、岩槻

川口東：川口東、川口工、浦和、大宮工、伊奈学園、鳩ヶ谷

大宮北：大宮北、開智、開智中高、与野、岩槻商、川口市立

蕨：蕨、浦和ルーテル、岩槻北陵、上尾鷹の台、浦和麗明、上尾

大宮開成：大宮開成、栄東、浦和工、秀明英光、大宮、大宮光陵

川口北：川口北、川口青陵、上尾南、川口、栄北

【東部地区】

春日部東：春日部東、松伏、八潮、羽生第一、三郷工技、松栄学園、白岡

越谷南：越谷西、叡明、草加西、三郷、八潮南、越谷南、草加

草加東：花咲徳栄、越谷北、草加南、杉戸、草加東、越谷東、蓮田松韻

栗橋北彩：久喜北陽、越ヶ谷、庄和、栗橋北彩、越谷総合、春日部共栄、春日部工

獨協埼玉：獨協埼玉、鷲宮、開智未来、久喜工、吉川美南、宮代、幸手桜、不動岡

【西部地区】 ※合同＝狭山清陵・越生

山村国際：山村国際、鶴ヶ島清風、新座、狭山経済、川越工、山村学園、所沢北

和光国際：所沢、和光国際、星野、城北埼玉、和光、自由の森、城西川越

川越：川越南、新座柳瀬、朝霞、筑波大坂戸、川越、富士見、所沢中央

豊岡：豊岡、日高、坂戸、合同※、坂戸西、所沢商、東野

ふじみ野：入間向陽、飯能、ふじみ野、狭山工、川越初雁、新座総合、慶應志木

飯能南：川越西、秀明、志木、所沢西、飯能南、市立川越、朝霞西

【北部地区】 ※合同＝児玉・児玉白楊・鳩山

松山：熊谷、本庄、進修館、深谷第一、松山、桶川、秩父農工

熊谷西：熊谷西、桶川西、北本、寄居城北、熊谷農、合同※、熊谷商

本庄東：早大本庄、滑川総合、深谷商、小川、熊谷工、秩父、深谷、鴻巣、本庄東

千葉県

●決勝トーナメント

市立船橋

市立船橋、八千代、千葉明徳、中央学院、習志野、東海大市原望洋、東京学館浦安、専修大松戸、日体大柏、検見川、千葉敬愛、暁星国際、東京学館、敬愛学園、柏南、流経大柏

【第１ブロック】

木更津：木更津、安房拓心、市原緑

市原中央：市原中央、姉崎、木更津高専

拓大紅陵：市原八幡、君津商、天羽、拓大紅陵

袖ケ浦：袖ケ浦、志学館、館山総合、安房

【第２ブロック】

長生：長生、東金商

成東：成東、松尾、茂原

東金：東金、大網・横芝敬愛、大多喜

茂原樟陽：長狭、一宮商、大原、茂原樟陽

【第3ブロック】

- 東総工：敬愛大八日市場、成田北、銚子商、東総工
- 成田国際：下総、成田国際、小見川、成田西陵
- 佐原：佐原、匝瑳・旭農、市立銚子
- 成田：多古、成田、佐原白楊

【第4ブロック】

- 佐倉：富里、佐倉西、佐倉
- 千葉英和：千葉英和、八千代西、八街
- 印旛明誠：印旛明誠、佐倉南、秀明八千代
- 八千代東：四街道、四街道北、八千代東

【第5ブロック】

- 千葉経済：千葉北、千葉南、泉、千葉経済
- 磯辺：市立千葉、桜林、生浜・市原、磯辺
- 土気：千城台、犢橋、土気
- 若松：若松、千葉西、京葉工、千葉
- 渋谷幕張：渋谷幕張、千葉商、明聖、千葉東
- 柏井：柏井、千葉工、昭和秀英

【第6ブロック】

- 船橋法典：船橋法典、千葉日大一、鎌ヶ谷西、船橋二和
- 薬園台：船橋東、船橋豊富、津田沼、薬園台
- 船橋：鎌ヶ谷、実籾、東葉、船橋
- 日大習志野：船橋啓明、船橋古和釜、日大習志野

【第7ブロック】

- 麗澤：麗澤、関宿、清水・流山、柏中央
- 我孫子：我孫子、柏の葉、流山南
- 東葛飾：東葛飾、二松柏、西武台千葉
- 柏：野田中央、沼南、柏
- 芝浦工大柏：芝浦工大柏、流山北、我孫子東
- 沼南高柳：沼南高柳、流山おおたかの森、我孫子二階堂

【第8ブロック】

- 千葉商大付：松戸馬橋、浦安南・市川工、千葉商大付
- 国府台：松戸向陽、日出学園、行徳、国府台
- 市川：小金、浦安、市川東、市川
- 市川南：昭和学院、市川南、松戸、松戸国際
- 市立松戸：市川昴、市立松戸

●1次トーナメント

- 八千代：八千代、千葉商大付、渋谷幕張、柏陵、翔凜
- 千葉明徳：千葉明徳、薬園台、国府台、土気、印旛明誠、船橋芝山
- 中央学院：中央学院、市立松戸、船橋、木更津、沼南高柳、市立稲毛
- 習志野：習志野、市原中央、長生、麗澤、柏井、市立柏
- 東海大市原望洋：千葉黎明、東金、東葛飾、東海大市原望洋、船橋法典、東京学館船橋
- 東京学館浦安：白井、我孫子、東京学館浦安、松戸六実、木更津総合
- 検見川：検見川、東総工、市川南、八千代松陰、幕張総合
- 千葉敬愛：千葉敬愛、千葉経済大附、成田国際、茂原北陵、佐倉、京葉
- 暁星国際：暁星国際、芝浦工大柏、柏、成田、成東、君津
- 東京学館：東京学館、若松、八千代東、市川、佐原、国分
- 敬愛学園：敬愛学園、袖ヶ浦、千葉英和、拓大紅陵、茂原樟陽、東邦大東邦
- 柏南：東海大浦安、磯辺、日大習志野、船橋北、柏南

東京都

●決勝トーナメント

第1代表：帝京　第2代表：関東第一

成立学園、日大豊山、大森学園、東海大高輪台、大成、国士舘、深川、東大和南、修徳、関東第一、帝京、國學院久我山、早稲田実、堀越、多摩大目黒、東京実、明星学園、東大和、実践学園、駒澤大高

●1次トーナメント

- 日大豊山：日大豊山、東京、日大鶴ヶ丘
- 大森学園：大森学園、創価、駒場
- 東海大高輪台：東海大高輪台、私立武蔵、日大二
- 大成：大成、八王子、葛飾野
- 国士舘：国士舘、日大三、東海大菅生
- 深川：駒込、日大一、深川、高輪
- 東大和南：駿台学園、保谷、豊島、東大和南
- 修徳：修徳、日体大荏原、国分寺、鷺宮
- 國學院久我山：國學院久我山、東久留米総合、城東
- 早稲田実：成城、石神井、早稲田実、南葛飾
- 堀越：堀越、拓大一、城北、野津田
- 多摩大目黒：多摩大目黒、工学院大附、法政大高、杉並
- 東京実：東京実、暁星、美原
- 明星学園：日野台、明星学園、三鷹中等、東工大附
- 東大和：東大和、東、芝
- 実践学園：実践学園、本郷、攻玉社

東支部【1・2地区】

- 南葛飾：淑徳巣鴨、江北、共栄学園、江戸川、足立学園、南葛飾、足立西
- 東：東、小石川中等、葛西南、昭和第一、中央大高、科学技術、葛飾商
- 本郷：墨田川、文京、筑波大附、郁文館、本郷、橋、安田学園
- 深川：開成、京華、墨田工、豊南、竹早、足立、深川
- 駒込：駒込、江東商、小岩、立教池袋、京華商、広尾学園小石川、豊島学院
- 豊島：学習院、晴海総合、第三商、豊島、かえつ有明、城西大城西、中央学院大学中央、東洋大京北
- 城東：城東、巣鴨、足立東、本所、葛飾総合、貞静学園、竹台、千早
- 葛飾野：日本橋、芝浦工大附、向丘、篠崎、葛飾野、獨協、足立新田、小松川
- 日大一：両国、開智日本橋、葛西工、日大一、荒川工、淵江、紅葉川、青井

中支部【3・4地区】

※合同＝大島海洋国際・大島

- 芝：大東文化第一、芝、白鷗、品川翔英、新宿、つばさ総合
- 暁星：暁星、八丈、青山、広尾学園、九段中等、正則学園
- 攻玉社：東京朝鮮、目白研心、板橋、青稜、攻玉社、淑徳、海城
- 城北：聖学院、北豊島工、城北、三田、大崎、高島、錦城学園
- 高輪：高輪、田園調布、文教大付、明治学院、上野、青山学院、合同※
- 美原：東京成徳大高、芝商、麻布、岩倉、美原、渋谷教育学園渋谷、正則
- 東京：保善、早稲田、順天、朋優学院、東京、小山台、桜丘
- 東工大附：広尾、八潮、雪谷、戸山、武蔵野、東工大附、國學院
- 成城：立正大付立正、大山、東洋、二松学舎、成城、板橋有徳、飛鳥
- 日体大荏原：日体大荏原、日比谷、王子総合、大智学園、大田桜台、北園、大森

南支部【5・6地区】

- 鷺宮：鷺宮、筑波大駒場、目黒、町田、練馬工、東京大付、目黒学院
- 駒場：駒場、東京都市大付、芦花、光丘、日大櫻丘、国際、世田谷学園
- 杉並：専修大附、西、桜町、文大杉並、杉並、杉並学院、学芸大附
- 日大三：日大三、都市大等々力、第四商、小川、桜美林、練馬、井草
- 私立武蔵：早大学院、宝仙学園、佼成学園、大東学園、私立武蔵、杉並総合、田無工
- 日大二：日大二、駒場東邦、和光、総合工科、山崎、日工大駒場、大泉
- 石神井：狛江、千歳丘、玉川学園、桜修館中等、田無、駒場学園、若葉総合、石神井
- 日大鶴ヶ丘：中大杉並、成瀬、日大鶴ヶ丘、三田国際、武蔵丘、深沢、豊多摩、明大中野
- 野津田：野津田、武蔵野大、町田工、町田総合、学芸大国際、富士、自由ヶ丘学園、成城学園
- 保谷：目黒日大、東京立正、科学技術学園、日本学園、保谷、八雲学園、松原、東農大一

西支部【7・8 地区】

法政大高

明中八王子・法政大高・聖徳学園・青梅総合・国際基督教大高・穎明館・錦城

明星学園

昭和第一学園・明大明治・帝京大高・八王子東・拝島・成蹊・明星学園

拓大一

拓大一・日野・武蔵野北・多摩・中央国際・府中工・永山

三鷹中等

三鷹中等・小金井北・神代・東村山・啓明学園・清瀬・府中西

国分寺

国分寺・小平西・帝京八王子・昭和・南平・羽村・第五商

創価

桐朋・ドルトン東京学園・翔陽・五日市・明法・富士森・創価

工学院大附

工学院大附・明学東村山・中大附・多摩工・多摩科学技術・片倉・南多摩中等・東村山西

八王子

松が谷・東京電機大高・府中東・秋留台・八王子実践・八王子・小平南・立川

東海大菅生

東海大菅生・上水・立川国際中等・小平・久留米西・福生・府中・八王子北

東大和南

武蔵村山・多摩大聖ケ丘・東大和南・都立武蔵・調布北・明星・国立・調布南

神奈川県

●決勝トーナメント

第1代表：湘南工科　第2代表：日大藤沢

桐蔭学園・横浜創英・日本大高・東海大相模・秦野・浅野・三浦学苑・湘南工科・市立金沢・大和・平塚学園・相洋・座間・厚木北・日大藤沢・市立戸塚・相模原弥栄・麻布大附・湘南学院・大和西・法政二・市立橘・鎌倉・武相・横須賀総合・横浜創学館・慶應義塾・桐光学園

【A ブロック】

秦野

湘南・秦野・横浜立野・百合丘・綾瀬・城郷・大船・麻生・山北・サレジオ学院・横浜国際・生田・元石川・柏陽・相模原中等・光陵

【B ブロック】

浅野

慶應藤沢・生田東・新城・聖光学院・鵠沼・市立幸・関東学院・新羽・浅野・新栄・横浜栄・平塚江南・茅ケ崎・綾瀬西・白山・鶴嶺

【C ブロック】

市立金沢

七里ガ浜・アレセイア湘南・鶴見・平塚工科・市ケ尾・保土ケ谷・橋本・上鶴間・厚木西・鎌倉学園・神奈川朝鮮・逗子開成・金沢総合・湘南学園・横浜翠嵐・市立金沢

【D ブロック】

大和

藤沢西・神奈川総合・藤沢総合・栄光学園・伊勢原・大和・深沢・森村学園・市立高津・横浜隼人・相模田名・合同※・川和・横須賀・横浜翠陵・座間総合・平塚中等

※合同＝大井・小田原東・平塚農商

【E ブロック】

座間

座間・寒川・中大横浜・藤沢翔陵・厚木・橘学苑・小田原・青山学院横浜英和・瀬谷・公文国際・市立南・大磯・立花学園・山手学院・県商工・津久井浜・横浜清風

【F ブロック】

市立戸塚

市立戸塚・西湘・旭丘・藤嶺藤沢・大和南・市立川崎・湘南台・平塚湘風・住吉・横浜氷取沢・横浜SF・舞岡・横浜商大高・光明相模原・城北工・法政国際・伊志田

【G ブロック】

湘南学院

横浜・霧が丘・厚木東・厚木商・横須賀大津・秦野曽屋・逗子・追浜・高浜・湘南学院・市立桜丘・横浜平沼・城山・上溝南・松陽・上溝・麻溝台・港北

【H ブロック】

大和西

藤沢清流・麻生総合・神奈川工・向の岡工・金井・磯子工・海老名・大和西・希望ケ丘・横浜商・合同※・二宮・関東六浦・横浜緑ケ丘・桐蔭中等・旭

※合同＝上矢部・横浜旭陵・横浜桜陽

【I ブロック】

鎌倉

相模原・藤沢工科・有馬・茅ケ崎西浜・茅ケ崎北陵・県立川崎・逗葉・鎌倉・足柄・菅・鶴見大附・川崎北・大師・神奈川大附・横浜南陵・多摩

【J ブロック】

武相

星槎国際湘南・柏木学園・瀬谷西・横浜修悠館横須賀・横浜清陵・市立東・相模原総合・横浜学園・荏田・秦野総合・横須賀学院・鶴見総合・武相・岸根・合同※・大和東・向上

※合同＝愛川・厚木清南

山梨県

●決勝トーナメント

山梨学院

山梨学院・笛吹・甲府西・甲府第一・日川・甲府工・帝京第三・吉田・韮崎工・甲府昭和・北杜・白根・富士北稜・青洲・日大明誠・甲府商・都留・塩山・東海大甲府・甲府城西・富士河口湖・巨摩・農林・駿台甲府・日本航空・都留興譲館・上野原・甲斐清和・甲府南・甲府東・韮崎

〈3位決定戦〉

韮崎

日大明誠・韮崎

新潟県

●中央トーナメント

帝京長岡

帝京長岡・新津南・新潟北・新潟青陵・糸魚川・新発田・新潟南・長岡・新潟工・高志中等・津南中等・長岡工・開志学園JSC・燕中等・柏崎・加茂・新潟第一・加茂暁星・塩沢商工・関根学園・見附・栃尾・三条商・巻・高田・村上・新潟向陽・中越・糸魚川白嶺・長岡農・新潟商・新津工・敬和学園・三条東・新潟産大附・北越・上越・村上桜ケ丘・国際情報・佐渡・新井・万代・長岡高専・新発田中央・新潟・東京学館新潟・新発田商・巻総合・六日町・上越総合技術・五泉・長岡大手・柏崎工・新潟明訓・開志国際・直江津中等・三条・村上中等・新潟江南・県央工・十日町・新潟東・長岡向陵・新潟西・小千谷・十日町総合・長岡商・新発田南・新津・高田商・日本文理

【上越地区】

上越

上越・直江津中等・十日町総合・新井・高田商・糸魚川・高田・新潟産大附・十日町・津南中等・柏崎工・上越総合技術・関根学園・糸魚川白嶺・柏崎

〈3位決定戦〉

高田

高田・柏崎

【下越地区】

加茂暁星

加茂暁星・新発田中央・村上中等・新津工・加茂・村上桜ケ丘・新津南・開志学園JSC・新発田南・五泉・新発田商・新発田・敬和学園・村上・新津・開志国際

【中越地区】

帝京長岡

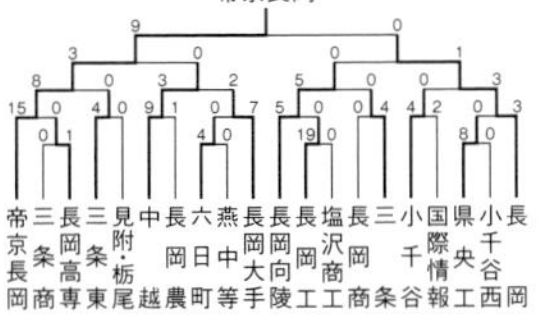

【新潟地区】

日本文理

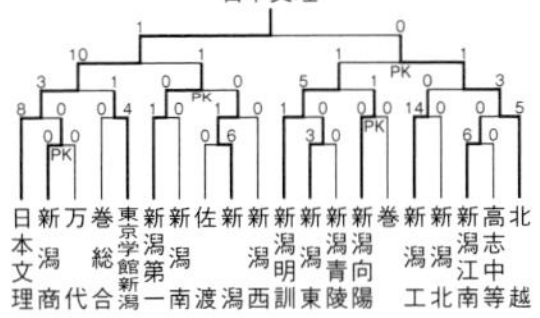

長野県

●決勝トーナメント

東海大諏訪

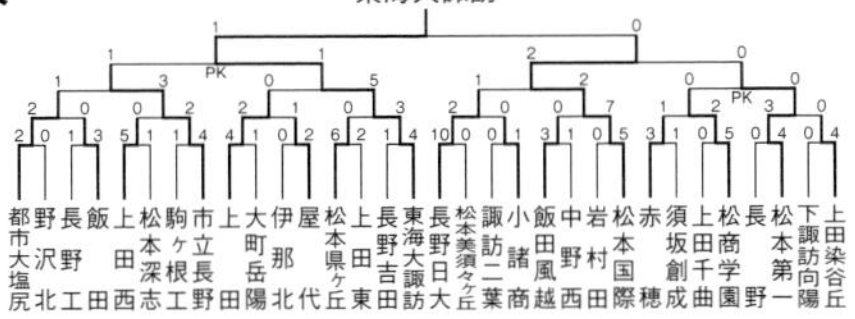

【中信地区】

都市大塩尻

〈3位決定戦〉松商学園

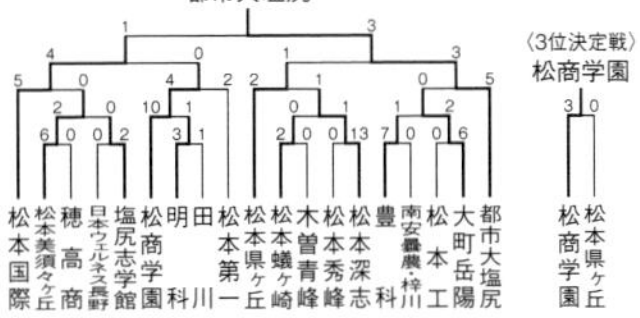

【北信地区】

長野日大

〈3位決定戦〉屋代

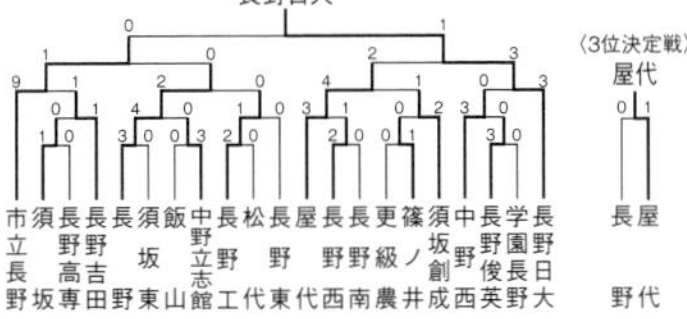

【東信地区】

上田染谷丘

〈3位決定戦〉上田西

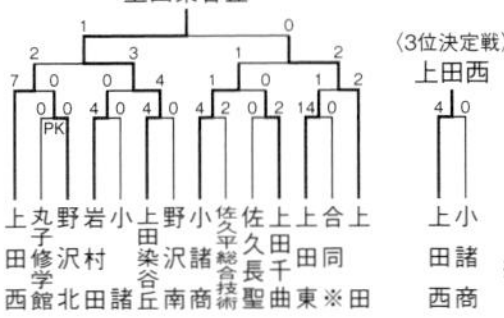

※合同＝軽井沢・東御清翔

【南信地区】

東海大諏訪

〈3位決定戦〉飯田風越

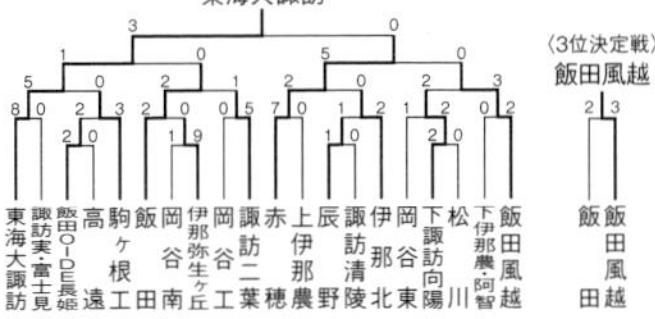

富山県

●決勝トーナメント

富山第一

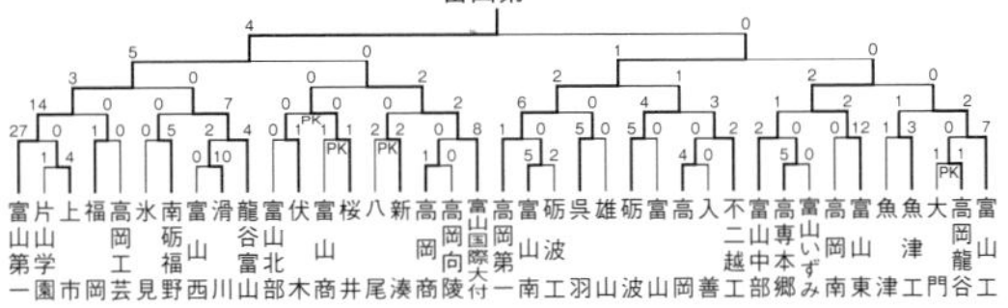

石川県

●決勝トーナメント

星稜

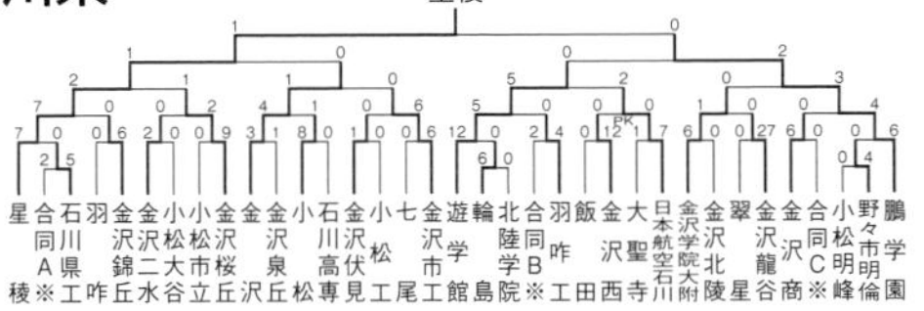

※合同Ａ＝寺井・松任・金沢辰巳丘

※合同Ｂ＝内灘・金沢向陽・津幡

※合同Ｃ＝志賀・七尾東雲・鹿西

福井県

●決勝トーナメント

丸岡

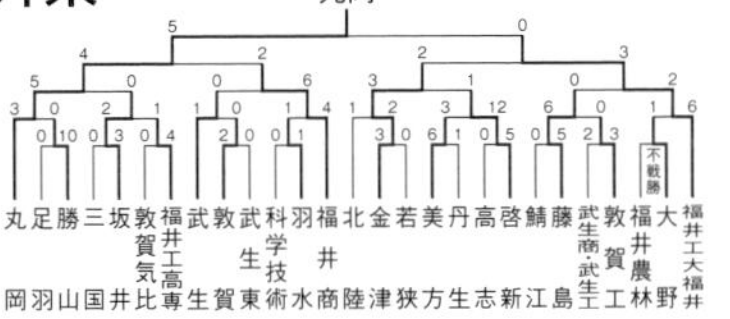

静岡県

●決勝トーナメント

磐田東

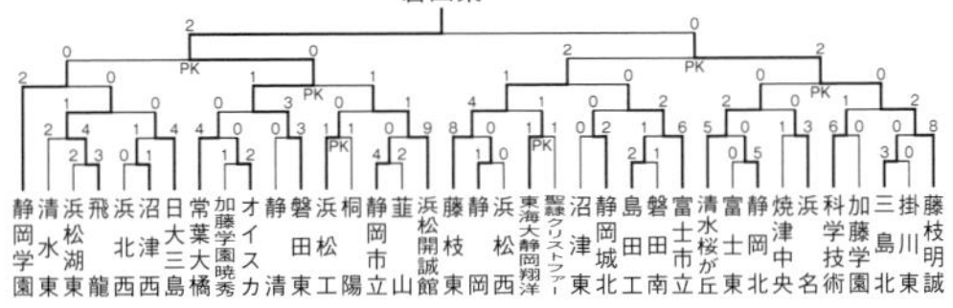

【東部地区】　●代表決定トーナメント

日大三島

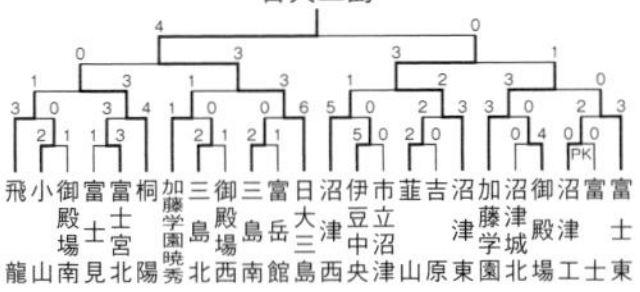

〈3位決定戦〉加藤学園　〈5位決定戦〉沼津西　〈7位決定戦〉加藤学園暁秀　〈9位決定戦〉三島北　韮山

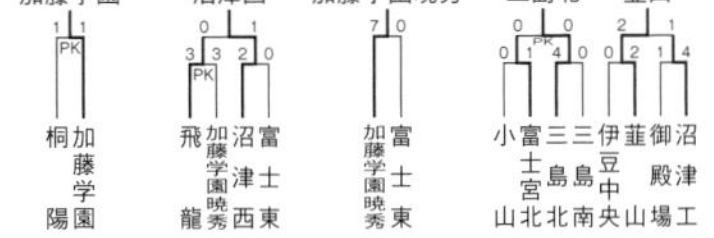

●予選リーグ

A	沼津工	御殿場南	伊豆総合	吉原工	順位
沼津工		4－0	2－0	3－0	1
御殿場南	0－4		3－2	3－2	2
伊豆総合	0－2	2－3		4－0	3
吉原工	0－3	2－3	0－4		4

B	伊豆中央	富士	沼津中央	富士宮東	順位
伊豆中央		0－0	1－0	27－0	1
富士	0－0		4－4	5－0	2
沼津中央	0－1	4－4		13－0	3
富士宮東	0－27	0－5	0－13		4

C	小山	富岳館	下田	裾野	順位
小山		1－0	2－0	3－0	1
富岳館	0－1		2－1	0－0	2
下田	0－2	1－2		4－1	3
裾野	0－3	0－0	1－4		4

D	三島南	市立沼津	伊東	沼津高専	順位
三島南		1－1	2－1	4－0	1
市立沼津	1－1		2－0	2－1	2
伊東	1－2	0－2		4－1	3
沼津高専	0－4	1－2	1－4		4

E	富士見	吉原	田方農	富士宮西	順位
富士見		1－0	2－1	12－0	1
吉原	0－1		3－0	2－0	2
田方農	1－2	0－3		6－0	3
富士宮西	0－12	0－2	0－6		4

F	韮山	御殿場西	星陵	順位
韮山		1－0	8－0	1
御殿場西	0－1		3－0	2
星陵	0－8	0－3		3

G	沼津城北	富士宮北	沼津商	順位
沼津城北		1－0	3－2	1
富士宮北	0－1		15－0	2
沼津商	2－3	0－15		3

H	三島北	御殿場	知徳	順位
三島北		2－0	4－0	1
御殿場	0－2		4－0	2
知徳	0－4	0－4		3

【中部地区】 ●代表決定トーナメント

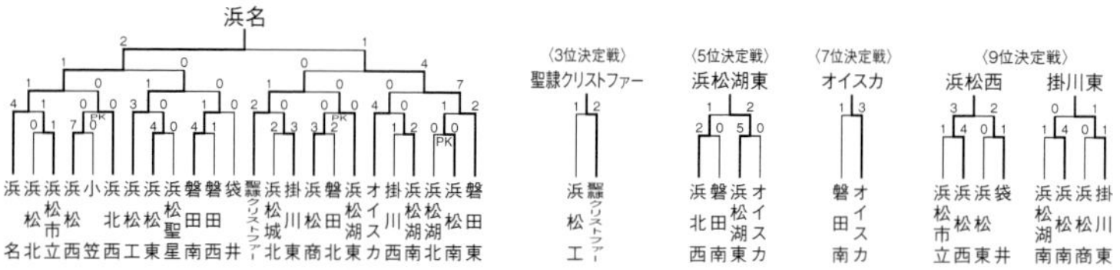

●1次リーグ

A	静岡市立	静　岡	相　良	順位
静岡市立		2－0	8－0	1
静　岡	0－2		2－0	2
相　良	0－8	0－2		3

B	静岡東	島田樟誠	島田工	順位
静岡東		1－3	0－6	3
島田樟誠	3－1		0－2	2
島田工	6－0	2－0		1

C	駿河総合	島田商	静岡大成	城南静岡	順位
駿河総合		2－1	3－0	4－2	1
島田商	1－2		0－1	2－3	4
静岡大成	0－3	1－0		1－0	2
城南静岡	2－4	3－2	0－1		3

D	清水西	榛　原	静岡聖光	順位
清水西		1－1	4－0	2
榛　原	1－1		9－0	1
静岡聖光	0－4	0－9		3

E	静岡商	藤枝西	清水国際	順位
静岡商		2－1	8－1	1
藤枝西	1－2		4－0	2
清水国際	1－8	0－4		3

F	焼津水産	藤枝北	静岡西	清流館	順位
焼津水産		0－1	1－1	0－4	3
藤枝北	1－0		7－1	2－2	2
静岡西	1－1	1－7		0－7	4
清流館	4－0	2－2	7－0		1

【西部地区】 ●代表決定トーナメント

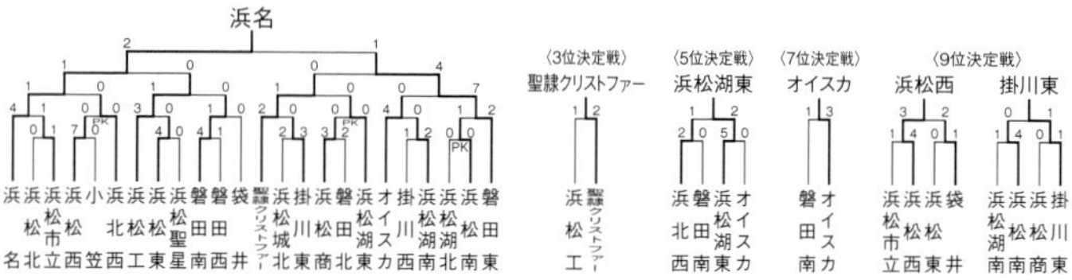

●1次リーグ

A	浜松南	浜松北	浜松学芸	遠江総合	順位
浜松南		1－2	1－0	2－2	2
浜松北	2－1		2－1	6－0	1
浜松学芸	0－1	1－2		2－4	4
遠江総合	2－2	0－6	4－2		3

B	浜松湖北	浜松市立	浜松啓陽	常葉大菊川	順位
浜松湖北		0－0	8－0	4－0	1
浜松市立	0－0		5－0	4－1	2
浜松啓陽	0－8	0－5		0－1	4
常葉大菊川	0－4	1－4	1－0		3

C	浜松城北工	磐田西	新　居	浜松大平台	順位
浜松城北工		1－1	1－0	5－0	1
磐田西	1－1		1－1	26－0	2
新　居	0－1	1－1		24－0	3
浜松大平台	0－5	0－26	0－24		4

D	湖　西	掛川東	磐田南	浜松江之島	順位
湖　西		0－2	1－6	3－0	3
掛川東	2－0		1－2	3－0	2
磐田南	6－1	2－1		6－0	1
浜松江之島	0－3	0－3	0－6		4

E	浜松東	磐田北	浜松修学舎	池新田・横須賀	順位
浜松東		3－0	10－0	11－0	1
磐田北	0－3		6－1	6－0	2
浜松修学舎	0－10	1－6		3－1	3
池新田・横須賀	0－11	0－6	1－3		4

F	浜松商	浜松日体	天　竜	浜松聖星	順位
浜松商		1－0	2－0	1－0	1
浜松日体	0－1		3－2	2－2	3
天　竜	0－2	2－3		0－3	4
浜松聖星	0－1	2－2	3－0		2

G	小　笠	掛川工	浜松学院	掛川西	順位
小　笠		3－0	3－0	1－3	2
掛川工	0－3		4－0	2－2	3
浜松学院	0－3	0－4		1－3	4
掛川西	3－1	2－2	3－1		1

H	浜松西	浜松湖南	磐田農	袋井商	順位
浜松西		5－1	5－0	5－0	1
浜松湖南	1－5		1－1	0－0	2
磐田農	0－5	1－1		1－1	3
袋井商	0－5	0－0	1－1		4

愛知県

●決勝トーナメント

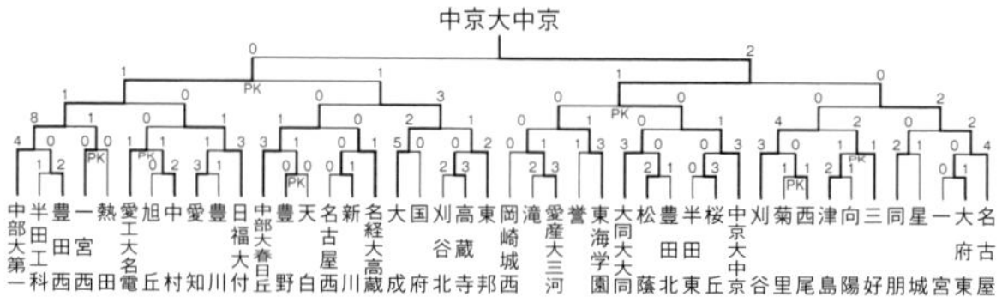

【知多支部】 ●1回戦

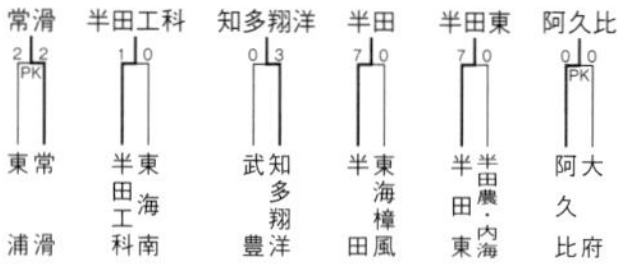

●準決勝リーグ

A	大府東	常　滑	半田工科	知多翔洋	順位
大府東		1－0	1－0	8－0	1
常　滑	0－1		0－3	0－1	4
半田工科	0－1	3－0		0(5PK3)0	2
知多翔洋	0－8	1－0	0(3PK5)0		3

B	横須賀	阿久比	半田東	半　田	順位
横須賀		1－0	0－1	5－2	2
阿久比	0－1		1－2	0－2	4
半田東	1－0	2－1		0(4PK2)0	1
半　田	2－5	2－0	0(2PK4)0		3

●代表決定戦

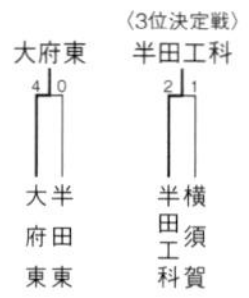

【西三河支部】

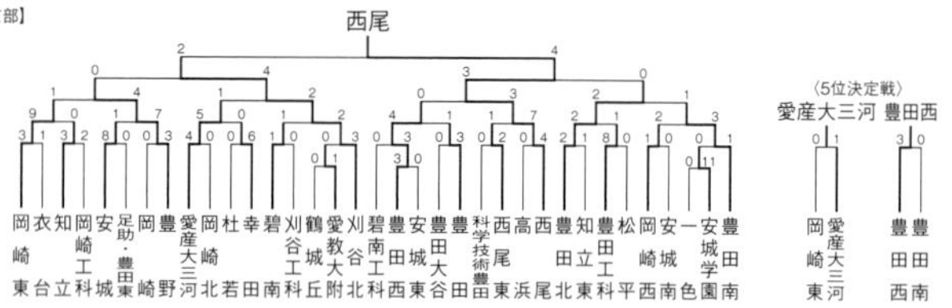

【東三河支部】

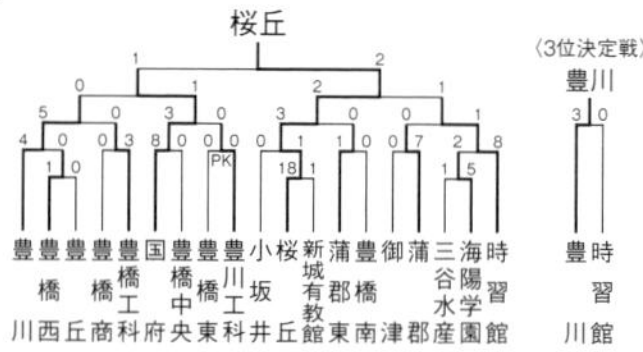

【名南支部】

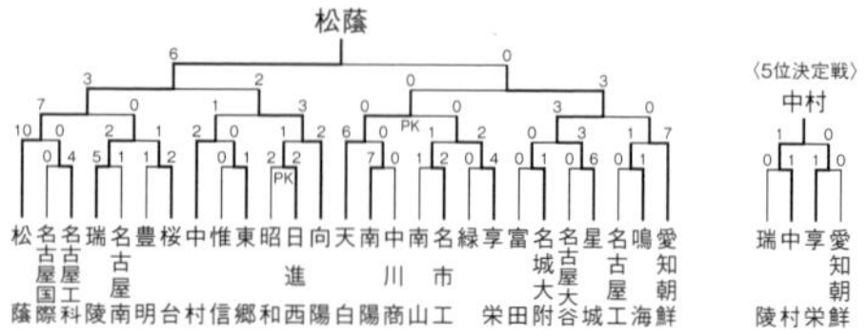

【名北支部】

＊＝不戦勝

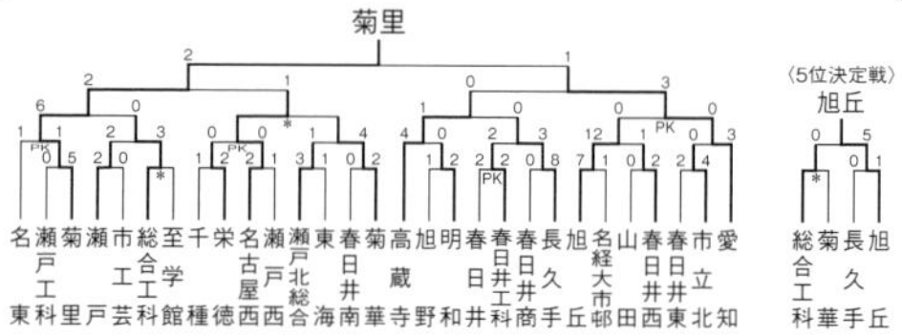

【尾張支部】

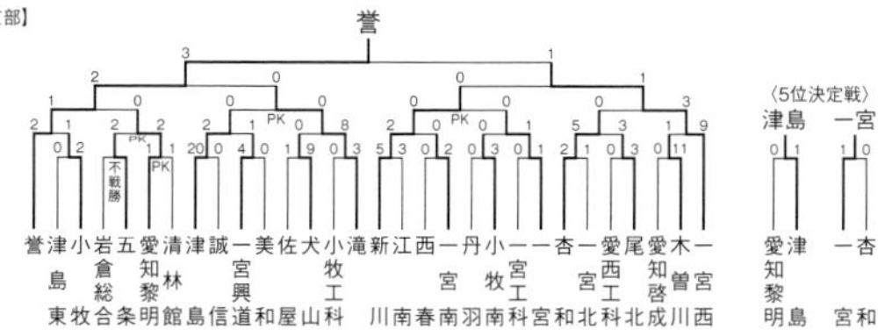

岐阜県

●決勝トーナメント

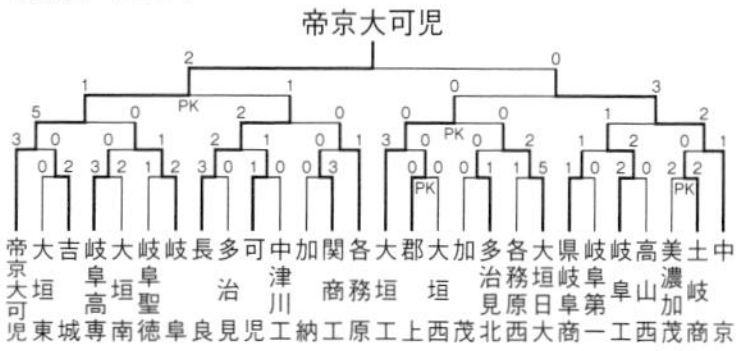

【岐阜地区】　●予選リーグ

A	岐阜工	岐阜聖徳	鶯谷	順位
岐阜工	＼	0－0	9－1	1
岐阜聖徳	0－0	＼	3－1	2
鶯谷	1－9	1－3	＼	3

B	加納	岐山	岐阜東	羽島	順位
加納	＼	1－0	2－0	10－0	1
岐山	0－1	＼	1－0	22－0	2
岐阜東	0－2	0－1	＼	8－0	3
羽島	0－10	0－22	0－8	＼	4

C	各務原西	岐阜第一	山県	富田	順位
各務原西	＼	2－0	15－0	4－0	1
岐阜第一	0－2	＼	11－0	5－0	2
山県	0－15	0－11	＼	0－2	4
富田	0－4	0－5	2－0	＼	3

D	岐阜北	岐阜高専	羽島北	クラーク	順位
岐阜北	＼	2－3	3－1	3－1	2
岐阜高専	3－2	＼	4－0	5－0	1
羽島北	1－3	0－4	＼	1－4	4
クラーク	1－3	0－5	4－1	＼	3

●県大会出場決定戦

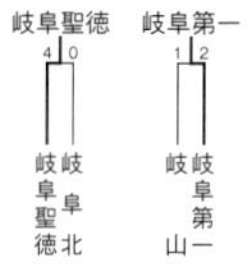

【東濃地区】　●予選リーグ

A	多治見北	麗澤瑞浪	中津	順位
多治見北	＼	10－0	2－0	1
麗澤瑞浪	0－10	＼	0－10	3
中津	0－2	10－0	＼	2

B	土岐商	多治見	多治見西	順位
土岐商	＼	0－0	6－1	1
多治見	0－0	＼	2－0	2
多治見西	1－6	0－2	＼	3

C	中津川工	恵那	土岐紅陵	順位
中津川工	＼	0－0	6－0	1
恵那	0－0	＼	2－0	2
土岐紅陵	0－6	0－2	＼	3

●順位決定戦

	中津	多治見	恵那	順位
中津	＼	0－1	1－0	5
多治見	1－0	＼	1－0	4
恵那	0－1	0－1	＼	6

【飛騨地区】

	吉城	高山西	斐太	飛騨高山	高山工	順位
吉城	＼	3－1	2－0	1－0	3－0	1
高山西	1－3	＼	2－1	1－0	6－0	2
斐太	0－2	1－2	＼	1－1	5－1	3
飛騨高山	0－1	0－1	1－1	＼	4－0	4
高山工	0－3	0－6	1－5	0－4	＼	5

【中濃地区】　●予選リーグ

A	美濃加茂	郡上	可児工	八百津	順位
美濃加茂	＼	5－1	4－0	22－0	1
郡上	1－5	＼	3－0	8－0	2
可児工	0－4	0－3	＼	11－0	3
八百津	0－22	0－8	0－11	＼	4

B	関商工	加茂	東濃実	関有知	順位
関商工	＼	1－0	2－1	1－0	1
加茂	0－1	＼	0(2PK4)0	1－0	2
東濃実	1－2	0(4PK2)0	＼	1(1PK4)1	3
関有知	0－1	0－1	1(4PK1)1	＼	4

C	関	可児	加茂農林	武義	順位
関	＼	0－2	3－0	2－1	2
可児	2－0	＼	5－1	2－0	1
加茂農林	0－3	1－5	＼	2－1	3
武義	1－2	0－2	1－2	＼	4

●順位決定リーグ

1位	美濃加茂	関商工	可児	順位
美濃加茂	＼	2－0	7－0	1
関商工	0－2	＼	2－0	2
可児	0－7	0－2	＼	3

2位	関	加茂	郡上	順位
関	＼	0－4	0－1	6
加茂	4－0	＼	2－0	4
郡上	1－0	0－2	＼	5

【西濃地区】

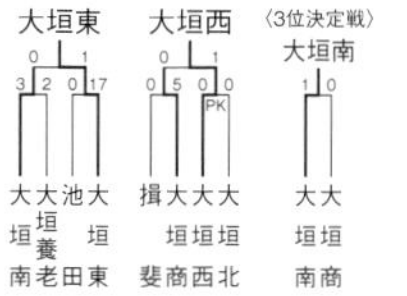

三重県

●決勝トーナメント

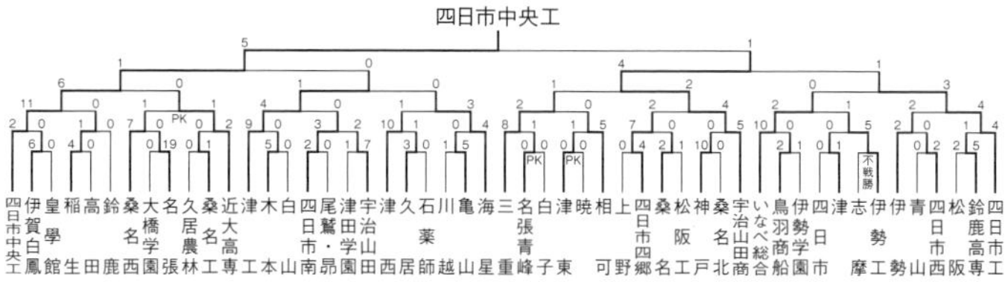

滋賀県

●決勝トーナメント

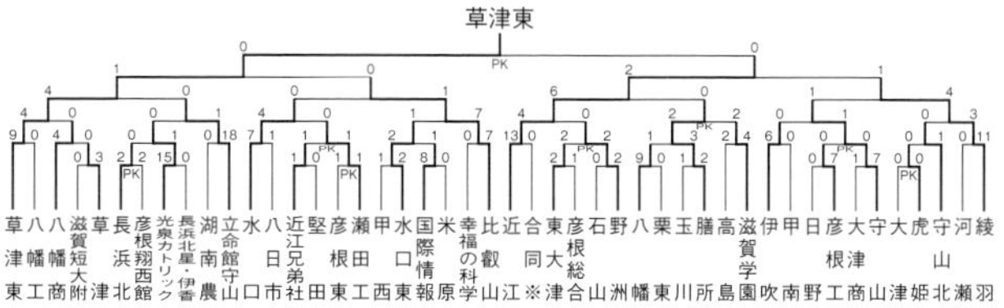

※合同＝北大津・北大津高等養護

京都府

●決勝トーナメント

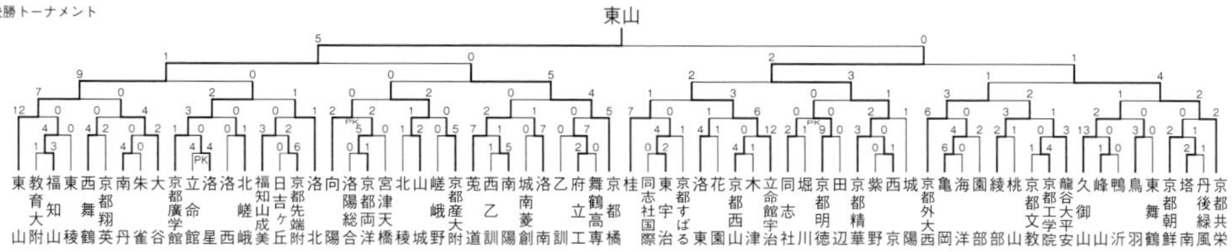

奈良県

●決勝トーナメント

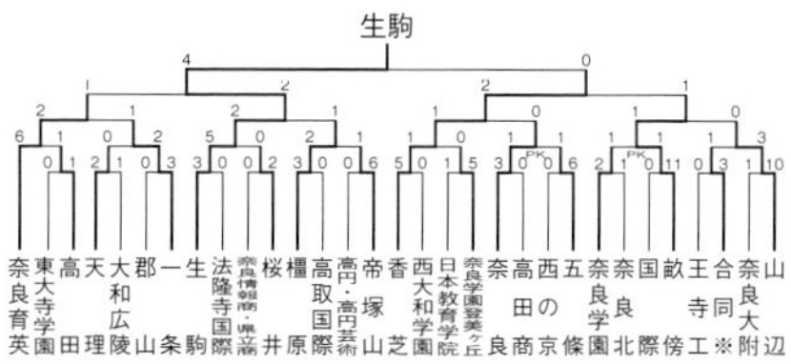

※合同＝御所実・奈良南・大淀・二階堂・西和清陵

大阪府

●決勝リーグ

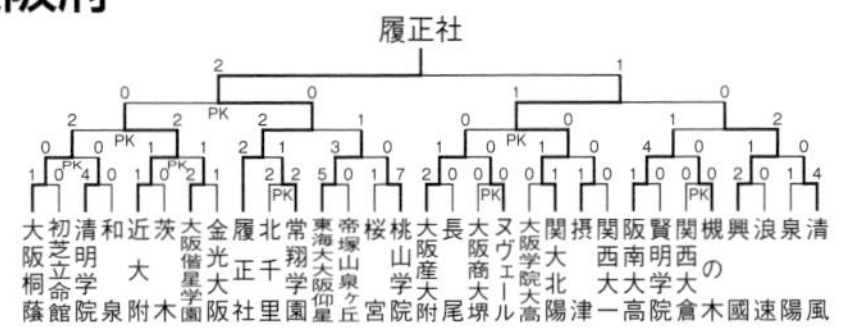

●1次トーナメント

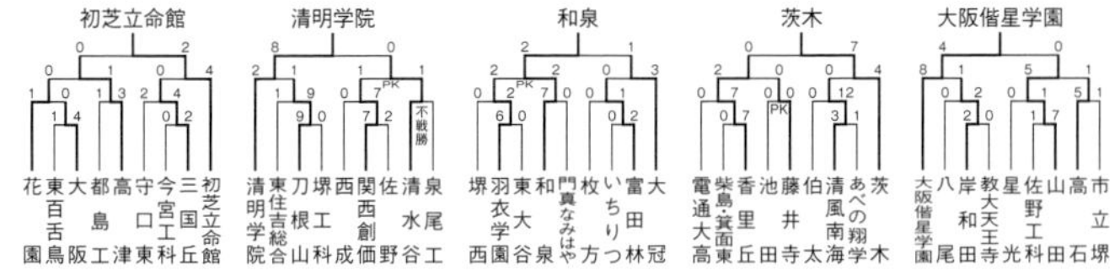

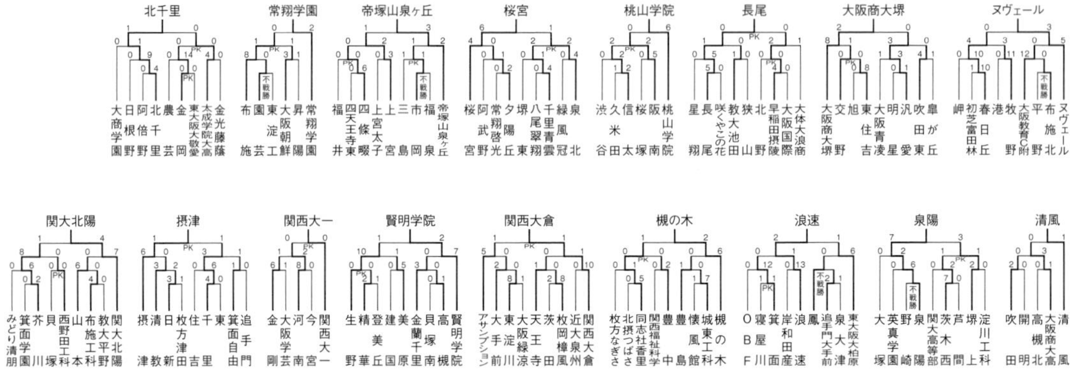

兵庫県

●第5回戦～決勝トーナメント

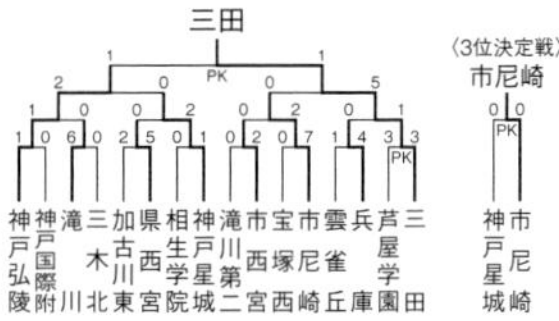

●第1～4回戦トーナメント

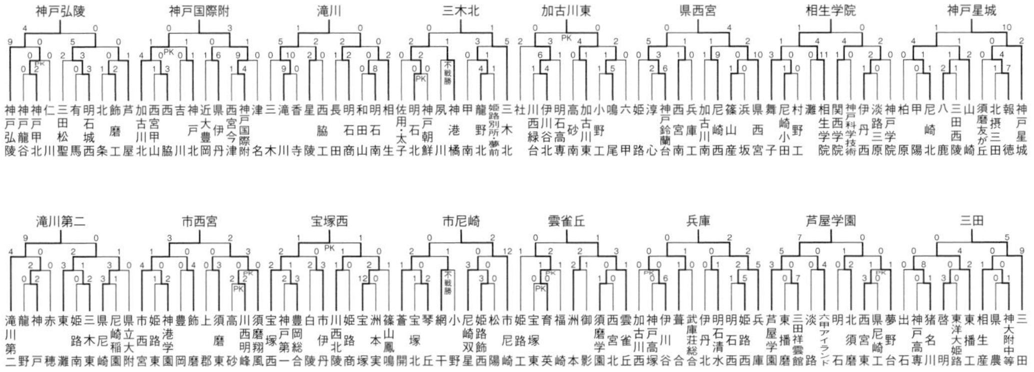

和歌山県

●決勝トーナメント

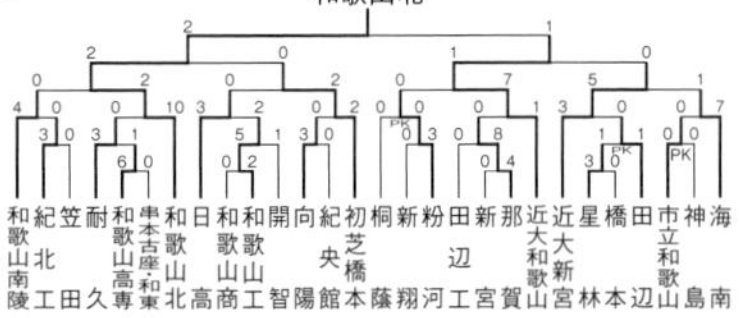

鳥取県

●決勝トーナメント

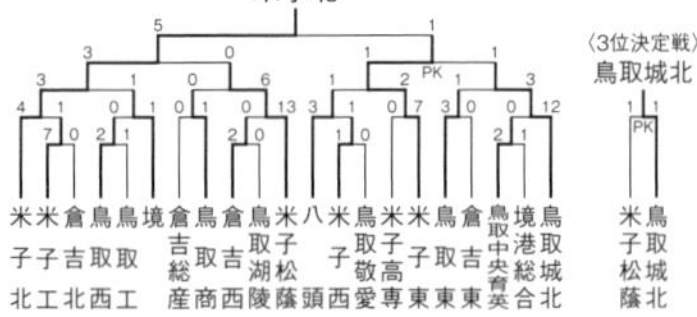

島根県

●決勝トーナメント

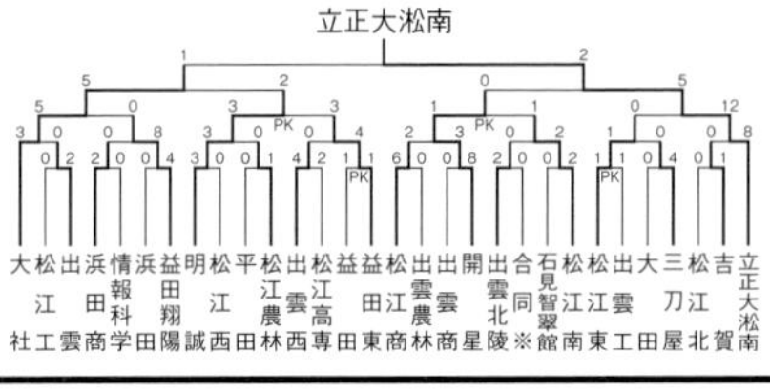

※合同＝江津・江津工

岡山県

●決勝トーナメント

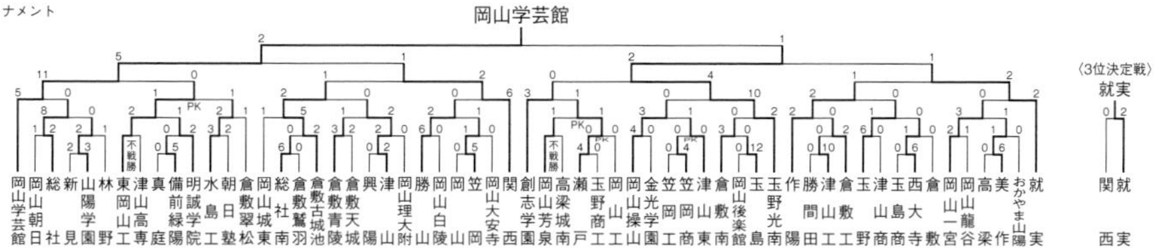

広島県

●決勝トーナメント

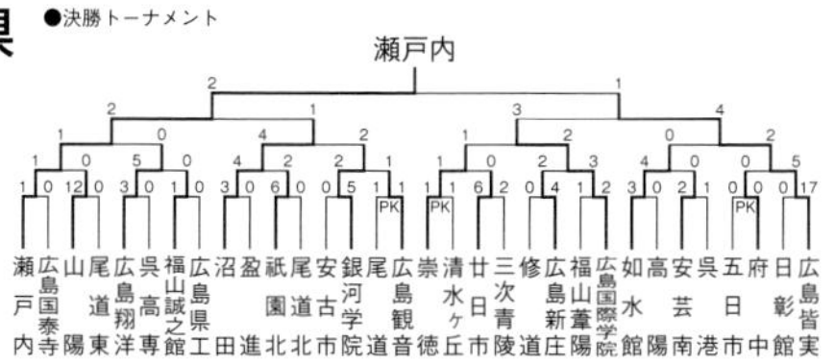

【呉地区】

A	清水ヶ丘	呉 宮 原	呉 工	順位
清水ヶ丘		9－1	5－0	1
呉 宮 原	1－9		0－1	3
呉 工	0－5	1－0		2

B	呉 高 専	広·市立呉	合 同 ※	呉 港	順位
呉 高 専		9－0	11－0	0－1	2
広·市立呉	0－9		4(2PK4)4	0－3	4
合 同 ※	0－11	4(4PK2)4			3
呉 港	1－0	3－0			1

※合同＝呉昭和・呉三津田・黒瀬

〈Aブロック2位
対
Bブロック2位〉

【三次地区】 ●予選リーグ

A	日 彰 館	三 次	合 同 ※	順位
日 彰 館		0－1	5－2	2
三 次	1－0		5－0	1
合 同 ※	2－5	0－5		3

B	三次青陵	庄 原 実	東 城	順位
三次青陵		2－3	6－0	2
庄 原 実	3－2		4－1	1
東 城	0－6	1－4		3

※合同＝庄原格致·西城紫水·吉田·向原

〈代表決定戦〉

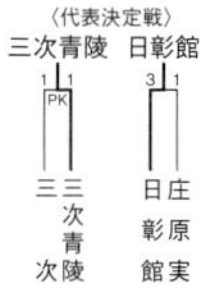

【福山地区】 ●１次トーナメント

＊＝不戦勝

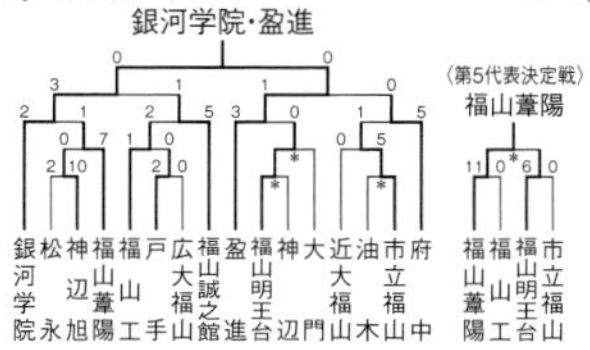

【尾三地区】

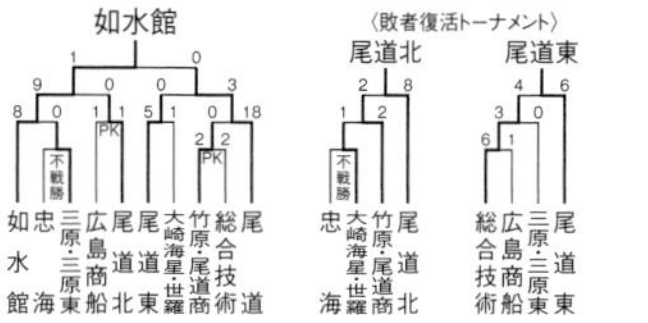

【広島地区】

A	広工大高	安 芸 南	舟 入	順位
広工大高		1－2	14－0	2
安 芸 南	2－1		8－0	1
舟 入	0－14	0－8		3

B	崇 徳	宮 島 工	ひろしま協創	順位
崇 徳		1－0	5－0	1
宮 島 工	0－1		2－0	2
ひろしま協創	0－5	0－2		3

C	広島観音	西 条 農	広 陵	順位
広島観音		27－0	9－0	1
西 条 農	0－27		0－8	3
広 陵	0－9	8－0		2

D	広島国際学院	広島県商	美鈴が丘	順位
広島国際学院		8－0	16－0	1
広島県商	0－8		1(5PK4)1	2
美鈴が丘	0－16	1(4PK5)1		3

E	沼 田	廿日市西	広島学院	順位
沼 田		16－1	7－0	1
廿日市西	1－16		0－4	3
広島学院	0－7	4－0		2

F	五 日 市	熊 野	広島なぎさ	順位
五 日 市		不戦勝	2－1	1
熊 野	不戦敗		1－5	3
広島なぎさ	1－2	5－1		2

G	広島県工	広島大附	賀 茂	順位
広島県工		3－0	12－2	1
広島大附	0－3		4－0	2
賀 茂	2－12	0－4		3

H	廿 日 市	広島市工	広島中等	順位
廿 日 市		1－0	1－0	1
広島市工	0－1		1－0	2
広島中等	0－1	0－1		3

I	山 陽	近大東広島	広島桜が丘	順位
山 陽		11－0	9－0	1
近大東広島	0－11		2－3	3
広島桜が丘	0－9	3－2		2

J	広島新庄	広島城北	可 部	順位
広島新庄		3－0	7－0	1
広島城北	0－3		3－0	2
可 部	0－7	0－3		3

K	修 道	星槎国際広島	広島市商	順位
修 道		3－1	13－0	1
星槎国際広島	1－3		2－0	2
広島市商	0－13	0－2		3

L	広島国泰寺	基 町	県立広島	順位
広島国泰寺		6－0	3－0	1
基 町	0－6		1－0	2
県立広島	0－3	0－1		3

M	広島翔洋	高 陽 東	安芸府中	順位
広島翔洋		3－0	6－0	1
高 陽 東	0－3		7－0	2
安芸府中	0－6	0－7		3

N	広島朝鮮	安 古 市	並木学院	順位
広島朝鮮		2－3	20－0	2
安 古 市	3－2		16－0	1
並木学院	0－20	0－16		3

O	高 陽	海 田	千 代 田	順位
高 陽		1－0	13－0	1
海 田	0－1		13－0	2
千 代 田	0－13	0－13		3

P	広島井口	祇 園 北	順位
広島井口		0－2	2
祇 園 北	2－0		1

山口県

●決勝トーナメント

※合同＝岩国総合・柳井学園

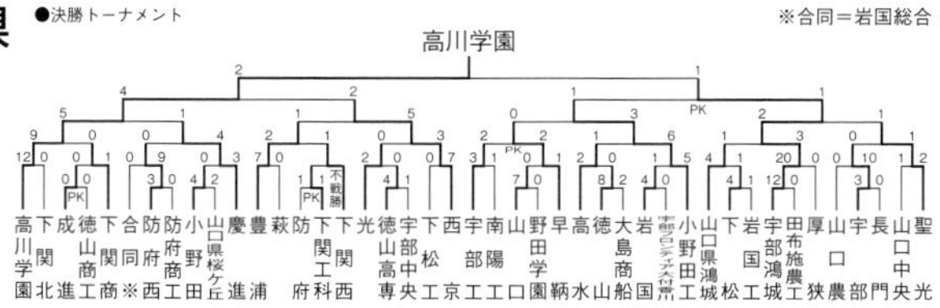

愛媛県

●決勝トーナメント

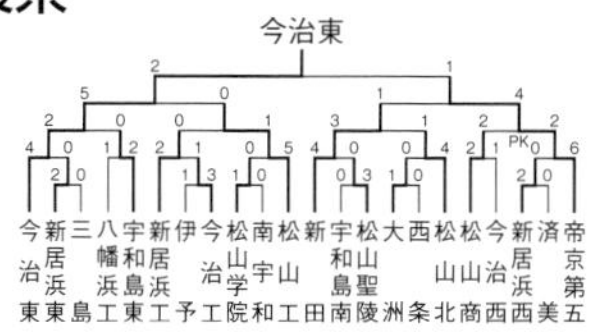

【東予地区】

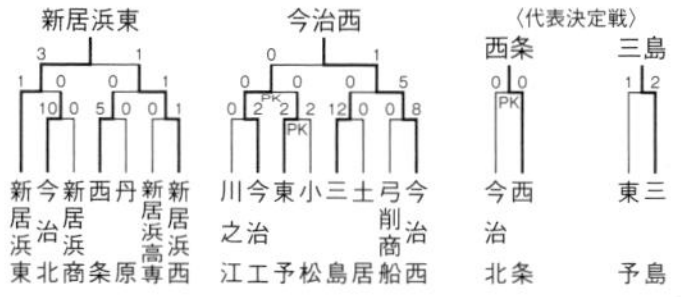

【南予地区】

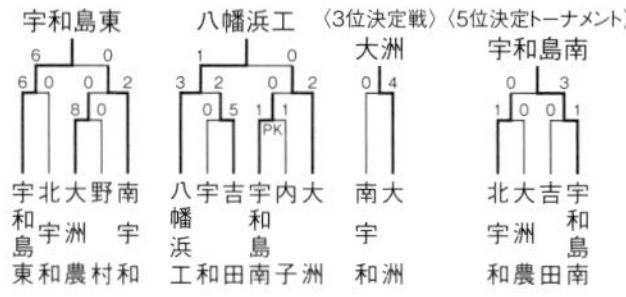

【中予地区】

＊＝不戦勝

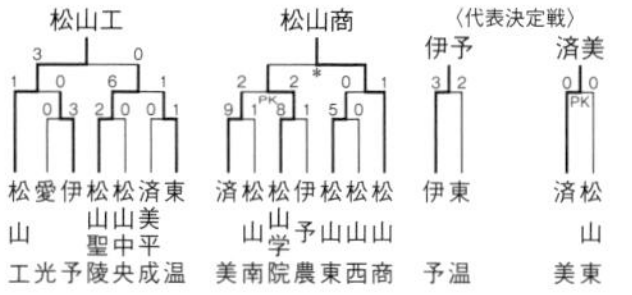

香川県

●決勝トーナメント

＊＝不戦勝

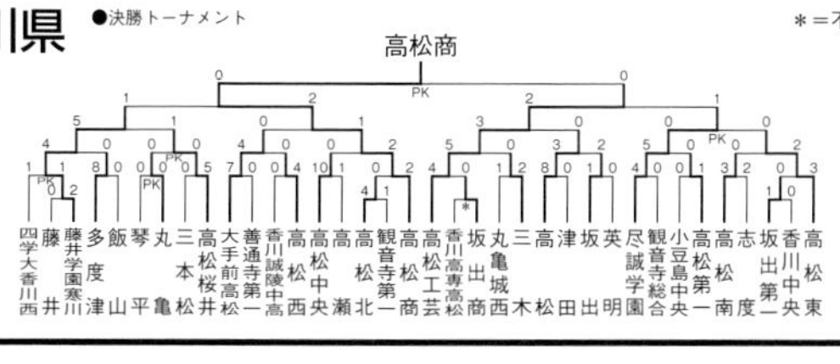

徳島県

●決勝トーナメント

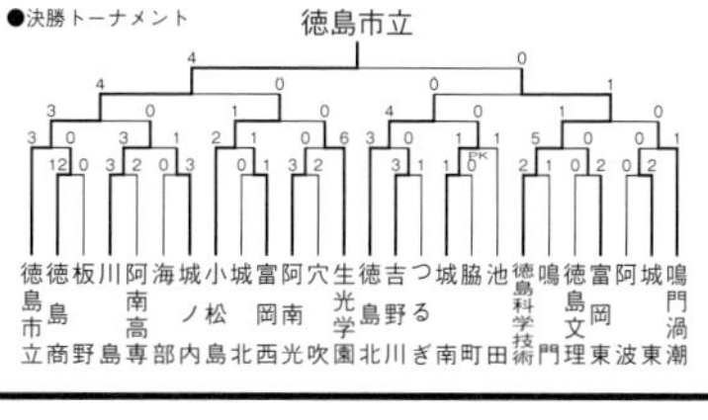

高知県

●決勝トーナメント

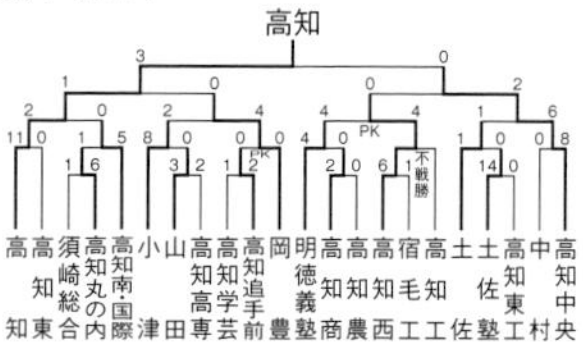

福岡県

●決勝トーナメント

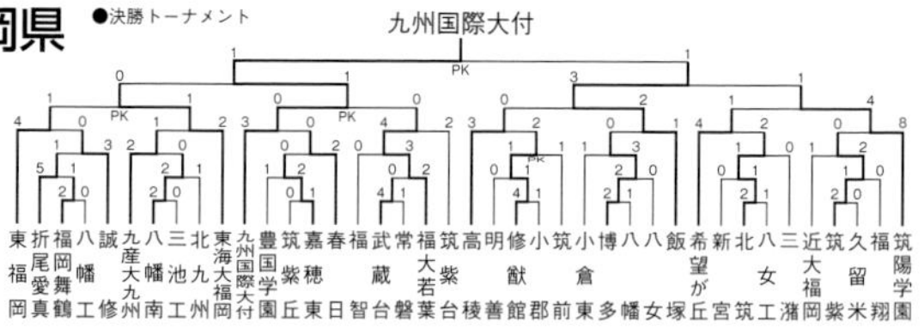

【中部地区】●ブロック予選会

1部A	武蔵台	福翔	筑紫丘	福岡舞鶴	筑前	順位
武蔵台		0－4	0－1	2－5	2－6	5
福翔	4－0		3－0	2－1	0－2	2
筑紫丘	1－0	0－3		1－1	1－0	3
福岡舞鶴	5－2	1－2	1－1		1－4	4
筑前	6－2	2－0	0－1	4－1		1

1部B	福大若葉	新宮	筑紫	春日	九州産	順位
福大若葉		2－1	5－0	2－2	2－0	2
新宮	1－2		3－2	1－2	1－3	3
筑紫	0－5	2－3		0－4	2－0	5
春日	2－2	2－1	4－0		4－0	1
九州産	0－2	3－1	0－2	0－4		4

2部A	福岡講倫館	福大大濠	博多	福岡	玄洋	順位
福岡講倫館		1－0	0－4	1－4	0－2	5
福大大濠	0－1		1－3	1－0	2－1	2
博多	4－0	3－1		2－0	3－0	1
福岡	4－1	0－1	0－2		2－2	3
玄洋	2－0	1－2	0－3	2－2		4

2部B	修猷館	福岡魁誠	柏陵	城南	光陵	順位
修猷館		1－1	1－2	2－3	3－1	4
福岡魁誠	1－1		1－0	0－1	2－1	2
柏陵	2－1	0－1		4－0	4－1	1
城南	3－2	1－0	0－4		1－1	3
光陵	1－3	1－2	1－4	1－1		5

3部A	福工大城東	福岡第一	早良	順位
福工大城東		1(3PK1)1	4－0	1
福岡第一	1(1PK3)1		9－0	2
早良	0－4	0－9		3

3部B	香住丘	太宰府	純真	順位
香住丘		5－1	1－0	1
太宰府	1－5		2－0	2
純真	0－1	0－2		3

3部CD	筑紫中央	玄界	香椎工	中村三陽	福岡農	順位
筑紫中央				5－1	8－0	1
玄界			0(2PK4)0		2－0	2
香椎工		0(4PK2)0		0(1PK4)0		3
中村三陽	1－5		0(4PK1)0			4
福岡農	0－8	0－2				5

3部EF	福岡西陵	糸島	博多工	福岡常葉	宇美商	順位
福岡西陵			3－0		13－0	1
糸島				2－0	5－0	2
博多工	0－3			0－1		4
福岡常葉		0－2	1－0			3
宇美商	0－13	0－5				5

3部GH	須恵	福岡工	上智福岡	宗像	糸島農	順位
須恵				0－2	5－0	3
福岡工			1－0		19－0	1
上智福岡		0－1		1－2		4
宗像	2－0		2－1			2
糸島農	0－5	0－19				5

3部3位G	早良	純真	福岡農	宇美商	糸島農	順位
早良		0(3PK4)0	1－2	2－1	1－0	19
純真	0(4PK3)0		1(3PK4)1	2－3	7－0	20
福岡農	2－1	1(4PK3)1		0－1		18
宇美商	1－2	3－2	1－0			17
糸島農	0－1	0－7				21

●代表決定トーナメント

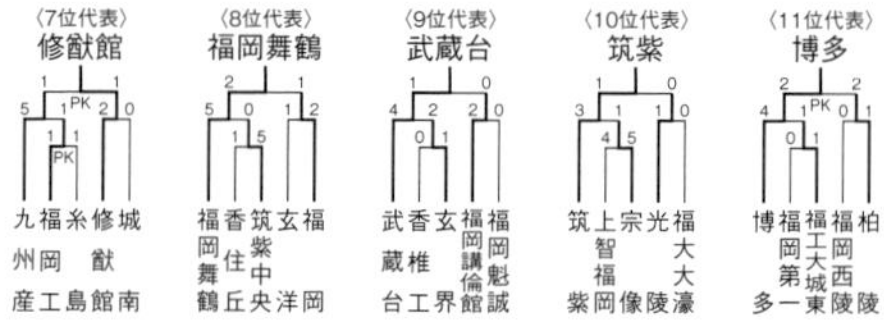

●1部順位決定戦

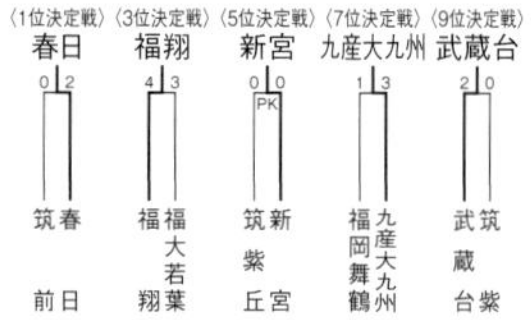

●2部順位決定戦

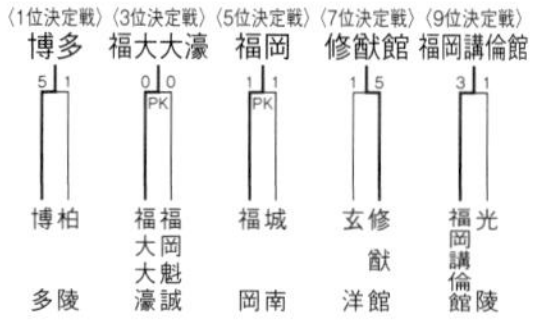

●3部トーナメント

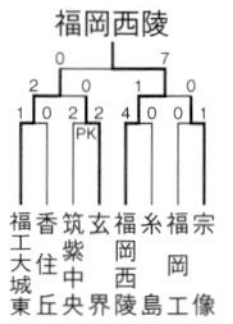

●3部順位決定戦

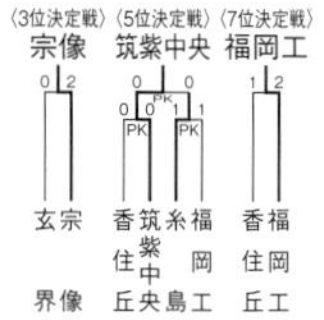

●3部2位Gトーナメント

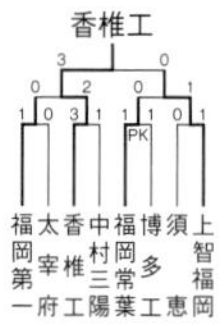

●3部2位G順位決定戦

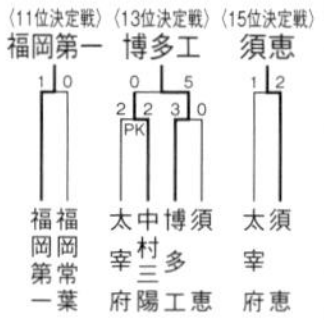

【南部地区】　●1次リーグ

1部A	三瀦	八女工	明善	祐誠	三池工	順位
三瀦		3－1	2－0	9－0	5－0	1
八女工	1－3		不戦敗	不戦敗	3－0	4
明善	0－2	不戦勝		3－0	2－0	2
祐誠	0－9	不戦勝	0－3		0－3	5
三池工	0－5	0－3	0－2	3－0		3

1部B	誠修	八女	久留米	福島	久留米大附	順位
誠修		4－1	2－1	8－1	7－0	1
八女	1－4		5－2	不戦勝	5－0	2
久留米	1－2	2－5		3－2	7－0	3
福島	1－8	不戦敗	2－3		1－0	4
久留米大附	0－7	0－5	0－7	0－1		5

2部A	山門	伝習館	小郡	南筑	大牟田	順位
山門		0－2	1－1	1－0	4－0	2
伝習館	2－0		0－1	5－0	2－0	1
小郡	1－1	1－0		2－2	1－1	3
南筑	0－1	0－5	2－2		0－3	5
大牟田	0－4	0－2	1－1	3－0		4

2部B	朝倉東	朝倉	八女学院	久留米商	三池	順位
朝倉東		1－3	1－5	1－5	0－2	5
朝倉	3－1		1－0	4－0	0－3	2
八女学院	5－1	0－1		3－1	0－3	3
久留米商	5－1	0－4	1－3		1－2	4
三池	2－0	3－0	3－0	2－1		1

●3部1stリーグ

3部A	浮羽工	有明高専	久留米信愛	順位
浮羽工		2－1	23－1	1
有明高専	1－2		22－0	2
久留米信愛	1－23	0－22		3

（Bパート）柳川（4—0）三井
（Cパート）浮羽究真館（1—5）西日本短大附
（Dパート）久留米筑水（9—1）ありあけ新世

●1部順位決定戦

三瀦（1—1）誠修
（PK4—2）
明善（1—1）八女
（PK5—3）
三池工（3—3）久留米
（PK4—3）
八女工（1—2）福島
祐誠（1—0）久留米大附

●2部順位決定戦

伝習館（2—1）三池
山門（0—1）朝倉
小郡（1—4）八女学院
大牟田（1—0）久留米商
南筑（2—0）朝倉東

●代表決定トーナメント

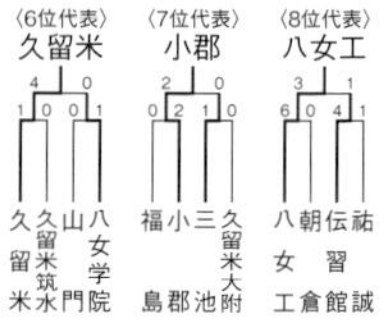

●3部上位トーナメント

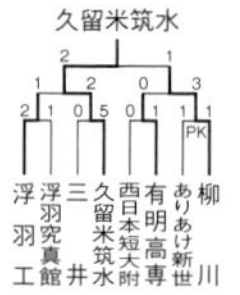

【北部地区】●ブロック予選会

1部A	八幡	折尾愛真	八幡工	北九州	常磐	順位
八幡		2－3	3－2	0－1	3－1	3
折尾愛真	3－2		3－1	3－1	3－0	1
八幡工	2－3	1－3		0－1	0－3	5
北九州	1－0	1－3	1－0		0－0	2
常磐	1－3	0－3	3－0	0－0		4

1部B	小倉東	豊国学園	北筑	星琳	育徳館	順位
小倉東		2－1	1－0	4－0	4－0	1
豊国学園	1－2		2－0	0－3	3－0	2
北筑	0－1	0－2		1－0	3－0	3
星琳	0－4	3－0	0－1		3－1	4
育徳館	0－4	0－3	0－3	1－3		5

2部A	小倉工	青豊	小倉南	京都	北九州高専	順位
小倉工		4－2	1－2	0－0	2－2	3
青豊	2－4		1－0	1－2	0－2	4
小倉南	2－1	0－1		1－2	1－2	5
京都	0－0	2－1	2－1		0－2	2
北九州高専	2－2	2－0	2－1	2－0		1

2部B	八幡南	東筑	小倉	自由ケ丘	門司大翔館	順位
八幡南		0－0	0－0	2－0	1－1	3
東筑	0－0		2－1	3－2	2－3	2
小倉	0－0	1－2		1－0	0－0	4
自由ケ丘	0－2	2－3	0－1		0－1	5
門司大翔館	1－1	3－2	0－0	1－0		1

3部A	中間	九州朝鮮	真颯館	順位
中間		4－1	2－0	1
九州朝鮮	1－4		1－0	2
真颯館	0－2	0－1		3

3部B	戸畑	小倉商	築上西	順位
戸畑		4－0	0－0	1
小倉商	0－4		1－2	3
築上西	0－0	2－1		2

3部C	苅田工	戸畑工	若松	順位
苅田工		6－0	7－0	1
戸畑工	0－6		0－0	3
若松	0－7	0－0		2

3部D	八幡中央	明治学園	合同※	敬愛・東筑紫	順位
八幡中央		2－2	1－2	1－1	3
明治学園	2－2		0－0	4－1	2
合同※	2－1	0－0		3－0	1
敬愛・東筑紫	1－1	1－4	0－3		4

※合同＝北九州市立・行橋・遠賀

●代表決定トーナメント

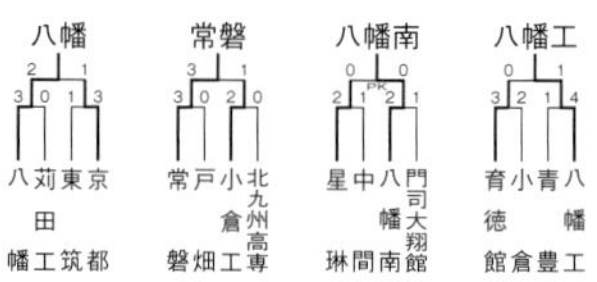

●1部リーグ順位決定戦

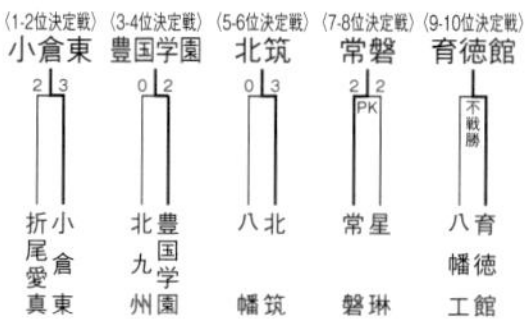

●2部リーグ順位決定戦

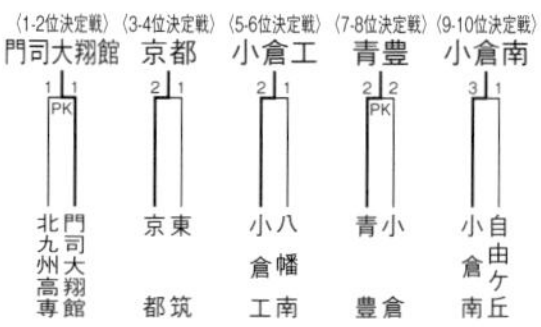

【北部地区】●３部リーグ順位決定戦　※合同＝北九州市立・行橋・遠賀

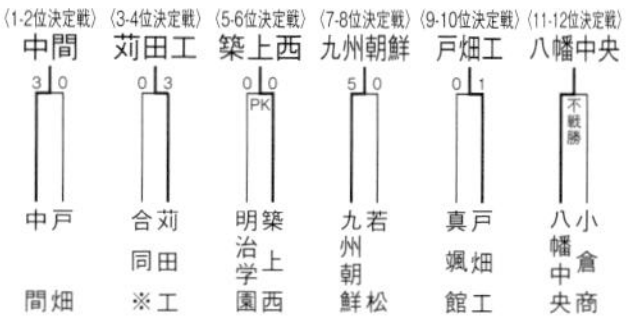

【筑豊地区】●１部リーグ

	福　智	嘉穂東	近大福岡	嘉　穂	鞍　手	田　川	順位
福　智		２－０	２－０	1(1PK3)1	１－０	６－２	1
嘉穂東	０－２		１－２	１－０	１－２	２－１	4
近大福岡	０－２	２－１		１－０	２－１	３－０	2
嘉　穂	1(3PK1)1	０－１	０－１		0(3PK4)0	４－１	5
鞍　手	０－１	２－１	１－２	0(4PK3)0		４－３	3
田　川	２－６	１－２	０－３	１－４	３－４		6

●２部リーグ

	直　方	稲築志耕館	東　鷹	鞍手竜徳	田川科技	順位
直　方		３－１	４－０	11－０	16－０	1
稲築志耕館	１－３		２－０	４－１	３－０	2
東　鷹	０－４	０－２		３－０	３－２	3
鞍手竜徳	０－11	１－４	０－３		５－０	4
田川科技	０－16	０－３	２－３	０－５		5

●代表決定トーナメント

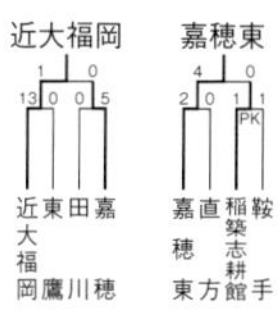

佐賀県

●決勝トーナメント

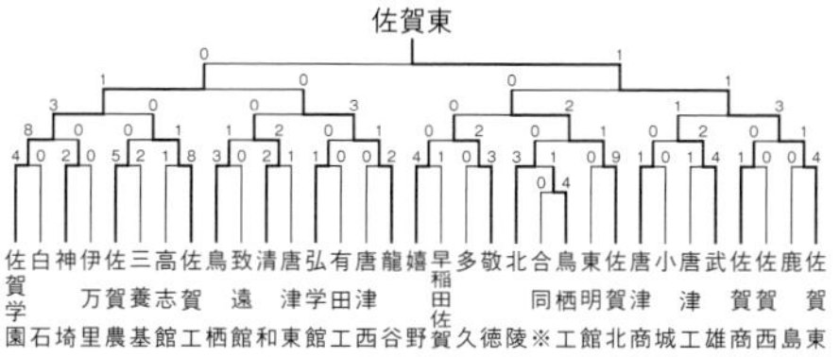

※合同＝青翔・唐津南・厳木

長崎県

●決勝トーナメント

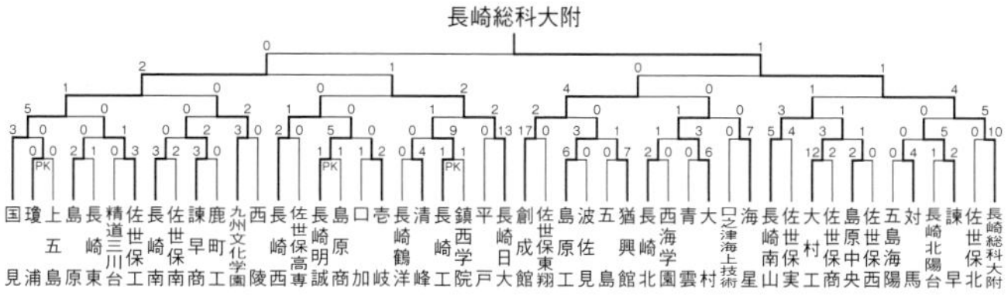

大分県

●決勝トーナメント

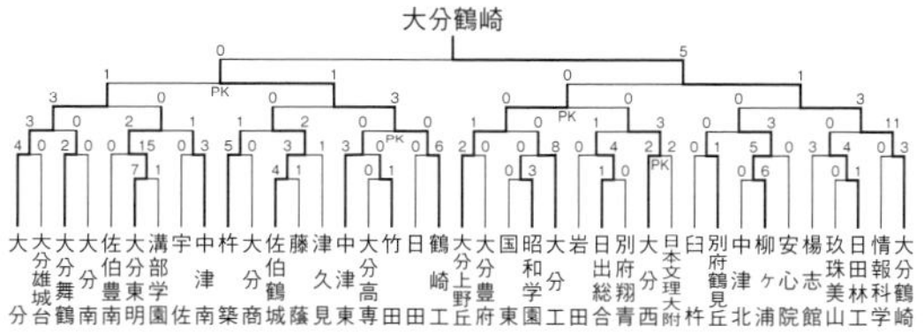

宮崎県

●決勝トーナメント

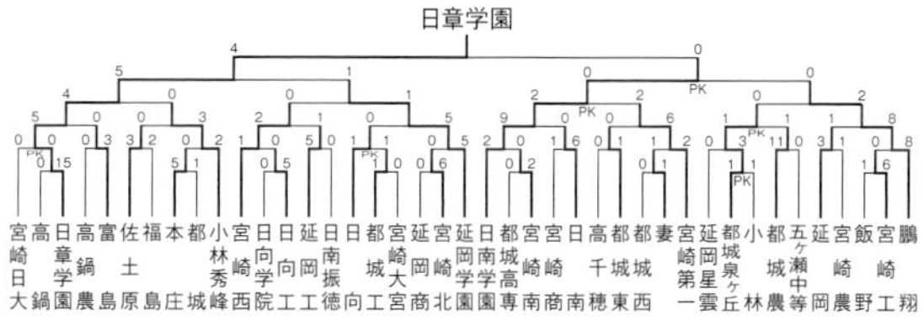

熊本県

●決勝トーナメント

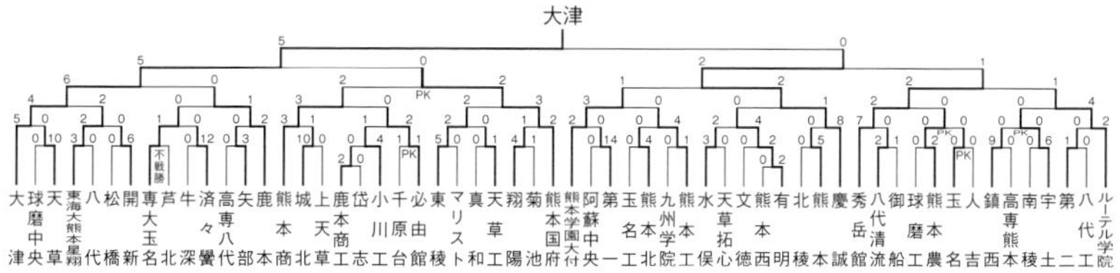

鹿児島県

●決勝トーナメント

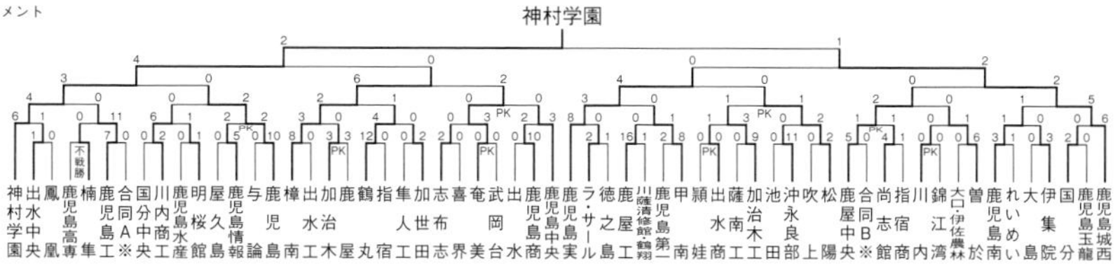

※合同Ａ＝枕崎・川辺・鹿屋農
※合同Ｂ＝種子島・古仁屋・種子島中央

沖縄県

●決勝トーナメント

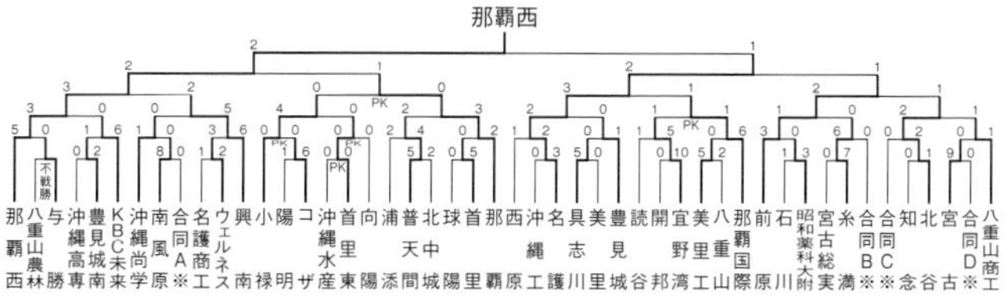

※合同Ａ＝南部商・やえせ高支
※合同Ｂ＝浦添工・那覇工・真和志
※合同Ｃ＝具志川商・中部農林・中部農林高支
※合同Ｄ＝本部・嘉手納・美来工科・南部農林・久米島

全国高校総体サッカー大会出場校（男子）

年	S. 41	42	43	44	45	46	47	48	49	50	51	52
開催地	十和田 （青森県）	芦原, 三国 （福井県）	広島 （広島県）	宇都宮 （栃木県）	新宮 （和歌山県）	徳島 （徳島県）	山形 （山形県）	伊賀上野 （三重県）	佐賀 （佐賀県）	韮崎 （山梨県）	新潟 （新潟県）	岡山 （岡山県）
優勝校	**藤枝東1**	**浦和市立1**	**秋田商1**	**浦和南1**	**浜名1**	**藤枝東2**	**清水東1**	**児玉1**	**浜名2**	**韮崎1**	**帝京1**	**島原商1**
準優勝	浦和市立1	刈谷1	習志野1	清水市商1	浦和南1	広島県工1	秋田商1	北陽1	児玉1	児玉2	古河第一1	佐賀商1
三位	習志野1 松本県ヶ丘1	水戸商1 山城1	初芝1 明星1	宇都宮工1 宇都宮学1	広島市商1 新宮1	浦和市立1 初芝2	児玉1 藤枝東1	清水東1 遠野1	北陽1 習志野2	帝京1 水戸商2	浦和南1 韮崎1	山口1 広島県工1
北海道	函館工1 美唄工1	函館工2 斜里1	函館東1 岩見沢東1	美唄工2 札幌光星1	室蘭大谷1 三笠高美1	白糠1 室蘭大谷2	室蘭大谷3 函館有斗1	室蘭大谷4 三笠高美2	室蘭大谷5 室蘭清水丘1	旭川東1 北海1	苫小牧東1 三笠高美3	室蘭大谷6 札幌光星2
青森	十和田工1 五戸1	五戸2	八戸電波1	青森商1	七戸1	光星学院1	八戸北1	五戸3	五戸4	三沢商1	五所川原農林1	三本木1
岩手	盛岡商1	盛岡商2	遠野1	遠野2	大槌1	盛岡商3	遠野3	遠野4	遠野5	大槌2	釜石北1	遠野6
秋田	秋田商1	由利工1	秋田商2	(推)秋田商3 西目農1	由利工2	秋田商4	秋田商5	由利工3	西目農2	西目農3	秋田商6	秋田商7
山形	鶴岡南1	新庄北1	鶴岡工1	新庄工1	鶴岡工2	山形南1	日大山形1 鶴岡南2	米沢商1	山形市商1	山形東1	庄内農1	山形東2
宮城	仙台育英1	仙台育英2	仙台育英3	仙台第三1	仙台育英4	仙台育英5	宮城県工1	東北1	仙台第二1	東北2	仙台育英6	仙台育英7
福島	郡山西工1	安積1	福島工1	福島工2	郡山商1	郡山西工2	相馬1	郡山商2	勿来工1	勿来工2	郡山商3	磐城1
新潟	吉田商1	新潟東工1	吉田商2	巻1	中越1	長岡工1	新潟明訓1	新潟明訓2	新潟1	巻2	新潟2 長岡工2	新潟工1
長野	松本県ヶ丘1	上田1	穂高1	松本深志1	松本県ヶ丘2	松本県ヶ丘3	松本県ヶ丘4	蘇南1	蘇南2	上田東1	須坂1	松本深志2
富山	高岡工芸1	富山第一1	富山工1	魚津工1	富山工2	富山工3	富山工4	高岡第一1	富山東1	砺波工1	富山東2	富山東3
石川	金沢市工1	金沢市工2	金沢泉丘1	金沢錦丘1	金沢錦丘2	羽咋工1	金沢桜丘1	金沢桜丘2	金沢泉丘2	金沢経大星稜1	金沢西1	金沢経大星稜2
福井	福井工1	大野工1 丸岡1	大野1	坂井農1	高志1	三国1	敦賀工1	大野2	三国2	大野3	大野4	春江工1
茨城	水戸商1	水戸商2	水戸商3	日立第一1	水戸商4	古河第一1	東洋大牛久1	古河第一2	古河第一3	水戸商5	古河第一4	日立第一2
栃木	宇都宮商1	宇都宮工1	宇都宮学園1	宇都宮工2 宇都宮学園2	矢板1	那須1	宇都宮工3	宇都宮工4	矢板東1	宇都宮学園3	宇都宮農1	宇都宮工5
群馬	館林1	館林2	新島学1	太田1	新島学2	新島学3	新島学4	沼田1	高崎1	高崎商1	高崎商2	前橋工1
埼玉	浦和市立1	浦和市立2	(推)浦和市立3 浦和南1	浦和南2	(推)浦和南3 浦和市立4	浦和市立5	児玉1	児玉2	(推)児玉3 浦和南4	児玉4	浦和南5	浦和南6
東京	私立城北1 学習院1	帝京1 早大学1	石神井1 早大学2	中大付1 町田工1	中大付2 本郷1	帝京2 明法1	帝京3 桐朋1	中大付3 本郷2	中大付4 帝京4	中大付5 帝京5	帝京6 本郷3	(推)帝京7 國學院久我山1 修徳1
千葉	習志野1	習志野2	習志野3	習志野4	薬園台1	習志野5	茂原工1	千葉経済1	習志野6	八千代1	千葉経済2	八千代2
神奈川	小田原1	鎌倉学1	鎌倉学2	相工大附1	相模台工1	相工大附2	向の岡工1	相工大附3	相工大附4	相工大附5	厚木1	旭1
山梨	韮崎1	韮崎2	韮崎3	韮崎4	甲府工1	韮崎5	韮崎6	韮崎7	韮崎8	韮崎9 機山工1	(推)韮崎10 北富士工1	韮崎11
静岡	藤枝東1	(推)藤枝東2 清水東1	藤枝東3	清水市商1	浜名1	(推)浜名2 藤枝東4	(推)藤枝東5 清水東2	(推)清水東3 自動車工1	浜名3	(推)浜名4 静岡工1	浜名5	自動車工2
愛知	豊田西1	刈谷1	熱田1	名商大付1	津島1	名古屋市北1	岡崎城西1	中京1	熱田2	熱田3	熱田4	愛知1
岐阜	大垣工1	大垣工2	大垣工3	大垣工4	加納1	大垣北1	大垣工5	長良1	長良2	大垣工6	大垣工7	多治見工1
三重	上野工1	名張1	上野1	上野工2	上野工3	上野2	上野工4	四日市中央工1 名張2	上野3	上野工5	四日市中央工2	四日市中央工3
滋賀	甲賀1	甲賀2	甲賀3	甲賀4	日野1	日野2	甲賀5	甲賀6	膳所1	能登川1	水口7	膳所2
京都	山城1	山城2	京都教大附1	京都商1	洛北1	朱雀1	洛北2	山城3	朱雀2	山城4	京都教大附2	京都商2
奈良	大淀1	智辯学1	東大寺学1	畝傍1	奈良女大付1	畝傍2	五條1	天理1	智辯学2	畝傍3	奈良女大付2	天理2
和歌山	和歌山北1	新宮商1	新宮商2	和歌山北2	新宮1 新宮商3	星林1	和歌山北3	和歌山北4	新宮2	桐蔭1	古座1	和歌山北5
大阪	明星1 初芝1	和泉工1 北陽1	初芝2 明星2	初芝3 茨木1	和泉1 明星3	初芝4 浪速工1	北陽2 初芝5	北陽3 清風1	北陽4 大教大付1	北陽5 関西大倉1	清風2 初芝6	北陽6 摂津1
兵庫	神戸1	関西学院1	芦屋1	報徳1	報徳2	六甲1	神戸2	神戸3	葺合1	尼崎1	長田1	神戸4
岡山	関西1	玉島商1	津山1	水島工1	岡山大安寺1	水島工2	水島工3	水島工4	水島工5	水島工6	倉敷工1	水島工7 玉野1
鳥取		米子北1	境港工1	倉吉工1	境港工2	米子工1	倉吉東1	米子東1	境港工3	境港工4	米子東2	鳥取西1
島根	松江南1	浜田1	益田農林1	益田農林2	益田農林3	松江北1	益田1	益田農林4	松江工1	益田2	益田3	松江南2
広島	国泰寺1	広島県工1	山陽1 広島市商1	広島市商2	広島市商3	広島県工2	広島市商4	国泰寺2	広島県工3	広大付1	広島県工4	広島県工5
山口	小野田工1	南陽工1	防府1	小野田工2	小野田工3	山口1	山口2	山口3	山口4	多々良学園1	山口5	山口6
香川	高松商1	高松商2	高松商3	高松商4	高松商5	高松商6	高松商7	高松工芸1	高松工芸2	高松工芸3	高松商8	高松商9
徳島	鴨島商1	鴨島商2	徳島商1	徳島商2	川島1	徳島商3 城北1	城北2	徳島商4	徳島商5	徳島工1	川島2	徳島商6
高知	高知商1	高知農1	高知農2	高知商2	高知農3	高知工1	高知工2	高知工3	高知農4	高知農5	追手前1	高知農6
愛媛	新田1	松山工1	松山東1	新田2	壬生川工1	松山工2	新田3	八幡浜工1	新田4	八幡浜工2	東予工2	東予工3
福岡	福岡商1	福岡電波1	福岡電波2	山田1	福岡商2	嘉穂東1	福岡商3	福島1	福岡商4	福岡商5	福岡商6	八幡中央1
佐賀	佐賀東1	小城1	佐賀実1	佐賀実2	小城2	武雄1	佐賀北1	佐賀北2	佐賀商1 佐賀学園3	佐賀商2	佐賀学園4	佐賀商3
長崎	島原商1	島原商2	島原商3	長崎南1	島原工1	島原商4	長崎南2	島原商5	島原商6	島原商7	島原商8	島原商9
大分	中津商1	中津南1	大分工1	大分工2	大分工3	大分上野丘1	中津工1	大分工4	中津工2	大分上野丘2	大分上野丘3	大分工5
宮崎	延岡工1	延岡工2	宮崎商1	宮崎商2	延岡工3	宮崎農1	延岡工4	延岡1	延岡2	宮崎実1	小林工1	宮崎工1
熊本	熊本商1	熊本二1	熊本一工1	熊本一工2	宇土1	八代第一1	八代第一2	宇土2	松橋1	八代工1	宇土3	熊本済々黌1
鹿児島	出水工1	鹿児島実1	鹿児島工1	鹿児島商1	鹿児島商2	鹿児島工2	鹿児島商3	鹿児島商4	鹿児島商5	鹿児島商6	鹿児島工3	鹿児島実2
沖縄	小禄1	那覇1		那覇2	沖縄工1	小禄2	小禄3	小禄4	小禄5	コザ1	前原1	小禄6
参加校	50	52	51	52	52	52	52	52	52	52	52	52
備考	鳥取県不参加	42年大会より前年度優勝校は推薦出場	沖縄県不参加					延長戦後同点の場合はPK方式で次回進出チームを決定することになる	佐賀学園→佐賀実		水口→甲賀 東予工→壬生川工	

53	54	55	56	57	58	59	60	61	62	63	H.元	2
郡山 (福島県)	水口，甲西 (滋賀県)	松山，砥部 (愛媛県)	藤沢，横浜 (神奈川県)	国分，隼人 (鹿児島県)	名古屋 (愛知県)	雄和，河辺 (秋田県)	根上，寺井，金沢 (石川県)	山口，防府，小郡 (山口県)	室蘭 (北海道)	神戸 (兵庫県)	高知，南国，春野，野市，伊野 (高知県)	利府，松島 (宮城県)
北陽$_1$	**水戸商$_1$**	**清水東$_2$**	**清水東$_3$**	**帝京$_2$**	**四日市中央工$_1$**	**四日市中央工$_2$**	**九州学院$_1$**	**国見$_1$**	**市立船橋$_1$**	**市立船橋$_2$**	**清水市商$_1$**	**清水市商$_2$**
八千代$_1$	大分工$_1$	今市$_1$	室蘭大谷$_1$	京都商$_1$	水戸商$_1$	広島県工$_2$	室蘭大谷$_2$	中京$_1$	国見$_1$	古河第一$_2$	大宮東$_1$	南宇和$_1$
水戸商$_3$ 佐賀商$_1$	鹿児島実$_1$ 帝京$_2$	水戸商$_4$ 松江南$_1$	韮崎$_2$ 相工大附$_1$	守山$_1$ 大分工$_1$	清水市商$_1$ 暁星$_1$	武南$_1$ 八千代$_1$	広島県工$_2$ 八千代$_2$	鹿児島実$_2$ 札幌第一$_1$	滝川第二$_1$ 帝京$_3$	徳島商$_1$ 武南$_2$	南宇和$_1$ 北陽$_2$	北陽$_3$ 東北学院$_1$
室蘭大谷$_7$ 北海$_2$	室蘭大谷$_8$ 恵庭南$_1$	室蘭大谷$_9$ 札幌光星$_3$	室蘭大谷$_{10}$ 札幌光星$_4$	室蘭大谷$_{11}$ 札幌光星$_5$	室蘭大谷$_{12}$ 札幌光星$_6$	室蘭大谷$_{13}$ 札幌第一$_1$	室蘭大谷$_{14}$ 札幌光星$_7$	室蘭大谷$_{15}$ 札幌第一$_2$	室蘭栄$_1$ 札幌光星$_8$ 札幌藻岩$_1$	室蘭大谷$_{16}$ 登別大谷$_1$	室蘭大谷$_{17}$ 登別大谷$_2$	登別大谷$_3$ 北海$_3$
五戸$_5$	光星学院$_2$	五戸$_6$	五戸$_7$	三本木農$_1$	光星学院$_3$	五戸$_8$	五戸$_9$	光星学院$_4$	光星学院$_5$	五戸$_{10}$	五戸$_{11}$	光星学院$_6$
遠野$_7$	遠野$_8$	遠野$_9$	盛岡商$_4$	盛岡商$_5$	盛岡商$_6$	遠野$_{10}$	遠野$_{11}$	遠野$_{12}$	盛岡商$_7$	盛岡商$_8$	盛岡商$_9$	盛岡商$_{10}$
秋田商$_8$	秋田商$_9$	秋田$_1$	秋田$_2$	秋田商$_{10}$	由利工$_4$	秋田経法付$_1$ 秋田商$_{11}$	秋田経法付$_2$	秋田商$_{12}$	秋田経法付$_3$	秋田商$_{13}$	秋田経法付$_4$	秋田商$_{14}$
日大山形$_2$	鶴岡工$_3$	日大山形$_3$	日大山形$_4$	鶴岡南$_3$	日大山形$_5$	山形東$_3$	日大山形$_6$	鶴岡工$_4$	日大山形$_7$	日大山形$_8$	日大山形$_9$	日大山形$_{10}$
仙台第三$_2$	宮城県工$_2$	宮城県工$_3$	東北学院$_1$	東北学院$_2$	東北学院$_3$	東北学院$_4$	東北$_3$	仙台育英$_8$	仙台育英$_9$	東北$_4$	東北学院$_5$	東北学院$_6$ 宮城県工$_4$
郡山商$_4$ 勿来工$_3$	郡山商$_5$	磐城$_2$	福島工$_3$	磐城$_3$	磐城$_4$	磐城$_5$	磐城$_6$	郡山北工$_1$	郡山北工$_2$	平工$_1$	郡山商$_6$	磐城$_7$
新潟工$_2$	新潟工$_3$	津川$_1$	新潟工$_4$	新潟工$_5$	新潟工$_6$	新潟工$_7$	新潟西$_1$	新潟工$_8$	新潟西$_2$	新潟西$_3$	新潟工$_9$	新潟西$_4$
上田$_2$	豊科$_1$	豊科$_2$	上田東$_2$	上田$_3$	上田東$_3$	豊科$_3$	田川$_1$	長野$_1$	松本深志$_3$	松本県ヶ丘$_5$	松商学園$_1$	松商学園$_2$
富山中部$_1$	富山中部$_2$	富山中部$_3$	富山第一$_2$	富山中部$_4$	富山南$_1$	富山工$_5$	富山中部$_5$	富山第一$_3$	高岡工芸$_2$	富山第一$_4$	富山第一$_5$	富山第一$_6$
金沢西$_2$	金沢二水$_1$	金沢西$_3$	金沢経大 星稜$_3$	金沢西$_4$	金沢西$_5$	金沢桜丘$_3$	金沢桜丘$_4$ 金沢西$_6$	金沢桜丘$_5$	星稜$_4$	星稜$_5$	金沢桜丘$_6$	金沢桜丘$_7$
丸岡$_2$	丸岡$_3$	北陸$_1$	三国$_3$	丸岡$_4$	丸岡$_5$	大野$_5$	大野$_6$	大野$_7$	丸岡$_6$	丸岡$_7$	丸岡$_8$	丸岡$_9$
水戸商$_6$	水戸商$_7$	水戸商$_8$	水戸商$_9$	古河第一$_5$	水戸商$_{10}$	日立工$_1$	水戸商$_{11}$	水戸商$_{12}$	水戸商$_{13}$	古河第一$_6$	古河第一$_7$	水戸商$_{14}$
矢板東$_2$	今市$_1$	今市$_2$	国学院栃木$_1$	矢板東$_3$	真岡$_1$	宇都宮学園$_4$	国学院栃木$_2$	宇都宮学園$_5$	佐野日大$_1$	国学院栃木$_3$	佐野日大$_2$	佐野日大$_3$
前橋工$_2$	前橋商$_1$	前橋工$_3$	前橋商$_2$	前橋育英$_1$	前橋工$_4$	前橋商$_3$	前橋商$_4$	前橋商$_5$	前橋商$_6$	前橋商$_7$	前橋育英$_2$	前橋育英$_3$
浦和南$_7$	浦和南$_8$	浦和南$_9$	武南$_1$	浦和市立$_6$	武南$_2$	武南$_3$	武南$_4$	大宮東$_1$ 武南$_5$	武南$_6$ 浦和西$_1$	武南$_7$ 川口工$_1$	大宮東$_2$ 武南$_8$	武南$_9$ 浦和南$_{10}$
國學院久我山$_2$ 帝京$_8$	帝京$_9$ 修徳$_2$	帝京$_{10}$ 修徳$_3$	本郷$_4$ 暁星$_1$	暁星$_2$ 帝京$_{11}$	暁星$_3$ 帝京$_{12}$	帝京$_{13}$ 桐朋$_2$	修徳$_4$ 暁星$_4$	修徳$_5$ 帝京$_{14}$	帝京$_{15}$ 暁星$_5$	修徳$_6$ 暁星$_6$	暁星$_7$ 修徳$_7$	暁星$_8$ 東海大菅生$_1$
八千代$_3$	習志野$_7$	八千代$_4$	八千代$_5$	八千代$_6$	市原緑$_1$	八千代$_7$	八千代$_8$	柏日体$_1$	市立船橋$_1$ 八千代松陰$_1$	八千代松陰$_2$ 市立船橋$_2$	市立船橋$_3$ 習志野$_8$	習志野$_9$ 市立船橋$_4$
旭$_2$	鎌倉$_1$	小田原$_2$	相工大附$_6$ 日大$_1$	藤沢西$_1$	鎌倉$_2$	日大藤沢$_1$ 旭$_3$	旭$_4$ 鎌倉$_3$	藤沢西$_2$ 向上$_1$	日大藤沢$_2$ 相工大附$_7$	旭$_5$ 向上$_2$	桐蔭学園$_1$ 向上$_3$	日大藤沢$_3$ 横浜市立南$_1$
韮崎$_{12}$	日川$_1$	韮崎$_{13}$	韮崎$_{14}$	機山工$_2$	日大明誠$_1$	日大明誠$_2$	東海大甲府$_1$	東海大甲府$_2$	韮崎$_{15}$	韮崎$_{16}$	韮崎$_{17}$	韮崎$_{18}$
藤枝東$_6$	清水市商$_2$	清水東$_4$	清水東$_5$	藤枝東$_7$	清水市商$_3$	清水東$_6$	静岡北$_3$	清水東$_7$	清水市商$_4$	東海大一$_1$	清水市商$_5$	清水市商$_6$
岡崎城西$_2$	岡崎城西$_3$	岡崎城西$_4$	愛知$_2$	愛知$_3$	岡崎城西$_5$ 中京$_2$	中京$_3$	愛知$_4$	中京$_4$	中京$_5$	中京$_6$ 刈谷北$_1$	中京$_7$ 松蔭$_1$	中京$_8$ 愛知$_5$
大垣工$_8$	大垣工$_9$	大垣工$_{10}$	岐阜工$_1$	吉城$_1$	中京商$_1$	岐阜工$_2$	岐阜工$_3$	岐阜工$_4$	岐阜工$_5$	岐阜工$_6$	大垣工$_{11}$	大垣工$_{12}$
四日市中央工$_4$	上野$_4$	四日市中央工$_5$	上野工$_6$	四日市中央工$_6$	四日市中央工$_7$	四日市中央工$_8$	四日市中央工$_9$	四日市中央工$_{10}$	四日市中央工$_{11}$	四日市中央工$_{12}$	四日市中央工$_{13}$	四日市中央工$_{14}$
石山$_1$	水口$_8$ 守山$_1$	守山$_2$	守山$_3$	守山$_4$	守山$_5$	守山$_6$	水口$_9$	守山$_7$	水口$_{10}$	守山$_8$	草津$_1$	水口$_{11}$
京都商$_3$	京都商$_4$	洛陽工$_1$	洛北$_3$	京都商$_5$	京都商$_6$	京都商$_7$	山城$_5$	京都商$_8$	山城$_6$	山城$_7$	山城$_8$	山城$_9$
大淀$_2$	天理$_3$	奈良育英$_1$	大淀$_3$	天理$_4$	大淀$_4$	奈良育英$_2$	大淀$_5$	大淀$_6$	大淀$_7$	奈良育英$_3$	奈良育英$_4$	大淀$_8$
新宮$_3$	那賀$_1$	海南$_1$	和歌山北$_6$	海南$_2$	田辺$_1$	和歌山北$_7$	那賀$_2$	那賀$_3$	和歌山北$_8$	和歌山工$_1$	近大和歌山$_1$	田辺$_2$
北陽$_7$ 摂津$_2$	北陽$_8$ 摂津$_3$	大阪工大$_1$ 高槻南$_1$	摂津$_4$ 北陽$_9$	清風$_3$ 大阪商$_1$	三島$_1$ 高槻南$_2$	生野$_1$ 高槻南$_3$	摂津$_5$ 高槻南$_4$	北陽$_{10}$ 阿武野$_1$	大阪商$_2$ 北陽$_{11}$	北陽$_{12}$ 阿武野$_2$	北陽$_{13}$ 高槻南$_5$	北陽$_{14}$ 東海大仰星$_1$
尼崎北$_1$	西宮東$_1$	御影工$_1$	御影$_1$	御影$_2$	伊丹北$_1$	小野$_1$	御影工$_2$	滝川第二$_1$	滝川第二$_2$	御影工$_3$ 八代学院$_1$	滝川第二$_3$	滝川第二$_4$
津山工$_1$	倉敷工$_2$	作陽$_1$	作陽$_2$	岡山朝日$_1$	作陽$_3$	作陽$_4$	作陽$_5$	倉敷工$_3$	作陽$_6$	作陽$_7$	玉野光南$_1$	作陽$_8$
鳥取東$_1$	米子東$_3$	米子工$_2$	米子工$_3$	米子東$_4$	米子東$_5$	米子東$_6$	米子工$_4$	米子工$_5$	米子工$_6$	米子工$_7$	米子工$_8$	米子北$_2$
益田商$_1$	松江工$_2$	松江南$_3$	益田$_4$	益田農林$_5$	益田農林$_6$	大社$_1$	松江南$_4$	大社$_2$	松江南$_5$	松江東$_1$	松江南$_6$	益田$_5$
国泰寺$_3$	広島県工$_6$	広島県工$_7$	広島県工$_8$	広島県工$_9$	広島県工$_{10}$	広島県工$_{11}$	広島県工$_{12}$	広島県工$_{13}$	国泰寺$_4$	広島県工$_{14}$	広島県工$_{15}$	広島皆実$_1$
山口$_7$	山口$_8$	小野田$_1$	山口$_9$	宇部$_1$	多々良学園$_2$	山口$_{10}$	山口$_{11}$	山口農$_1$ 宇部工$_1$	山口$_{12}$	山口$_{13}$	宇部工$_2$	宇部$_2$
高松商$_{10}$	高松商$_{11}$	高松商$_{12}$	高松商$_{13}$	高松商$_{14}$	高松南$_1$	高松商$_{15}$	高松南$_2$	高松商$_{16}$	高松商$_{17}$	高松商$_{18}$	高松南$_3$	高松商$_{19}$
徳島商$_7$	徳島商$_8$	徳島商$_9$	徳島工$_2$	徳島商$_{10}$	徳島商$_{11}$	徳島商$_{12}$	徳島商$_{13}$	川島$_3$	徳島市立$_1$	徳島商$_{14}$	徳島商$_{15}$	徳島市立$_2$
高知$_1$	高知農$_7$	高知農$_8$	高知$_2$	高知$_3$	高知小津$_1$	高知$_4$	高知$_5$	高知$_6$	高知農$_9$	高知小津$_2$	高知小津$_3$ 佐川$_1$	高知小津$_4$
東予工$_4$	大洲$_1$	南宇和$_1$ 松山工$_3$	新田$_5$	南宇和$_2$	南宇和$_3$	南宇和$_4$	南宇和$_5$	南宇和$_6$	南宇和$_7$	南宇和$_8$	南宇和$_9$	南宇和$_{10}$
福岡商$_7$	福岡商$_8$	八幡中央$_2$	福岡商$_9$	東福岡$_1$	東海大五$_1$	東海大五$_2$	東海大五$_3$	東海大五$_4$	東海大五$_5$	東海大五$_6$	豊国学園$_1$	東海大五$_7$
佐賀商$_4$	佐賀商$_5$	佐賀商$_6$	佐賀学園$_5$	佐賀学園$_6$	佐賀学園$_7$	佐賀商$_7$	佐賀商$_8$	佐賀学園$_8$	佐賀学園$_9$	佐賀商$_9$	佐賀商$_{10}$	佐賀北$_3$
島原商$_{10}$	島原商$_{11}$	長崎日大$_1$	島原商$_{12}$	島原商$_{13}$	島原商$_{14}$	島原商$_{15}$	国見$_1$	国見$_2$	国見$_3$	国見$_4$	長崎日大$_2$	国見$_5$
大分上野丘$_4$	大分工$_6$	大分工$_7$	大分工$_8$	大分工$_9$	大分工$_{10}$	中津工$_3$	中津工$_4$	大分工$_{11}$	大分工$_{12}$	大分上野丘$_5$	中津工$_5$	大分上野丘$_6$
宮崎工$_2$	宮崎工$_3$	都城工$_1$	宮崎工$_4$	都城工$_2$	宮崎工$_5$	都城農$_1$	都城農$_2$	宮崎工$_6$	宮崎工$_7$	都城農$_3$	宮崎工$_8$	鵬翔$_1$
東海大二$_1$	鎮西$_1$	九州学院$_1$	鎮西$_2$	九州学院$_2$	八代工$_2$	九州学院$_3$	九州学院$_4$	熊本農$_1$	九州学院$_5$	大津$_1$	大津$_2$	大津$_3$
鹿児島実$_3$	鹿児島実$_4$	鹿児島実$_5$	鹿児島実$_6$	鹿児島実$_7$ 鹿児島商$_7$	鹿児島商$_8$	鹿児島商$_9$	鹿児島商$_{10}$	鹿児島実$_8$	鹿児島実$_9$	鹿児島実$_{10}$	鹿児島実$_{11}$	鹿児島実$_{12}$
前原$_2$	小禄$_7$	西原$_1$	西原$_2$	与勝$_1$	与勝$_2$	与勝$_3$	与勝$_4$	中部農林$_1$	浦添$_1$	中部農林$_2$	浦添$_2$	西原$_3$
51	51	51	51	51	51	52	52	53	54	55	55	55
前年度優勝校推薦は、規模適正のため取り止め			準決勝、決勝戦がナイトゲームで行われる			参加校数増加のため、神奈川県が二代表に	静岡北←自動車工	参加校数増加のため、埼玉県が二代表に	参加校数増加のため、千葉県が二代表に 星稜←金沢経大星稜	参加校数増加のため、愛知県が二代表に	元号が「平成」に	

年	H. 3	4	5	6	H. 7	8	9	10	11	12	13	14
開催地	清水, 藤枝, 焼津 (静岡県)	宮　崎 (宮崎県)	宇都宮, 矢板 (栃木県)	富山, 高岡 (富山県)	鳥　取 (鳥取県)	韮　崎 (山梨県)	宇治, 城陽, 久御山 (京都府)	高松, 三木, 綾南 (香川県)	盛岡, 雫石, 滝沢 (岩手県)	古川, 宮川, 神岡 (岐阜県)	大津, 七城 (熊本県)	鹿嶋, 神栖, 波崎 (茨城県)
優勝校	**清水東4**	**徳島市立1**	**国　見2**	**清水市商3**	**習志野1**	**清水市商4**	**東福岡1**	**市立船橋3**	**八千代1**	**国　見3**	**市立船橋4**	**帝　京3**
準優勝	東海大一1	市立船橋1	鹿児島実1	帝　京1	西武台1	帝　京2	帝　京3	岐阜工1	**広島皆実1**	國學院久我山1	藤枝東1	国　見2
三　位	市立船橋1 四日市中央工1	清水東2 国　見1	桐蔭学園1 清水市商2	広島皆実1 鹿児島実3	高松商1 北　陽4	韮　崎3 桐光学園1	市立船橋2 国　見2	高松商2 習志野3	多々良学園1 市立船橋3	八千代3 青森山田1	岐阜工1 鹿児島実4	多々良学園2 清水市商3
北海道	札幌光星9 登別大谷4	室蘭大谷18 函館有斗2	室蘭大谷19 登別大谷5	室蘭大谷20 札幌光星10	室蘭大谷21 登別大谷6	北　海4 旭川東栄1	室蘭大谷22 登別大谷7	札幌第一3 北　海5	登別大谷8 函館有斗3	帯広北1 札幌白石1	駒大苫小牧1 札幌第一4	室蘭大谷23 北　海6
青　森	青森山田1	三沢商2	光星学院7	三本木農2	光星学院8	光星学院9	青森山田2	青森山田3	光星学院10	青森山田4	青森山田5	青森山田6
岩　手	遠　野13	盛岡市立1	盛岡商11	盛岡商12	盛岡商13	大船渡1	遠　野14	遠　野15	大船渡2 遠　野16	大船渡3	盛岡商14	盛岡市立2
秋　田	秋　田3	秋田商15	秋田商16	秋田商17	西　目4	秋田商18	秋田商19	秋田商20	秋田商21	秋田商22	秋田商23	秋田商24
山　形	山形中央1	山形東4	日大山形11	山形中央2	東海大山形1	鶴商学園1	鶴商学園2	東海大山形2	日大山形12	山形中央3	山形中央4	山形中央5
宮　城	仙台育英10	仙台育英11	利　府1	東北学院7	東　北5	東　北6	仙台育英12	東北学院8	東　北7	東北学院9	東　北8	仙台育英13
福　島	磐　城8	福島東1	福　島1	福島東2	福島東3	郡山商7	郡　山1	小高工1	磐　城9	小高工2	聖光学院1	郡　山2
新　潟	新潟西5	新潟西6	新潟工10	新潟西7	新潟工11	東京学館新潟1	東京学館新潟2	新潟工12	新潟江南1	新潟明訓3	東京学館新潟3	東京学館新潟4
長　野	松商学園3	松商学園4	松商学園5	松商学園6	信州工1	松商学園7	松商学園8	松商学園9	松本県ヶ丘6	明　科1	武蔵工大二2	上田西1
富　山	富山北部1	富山第一7	富山第一8	伏　木1 富山第一9	富山第一10	富山第一11	伏　木2	富山第一12	富山第一13	富山第一14	富山第一15	富山第一16
石　川	星　稜6	金沢桜丘8	星　稜7	星　稜8	金沢桜丘9	金沢桜丘10	星　稜9	星　稜10	星　稜11	遊学館1	星　稜12	星　稜13
福　井	丸　岡10	丸　岡11	大　野8	北　陸2	丸　岡12	丸　岡13	丸　岡14	丸　岡15	丸　岡16	丸　岡17	大　野9	丸　岡18
茨　城	境1	水戸商15	水戸短大附1	日立工2	水戸商16	水戸桜ノ牧1	水戸商17	境2	水戸商18	水戸短大附2	水戸商19	鹿　島1 境3
栃　木	足利学園1	宇都宮学園6	真　岡2 矢板東4	白鴎大足利2	真　岡3	佐野日大4	真　岡4	佐野日大5	宇都宮1	佐野日大6	佐野日大7	宇都宮2
群　馬	前橋商8	前橋商9	前橋商10	前橋商11	前橋商12	前橋育英4	高　崎2	前橋育英5	前橋育英6	常　磐1	前橋育英7	前橋商13
埼　玉	武　南10 東農大三1	武　南11 伊奈学園1	武　南12 西武台1	武　南13 大宮東3	西武台2 大宮東4	浦和市立7 武蔵越生1	武　南14 浦和学院1	浦和東1 浦和学院2	武　南15 伊奈学園2	武　南16 浦和東2	西武台3 武　南17	伊奈学園3 市立浦和8
東　京	帝　京16 堀　越1	暁　星9 堀　越2	帝　京17 修　徳8	帝　京18 桐　明3	帝　京19 堀　越3	帝　京20 日体荏原1	帝　京21 東海大菅生2	帝　京22 暁　星10	帝　京23 暁　星11	帝　京24 國學院久我山3	帝　京25 駒　場1	帝　京26 国士舘1
千　葉	市立船橋5 八千代松陰3	市立船橋6 渋谷幕張1	習志野10 八千代9	八千代10 市立船橋7	市立船橋8 習志野11	市立船橋9 習志野12	市立船橋10 習志野13	市立船橋11 習志野14	市立船橋12 八千代11	市立船橋13 八千代12	習志野15 市立船橋14	幕張総合1 渋谷幕張2
神奈川	相模原1 旭6	七里ヶ浜1 桐光学園1	桐蔭学園2 藤沢西3	日大藤沢4 桐光学園2	日　大2 茅ヶ崎北陵1	綾瀬西1 桐光学園3	桐蔭学園3 茅ヶ崎北陵2	逗　葉1 桐蔭学園4	日大藤沢5 逗　葉2	桐蔭学園5 桐光学園4	桐蔭学園6 逗　葉3	武　相1 桐光学園5
山　梨	日大明誠3	機山工3	韮　崎19	韮　崎20	帝京第三1	帝京第三2 韮　崎21	帝京第三3	韮　崎22	帝京第三4	韮　崎23	韮　崎24	韮　崎25
静　岡	清水東8 東海大一2	清水東9	清水市商7	清水市商8	清水市商9	清水市商10	清水市商11	藤枝東8	浜　名6	清水市商12	藤枝東9	清水市商13
愛　知	中　京9 刈　谷2	刈　谷3 中　京10	中　京11 松　蔭2	豊田北1 知　多1	愛　知6 松　蔭3	刈　谷4 豊田大谷1	松　蔭4 愛産大三河1	三　好1 熱　田5	松　蔭5 中京大中京12	東　邦1 熱　田6	松　蔭6 東　邦2	名　東1 愛工大名電1
岐　阜	岐阜工7	大垣工13	岐阜工8	岐阜工9	岐阜工10	各務原1	岐阜工11	岐阜工12	各務原2	岐阜工13 各務原3	岐阜工14	岐阜工15
三　重	四日市中央工15	四日市工1	四日市中央工16	四日市中央工17	四日市中央工18	四日市中央工19	四日市中央工20	四日市中央工21	暁1	四日市中央工22	津　工1	四日市中央工23
滋　賀	水口東1	守山北1	守山北2	草津東1	守山北3	守山北4	草津東2	守山北5	草津東3	草津東4	膳　所3	野　洲1
京　都	洛　南1	山　城10	洛　南2	洛　北4	洛　北5	洛　北6	桃　山1 山　城11	洛　北7	久御山1	久御山2	洛　北8	平　安1
奈　良	大　淀9	奈良育英5	奈良育英6	奈良育英7	上　牧1	広　陵1	広　陵2	広　陵3	奈良育英8	奈良育英9	奈良育英10	奈良育英11
和歌山	田　辺3	初芝橋本1	初芝橋本2	初芝橋本3	初芝橋本4	近大和歌山2	初芝橋本5	初芝橋本6	初芝橋本7	初芝橋本8	近大和歌山3	近大和歌山4
大　阪	茨　木2 初　芝7	北　陽15 清　風4	近畿大附1 高槻南6	大商学園3 近畿大附2	近畿大附3 北　陽16	北　陽17 金光第一1	北　陽18 大　冠1	清　風5 北　陽19	大阪朝鮮1 北　陽20	関西大一1 金光大阪2	近畿大附4 北　陽21	金光大阪3 近畿大附5
兵　庫	滝川第二5	滝川第二6	滝川第二7	滝川第二8	神戸弘陵1	滝川第二9	滝川第二10	御影工4	滝川第二11	滝川第二12	滝川第二13	滝川第二14
岡　山	玉　野2	作　陽9	玉野光南2	作　陽10	作　陽11	作　陽12	玉野光南3	玉野光南4	玉野光南5	作　陽13	東岡山工1	玉野光南6
鳥　取	米子工9	米子工10	米子工11	米子工12	米子東7 米子工13	米子東8	米子工14	米子東9	境1	境2	境3	境4
島　根	大　社3	出雲工1	松江北2	出雲工2	大　社4	大　社5	益田東1	益　田6	淞南学園1	大　社6	大　社7	益　田7
広　島	広島県工16	市立沼田1	広島県工17	広島皆実2	広島皆実3	広島皆実4	山　陽2	広島皆実5	広島皆実6	市立沼田2	広島朝鮮1	広島皆実7
山　口	多々良学園3	多々良学園4	多々良学園5	多々良学園6	多々良学園7	多々良学園8	小野田工4	多々良学園9	多々良学園10	小野田工5	多々良学園11	多々良学園12
香　川	高松商20	高松商21	高松商22	高松商23	高松商24	高松商25	高松商26	高松商27 香川西1	高松商28	香川西2	高松商29	高松北1
徳　島	徳島市立3	徳島市立4	徳島市立5	徳島市立6	徳島市立7	徳島商16	徳島市立8	徳島市立9	徳島市立10	徳島商17	徳島商18	鳴　門1
高　知	高　知7	高　知8	高知商3	高　知9	高知農10	高知小津5	高　知10	高知工4	高知商4	明徳義塾1	高　知11	高　知12
愛　媛	南宇和11	南宇和12	南宇和13	新居浜工1	南宇和14	新居浜工2	新居浜工3	今治東1	新居浜西1	今治東2	今治東3	松山工4
福　岡	東海大五8	東海大五9	東海大五10	東海大五11	東福岡2	豊国学園2	東福岡3	東福岡4	東海大五12	東海大五13	東福岡5	東海大五14
佐　賀	佐賀商11	佐賀商12	佐賀商13	佐賀商14	鹿　島1	佐賀北4	佐賀商15	佐賀北5	佐賀北6	佐賀北7	佐賀北8	佐賀学園10
長　崎	国　見6	国　見7	国　見8	海　星1	国　見9	鎮西学院1	国　見10	国　見11	国　見12	国　見13	国　見14	国　見15
大　分	中津工6	情報科学1	中津工7	情報科学2	大　分1	大　分2	情報科学3	大　分3	大　分4	大　分5	情報科学4	大分鶴崎1
宮　崎	日章学園2	鵬　翔2 宮崎工9	延岡工5	延岡工6	宮崎工10	延岡工7	宮崎西1	鵬　翔3	日章学園3	日章学園4	日章学園5	鵬　翔4
熊　本	熊本商2	九州学院6	熊本農2	熊本商3	熊本商4	熊本農3	熊本商5	熊本国府1	大　津4	大　津5	熊本国府2 ルーテル学院1	大　津6
鹿児島	鹿児島実13	鹿児島実14	鹿児島実15	鹿児島実16	鹿児島実17	れいめい1	鹿児島実18	鹿児島実19	鹿児島城西1	鹿児島実20	鹿児島実21	松　陽1
沖　縄	与　勝5	那覇西1	那覇西2	豊見城南1	与　勝6	那覇西3	那覇西4	宜野湾1	那覇西5	豊見城南2	那　覇3	那覇西6
参加校	55	55	55	55	55	55	55	55	55	55	55	55
備考	日章学園←宮崎実			高体連加盟校以外の学校にも門戸を開放する 白鴎大足利←足利学園 大商学園←大阪商	決勝戦以外の延長戦が廃止される 西目←西目農		前後半に各1回、給水タイムが設けられる		中京大中京←中京 決勝戦は延長戦の末引き分け	金光大阪←金光第一	武蔵工大二←信州工	開会式を体育館で、準決勝、決勝をナイトゲームで実施 市立浦和←浦和市立

15	16	17	18	19	20	21	22	23	24	25	26	27
島原，国見 （長崎県）	益田，三隅，美都 （島根県）	市原 （千葉県）	高槻，吹田，大阪，堺 （大阪府）	鳥栖，久留米，小郡，春日，うきは （佐賀・福岡）	さいたま，越谷 （埼玉県）	橿原，葛城，御所，五條，大淀 （奈良県）	うるま，金武，恩納 （沖縄県）	秋田，男鹿，にかほ，由利本荘 （秋田県）	松本，大町，塩尻，千曲 （長野県）	福岡，春日 （福岡県）	韮崎 （山梨県）	神戸，三木 （兵庫県）
国見4	**国見5**	**青森山田1**	**広島観音1**	**市立船橋5**	**流経大柏1**	**前橋育英1**	**市立船橋7**	**桐蔭学園1**	**三浦学苑1**	**市立船橋8**	**東福岡2**	**東福岡3**
帝京4	市立船橋2	那覇西1	初芝橋本1	星稜1	**市立船橋6**	米子北1	滝川第二1	静岡学園1	武南1	流経大柏1	大津1	市立船橋3
市立船橋4 東邦1	前橋育英1 成立学園1	桐蔭学園2 鹿島1	真岡1 帝京4	神村学園1 流経大柏1	佐賀東1 大津1	大津2 佐賀東2	桐光学園2 西武台1	立正大淞南1 流経大柏2	立正大淞南2 大阪桐蔭1	正智深谷1 真岡2	青森山田2 前橋育英2	立正大淞南3 関東第一1
札幌白石2 釧路湖陵1	室蘭大谷24 札幌山の手1	帯広北2 札幌東1	室蘭大谷25 帯広北3	室蘭大谷26 札幌第一5	北海7 帯広北4	旭川実1 旭川東2	札幌第一6 室蘭大谷27	旭川実2 東海大四1	旭川実3 札幌大谷1	大谷室蘭28 札幌大谷2	駒大苫小牧2 帯広北5	札幌大谷3 旭川実4
青森山田7	青森山田8	青森山田9	青森山田10	青森山田11	青森山田12	青森山田13	青森山田14	青森山田15	青森山田16	青森山田17	青森山田18	青森山田19
盛岡商15	盛岡商16	盛岡商17	盛岡商18	盛岡商19	不来方1	遠野17	盛岡商20	遠野18	盛岡商21	遠野19	盛岡商22	盛岡商23
秋田商25	新屋1	秋田商26	秋田商27	秋田商28	西目5	秋田商29	秋田商30	西目6 秋田南1	新屋2	秋田南2	秋田南3	秋田商31
山形中央6	羽黒1	山形中央7	日大山形13	山形中央8	羽黒2	羽黒3	羽黒4	羽黒5	羽黒6	山形中央9	日大山形14	羽黒7
利府2	仙台育英14	東北9	宮城県工5	宮城県工6	東北10	宮城県工7	聖和学園1	聖和学園2	東北11	仙台育英15	仙台育英16	東北12
福島東4	平工2	福島工4	湯本1	尚志1	尚志2	富岡1	尚志3	尚志4	尚志5	尚志6	尚志7	尚志8
新潟西8	帝京長岡1	北越1	帝京長岡2	北越2	帝京長岡3	新潟西9	開志学園JSC1	新潟明訓4	帝京長岡4	新潟明訓5	開志学園JSC2	新潟明訓6
地球環境1	松商学園10	武蔵工大二3	上田4	長野日大1	松商学園11	松商学園12	松商学園13	都市大塩尻4	上田西2 創造学園1	松商学園14	東海大三1	創造学園2
水橋1	富山第一17	富山第一18	富山第一19	富山第一20	富山第一21	富山第一22	水橋2	富山第一23	富山第一24	富山第一25	高岡第一2	水橋3
星稜14	星稜15	星稜16	星稜17	星稜18	小松市立1	星稜19	星稜20	金沢桜丘11	星稜21	星稜22	星稜23	星稜24
丸岡19	丸岡20	丸岡21	丸岡22	丸岡23	丸岡24	丸岡25	丸岡26	丸岡27	丸岡28	丸岡29	福井工大福井1	福井商1
鹿島学園1	水戸商20	鹿島2	水戸葵陵1	鹿島学園2	鹿島学園3	水戸商21	鹿島学園4	水戸商22	明秀学園日立1	水戸啓明3	鹿島学園5	明秀学園日立2
真岡5	矢板中央1	真岡6	真岡7	矢板中央2	矢板中央3	真岡8	矢板中央4	矢板中央5	佐野日大8	真岡9	矢板中央6	佐野日大9
前橋商14	前橋育英8	桐生第一1	前橋商15	桐生第一2	前橋育英9	前橋育英10	伊勢崎商1	前橋育英11	前橋商16	前橋育英12	前橋育英13	桐生第一3
浦和東3 大宮東5	大宮東6 西武台4	浦和東4 西武台5	西武台6 大宮東7	埼玉栄1 市立浦和9	埼玉栄2 浦和東5 正智深谷1	浦和東6 浦和南11	西武台7 市立浦和10	浦和東7 武南18	西武台8 武南19	武南20 正智深谷2	西武台9 浦和東8	西武台10 西武文理1
帝京27 東海大菅生3	成立学園1 堀越4	実践学園1 國學院久我山4	國學院久我山5 帝京28	帝京29 関東第一1	國學院久我山6 国士舘2	帝京30 東海大高輪台1	帝京31 駒場2	東久留米総合1 かえつ有明1	修徳9 実践学園2	成立学園2 國學院久我山7	駒澤大高1 成立学園3	関東第一2 國學院久我山8
市立船橋15 流経大柏1	市立船橋16 流経大柏2	流経大柏3 市立船橋17 千葉敬愛1	流経大柏4 市立船橋18	流経大柏5 市立船橋19	流経大柏6 市立船橋20	習志野16 流経大柏7	流経大柏8 市立船橋21	市立船橋22 流経大柏9	流経大柏10 八千代13	市立船橋23 流経大柏11	習志野17 市立船橋24	流経大柏12 市立船橋25
桐光学園6 厚木北1	桐光学園7 座間1	弥栄西1 桐蔭学園7	桐蔭学園8 武相2	桐光学園8 日大藤沢6	桐光学園9 麻布大渕野辺1	桐蔭学園9 日大3	桐光学園10 日大4	座間2 桐蔭学園10	桐光学園11 三浦学苑1	麻布大渕野辺2 横浜創英1	麻布大附3 向上4	桐光学園12 日大藤沢7
帝京第三5	韮崎26	韮崎27	韮崎28	帝京第三6	山梨学院大附1	日本航空1	山梨学院大附2	山梨学院大附3	帝京第三7	韮崎29	山梨学院大附4 帝京第三8	帝京第三9
藤枝東10	藤枝東11	磐田東1	浜名7	藤枝東12	東海大翔洋1	清水商14	静岡学園1	静岡学園2	静岡学園3	静岡学園4	東海大翔洋2	清水桜が丘1
東邦3 中京大中京13	東海学園1 愛知7	中京大中京14 刈谷5	東邦4 愛知8	愛産大三河2 中京大中京15	東邦5 刈谷6	東海学園2 名東2	東邦6 東海学園3	東邦7 刈谷7	岡崎城西6 名東3	名古屋1 中京大中京16	東邦8 中京大中京17	中京大中京18 東海学園4
岐阜工16	各務原4	中京2	岐阜工17	各務原5	各務原6	岐阜工18	岐阜工19	帝京大可児1	大垣工14	帝京大可児2	帝京大可児3	岐阜工20
三重1	暁2	四日市中央工24	四日市中央工25	津工2	津工3	海星1	海星2	四日市中央工26	四日市中央工27	三重2	海星3	四日市中央工28
草津東5	草津東6	草津東7	水口12	草津東8	野洲2	草津東9	草津東10	野洲3	草津東11	野洲4	野洲5	草津東12
向陽1	洛北9	伏見工1	久御山3	京都橘1	久御山4	久御山5	莵道1	福知山成美1	東山1	洛北10	京都橘2	久御山6
奈良育英12	一条1	一条2	五條2	一条3	奈良育英13	一条4 奈良育英14	奈良育英15	奈良育英16	一条5	奈良育英17	奈良育英18	奈良育英19
近大和歌山5	近大和歌山6	初芝橋本9	初芝橋本10	近大和歌山7	初芝橋本11	近大和歌山8	近大和歌山9	初芝橋本12	近大和歌山10	和歌山北9	初芝橋本13	和歌山北10
清明学院1 長尾1	関西大一2 履正社1	東海大仰星2 芥川1	関西大一3 金光大阪4 千里1	大阪桐蔭1 大阪朝鮮2	近畿大附6 大阪桐蔭2	金光大阪5 大阪桐蔭3	近畿大附7 金光大阪6	桃山学院1 大阪桐蔭4	大阪桐蔭5 近畿大附8	阪南大高1 近畿大附9	大阪桐蔭6 金光大阪67	大阪桐蔭7 履正社2
滝川第二15	滝川第二16	滝川第二17	神戸科学技術1	神戸科学技術2	滝川第二18	神戸科学技術3	滝川第二19	滝川第二20	神戸科学技術4	滝川第二21	神戸弘陵2	滝川第二22 三田学園1
作陽14	作陽15	作陽16	作陽17	玉野光南7	作陽18	玉野光南8	作陽19	玉野光南9	岡山学芸館1	作陽20	作陽21	岡山学芸館2
米子東10	米子北3	境5	境6	境7	米子北4	米子北5	米子北6	米子北7	米子北8	米子北9	米子北10	米子北11
大社8	立正大淞南2 益田8	大社9	松江南7	大社10	立正大淞南3	立正大淞南4	立正大淞南5	立正大淞南6	立正大淞南7	立正大淞南8	立正大淞南9	立正大淞南10
山陽3	広島皆実8	広島皆実9	広島観音1	広島観音2	広島皆実10	広島皆実11	瀬戸内1	瀬戸内2	瀬戸内3	瀬戸内4	広島皆実12	広島皆実13
多々良学園13	多々良学園14	多々良学園15	多々良学園16	西京1	高川学園17	高川学園18	西京2	高川学園19	聖光1	西京3	高川学園20	山口鴻城1
尽誠学園1	高松北2	香川西3	高松商30	香川西4	香川西5	香川西6	香川西7	香川西8	高松商31	高松商32	坂出商1	高松南4
徳島商19	城ノ内1	徳島市立11	徳島北1	徳島商20	鳴門2	徳島商21	徳島北2	徳島市立12	徳島商22	鳴門3	徳島市立13	徳島市立14
明徳義塾2	明徳義塾3	明徳義塾4	明徳義塾5	明徳義塾6	高知中央1	高知13	明徳義塾7	土佐1	高知14	高知商5	高知商6	明徳義塾8
済美1	済美2	松山工5	松山北1	済美3	松山工6	松山工7	宇和島東1	松山工8	松山工9	今治西1	松山北2	新田6
東海大五15	東海大五16	東福岡6	東海大五17	東福岡7	東福岡8	東福岡9	筑陽学園1	筑陽学園2	東福岡10	東福岡11 九州国際大付1	東福岡12	東福岡13
佐賀東2	佐賀東3	佐賀東4	佐賀東5	佐賀東6 佐賀学園11	佐賀東7	佐賀東8	佐賀北9	佐賀東9	佐賀東10	佐賀商16	佐賀東11	佐賀学園12
国見16 島原商16	国見17	長崎日大3	長崎日大4	国見18	海星2	国見19	国見20	海星3	長崎総科大附1	海星4	海星5	長崎南山1
大分6	情報科学5	大分7	情報科学6	大分鶴崎2	大分鶴崎3	中津東1	大分鶴崎4	大分8	大分9	大分西1	柳ヶ浦1	大分10
鵬翔5	鵬翔6	鵬翔7	日章学園6	日章学園7	鵬翔8	日章学園8	鵬翔9	日章学園9	日章学園10	日章学園11	鵬翔10	鵬翔11
大津7	大津8	大津9	大津10	大津11	大津12	大津13	ルーテル学院2	大津14	大津15	大津16	大津17	大津18
鹿児島実22	鹿児島実23	鹿児島実24	松陽2	神村学園1	鹿児島城西2	神村学園2	鹿児島城西3	神村学園3	鹿児島城西4	鹿児島城西5	鹿児島実25	鹿児島実26
那覇西7	那覇西8	那覇西9	那覇西10	西原4	知念1	那覇西11	那覇西12 那覇4	南風原1	宜野湾2	那覇西13	前原3	那覇5
55	55	55	55	55	55	55	55	55	55	55	55	55
決勝戦は延長Vゴールで決着	準決勝、決勝をナイトゲームで実施 立正大淞南→淞南学園	準決勝、決勝をナイトゲームで実施 人工芝グラウンドが初めて使用される 中京→中京商	準決勝、決勝をナイトゲームで実施 徳島北は徳島商の代替出場	佐賀・福岡の2県で開催	決勝戦が雷雨のため中止、両校優勝 高川学園→多々良学園	清水商→清水市商		ブロック開催となる 北東北ブロック大会で総合開会式は青森 都市大塩尻→武蔵工大二	北信越ブロック大会で総合開会式は新潟 女子の部始まる	北部九州ブロック大会で総合開会式は大分 大谷室蘭→室蘭大谷 水戸啓明→水戸短大附	南関東ブロック大会で総合開会式は東京 麻布大附→麻布大渕野辺	

年	H. 28	29	30	R. 元	2	3	4	5	6	7	8	9
開催地	広島, 東広島, 呉, 尾道, 福山, 三次 (広島県)	仙台, 利府, 松島, 七ヶ浜 (宮城県)	鈴鹿, 四日市, 伊勢, 伊賀 (三重県)	金武, 南城, 恩納, 北谷, 中城, 西原, 南風原, 八重瀬 (沖縄県)	前橋 (群馬県)	坂井, 福井 (福井県)	徳島, 鳴門, 阿南, 吉野川, 板野 (徳島県)					
優勝校	**市立船橋9**	**流経大柏2**	**山梨学院1**	**桐光学園1**	——	**青森山田2**	**前橋育英2**					
準優勝	流経大柏2	日大藤沢1	桐光学園1	富山第一1	——	米子北2	帝京5					
三位	昌平1 青森山田3	前橋育英3 市立船橋5	東山1 昌平2	京都橘1 尚志1	—— ——	静岡学園1 星稜1	米子北1 昌平3					
北海道	札幌大谷4 北照1	大谷室蘭29 旭川実5	札幌大谷5 北海8	札幌第一7 北海9	—— ——	旭川実6 札幌大谷6	旭川実7 札幌光星11					
青森	青森山田20	青森山田21	青森山田22	青森山田23	——	青森山田24	青森山田25					
岩手	盛岡商24	遠野20	盛岡商25	専大北上1	——	専大北上2	花巻東1					
秋田	秋田商32	秋田商33	西目7	秋田商34	——	西目8	明桜5					
山形	山形中央10	山形中央11	羽黒8	羽黒9	——	東海大山形3	山形中央12					
宮城	仙台育英17	仙台育英18 東北学院10	仙台育英19	聖和学園3	——	仙台育英20	聖和学園4					
福島	尚志9	尚志10	尚志11	尚志12	——	尚志13	尚志14					
新潟	帝京長岡5	日本文理1	新潟明訓7	北越3	——	開志学園JSC3	帝京長岡6					
長野	市立長野1	市立長野2	松本国際3	松本国際4	——	都市大塩尻5	東海大諏訪2					
富山	高岡第一3	富山第一26	富山第一27	富山第一28	——	高岡第一4	富山第一29					
石川	星稜25	星稜26	星稜27	星稜28	——	星稜29	星稜30					
福井	福井工大福井2	丸岡30	福井商2	丸岡31	——	丸岡32 福井商3	丸岡33					
茨城	鹿島学園6	鹿島学園7	明秀学園日立3	水戸商23	——	鹿島学園8	鹿島学園9					
栃木	矢板中央7	真岡10	矢板中央8	矢板中央9	——	矢板中央10	矢板中央11					
群馬	前橋商17	前橋育英14	前橋育英15	前橋育英16	——	前橋育英17	前橋育英18					
埼玉	昌平1 聖望学園1	昌平2 浦和西2	昌平3 浦和南12	西武台11	——	正智深谷3	昌平4					
東京	関東第一3 東海大高輪台2	関東第一4 実践学園3	関東第一5 國學院久我山9	國學院久我山10 大成1	—— ——	実践学園4 帝京32	帝京33 関東第一6					
千葉	流経大柏13 市立船橋26	流経大柏14 市立船橋27	習志野18 市立船橋28	日体大柏2	——	流経大柏15	市立船橋29					
神奈川	横浜創英2 慶應義塾1	東海大相模1 日大藤沢8	三浦学苑2 桐光学園13	桐光学園14 東海大相模2	—— ——	東海大相模3 相洋1	湘南工科大附8 日大藤沢9					
山梨	日本航空2	帝京第三10	山梨学院5	韮崎30	——	帝京第三11	山梨学院6					
静岡	静岡学園5	静岡学園6	藤枝東13	清水桜が丘2	——	静岡学園7	磐田東2					
愛知	刈谷8 中京大中京19	中京大中京20 名経大高蔵1	東海学園5 刈谷9	名経大高蔵2	——	中京大中京21	中京大中京22					
岐阜	帝京大可児4	帝京大可児5	中京学院大中京3	帝京大可児6	——	中京4	帝京大可児7					
三重	三重3	三重4	三重5 伊賀白鳳1	四日市中央工29	——	三重6	四日市中央工30					
滋賀	綾羽1	近江1	草津東13	近江2	——	比叡山1	草津東14					
京都	京都橘3	京都橘4	東山2	京都橘5	——	東山3	東山4					
奈良	一条6	一条7	一条8	五條3	——	山辺1	生駒1					
和歌山	近大和歌山11	初芝橋本14	初芝橋本15	初芝橋本16	——	初芝橋本17	和歌山北11					
大阪	大阪学院大高1 履正社3	東海大仰星3 阪南大高2	関大北陽22 阪南大高3	阪南大高4 関西大一4	—— ——	阪南大高5 大阪桐蔭8	履正社4 関大北陽23					
兵庫	滝川第二23	市立尼崎1	神戸弘陵3	三田学園2	——	関西学院2	三田学園3					
岡山	岡山学芸館3	岡山学芸館4	作陽22	作陽23	——	岡山学芸館5	岡山学芸館6					
鳥取	米子北12	米子北13	米子北14	米子北15	——	米子北16	米子北17					
島根	立正大淞南11	立正大淞南12	立正大淞南13	大社11	——	立正大淞南14	立正大淞南15					
広島	広島皆実14 瀬戸内5	広島観音3	瀬戸内6	広島皆実15	——	瀬戸内7	瀬戸内8					
山口	西京4	高川学園21	高川学園22	西京5	——	高川学園23	高川学園24					
香川	四学大香川西9	四学大香川西10	高松商33	四学大香川西11	——	尽誠学園2	高松商34					
徳島	徳島市立15	徳島市立16	徳島市立17	徳島市立18	——	徳島市立19	徳島市立20 徳島科学技術1					
高知	高知商7	明徳義塾9	高知中央2	高知15	——	高知中央3	高知16					
愛媛	松山工10	済美4	宇和島東2	新田7	——	新田8	今治東中等4					
福岡	東福岡14	東福岡15	東福岡16	東福岡17	——	飯塚1	九州国際大付2					
佐賀	佐賀東12	佐賀東13	佐賀東14	佐賀北10	——	佐賀東15	佐賀東16					
長崎	長崎総科大附2	長崎総科大附3	長崎日大5	長崎日大6	——	長崎総科大附4	長崎総科大附5					
大分	中津東2	柳ヶ浦2	大分11	大分12	——	大分13	大分鶴崎5					
宮崎	日章学園12	日章学園13	日章学園14	日章学園15	——	日章学園16	日章学園17					
熊本	熊本国府3	東海大熊本星翔2	大津19	大津20	——	大津21	大津22					
鹿児島	鹿児島城西6	神村学園4	神村学園5	神村学園6	——	神村学園7	神村学園8					
沖縄	那覇西14	那覇西15	前原4	那覇西16 西原5	——	那覇6	那覇西17					
参加校	55	55	55	52	——	52	52					
備考	クーリングブレイク導入 四学大香川西←香川西	東海大熊本星翔←東海大二	松本国際←創造学園 山梨学院←山梨学院大附 中京学院大中京←中京 関大北陽←北陽	元号が「令和」に 埼玉県、千葉県、愛知県が一代表に 日体大柏←柏日体	新型コロナウイルス感染拡大の影響で中止	中京←中京学院大中京	明桜←秋田経法付 東海大諏訪←東海大三 湘南工科大附←相工大附 今治東中等←今治東					

総体 女子

令和4年度 全国高等学校総合体育大会
2022 JAPAN INTER HIGH SCHOOL ATHLETIC MEET

躍動の青い力 四国総体 2022
燃え上がれ我らの闘志 四国の大地へ

大商学園が7校目の女王に
前回優勝校、準優勝校が初戦敗退

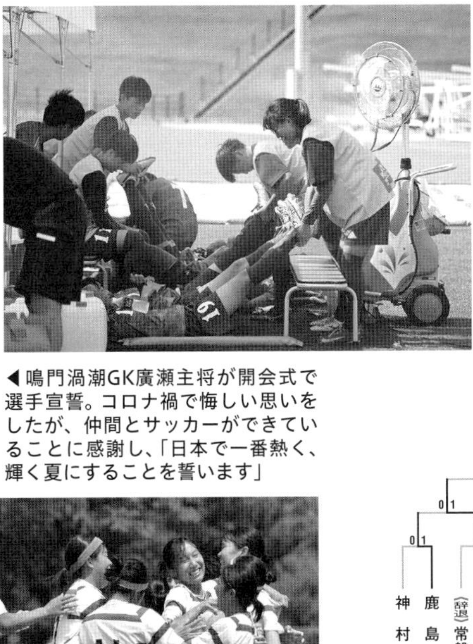

◀鳴門渦潮GK廣瀬主将が開会式で選手宣誓。コロナ禍で悔しい思いをしたが、仲間とサッカーができていることに感謝し、「日本で一番熱く、輝く夏にすることを誓います」

▶地元の鳴門渦潮が1回戦で前回大会準優勝の藤枝順心を撃破。地元の観衆を沸かせた

令和4年度 全国高等学校総合体育大会（女子の部）記録一覧

第1回戦 7月26日（火）

徳島市球技場第2競技場（晴）

（主）杉本美里　（副）小林勇輝，弓立萌子

神村学園 0（0-0 / 0-1）1 鹿島学園

★ 神村学園（鹿児島県）　鹿島学園（茨城県）

得	S	学		背		背		学	S	得
0	0	③	澤田	1	GK	1	福田	③	0	0
0	0	①	児玉	2	DF	2	中村	②	0	0
0	1	②	岩下	3		3	中野	①	0	0
0	0	②	幸福	4		4	武内	③	2	1
0	0	①	(中野)	15		6	工藤	②	0	0
0	0	❸	井手口	5						
0	1	①	上田(彩)	7	MF	5	鳴海	❸	2	0
0	0	②	黒岩	10		7	木下	③	1	0
0	1	②	三冨	14		8	柚木	③	0	0
0	1	③	前中	16		9	花谷	②	0	0
0	1	①	(岡部)	9		20	(早稲田)	①	0	0
0	2	①	久保	18		11	清水	③	0	0
0	0	③	(黒木)	11		13	(野澤)	②	0	0
0	2	③	益田	19	FW	10	玉井	②	1	0
0	0	①	(上田(麻))	8		16	(増田)	②	1	0
0	9			6	GK	5			7	1
				1	CK	1				
				7	FK	5				
				0	PK	0				

【得点】
後半28分〔鹿〕**武内**

▼警告
〔神〕黒木

■初出場の鹿島学園が耐えて初戦突破

インターハイ出場8回目の神村学園と初出場の鹿島学園との一戦。鹿島学園は左MF木下への展開からチャンスを作り，FW玉井にボールを集め開始早々にミドルシュートを撃つ。対する神村学園はFW益田が左右のスペースに流れドリブル突破を狙うが，周りの選手のサポートが間に合わず，チャンスを作れない。鹿島学園はMF鳴海が落ち着いて攻撃方向を決めながら両サイドとFWにボールを送り，後方からの攻撃参加を活かす。しかし，神村学園の堅い守備に阻まれ，得点まではいかない。後半は立ち上がりから，中盤の激しい攻防が展開された。その中で鹿島学園は鳴海がロングシュートを放ち，神村学園はMF三冨が相手DFの間をすり抜けるなどゴールに迫る。そこから神村学園が怒濤の攻撃を展開。FW黒木のヘディングシュートはポストに当たり，左MF上田(彩)のシュートも鹿島学園DFのスライディングにより得点ならず。鹿島学園は守備の時間帯を耐えると，28分に右DF武内がミドルシュートを突き刺し，見事初戦を突破した。

戦評　阿部美帆（山陽女学園高校）

第1回戦 7月26日（火）

ヨコタ上桜スポーツグラウンド（吉野川市多目的グラウンド）

常磐木学園（宮城県）　**日本航空**（山梨県）

【辞退】

常磐木学園の出場辞退により日本航空が2回戦へ進出

第1回戦 7月26日（火）

鳴門・大塚スポーツパーク第二陸上競技場（晴）

（主）赤木陽美　（副）齋藤一真，石本信親

徳島商 0（0-6 / 0-7）13 十文字

徳島商（開催地）　十文字（東京都）★

得	S	学		背		背		学	S	得
0	0	②	流谷	1	GK	1	長谷川	③	0	0
0	0	③	佐竹	3	DF	2	新井	①	1	1
0	0	②	住友	4		4	杉山	③	1	0
0	0	❸	増井	7		5	岡田	③	1	0
0	0	②	(井貝)	5		19	早間	②	8	2
0	0	③	奥本	8		20	(三谷)	③	0	0
0	0	①	橋本	14						
0	0	①	河埜	2	MF	6	三宅	②	2	2
0	0	②	木内	9		3	(米口)	②	1	0
0	0	②	宮崎	11		7	太田	③	0	0
						15	(村山)	③	3	1
						8	野村	③	2	0
						10	野口	❸	2	0
0	0	②	新開	6	FW	9	氏原	③	3	2
0	0	③	立石	15		11	(千葉)	③	5	4
						12	浅香	③	0	0
						17	(梅本)	①	4	1
0	0			28	GK	1			33	13
				0	CK	12				
				3	FK	1				
				0	PK	0				

【得点】
前半11分〔十〕**三宅**
〃 13分〔十〕**三宅**
〃 23分〔十〕**梅本**
〃 33分〔十〕**新井**
〃 35分〔十〕**氏原**
〃 35+5分〔十〕**氏原**
後半 3分〔十〕**千葉**
〃 8分〔十〕**早間**
〃 14分〔十〕**千葉**
〃 22分〔十〕**千葉**
〃 25分〔十〕**早間**
〃 31分〔十〕**千葉**
〃 35+8分〔十〕**村山**

■ボールを支配した十文字が大量13得点

初出場の徳島商対十文字の戦いは，開始早々からスピードと個の力の高い十文字がボールを支配し続ける展開となった。長短織り交ぜたパスで丁寧に攻撃を仕掛けると，両サイドが豊富な運動量で攻撃の厚みを作り，果敢にクロスを入れて得点を量産する。対する徳島商は5バックで対応。DF増井を中心に身体を張った守備で十文字の怒濤の攻撃に耐える時間が続く。時折ボールを奪っても，押し込まれる時間が長いため体力も疲弊し，単調な攻撃となってしまう。後半に入っても十文字がボールを支配し続け，個人技の高さと豊富な運動量で徳島商を圧倒する。攻撃の手を緩めることなく攻め続けた十文字が大量得点で勝利した。

戦評　水津雅夫（登美丘高校）

第1回戦 7月26日（火） JA アグリあなん運動公園陸上競技場（晴）

（主）近藤恭子 （副）網矢守，水谷健太郎

東海大福岡（福岡県） 3（2-0 1-0）0 福井工大福井（福井県）★

得	S	学		背		背		学	S	得
0	0	③	徳　永	1	GK	1	松　尾	③	0	0
0	0	③	浜　崎	2	DF	2	服　部	❸	0	0
1	1	③	赤　嶺	3		3	田　中	①	0	0
0	0	③	加　藤	4		6	（川岸）	③	0	0
0	0	①	前　多	16		4	木　村	②	1	0
0	1	②	（大隈）	5		14	後　藤	②	0	0
1	1	②	黒　野	7	MF	7	河　合	②	0	0
0	1	③	松　田	9		16	岩　嵜	②	0	0
0	0	❸	梅　崎	10		8	（深澤）	③	0	0
0	0	③	山田(心)	11		19	中	②	0	0
0	0	①	（平良）	15		20	（岩佐）	②	1	0
0	2	②	山　名	8	FW	5	神　野	①	2	0
0	0	③	（新谷）	12		11	（茂呂）	③	1	0
1	1	①	山田(愛)	18		9	秋　田	②	4	0
0	1	②	（今村）	14		10	片　山	③	3	0
3	8			9	GK	10			12	0
				2	CK	2				
				5	FK	8				
				0	PK	1				

【得点】
前半25分〔東〕**黒野**
〃 34分〔東〕**山田（愛）**
後半34分〔東〕**赤嶺**
▼警告
〔福〕木村

■特徴であるサイド攻撃から3得点

東海大福岡はFW山田（愛）を起点に攻撃を組み立てる。右からFW山名，左からMF山田（心）がアーリークロス，深い位置まで侵入しながらのクロスと，サイド攻撃を主体として相手ゴールに迫る。守備は3ラインをコンパクトに保ち，個々の能力が高く，1対1でも強さが見られた。CB加藤，赤嶺を中心にアンカーのMF梅崎が攻守にわたりコントロールして安定感を示す。対する福井工大福井はFW秋田が起点となり，FW片山のテクニックやFW神野の推進力を活かした攻撃が特徴的。全体がハードワークをしてコレクティブな守備であったが，東海大福岡が特徴であるサイド攻撃から3点を挙げて，3-0の勝利。東海大福岡は相手に応じてシステムを変更し，守備からペースを掴むなど，試合巧者ぶりを存分に発揮した。福井工大福井もクロスに対する守備に少し課題を残したが，前線3枚の攻撃の迫力と全体的なハードワークは素晴らしいものがあった。

戦評　井尻真文（星翔高校）

第1回戦 7月26日（火） 鳴門・大塚スポーツパーク第二陸上競技場（晴）

（主）濱崎覚美 （副）筒井勇気，多田美早希

ＡＩＣＪ★（広島県） 5（3-0 2-0）0 北海道文教大附（北海道）

得	S	学		背		背		学	S	得
0	0	③	村　本	19	GK	1	高　見	③	0	0
0	0	①	柏　原	2	DF	4	安　達	①	0	0
0	0	②	樋　口	3		5	矢津田	③	0	0
0	0	③	當　房	4		8	中　島	❸	0	0
						14	齊　藤	①	0	0
0	0	③	石　本	5	MF	11	小　林	②	0	0
0	1	②	（原田）	8		13	佐　藤	①	0	0
0	1	②	打　田	6		2	（生井）	②	1	0
2	3	❸	桑　原	7		17	牛　嶋	①	0	0
0	3	③	梅　津	10		18	赤　松	③	0	0
0	0	③	（谷）	13		16	（吉田）	①	0	0
1	4	③	森　田	9	FW	9	駒　水	③	0	0
0	0	③	（玉田）	15		7	（高谷）	③	0	0
0	3	①	岸　波	11		10	金　井	③	1	0
0	0	②	（山村）	16						
1	1	①	髙　井	14						
1	3	③	（小林）	17						
5	19			5	GK	10			2	0
				0	CK	1				
				8	FK	5				
				0	PK	0				

【得点】
前半10分〔A〕**森田**
〃 35+1分〔A〕**桑原**
〃 35+3分〔A〕**髙井**
後半24分〔A〕**桑原**
〃 35+8分〔A〕**小林**

■優位に試合を進めたAICJが2回戦へ

互いに試合開始から激しくプレスをかけ，相手に主導権を渡さない展開が続く。だが，背後へのパスが通る形が増えてきたAICJが優位に試合を進める。前半10分，FW森田が直接FKを決めて先制。一方の北海道文教大附はブロックを形成し粘り強い守備からのカウンターを狙うが，マークを掴み切れない時間帯が続く。AICJが試合を優位に進める中，アディショナルタイムにMF桑原がミドルシュートを決めると，さらに追加点を奪って前半を終える。北海道文教大附は後半から2名を入れ替え，右の中盤にポジションを上げたDF中島の仕掛けやトップ下に位置したFW金井のパスワークからゴールを脅かすが，得点には結びつかない。攻守におけるボールへの関わりに勝ったAICJが後半も2点を挙げ，2回戦へと駒を進めた。

戦評　翠茂樹（横浜翠陵高校）

第1回戦 7月26日（火） JA アグリあなん運動公園陸上競技場（晴）

（主）國師えりな （副）尾留川琢也，木村俊陽

大商学園（大阪府） 3（1-0 2-0）0 尚志（福島県）★

得	S	学		背		背		学	S	得
0	0	③	井　上	1	GK	1	佐　藤	③	0	0
0	0	①	太　田	3	DF	2	山　本	③	0	0
1	1	②	松　浦	4		5	小　野	③	0	0
0	0	❸	長　尾	10		8	竹　野	②	1	0
0	1	③	上　原	18						
0	0	③	（榎本）	2						
0	0	③	森(和)	6	MF	6	内　田	③	2	0
0	1	②	佐　溝	7		7	厚　田	②	0	0
1	2	②	柳　原	8		9	大　槻	③	1	0
0	1	②	（倉橋）	15		10	今　井	❸	1	0
0	0	③	吉　原	13		14	（青木）	②	0	0
0	0	①	（田中）	5		16	黒　澤	③	0	0
						11	（大宮）	②	1	0
						19	柳　橋	①	0	0
1	1	③	亀　井	9	FW	17	大　光	③	1	0
0	1	②	（森(の)）	20						
0	0	①	安　藤	11						
0	1	③	（鬼頭）	14						
3	9			4	GK	5			7	0
				5	CK	1				
				10	FK	12				
				0	PK	0				

【得点】
前半15分〔大〕**松浦**
後半17分〔大〕**柳原**
〃 27分〔大〕**亀井**
▼警告
〔大〕安藤

■パスからチャンスを生んだ大商学園

中盤での奪い合いの時間が多い立ち上がりとなったが，大商学園は奪ったボールを正確なパスで回し，サイド攻撃からチャンスを狙う。尚志は柔軟に対応したディフェンスでボールを奪うと，相手DFの背後にパスを送り攻撃に繋げた。すると15分，大商学園はCKにDF松浦が合わせ先制する。その後も大商学園FW安藤が鋭いドリブルでチャンスを作る。前半終了間際には尚志MF内田がMF黒澤に繋げるが，GK井上の好判断で絶好機を止められた。後半は尚志のスピードある攻撃で始まるが，MF今井のシュートはバーに阻まれる。大商学園はショートパスだけでなく，ロングボールやクロスの質も高く，パスでチャンスを作っていく。すると，CKからMF柳原が2点目を決め，FW鬼頭のクロスをFW亀井が合わせて3点目。双方とも正確にパスを繋げるチームで，拮抗した中盤での奪い合いから攻撃に移る見応えのある試合だった。

戦評　小野倫（旭川南高校）

第1回戦　7月26日（火）

ヨコタ上桜スポーツグラウンド（吉野川市多目的グラウンド）（晴時々曇）

（主）吉澤久恵　（副）藤田美智子，公文愛海

聖カピタニオ女子 ★（愛知県） 3（2-2 / 1-3）5 日ノ本学園（兵庫県）

得	S	学		背		背		学	S	得
0	0	①	梅　村	12	GK	20	久　田	②	0	0
0	0	②	（石川）	17						
0	0	①	江　崎	2	DF	2	田　中	③	0	0
1	1	③	井　川	4		19	（古谷）	③	0	0
0	0	①	（相羽）	16		3	菅　原	③	0	0
0	0	②	坂　下	13		5	竹　内	❸	0	0
0	0	②	浦前(遥)	15		17	渡　邊	②	0	0
0	0	❸	岡　田	5	MF	6	本　多	②	1	0
0	0	③	下　枝	6		13	（河西）	③	0	0
0	0	③	青　木	7		8	金　谷	③	1	1
0	0	①	（川北）	3		10	新　谷	③	0	0
0	0	③	荒　川	8		11	林	③	3	2
0	0	③	（増村）	9		16	藤　原	②	1	0
0	1	③	浦前(彩)	10		18	（岡林）	①	1	0
2	2	②	オーライリー	18	FW	9	中　村	③	3	2
3	4			5	GK	4			10	5
				4	CK	2				
				11	FK	1				
				0	PK	0				

【得点】

前半 8分〔聖〕**オーライリー**

〃 16分〔日〕**林**

〃 25分〔日〕**金谷**

〃 35分〔聖〕**井川**

後半 3分〔日〕**中村**

〃 7分〔日〕**中村**

〃 31分〔日〕**林**

〃 35+7分〔聖〕**オーライリー**

■高い位置で起点を作り得点を重ねる

立ち上がりはともに集中力が高く，球際の激しい攻防で試合が進む。聖カピタニオ女子は右サイドを起点に，MF荒川のクロスで得点を狙う。守備ではラインを高く保ち，前線からのハイプレスでMF岡田とMF浦前(彩)の予測から前向きに奪いに行く。対して，日ノ本学園はCB菅原，竹内のビルドアップから，相手ラインの背後を2列目からの飛び出しで狙う。前半を2-2で折り返すと日ノ本学園はFW岡林を投入。サイド攻撃の活性化を図ると，CBからの縦パスが増え，高い位置で攻撃の起点を作れるようになった。日ノ本学園はサイドへの展開から3点目を奪うと，前半多かった低い位置から背後へのボールではなく，高い位置からのラストパスが増え，得点を重ね勝負を決めた。

戦評　秋山未空（鳥取城北高校）

第1回戦　7月26日（火）

徳島市球技場第2競技場（晴）

（主）安浪陽子　（副）高田直人，小滝良平

鳴門渦潮（徳島県） 0（0-0 / 0-0）0 藤枝順心 ★（静岡県）

5 PK 4

得	S	学		背		背		学	S	得
0	0	②	佐　木	1	GK	1	菊　地	②	0	0
0	0	②	武　田	4	DF	2	加　島	③	0	0
0	0	③	金　城	5		6	中　井	③	0	0
0	0	③	住　友	10		8	（鈴木）	③	1	0
0	0	❸	後　藤	11		7	安　藤	③	0	0
						18	栢　植	①	0	0
0	0	①	岡　本	18	MF	4	三　宅	❸	2	0
						10	浅　田	③	0	0
						13	辻　澤	②	1	0
						15	（久保田）	②	1	0
0	0	②	古　田	6	FW	9	山　田	③	1	0
0	1	②	（松村）	2		20	（新宮）	①	2	0
0	0	③	佐久間	7		11	正　野	③	2	0
0	0	③	福　島	9		17	高　岡	②	0	0
0	0	②	（石田）	17		5	（鍵谷）	③	1	0
0	0	①	松　本	13						
0	1	①	林	19						
0	2			13	GK	3			11	0
				0	CK	5				
				7	FK	1				
				0	PK	0				

■粘り強く守った鳴門渦潮がPK方式制す

全国優勝経験のある藤枝順心とインターハイベスト4経験のある鳴門渦潮の対戦。藤枝順心は立ち上がりからFW高岡を起点に両MFが関わり，厚みのある攻撃を繰り広げる。対する鳴門渦潮は守備に追われ，FW松本を残しカウンターを狙うが，関わりが少なくボールを奪われる。飲水後，鳴門渦潮は守備の修正を行い，ボールを支配する藤枝順心を苦しめる。藤枝順心は苦しみながらも敵陣で攻撃することが多く，CKを獲得しゴールまで攻めるも，鳴門渦潮の身体を張った守備でゴールを割れず，そのまま前半終了。後半，藤枝順心は1-3-4-3にシステムを変更。ボランチに入ったDF加島，MF浅田を中心にボールを動かし，中央，サイドを使い，多彩な攻撃を展開した。鳴門渦潮はFW林が前めのポジションを取ることでカウンターへの関わりが増え，シュートの場面を増やす。藤枝順心は終始ボールを支配していたがシュートまで持ち込めず。鳴門渦潮は集中を切らすことなくゴールを守り続け，0-0で後半を終え，PK方式に突入。PK方式では接戦の末，鳴門渦潮が勝利した。

戦評　安田真季（大阪桐蔭高校）

第2回戦　7月27日（水）

徳島市球技場第1競技場（晴）

（主）國師えりな　（副）吉澤久恵，宮崎扇空

鹿島学園（茨城県） 0（0-0 / 0-1）1 日本航空 ★（山梨県）

得	S	学		背		背		学	S	得
0	0	③	福　田	1	GK	12	田　中	②	0	0
0	0	②	中　村	2	DF	2	一　瀬	③	0	0
0	0	①	中　野	3		3	城　山	②	1	0
0	1	③	武　内	4		4	北　原	③	0	0
0	0	②	工　藤	6		14	河　西	③	0	0
						19	（伊藤）	①	0	0
0	2	❸	鳴　海	5	MF	5	五　味	②	0	0
0	2	③	木　下	7		7	沼　中	③	0	0
0	0	③	柚　木	8		8	簱　崎	②	1	1
0	2	③	清　水	11		17	杉　本	②	0	0
0	0	①	早稲田	20						
0	0	②	（花谷）	9						
0	3	②	玉　井	10	FW	9	市　村	②	0	0
0	1	②	（増田）	16		10	大　島	❸	1	0
0	11			5	GK	15			3	1
				1	CK	0				
				10	FK	9				
				0	PK	0				

【得点】

後半 1分〔日〕**簱崎**

▼警告

〔日〕城山，一瀬

■少ないチャンスをものにした日本航空

関東同士の戦いとなった一戦。鹿島学園は前線からの連動した守備で，日本航空のDFラインからのビルドアップを囲い込む。立ち上がり，鹿島学園は相手GKからのビルドアップのミスを逃さず，決定機を迎えるが得点には繋がらない。その後も奪ったボールをサイドに付け，縦の突破を図るが人数をかけきれない。一方，日本航空はDF北原が縦横無尽に動き回り，MF五味がCBとボランチの役割をこなしながら中盤のエリアを空け，ビルドアップを試みる。鹿島学園はMF鳴海のカバーリングと集中力のあるDFのラインコントロールで高い位置でボールを奪い，ショートカウンターを狙うが無得点のまま前半は終了。後半1分，日本航空はMF簱崎が裏へ抜け出し先制点を挙げる。日本航空ペースになるかと思われたが，鹿島学園は前線の守備からボールを奪い，チャンスを作り出す。しかし，パスやシュートの精度を欠いて得点には繋がらない。鹿島学園がゴールに迫る場面も多かったが，少ないチャンスをものにした日本航空が勝利した。

戦評　秋山未空（鳥取城北高校）

第2回戦 7月27日（水）
ヨコタ上桜スポーツグラウンド（吉野川市多目的グラウンド）（曇）

（主）濱崎覚美　（副）杉本美里，弓立萌子

十文字 ★（東京都） **4**（2-0 2-0）**0** **東海大福岡**（福岡県）

得	S	学		背		背		学	S	得
0	0	③	長谷川	1	GK	1	徳　永	③	0	0
0	0	③	（安田）	16						
0	1	①	新　井	2	DF	2	浜　崎	③	0	0
0	0	③	杉　山	4		3	赤　嶺	③	0	0
0	0	③	岡　田	5		4	加　藤	③	0	0
0	1	②	早　間	19		16	前　多	①	1	0
0	0	②	三　宅	6	MF	7	黒　野	②	0	0
1	2	③	（千葉）	11		9	松　田	③	0	0
0	1	③	太　田	7		5	（大隈）	②	1	0
0	0	②	（菊池）	14		10	梅　崎	❸	1	0
2	3	③	野　村	8		11	山田(心)	③	0	0
1	3	❸	野　口	10		14	（今村）	②	3	0
0	0	③	氏　原	9	FW	8	山　名	②	0	0
0	0	②	（山﨑）	18		18	山田(愛)	①	1	0
0	0	③	浅　香	12						
0	2	①	（梅本）	17						
4	13			11	GK	7			7	0
				9	CK	4				
				0	FK	7				
				0	PK	0				

【得点】
前半35+1分〔十〕**野村**
〃 35+3分〔十〕**野村**
後半 7分〔十〕**千葉**
〃 17分〔十〕**野口**

■十文字が自分たちのサッカーを繰り広げる

序盤から十文字がボールを支配し東海大福岡ゴールに迫る場面が多く，MF野口を中心に中央，サイドを利用し厚みのある攻撃を見せる。対する東海大福岡は守備態勢を整え，激しくプレスを行う。十文字の攻撃のテンポが悪くなり始めると，東海大福岡にもチャンスが訪れるが，シュートが枠に飛ばない。クーリングブレイク後，十文字はGKも含め，より丁寧にボールを動かし前線に運んでいくと，前半終了間際に2点を奪う。後半，選手交代を行い攻撃を活性化させた十文字は，CKのこぼれ球をFW千葉が決めると，攻撃の手を緩めずCKから4点目。東海大福岡は1点を奪おうと奮起するも，前線からプレスをかけられず，数少ないチャンスも十文字守備に阻まれる。最後まで白熱した試合内容だったが，終始十文字が自分たちのサッカーを繰り広げた試合となった。

戦評　安田真季（大阪桐蔭高校）

第2回戦 7月27日（水）
ヨコタ上桜スポーツグラウンド（吉野川市多目的グラウンド）（晴）

（主）藤田美智子　（副）近藤恭子，水谷健太郎

AICJ ★（広島県） **1**（0-1 1-1）**2** **大商学園**（大阪府）

得	S	学		背		背		学	S	得
0	0	③	村　本	19	GK	1	井　上	③	0	0
0	0	②	（濱田）	20						
0	0	①	柏　原	2	DF	3	太　田	①	0	0
0	0	③	當　房	4		4	松　浦	②	0	0
						10	長　尾	❸	0	0
						18	上　原	③	0	0
0	0	③	石　本	5	MF	6	森(和)	③	0	0
0	0	②	打　田	6		7	佐　溝	②	0	0
0	0	❸	桑　原	7		5	（田中）	①	0	0
1	3	③	梅　津	10		15	（倉橋）	②	0	0
						8	柳　原	②	2	1
						13	吉　原	③	0	0
						11	（安藤）	①	1	1
						20	森(の)	②	0	0
						14	（鬼頭）	③	0	0
0	1	③	森　田	9	FW	9	亀　井	③	0	0
0	0	②	（出村）	1						
0	1	①	岸　波	11						
0	0	②	松　本	12						
0	1	②	（加藤）	18						
0	0	③	（小林）	17						
0	1	①	髙　井	14						
1	7			3	GK	4			3	2
				2	CK	6				
				12	FK	6				
				0	PK	0				

【得点】
前半29分〔大〕**柳原**
後半 2分〔A〕**梅津**
〃 35+3分〔大〕**安藤**

■土壇場で大商学園がAICJを突き放す

序盤から大商学園が球際の強い守備で積極的にボールを奪いにいく。ボールを奪うとFW亀井をターゲットとしてDFラインの背後へボールを供給する。対するAICJはMF梅津が攻守にわたって奮闘。落ち着いたドリブルで駆け上がり，テンポのいい突破から丁寧なパスワークで相手DF陣を翻弄。しかし，DF松浦を中心とする大商学園の粘り強い守備の前にゴールが遠い。お互いに攻守の切り替えの早い一進一退の攻防が続く中，大商学園MF柳原が直接FKを決めて前半が終了。後半に入るとAICJはFW森田をCFへ，MF桑原をボランチに移し攻撃的な布陣に変更。すると，森田のクロスに梅津が合わせて同点とする。大商学園も後半からFW鬼頭を投入し，攻撃の活性化を図ると，右サイドからスピードのある攻撃でチャンスを演出する。両チームともに質の高い攻防が続く中，アディショナルタイムにCKから大商学園がAICJを突き放し，試合終了を迎えた。

戦評　水津雅夫（登美丘高校）

第2回戦 7月27日（水）
徳島市球技場第1競技場（晴）

（主）赤木陽美　（副）安浪陽子，多田美早希

日ノ本学園（兵庫県） **2**（2-1 0-1）**2** **鳴門渦潮**（徳島県）★
4 PK 2

得	S	学		背		背		学	S	得
0	0	②	久　田	20	GK	1	佐　木	②	0	0
0	0	③	田　中	2	DF	4	武　田	②	0	0
0	0	③	菅　原	3		5	金　城	③	0	0
0	0	❸	竹　内	5		10	住　友	③	1	0
0	0	②	渡　邊	17		11	後　藤	❸	0	0
0	0	②	本　多	6	MF	18	岡　本	①	1	1
0	0	③	（河西）	13						
1	1	③	金　谷	8						
0	0	①	（岡林）	18						
0	0	③	新　谷	10						
0	3	③	林	11						
0	1	②	高　城	7	FW	6	古　田	②	0	0
1	1	③	中　村	9		2	（松村）	②	0	0
						7	佐久間	③	0	0
						9	福　島	③	0	0
						17	（石田）	②	0	0
						13	松　本	①	2	1
						19	林	①	1	0
2	6			5	GK	9			5	2
				3	CK	1				
				4	FK	4				
				0	PK	0				

【得点】
前半 5分〔鳴〕**松本**
〃 18分〔日〕**中村**
〃 31分〔日〕**金谷**
後半 6分〔鳴〕**岡本**

■PK方式制した日ノ本学園が準決勝進出

日ノ本学園は中盤でのパス回しでボール支配率を上げ，ペースを掴んでいく。鳴門渦潮はサイドにボールを展開し，クロスからゴールへ迫ろうとする。試合は早い時間帯で動いた。前半5分，FW松本が後方からのパスをアウトサイドのタッチで相手DFを抜き，鳴門渦潮が先制点を挙げた。18分，日ノ本学園はDF竹内の左CKにFW中村が合わせて追い付き，31分にはMF金谷のシュートで逆転。後半6分，相手ペナルティエリア外でFKを得た鳴門渦潮は，MF岡本が直接ゴールに突き刺す。後半早い時間で同点にした鳴門渦潮は地元の声援を受け，ペースを掴んでいく。日ノ本学園も巧みなパス回しから多彩な攻撃を見せる。両チームともシュートチャンスは幾度もあったが，同点で後半が終了しPK方式に。緊張感漂う雰囲気の中，PKを全て決めた日ノ本学園が勝利した。

戦評　小野倫（旭川南高校）

準決勝戦
7月29日（金）
鳴門・大塚スポーツパーク球技場（晴）

（主）藤田美智子　（副）吉澤久恵，多田美早希

日本航空（山梨県） **1**（0-2 / 1-0）**2** **十文字**（東京都）★

得	S	学		背		背		学	S	得
0	0	②	田中	12	GK	1	長谷川	③	0	0
0	0	③	一瀬	2	DF	2	新井	①	0	0
0	0	②	城山	3		4	杉山	③	0	0
0	0	③	北原	4		5	岡田	③	0	0
0	0	③	河西	14		19	早間	②	1	0
0	0	②	五味	5	MF	6	三宅	②	0	0
0	0	③	沼中	7		17	（梅本）	①	1	0
0	0	①	（佐藤）	20		7	太田	③	0	0
0	0	②	簱崎	8		8	野村	③	0	0
0	1	②	杉本	17		10	野口	❸	1	0
0	0	②	市村	9	FW	9	氏原	③	3	2
1	2	❸	大島	10		12	浅香	③	0	0
						11	（千葉）	③	1	0
1	3			7	GK	5			7	2
				0	CK	3				
				4	FK	9				
				1	PK	0				

【得点】
前半 5分〔十〕**氏原**
〃 14分〔十〕**氏原**
後半35+8分〔日〕**大島**

■慌てずにボールを支配した十文字が決勝へ

関東大会決勝の再現となった一戦は試合開始から十文字が主導権を握る。ボールをサイドに集め，徹底してクロスを上げチャンスを作る。前半に挙げた1点目はクロスが直接ゴールインし，2点目はDF早間のクロスにFW氏原が頭で合わせた。一方の日本航空は攻撃では1-3-4-3，守備では1-4-4-2のシステムをとり十文字に対応するが，相手を掴み切れずにリズムに乗れない。早い時間帯で失点したため，ロングボールが多くなる日本航空に対し，十文字は前線からプレスをかけ，長いボールを蹴らせない。ボランチのMF太田，野口は守備に対するバランスが良く，攻撃の芽を摘んだ。後半，日本航空はボールに関わる人数とボールの出し入れを増やす。セカンドボールを拾えるようになるが，出足の良い十文字の守備を崩せなかった。両ボランチの攻守にわたるバランスの良さと，慌てずにボールを支配した十文字が勝利し，決勝戦に駒を進めた。

戦評　中野進治（成立学園高校）

準決勝戦
7月29日（金）
JAアグリあなん運動公園陸上競技場（曇）

（主）杉本美里　（副）近藤恭子，樋下隆

大商学園（大阪府） **3**（1-2 / 2-0）**2** **日ノ本学園**（兵庫県）★

得	S	学		背		背		学	S	得
0	0	③	井上	1	GK	20	久田	②	0	0
0	0	①	太田	3	DF	2	田中	③	0	0
0	1	②	松浦	4		3	菅原	③	1	0
0	0	❸	長尾	10		5	竹内	❸	0	0
0	1	③	上原	18		17	渡邊	②	0	0
1	1	①	田中	5	MF	6	本多	②	0	0
0	0	③	（吉原）	13		13	（河西）	③	0	0
0	0	③	森(和)	6		8	金谷	③	3	0
1	2	②	佐溝	7		7	（高城）	②	0	0
0	0	②	（倉橋）	15		10	新谷	③	0	0
1	2	②	柳原	8		11	林	③	1	0
						15	（今井）	②	1	0
						16	藤原	②	2	2
						18	（岡林）	①	1	0
0	3	③	亀井	9	FW	12	高橋	②	0	0
0	1	①	安藤	11		9	（中村）	③	0	0
0	0	③	（鬼頭）	14						
3	11			7	GK	8			9	2
				6	CK	3				
				6	FK	6				
				0	PK	0				

【得点】
前半 5分〔日〕**藤原**
〃 24分〔大〕**佐溝**
〃 31分〔日〕**藤原**
後半 4分〔大〕**柳原**
〃 7分〔大〕**田中**

▼警告
〔日〕林

■大商学園が逆転勝利で決勝進出

決勝への切符をかけた日ノ本学園と大商学園の対戦は，関西大会決勝の再現に。日ノ本学園はFW高橋を起点にMF林，本多が絡み，相手DFが中央に集結したところをサイドに展開する。一方，大商学園はFW亀井を起点とした攻撃やDFラインからのロングボールで背後を狙う。試合が動いたのは前半5分，日ノ本学園MF藤原のクロスがそのままゴールに吸い込まれた。日ノ本学園のDF菅原，竹内，アンカーのMF新谷を中心とした守備に阻まれ，攻めあぐねていた大商学園だが24分に一瞬のミスを逃さずに追いつく。31分に日ノ本学園が追加点を挙げたが，後半開始早々に大商学園MF柳原がGKの上を越えるミドルシュートを決め，試合は振り出しに戻る。すると3分後，大商学園MF田中が冷静にGKをかわし決勝ゴールを決めた。

戦評　片岡真子（鳴門渦潮高校）

決勝戦
7月30日（土）
徳島市球技場第1競技場（雨）

（主）近藤恭子　（副）藤田美智子，弓立萌子

十文字（東京都）★ **0**（0-0 / 0-0 / 0-0 / 0-1）**1** **大商学園**（大阪府）

得	S	学		背		背		学	S	得
0	0	③	長谷川	1	GK	1	井上	③	0	0
0	0	①	新井	2	DF	3	太田	①	0	0
0	0	③	杉山	4		4	松浦	②	1	0
0	0	③	岡田	5		10	長尾	❸	0	0
0	2	②	早間	19		18	上原	③	0	0
0	1	②	三宅	6	MF	5	田中	①	1	0
0	2	①	（梅本）	17		13	（吉原）	③	1	0
0	0	③	太田	7		6	森(和)	③	0	0
0	1	③	野村	8		7	佐溝	②	1	0
0	3	❸	野口	10		15	（倉橋）	②	0	0
						8	柳原	②	0	0
0	6	③	氏原	9	FW	9	亀井	③	2	1
0	1	③	浅香	12		11	安藤	①	0	0
0	1	③	（千葉）	11		14	（鬼頭）	③	2	0
0	17			9	GK	15			8	1
				6	CK	3				
				8	FK	8				
				0	PK	0				

【得点】
延後 8分〔大〕**亀井**

■延長終了間際の決勝点で大商学園が初優勝

3年ぶり2度目の優勝を目指す十文字と初の全国制覇を狙う大商学園の東西対決の決勝戦は，十文字がまずペースを握る。MF野口を中心にボールを散らし，両サイドから攻撃を仕掛ける。一方の大商学園は，DF松浦が十文字のクロスを跳ね返し，セカンドボールを拾いショートカウンターでゴールを目指す。十文字はボールを繋ぎ，チャンスを作るだけでなく，個で打破を試みるも，大商学園が身体を張った守備でゴールを許さない。後半も主導権を握ったのは十文字。MF太田が攻守のバランスを取り，後半から出場のFW梅本のドリブル，サイドにポジションを移したFW氏原とDF早間の左サイドからの攻撃で崩しにかかる。終始，サイドからチャンスを作り，攻撃の手を緩めない十文字だが，大商学園のバランスのとれたブロックを崩せず，延長戦に突入。延長に入ってもスピード溢れる十文字の攻撃と大商学園の粘り強い守備の構図が続く中，延長後半終了直前，大商学園がカウンターから待望のゴールを挙げ，初優勝を飾った。

戦評　中野進治（成立学園高校）

E N T R Y

令和４年度
全国高等学校総合体育大会
サッカー競技

登録選手一覧 女子

北海道文教大学附属　北海道

[監督]清野訓靖 [引率教員]若杉 新

背番号	位置	氏名	学年
1	GK	高見 颯希	3
2	DF	生井 千晶	2
3	MF	鶴間みのり	2
4	DF	安達 優菜	1
5	DF	矢津田明莉	3
6	FW	清家 音々	2
7	MF	高谷こころ	3
⑧	DF	中島 智香	3
9	FW	駒水 那名	3
10	MF	金井 里和	3
11	MF	小林 悠夏	2
12	GK	河瀬望乃加	2
13	MF	佐藤 友来	1
14	MF	齊藤 瑠唯	1
15	MF	江田 依鞠	2
16	FW	吉田 有沙	1
17	MF	牛嶋 心海	1
18	MF	赤松 佑衣	3
19	FW	杉本 梨愛	3
20	DF	古村 誉	1

常盤木学園　宮城県

[監督]阿部由晴 [引率教員]阿部由晴

背番号	位置	氏名	学年
1	GK	中屋 音葉	3
2	DF	宮下 紗和	3
3	DF	柴山 華奈	2
4	DF	宮下あつき	3
5	MF	葛西 彩	2
6	DF	宮野 友美	3
7	MF	伊藤 結菜	3
8	FW	竹内瀬戸香	3
9	FW	伊藤 璃胡	3
⑩	MF	高塚 映奈	3
11	FW	茂垣咲椰夏	3
12	GK	榊原 碧彩	1
13	DF	三浦 るい	3
14	DF	保原 ひな	3
15	DF	三上 心優	3
16	DF	澤登 揚羽	3
17	MF	田井 海音	2
18	MF	岸 仁美	2
19	MF	加賀美心音	3
20	FW	白木 珠奈	2

尚志　福島県

[監督]松本克典 [引率教員]宗像純子

背番号	位置	氏名	学年
1	GK	佐藤 心音	3
2	DF	山本 珠寿	3
3	DF	大橋奈々海	3
4	DF	小林 柚妃	3
5	DF	小野 羽美	3
6	MF	内田 里奈	3
7	MF	厚田亜紗稀	2
8	DF	竹野 那奈	2
9	MF	大槻 美生	3
⑩	MF	今井 鈴那	3
11	FW	大宮 愛乃	2
12	GK	福井 美月	2
13	DF	木内 美蘭	2
14	MF	青木こころ	2
15	DF	吉田 伊織	2
16	MF	黒澤 千星	3
17	FW	大光 望結	3
18	FW	福田こはる	2
19	MF	柳橋 理奈	1
20	DF	赤羽 陽菜	1

鹿島学園　茨城県

[監督]書間健太 [引率教員]書間健太

背番号	位置	氏名	学年
1	GK	福田 はな	3
2	DF	中村 乃奈	2
3	DF	中野 絢	1
4	DF	武内 愛乃	3
⑤	MF	鳴海 真緒	3
6	DF	工藤 早樂	2
7	MF	木下 陽菜	3
8	MF	柚木ひなた	3
9	MF	花谷 理沙	2
10	FW	玉井 小春	2
11	FW	清水菜々羽	3
12	GK	髙橋 侑沙	2
13	MF	野澤 里桜	2
14	DF	小畑 蘭	2
15	DF	宮本 悠愛	1
16	FW	増田 帆花	2
17	DF	水越 悠	3
18	MF	安藤 結菜	2
19	FW	金子明日香	2
20	MF	早稲田萌絵	1

十文字　東京都

[監督]細川 諒 [引率教員]武井由貴子

背番号	位置	氏名	学年
1	GK	長谷川 想	3
2	DF	新井 萌禾	1
3	DF	米口 和花	2
4	DF	杉山 遥菜	3
5	MF	岡田 恭佳	3
6	MF	三宅 万尋	2
7	MF	太田 千満	3
8	MF	野村 亜未	3
9	MF	氏原里穂菜	3
⑩	MF	野口 初奈	3
11	FW	千葉梨々花	3
12	FW	浅香 美結	3
13	MF	村田あずき	3
14	MF	菊池真唯子	2
15	MF	村山 茉美	3
16	GK	安田 優花	3
17	FW	梅本 恵	1
18	MF	山﨑 亜沙	2
19	DF	早間 美空	2
20	DF	三谷 友夏	3

日本航空　山梨県

[監督]堀 祥太朗 [引率教員]堀 祥太朗

背番号	位置	氏名	学年
1	GK	白鳥 咲瑛	3
2	DF	一瀬 葵夢	3
3	DF	城山 にこ	2
4	DF	北原 歩奈	3
5	MF	五味 小暖	2
6	MF	中野 愛弓	3
⑦	MF	沼中 彩里	3
8	MF	籏崎はるか	2
9	FW	市村 萌那	2
10	FW	大島 暖菜	3
11	MF	常盤 美琴	3
12	GK	田中 至野	2
13	DF	吉田美のり	1
14	DF	河西 小夏	3
15	MF	横田 晴	2
16	MF	土屋 奈桜	3
17	MF	杉本 結月	2
18	DF	蘆田木乃葉	2
19	FW	伊藤 咲良	1
20	FW	佐藤 マリー奈々美	1

福井工業大学附属福井　福井県

[監督]久保直也 [引率教員]有町紗也香

背番号	位置	氏名	学年
1	GK	松尾 朝陽	3
②	DF	服部 陽向	3
3	DF	田中 美空	1
4	DF	木村 ゆず	2
5	DF	神野 真凜	1
6	MF	川岸ここ菜	3
7	MF	河合 結月	2
8	MF	深澤 友季	3
9	FW	秋田 萌絵	2
10	FW	片山 詠乃	3
11	FW	茂呂 優心	3
12	GK	下川陽南多	2
13	DF	留木 未々	2
14	DF	後藤 璃胡	2
15	MF	宮脇 結	2
16	MF	岩嵜 心	2
17	MF	澤田 美咲	2
18	MF	酒井 澪	2
19	FW	中 亜仁	2
20	FW	岩佐 寧々	2

藤枝順心　静岡県

[監督]中村 翔 [引率教員]中村 翔

背番号	位置	氏名	学年
1	GK	菊地 優杏	2
2	DF	加島 希夏	3
3	MF	葛西 唯衣	1
④	MF	三宅 怜	3
5	DF	鍵谷 天	3
6	DF	中井佑姫奈	3
7	DF	安藤 麻耶	3
8	FW	鈴木 心菜	3
9	FW	山田 歩美	3
10	MF	浅田 幸子	3
11	FW	正野 瑠菜	3
12	GK	ンワディル ヴィクトリア	1
13	FW	辻澤 亜唯	2
14	MF	青井 麻衣	2
15	MF	久保田真生	2
16	DF	中出 朱音	2
17	FW	高岡 澪	2
18	DF	柘植 沙羽	1
19	MF	植本 愛実	1
20	FW	新宮さくら	1

聖カピタニオ女子　愛知県

[監督]多田利浩 [引率教員]梶野仁志

背番号	位置	氏名	学年
1	GK	花田 実悠	3
2	DF	江﨑 絢羽	1
3	DF	川北 梨湖	1
4	DF	井川 玲菜	3
⑤	MF	岡田 萌衣	3
6	MF	下枝 彩音	3
7	FW	青木 理咲	3
8	MF	荒川 風香	3
9	MF	増村みすず	3
10	MF	浦前 彩楓	3
11	FW	平田 萌	3
12	GK	梅村 心陽	1
13	DF	坂下利里奈	2
14	MF	北村 心菜	2
15	DF	浦前 遥楓	2
16	MF	相羽陽菜子	1
17	GK	石川 萌絵	2
18	FW	オーライリー 詩奈	2
19	MF	熊崎せり乃	2
20	DF	鯉江 彩貴	1

大商学園　大阪府

[監督]岡久 奨 [引率教員]山形依舞

背番号	位置	氏名	学年
1	GK	井上加菜美	3
2	DF	榎本いつき	3
3	DF	太田 美月	1
4	DF	松浦 加奈	2
5	MF	田中 美優	1
6	MF	森 和奏	3
7	DF	佐溝 愛唯	2
8	MF	柳原さくら	2
9	FW	亀井 七奈	3
⑩	DF	長尾ののか	3
11	FW	安藤 早英	1
12	GK	新美 沙弥	3
13	MF	吉原 汐音	3
14	FW	鬼頭こはな	3
15	FW	倉橋 陽菜	2
16	DF	藤田 菜摘	2
17	DF	井原 凛	2
18	DF	上原すずか	3
19	MF	清水日茉莉	3
20	MF	森 のの子	2

日ノ本学園　兵庫県

[監督]和多田充寿 [引率教員]酒井 允

背番号	位置	氏名	学年
1	GK	赤羽 柚寿	3
2	DF	田中 晴菜	3
3	DF	菅原 眞名	3
4	DF	荻本 里那	3
⑤	DF	竹内あゆみ	3
6	MF	本多 瑠己	2
7	FW	高城 青空	2
8	MF	金谷 愛心	3
9	FW	中村 優那	3
10	MF	新谷 楓華	3
11	MF	林 織羽	3
12	FW	高橋 亜優	2
13	MF	河西 百花	3
14	FW	伊藤 沙奈	3
15	MF	今井 双葉	2
16	MF	藤原 良	2
17	DF	渡邊 絢音	2
18	FW	岡林 柚葉	1
19	DF	古谷千佳子	3
20	GK	久田優里愛	2

AICJ　広島県

[監督]小川潤一 [引率教員]熊本 徹

背番号	位置	氏名	学年
1	MF	出村 爽菜	2
2	DF	柏原 凪沙	1
3	DF	樋口 三夏	2
4	DF	當房 皆都	3
5	MF	石本 千弥	3
6	MF	打田 もえ	2
⑦	MF	桑原 藍	3
8	MF	原田 柚葵	2
9	MF	森田 千尋	3
10	MF	梅津 真央	3
11	FW	岸波 美采	1
12	FW	松本 百花	2
13	MF	谷 羽音	3
14	FW	髙井 更紗	1
15	MF	玉田優莉奈	3
16	MF	山村 奈帆	2
17	FW	小林 万璃	3
18	FW	加藤 咲貴	2
19	GK	村本 夏希	3
20	GK	濱田 留寧	2

県立鳴門渦潮　徳島県

[監督]佐藤城介 [引率教員]片岡真子

背番号	位置	氏名	学年
1	GK	佐木 双葉	2
2	DF	松村 実春	2
3	DF	酒井 心優	3
4	DF	武田 もえ	2
5	DF	金城来万鶴	3
6	FW	古田 彩瑛	2
7	FW	佐久間綾乃	3
8	DF	新居 瑞稀	3
9	FW	福島 凜歌	3
10	MF	住友 瑛	3
⑪	DF	後藤 希颯	3
12	GK	宮本向日葵	3
13	FW	松本 柚葉	1
14	FW	田中歩乃羽	1
15	DF	井上 凜花	3
16	FW	富田 翔保	2
17	MF	石田 萌華	2
18	MF	岡本かがり	1
19	MF	林 心音	1
20	FW	髙山 夢歩	1

県立徳島商業　徳島県第２

[監督]東 潤 [引率教員]東 潤

背番号	位置	氏名	学年
1	GK	流谷 侑希	2
2	DF	河埜 紗奈	1
3	DF	佐竹 陽菜	3
4	DF	住友 仁美	2
5	MF	井貝璃乃葵	2
6	MF	新開 愛純	2
⑦	DF	増井胡茉妃	3
8	MF	奥本 涼葉	3
9	MF	木内 心愛	2
11	MF	宮崎 愛	2
14	FW	橋本 奈子	1
15	FW	立石 麻子	3

東海大学付属福岡　福岡県

[監督]山本ひろな [引率教員]福本拡志

背番号	位置	氏名	学年
1	GK	徳永 深南	3
2	DF	浜崎こころ	3
3	DF	赤嶺 愛海	3
4	DF	加藤 美有	3
5	DF	大隈 夏凜	2
6	MF	髙木 萌	3
7	MF	黒野 美虹	2
8	FW	山名 映理	2
9	MF	松田てん里	3
⑩	MF	梅崎 彩芭	3
11	MF	山田 心優	3
12	FW	新谷希乃風	3
13	DF	曽我部莉美	2
14	FW	今村 凉凪	2
15	FW	平良 夢華	1
16	DF	前多祐里奈	1
17	GK	中村 幸来	2
18	FW	山田 愛実	1
19	DF	林 南花	1
20	MF	島倉亜弥美	1

神村学園高等部　鹿児島県

[監督]寺師勇太 [引率教員]田中修平

背番号	位置	氏名	学年
1	GK	澤田 瑞希	3
2	DF	児玉 一穂	1
3	DF	岩下心々愛	2
4	DF	幸福 征良	2
⑤	DF	井手口怜央	3
6	MF	立野ひなの	3
7	MF	上田 彩葉	1
8	FW	上田 麻莉	1
9	MF	岡部 光流	1
10	FW	黒岩 沙羽	2
11	FW	黒木 愛理	3
12	DF	工藤 凪紗	2
13	GK	神宮司千尋	2
14	MF	三冨りりか	2
15	DF	中野 美結	1
16	MF	前中 悠来	3
17	FW	益留 琉菜	2
18	FW	久保 百果	1
19	FW	益田 萌花	3
20	DF	中村 心美	2

ブロック大会対戦結果

【北海道】

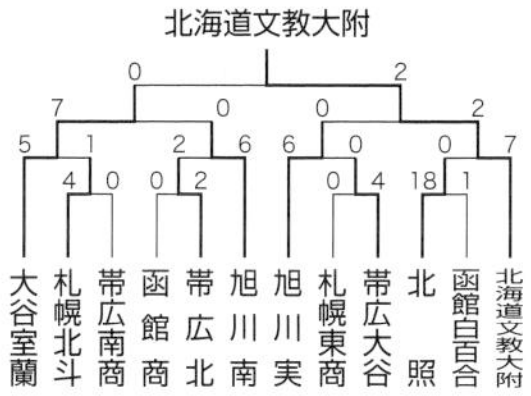

【東北】

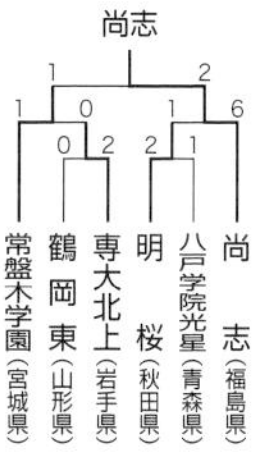

【関東】

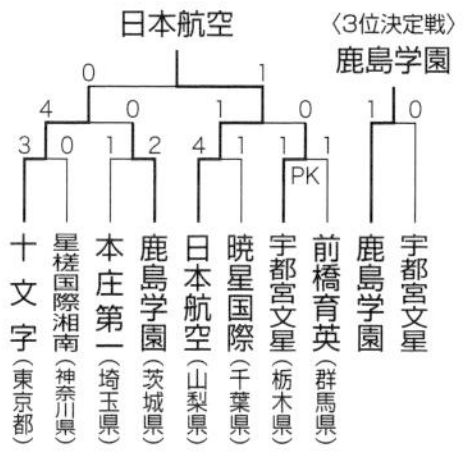

【北信越】

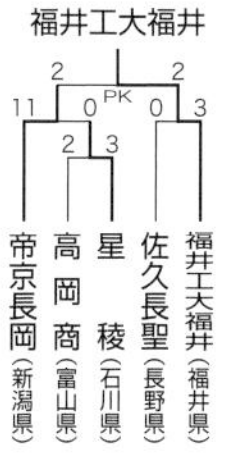

【東海】

	聖カピタニオ女子（愛知県）	藤枝順心（静岡県）	神村学園伊賀（三重県）	帝京大可児（岐阜県）	順位
聖カピタニオ女子（愛知県）		1 - 5	7 - 0	1 - 0	2
藤枝順心（静岡県）	5 - 1		8 - 0	3 - 0	1
神村学園伊賀（三重県）	0 - 7	0 - 8		0 - 5	4
帝京大可児（岐阜県）	0 - 1	0 - 3	5 - 0		3

【近畿】

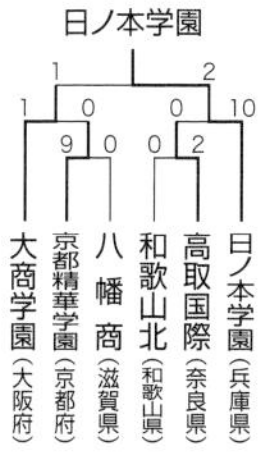

【中国】

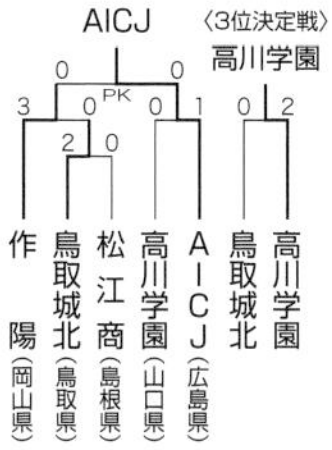

【四国】

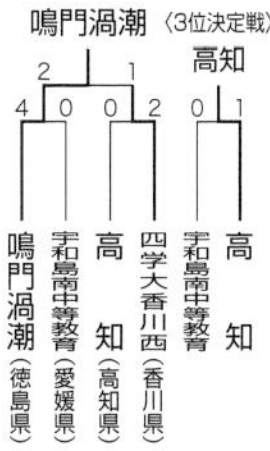

【九州】

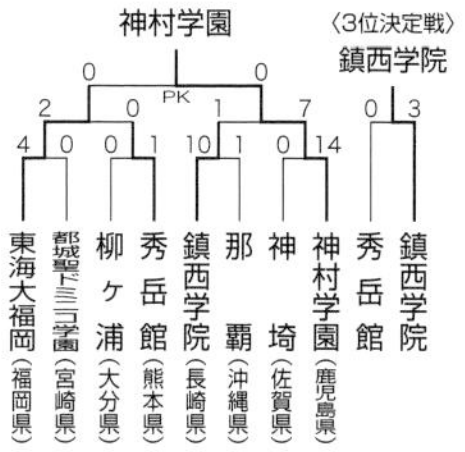

女子優勝監督 手記

大商学園高校監督 **岡久 奨**

全試合チャレンジャーの気持ちで

今年度は3年生を中心に個性の強い、特徴のある選手が集まったチームでした。技術が高いわけでも、器用なわけでもないのですが、歯車がうまくかみ合った時の爆発的な勢いや怖さを秘めているチームでした。ですので、へたにうまくやろうとせず、個をどんどん出していくことがこのチームの強みになると考えていました。そして選手たちは、できることを精一杯やろうとしていました。

ただ、成功体験をそこまで積めた代ではなく、今回の総体の予選も僅差のゲームをギリギリで勝ち上がっていました。なので、「日本一」を本当に狙えるかといったら厳しいと思っていましたし、選手たちにもそう伝えて発破をかけていました。

全試合チャレンジャーの気持ちで臨んで、気付けば初優勝。その瞬間は率直に嬉しかったのですが、同時にかつて予選で敗れた時や、選手権で準優勝だった過去が走馬灯のようにふわっと思い出され、なんとも不思議な気持ちになりました。これまで蓄積された様々な経験がうまくかみ合い、そしてうまくいくほど選手は楽しくサッカーをするようになり、チーム状態もどんどんよくなっていった。そんな実感があります。

初戦から決勝戦

1回戦の相手である尚志高校は東北大会優勝校。どんどんプレスをかけてきて連動してくる迫力がありました。全国大会では先を見据えながら試合をすることが多いのですが、今回に関してはそんな余裕などまったくありませんでした。「初戦から決勝戦」という一戦必勝の覚悟で臨みました。試合は、前半のいい時間帯に強みのセットプレーから先制。ですが後半、流れを持っていかれました。それでも相手のシュートがポストに当たったり、GKの好セーブなどで凌いでいるうちにまたセットプレーから追加点を奪えました。結果は3-0。自分たちに運が向いているのを肌で感じましたし、選手たちにとって点差をつけて勝てたことは自信になったはずです。

2回戦で戦ったAICJ高校は、映像で見た時より相対した時の力強さを感じました。相手に合わせた形で守備も変えて臨んだのですが、うまくはまらず。フィジカル面で劣る1年生FWをスタメンから外していたのですが、中盤の攻防で相手の強度に負けるシーンが多く苦しい時間が続きました。ところが、消耗した選手に替えて投入したその1年生がリズムの異なるプレーを見せてくれました。そして、またもセットプレーからの得点で勝利。運よく勝ちこそしたものの、一方で内容的にはもっと力をつけないといけない、と痛感させられた試合でした。

コロナ禍が強めた結束

準決勝の相手・日ノ本学園は、これまで近畿大会などで何度も対戦しています。相手の戦い方を知っていたので対策を施したつもりでした。ですが、逆に押し込まれてしまいます。それでも心を折らずに足を動かし続け、いい形で得点も奪えました。しかし前半終盤にGKのミスから失点。なのにハーフタイムの選手たちは下を向かず、前向きな表情をしていました。逆にこの状況を楽しんでいるような雰囲気がありました。

じつは1～2回戦では、新型コロナウイルス感染者が出てしまった影響でメンバー外の選手たちは応援に来られませんでした。出場メンバーは別行動だったので支障はありませんでしたが、応援に来られるのは準決勝からと分かっていたので、「絶対準決勝にいこう」というモチベーションはあったはずです。そして迎えた準決勝。実際応援を受けたら、今度はへたな試合はできません。その気持ちがパワーになったのではないかと思います。

大商学園はチーム力を大事にしています。しかしコロナ禍は、チーム力を伸ばすことに支障をきたしました。一方でこの時のように、コロナ禍が逆に結束を強めてくれた側面もありました。結果、逆転勝ちを収めることができました。

そして決勝戦。十文字高校を相手に厳しくなることは分かっていました。実際シュートを17本浴びましたが、我慢してくれました。本当はFW2枚を残してカウンターの脅威を残しておきたかったのですが、かなりの圧を感じたらしく、思い通りにはいきませんでした。しかし粘って耐えて迎えた延長戦後半、亀井の意表を突くロングシュートが決まりました。亀井は今年度の3年生を象徴するような選手です。自分の思っていることをしっかりとできる選手で、なにせご飯をよく食べます。そして常にゴールを意識して、時に無謀なシュートを放つ。それはやめるよう伝えても聞かないタイプ。まさに個性が強く特徴が際立っていました。一方で自信はあっても、これまでうまくいっていませんでした。そんな彼女が優勝を決める決勝点。ゴールの瞬間、涙腺が緩みました。試合後に選手たちに話しかける際ならともかく、試合中に涙腺が緩んだのは初めてに近い感覚でした。

周囲への感謝

優勝後、選手たちには「この夏までやってきた取り組みは間違ってなかったことを証明できたね」と話しました。サッカーを素直に楽しんでの優勝に、選手たちはとても喜んでいました。

ただ、謙虚に周囲に対するリスペクトを忘れないようにとも伝えました。これはいつも言っていることなのですが、優勝した時だからこそ特に強く伝えました。選手たちは応援してくれるメンバーに、応援するメンバーは自分たちを代表する選手たちに敬意を払うことで今回のような結果に繋がる。その点を見失うとこの先成長できないよ、と。

こんな大変なご時世の中で、インターハイを開催してくださった皆さまには本当に感謝しております。大会が進むにつれ、会場入りした時に消毒の準備をしていたり、冷却用のファンを用意していたりするたくさんの方々の姿を見ていました。皆さまのご尽力のおかげで貴重な経験を得ることができました。

そして高校女子サッカーにおいてレベルの高い大阪府にも感謝したいです。予選から厳しい戦いをくぐり抜けることで、全国のトーナメント大会でも意気込み過ぎることなく戦うことができました。大阪府の戦いはとても厳しいです。そこで常に勝てるよう、すぐ次に向けて切り換えていきたいと思います。

女子 総評

成立学園
中野進治

はじめに

令和4年度「燃え上がれ我らの闘志 四国の大地へ」をスローガンに開催された全国高等学校総合体育大会サッカー競技（女子）は7月26日～30日の日程で、徳島県徳島市、鳴門市、阿南市、吉野川市で熱戦が繰り広げられました。天候にも恵まれ、酷暑の中での戦いが連日続き、また新型コロナウイルス第7波の真っ只中でもあり、大会前、そして大会期間中のコンディション作り等に苦労されたチームは多かったように思われます。

前年度、総体と選手権の2つを制した神村学園（鹿児島県）は初出場の鹿島学園（茨城県）に、また年代別代表を擁する藤枝順心（静岡県）が地元徳島代表の鳴門渦潮に敗れる等、優勝候補に挙げられていたチームが初戦で姿を消していく中、日本航空（山梨県）、十文字（東京都）、大商学園（大阪府）、日ノ本学園（兵庫県）がベスト4に進出。準決勝戦のカードは関東、関西大会の決勝戦の再現となり、地域大会で敗れた十文字と大商学園がともに勝ち上がり、決勝戦に駒を進めました。

十文字は、ビルドアップの意識が高く、GKやDFラインの選手を中心に積極的に攻撃を組み立てていました。中盤の選手も相手の状況を見ながらボールを動かし、効果的なポジションをとることで、有効なポゼッションからゴールに向かう場面が多く、また、CBがボールを持った時に、両SBがワイドに高い位置をとるだけでなく、中央にポジションをとったり、3バックでのビルドアップからサイドや中盤で数的優位を上手く作り出したりする等、多彩な攻撃を見せていました。大商学園は、3ラインをコンパクトにしながら意図的にボールを奪うプレーが多く見られました。ボール状況に応じた正しいポジションから1stディフェンスを決定し、チャレンジ&カバーを繰り返しながら、ルーズボールの回収やプレスバック等で人数をかけてボールを奪う場面も多く、良い距離間でコレクティブな守備ができていました。スピード感溢れる十文字の攻撃と大商学園の粘り強いディフェンスとの戦いは、延長後半にカウンターで1点を奪った大商学園が勝利をし、初優勝を飾りました。

大会の報告

【攻撃】

総体では、ボールを奪ってからシンプルに縦に速いスピーディな攻撃を仕掛けるチームが多い中、ポゼッションを志向し、安定したビルドアップから攻撃を仕掛けるチームが多く見られました。また、アタッキングサードではゴールを奪う意識がより高く、ドリブル突破からゴールへ向かうプレーやミドルシュート等、積極的な個の仕掛けが見られました。しかし、個の打開力に頼ってしまい、連係・連動して関わる選手は少ないように感じました。

ダイレクトプレーを強みとする一方で、プレーエリアや相手の状況を見て判断することなく、やみくもに縦方向へパスを供給し、簡単にボールを奪われる場面も多く見られました。守備ブロックを打開するゴール前のアイディア、クロスの質やワンタッチシュートの精度を高めていくこと等が今後の課題だと思います。

【守備】

守備の原則である「前へ蹴らせない、遅らせる」は、どのチームもボールを失った瞬間に1stディフェンスの選手だけでなく、全員の切り替えが早く、徹底できていました。個またはチームとしてボールを奪う意識が高く、アプローチのスピードや球際のコンタクトスキル等、強度が向上しているように感じました。また、ゴールを目指してドリブル突破を仕掛ける相手に対して、飛び込まずにシュートを撃たせない、または最後まで身体を寄せてブロックする守備が徹底されており、GKとの連係もできていました。

前向きにボールを奪いに行く意識が高まる一方、攻撃側が背後のスペースを狙う動き出しに対して、対応が遅れる場面も見られました。人につられてボールウォッチャーになりスペースを空けてしまい、バランスを崩してしまったところを狙われ、決定機を与えてしまうこともありました。

おわりに

全国から派遣された技術委員の方々におかれましては、連日遅くまでのマッチレポートの作成、優秀選手の選考など、ご協力ありがとうございました。出場校としてチーム運営に携わりながら、多大なるご協力をいただいた徳島商業高校の東先生を中心に、徳島県の技術スタッフの方々には、会場への送迎、データ処理等、多くの面でお世話になりました。感謝申し上げます。

また、健康チェックシートの提出や検温、手指消毒の徹底等の感染対策をはじめ、大会運営に当たられた多くの関係者の皆様、朝早くから会場準備、運営に協力をしてくれた高校生補助役員の皆さんには、大変お世話になりました。心より感謝申し上げます。本当にありがとうございました。

女子大会優秀選手

GK	3年	井上加菜美	大商学園
	3年	福田はな	鹿島学園
	2年	佐木双葉	鳴門渦潮
DF	2年	松浦加奈	大商学園
	1年	太田美月	大商学園
	2年	早間美空	十文字
	1年	新井萌禾	十文字
	3年	菅原眞名	日ノ本学園
MF	3年	氏原里穂菜	十文字
	3年	太田千満	十文字
	3年	野口初奈	十文字
	3年	鳴海真緒	鹿島学園
	3年	桑原藍	AICJ
	3年	森田千尋	AICJ
	3年	浅田幸子	藤枝順心
FW	3年	亀井七奈	大商学園
	3年	大島暖菜	日本航空
	3年	黒木愛理	神村学園

以上 18名
（公財）全国高等学校体育連盟サッカー専門部
女子技術委員会選出

全国高校

総合体育大会 女子

都道府県大会記録

北海道

●決勝トーナメント

大谷室蘭、札幌北斗、帯広南商、函館商、帯広北、旭川南、旭川実、札幌東商、帯広大谷、北照、函館白百合、北海道文教大附

優勝：北海道文教大附

青森県

●決勝トーナメント

八戸学院光星、三沢、百石・三本木農、青森南、三本木、八戸工大二

優勝：八戸学院光星

〈3位決定戦〉
三沢、青森南 → 青森南

岩手県

●決勝トーナメント

専大北上、花北青雲、水沢、不来方

優勝：専大北上

秋田県

明桜

山形県

●決勝トーナメント

鶴岡東、山形城北、羽黒、鶴岡北、山形明正、米沢中央、山形西、酒田光陵、山形商、鶴岡中央、酒田南

優勝：鶴岡東

〈3位決定戦〉
山形明正、山形西 → 山形明正

宮城県

●決勝トーナメント

聖和学園、宮城第一、仙台大明成、仙台育英、聖ウルスラ、※合同、常盤木学園

優勝：常盤木学園

※合同＝広瀬・古川黎明・東北・大崎中央・東北生文大

〈3位決定戦〉
仙台大明成、仙台育英 → 仙台大明成

●予選リーグ

	聖ウルスラ	宮城第一	※合同	順位
聖ウルスラ		2－2	1－0	2
宮城第一	2－2		3－0	1
※合同	0－1	0－3		3

福島県

●決勝トーナメント

尚志、磐城桜が丘、ふたば未来学園、桜の聖母学院

優勝：尚志

〈3位決定戦〉
磐城桜が丘、桜の聖母学院 → 桜の聖母学院

茨城県

●決勝トーナメント

霞ヶ浦、明秀日立、大成女子、日立第二、土浦第二、常磐大高、水戸第三、※合同、鹿島学園

優勝：鹿島学園

※合同＝愛国学園大附龍ヶ崎・石岡第二

〈3位決定戦〉
日立第二、常磐大高 → 常磐大高

〈5位決定戦〉
明秀日立、土浦第二、水戸第三、※合同 → 明秀日立

〈7位決定戦〉
土浦第二、※合同 → 土浦第二

群馬県

●決勝トーナメント

前橋育英、高崎女子、高崎商大附、関東学園大附、市立太田、太田女子、伊勢崎清明、健大高崎

優勝：前橋育英

●予選リーグ

A	市立太田	高崎女子	桐生第一	沼田女子	順位
市立太田		5－0	7－0	8－1	1
高崎女子	0－5		1－1	7－0	2
桐生第一	0－7	1－1		6－0	3
沼田女子	1－8	0－7	0－6		4

B	関東学園大附	伊勢崎清明	渋川女子	前橋女子	大間々	順位
関東学園大附		4－0	10－0	8－1	11－0	1
伊勢崎清明	0－4		3－0	3－3	5－0	2
渋川女子	0－10	0－3		3－2	7－0	3
前橋女子	1－8	3－3	2－3		9－0	4
大間々	0－11	0－5	0－7	0－9		5

C	高崎商大附	太田女子	館林女子	共愛学園	桐生	順位
高崎商大附		1－0	3－0	9－0	3－0	1
太田女子	0－1		0－0	3－0	2－1	2
館林女子	0－3	0－0		1－0	1－0	3
共愛学園	0－9	0－3	0－1		4－2	4
桐生	0－3	1－2	0－1	2－4		5

栃木県

●決勝トーナメント

宇都宮文星女子、※合同、作新学院、大田原女子、宇都宮女子、白鷗大足利、宇都宮中央女子、栃木女子、小山城南、宇都宮短大附

優勝：宇都宮文星女子

※合同＝栃木翔南・益子芳星・佐野東

〈3位決定戦〉
宇都宮女子、白鷗大足利 → 宇都宮女子

〈5位決定戦〉
※合同、大田原女子、宇都宮中央女子、小山城南 → 宇都宮中央女子

〈9位決定戦〉
作新学院、栃木女子 → 作新学院

千葉県

●決勝トーナメント

暁星国際、市立柏、成田北、成田国際、市立船橋、船橋法典、※合同A、市川、千葉西、若松、八千代松陰、流経大柏、※合同B、県立千葉、千葉経済大附、千葉明徳、日体大柏、市立松戸、流山おおたかの森、柏の葉、浦安・行徳、幕張総合

優勝：暁星国際

※合同A＝船橋芝山・薬園台
※合同B＝千葉南・市原八幡

〈3位決定戦〉
八千代松陰、幕張総合 → 幕張総合

埼玉県

●決勝トーナメント

花咲徳栄、庄和、本庄、久喜、越ヶ谷、大宮武蔵野、所沢、浦和一女、川口市立、昌平、埼玉平成、※合同、宮代、自由の森、大宮南、川越南、松山女子、本庄第一、正智深谷、東野、埼玉栄、大宮開成、入間向陽、狭山ヶ丘、寄居城北、浦和実、浦和西、和光国際、山村学園、市立浦和、浦和明の星女子、淑徳与野、秋草学園、叡明、南稜

優勝：本庄第一

※合同＝熊谷女子・北本・大妻嵐山・日高

〈3位決定戦〉
昌平、浦和西 → 昌平

東京都

●決勝トーナメント

十文字、八王子実践、佼成学園女子、第五商、帝京、日体大桜華、芦花、日大櫻丘、国分寺、飛鳥、千早、戸山、世田谷総合、成城学園、八王子学園、江戸川女子、ＩＣＵ、駒沢学園女子、文京学院、成立学園、杉並総合、吉祥女子、王子総合、国際、青梅総合、晴海総合、大妻多摩、東大和、広尾小石川、東久留米総合、狛江、野津田、東京成徳、清瀬、若葉総合、東京実、日大三、修徳

優勝：十文字

〈3位決定戦〉
飛鳥、杉並総合 → 飛鳥

神奈川県

●決勝トーナメント

星槎国際湘南、伊勢原、多摩、白鵬女子、相模女子大、二宮、森村学園、湘南台、海老名、藤沢清流、相模原弥栄、慶應湘南藤沢、相洋、法政国際、神奈川総合、大和、厚木東、桐蔭学園、横浜翠陵、三浦学苑、湘南学院

優勝：星槎国際湘南

山梨県

●決勝トーナメント

日本航空、※合同、甲府商、帝京第三

優勝：日本航空

※合同＝日大明誠・富士北稜

〈3位決定戦〉
※合同、甲府商 → 甲府商

新潟県

●決勝トーナメント

帝京長岡、国際情報、北越、開志学園JSC

優勝：帝京長岡

〈3位決定戦〉
国際情報、北越 → 北越

長野県

●決勝トーナメント

松商学園
上田西
塩尻志学館
佐久長聖
松本国際
※合同
東海大諏訪

佐久長聖

※合同＝諏訪二葉・長野日大・飯山・大町岳陽

富山県

●決勝トーナメント

高岡商
呉羽
富山第一
富山国際大付

高岡商

〈3位決定戦〉

呉羽 0
富山第一 3
富山第一

石川県

●決勝トーナメント

星稜
※合同
野々市明倫
七尾
金沢伏見

星稜

※合同＝金沢市立工・大聖寺・金沢商

福井県

福井工大福井

静岡県

●決勝トーナメント

藤枝順心
吉原
桐陽
東海大静岡翔洋
磐田東
聖隷クリストファー
清流館
常葉大橘

藤枝順心

●予選リーグ

下位A	静岡大成	桐陽	沼津西	浜松聖星	清流館	※合同	順位
静岡大成		0－2	4－0	15－0	0－1	9－0	3
桐陽	2－0		18－0	16－0	2－0	12－0	1
沼津西	0－4	0－18		4－1	0－10	1－0	4
浜松聖星	0－15	0－16	1－4		0－15	2－1	5
清流館	1－0	0－2	10－0	15－0		5－0	2
※合同	0－9	0－12	0－1	1－2	0－5		6

下位B	磐田北	聖隷クリストファー	吉原	富士市立	藤枝西	順位
磐田北		1－3	1－3	12－0	10－3	3
聖隷クリストファー	3－1		1－0	15－0	8－1	1
吉原	3－1	0－1		6－0	3－1	2
富士市立	0－12	0－15	0－6		0－0	5
藤枝西	3－10	1－8	1－3	0－0		4

※合同＝清水南・清水国際・榛原

愛知県

●決勝トーナメント

聖カピタニオ女子
高蔵寺
時習館
清林館
安城学園
松蔭
椙山女学園
岩倉総合
岡崎商
小坂井
同朋
豊川
日福大付
刈谷北
※合同
南山
愛知啓成
市邨
旭丘
金城学院
至学館

聖カピタニオ女子

※合同＝一宮商・愛知朝鮮

〈シード順位決定戦〉

同朋 4
豊川 0
同朋

岐阜県

帝京大可児

三重県

●決勝トーナメント

神村学園伊賀
津田学園
高田
三重

神村学園伊賀

〈3位決定戦〉

津田学園 0
高田 2
高田

●予選リーグ

A	神村学園伊賀	三重	四日市西	桑名・稲生	順位
神村学園伊賀		3－0	11－0	14－0	1
三重	0－3		3－0	13－0	2
四日市西	0－11	0－3		2－1	3
桑名・稲生	0－14	0－13	1－2		4

B	高田	津田学園	四日市南	津西	順位
高田		5－0	6－0	5－0	1
津田学園	0－5		8－0	3－0	2
四日市南	0－6	0－8		4－1	3
津西	0－5	0－3	1－4		4

滋賀県

●決勝トーナメント

※合同
近江兄弟社
八幡商

八幡商

※合同＝国際情報・滋賀短大附・北大津・虎姫・水口東・湖南農

京都府

●決勝トーナメント

京都精華学園
京都西山
京都聖母学院
向陽
京都橘

京都精華学園

奈良県

●決勝

高取国際 9
国際 0
高取国際

和歌山県

●決勝トーナメント

新宮
和歌山北
神島

和歌山北

大阪府

●決勝トーナメント

大阪桐蔭
帝塚山学院
高槻北
星翔
リベルテ
大阪女学院
※合同A
山田
追手門学院
大商学園
大阪教育C附
教大平野
※合同B
茨木西
桜宮
大阪偕星学園
※合同C
汎愛
大阪学芸

大商学園

※合同A＝鶴見商・OBF・梅花・大阪緑涼
※合同B＝柴島・千里青雲
※合同C＝大阪国際・東住吉総合・山本・東大阪大敬愛・住吉・花園・港

兵庫県

●決勝トーナメント

日ノ本学園
神戸
三田祥雲館
三田西陵
蒼開
社
県西宮
北須磨
神戸弘陵
姫路女学院
夢野台
神戸学院
啓明
明石南
有馬
六甲アイランド

日ノ本学園

〈3位決定戦〉

蒼開 0
六甲アイランド 8
六甲アイランド

岡山県

●優勝決定戦

作陽
岡山学芸館
総社
岡山芳泉
林野

作陽

〈3位決定戦〉

林野
総社
岡山芳泉

林野

広島県

●決勝トーナメント

AICJ
山陽女学園
山陽
祇園北
高陽東
盈進
広島皆実
廿日市
沼田
福山明王台
広陵
広島文教大附

AICJ

〈3位決定戦〉

高陽東 0
沼田 4
沼田

鳥取県

●決勝トーナメント

鳥取城北
鳥取東
鳥取西
米子
鳥取敬愛

鳥取城北

〈3位決定戦〉

鳥取西 0
米子 3
米子

島根県

松江商

山口県

●決勝トーナメント

高川学園
聖光
防府西
長門
サビエル
熊毛南

高川学園

香川県

●決勝

四学大香川西 11
津田 0
四学大香川西

徳島県

●決勝トーナメント

鳴門渦潮
城東
徳島北
鳴門
徳島市立
徳島商
城北

鳴門渦潮

愛媛県

●決勝トーナメント

済美
小松
新居浜商
松山東雲
南宇和
宇和島南

宇和島南

高知県

●決勝トーナメント

高知
大方
高知東
高知商

高知

福岡県

●決勝トーナメント

東海大福岡
福岡女子商
福翔
福岡海星女子学院
福岡女学院
北九州
※合同B
筑陽学園

東海大福岡

〈3位決定戦〉

福岡海星女子学院 0
福岡女学院 3
福岡女学院

●予選リーグ

A	北九州	※合同A	福岡工大城東	福岡女子商	順位
北九州		1(5PK3)1	3－0	2－0	1
※合同A	1(3PK5)1		5－0	2－3	3
福岡工大城東	0－3	0－5		0－2	4
福岡女子商	0－2	3－2	2－0		2

B	九産大九州	福岡農・純真	福翔	※合同B	順位
九産大九州		5－1	1－3	1－3	3
福岡農・純真	1－5		0－8	0－3	4
福翔	3－1	8－0		2－0	1
※合同B	3－1	3－0	0－2		2

※合同A＝西日本短大附・明光学園
※合同B＝福岡舞鶴・福岡女子・飯塚

佐賀県

●決勝トーナメント

神埼
佐賀学園
武雄
佐賀女子

神埼

長崎県

●決勝トーナメント

鎮西学院
活水
海星
島原商

鎮西学院

大分県

●決勝

柳ケ浦 5
稲葉学園 0
柳ケ浦

熊本県

●決勝トーナメント

秀岳館
大津・松橋
ルーテル
玉名女子
球磨中央
慶誠
東海大熊本星翔
熊本農

秀岳館

宮崎県

●決勝トーナメント

都城聖ドミニコ学園
聖心ウルスラ学園
宮崎学園
都城商
妻
宮崎日大

都城聖ドミニコ学園

鹿児島県

●決勝トーナメント

神村学園
鹿屋女子
鹿児島女子
鳳凰

神村学園

〈3位決定戦〉

鹿屋女子 0
鹿児島女子 6
鹿児島女子

沖縄県

●決勝トーナメント

コザ
那覇国際
那覇商
普天間
浦添
名護
浦添商
向陽
西原
球陽
那覇
那覇西
※合同
糸満
北中城
小禄
豊見城
前原
首里
宮古
読谷
美里

那覇

※合同＝八重山・興南・首里東

全国高校総体サッカー大会出場校（女子）

年	H. 24	25	26	27	28	29	30	R. 元	2	3	4	5	6	7
開催地	松本，大町 (長野県)	鳥栖，佐賀 (佐賀県)	世田谷，調布 (東京都)	神戸，三木 (兵庫県)	広島，東広島，尾道，福山，三次 (広島県)	仙台，利府，松島，七ヶ浜 (宮城県)	藤枝 (静岡県)	金武，南城，恩納，北谷，西原，八重瀬 (沖縄県)	前橋 (群馬県)	坂井，福井 (福井県)	徳島，鳴門，阿南，吉野川 (徳島県)			
優勝校	**日ノ本学園1**	**村田女子1**	**日ノ本学園3**	**日ノ本学園4**	**藤枝順心1**	**日ノ本学園5**	**常盤木学園1**	**十文字1**	——	**神村学園1**	**大商学園1**			
準優勝	常盤木学園1	**日ノ本学園2**	京都精華女子1	大商学園1	作　陽1	藤枝順心1	日ノ本学園1	日ノ本学園2	——	藤枝順心2	十文字1			
三　位	藤枝順心1 神村学園1	大商学園1 作　陽1	湘南学院1 作　陽2	鎮西学院1 修　徳1	日ノ本学園1 十文字1	作　陽3 星槎国際湘南1	藤枝順心2 前橋育英1	聖和学園1 鳴門渦潮1	—— ——	作　陽4 帝京長岡1	日ノ本学園2 日本航空1			
北海道	大谷室蘭1	大谷室蘭2	北海道文教大明清1	北海道文教大明清2	北海道文教大明清3	大谷室蘭3	大谷室蘭4	北海道文教大明清4	——	大谷室蘭5	北海道文教大附5			
青　森									——					
岩　手	水　沢1		専大北上1					専大北上2	——					
秋　田									——					
山　形		山形西1							——					
宮　城	常盤木学園1	常盤木学園2	常盤木学園3	聖和学園1	常盤木学園4	明　成1 常盤木学園5	常盤木学園6	聖和学園2	——	常盤木学園7	常盤木学園8			
福　島				富岡・ふたば未来学園1	桜の聖母学院1	桜の聖母学院2	桜の聖母学院3		——	尚　志1	尚　志2			
新　潟			開志学園JSC1	開志学園JSC2	開志学園JSC3			開志学園JSC4	——	帝京長岡1				
長　野	大町北1								——					
富　山									——					
石　川									——					
福　井	福井工大福井1	福井工大福井2				福井工大福井3	福井工大福井4		——	福井工大福井5	福井工大福井6			
茨　城									——		鹿島学園1			
栃　木									——					
群　馬				前橋育英1	前橋育英2	前橋育英3	前橋育英4	前橋育英5	——	前橋育英6				
埼　玉	本庄第一1			花咲徳栄1					——					
東　京	飛　鳥1	村田女子1	十文字1 飛　鳥2	修　徳1	十文字2		十文字3	十文字4	——	十文字5	十文字6			
千　葉	幕張総合1							暁星国際1	——					
神奈川	湘南学院1	湘南学院2	湘南学院3		星槎国際湘南1	星槎国際湘南2	星槎国際湘南3		——					
山　梨		日本航空1	日本航空2			日本航空3			——	日本航空4	日本航空5			
静　岡	藤枝順心1	藤枝順心2	藤枝順心3	藤枝順心4	藤枝順心5	藤枝順心6	藤枝順心7 常葉大橘1	藤枝順心8	——	藤枝順心9	藤枝順心10			
愛　知				聖カピタニオ1	聖カピタニオ2	聖カピタニオ3	聖カピタニオ4		——	豊　川1	聖カピタニオ5			
岐　阜								帝京大可児1	——					
三　重	三　重1	三　重2	三　重3						——					
滋　賀									——					
京　都			京都精華女子1						——					
奈　良									——					
和歌山									——					
大　阪	大商学園1	大商学園2		大商学園3	大阪学芸1	大商学園4	大阪学芸2	大商学園5	——	大阪学芸3	大商学園6			
兵　庫	日ノ本学園1	日ノ本学園2	日ノ本学園3	日ノ本学園4 神戸第一1	日ノ本学園5	日ノ本学園6	日ノ本学園7	日ノ本学園8	——	日ノ本学園9	日ノ本学園10			
岡　山		作　陽1	作　陽2	作　陽3	作　陽4	作　陽5	作　陽6	作　陽7	——	作　陽8				
鳥　取									——					
島　根									——					
広　島	広島文教女子大附1				広島文教女子大附2				——		AICJ1			
山　口									——					
香　川					四学大香川西1	四学大香川西2	四学大香川西3		——					
徳　島		鳴門渦潮1	鳴門渦潮2	鳴門渦潮3				鳴門渦潮4	——	鳴門渦潮5	鳴門渦潮6 徳島商1			
高　知									——					
愛　媛	松山東雲1								——					
福　岡				東海大五1			東海大福岡2		——	東海大福岡3	東海大福岡4			
佐　賀		神　埼1							——					
長　崎		鎮西学院1		鎮西学院2	鎮西学院3	鎮西学院4			——					
大　分						柳ヶ浦1		柳ヶ浦2	——					
宮　崎			宮崎日大1						——					
熊　本									——					
鹿児島	神村学園1	神村学園2	神村学園3		神村学園4		神村学園5	神村学園6	——	神村学園7	神村学園8			
沖　縄								コ　ザ1	——					
参加校	16	16	16	16	16	16	16	16	——	16	16			
備　考	女子の部始まる	1回戦雷雨のため全試合順延。準決勝で打ち切り両校優勝	日ノ本学園が三連覇	男子の部と同会場で実施 日ノ本学園が四連覇	クーリングブレイク導入		東海大福岡↑東海大五	元号が「令和」に	新型コロナウイルス感染拡大の影響で中止		北海道文教大附↑北海道文教大明清			

国体

「いちご一会とちぎ国体 2022」

THE 77th JAPAN NATIONAL SPORTS FESTIVAL

いちご一会《いちえ》とちぎ国体

夢を感動へ。感動を未来へ。

少年男子は神奈川県が
最近7大会で4度目の日本一

雪国の2チームや地元・栃木県が躍進

初開催の少年女子は
8強に関東勢3チーム

地元・栃木県も1勝

少年男子の部 [優勝] 神奈川県

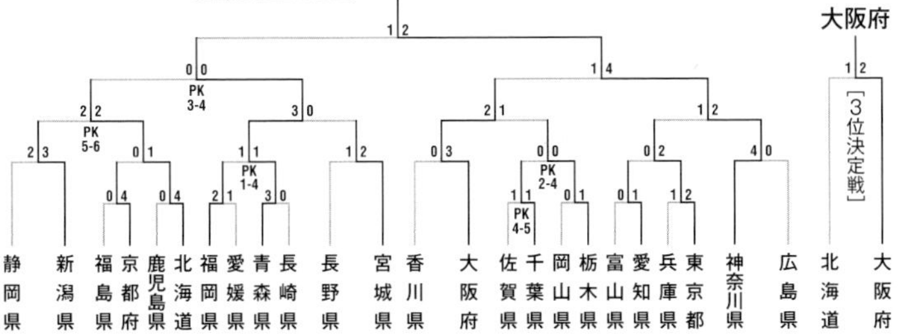

少年女子の部 [優勝] 東京都

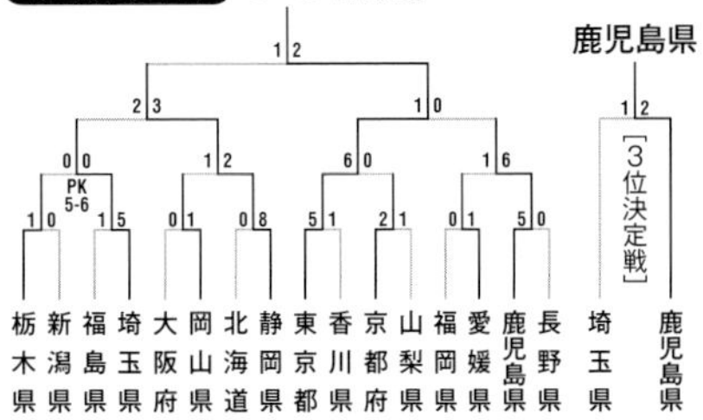

国体 少年男子1回戦

地元・栃木県が 13年ぶりの初戦突破

佐賀県撃破の千葉県なども２回戦へ

京都府 4 福島県 0

▶後半３分、京都府DF神田が先制点。チームリーダーがゴールラッシュの口火を切った

◀京都府は後半31分に交代出場のMF宮地が頭でゴール。登録メンバー13人全員が出場して初戦突破を果たした

福岡県 2-1 愛媛県

▲福岡県は抜群の強さ、速さを発揮したFW前田の活躍などで逆転勝ちを収めた

▶福岡県も交代組が活躍。後半33分に交代出場のFW倉田が決勝ゴールを決めた

後半21分、北海道は交代出場のFW畑山がドリブルから左足でこの試合２点目のゴール。南北対決を制して初戦突破

北海道 4-0 鹿児島県

青森県 3-0 長崎県

青森県は後半の３得点で初戦突破。攻守のバランサー役を担ったMF山口は２得点の活躍

◀PK方式１人目、「自分を信じて、あと味方を信じて止めるだけでした」という千葉県GK沖田が右手でストップ。強豪対決勝利へ導いた
▼後半33分、千葉県は交代出場のFW戸田が右足シュートを決めて同点に追いつく

千葉県 1 ［5 PK 4］ 佐賀県 1

先 佐賀県		PK		千葉県
鈴木	×	1	○	新保
大貫	○	2	○	戸田
與座	○	3	○	原
古舘	○	4	○	市村
山﨑	○	5	○	倉林
井本		GK		沖田

地元・栃木県は前半10分、エースMF揚石がカットインから鮮やかな左足シュートを決めた。栃木県は13年ぶりの初戦突破で1200人の観衆を沸かせた

栃木県 1-0 岡山県

愛知県 1-0 富山県

愛知県はシュート数で12-２と圧倒。後半１分、FW山端が相手のミスを逃さず決勝点

東京都は前半17分、左CKからDF川口が先制ヘッド。技術力の高い技巧派DFがスコアを動かした

東京都 2-1 兵庫県

国体 少年男子2回戦

2019年大会優勝の静岡県が初戦敗退

地元・栃木県、宮城県など「東」の7チームが8強へ

新潟県は後半25分、交代出場のＭＦ柳田が右足ミドルを決めて3点目。前回２０１９年大会優勝の静岡県の反撃を振り切って8強入り

▲新潟県は怪我で北信越ブロック予選欠場のMF野村が躍動。2得点を挙げ、「結果を残せて良かった」

新潟県 3
静岡県 2

北海道 1
京都府 0

北海道は後半35+2分、交代出場のFW真浦が劇的な決勝点。「まさか呼ばれるとは」という国体メンバー抜擢に応え、大仕事をやってのけた

先 青森県		PK		福岡県
山本	○	1	×	森部
谷川	○	2	×	大谷
山口	○	3	○	松尾
大沢	○	4		
嶺		GK		森

▲青森県はMF谷川が先制ゴール。前日に青森山田のプレミアリーグで先発、83分間出場した10番が連戦で結果を残した

▶福岡県はPK方式の末に敗れ、九州勢は2回戦で全滅

青森県 1 [4 PK 1] 1 福岡県

宮城県 2
長野県 1

◀宮城県は前半19分にＣＫからDF川上（4番）が先制ヘッド。2014年大会以来のベスト8進出
▶長野県は先制された3分後にCKからDF高橋が頭で決め返す。だが、1点差に泣いた

悲願の初優勝を狙う大阪府は、交代出場のFW木村も決めるなど3-0で初戦突破

大阪府 3-0 香川県

大阪府は前半16分、「自分は常に得点を決めることを意識してやっています」という10番MF藤井が先制ゴール

栃木県 0 [4 PK 2] 千葉県 0

先 栃木県	PK	千葉県
揚石 ○	1	○ 新保
清水 ○	2	× 原
山岡 ○	3	○ 市村
坂本 ○	4	× 石川
熊谷	GK	沖田

栃木県はDF清水(右)が中心になって千葉県を完封。PK方式の末、ベスト８進出

東京都 2
愛知県 0

◀東京都は前半10分、FW庄司が先制ゴール。スコアボードをバックにガッツポーズ

▶東京都DF田所は川崎Fアカデミーの先輩、日本代表DF板倉滉が憧れ。中盤で高さを発揮

神奈川県 4
広島県 0

神奈川県は大会得点王に輝いたFW望月のゴールなどで４発勝利。前回2019年大会準優勝の広島県は序盤に退場者を出し、初戦敗退に

国体 少年男子準々決勝

北海道が27年ぶりの準決勝進出!

青森県、神奈川県、大阪府も4強入り

▲新潟県は前半19分、FW新納が勝ち越しゴール。2014年大会以来の4強入りへ迫ったが……

北海道 2 [6 PK 5] 新潟県 2

◀目の前の相手を「撃破する」に集中した北海道が27年ぶりの準決勝進出。PK方式で7人目を止めたGK竹内を中心に喜びを爆発した

先 北海道		PK		新潟県
笹	○	1	○	渡辺
倉田	○	2	○	山村
小澤	○	3	○	平澤
真浦	○	4	×	新納
安達	×	5	○	野村
畑山	○	6	○	吉竹
冨谷	○	7	×	柳田
竹内		GK		小林

青森県 3 宮城県 0

青森県は前半35分、DF小沼のロングスローからニアのDF伊藤が先制ヘッド。東北勢対決を制して2018年大会に続く準決勝進出

大阪府 2-1 栃木県

▲栃木県は前半27分に同点弾を決めたMF揚石がガッツポーズ。地元観衆を沸かせた

▶大阪府が堅守速攻の栃木県を攻略してベスト4進出。後半15分、MF藤井が左足で決勝点

神奈川県 2-1 東京都

▶東京都はAFC U17アジアカップ予選に出場したU-16日本代表組を欠く中で8強入り。MF蔦田のゴールで先制も逆転負け

▶関東勢対決は神奈川県が逆転勝ち。後半23分、小柄だが空中戦に自信を持つMF加治佐が決勝ヘッド

国体 少年男子準決勝

青森県が初、神奈川県が2017年以来の決勝進出

◀青森県が歴史を変えた。PK方式で交代出場GK嶺が2本をストップ。過去最高成績の4位を超えて初の決勝進出

先 北海道	PK	青森県
庄内 ○	1	○ 山本
笹 ×	2	× 谷川
上ヶ嶋 ○	3	○ 山口
冨谷 ×	4	○ 大沢
安達 ○	5	○ 小沼
竹内	GK	嶺

▶初の決勝進出を狙う北海道はエースMF庄内（左）を中心に攻撃。だが、青森県はDF小沼（右）らが立ちはだかった

青森県 0［4 PK 3］0 北海道

神奈川県 4-1 大阪府

▶神奈川県は前半26分、攻撃参加したDF布施のグラウンダーのクロスをFW寺下が決めて先制。観戦した小学生と一緒にゴールを喜ぶ
◀後半26分、神奈川県は交代出場のMF白須がGKをかわしてゴール。2017年大会以来の決勝進出

「粘っこく粘っこく」戦った大阪府が3位

北海道は逆転負けも健闘の4位

3位決定戦

大阪府 2-1 北海道

後半13分にMF森田が決勝点。「ここまで粘っこく粘っこくやってきた」（坂元監督）という大阪府が3位に

第3位 大阪府

ステイマンジョシュア草太郎、西川宙希、國岡俊哉、船越将磨、久松大耀、長田叶羽、福本一太、森田将光、木村有磨、藤井龍也、山田光太郎、山岡薫平、的場航人、古河幹太、尾形祐輔、東潤之介

第77回 国民体育大会少年男子の部記録一覧

★ 福島県 0 (0-0 0-4) 4 京都府

第1回戦 10月2日 真岡市総合運動公園陸上競技場 主 高橋海星 副 野村尚太郎、鈴木翔

得	S	年齢			背	背			年齢	S	得
0	0	15	GK	針生 東	1	1	木村 光貴	GK	15	0	0
0	1	16	DF	高田 湊人	2	3	上田 慶輔	DF	15	0	0
0	0	16	DF	小原 空大	3	4	神田 幸太郎	DF	⓯	1	1
0	0	15	DF	西館 優真	4	5	道倉 悠聖	DF	16	1	0
0	1	15	DF	板垣 大翔	5	6	小林 治英	DF	15	0	0
0	0	15	MF	西丸 由都	6	15	三宮 稜大	DF	15	0	0
0	1	⓰	MF	出来 伯琉	7	7	石本 泰雅	MF	15	1	0
0	2	15	MF	大内 完介	8	13	立川 遼翔	MF	15	2	0
0	0	15	MF	小笠原 啓太	9	14	谷田 伎倖杜	MF	15	1	1
0	0	16	MF	伊藤 颯也	12	9	増井 那月	FW	15	3	0
0	1	15	FW	矢崎 レイス	11	11	吉野 歩夢	FW	15	0	0

【交代】(福島県)矢崎レイス→齋藤碧(65分)／(京都府)吉野歩夢→宮地陸翔(59分)、谷田伎倖杜→西岡佑真(64分)
【警告】(京都府)石本泰雅(40分)
【得点】(京都府)神田幸太郎(38分)、谷田伎倖杜(51分)、宮地陸翔(66、70+2分)

鹿児島県 0 (0-1 0-3) 4 北海道 ★

第1回戦 10月2日 真岡市総合運動公園陸上競技場 主 深谷聡一 副 奥村勇磨、國藤翔

得	S	年齢			背	背			年齢	S	得
0	0	14	GK	久米田 聖海	16	1	茂木 克行	GK	15	0	0
0	0	15	DF	鈴木 悠仁	3	2	坂本 勘汰	DF	15	0	0
0	0	⓰	DF	難波 大和	5	3	冨谷 央雅	DF	⓯	0	1
0	0	15	DF	新垣 陽盛	17	4	小澤 秀太郎	DF	15	0	0
0	1	15	MF	藤井 崇匡	4	15	笹 修大	DF	15	0	0
0	1	16	MF	長沼 政宗	8	5	倉田 楠楽	MF	15	0	0
0	0	15	MF	松下 永遠	10	7	上ヶ嶋 柊也	MF	15	0	0
0	2	14	MF	佐々木 悠太	18	8	安達 朔	MF	15	1	1
0	1	14	MF	福島 和毅	22	10	庄内 航汰	MF	15	2	0
0	0	15	FW	金城 蓮央	11	16	川崎 幹大	MF	14	1	0
0	1	16	FW	外園 智也	13	9	品田 太郎	FW	15	1	1

【交代】(鹿児島県)藤井崇匡→下川温大(25分)、松下永遠→栗下心暖明(43分)、外園智也→前田蓮生(55分)、久米田聖海→藤吉純誠(60分)、鈴木悠仁→吉村太希(60分)／(北海道)品田太郎→真浦劉(42分)、上ヶ嶋柊也→畑山聖那(49分)、庄内航汰→畑嘉人(49分)、川崎幹大→三船煌晴(57分)、茂木克行→竹内琉真(60分)、冨谷央雅→庄内航汰(60分)
【警告】(鹿児島県)鈴木悠仁(60分)
【得点】(北海道)品田太郎(10分)、畑山聖那(51、56分)、安達朔(69分)

福岡県 2 (1-1 1-0) 1 愛媛県 ★

第1回戦 10月2日 下野市大松山運動公園陸上競技場 主 松尾真太郎 副 太田和翔、若井田駿

得	S	年齢			背	背			年齢	S	得
0	0	15	GK	森 惺舞	1	1	谷 琉成	GK	15	0	0
0	0	15	DF	田中 航路	2	2	喜安 康生	DF	⓰	0	0
0	0	15	DF	柴田 陽仁	3	4	平田 武暉	DF	15	0	0
0	0	⓰	DF	山本 遥斗	4	5	赤松 千翔	DF	15	0	0
0	1	15	DF	吉松 優人	6	16	早瀬 侑希	DF	15	1	1
0	1	15	MF	森部 絢	7	6	二宮 颯	MF	16	2	0
0	0	15	MF	大谷 圭史	8	7	荒井 海聖	MF	16	0	0
0	1	15	MF	楢崎 佑馬	10	8	佐野 祥人	MF	15	0	0
0	0	15	MF	松尾 優輝	11	11	小倉 里仁	MF	15	0	0
0	0	15	MF	中野 瑛心	15	14	山中 柊生	MF	15	0	0
1	3	15	FW	前田 一翔	9	10	大槻 智也	FW	16	3	0

【交代】(福岡県)大谷圭史→江下憲成(16分)、楢崎佑馬→川野誠治(51分)、中野瑛心→倉田連(59分)、前田一翔→浦津太樹(70+1分)、森惺舞→長谷川悠衣(70+7分)、浦津太樹→中野瑛心(70+7分)／(愛媛県)佐野祥人→田頭星梧(55分)、小倉里仁→高瀬一光(69分)
【警告】(福岡県)柴田陽仁(18分)、松尾優輝(29分)、森惺舞(62分)／(愛媛県)田頭星梧(69分)
【得点】(福岡県)前田一翔(35+2分)、倉田連(68分)／(愛媛県)早瀬侑希(19分)

★ 青森県 3 (0-0 3-0) 0 長崎県

第1回戦 10月2日 下野市大松山運動公園陸上競技場 主 新開悠太郎 副 宮地夏希、芳賀修斗

得	S	年齢			背	背			年齢	S	得
0	0	15	GK	磯村 颯	12	12	黒瀬 理仁	GK	15	0	0
0	0	15	DF	西尾 啓汰	2	2	大久保 龍人	DF	15	0	0
0	0	15	DF	伊藤 柊	3	3	田原 昊仁郎	DF	15	0	0
1	1	⓰	DF	山本 虎	4	5	田橋 征也	DF	16	0	0
0	0	15	DF	小沼 蒼珠	5	14	古川 海光	DF	15	0	0
0	1	15	DF	澤田 篤志	7	6	大町 璃史	MF	15	0	0
2	3	15	MF	山口 元幹	6	7	門崎 健一	MF	15	0	0
0	1	15	MF	浅野 瑠唯	8	8	岩本 悠也	MF	15	0	0
0	1	15	MF	野間 風希	15	9	宮﨑 陽	FW	15	0	0
0	2	15	FW	三浦 陽	11	10	松尾 侑一	FW	⓰	2	0
0	1	15	FW	川口 琥牙	14	11	金ヶ瀬 仁人	FW	15	1	0

【交代】(青森県)浅野瑠唯→大沢悠真(HT)、西尾啓汰→増田敢太(51分)、三浦陽→別府育真(66分)、磯村颯→嶺翔莉(67分)／(長崎県)松尾侑一→福吉康生(58分)、田原昊仁郎→内山航紀(60分)、門崎健一→竹内大翼(66分)
【得点】(青森県)山本虎(56分)、山口元幹(58、60分)

佐賀県 1 (0-0 1-1) 1 千葉県 ★

4 PK 5

第1回戦 10月2日 真岡市総合運動公園運動広場1 主 本郷行秀 副 齋藤一真、小田昂佑

得	S	年齢			背	背			年齢	S	得
0	0	15	GK	井本 航太	1	1	沖田 汰志	GK	15	0	0
0	0	15	DF	内丸 寛太	3	2	齋藤 広大	DF	15	0	0
0	1	⓯	DF	古舘 宗也	4	3	岡崎 來夢	DF	15	0	0
0	0	15	DF	田中 佑磨	13	5	富樫 龍暉	DF	15	0	0
0	1	15	DF	甲斐 桜助	16	16	石津 一輝	DF	15	0	0
0	2	15	MF	池末 徹平	6	6	藤谷 温大	MF	15	0	0
1	4	15	MF	與座 朝道	7	8	福島 大雅	MF	15	0	0
0	3	15	MF	大貫 天太郎	8	10	新保 柊祐	MF	⓰	0	0
0	1	15	FW	鈴木 大馳	9	14	原 希優羽	MF	15	1	0
0	1	15	FW	山﨑 遥稀	10	15	手塚 柑汰	MF	15	0	0
0	0	16	FW	宮川 昇太	14	13	倉林 佑成	FW	16	0	0

【交代】(佐賀県)宮川昇太→渡邊翔音(57分)／(千葉県)手塚柑汰→戸田晶斗(42分)、藤谷温大→市村健(53分)
【警告】(千葉県)新保柊祐(52分)
【得点】(佐賀県)與座朝道(61分)／(千葉県)戸田晶斗(68分)

岡山県 0 (0-1 0-0) 1 栃木県 ★

第1回戦 10月2日 真岡市総合運動公園運動広場1 主 中川琢士 副 鈴木寿士、石川貴仁

得	S	年齢			背	背			年齢	S	得
0	0	15	GK	脇谷 静香	1	1	熊谷 匡祐	GK	15	0	0
0	0	15	DF	田原 悠帆	2	3	山﨑 柊	DF	15	0	0
0	0	16	DF	石川 太陽	3	4	清水 陽	DF	15	0	0
0	1	15	DF	繁定 蒼	4	5	鶴田 大和	DF	15	1	0
0	0	⓰	DF	平野 大樹	5	6	小森 輝星	MF	⓰	0	0
0	2	15	MF	磯本 蒼羽	7	7	石関 琉	MF	15	0	0
0	1	15	MF	鈴木 大空	13	8	佐藤 漣	MF	15	0	0
0	0	15	MF	南 稜大	15	10	揚石 琉生	MF	16	2	1
0	0	14	FW	千田 遼	9	15	直井 芳樹	MF	15	0	0
0	0	16	FW	木村 奏人	10	16	山岡 鼓人	MF	15	0	0
0	0	15	FW	石井 秀幸	11	13	中丸 功大	FW	15	0	0

【交代】(岡山県)石井秀幸→白神端基(33分)、鈴木大空→北村雄河(HT)、繁定蒼→池上大慈(64分)／(栃木県)小森輝星→坂本勇(47分)、石関琉→堀内凰希(57分)、中丸功大→渡部嶺斗(65分)
【警告】(岡山県)鈴木大空(32分)／(栃木県)清水陽(59分)
【得点】(栃木県)揚石琉生(10分)

★ 富山県 0 (0-0 0-1) 1 愛知県

第1回戦 10月2日 益子町南運動公園陸上競技場 主 關口大夢 副 坂上亮介、伊藤慶太

得	S	年齢			背	背			年齢	S	得
0	0	15	GK	仙田 琥太郎	1	1	濱崎 史揮	GK	15	0	0
0	0	15	DF	出村 拓郎	5	2	富川 勇斗	DF	15	3	0
0	0	15	DF	吉崎 裕大	6	3	青木 正宗	DF	⓯	2	0
0	0	15	DF	中村 龍之介	15	4	松井 晴飛	DF	16	0	0
0	0	15	MF	白川 紳晴	2	5	伊澤 翔登	DF	15	0	0
0	0	15	MF	新保 瑠偉	7	6	松嶋 好誠	MF	15	0	0
0	0	15	MF	中島 澄也	8	7	池間 叶	MF	15	0	0
0	0	16	MF	道下 皓斗	10	10	西森 悠斗	MF	15	0	0
0	0	⓰	MF	菅野 暖大	14	14	八色 真人	MF	14	2	0
0	1	15	FW	竹森 賢志	9	9	山端 寧生	FW	15	2	1
0	1	15	FW	高川 諒希	16	11	西森 脩斗	FW	15	3	0

【交代】(富山県)道下皓斗→長谷川岳久(54分)、菅野暖大→高橋大和(60分)、吉崎裕大→片原太智(65分)、高川諒希→宮林渉(65分)／(愛知県)山端寧生→川端晃太郎(59分)、松嶋好誠→中原蒼空(65分)、西森脩斗→洞口郁斗(69分)
【警告】(富山県)中村龍之介(41分)
【得点】(愛知県)山端寧生(36分)

★ 兵庫県 1 (0-1 1-1) 2 東京都

第1回戦 10月2日 益子町南運動公園陸上競技場 主 大戸魁 副 加藤駿希、佐藤佑樹

得	S	年齢			背	背			年齢	S	得
0	0	15	GK	小池 柊介	12	1	山本 琉聖	GK	⓰	0	0
1	2	⓯	DF	茨木 陸	3	2	楠本 達彦	DF	15	0	0
0	0	15	DF	山田 海斗	4	3	川口 和也	DF	15	1	1
0	2	15	DF	松田 志道	16	5	岩田 友樹	DF	15	1	0
0	0	15	MF	阪上 聖恩	5	6	小林 健	DF	15	0	0
0	0	15	MF	岩本 悠庵	6	7	知久 陽輝	MF	15	1	0
0	1	15	MF	今富 輝也	10	8	大澤 修三	MF	15	0	0
0	0	15	FW	小泉 楓雅	8	16	蔦田 翔太	MF	15	0	0
0	3	15	FW	髙村 睦弥	9	9	庄司 啓太郎	FW	15	0	0
0	2	15	FW	森田 皇翔	11	11	平原 健吉	FW	15	0	0
0	2	15	FW	江口 雄輝	15	14	仲谷 俊	FW	15	0	0

【交代】(兵庫県)小泉楓雅→吉岡嵐(HT)、江口雄輝→亀井塁(47分)、岩本悠庵→三宅蔵ノ助(59分)、松田志道→黒瀬直弥(62分)／(東京都)仲谷俊→田所莉旺(47分)、庄司啓太郎→大越友太波(53分)、平原健吉→古谷章太朗(53分)、知久陽輝→沼田青瑳(68分)、山本琉聖→大橋藍(70分)
【警告】(東京都)知久陽輝(65分)
【得点】(兵庫県)茨木陸(70+4分)／(東京都)川口和也(17分)、大越友太波(58分)

第2回戦 10月3日 真岡市総合運動公園運動広場1 主 奥村勇磨 副 中川琢士、宮地夏希

静岡県 2（0-2 2-1）3 新潟県 ★

得	S	年齢			背	背			年齢	S	得
0	0	15	GK	髙田 翔	1	1	小林 脩晃	GK	15	0	0
0	0	16	DF	関口 拓海	2	2	遠藤 琉晟	DF	15	0	0
0	0	15	DF	渥美 慶大	3	3	渡辺 陽翔	DF	⑯	0	0
0	0	15	DF	関戸 海凪	4	4	武内 裕輔	DF	15	0	0
0	0	15	DF	後藤 翔吾	5	15	平井 琉稀	DF	15	0	0
0	0	15	MF	髙原 瑛斗	6	5	平澤 諒珂	MF	16	0	0
0	1	15	MF	山下 輝大	9	6	吉竹 勇人	MF	15	1	0
0	1	15	MF	河合 優希	11	7	野村 塁生	MF	16	4	2
0	0	16	MF	石田 然	13	10	山村 朔冬	MF	16	4	0
0	3	⑯	FW	良知 英祥	10	16	山本 圭晋	MF	15	0	0
0	1	15	FW	山本 将太	14	9	新納 大吾	FW	15	4	0

【交代】(静岡県)髙原瑛斗→小竹知恩(HT)、山下輝大→伊藤悠陽(58分)、河合優希→野澤康佑(65分)／(新潟県)山本圭晋→柳田夢輝(41分)、山村朔冬→安野匠(48分)、平澤諒珂→浅井隼大(70分)
【警告】(静岡県)関口拓海(30分)
【得点】(静岡県)小竹知恩(65分)、野澤康佑(70+4分)／(新潟県)野村塁生(4、27分)、柳田夢輝(60分)

第2回戦 10月3日 真岡市総合運動公園運動広場1 主 鈴木寿士 副 大戸魁、太田和翔

★ 京都府 0（0-0 0-1）1 北海道

得	S	年齢			背	背			年齢	S	得
0	0	15	GK	木村 光貴	1	1	茂木 克行	GK	15	0	0
0	1	15	DF	上田 慶輔	3	2	坂本 勘汰	DF	15	0	0
0	1	⑮	DF	神田 幸太郎	4	4	小澤 秀太郎	DF	15	0	0
0	0	16	DF	道倉 悠聖	5	6	三舩 煌晴	DF	15	0	0
0	0	15	DF	小林 治英	6	15	笹 修大	DF	⑮	0	0
0	1	15	DF	三宮 稜大	15	5	倉田 楠楽	MF	15	0	0
0	0	15	MF	石本 泰雅	7	7	上ヶ嶋 柊也	MF	15	0	0
0	0	15	MF	立川 遼翔	13	8	安達 朔	MF	15	1	0
0	2	15	MF	谷田 伎倖杜	14	10	庄内 航汰	MF	15	0	0
0	2	15	FW	増井 那月	9	16	川崎 幹大	MF	14	0	0
0	0	15	FW	吉野 歩夢	11	9	品田 太郎	FW	15	0	0

【交代】(京都府)石本泰雅→宮地陸翔(38分)、小林治英→西岡佑真(59分)／(北海道)安達朔→畑山聖那(44分)、三舩煌晴→冨谷央雅(56分)、品田太郎→真浦劉(56分)、上ヶ嶋柊也→畑嘉人(64分)
【警告】(北海道)上ヶ嶋柊也(62分)
【得点】(北海道)真浦劉(70+2分)

第2回戦 10月3日 真岡市総合運動公園運動広場1 主 小松祐也 副 染谷弘樹、國藤翔

★ 福岡県 1（0-0 1-1）1 青森県
1 PK 4

得	S	年齢			背	背			年齢	S	得
0	0	15	GK	森 惺舞	1	12	磯村 颯	GK	15	0	0
0	0	15	DF	田中 航路	2	3	伊藤 柊	DF	15	2	0
0	0	15	DF	柴田 陽仁	3	4	山本 虎	DF	⑯	1	0
0	0	⑯	DF	山本 遥斗	4	5	小沼 蒼珠	DF	15	1	0
0	0	15	DF	吉松 優人	6	7	澤田 篤志	DF	15	0	0
0	0	15	MF	森部 絢	7	6	山口 元幹	MF	15	0	0
0	0	15	MF	大谷 圭史	8	8	浅野 瑠唯	MF	15	2	0
0	0	15	MF	楢崎 佑馬	10	10	谷川 勇獅	MF	15	2	1
0	0	15	MF	松尾 優輝	11	16	別府 育真	MF	15	0	0
0	0	15	MF	中野 瑛心	15	11	三浦 陽	FW	15	1	0
1	1	15	FW	前田 一翔	9	14	川口 琥牙	FW	15	1	0

【交代】(福岡県)吉松優人→川野誠治(44分)、中野瑛心→江下憲成(44分)、楢崎佑馬→倉田連(62分)／(青森県)別府育真→大沢悠真(HT)、浅野瑠唯→増田敢太(52分)、磯村颯→嶺翔莉(70+1分)、澤田篤志→野間風希(70+4分)
【警告】(福岡県)松尾優輝(67分)
【得点】(福岡県)前田一翔(50分)／(青森県)谷川勇獅(41分)

第2回戦 10月3日 真岡市総合運動公園陸上競技場 主 石川貴仁 副 本郷行秀、野崎聡悟

★ 長野県 1（1-2 0-0）2 宮城県

得	S	年齢			背	背			年齢	S	得
0	0	15	GK	南山 天空	1	1	平山 陽樹	GK	15	0	0
0	0	15	DF	菊池 良太	2	2	渡邉 幸輝	DF	15	0	0
1	1	⑮	DF	高橋 涼太	3	3	伊藤 俊輔	DF	16	0	0
0	1	15	DF	北村 彪真	4	4	川上 壱也	DF	14	2	1
0	0	15	DF	山口 拓人	5	5	中田 琉雅	DF	⑯	0	0
0	0	15	MF	河田 昊良	6	6	新田 利海玖	MF	16	0	0
0	0	15	MF	萩原 正太郎	8	7	中西 大晴	MF	15	2	0
0	1	15	MF	伊藤 晏理	11	8	佐々木 羽琉	MF	15	0	0
0	0	15	MF	宮谷 天空	16	14	齋藤 俊輔	MF	15	0	0
0	0	15	FW	福田 優成	10	15	鈴木 優也	MF	15	0	0
0	0	15	FW	齊藤 皇	12	9	萩原 空真	FW	15	3	1

【交代】(長野県)宮谷天空→佐々木晄汰(45分)、菊池良太→小川蓮生(53分)、齊藤皇→三森太陽(53分)、萩原正太郎→中村維新(63分)／(宮城県)鈴木優也→上野航輝(43分)、萩原空真→佐々木流空(53分)、齋藤俊輔→齊藤成生(60分)、中西大晴→横山颯大(66分)
【得点】(長野県)高橋涼太(22分)／(宮城県)川上壱也(19分)、萩原空真(35+1分)

第2回戦 10月3日 益子町南運動公園陸上競技場 主 關口大夢 副 永島淳平、坂上亮介

★ 香川県 0（0-1 0-2）3 大阪府

得	S	年齢			背	背			年齢	S	得
0	0	15	GK	谷山 英悟	1	12	山岡 薫平	GK	15	0	0
0	0	⑯	DF	石川 太一	3	2	西川 宙希	DF	⑮	2	0
0	0	15	DF	福田 昂世	5	3	國岡 俊哉	DF	15	0	0
0	0	15	DF	廣畑 寛汰	15	4	船越 将磨	DF	16	0	0
0	1	16	MF	髙橋 慶伍	7	5	久松 大耀	DF	15	0	0
0	0	15	MF	宮本 悠良	8	6	長田 叶羽	MF	15	2	0
0	0	16	MF	多田 明翼	9	7	福本 一太	MF	15	0	0
0	0	15	MF	伊藤 瑛規	13	8	森田 将光	MF	15	2	0
0	0	16	MF	松木 晴陽	14	10	藤井 龍也	MF	15	2	1
0	3	15	FW	玉田 滉喜	10	11	山田 光太郎	FW	15	0	0
0	0	15	FW	田北 海翔	11	16	東 潤之介	FW	15	0	0

【交代】(香川県)谷山英悟→福本慎斗(HT)、福田昂世→松原心(HT)、廣畑寛汰→近藤夏明(HT)、田北海翔→清水朱翔(HT)、多田明翼→古家大輝(52分)／(大阪府)山田光太郎→木村有磨(42分)、福本一太→古河幹太(51分)、國岡俊哉→的場航人(54分)、山岡薫平→ステイマン ジョシュア草太郎(62分)、森田将光→尾形祐輔(68分)
【警告】(大阪府)森田将光(27分)
【得点】(大阪府)藤井龍也(16分)、木村有磨(46分)、オウンゴール(61分)

第2回戦 10月3日 真岡市総合運動公園陸上競技場 主 高橋海星 副 深谷聡一、野村尚太郎

★ 千葉県 0（0-0 0-0）0 栃木県
2 PK 4

得	S	年齢			背	背			年齢	S	得
0	0	15	GK	沖田 汰志	1	1	熊谷 匡祐	GK	15	0	0
0	1	15	DF	齋藤 広大	2	3	山﨑 柊	DF	15	0	0
0	0	15	DF	岡崎 來夢	3	4	清水 陽	DF	15	0	0
0	0	15	DF	富樫 龍暉	5	8	佐藤 漣	DF	15	0	0
0	0	15	DF	石津 一輝	16	16	山岡 鼓人	DF	15	0	0
0	0	15	MF	福島 大雅	8	5	鶴田 大和	DF	15	0	0
0	0	⑯	MF	新保 柊祐	10	6	小森 輝星	MF	⑯	0	0
0	5	15	MF	原 希優羽	14	7	石関 琉	MF	15	0	0
0	3	15	FW	戸田 晶斗	9	10	揚石 琉生	MF	16	1	0
0	1	16	FW	石川 柊翔	11	15	直井 芳樹	MF	15	0	0
0	3	16	FW	倉林 佑成	13	13	中丸 功大	FW	15	0	0

【交代】(千葉県)戸田晶斗→市村健(46分)、倉林佑成→手塚柑汰(59分)／(栃木県)小森輝星→坂本勇(HT)、石関琉→堀内凰希(52分)、中丸功大→渡部嶺斗(52分)
【警告】(千葉県)福島大雅(51分)／(栃木県)中丸功大(11分)

第2回戦 10月3日 益子町南運動公園陸上競技場 主 松尾真太郎 副 外岡将司、里吉雄介

愛知県 0（0-2 0-0）2 東京都 ★

得	S	年齢			背	背			年齢	S	得
0	0	15	GK	濱崎 史揮	1	12	大橋 藍	GK	15	0	0
0	0	⑮	DF	青木 正宗	3	2	楠本 達彦	DF	15	0	0
0	1	16	DF	松井 晴飛	4	3	川口 和也	DF	15	0	0
0	1	15	DF	伊澤 翔登	5	4	田所 莉旺	DF	⑮	0	0
0	0	16	DF	足立 遼馬	13	5	岩田 友樹	DF	15	0	0
0	3	15	MF	松嶋 好誠	6	15	沼田 青瑳	DF	15	0	0
0	0	15	MF	池間 叶	7	7	知久 陽輝	MF	15	1	1
0	1	15	MF	西森 悠斗	10	10	古谷 章太朗	MF	16	2	0
0	1	14	MF	八色 真人	14	16	蔦田 翔太	MF	15	1	0
0	1	15	FW	山端 寧生	9	9	庄司 啓太郎	FW	15	1	1
0	1	15	FW	西森 脩斗	11	11	平原 健吉	FW	15	0	0

【交代】(愛知県)山端寧生→洞口郁斗(52分)、西森脩斗→中原蒼空(65分)／(東京都)平原健吉→大澤修三(48分)、庄司啓太郎→大越友太波(51分)、知久陽輝→仲谷俊(60分)、古谷章太朗→小林健(68分)
【警告】(愛知県)青木正宗(13分)／(東京都)大澤修三(55分)
【得点】(東京都)庄司啓太郎(10分)、知久陽輝(33分)

第2回戦 10月3日 益子町南運動公園陸上競技場 主 新開悠太郎 副 田原慎乃介、加藤駿希

神奈川県 4（2-0 2-0）0 広島県 ★

得	S	年齢			背	背			年齢	S	得
0	0	16	GK	折原 怜	1	1	澤田 隼佑	GK	15	0	0
1	1	15	DF	山中 大輝	3	2	大上免 嵐	DF	15	0	0
0	0	15	DF	布施 克真	5	3	小谷 楓河	DF	15	0	0
1	1	15	DF	埜口 怜乃	16	4	鵜飼 大翔	DF	15	0	0
0	1	15	MF	上西 遥喜	7	5	橋本 日向	DF	15	0	0
0	2	⑮	MF	高橋 友矢	8	6	井上 証	MF	⑮	0	0
0	0	15	MF	白須 健斗	9	8	桝谷 歩希	MF	15	0	0
0	1	15	MF	加治佐 海	14	9	廣重 壮真	MF	15	1	0
1	3	15	FW	望月 耕平	10	14	山本 寛太	MF	15	0	0
0	1	15	FW	徳田 佑真	11	10	井上 愛簾	FW	15	1	0
0	0	15	FW	寺下 翔和	13	11	吉田 唯人	FW	15	0	0

【交代】(神奈川県)寺下翔和→香取武(HT)、白須健斗→吉沢実頼(46分)、加治佐海→和田悠青(48分)、折原怜→山下将真(53分)、望月耕平→笹歩睦(53分)／(広島県)吉田唯人→青井優太朗(9分)、山本寛太→長村星波(61分)
【警告】(広島県)鵜飼大翔(6分)
【得点】(神奈川県)埜口怜乃(8分)、山中大輝(35+1分)、望月耕平(44分)、吉沢実頼(51分)

準々決勝戦

10月4日 下野市大松山運動公園陸上競技場 主 石川貴仁 副 關口大夢、新開悠太郎

★ **新潟県 2 (2-1 / 0-1) 2 北海道**　5 PK 6

得	S	年齢		新潟県	背	背	北海道		年齢	S	得
0	0	15	GK	小林 脩晃	1	12	竹内 琉真	GK	15	0	0
0	0	15	DF	遠藤 琉晟	2	2	坂本 勘汰	DF	15	0	0
0	0	⓰	DF	渡辺 陽翔	3	3	冨谷 央雅	DF	⓯	0	0
0	0	15	DF	武内 裕輔	4	4	小澤 秀太郎	DF	15	0	0
0	1	15	DF	平井 琉稀	15	15	笹 修大	DF	15	0	0
0	0	16	MF	平澤 諒珂	5	5	倉田 楠楽	MF	15	0	0
0	0	15	MF	吉竹 勇人	6	7	上ヶ嶋 柊也	MF	15	0	0
0	1	16	MF	野村 塁生	7	10	庄内 航汰	MF	15	0	0
1	3	16	MF	山村 朔冬	10	14	畑 嘉人	MF	15	1	0
0	0	15	MF	山本 圭晋	16	9	品田 太郎	FW	15	0	0
1	4	15	FW	新納 大吾	9	11	畑山 聖那	FW	15	3	1

【交代】(新潟県)山本圭晋→柳田夢輝(48分)／(北海道)上ヶ嶋柊也→真浦劉(HT)、畑嘉人→川崎幹大(48分)、品田太郎→三船煌晴(52分)、庄内航汰→安達朔(63分)
【警告】(新潟県)平井琉稀(68分)
【得点】(新潟県)山村朔冬(12分)、新納大吾(19分)／(北海道)畑山聖那(3分)、三船煌晴(57分)

準々決勝戦

10月4日 真岡市総合運動公園陸上競技場 主 鈴木寿士 副 深谷聡一、奥村勇磨

★ **青森県 3 (1-0 / 2-0) 0 宮城県**

得	S	年齢		青森県	背	背	宮城県		年齢	S	得
0	0	15	GK	磯村 颯	12	1	平山 陽樹	GK	15	0	0
0	2	15	DF	西尾 啓汰	2	2	渡邉 幸輝	DF	15	0	0
1	1	15	DF	伊藤 柊	3	3	伊藤 俊輔	DF	16	1	0
0	0	⓰	DF	山本 虎	4	4	川上 壱也	DF	14	0	0
0	0	15	DF	小沼 蒼珠	5	5	中田 琉雅	DF	⓰	0	0
0	0	15	DF	澤田 篤志	7	6	新田 利海玖	MF	16	1	0
0	0	15	MF	山口 元幹	6	7	中西 大晴	MF	15	0	0
0	0	15	MF	浅野 瑠唯	8	8	佐々木 羽琉	MF	15	1	0
0	1	15	MF	谷川 勇獅	10	10	横山 颯大	MF	15	1	0
1	1	15	FW	三浦 陽	11	14	齋藤 俊輔	MF	15	1	0
0	1	15	FW	川口 琥牙	14	9	萩原 空真	FW	15	2	0

【交代】(青森県)浅野瑠唯→大沢悠真(28分)、三浦陽→増田敢太(58分)、山口元幹→野間風希(60分)、磯村颯→嶺翔莉(67分)、澤田篤志→別府育真(67分)／(宮城県)中西大晴→上野航輝(51分)、横山颯大→鈴木優也(51分)、伊藤俊輔→佐々木流空(62分)、萩原空真→齋藤成生(62分)
【得点】(青森県)伊藤柊(35分)、大沢悠真(49分)、三浦陽(56分)

準々決勝戦

10月4日 真岡市総合運動公園陸上競技場 主 大戸魁 副 松尾真太郎、小松祐也

大阪府 2 (1-1 / 1-0) 1 栃木県 ★

得	S	年齢		大阪府	背	背	栃木県		年齢	S	得
0	0	15	GK	ステイマン ジョシュア 草太郎	1	1	熊谷 匡祐	GK	15	0	0
0	0	⓯	DF	西川 宙希	2	3	山﨑 柊	DF	15	0	0
0	0	15	DF	國岡 俊哉	3	4	清水 陽	DF	15	0	0
0	0	16	DF	船越 将磨	4	5	鶴田 大和	DF	15	0	0
0	0	15	DF	古河 幹太	14	6	小森 輝星	MF	⓰	0	0
0	1	15	MF	長田 叶羽	6	8	佐藤 漣	MF	15	0	0
0	2	15	MF	福本 一太	7	10	揚石 琉生	MF	16	5	1
0	1	15	MF	森田 将光	8	14	中村 脩人	MF	15	0	0
1	4	15	MF	藤井 龍也	10	15	直井 芳樹	MF	15	1	0
0	0	15	FW	木村 有磨	9	16	山岡 鼓人	MF	15	0	0
1	1	15	FW	山田 光太郎	11	9	坂本 勇	FW	15	2	0

【交代】(大阪府)山田光太郎→東潤之介(51分)、森田将光→久松大耀(64分)／(栃木県)小森輝星→石関琉(51分)、中村脩人→中丸功大(51分)、直井芳樹→堀内凰希(60分)、坂本勇→渡部嶺斗(60分)
【警告】(大阪府)古河幹太(23分)
【得点】(大阪府)山田光太郎(5分)、藤井龍也(50分)／(栃木県)揚石琉生(27分)

準々決勝戦

10月4日 下野市大松山運動公園陸上競技場 主 本郷行秀 副 中川琢士、高橋海星

★ **東京都 1 (1-0 / 0-2) 2 神奈川県**

得	S	年齢		東京都	背	背	神奈川県		年齢	S	得
0	0	⓰	GK	山本 琉聖	1	1	折原 怜	GK	16	0	0
0	0	15	DF	楠本 達彦	2	3	山中 大輝	DF	15	1	0
0	0	15	DF	川口 和也	3	5	布施 克真	DF	15	1	0
0	0	15	DF	田所 莉旺	4	16	埜口 怜乃	DF	15	0	0
0	0	15	DF	岩田 友樹	5	7	上西 遥喜	MF	15	0	0
0	0	15	DF	小林 健	6	8	高橋 友矢	MF	⓯	0	0
0	0	15	MF	知久 陽輝	7	9	白須 健斗	MF	15	0	0
0	0	15	MF	大澤 修三	8	14	加治佐 海	MF	15	2	1
1	1	15	MF	薦田 翔太	16	10	望月 耕平	FW	15	1	1
0	0	15	FW	庄司 啓太郎	9	11	德田 佑真	FW	15	1	0
0	1	15	FW	平原 健吉	11	13	寺下 翔和	FW	15	1	0

【交代】(東京都)知久陽輝→古谷章太朗(42分)、山本琉聖→大橋藍(48分)、庄司啓太郎→大越友太波(55分)、平原健吉→沼田青瑳(58分)、田所莉旺→仲谷俊(65分)／(神奈川県)上西遥喜→吉沢実頼(47分)、寺下翔和→香取武(47分)、望月耕平→笹歩睦(66分)、布施克真→和田悠青(70+1分)
【警告】(神奈川県)白須健斗(53分)
【得点】(東京都)薦田翔太(35分)／(神奈川県)望月耕平(50分)、加治佐海(58分)

準決勝戦

10月5日 下野市大松山運動公園陸上競技場 主 廣瀬成昭 副 柳岡拓磨、鈴木翔

★ **北海道 0 (0-0 / 0-0) 0 青森県**　3 PK 4

得	S	年齢		北海道	背	背	青森県		年齢	S	得
0	0	15	GK	竹内 琉真	12	12	磯村 颯	GK	15	0	0
0	0	15	DF	坂本 勘汰	2	2	西尾 啓汰	DF	15	0	0
0	0	⓯	DF	冨谷 央雅	3	3	伊藤 柊	DF	15	1	0
0	0	15	DF	小澤 秀太郎	4	4	山本 虎	DF	⓰	1	0
0	0	15	DF	笹 修大	15	5	小沼 蒼珠	DF	15	0	0
0	0	15	MF	倉田 楠楽	5	7	澤田 篤志	DF	15	0	0
0	1	15	MF	庄内 航汰	10	6	山口 元幹	MF	15	0	0
0	0	15	MF	畑 嘉人	14	10	谷川 勇獅	MF	15	1	0
0	0	14	MF	川崎 幹大	16	9	大沢 悠真	FW	15	0	0
0	0	15	FW	品田 太郎	9	11	三浦 陽	FW	15	1	0
0	2	15	FW	真浦 劉	13	14	川口 琥牙	FW	15	2	0

【交代】(北海道)真浦劉→畑山聖那(51分)、畑嘉人→上ヶ嶋柊也(55分)、品田太郎→安達朔(55分)／(青森県)西尾啓汰→増田敢太(51分)、磯村颯→嶺翔莉(70+2分)
【警告】(北海道)安達朔(60分)、坂本勘汰(65分)

準決勝戦

10月5日 下野市大松山運動公園陸上競技場 主 橋本真光 副 原崇、高瀬亮

大阪府 1 (0-1 / 1-3) 4 神奈川県 ★

得	S	年齢		大阪府	背	背	神奈川県		年齢	S	得
0	0	15	GK	山岡 薫平	12	1	折原 怜	GK	16	0	0
0	0	⓯	DF	西川 宙希	2	2	笹 歩睦	DF	15	0	0
0	0	15	DF	國岡 俊哉	3	3	山中 大輝	DF	15	0	0
0	1	16	DF	船越 将磨	4	5	布施 克真	DF	15	0	0
0	0	15	DF	久松 大耀	5	16	埜口 怜乃	DF	15	1	1
0	0	15	DF	的場 航人	13	6	香取 武	MF	15	1	0
0	0	15	MF	長田 叶羽	6	8	高橋 友矢	MF	⓯	1	0
0	0	15	MF	福本 一太	7	14	加治佐 海	MF	15	1	0
0	2	15	MF	森田 将光	8	11	德田 佑真	FW	15	1	0
1	3	15	MF	藤井 龍也	10	13	寺下 翔和	FW	15	3	1
0	0	15	FW	東 潤之介	16	15	吉沢 実頼	FW	15	0	0

【交代】(大阪府)的場航人→木村有磨(51分)、山岡薫平→ステイマン ジョシュア草太郎(63分)、國岡俊哉→古河幹太(63分)、東潤之介→山田光太郎(65分)、森田将光→尾形祐輔(66分)／(神奈川県)笹歩睦→白須健斗(43分)、寺下翔和→望月耕平(51分)、吉沢実頼→上西遥喜(57分)、折原怜→山下将真(63分)、加治佐海→和田悠青(63分)
【警告】(大阪府)古河幹太(69分)
【得点】(大阪府)藤井龍也(62分)／(神奈川県)寺下翔和(26分)、埜口怜乃(49分)、望月耕平(59分)、白須健斗(61分)

3位決定戦

10月6日 真岡市総合運動公園陸上競技場 主 柳岡拓磨 副 橋本真光、杉山秀人

★ **北海道 1 (1-1 / 0-1) 2 大阪府**

得	S	年齢		北海道	背	背	大阪府		年齢	S	得
0	0	15	GK	茂木 克行	1	1	ステイマン ジョシュア 草太郎	GK	15	0	0
1	1	15	DF	坂本 勘汰	2	4	船越 将磨	DF	16	0	0
0	0	⓯	DF	冨谷 央雅	3	5	久松 大耀	DF	15	1	0
0	0	15	DF	小澤 秀太郎	4	14	古河 幹太	DF	15	0	0
0	0	15	DF	三船 煌晴	6	6	長田 叶羽	MF	⓯	1	0
0	0	15	DF	笹 修大	15	7	福本 一太	MF	15	1	0
0	0	15	MF	倉田 楠楽	5	8	森田 将光	MF	15	1	1
0	0	15	MF	上ヶ嶋 柊也	7	10	藤井 龍也	MF	15	3	0
0	0	15	MF	庄内 航汰	10	15	尾形 祐輔	MF	15	0	0
0	1	14	MF	川崎 幹大	16	11	山田 光太郎	FW	15	0	0
0	0	15	FW	品田 太郎	9	16	東 潤之介	FW	15	2	1

【交代】(北海道)三船煌晴→畑山聖那(HT)、品田太郎→真浦劉(47分)、上ヶ嶋柊也→畑嘉人(57分)／(大阪府)尾形祐輔→西川宙希(45分)、東潤之介→木村有磨(55分)、森田将光→的場航人(67分)、山田光太郎→國岡俊哉(70+1分)、ステイマン ジョシュア草太郎→山岡薫平(70+3分)
【得点】(北海道)坂本勘汰(13分)／(大阪府)東潤之介(24分)、森田将光(48分)

決勝戦

10月6日 真岡市総合運動公園陸上競技場 主 原崇 副 廣瀬成昭、阿久津駿

青森県 1 (1-1 / 0-1) 2 神奈川県 ★

得	S	年齢		青森県	背	背	神奈川県		年齢	S	得
0	0	15	GK	磯村 颯	12	1	折原 怜	GK	16	0	0
0	0	15	DF	西尾 啓汰	2	3	山中 大輝	DF	15	0	0
0	0	15	DF	伊藤 柊	3	5	布施 克真	DF	15	0	0
0	0	⓰	DF	山本 虎	4	16	埜口 怜乃	DF	15	0	0
0	0	15	DF	小沼 蒼珠	5	7	上西 遥喜	MF	15	2	0
0	0	15	DF	澤田 篤志	7	8	高橋 友矢	MF	⓯	0	0
0	0	15	MF	山口 元幹	6	9	白須 健斗	MF	15	1	0
1	1	15	MF	浅野 瑠唯	8	14	加治佐 海	MF	15	1	1
0	0	15	MF	谷川 勇獅	10	10	望月 耕平	FW	15	2	1
0	0	15	FW	三浦 陽	11	11	德田 佑真	FW	15	1	0
0	1	15	FW	川口 琥牙	14	13	寺下 翔和	FW	15	1	0

【交代】(青森県)浅野瑠唯→大沢悠真(47分)、西尾啓汰→増田敢太(54分)、三浦陽→別府育真(61分)、山口元幹→野間風希(70分)／(神奈川県)寺下翔和→香取武(48分)、白須健斗→吉沢実頼(54分)
【警告】(青森県)伊藤柊(55分)／(神奈川県)白須健斗(52分)
【得点】(青森県)浅野瑠唯(31分)／(神奈川県)望月耕平(9分)、加治佐海(58分)

優勝監督 手記

U-16神奈川県監督 **関 泰宣**
横浜市立美しが丘中学校

U-16移行後、6回目の優勝

第77回国民体育大会「いちご一会とちぎ国体 2022」において、神奈川県としてU-16移行後、6回目の優勝という結果を残すことができました。

神奈川県の国体における戦歴を振り返ってみます。U-18では、1984年、2003年と2回優勝しています。U-16移行後は、2008年、2009年、2014年、2015年、2017年、今回の2022年と6回もの優勝を果たしております。この背景には、指導者の努力があります。FAコーチ、ユースダイレクターを中心に県内の強化・育成・普及がしっかりしており、昔から才能のある選手をみんなで育てていこうという気質、土壌があります。無名でも潜在能力を秘めた選手を見つけ、Jアカデミー、タウンクラブ、4種、中体連、高体連の指導者が一緒になって「神奈川のサッカーを良くしていこう」という一体感があるからです。今回の優勝も神奈川県のサッカーに関わってくださった皆さんの成果であると思います。

チーム神奈川2年間の歩み

1.スタッフ編成

監督は中体連（横浜市立美しが丘中学校）、ヘッドコーチはJアカデミー（横浜F・マリノス）、GKコーチは高体連（神奈川県立商工高等学校）、庶務、コーチはタウンクラブ（足柄FC）、ドクター（大和市立病院）、トレーナー（湘南BASE整骨院）の6名という、まさにオール神奈川というスタッフで活動しました。さらにとちぎ国体では、次年度への継続をかねてU-15神奈川県セントラルトレセンからサポートスタッフが2人帯同し、自チームと次の対戦チームの試合を撮影し、分析を担当してくれました。

監督である私がこんなサッカーをしたいという大枠を作り、コーチ陣と選手が協力して「神奈川スタイルの構築」のために取り組んでくれました。攻撃、守備、セットプレー、選手起用、分析、映像編集、ミーティング、トレーニングメニュー、ウォーミングアップ、けがやアクシデントの対応等の役割を明確にし、コーチ、ドクター、トレーナーが自分の能力を最大限に発揮できるような環境作りを心がけました。このことによって、厳しかった関東ブロック予選と国体本戦においても、試合中の指示が明確になり、絶大な効果を得ることができました。

2.選手選考について

3種の神奈川県トレセンは、9地区（横浜N、横浜S、川崎、横須賀三浦、県央、県西、相模原、中、湘南）に分かれており、U-13、U-14ではJアカデミーを除いた9地区から推薦された選手からU-14神奈川県セントラルトレセンを作り、関東トレセンリーグに参加しています。

U-15では、U-14神奈川県セントラルトレセンの選手に9地区からの推薦選手とJアカデミーの選手が加わり、U-15神奈川県セントラルトレセンを立ち上げます。初めに中体連・タウンクラブの選手で選考会を2回行いました。続いてJアカデミーチームのみで2回選考会を行い、最後にJアカデミーと中体連・タウンクラブの選手を交えて選考会を行いました。ここで選ばれたメンバーがU-15神奈川県セントラルトレセンとして関東トレセンリーグに参加し、次年度の国体に向けて強化していくことになります。

U-16では、U-15神奈川県セントラルトレセンにいた選手に新たに推薦されたJアカデミー・高体連・早生まれの選手を加えて選考会を3回行いました。本当にレベルの高い選手が多く、選考は簡単ではありませんでした。また、コロナ禍ということもあり、いかなるアクシデントにも対応できるようにと、36名のラージグループを作り活動してきました。

3.チーム神奈川の3つのビジョン

【代表に一人でも多くの選手を送る】

続いて私たち、チーム神奈川がどのようなビジョンを持って活動してきたかを紹介させていただきます。国体チームは、各47FAにとって最高峰のトレセン活動になります。私は、3種技術委員長も兼ねているので、常に高いレベルの場所に選手を引き上げることを考えています。それは、神奈川県から日本代表に一人でも多くの選手を送ることです。選手も少しでも高いレベルの場所でプレーすることを望んでいます。神奈川県の代表に選出されれば、関東トレセンリーグや国体で多くの人の目に触れることになります。選手には、立ち上げの頃から「一番の目標は、君たちが一人でも多く日本代表に行くことである」と言い続けてきました。選手も「ここでアピールして日本代表に行くんだ」という強い気持ちを持って活動に参加してくれました。

【神奈川スタイルの構築】

続いて、日本代表に選手を一人でも多く送るためには、どんなサッカーを展開していくかを考えました。監督として選手に提示し、強く要求したことは、「攻守において主導権を握り、相手を圧倒するサッカーを展開し、高い個人技と組織力を活かして華麗にゴールを奪い、魅せて勝つ」ことでした。

★攻撃は、高い個人技を主体として、ボールホルダーに対して周りの選手がアイディアと判断材料を与えながら、ゴールへの最短距離を目指して、ゴールに向かっていく。自陣からビルドアップし相手陣に押し込み、複数の選手が関わりながら中央からの崩しでゴールを奪う、さらに相手を中央に集結させてサイドを有効に使ってゴールを奪う。「個人で、グループで、チームで」。

★さらに強固な守備陣形を作られた場合にも、セットプレーで得点できるパターンも持つように準備する。

★守備時は、ボールを中心にコンパクトフィールドを形成し、いつ、どこで、誰が、どのように、いかにしてボールを奪うのかを追求し、前向きに奪って攻撃に繋げていく。「個人で、グループで、チームで」。
★守備時のセットプレーでは、GKを中心にコンセプトもしっかり身に付けさせる。
★攻守において自らをコントロールする(感情、テンション、スピード)。

関東トレセンリーグ、とちぎ国体においても神奈川スタイルを魅せることができ、日本代表にも多くの選手を送ることができました(U-16日本代表へ7名、U-15日本代表へ1名)。

【優勝、日本一を目指して】

神奈川県は、この10年間で5回の優勝を成し遂げています。周囲の期待が大きく、選手・スタッフのモチベーションが非常に高い中、監督として多大なプレッシャーを感じながら活動していました。その中で優勝することができた5つの要因を振り返ってみます。

①神奈川スタイルを貫きゴールの奪い方にこだわりを持つ
◉関東トレセンリーグ17得点、関東ブロック予選1得点、とちぎ国体12得点と圧倒的な攻撃力でゴールを量産しました。2年間トレーニングでこだわってやってきた中央からの崩しや、相手を中央に引き寄せてサイドからゴールを狙う形から、多くのゴールが奪えたことが本当に良かったです。

②意図的にボールを奪い攻撃に繋げる
◉GKを中心にゴールを守りながら、前向きにボールを奪い攻撃に繋げることを目指しましたが、プレスの位置・タイミングがなかなか決まらずに苦労しました。その後、ヘッドコーチの尽力で、とちぎ国体直前にやっとの思いで選手と共有することができました。相手のビルドアップの仕方によってシステムをどう変化させるのか、いつ、どこで、誰が、どのように、いかにしてボールを奪うのかを共有することができ、攻守一体となったサッカーが表現できました。さらにGKコーチを中心にセットプレーの守備にも時間を割き、入念に準備したため、セットプレーからの失点を防ぐことができました。

③日本代表での活動やアクシデントで選手が入れ替わっても、クオリティを維持できる日本一の選手層を作る
◉36名のラージグループで活動し、高いレベルでのトレーニング環境を作り、激しい競争ができました。とちぎ国体直前にU-16日本代表に4名選出されましたが、代わりとなる選手が十二分に活躍してくれました。

④ドクター、トレーナーを中心としたコンディション作りの徹底
◉選手たちの健康観察、一日に何度も行う体重測定、食事のコントロール、補食の用意や摂るタイミングの指導、テーピングやけがのケアなど、活動を通じて大切な選手を預かる責任をもって取り組んでくれました。その他にもスタッフが協力して洗濯や買い出しなどをし、選手・監督が試合に集中できる環境を整えてくれました。本当に感謝しています。

⑤選手との関係作り
◉私たちスタッフが選手一人ひとりのサッカー人生を本気で考え正面からぶつかり、心を掴むような言葉を選びながらコミュニケーションをとることを心掛けたことで、大きな一体感が生まれました。選手から「このチームで一日でも長く、一試合でも多く、神奈川スタイルを魅せつけて勝つ」という言葉を何度も聞くことができました。キャプテンの高橋がチームをまとめ、副キャプテンの德田と控えGKの山下がムードメーカーとして明るい雰囲気を作り、楽しみながらも熱く激しく戦える最高の緊張感を作り出し、ゲームに臨みました。最終的には、チームというよりも日本一のファミリーができあがり、優勝という結果を生むことができたのだと思います。

新たなサッカー王国神奈川

神奈川県は、国体に対しての取り組みがしっかりと構築されており、「オール神奈川」の文化が浸透しています。歴代のスタッフの皆さんが築いてくれた土台に、私たちは自分たちのやりたいこと、やるべきことを積み上げていく作業を行うだけでした。しかし、4種年代から継続した強化や各チームの選手・指導者の情熱と協力態勢に加え、選手の質の高さと選手層の厚さから、優勝しなければならないという多大なプレッシャーがあります。国体における神奈川県の輝かしい歴史を背負う中、関東ブロック予選では敗退の危機がありました。幾度もあった決定機を決め切れずに埼玉県に先制を許し、後半に何とか追いついたものの、終了間際にゴールを決められてもおかしくない場面を何とかしのいで、PK方式に持ち込み勝利できました。この苦しい経験を選手・スタッフで共有し、トレーニングに励み、とちぎ国体では試合ごとに個人もチームも成長していく姿を見せることができました。メディアからは、「神奈川スタイルを披露、日本一の上手さ、強さ、選手層の厚さを示した神奈川県が頂点に立った」という言葉が掲げられ、2年間の歩みが実り、大変光栄に思いました。プレッシャーから解放された達成感と2年間の夢のような活動が終わってしまった寂しさがありました。

今回のFIFAワールドカップカタール2022のメンバーに神奈川県出身の選手が7名選出されています。そして、Jリーグにおいても2017年～2022年の間に川崎フロンターレ、横浜F・マリノスが優勝を分け合っています。新たなサッカー王国は、神奈川県であることが証明されたのではないでしょうか。私たちのチーム神奈川が解散する時に選手には、「日本サッカー界のリーダーになり、周りの人を幸せにするプレーヤーになる、社会に貢献する立派な大人になる」ようにと伝えました。これからも彼等を心から応援させていただきます。

一般社団法人神奈川県サッカー協会をはじめ、2種・3種・4種の活動支援に関わる皆さま、選手・スタッフ等チーム関係者、さらには神奈川県のサッカーを支えてくださる多くの方々のご支援があり、今回の活動ができました。改めてお礼申し上げます。これからも、神奈川県サッカーの発展のために微力ながら尽力していきたいと思います。

最後に、最高のおもてなしで対応してくださいました栃木県民の皆さま、とちぎ国体関係者の皆さまに、心から感謝申し上げます。

TSG
活動報告
第77回国民体育大会
サッカー競技
少年男子の部

いちご一会とちぎ国体
夢を感動へ。感動を未来へ。

栃木県47FA
福田哲也
県立小山南高校

TSG活動内容

今大会は10月2日～6日の５日間にわたり、真岡市総合運動公園陸上競技場、真岡市総合運動公園運動広場1、下野市大松山運動公園陸上競技場、益子町南運動公園陸上競技場の真岡市を中心とした天然芝3面、人工芝1面の4会場で熱戦が繰り広げられました。

TSGの活動内容は1回戦から決勝戦までの全24試合を対象とした、①映像撮影、②タイムアドレスの記入（FP、GK観点別）、③分析シートの記入、④アクチュアルプレーイングタイムの計測、を会場に設置されたTSGエリアで、全ての業務をJFAの方々と共同して行いました。試合の状況に応じてJFAの方々とディスカッションを繰り返し、最終的にグッドシーンとバッドシーンを切り取るために使用するタイムアドレスの記入を中心に行いました。「優先順位を意識した攻撃はできているが、アタッキングサードでのクロスの質が課題」「ゴール前の粘り強い守備は素晴らしいが、単調なロングボールの処理が不安定で失点の危険性が高い」「守から攻の意識は高いが、すぐに失ってしまうことが多くてもったいない」「攻から守の時のカウンターのリスクマネジメントが不十分」といったように、JFAの方々との意見交換は大変貴重で栃木県としても価値のある作業になり、JFAが発信している「判断、スキル、プレーの強度や質」の部分などの基準を、その場で感じ取ることができたことは大きな収穫でした。

各会場での試合終了後、真岡市公民館山前分館に集合して、会場ごとに作成したタイムアドレスを基にその試合の⑤動画の切り取り・編集作業、をJFAスタッフのレクチャーを受けながら実践しました。撮影した映像も使えるものばかりでなく、オフの動きや最終ライン、GKの位置が遠い場合や映像から見切れていたりと、撮影の重要さを痛感することがしばしば。作業初日はJFAスタッフの切り取り・編集作業の手際の良さに感銘を受けていたものの、栃木県TSGスタッフも日を追うごとに作業効率が上がっていることが実感できました。これらの作業を経て、さらに精選された映像が、今後JFA主催の研修会や報告会等で実際に使用されると思うと、身の引き締まる思いで毎日の作業に取り組むことができました。

リフレッシュ研修会

リフレッシュ研修会は10月3日と4日の2日間、真岡市公民館山前分館で参加者数を30名と限定して実施しました。

10月3日（月）

「Japan's Wayと共に日本サッカーの未来を考える」

JFA　影山雅永
（NTCユース育成ダイレクター）

◉「ポゼッションを極めることがJapan's Wayだ」「日本人は身体が小さいからどうせ一対一で勝てない。だから集団でサッカーをする。日本は集団主義だから集団を活かすことがJapan's Wayだ」「日本人は小さくてフィジカルが弱いからフィジカルコンタクトをしないサッカーをしよう」など、2006年から使い始めたJapan's Wayが言葉だけ独り歩きしてしまい、JFAが発信しているものとは違う自虐的な意味になってしまっていた。そのため、16年前とは様々な状況が違うので、再定義した形でJapan's Wayを発信することになった。

◉日本サッカーの発展のためには、「代表強化」「ユース育成」「指導者養成」「普及」が不可欠。

◉日本がW杯のトロフィーを掲げるために、世界一サッカーで幸せな国になることを目指していく。そのための道筋がJapan's Way。

◉誰もが能力に応じてサッカーを楽しむことのできる環境の追求が、グラデーションで重ねたダブルピラミッドになっている。

◉早期の海外遠征を経験して「未知との遭遇」を早めに行う必要がある。「間合いとリーチの違い」、「守備の強度&連続性」、「シュートレンジ」が海外との差。

◉「みんなのサッカー」＝多様性を抱きこむ。「あの人たちがやっているサッカー」から「みんなのサッカー」へ。

いちご一会《いちえ》とちぎ国体

夢を感動へ。感動を未来へ。

10月4日（火）

「育成年代の TSG分析データから見た 考察と育成への示唆」

JFA　城 和憲
（U-17日本代表監督、NTC九州チーフ）

【令和4年度 全国高等学校総合体育大会サッカー競技TSG報告】

◉7月24日～30日の日程で徳島県で開催。

◉アクチュアルプレーイングタイムは試合時間の平均50％程度。ロングスロー等が頻発する試合では40％以下の試合もあった。

◉GKは年々大型化している。

【第46回日本クラブユースサッカー選手権（U-18）大会TSG報告】

◉7月24日～8月3日の日程で群馬県開催。

◉アクチュアルプレーイングタイムは試合時間の平均60％程度。

◉クラブの色や戦い方はあっていいが、サッカーは点を取り、取られない競技。目的や原理原則を考えた時、必ずしもボールを失わないことがサッカーではない。

※高体連とクラブユースを互いに足して2で割るとちょうど良いと感じる。

【第24回国際ユースサッカーin新潟】

◉U-17の目標＝高いステージへの個人昇格。

◉U-17代表コンセプト「奪う」「摑み取る」。

◉自分とチームの成長＝勝利を求め続ける集団になる。

◉うまいチーム（選手）より強いチーム（選手）になる、チームのためにやるべきことはやる、オンザピッチ・オフザピッチで日本代表の姿を示す。

まとめ

◉全国大会を中継等で簡単に観ることができる環境は整っている。指導者が全国のサッカーを観て、選手のために観て、気づいたことは自チームに置き換えてアプローチすることが一番大事。どこのチームが良い、このサッカーが正解といったことはない。

◉自チームの選手の課題を常に考えて、分析、アプローチの繰り返し。そのためには学び続ける必要がある。

◉サッカーについて語り合うことが日本サッカーを強くする。

TSG活動を終えて

今大会は未だ終息しないコロナ禍での開催となり、「第74回国民体育大会　いきいき茨城ゆめ国体 2019」以来、3年ぶりの国体開催となりました。国体としては初めて、大会関係者に対しての「PCR・抗原検査の要請」「証明書・健康観察チェックシートの提示」「徹底した感染対策」等で過去に例のない運営、配慮を要する国体でもありました。栃木FA技術委員数の制限、感染対策を講じながらの活動、リフレッシュ研修会における参加者数の制限など、様々な形で縮小したTSG活動ではありましたが、活動期間中に1人の感染者も出すことなく無事終えることができ、一安心しています。

我々栃木FAには、JFAとの5日間のTSG活動を通して習得したことを、とちぎ国体のレガシーとして残していくことが求められています。今後どのように残し、継続させ、発展させるのかを栃木県内の技術委員会で検討し、栃木県のオリジナルとして実践していくことが今後の栃木県サッカーの発展に繋がると信じています。

国体開催に向けて、ここまで準備を進めていただいた「栃木FA、栃木県内のサッカーファミリー、真岡市、下野市、益子町」など多くの方々のサポートのおかげで開催・運営できたことに、この場をお借りして改めて感謝申し上げます。

**第77回国民体育大会
「いちご一会とちぎ国体2022」TSGメンバー**

影山 雅永	JFA技術部（男子）	ダイレクター
川俣 則幸	JFA技術部（男子）	GKプロジェクトリーダー
菅野 淳	JFA技術部（男子）	サブダイレクター
鈴木 貴浩	JFA技術部（男子）	北海道チーフ
手倉森 浩	JFA技術部（男子）	東北チーフ
三浦 佑介	JFA技術部（男子）	関東チーフ
木村 康彦	JFA技術部（男子）	北信越チーフ
内山 篤	JFA技術部（男子）	東海チーフ
星原 隆昭	JFA技術部（男子）	関西チーフ
大畑 開	JFA技術部（男子）	中国チーフ
本吉 剛	JFA技術部（男子）	四国チーフ
城 和憲	JFA技術部（男子）	九州チーフ
渡邉 大	JFA技術部（男子）	テクニカルスタッフ
小野 剛	JFA技術部（男子）	副技術委員長
大橋 浩司	JFA技術部（男子）	副技術委員長
林 義規	JFA技術部（男子）	（公財）日本サッカー協会 副会長
須田 剛史	JFA技術部（男子）	（公財）日本サッカー協会 指導・育成部
平塚 智	JFA技術部（男子）	日本高体連
奥寺 亮介	JFA技術部（男子）	日本高体連
佐藤 健人	JFA技術部（男子）	日本高体連
岩﨑 勇二	JFA技術部（男子）	クラブユース連盟
郡司 航太	JFA技術部（男子）	クラブユース連盟
田口 哲雄	JFA技術部（男子）	GKプロジェクトリーダー
西脇 徹也	JFA技術部（男子）	NTC（担当地域なし）
福田 哲也	栃木FA	TSG担当・2種・教員
槙 剛	栃木FA	指導者養成チーフ
髙井 剛	栃木FA	ユースダイレクター・2種・教員
小林 真	栃木FA	高体連技術委員長・2種・教員
福田 康平	栃木FA	高体連北部地区 技術委員長・2種・教員
手塚 直也	栃木FA	高体連中部地区 技術委員長・2種・教員
中田 勇樹	栃木FA	高体連南部地区 技術委員長・2種・教員
福田 智保	栃木FA	県技術委員・2種・教員

E N T R Y

登録選手一覧

第77回
国民体育大会
サッカー競技
少年男子の部

北海道選抜

背番号	位置	氏	名	年齢	身長	所属チーム
	監督	森川	拓巳	44	—	北海道コンサドーレ札幌U-18
1	GK	茂木	克行	15	187	北海道コンサドーレ札幌U-18
2	DF	坂本	勘汰	15	178	北海道コンサドーレ札幌U-18
3	DF	冨谷	央雅	15	177	北海道コンサドーレ札幌U-18
4	DF	小澤秀太郎		15	177	北海道コンサドーレ札幌U-18
5	MF	倉田	楠楽	15	171	北海道コンサドーレ札幌U-18
6	DF	三船	煌晴	15	167	北海道コンサドーレ札幌U-18
7	MF	上ヶ嶋柊也		15	165	北海道コンサドーレ札幌U-18
8	MF	安達	朔	15	167	北海道コンサドーレ札幌U-18
9	FW	品田	太郎	15	170	北海道コンサドーレ札幌U-18
10	MF	庄内	航汰	15	174	北海道コンサドーレ札幌U-18
11	FW	畑山	聖那	15	166	北海道コンサドーレ札幌U-18
12	GK	竹内	琉真	15	186	北海道コンサドーレ札幌U-18
13	FW	真浦	劉	15	177	札幌大谷高校
14	MF	畑	嘉人	15	177	北海道コンサドーレ札幌U-18
15	DF	笹	修大	15	175	札幌大谷高校
16	MF	川崎	幹大	14	167	北海道コンサドーレ札幌U-15

青森県選抜

背番号	位置	氏	名	年齢	身長	所属チーム
	監督	上田	大貴	36	—	青森山田中学校
1	GK	嶺	翔莉	15	182	青森山田高校
2	DF	西尾	啓汰	15	168	青森山田高校
3	DF	伊藤	柊	15	176	青森山田高校
4	DF	山本	虎	16	183	青森山田高校
5	DF	小沼	蒼珠	15	180	青森山田高校
6	MF	山口	元幹	15	178	青森山田高校
7	DF	澤田	篤志	15	175	青森山田高校
8	MF	浅野	瑠唯	15	176	青森山田高校
9	FW	大沢	悠真	15	165	青森山田高校
10	MF	谷川	勇獅	15	176	青森山田高校
11	FW	三浦	陽	15	176	青森山田高校
12	GK	磯村	颯	15	183	青森山田高校
13	MF	増田	敢太	15	172	青森山田高校
14	FW	川口	琥牙	15	176	青森山田高校
15	MF	野間	風希	15	166	青森山田高校
16	MF	別府	育真	15	172	青森山田高校

宮城県選抜

背番号	位置	氏	名	年齢	身長	所属チーム
	監督	柴田	充	38	—	宮城県サッカー協会
1	GK	平山	陽樹	15	177	ベガルタ仙台ユース
2	DF	渡邉	幸輝	15	176	東北学院高校
3	DF	伊藤	俊輔	16	181	仙台育英学園高校
4	DF	川上	壱也	14	180	AOBA FC
5	DF	中田	琉雅	16	185	ベガルタ仙台ユース
6	MF	新田利海玖		16	183	宮城県工業高校
7	MF	中西	大晴	15	177	仙台育英学園高校
8	MF	佐々木羽琉		15	162	聖和学園高校
9	FW	萩原	空真	15	168	聖和学園高校
10	MF	横山	颯大	15	168	ベガルタ仙台ユース
11	MF	上野	航輝	15	167	聖和学園高校
12	GK	橋本	脩礼	15	183	東北学院高校
13	MF	佐々木流空		15	170	東北学院高校
14	MF	齋藤	俊輔	15	176	ベガルタ仙台ユース
15	MF	鈴木	優也	15	175	聖和学園高校
16	FW	齊藤	成生	15	181	ベガルタ仙台ユース

福島県選抜

背番号	位置	氏	名	年齢	身長	所属チーム
	監督	渡邉	幹夫	42	—	福島県立磐城高校
1	GK	針生	東	15	179	尚志高校
2	DF	高田	湊人	16	168	尚志高校
3	DF	小原	空大	16	181	尚志高校
4	DF	西館	優真	15	178	尚志高校
5	DF	板垣	大翔	15	174	尚志高校
6	MF	西丸	由都	15	170	尚志高校
7	MF	出来	伯琉	16	160	尚志高校
8	MF	大内	完介	15	167	尚志高校
9	MF	小笠原啓太		15	172	尚志高校
10	FW	永岡	海琉	15	180	学法石川高校
11	FW	矢崎レイス		15	179	尚志高校
12	MF	伊藤	颯也	16	175	福島県立福島工業高校
13	DF	齋藤	碧	15	177	福島ユナイテッドFC U-18
14	DF	荒川竜之介		15	168	尚志高校
15	GK	近藤	嵩悟	15	179	いわきFC U-18
16	MF	長谷	飛馬	15	170	学法石川高校

栃木県選抜

背番号	位置	氏	名	年齢	身長	所属チーム
	監督	只木	章広	46	—	栃木SC U-18
1	GK	熊谷	匡祐	15	180	栃木SC U-18
2	FW	堀内	凰希	15	154	矢板中央高校
3	DF	山﨑	柊	15	184	栃木SC U-18
4	DF	清水	陽	15	181	矢板中央高校
5	DF	鶴田	大和	15	167	栃木SC U-18
6	MF	小森	輝星	16	175	矢板中央高校
7	MF	石関	琉	15	169	栃木SC U-18
8	MF	佐藤	漣	15	168	栃木SC U-18
9	FW	坂本	勇	15	168	佐野日本大学高校
10	MF	揚石	琉生	16	178	栃木SC U-18
11	FW	渡部	嶺斗	15	174	矢板中央高校
12	GK	福田	彩人	15	173	栃木県立大田原高校
13	FW	中丸	功大	15	175	栃木SC U-18
14	MF	中村	脩人	15	170	栃木SC U-18
15	MF	直井	芳樹	15	164	栃木SC U-18
16	MF	山岡	鼓人	15	170	宇都宮工業高校

千葉県選抜

背番号	位置	氏	名	年齢	身長	所属チーム
	監督	田中章太郎		37	—	千葉県立生浜高校
1	GK	沖田	汰志	15	180	柏レイソルU-18
2	DF	齋藤	広大	15	170	ジェフユナイテッド千葉U-18
3	DF	岡崎	來夢	15	184	日本体育大学柏高校
5	DF	富樫	龍暉	15	178	流通経済大学付属柏高校
6	MF	藤谷	温大	15	178	柏レイソルU-18
7	FW	市村	健	15	172	柏レイソルU-18
8	MF	福島	大雅	15	172	柏レイソルU-18
9	FW	戸田	晶斗	15	170	柏レイソルU-18
10	MF	新保	柊祐	16	163	流通経済大学付属柏高校
11	FW	石川	柊翔	16	168	ジェフユナイテッド千葉U-18
12	GK	加藤	慶太	15	184	流通経済大学付属柏高校
13	FW	倉林	佑成	16	171	ジェフユナイテッド千葉U-18
14	MF	原	希優羽	15	171	ジェフユナイテッド千葉U-18
15	MF	手塚	柑汰	15	169	中央学院高校
16	DF	石津	一輝	15	177	柏レイソルU-18

東京都選抜

背番号	位置	氏	名	年齢	身長	所属チーム
	監督	小野寺	章	49	—	江戸川区立瑞江第三中学校
1	GK	山本	琉聖	16	182	大成高校
2	DF	楠本	達彦	15	177	三菱養和SCユース
3	DF	川口	和也	15	172	東京ヴェルディユース
4	DF	田所	莉旺	15	186	川崎フロンターレU-18
5	DF	岩田	友樹	15	176	FC東京U-18
6	DF	小林	健	15	166	東京ヴェルディユース
7	MF	知久	陽輝	15	163	川崎フロンターレU-18
8	MF	大澤	修三	15	168	FC東京U-18
9	FW	庄司啓太郎		15	173	横浜FCユース
10	MF	古谷章太朗		16	169	横河武蔵野FCユース
11	FW	平原	健吉	15	173	成立学園高校
12	GK	大橋	藍	15	177	帝京高校
13	FW	大越友太波		15	168	FC東京U-18
14	FW	仲谷	俊	15	176	堀越高校
15	DF	沼田	青瑳	15	177	FC東京U-18
16	MF	薦田	翔太	15	169	三菱養和SCユース

神奈川県選抜

背番号	位置	氏	名	年齢	身長	所属チーム
	監督	関	泰宣	46	—	横浜市立美しが丘中学校
1	GK	折原	怜	16	182	神奈川県立大和高校
2	DF	笹	歩睦	15	168	横浜FCユース
3	DF	山中	大輝	15	179	川崎フロンターレU-18
4	DF	和田	悠青	15	180	横浜F・マリノスユース
5	DF	布施	克真	15	173	日本大学藤沢高校
6	MF	香取	武	15	167	川崎フロンターレU-18
7	MF	上西	遥喜	15	168	横浜F・マリノスユース
8	MF	高橋	友矢	15	167	横浜FCユース
9	MF	白須	健斗	15	163	横浜F・マリノスユース
10	FW	望月	耕平	15	176	横浜F・マリノスユース
11	FW	德田	佑真	15	180	横浜F・マリノスユース
12	GK	山下	将真	15	189	横浜F・マリノスユース
13	FW	寺下	翔和	15	171	湘南ベルマーレU-18
14	MF	加治佐	海	15	165	川崎フロンターレU-18
15	FW	吉沢	実頼	15	168	横浜F・マリノスユース
16	DF	埜口	怜乃	15	175	横浜F・マリノスユース

新潟県選抜

背番号	位置	氏	名	年齢	身長	所属チーム
	監督	原	伸洋	44	—	新潟県立長岡高校
1	GK	小林	脩晃	15	178	帝京長岡高校
2	DF	遠藤	琉晟	15	171	帝京長岡高校
3	DF	渡辺	陽翔	16	171	帝京長岡高校
4	DF	武内	裕輔	15	175	帝京長岡高校
5	MF	平澤	諒珂	16	167	帝京長岡高校
6	MF	吉竹	勇人	15	175	帝京長岡高校
7	MF	野村	曌生	16	168	帝京長岡高校
8	MF	向井	秀豊	16	168	帝京長岡高校
9	FW	新納	大吾	15	175	帝京長岡高校
10	MF	山村	朔冬	16	169	帝京長岡高校
11	FW	安野	匠	15	174	帝京長岡高校
12	GK	道菅	陽斗	15	171	帝京長岡高校
13	MF	浅井	隼大	15	164	帝京長岡高校
14	MF	柳田	夢輝	15	177	帝京長岡高校
15	DF	平井	琉稀	15	167	帝京長岡高校
16	MF	山本	圭晋	15	177	帝京長岡高校

長野県選抜

背番号	位置	氏	名	年齢	身長	所属チーム
	監督	森田	卓	39	—	長野県長野工業高校
1	GK	南山	天空	15	177	AC長野パルセイロU-18
2	DF	菊池	良太	15	176	松本山雅FC U-18
3	DF	高橋	涼太	15	179	松本山雅FC U-18
4	DF	北村	彪真	15	178	AC長野パルセイロU-18
5	DF	山口	拓人	15	174	AC長野パルセイロU-18
6	MF	河田	昊良	15	170	松本山雅FC U-18
7	MF	小川	蓮生	15	177	松本山雅FC U-18
8	MF	萩原正太郎		15	173	松本山雅FC U-18
9	FW	三森	太陽	16	180	東京都市大学塩尻高校
10	FW	福田	優成	15	172	松本山雅FC U-18
11	MF	伊藤	晏理	15	164	松本山雅FC U-18
12	FW	齊藤	皇	15	183	松本山雅FC U-18
13	MF	中村	維新	15	168	松本山雅FC U-18
14	MF	佐々木晄汰		16	158	松本国際高校
15	GK	牧野長太朗		15	175	上田西高校
16	MF	宮谷	天空	15	163	AC長野パルセイロU-18

富山県選抜

背番号	位置	氏	名	年齢	身長	所属チーム
	監督	上田	裕次	39	—	富山県立富山東高校
1	GK	仙田琥太郎		15	174	カターレ富山U-18
2	MF	白川	紳晴	15	172	カターレ富山U-18
3	MF	長谷川岳久		14	169	カターレ富山U-18
4	DF	宮林	渉	15	175	カターレ富山U-18
5	DF	出村	拓郎	15	178	カターレ富山U-18
6	DF	吉崎	裕大	15	164	カターレ富山U-18
7	MF	新保	瑠偉	15	176	カターレ富山U-18
8	MF	中島	澄也	15	168	カターレ富山U-18
9	FW	竹森	賢志	15	173	龍谷富山高校
10	MF	道下	皓斗	16	165	カターレ富山U-18
11	MF	片原	太智	15	165	カターレ富山U-18
12	GK	稲月	優希	15	162	龍谷富山高校
13	MF	髙橋	大和	15	162	富山第一高校
14	MF	菅野	暖大	16	169	富山第一高校
15	DF	中村龍之介		15	172	富山県立富山北部高校
16	FW	高川	諒希	15	173	カターレ富山U-18

静岡県選抜

背番号	位置	氏	名	年齢	身長	所属チーム
	監督	小長谷太作		41	—	静岡県立島田高校
1	GK	髙田	翔	15	181	静岡市立清水桜が丘高校
2	DF	関口	拓海	16	158	浜松開誠館高校FC
3	DF	渥美	慶大	15	179	ジュビロ磐田U-18
4	DF	関戸	海凪	15	177	静岡学園高校
5	DF	後藤	翔吾	15	168	ジュビロ磐田U-18
6	MF	髙原	瑛斗	15	161	アスルクラロ沼津U18
7	MF	伊藤	悠陽	15	173	磐田東高校
8	MF	野澤	康佑	15	176	静岡県立浜名高校
9	MF	山下	輝大	15	174	静岡学園高校
10	FW	良知	英祥	16	163	静岡県立藤枝東高校
11	MF	河合	優希	15	168	ジュビロ磐田U-18
12	GK	飯田	恵然	15	180	ジュビロ磐田U-18
13	MF	石田	然	16	173	JFAアカデミー福島U-18
14	FW	山本	将太	15	170	ジュビロ磐田U-18
15	MF	川嶋琉之亮		15	169	静岡県立浜名高校
16	MF	小竹	知恩	15	180	清水エスパルスユース

愛知県選抜

背番号	位置	氏	名	年齢	身長	所属チーム
	監督	三井	陽介	39	—	愛知教育大学附属高校
1	GK	濱崎	史揮	15	182	名古屋グランパスU-18
2	DF	富川	勇斗	15	173	名古屋グランパスU-18
3	DF	青木	正宗	15	178	名古屋グランパスU-18
4	DF	松井	晴飛	16	174	中部大学第一高校
5	DF	伊澤	翔登	15	173	名古屋グランパスU-18
6	MF	松嶋	好誠	15	175	名古屋グランパスU-18
7	MF	池間	叶	15	167	名古屋グランパスU-18
8	MF	中原	蒼空	15	172	名古屋グランパスU-18
9	FW	山端	寧生	15	167	東邦高校
10	MF	西森	悠斗	15	170	名古屋グランパスU-18
11	FW	西森	脩斗	15	169	名古屋グランパスU-18
12	GK	黒柳	昊士	16	183	中京大学附属中京高校
13	DF	足立	遼馬	16	177	名古屋高校
14	MF	八色	真人	14	168	名古屋グランパスU-15
15	MF	洞口	郁斗	16	167	岡崎城西高校
16	FW	川端晃太郎		15	162	名古屋高校

京都府選抜

背番号	位置	氏	名	年齢	身長	所属チーム
	監督	北村	嘉之	53	—	京都府サッカー協会
1	GK	木村	光貴	15	186	京都サンガF.C. U-18
3	DF	上田	慶輔	15	184	京都橘高校
4	DF	神田幸太郎		15	183	京都サンガF.C. U-18
5	DF	道倉	悠聖	16	170	京都橘高校
6	DF	小林	治英	15	171	京都サンガF.C. U-18
7	MF	石本	泰雅	15	167	京都サンガF.C. U-18
9	FW	増井	那月	15	168	京都橘高校
10	MF	宮地	陸翔	15	180	京都橘高校
11	FW	吉野	歩夢	15	174	京都橘高校
13	MF	立川	遼翔	15	177	京都サンガF.C. U-18
14	MF	谷田伎倖杜		15	170	京都橘高校
15	DF	三宮	稜大	15	178	京都サンガF.C. U-18
16	FW	西岡	佑真	15	172	京都サンガF.C. U-18

大阪府選抜

背番号	位置	氏	名	年齢	身長	所属チーム
	監督	坂元	博晃	47	—	大阪府立摂津高校
1	GK	ステイマン ジョシュア 章太郎		15	186	ガンバ大阪ユース
2	DF	西川	宙希	15	168	セレッソ大阪U-18
3	DF	國岡	俊哉	15	180	興國高校
4	DF	船越	将磨	16	180	興國高校
5	DF	久松	大耀	15	178	興國高校
6	MF	長田	叶羽	15	163	ガンバ大阪ユース
7	MF	福本	一太	15	173	阪南大学高校
8	MF	森田	将光	15	163	ガンバ大阪ユース
9	FW	木村	有磨	15	173	履正社高校
10	MF	藤井	龍也	15	167	セレッソ大阪U-18
11	FW	山田光太郎		15	164	セレッソ大阪U-18
12	GK	山岡	薫平	15	190	セレッソ大阪U-18
13	DF	的場	航人	15	180	興國高校
14	DF	古河	幹太	15	171	ガンバ大阪ユース
15	MF	尾形	祐輔	15	173	興國高校
16	FW	東	潤之介	15	181	興國高校

兵庫県選抜

背番号	位置	氏	名	年齢	身長	所属チーム
	監督	眞鍋	利治	50	—	尼崎市立成良中学校
1	GK	吉岡	耕佑	15	182	ヴィッセル神戸U-18
2	DF	黒瀬	直弥	15	178	三田学園高校
3	DF	茨木	陸	15	173	ヴィッセル神戸U-18
4	DF	山田	海斗	15	185	ヴィッセル神戸U-18
5	MF	阪上	聖恩	15	171	神戸弘陵学園高校
6	MF	岩本	悠庵	15	172	ヴィッセル神戸U-18
7	FW	吉岡	嵐	15	173	ヴィッセル神戸U-18
8	FW	小泉	楓雅	15	167	ヴィッセル神戸U-18
9	FW	髙村	睦弥	15	173	ヴィッセル神戸U-18
10	MF	今富	輝也	15	174	ヴィッセル神戸U-18
11	FW	森田	皇翔	15	156	ヴィッセル神戸U-18
12	GK	小池	柊介	15	185	ヴィッセル神戸U-18
13	DF	亀井	昱	15	174	神戸弘陵学園高校
14	MF	三宅蔵ノ助		15	171	滝川第二高校
15	FW	江口	雄輝	15	182	神戸弘陵学園高校
16	DF	松田	志道	15	175	ヴィッセル神戸U-18

※年齢は2022年4月1日時点

岡山県選抜

背番号	位置	氏	名	年齢	身長	所属チーム
	監督	森川	潤一	38	—	ファジアーノ岡山U-15
1	GK	脇谷	静香	15	186	ファジアーノ岡山U-18
2	DF	田原	悠帆	15	168	ファジアーノ岡山U-18
3	DF	石川	太陽	16	176	創志学園高校
4	DF	繁定	蒼	15	181	ファジアーノ岡山U-18
5	DF	平野	大樹	16	175	岡山学芸館高校
6	MF	白神	端基	15	168	ファジアーノ岡山U-18
7	MF	磯本	蒼羽	15	164	ファジアーノ岡山U-18
8	MF	池上	大慈	15	165	岡山学芸館高校
9	FW	千田	遼	14	175	ファジアーノ岡山U-15
10	FW	木村	奏人	16	165	岡山学芸館高校
11	FW	石井	秀幸	15	170	ファジアーノ岡山U-18
12	GK	小林	暖季	15	171	岡山県立玉野光南高校
13	MF	鈴木	大空	15	165	岡山県立玉野光南高校
14	DF	守時	輝	15	174	岡山学芸館高校
15	MF	南	稜大	15	180	ファジアーノ岡山U-18
16	MF	北村	雄河	15	171	岡山県立玉野光南高校

広島県選抜

背番号	位置	氏	名	年齢	身長	所属チーム
	監督	甲田	大二	37	—	広島県立広島工業高校
1	GK	澤田	隼佑	15	186	サンフレッチェ広島F.Cユース
2	DF	大上免	嵐	15	171	サンフレッチェ広島F.Cユース
3	DF	小谷	楓河	15	174	サンフレッチェ広島F.Cユース
4	DF	鵜飼	大翔	15	182	サンフレッチェ広島F.Cユース
5	DF	橋本	日向	15	173	サンフレッチェ広島F.Cユース
6	MF	井上	証	15	164	サンフレッチェ広島F.Cユース
7	MF	長村	星波	15	175	広島県瀬戸内高校
8	MF	桝谷	歩希	15	169	サンフレッチェ広島F.Cユース
9	MF	廣重	壮真	15	163	サンフレッチェ広島F.Cユース
10	FW	井上	愛簾	15	174	サンフレッチェ広島F.Cユース
11	FW	吉田	唯人	15	166	広島県瀬戸内高校
12	GK	森山	眞那斗	15	174	山陽高校
13	DF	青井	優太朗	15	177	サンフレッチェ広島F.Cユース
14	MF	山本	寛太	15	169	広島県瀬戸内高校
15	DF	竹廣	凌介	15	171	広島県立広島皆実高校
16	MF	松本	大輝	15	171	広島県瀬戸内高校

香川県選抜

背番号	位置	氏	名	年齢	身長	所属チーム
	監督	児島	健二	43	—	香川県サッカー協会
1	GK	谷山	英悟	15	180	寒川高校
2	DF	古家	大輝	15	166	尽誠学園高校
3	DF	石川	太一	16	183	香川県立観音寺第一高校
4	DF	近藤	夏明	15	172	カマタマーレ讃岐U-18
5	DF	福田	昂世	15	167	カマタマーレ讃岐U-18
6	MF	松原	心	15	172	カマタマーレ讃岐U-18
7	MF	髙橋	慶伍	16	167	カマタマーレ讃岐U-18
8	MF	宮本	悠良	15	164	カマタマーレ讃岐U-18
9	MF	多田	明翼	16	168	カマタマーレ讃岐U-18
10	FW	玉田	滉喜	15	173	四国学院大学香川西高校
11	FW	田北	海翔	15	170	寒川高校
12	GK	福本	慎斗	15	170	カマタマーレ讃岐U-18
13	MF	伊藤	瑛規	15	165	寒川高校
14	MF	松木	晴陽	16	165	香川県立高松北高校
15	DF	廣畑	寛汰	15	175	寒川高校
16	FW	清水	朱翔	15	170	香川県立高松商業高校

愛媛県選抜

背番号	位置	氏	名	年齢	身長	所属チーム
	監督	尾﨑	剛	42	—	愛媛県立今治東中等教育学校
1	GK	谷	琉成	15	176	愛媛FC U-18
2	DF	喜安	康生	16	168	愛媛FC U-18
3	DF	大崎	翔	15	174	愛媛FC U-18
4	DF	平田	武暉	15	176	FC今治U-18
5	DF	赤松	千翔	15	173	愛媛FC U-18
6	MF	二宮	颯	16	174	愛媛FC U-18
7	MF	荒井	海聖	16	172	FC今治U-18
8	MF	佐野	祥人	15	161	愛媛FC U-18
9	MF	田頭	星梧	15	167	愛媛FC U-18
10	FW	大槻	智也	16	180	FC今治U-18
11	MF	小倉	里仁	15	170	愛媛FC U-18
12	GK	イサラウタクン	彬宏	15	181	愛媛FC U-18
13	MF	高瀬	一光	15	165	愛媛県立今治東中等教育学校
14	MF	山中	柊生	15	166	FC今治U-18
15	FW	山﨑	桜我	15	170	FC今治U-18
16	DF	早瀬	侑希	15	184	愛媛FC U-18

福岡県選抜

背番号	位置	氏	名	年齢	身長	所属チーム
	監督	手嶋	俊介	41	—	ギラヴァンツ北九州
1	GK	森	惺舞	15	183	福岡大学附属若葉高校
2	DF	田中	航路	15	172	アビスパ福岡U-18
3	DF	柴田	陽仁	15	171	東福岡高校
4	DF	山本	遥斗	16	187	九州国際大学付属高校
5	DF	浦津	太樹	15	190	福岡大学附属若葉高校
6	DF	吉松	優人	15	167	アビスパ福岡U-18
7	MF	森部	絢	15	175	福岡大学附属若葉高校
8	MF	大谷	圭史	15	176	東福岡高校
9	FW	前田	一翔	15	175	アビスパ福岡U-18
10	MF	楢崎	佑馬	15	166	アビスパ福岡U-18
11	MF	松尾	優輝	15	167	飯塚高校
12	GK	長谷川	悠衣	15	180	飯塚高校
13	MF	川野	誠治	15	165	ギラヴァンツ北九州U-18
14	FW	江下	憲成	15	170	飯塚高校
15	MF	中野	瑛心	15	166	ギラヴァンツ北九州U-18
16	FW	倉田	連	15	173	東海大学付属福岡高校

佐賀県選抜

背番号	位置	氏	名	年齢	身長	所属チーム
	監督	佐藤	真一	46	—	サガン鳥栖U-18
1	GK	井本	航太	15	181	サガン鳥栖U-18
2	DF	中村	瑠	15	165	佐賀県立佐賀東高校
3	DF	内丸	寛太	15	182	サガン鳥栖U-18
4	DF	古舘	宗也	15	176	サガン鳥栖U-18
5	MF	柿本	優空	15	171	サガン鳥栖U-18
6	MF	池末	徹平	15	181	サガン鳥栖U-18
7	MF	與座	朝道	15	163	サガン鳥栖U-18
8	MF	大貫	天太郎	15	173	サガン鳥栖U-18
9	FW	鈴木	大馳	15	181	サガン鳥栖U-18
10	FW	山﨑	遥稀	15	176	サガン鳥栖U-18
11	FW	渡邊	翔音	15	168	サガン鳥栖U-18
12	MF	森本	勢那	15	173	サガン鳥栖U-18
13	DF	田中	佑磨	15	174	佐賀県立佐賀東高校
14	FW	宮川	昇太	16	169	佐賀県立佐賀東高校
15	GK	久本	春輝	16	181	佐賀県立佐賀商業高校
16	DF	甲斐	桜助	15	174	佐賀県立佐賀東高校

長崎県選抜

背番号	位置	氏	名	年齢	身長	所属チーム
	監督	森保	洋	50	—	V・ファーレン長崎
1	GK	宮﨑	圭伸	16	190	V・ファーレン長崎U-18
2	DF	大久保	龍人	15	173	V・ファーレン長崎U-18
3	DF	田原	昊仁郎	15	180	創成館高校
4	DF	水谷	優太	15	175	長崎南山高校
5	DF	田橋	征也	16	175	V・ファーレン長崎U-18
6	MF	大町	璃史	15	176	長崎日本大学高校
7	MF	門﨑	健一	15	177	長崎県立国見高校
8	MF	岩本	悠也	15	164	V・ファーレン長崎U-18
9	FW	宮﨑	陽	15	172	V・ファーレン長崎U-18
10	FW	松尾	侑一	16	169	V・ファーレン長崎U-18
11	FW	金ヶ瀬	仁人	15	170	V・ファーレン長崎U-18
12	GK	黒瀬	理仁	15	179	V・ファーレン長崎U-18
13	MF	内山	航紀	15	162	V・ファーレン長崎U-18
14	DF	古川	海光	15	174	V・ファーレン長崎U-18
15	MF	福吉	康生	15	170	鎮西学院高校
16	FW	竹内	大翼	15	171	創成館高校

鹿児島県選抜

背番号	位置	氏	名	年齢	身長	所属チーム
	監督	大久保	毅	44	—	鹿児島県サッカー協会
1	GK	藤吉	純誠	15	173	鹿児島城西高校
3	DF	鈴木	悠仁	15	184	神村学園高等部
4	MF	藤井	崇匡	15	160	神村学園高等部
5	DF	難波	大和	16	175	神村学園高等部
6	MF	栗下	心暖明	15	164	鹿児島ユナイテッドFC U-18
8	MF	長沼	政宗	16	175	神村学園高等部
10	MF	松下	永遠	15	170	神村学園高等部
11	FW	金城	蓮央	15	165	神村学園高等部
13	FW	外園	智也	16	170	鹿児島実業高校
15	MF	前田	蓮生	15	163	神村学園高等部
16	GK	久米田	聖海	14	178	鹿児島ユナイテッドFC U-15
17	DF	新垣	陽盛	15	175	神村学園高等部
18	MF	佐々木	悠太	14	169	神村学園中等部
19	DF	吉村	太希	15	175	鹿児島実業高校
20	MF	下川	温大	16	162	神村学園高等部
22	MF	福島	和毅	14	161	神村学園高等部

ブロック大会対戦結果

【東　北】代表：宮城県・青森県・福島県

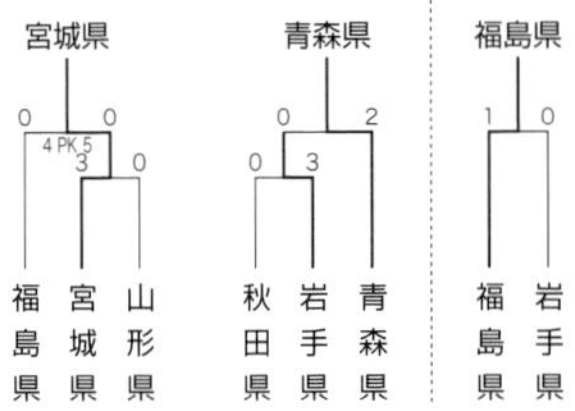

【関　東】代表：千葉県・東京都・神奈川県

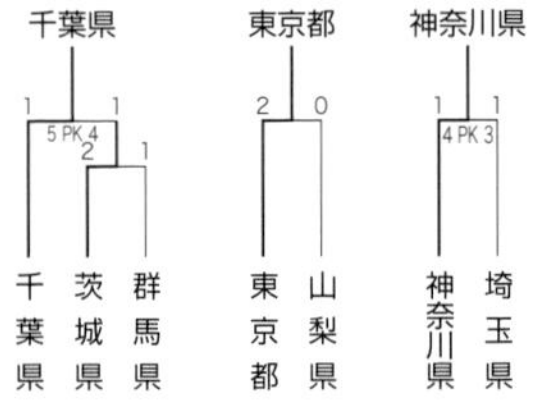

【北信越】代　表：新潟県・長野県・富山県

【東　海】代表：静岡県・愛知県

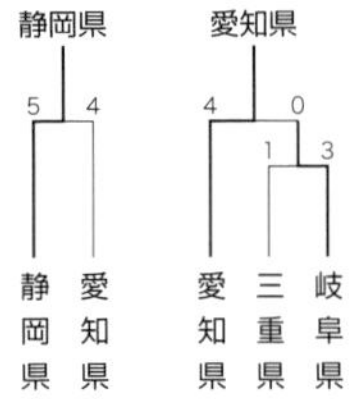

【近　畿】代表：兵庫県・大阪府・京都府

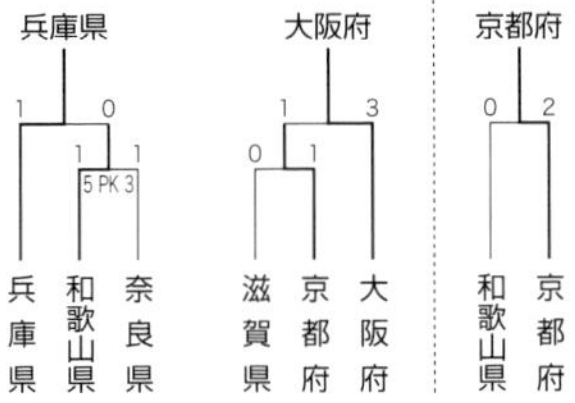

【中　国】代　表：岡山県・広島県

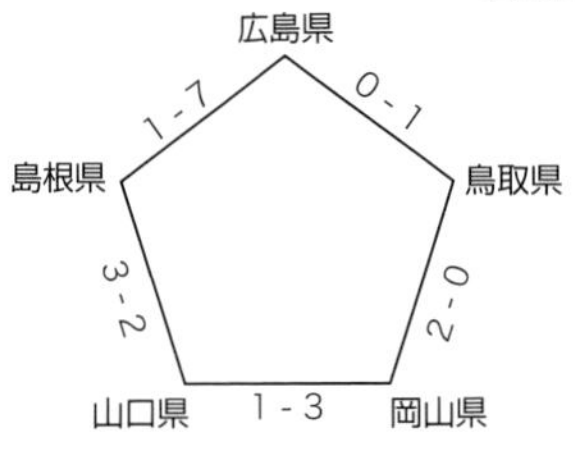

【四　国】代表：愛媛県・香川県

	愛媛県	高知県	徳島県	香川県	順　位
愛媛県		3○0	1○0	2○1	1
高知県	0●3		1●2	0●4	4
徳島県	0●1	2○1		3△3	3
香川県	1●2	4○0	3△3		2

【九　州】代表：鹿児島県・福岡県・佐賀県・長崎県

Aパート	熊本県	鹿児島県	大分県	佐賀県	順　位
熊本県		1●2	1●2	1△1	4
鹿児島県	2○1		2○1	3○0	1
大分県	2○1	1●2		0●2	3
佐賀県	1△1	0●3	2○0		2

Bパート	宮崎県	長崎県	福岡県	沖縄県	順　位
宮崎県		0●1	0●3	0△0	4
長崎県	1○0		1△1	3○2	2
福岡県	3○0	1△1		3○0	1
沖縄県	0△0	2●3	0●3		3

国体 少年女子1回戦

地元・栃木県が初戦突破
4試合が1点差勝負に

栃木県 1-0 新潟県

栃木県は前半11分にMF津久井が決勝点。前日に初戦突破した少年男子に続き、開催県代表が1勝

岡山県 1-0 大阪府

▲初開催の国体少年女子。U-16の選手たちが各チーム一体感のある戦いを見せていた
▼岡山県は後半25分、FW浜本が左足で決勝点。1点勝負を制し、準々決勝へ駒を進めた

埼玉県は5ゴールで快勝発進。FW前原は少年女子のハットトリック第1号に

埼玉県 5-1 福島県

静岡県 8-0 北海道

静岡県はFW藤原の先制点を皮切りに大量8得点。被シュートも1本の完勝で初戦突破

国体 少年女子1回戦

東京都 5-1 香川県

▶東京都は前半25分、CKからDF山﨑が勝ち越し点。逆転勝ちで初戦突破した

▲香川県は前半９分、MF横井のゴールで先制。優勝チーム相手に食い下がった

京都府 2-1 山梨県

後半26分、京都府はFW高田が決勝点。山梨県に倍以上のシュート15本を打たれながらも競り勝った

鹿児島県はシュート20本。交代出場のFW原口のゴールなどで得点を重ねて準々決勝進出

鹿児島県 5
長野県 0

愛媛県 1
福岡県 0

▶愛媛県が少年男子も含めて四国勢唯一の初戦突破。笑顔で勝利を喜ぶ
▼両チームは球際の激しい戦いを見せた

国体 少年女子準々決勝

▶地元観衆の後押しを受けて戦った栃木県だったが、惜しくも準決勝には届かず

埼玉県はPK方式を制して準決勝進出

静岡県、東京都、鹿児島県も4強入り

先 栃木県		PK		埼玉県
飯田	○	1	○	前原
佐藤	○	2	○	石川
小林	○	3	×	澤野
岩城	○	4	○	熊田
津久井	×	5	○	青田
稲川	○	6	○	伊藤(愛)
増山	×	7	○	井野
君嶋		GK		井野

埼玉県 0 [6 PK 5] 栃木県 0

▶埼玉県がPK方式を制し、大喜び。相手のシュートを止めたGK井野（中央）が最後は自ら決めて決着

東京都 6 京都府 0

東京都が京都府を圧倒。2試合で計11得点を叩き出し、準決勝進出

静岡県は前半35＋1分、FW松浦が正確なシュートを決めて先制。粘る岡山県に競り勝った

静岡県 2-1 岡山県

鹿児島県 6-1 愛媛県

前半を3－0で折り返した鹿児島県は後半にもDF舟之川のゴールなどで加点。鹿児島も2試合合計11得点で4強入り

国体 少年女子準決勝

初代女王の座をかけた決勝のカードは静岡県vs.東京都に

静岡県は交代出場の10番FW木村がインターセプトから勝ち越し点。少年男子は最多の優勝21回。女子も強さを示して決勝進出

▶埼玉県はFW前原の追撃ゴールなど前半に2点を返して同点。だが、後半に突き放された

静岡県 3-2 埼玉県

東京都 1
鹿児島県 0

◀鹿児島県は今大会４得点のMF三冨を中心に反撃したが、１点が遠かった

▼前半35+1分、東京都はFW藤崎が３試合連続となるゴール。この１点を守り、決勝進出を果たした

鹿児島県が前半の2発で3位に

埼玉県は後半の反撃実らず

3位決定戦

鹿児島県 2
埼玉県 1

鹿児島県は前半17分にMF久保が決めるなど前半に２得点。埼玉県の反撃を後半の１点に封じ、３位

第3位 鹿児島県

津曲和美、春園虹天、森田こころ、中野美結、児玉一穂、岡部光流、久保百果、新原由菜、原口鈴音、上田彩葉、塚本聖菜、成田夢愛、舟之川桃果、三冨りりか、前田美沙

第77回 国民体育大会少年女子の部記録一覧

第1回戦

10月3日 緑新スタジアムYAITA（矢板運動公園陸上競技場）
主 安浪陽子 副 村上明優美、菊地優奈

★ 栃木県 1（1-0 0-0）0 新潟県

得	S	年齢			背	背			年齢	S	得
0	0	15	GK	大藤 彩夏	12	1	山﨑 璃音	GK	15	0	0
0	1	14	DF	岩城 恋音美	4	2	安達 雪乃	DF	⓰	5	0
0	1	14	DF	稲川 璃	6	3	稲垣 遙	DF	15	0	0
0	1	14	MF	小林 凛	7	4	籠林 和奏	DF	15	0	0
0	0	14	MF	桑子 愛央	8	5	石田 琉南	DF	15	1	0
0	0	14	MF	佐藤 愛真	10	6	藤本 来桃	MF	15	3	0
0	0	14	MF	増山 結菜	13	7	村山 楓	MF	15	0	0
1	1	14	MF	津久井 桜	14	8	更級 一花	MF	14	0	0
0	0	⓯	FW	飯田 怜唯	9	10	吉岡 花菜	MF	16	0	0
0	0	14	FW	笹沼 沙良	11	11	金本 愛実瑠	MF	15	1	0
0	0	14	FW	寺田 百杏	15	9	堤 なつほ	FW	15	1	0

【交代】（栃木県）佐藤愛真→福田莉子（3分）、稲川璃→麻生李瑚（41分）、麻生李瑚→稲川璃（51分）／（新潟県）金本愛実瑠→登坂夢愛（HT）、堤なつほ→清川海七（49分）、石田琉南→小島ひかる（58分）、登坂夢愛→金本愛実瑠（58分）、更級一花→堤なつほ（66分）
【得点】（栃木県）津久井桜（11分）

第1回戦

10月3日 キョクトウ青木フィールド（那須塩原市青木サッカー場）グラウンドB
主 荒川里実 副 西海石誠、佐藤佑樹

福島県 1（0-1 1-4）5 埼玉県 ★

得	S	年齢			背	背			年齢	S	得
0	0	15	GK	寺田 小日萌	1	1	井野 杏莉	GK	15	0	0
0	0	15	DF	三船 さくら	2	2	青田 望々	DF	14	0	0
0	0	15	DF	赤羽 陽菜	5	4	伊藤 愛唯	DF	⓯	2	0
0	0	15	DF	柳橋 理奈	7	8	澤野 翔夏	DF	15	1	0
0	0	15	DF	齋藤 ひばり	13	15	松家 ゆり	DF	14	0	0
0	0	15	MF	大須賀 花和	4	3	秋本 佳音	MF	15	1	0
0	0	16	MF	厚田 亜紗稀	8	6	石川 杏佳	MF	15	2	0
1	3	⓰	MF	竹野 那奈	9	11	高橋 光莉	MF	15	3	1
0	0	16	FW	福田 こはる	10	9	辻 あみる	FW	14	1	0
0	2	15	FW	吉田 魅夢心	11	10	前原 嘉乃	FW	15	6	3
0	0	15	FW	関口 紗生	15	13	茂木 未宙	FW	14	1	1

【交代】（福島県）関口紗生→渡邉美紗都（41分）、大須賀花和→鈴木波音（56分）／（埼玉県）茂木未宙→熊田姫依（22分）、辻あみる→茂木未宙（48分）、高橋光莉→菅原夏希（55分）、澤野翔夏→伊藤璃音（57分）、井野杏莉→寺本唯香（59分）、前原嘉乃→辻あみる（63分）、石川杏佳→澤野翔夏（65分）
【得点】（福島県）竹野那奈（70+3分）／（埼玉県）前原嘉乃（21、39、54分）、高橋光莉（47分）、茂木未宙（67分）

第1回戦

10月3日 キョクトウ青木フィールド（那須塩原市青木サッカー場）グラウンドB
主 國師えりな 副 杉山峰夫、倉井佳益

★ 大阪府 0（0-0 0-1）1 岡山県

得	S	年齢			背	背			年齢	S	得
0	0	15	GK	菱戸 理那	12	1	石田 ひなは	GK	15	0	0
0	0	15	DF	太田 美月	2	3	小笠原 愛透	DF	15	0	0
0	0	15	DF	青木 奏恵	3	4	笠野 伶奈	DF	15	0	0
0	0	15	DF	安東 美那	6	6	村上 和愛	DF	15	0	0
0	0	15	DF	井田 聖来	13	5	原 望恵	MF	⓯	0	0
0	0	⓰	MF	小松 佑莉	5	7	森原 日胡	MF	15	1	0
0	1	15	MF	三納 咲希	7	8	堀江 昂央	MF	15	0	0
0	2	15	MF	塩見 尚子	14	9	安部 美琴	MF	15	2	0
0	0	15	MF	水谷 いちご	15	13	尾崎 海音	MF	15	0	0
0	1	16	FW	滑川 藍	9	10	竹内 あり	FW	15	0	0
0	1	16	FW	林 寿珠里	10	11	浜本 夕愛	FW	15	1	1

【交代】（大阪府）水谷いちご→安東優那（HT）、井田聖来→村上琴南（64分）、安東美那→井原凜（66分）／（岡山県）小笠原愛透→山田乃愛（50分）、尾崎海音→藤澤光花（58分）
【得点】（岡山県）浜本夕愛（60分）

第1回戦

10月3日 キョクトウ青木フィールド（那須塩原市青木サッカー場）グラウンドB
主 上田千尋 副 荒木明、鈴木達也

★ 北海道 0（0-3 0-5）8 静岡県

得	S	年齢			背	背			年齢	S	得
0	0	14	GK	伊藤 楓夏	1	1	伊藤 美侑	GK	15	2	2
0	0	⓯	DF	安達 優菜	2	3	名木野 桃嘉	DF	15	0	0
0	0	14	DF	小林 愛梨	3	4	弦間 結月	DF	15	0	0
0	0	15	DF	白井 ゆら	5	5	脇川 あかり	DF	16	0	0
0	0	15	DF	齊藤 瑠唯	6	15	宮路 花菜	DF	15	1	0
0	0	15	MF	牛嶋 心海	7	6	樋口 梨花	MF	⓯	0	0
0	0	15	MF	本多 優良	8	7	弟子丸 紗羽	MF	15	3	1
0	0	15	MF	中里 綾花	11	8	松尾 侑芽実	MF	15	3	0
0	0	15	FW	吉田 有沙	12	9	鈴木 由真	MF	14	1	0
0	0	15	FW	尾崎 柊	13	10	木村 未来	FW	15	2	2
0	1	15	FW	本間 夢来	15	11	藤原 凛音	FW	15	3	1

【交代】（北海道）吉田有沙→築館捺美（24分）、中里綾花→佐藤友来（33分）、白井ゆら→吉田有沙（HT）、小林愛梨→小松菜奈（HT）、本多優良→白井ゆら（50分）、尾崎柊→中里綾花（55分）、本間夢来→小林愛梨（61分）、佐藤友来→尾崎柊（70分）／（静岡県）木村未来→中島沙彩（HT）、弟子丸紗羽→松浦芽育子（HT）、伊藤美侑→田尻結菜（HT）、樋口梨花→小澤瑠奈（44分）、藤原凛音→弟子丸紗羽（55分）、松尾侑芽実→木村未来（59分）、宮路花菜→伊藤美侑（66分）
【得点】（静岡県）藤原凛音（9分）、弟子丸紗羽（16分）、木村未来（33、64分）、松浦芽育子（62分）、中島沙彩（65分）、伊藤美侑（67、69分）

第1回戦

10月3日 矢板運動公園サッカー場
主 赤木陽美 副 関ミケーレ、相樂亨

東京都 5（3-1 2-0）1 香川県 ★

得	S	年齢			背	背			年齢	S	得
0	0	16	GK	中村 菫	1	1	内藤 乃彩	GK	⓯	0	0
0	1	15	DF	小島 世里	2	2	田渡 由奈	DF	15	0	0
0	3	15	DF	佐藤 美晴	3	3	徳冨 娃花	DF	15	0	0
1	1	16	DF	山﨑 亜沙	6	4	西尾 佳花	DF	14	0	0
0	0	15	MF	中山 結花	4	6	新西 和花	DF	14	1	0
0	1	⓯	MF	夏目 真凜	5	5	出来 美桜里	MF	15	0	0
0	2	15	MF	大山 真由奈	8	7	平川 璃晏	MF	15	0	0
0	2	15	MF	新井 萌禾	9	8	吉田 華帆	MF	15	0	0
0	0	15	MF	筒井 まつり	10	9	三野 彩音	MF	14	0	0
2	8	15	FW	藤崎 智子	11	15	横井 萌々香	MF	14	2	1
1	2	15	FW	梅本 恵	14	13	大森 桜花	FW	14	1	0

【交代】（東京都）中山結花→石浦和歌（29分）、筒井まつり→福島茉莉花（HT）、小島世里→安西愛（47分）、大山真由奈→筒井まつり（53分）、中村菫→鳥澤知香子（66分）／（香川県）平川璃晏→村上空奈（50分）、横井萌々香→田村真帆（50分）、大森桜花→平川璃晏（58分）、吉田華帆→横井萌々香（58分）、三野彩音→大森桜花（63分）、出来美桜里→三野彩音（69分）、横井萌々香→吉田華帆（69分）
【得点】（東京都）梅本恵（11分）、山﨑亜沙（25分）、藤崎智子（26、65分）、福島茉莉花（69分）／（香川県）横井萌々香（9分）

第1回戦

10月3日 矢板運動公園サッカー場
主 吉澤久惠 副 前川範一、齋藤記央

★ 京都府 2（1-1 1-0）1 山梨県

得	S	年齢			背	背			年齢	S	得
0	0	15	GK	堤 日香梨	1	1	関 帆乃果	GK	15	0	0
0	0	14	DF	久保田 美優	2	2	三浦 美波	DF	16	0	0
0	0	15	DF	宮前 すずな	3	3	植田 星央	DF	15	1	0
0	0	15	DF	河村 斐織	5	5	日部 珀空	DF	16	1	0
0	1	14	DF	高橋 みらい	13	7	横田 晴	MF	⓰	0	0
0	0	14	MF	岡本 奏	4	9	岡本 成海	MF	15	1	0
0	0	16	MF	池田 柚季	6	14	吉田 美のり	MF	15	0	0
0	1	⓰	MF	山下 琉	8	10	関根 芽玖美	FW	15	5	1
1	1	15	FW	高田 琉那	7	11	西出 愛琉	FW	15	2	0
1	2	14	FW	井尻 詩乃	9	13	伊藤 咲良	FW	15	1	0
0	0	15	FW	谷田 瑠愛	10	15	佐藤 マリー奈々美	FW	15	3	0

【交代】（京都府）池田柚季→上村真緒（20分）、井尻詩乃→森野彩（47分）／（山梨県）岡本成海→谷猪礼衣（HT）、日部珀空→小池彩華（45分）、佐藤マリー奈々美→岡本成海（68分）
【得点】（京都府）井尻詩乃（10分）、高田琉那（61分）／（山梨県）関根芽玖美（19分）

第1回戦

10月3日 緑新スタジアムYAITA（矢板運動公園陸上競技場）
主 横田碧 副 藤田ひなの、菊地俊貴

福岡県 0（0-1 0-0）1 愛媛県 ★

得	S	年齢			背	背			年齢	S	得
0	0	14	GK	梅澤 ひかり	1	12	桧谷 春花	GK	15	0	0
0	0	⓰	DF	井手口 里穂	3	2	山下 ちろる	DF	15	0	0
0	1	15	DF	前多 祐里奈	4	3	菊地 陽菜	DF	15	1	0
0	0	15	DF	庄司 美優	5	13	平賀 千春	DF	14	0	0
0	0	15	DF	林 南花	7	15	永見 榎菜	DF	15	0	0
0	0	15	MF	島倉 亜弥美	6	6	村井 稟	MF	15	1	0
0	1	15	MF	平良 夢華	8	7	鈴鹿 有稀	MF	15	1	1
0	0	15	MF	山田 愛実	10	8	高須賀 美空	MF	15	0	0
0	0	15	FW	横田 ひまり	2	14	西岡 楓音	MF	15	1	0
0	2	15	FW	津田 蒼依	9	9	大木 優奈	FW	14	0	0
0	1	15	FW	山下 藍	11	10	田子 夏海	FW	⓯	6	0

【交代】（福岡県）横田ひまり→細江乃梨華（17分）、山下藍→横田ひまり（HT）、横田ひまり→山下藍（51分）／（愛媛県）永見榎菜→松川そら（19分）、大木優奈→木原優奈（30分）
【得点】（愛媛県）鈴鹿有稀（1分）

第1回戦

10月3日 矢板運動公園サッカー場
主 荒木裕里香 副 斉藤清美、髙橋義幸

★ 鹿児島県 5（2-0 3-0）0 長野県

得	S	年齢			背	背			年齢	S	得
0	0	14	GK	前田 美沙	15	1	宮越 杏純	GK	14	0	0
1	1	14	DF	春園 虹天	2	2	北澤 摩紀	DF	15	0	0
0	0	15	DF	森田 こころ	3	3	細川 渚	DF	15	0	0
0	0	15	DF	児玉 一穂	5	4	松本 みるく	DF	15	0	0
0	0	14	DF	舟之川 桃果	13	5	林 美羽	DF	14	0	0
0	0	15	MF	中野 美結	4	12	宇田川 結桜	DF	14	0	0
0	5	15	MF	岡部 光流	6	14	小林 凜	DF	14	0	0
0	2	15	MF	新原 由菜	8	8	小松 優月	MF	15	0	0
0	1	15	MF	上田 彩葉	10	9	石山 愛彩	MF	15	0	0
2	5	⓰	MF	三冨 りりか	14	10	新村 音寧	FW	⓯	1	0
1	3	15	FW	塚本 聖菜	11	11	中條 凛	FW	14	0	0

【交代】（鹿児島県）舟之川桃果→原口鈴音（26分）、新原由菜→久保百果（HT）、塚本聖菜→成田夢愛（HT）、上田彩葉→新原由菜（57分）、児玉一穂→塚本聖菜（57分）、前田美沙→津曲和美（59分）／（長野県）松本みるく→吉家香晴（24分）、石山愛彩→橋本志織（29分）、中條凛→山田桜樺（HT）、橋本志織→石山愛彩（48分）、吉家香晴→中條凛（51分）
【得点】（鹿児島県）塚本聖菜（11分）、春園虹天（18分）、三冨りりか（57、70+2分）、原口鈴音（69分）

※少年女子の部は選手交代に関し、再交代が認められています。

準々決勝戦 10月4日 矢板運動公園サッカー場

主 横田碧 副 吉澤久恵、藤田ひなの

栃木県 0（0-0 / 0-0）0 埼玉県 ★

5 PK 6

得	S	年齢		栃木県	背	背	埼玉県		年齢	S	得
0	0	15	GK	大藤 彩夏	12	1	井野 杏莉	GK	15	0	0
0	0	14	DF	岩城 恋音美	4	2	青田 望々	DF	14	0	0
0	0	14	DF	稲川 璃	6	4	伊藤 愛唯	DF	⑮	1	0
0	0	14	MF	小林 凛	7	8	澤野 翔夏	DF	15	4	0
0	0	14	MF	桑子 愛央	8	15	松家 ゆり	DF	14	0	0
0	1	14	MF	佐藤 愛真	10	3	秋本 佳音	MF	15	0	0
0	1	14	MF	増山 結菜	13	5	熊田 姫依	MF	14	0	0
0	0	14	MF	津久井 桜	14	6	石川 杏佳	MF	15	0	0
0	2	⑮	FW	飯田 怜唯	9	11	高橋 光莉	MF	15	0	0
0	0	14	FW	笹沼 沙良	11	9	辻 あみる	FW	14	1	0
0	0	14	FW	寺田 百杏	15	10	前原 嘉乃	FW	15	1	0

【交代】(栃木県)桑子愛央→福田莉子(52分)、大藤彩夏→君嶋留果(70+2分)／(埼玉県)辻あみる→茂木未宙(HT)、松家ゆり→伊藤璃音(HT)、前原嘉乃→辻あみる(55分)、茂木未宙→前原嘉乃(68分)

準々決勝戦 10月4日 矢板運動公園サッカー場

主 安浪陽子 副 國師えりな、斉藤清美

岡山県 1（0-1 / 1-1）2 静岡県 ★

得	S	年齢		岡山県	背	背	静岡県		年齢	S	得
0	0	15	GK	石田 ひなは	1	1	伊藤 美侑	GK	15	0	0
0	0	15	DF	小笠原 愛透	3	3	名木野 桃嘉	DF	15	0	0
0	0	15	DF	笠野 伶奈	4	4	弦間 結月	DF	15	0	0
0	0	15	DF	村上 和愛	6	5	脇川 あかり	DF	16	0	0
0	0	⑮	MF	原 望恵	5	15	宮路 花菜	DF	15	0	0
0	0	15	MF	森原 日胡	7	6	樋口 梨花	MF	⑮	0	0
0	3	15	MF	堀江 昂央	8	7	弟子丸 紗羽	MF	15	2	1
1	2	15	MF	安部 美琴	9	8	松尾 侑芽実	MF	15	1	0
0	1	15	MF	尾崎 海音	13	10	木村 未来	FW	15	2	0
0	1	15	FW	竹内 あり	10	11	藤原 凛音	FW	15	0	0
0	2	15	FW	浜本 夕愛	11	13	松浦 芽育子	FW	14	1	1

【交代】(岡山県)石田ひなは→松本メイ乃(46分)、尾崎海音→守分彩乃(59分)／(静岡県)松浦芽育子→小澤瑠奈(HT)、藤原凛音→鈴木由真(HT)、宮路花菜→中島沙彩(44分)、弟子丸紗羽→藤原凛音(61分)、小澤瑠奈→松浦芽育子(70分)、木村未来→宮路花菜(70+4分)

【得点】(岡山県)安部美琴(38分)／(静岡県)松浦芽育子(35+1分)、弟子丸紗羽(59分)

準々決勝戦 10月4日 キョクトウ青木フィールド(那須塩原市青木サッカー場)グラウンドB

主 荒木裕里香 副 荒川里実、菅野仁和

東京都 6（4-0 / 2-0）0 京都府 ★

得	S	年齢		東京都	背	背	京都府		年齢	S	得
0	0	16	GK	中村 菫	1	1	堤 日香梨	GK	15	0	0
1	1	15	DF	小島 世里	2	2	久保田 美優	DF	14	0	0
0	1	15	DF	佐藤 美晴	3	3	宮前 すずな	DF	15	0	0
1	2	16	DF	山﨑 亜沙	6	5	河村 斐織	DF	15	0	0
0	1	⑮	MF	夏目 真凛	5	13	高橋 みらい	DF	14	0	0
0	0	15	MF	石浦和歌	7	4	岡本 奏	MF	14	0	0
1	1	15	MF	大山 真由奈	8	6	池田 柚季	MF	⑯	0	0
1	3	15	MF	新井 萌禾	9	15	廣安 小春	MF	14	0	0
0	1	15	MF	筒井 まつり	10	7	高田 琉那	FW	15	1	0
2	5	15	FW	藤崎 智子	11	9	井尻 詩乃	FW	14	1	0
0	3	15	FW	梅本 恵	14	10	谷田 瑠愛	FW	15	1	0

【交代】(東京都)小島世里→安西愛(34分)、梅本恵→福島茉莉花(HT)、中村菫→鳥澤知香子(49分)、藤崎智子→梅本恵(55分)、新井萌禾→中山結花(60分)／(京都府)廣安小春→上村真緒(34分)、井尻詩乃→森野彩(34分)、高橋みらい→井尻詩乃(48分)、堤日香梨→内田璃紅(48分)

【得点】(東京都)藤崎智子(6、32分)、新井萌禾(29分)、小島世里(34分)、大山真由奈(36分)、山﨑亜沙(44分)

準々決勝戦 10月4日 キョクトウ青木フィールド(那須塩原市青木サッカー場)グラウンドB

主 上田千尋 副 赤木陽美、山崎匠悟

★ **愛媛県 1（0-3 / 1-3）6 鹿児島県**

得	S	年齢		愛媛県	背	背	鹿児島県		年齢	S	得
0	0	15	GK	桧谷 春花	12	15	前田 美沙	GK	14	0	0
0	0	15	DF	山下 ちろる	2	2	春園 虹天	DF	14	1	0
0	0	15	DF	菊地 陽菜	3	3	森田 こころ	DF	15	0	0
0	0	14	DF	平賀 千春	13	4	中野 美結	DF	15	1	0
0	0	14	MF	松川 そら	5	5	児玉 一穂	DF	15	0	0
0	0	15	MF	村井 稟	6	13	舟之川 桃果	DF	14	3	1
0	0	15	MF	鈴鹿 有稀	7	6	岡部 光流	MF	15	0	0
0	2	15	MF	高須賀 美空	8	7	久保 百果	MF	15	0	0
0	0	15	MF	西岡 楓音	14	10	上田 彩葉	MF	15	1	0
0	0	14	FW	大木 優奈	9	14	三冨 りりか	MF	⑯	4	2
1	5	⑮	FW	田子 夏海	10	9	原口 鈴音	FW	14	5	2

【交代】(愛媛県)大木優奈→木原優奈(23分)、山下ちろる→永見榎菜(39分)、松川そら→大木優奈(52分)、平賀千春→山本小百合(52分)、桧谷春花→坂田湖琳(52分)、坂田湖琳→桧谷春花(70+1分)／(鹿児島県)岡部光流→塚本聖菜(12分)、久保百果→新原由菜(HT)、中野美結→成田夢愛(HT)、上田彩葉→久保百果(48分)、前田美沙→津曲和美(48分)、児玉一穂→中野美結(55分)、三冨りりか→上田彩葉(67分)、森田こころ→児玉一穂(67分)

【得点】(愛媛県)田子夏海(70+1分)／(鹿児島県)三冨りりか(15、35+2分)、塚本聖菜(21分)、舟之川桃果(46分)、原口鈴音(53、69分)

準決勝戦 10月5日 緑新スタジアムYAITA(矢板運動公園陸上競技場)

主 國師えりな 副 上田千尋、荒木裕里香

★ **埼玉県 2（2-2 / 0-1）3 静岡県**

得	S	年齢		埼玉県	背	背	静岡県		年齢	S	得
0	0	15	GK	井野 杏莉	1	1	伊藤 美侑	GK	15	0	0
0	0	14	DF	青田 望々	2	2	小澤 瑠奈	DF	14	0	0
0	0	⑮	DF	伊藤 愛唯	4	3	名木野 桃嘉	DF	15	1	1
0	0	15	DF	澤野 翔夏	8	4	弦間 結月	DF	15	0	0
0	0	14	DF	松家 ゆり	15	5	脇川 あかり	DF	16	0	0
0	2	15	MF	秋本 佳音	3	6	樋口 梨花	MF	⑮	0	0
0	2	15	MF	石川 杏佳	6	8	松尾 侑芽実	MF	15	2	0
0	0	15	MF	菅原 夏希	7	9	鈴木 由真	MF	14	0	0
1	1	15	MF	高橋 光莉	11	11	藤原 凛音	FW	15	3	0
0	0	14	FW	辻 あみる	9	13	松浦 芽育子	FW	14	2	1
1	2	15	FW	前原 嘉乃	10	14	中島 沙彩	FW	15	1	0

【交代】(埼玉県)松家ゆり→伊藤璃音(17分)、菅原夏希→熊田姫依(17分)、澤野翔夏→松家ゆり(53分)、辻あみる→茂木未宙(53分)、石川杏佳→辻あみる(68分)／(静岡県)鈴木由真→弟子丸紗羽(25分)、藤原凛音→木村未来(32分)、松浦芽育子→藤原凛音(HT)、中島沙彩→鈴木由真(HT)、小澤瑠奈→宮路花菜(HT)、宮路花菜→松浦芽育子(57分)、木村未来→中島沙彩(65分)

【得点】(埼玉県)前原嘉乃(30分)、高橋光莉(35+2分)／(静岡県)名木野桃嘉(10分)、松浦芽育子(12分)、木村未来(42分)

準決勝戦 10月5日 緑新スタジアムYAITA(矢板運動公園陸上競技場)

主 赤木陽美 副 安浪陽子、横田碧

東京都 1（1-0 / 0-0）0 鹿児島県 ★

得	S	年齢		東京都	背	背	鹿児島県		年齢	S	得
0	0	16	GK	中村 菫	1	15	前田 美沙	GK	14	0	0
0	1	15	DF	小島 世里	2	2	春園 虹天	DF	14	0	0
0	1	15	DF	佐藤 美晴	3	3	森田 こころ	DF	15	0	0
0	0	16	DF	山﨑 亜沙	6	4	中野 美結	DF	15	0	0
0	0	⑮	MF	夏目 真凛	5	5	児玉 一穂	DF	15	1	0
0	0	15	MF	大山 真由奈	8	12	成田 夢愛	DF	15	0	0
0	0	15	MF	新井 萌禾	9	13	舟之川 桃果	DF	14	1	0
0	0	15	MF	筒井 まつり	10	7	久保 百果	MF	15	0	0
0	0	15	MF	福島 茉莉花	15	10	上田 彩葉	MF	15	0	0
1	2	15	FW	藤崎 智子	11	14	三冨 りりか	MF	⑯	4	0
0	1	15	FW	梅本 恵	14	11	塚本 聖菜	FW	15	0	0

【交代】(東京都)大山真由奈→安西愛(44分)、藤崎智子→石浦和歌(48分)、梅本恵→藤崎智子(65分)、筒井まつり→中山結花(70分)／(鹿児島県)春園虹天→原口鈴音(6分)、久保百果→春園虹天(21分)、塚本聖菜→新原由菜(46分)、新原由菜→塚本聖菜(56分)、原口鈴音→久保百果(63分)、春園虹天→原口鈴音(66分)、中野美結→春園虹天(70+1分)

【得点】(東京都)藤崎智子(35+1分)

3位決定戦 10月6日 緑新スタジアムYAITA(矢板運動公園陸上競技場)

主 吉澤久恵 副 荒木裕里香、安浪陽子

埼玉県 1（0-2 / 1-0）2 鹿児島県 ★

得	S	年齢		埼玉県	背	背	鹿児島県		年齢	S	得
0	0	15	GK	井野 杏莉	1	15	前田 美沙	GK	⑭	0	0
0	0	14	DF	青田 望々	2	3	森田 こころ	DF	15	0	0
0	0	⑮	DF	伊藤 愛唯	4	4	中野 美結	DF	15	1	0
1	1	15	DF	澤野 翔夏	8	5	児玉 一穂	DF	15	0	0
0	0	14	DF	伊藤 璃音	12	12	成田 夢愛	DF	15	0	0
0	0	15	MF	秋本 佳音	3	13	舟之川 桃果	DF	14	0	0
0	0	14	MF	熊田 姫依	5	7	久保 百果	MF	15	2	1
0	0	15	MF	石川 杏佳	6	8	新原 由菜	MF	15	1	0
0	2	15	MF	高橋 光莉	11	10	上田 彩葉	MF	15	1	0
0	1	14	FW	辻 あみる	9	14	三冨 りりか	MF	16	5	1
0	2	15	FW	前原 嘉乃	10	11	塚本 聖菜	FW	15	1	0

【交代】(埼玉県)熊田姫依→茂木未宙(3分)、辻あみる→菅原夏希(30分)、菅原夏希→松家ゆり(65分)／(鹿児島県)久保百果→原口鈴音(HT)、成田夢愛→春園虹天(51分)、原口鈴音→久保百果(51分)

【得点】(埼玉県)澤野翔夏(46分)／(鹿児島県)久保百果(17分)、三冨りりか(21分)

決勝戦 10月6日 緑新スタジアムYAITA(矢板運動公園陸上競技場)

主 荒川里実 副 横田碧、上田千尋

静岡県 1（0-1 / 1-1）2 東京都 ★

得	S	年齢		静岡県	背	背	東京都		年齢	S	得
0	0	15	GK	伊藤 美侑	1	1	中村 菫	GK	16	0	0
0	0	15	DF	名木野 桃嘉	3	2	小島 世里	DF	15	2	0
0	0	15	DF	弦間 結月	4	3	佐藤 美晴	DF	15	2	1
0	0	16	DF	脇川 あかり	5	6	山﨑 亜沙	DF	16	1	0
0	0	15	DF	宮路 花菜	15	13	安西 愛	DF	16	1	0
0	0	⑮	MF	樋口 梨花	6	5	夏目 真凛	MF	⑮	0	0
0	0	15	MF	弟子丸 紗羽	7	7	石浦 和歌	MF	15	0	0
0	0	15	MF	松尾 侑芽実	8	9	新井 萌禾	MF	15	2	1
0	0	14	MF	鈴木 由真	9	10	筒井 まつり	MF	15	0	0
1	2	15	FW	藤原 凛音	11	15	福島 茉莉花	MF	15	0	0
0	3	14	FW	松浦 芽育子	13	14	梅本 恵	FW	15	1	0

【交代】(静岡県)鈴木由真→木村未来(HT)、藤原凛音→中島沙彩(57分)、木村未来→鈴木由真(66分)／(東京都)安西愛→大山真由奈(47分)、石浦和歌→中山結花(55分)、福島茉莉花→安西愛(70分)

【得点】(静岡県)藤原凛音(37分)／(東京都)佐藤美晴(25分)、新井萌禾(42分)

優勝監督 手記

U-16東京都監督 **梅原聖和**
東京都立杉並総合高校

はじめに

第77回国民体育大会「いちご一会とちぎ国体 2022」において、国体少年女子の部「初代女王」という成績を残すことができました。

チームの発足時から本国体に至るまで、多くの方々からご支援ご協力いただき感謝申し上げます。東京都サッカー協会林義規会長は、激励のために何度も練習会に足を運んでくださり、選手たちに熱いメッセージを届けてくださいました。また、中田康人技術委員長や齋藤登ユースダイレクターからは、練習会のたびに、トレーニングの成果や課題についてアドバイスをいただきました。そうして今後の指導計画について考えを練りながら、少ない活動機会の中でも着実にチームの強化を図ることができました。

関東予選

関東トレセンリーグは3戦全勝（vs.群馬7-3、vs.千葉4-2、vs.山梨2-0）、ブロック1位で関東予選を迎えました。そして8月21日に行われた国体関東予選は再び千葉県との対戦となりました。前半はかなり苦しみましたが、後半には勢いを取り戻して5-0で勝利を収め、本国体出場を決めました。

今年の関東予選は東京開催でした。我々の試合会場は高校サッカーの聖地・味の素フィールド西が丘。素晴らしいピッチで、多くの観客に見守られる中、選手もスタッフも特別な経験をすることができました。また、普段からお世話になっている東京都女子サッカー連盟の皆さまや、高体連サッカー専門部女子部の先生方が会場運営に協力をしてくださいました。ここに改めてお礼申し上げます。

チーム東京

本国体の15名の登録選手は高体連から3チーム（十文字高校、修徳高校、都立飛鳥高校）、クラブチームから3チーム（三菱重工浦和レッズレディースユース、ノジマステラ神奈川相模原ドゥーエ、スフィーダ世田谷FCユース）の編成となりました。スタッフは、監督、コーチ、GKコーチ、トレーナー、主務、5名全員が女子サッカーに関わりのある指導者がそろいました。

本大会

10月3日の1回戦から決勝まで、4日連続の70分ゲームが続きました。

1回戦の相手は香川県。立ち上がりからミスが続き、守備陣の連係ミスにより先制点を許しました。初戦の重圧か、普段できるはずのプレーがほとんど発揮できませんでした。その後すぐにセットプレーから同点とし、前半を3-1で折り返しました。後半もさらに追加点を奪い、5-1で突破することができましたが、反省材料の多い初戦となりました。

準々決勝の相手は、私の生まれ故郷の京都府でした。東京都で教員となり11年が経ちますが、私自身がサッカーと出会って育ててもらった故郷への思いは、やはり特別なものがあります。そんな個人的な思いを秘めて、この試合に挑みました。

京都府の選手は独特なタッチのドリブルで仕掛けてくるので、簡単にかわされないように注意して試合に入りました。この試合では立ち上がりから主導権を握り、結果的には6-0で勝利を手にすることができました。試合を経験しながらチームが成長しているという手ごたえも感じることができました。

準決勝の鹿児島県は、神村学園の寺師勇太監督率いるチームで、運動量が多くアグレッシブなサッカーが持ち味で、苦戦を強いられることが予想されました。また、私は全国高体連サッカー専門部女子部総務として、インターハイなどでは運営側に携わっていますので、神村学園主体の鹿児島チームの勝負強さはよく理解しています。今振り返っても、この試合が山場でした。

予想通り、鹿児島県の球際へのプレッシャーが強く、自由にプレーをさせてもらえませんでした。ハーフタイムには、この強度の中で、勇気を持ってボールを動かそうと話をしました。エースの藤崎が得点を奪い、苦しんだ末に1-0で勝ち切れた試合でしたが、試合途中でその藤崎が足首を負傷してしまい、決勝には出場できなくなりました。

そして、決勝の相手は静岡県でした。試合前のミーティングでは、相手の特徴やその対応策などについて伝えましたが、やはり藤崎が出場できないという不安が何よりも大きかったと思います。しかし、「日本一」を合い言葉に、応援してくださる方々のためにも全力で戦おうと一致団結しました。

決勝では、今までと違うポジションを任される選手もいる中で、全員が攻守にわたって献身的にプレーしました。先制点は東京都らしいテンポの良いパスワークから生まれました。後半CKから同点とされるものの、その後すぐに、同じくCKから決勝点を奪うことができました。試合が終了し、選手たちがピッチに集まり、歓喜の輪が広がりました。

最後に

選手とスタッフの一体感があったからこそ、優勝を掴み取ることができたと確信しています。練習会及び遠征を通じて、チームの一体感を創り出すこと。東京都代表の「誇り、自覚、責任、態度」を身につけて試合に臨む姿勢を作ることの大切さを学びました。

最後になりますが、最高のおもてなしで対応していただきました栃木県の皆様、とちぎ国体関係者の皆さまに心から感謝申し上げます。

ENTRY

登録選手一覧

第77回
国民体育大会
サッカー競技
少年女子の部

北海道選抜

背番号	位置	氏　名	年齢	身長	所属チーム
	監督	藤代　隆介	48	—	北海道サッカー協会
1	GK	伊藤　楓夏	14	167	北海道リラ・コンサドーレ
2	DF	安達　優菜	15	164	北海道文教大学附属高校
3	DF	小林　愛梨	14	165	北海道リラ・コンサドーレ
4	DF	小松　菜奈	15	165	函館BPキルティ
5	DF	白井　ゆら	15	163	北海道大谷室蘭高校
6	DF	齊藤　瑠唯	15	149	北海道文教大学附属高校
7	MF	牛嶋　心海	15	164	北海道文教大学附属高校
8	MF	本多　優良	15	157	旭川実業高校
9	MF	佐藤　友来	15	158	北海道文教大学附属高校
10	MF	築館　捺美	15	160	帯広大谷高校
11	MF	中里　綾花	15	158	北海道リラ・コンサドーレ
12	FW	吉田　有沙	15	170	北海道文教大学附属高校
13	FW	尾崎　柊	15	164	北海道リラ・コンサドーレ
14	FW	吉川　育夢	15	152	北海道文教大学附属高校
15	FW	本間　夢来	15	164	北照高校

福島県選抜

背番号	位置	氏　名	年齢	身長	所属チーム
	監督	松本　克典	46	—	尚志高校
1	GK	寺田小日萌	15	170	尚志高校
2	DF	三船さくら	15	162	尚志高校
3	DF	木下　明海	15	162	尚志高校
4	MF	大須賀花和	15	160	尚志高校
5	DF	赤羽　陽菜	15	162	尚志高校
6	MF	鈴木　波音	15	158	尚志高校
7	DF	柳橋　理奈	15	160	尚志高校
8	MF	厚田亜紗稀	16	163	尚志高校
9	MF	竹野　那奈	16	158	尚志高校
10	FW	福田こはる	16	163	尚志高校
11	FW	吉田魅夢心	15	163	福島県立ふたば未来学園高校
12	GK	八矢　奏美	15	156	福島県立磐城桜が丘高校
13	DF	齋藤ひばり	15	160	尚志高校
14	FW	渡邉美紗都	15	160	桜の聖母学院高校
15	FW	関口　紗生	15	158	尚志高校

栃木県選抜

背番号	位置	氏　名	年齢	身長	所属チーム
	監督	久保田圭一	37	—	栃木SCレディース
1	GK	君嶋　留果	15	154	ヴェルフェ矢板レディース
3	DF	麻生　李瑚	14	155	栃木SCレディース
4	DF	岩城恋音美	14	167	栃木SCレディース
5	DF	大場　凪沙	15	155	宇都宮短期大学附属高校
6	DF	稲川　璃	14	165	栃木SCレディース
7	MF	小林　凛	14	148	栃木SCレディース
8	MF	桑子　愛央	14	151	足利・両毛ローザFC
9	FW	飯田　怜唯	15	168	宇都宮文星女子高校
10	MF	佐藤　愛真	14	156	栃木SCレディース
11	FW	笹沼　沙良	14	165	栃木SCレディース
12	GK	大藤　彩夏	15	160	宇都宮文星女子高校
13	MF	増山　結菜	14	156	栃木SCレディース
14	MF	津久井　桜	14	158	栃木SCレディース
15	FW	寺田　百杏	14	156	栃木SCレディース
17	MF	福田　莉子	14	151	宇都宮市立古里中学校

埼玉県選抜

背番号	位置	氏　名	年齢	身長	所属チーム
	監督	堀　達也	37	—	埼玉県立大宮武蔵野高校
1	GK	井野　杏莉	15	165	ちふれASエルフェン埼玉マリU-18
2	DF	青田　望々	14	163	浦和レッズレディースジュニアユース
3	MF	秋本　佳音	15	166	三菱重工浦和レッズレディースユース
4	DF	伊藤　愛唯	15	164	ちふれASエルフェン埼玉マリU-18
5	MF	熊田　姫依	14	158	浦和レッズレディースジュニアユース
6	MF	石川　杏佳	15	156	ちふれASエルフェン埼玉マリU-18
7	MF	菅原　夏希	15	158	ちふれASエルフェン埼玉マリU-18
8	DF	澤野　翔夏	15	161	三菱重工浦和レッズレディースユース
9	FW	辻　あみる	14	161	浦和レッズレディースジュニアユース
10	FW	前原　嘉乃	15	164	三菱重工浦和レッズレディースユース
11	MF	高橋　光莉	15	159	三菱重工浦和レッズレディースユース
12	DF	伊藤　璃音	14	167	INAC白岡SCレディース
13	FW	茂木　未宙	14	159	大宮アルディージャVENTUS U15
14	DF	松家　ゆり	14	163	三菱重工浦和レッズレディースユース
16	GK	寺本　唯香	14	168	大宮アルディージャVENTUS U15

東京都選抜

背番号	位置	氏　名	年齢	身長	所属チーム
	監督	梅原　聖和	34	—	東京都立杉並総合高校
1	GK	中村　菫	16	167	十文字高校
2	DF	小島　世里	15	155	十文字高校
3	DF	佐藤　美晴	15	160	ノジマステラ神奈川相模原ドゥーエ
4	MF	中山　結花	15	160	十文字高校
5	MF	夏目　真凛	15	160	三菱重工浦和レッズレディースユース
6	DF	山﨑　亜沙	16	164	十文字高校
7	MF	石浦　和歌	15	160	スフィーダ世田谷FCユース
8	MF	大山真由奈	15	162	ノジマステラ神奈川相模原ドゥーエ
9	MF	新井　萌禾	15	157	十文字高校
10	MF	筒井まつり	15	151	修徳高校
11	FW	藤崎　智子	15	166	三菱重工浦和レッズレディースユース
12	GK	鳥澤知香子	15	165	東京都立飛鳥高校
13	DF	安西　愛	16	158	十文字高校
14	FW	梅本　恵	15	153	十文字高校
15	MF	福島茉莉花	15	160	十文字高校

山梨県選抜

背番号	位置	氏　名	年齢	身長	所属チーム
	監督	深沢　一智	61	—	山梨県立青洲高校
1	GK	関　帆乃果	15	155	帝京第三高校
2	DF	三浦　美波	16	167	日本航空高校
3	DF	植田　星央	15	154	日本航空高校
4	DF	藤高　愛那	15	165	日本航空高校
5	DF	日部　珀空	16	162	日本航空高校
6	MF	小池　彩華	15	164	日本航空高校
7	MF	横田　晴	16	163	日本航空高校
8	MF	谷猪　礼衣	15	156	日本航空高校
9	MF	岡本　成海	15	157	日本航空高校
10	FW	関根芽玖美	15	160	山梨学院大学 女子サッカー部
11	FW	西出　愛琉	15	158	日本航空高校
12	GK	斉藤　はな	15	161	FCふじざくら山梨JE
13	FW	伊藤　咲良	15	151	日本航空高校
14	MF	吉田美のり	15	164	日本航空高校
15	FW	佐藤　マリー奈々美	15	163	日本航空高校

新潟県選抜

背番号	位置	氏　名	年齢	身長	所属チーム
	監督	牧岡　龍一	45	—	北越高校
1	GK	山﨑　璃音	15	171	アルビレックス新潟レディースU-18
2	DF	安達　雪乃	16	168	帝京長岡高校
3	DF	稲垣　遙	15	160	アルビレックス新潟レディースU-18
4	DF	籠林　和奏	15	164	帝京長岡高校
5	DF	石田　琉南	15	156	開志学園JAPANサッカーカレッジ高等部
6	MF	藤本　来桃	15	154	帝京長岡高校
7	MF	村山　楓	15	166	帝京長岡高校
8	MF	更級　一花	14	159	アルビレックス新潟レディースU-15
9	FW	堤　なつほ	15	166	帝京長岡高校
10	MF	吉岡　花菜	16	144	帝京長岡高校
11	MF	金本愛実瑠	15	164	帝京長岡高校
12	GK	中原　彩夏	15	163	開志学園JAPANサッカーカレッジ高等部
13	DF	小島ひかる	15	161	帝京長岡高校
14	MF	清川　海七	15	157	開志学園JAPANサッカーカレッジ高等部
15	DF	登坂　夢愛	14	164	アルビレックス新潟レディースU-15

長野県選抜

背番号	位置	氏　名	年齢	身長	所属チーム
	監督	西村　陽介	38	—	長野県サッカー協会
1	GK	宮越　杏純	14	169	松本山雅FCレディースU-15
2	DF	北澤　摩紀	15	150	松商学園高校
3	DF	細川　渚	15	168	AC長野パルセイロ・シュヴェスター
4	DF	松本みるく	15	163	AC長野パルセイロ・シュヴェスター
5	DF	林　美羽	14	161	松本山雅FCレディースU-15
6	MF	吉家　香晴	15	154	AC長野パルセイロ・シュヴェスター
7	MF	橋本　志織	15	154	AC長野パルセイロ・シュヴェスター
8	MF	小松　優月	15	154	松商学園高校
9	MF	石山　愛彩	15	158	東海大学付属諏訪高校
10	FW	新村　音寧	15	152	帝京第三高校
11	FW	中條　凜	14	150	松本山雅FCレディースU-15
12	DF	宇田川結桜	14	162	松本山雅FCレディースU-15
13	FW	山田　桜樺	15	158	東海大学付属諏訪高校
14	DF	小林　凜	14	164	AC長野パルセイロ・シュヴェスター
19	GK	吉原　柚葉	15	155	AC長野パルセイロ・シュヴェスター

静岡県選抜

背番号	位置	氏　名	年齢	身長	所属チーム
	監督	渡辺　千春	42	—	T-Dream FC
1	GK	伊藤　美侑	15	154	藤枝順心高校
2	DF	小澤　瑠奈	14	157	常葉大学附属橘中学校
3	DF	名木野桃嘉	15	163	JFAアカデミー福島
4	DF	弦間　結月	15	162	藤枝順心高校
5	DF	脇川あかり	16	152	常葉大学附属橘高校
6	MF	樋口　梨花	15	153	JFAアカデミー福島
7	MF	弟子丸紗羽	15	150	藤枝順心高校
8	MF	松尾侑芽実	15	154	常葉大学附属橘高校
9	MF	鈴木　由真	14	156	LIBERDADE静岡FC（第3種）
10	FW	木村　未来	15	155	JFAアカデミー福島
11	FW	藤原　凛音	15	162	藤枝順心高校
12	GK	田尻　結菜	15	168	常葉大学附属橘高校
13	FW	松浦芽育子	14	160	常葉大学附属橘中学校
14	FW	中島　沙彩	15	157	藤枝順心高校
15	DF	宮路　花菜	15	173	藤枝順心高校

京都府選抜

背番号	位置	氏　名	年齢	身長	所属チーム
	監督	阪田　和哉	47	—	バニーズ京都SC flaps
1	GK	堤　日香梨	15	159	バニーズ京都SC flaps U-18
2	DF	久保田美優	14	164	南丹市立園部中学校
3	DF	宮前すずな	15	160	京都精華学園高校
4	MF	岡本　奏	14	165	バニーズ京都SC flaps U-18
5	DF	河村　斐織	15	151	バニーズ京都SC flaps U-15
6	MF	池田　柚季	16	153	京都精華学園高校
7	FW	高田　琉那	15	160	京都精華学園高校
8	MF	山下　琉	16	154	京都橘高校
9	FW	井尻　詩乃	14	164	バニーズ京都SC flaps U-15
10	FW	谷田　瑠愛	15	158	京都精華学園高校
11	FW	森野　彩	14	160	京都精華学園中学校
12	GK	内田　璃紅	15	170	京都精華学園高校
13	DF	高橋みらい	14	156	福知山ジュニアユースクラブ
14	MF	上村　真緒	14	160	バニーズ京都SC flaps U-15
15	MF	廣安　小春	14	156	福知山ジュニアユースクラブ

大阪府選抜

背番号	位置	氏　名	年齢	身長	所属チーム
	監督	井尻　真文	44	—	星翔高校
1	GK	勝間田　葵	15	172	大商学園高校
2	DF	太田　美月	15	169	大商学園高校
3	DF	青木　奏恵	15	166	大阪桐蔭高校
4	DF	井原　凛	16	171	大商学園高校
5	MF	小松　佑莉	16	162	大阪学芸高校
6	DF	安東　美那	15	158	大阪桐蔭高校
7	MF	三納　咲希	15	162	大阪学芸高校
8	DF	安東　優那	15	159	大阪桐蔭高校
9	FW	滑川　藍	16	166	大阪学芸高校
10	FW	林　寿珠里	16	175	大阪桐蔭高校
11	MF	村上　琴南	15	159	追手門学院高校
12	GK	菱戸　理那	15	164	大阪学芸高校
13	DF	井田　聖来	15	153	大阪学芸高校
14	MF	塩見　尚子	15	153	大阪学芸高校
15	MF	水谷いちご	15	157	大阪桐蔭高校

岡山県選抜

背番号	位置	氏　名	年齢	身長	所属チーム
	監督	山川莉々加	33	—	岡山県作陽高校
1	GK	石田ひなは	15	170	岡山県作陽高校
2	DF	山田　乃愛	15	155	Solfiore FC作陽
3	DF	小笠原愛透	15	161	岡山県作陽高校
4	DF	笠野　伶奈	15	167	Solfiore FC作陽
5	MF	原　望恵	15	168	岡山県作陽高校
6	DF	村上　和愛	15	160	Solfiore FC作陽
7	MF	森原　日胡	15	156	岡山県作陽高校
8	MF	堀江　昂央	15	157	Solfiore FC作陽
9	MF	安部　美琴	15	166	岡山県作陽高校
10	FW	竹内　あり	15	152	Solfiore FC作陽
11	FW	浜本　夕愛	15	162	岡山県作陽高校
12	GK	松本メイ乃	15	167	岡山県作陽高校
13	MF	尾崎　海音	15	155	Solfiore FC作陽
14	MF	守分　彩乃	15	157	FCシャルム岡山アカデミー
15	MF	藤澤　光花	15	162	Solfiore FC作陽

香川県選抜

背番号	位置	氏　名	年齢	身長	所属チーム
	監督	三木　敏弘	45	—	MOMOKO F.C
1	GK	内藤　乃彩	15	160	四国学院大学香川西高校
2	DF	田渡　由奈	15	150	四国学院大学香川西高校
3	DF	徳冨　娃花	15	160	四国学院大学香川西高校
4	DF	西尾　佳花	14	164	MOMOKO F.C
5	MF	出来美桜里	15	156	丸亀ELF女子F.C
6	DF	新西　和花	14	163	FCリフォルマ
7	MF	平川　璃晏	15	165	四国学院大学香川西高校
8	MF	吉田　華帆	15	158	四国学院大学香川西高校
9	MF	三野　彩音	14	154	F.C.コーマレディース アザレア
10	FW	木下萌々香	15	157	四国学院大学香川西高校
11	MF	村上　空奈	15	155	四国学院大学香川西高校
12	GK	仲　璃音	15	155	四国学院大学香川西高校
13	FW	大森　桜花	14	155	F.C.コーマレディース アザレア
14	FW	田村　真帆	14	156	MOMOKO F.C
15	MF	横井萌々香	14	157	丸亀ELF女子F.C

愛媛県選抜

背番号	位置	氏　名	年齢	身長	所属チーム
	監督	嘉村　諭	43	—	愛媛県立東予高校
1	GK	坂田　湖琳	14	169	FC今治レディースNEXT
2	DF	山下ちろる	15	157	愛媛FCレディースMIKAN
3	DF	菊地　陽菜	15	160	愛媛FCレディースMIKAN
4	DF	山本小百合	15	154	愛媛FCレディースMIKAN
5	MF	松川　そら	14	151	F.C.コーマレディース アザレア
6	MF	村井　稟	15	156	愛媛FCレディースMIKAN
7	MF	鈴鹿　有稀	15	158	FC今治レディースNEXT
8	MF	高須賀美空	15	153	FC今治レディースNEXT
9	FW	大木　優奈	14	157	愛媛FCレディースMIKAN
10	FW	田子　夏海	15	159	愛媛FCレディースMIKAN
11	MF	木原　優奈	14	154	FC今治レディースNEXT
12	GK	桧谷　春花	15	168	愛媛FCレディースMIKAN
13	DF	平賀　千春	14	159	F.C.コーマレディース アザレア
14	MF	西岡　楓音	15	157	愛媛FCレディースMIKAN
15	DF	永見　榎菜	15	156	愛媛FCレディースMIKAN

福岡県選抜

背番号	位置	氏　名	年齢	身長	所属チーム
	監督	山本ひろな	27	—	東海大学付属福岡高校
1	GK	梅澤ひかり	14	167	福岡女学院中学校FC
2	FW	横田ひまり	15	162	東海大学付属福岡高校
3	DF	井手口里穂	16	162	東海大学付属福岡高校
4	DF	前多祐里奈	15	165	東海大学付属福岡高校
5	DF	庄司　美優	15	157	ANCLASノーヴァ
6	MF	島倉亜弥美	15	154	東海大学付属福岡高校
7	DF	林　南花	15	160	東海大学付属福岡高校
8	MF	平良　夢華	15	155	東海大学付属福岡高校
9	FW	津田　蒼依	15	151	福岡女学院高校
10	MF	山田　愛実	15	162	東海大学付属福岡高校
11	FW	山下　藍	15	157	ANCLASノーヴァ
12	DF	細江乃梨華	15	168	東海大学付属福岡高校
13	MF	梶原　莉愛	15	150	ANCLASノーヴァ
14	MF	ムカダンゲイ　恵玲奈	15	159	筑陽学園高校
15	DF	柴田　羅夢	14	155	Viva！Calcio

鹿児島県選抜

背番号	位置	氏　名	年齢	身長	所属チーム
	監督	寺師　勇太	35	—	神村学園高等部
1	GK	津曲　和美	14	162	神村学園中等部
2	DF	春園　虹天	14	164	神村学園中等部
3	DF	森田こころ	15	151	神村学園高等部
4	DF	中野　美結	15	158	神村学園高等部
5	DF	児玉　一穂	15	164	神村学園高等部
6	MF	岡部　光流	15	160	神村学園高等部
7	MF	久保　百果	15	162	神村学園高等部
8	MF	新原　由菜	15	160	神村学園高等部
9	FW	原口　鈴音	14	163	神村学園中等部
10	MF	上田　彩葉	15	150	神村学園高等部
11	FW	塚本　聖菜	15	161	神村学園高等部
12	DF	成田　夢愛	15	162	神村学園高等部
13	DF	舟之川桃果	14	153	神村学園中等部
14	MF	三冨りりか	16	161	神村学園高等部
15	GK	前田　美沙	14	159	日置シーガルズFC

※年齢は2022年4月1日時点

ブロック大会対戦結果

【東　北】代表：福島県

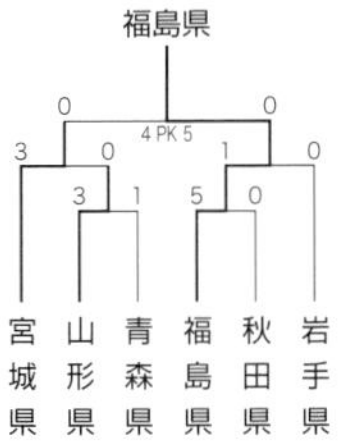

【関　東】代表：東京都・山梨県・埼玉県

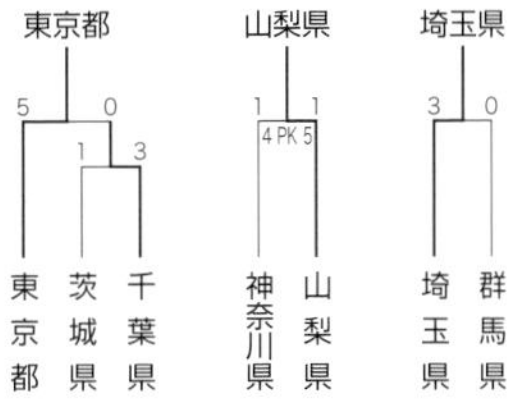

【北信越】代表：新潟県・長野県

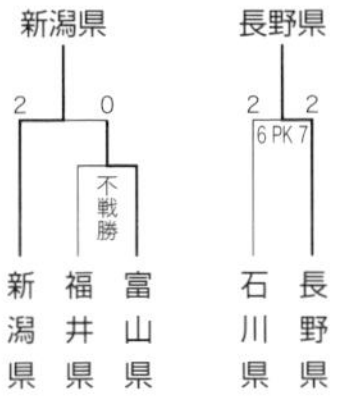

【東　海】代表：静岡県

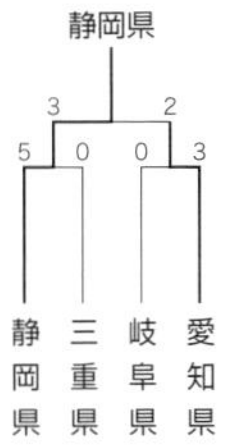

【近　畿】代表：大阪府・京都府

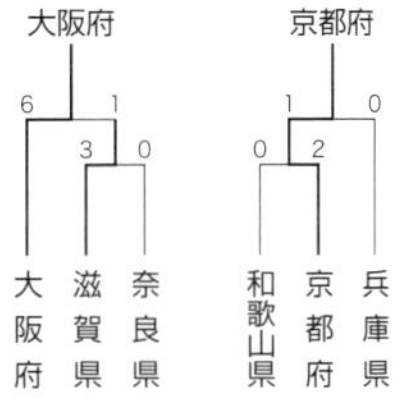

【中　国】代表：岡山県

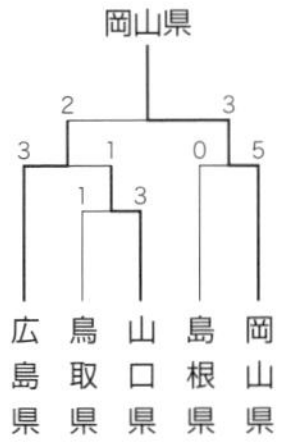

【四　国】代表：香川県・愛媛県

	愛媛県	高知県	香川県	徳島県	順　位
愛媛県		1○0	1●2	4○0	2
高知県	0●1		0●1	2○0	3
香川県	2○1	1○0		1○0	1
徳島県	0●4	0●2	0●1		4

【九　州】代表：鹿児島県・福岡県

Aパート	鹿児島県	宮崎県	大分県	沖縄県	順　位
鹿児島県		4○0	1○0	8○0	1
宮崎県	0●4		2○0	2○0	2
大分県	0●1	0●2		4○0	3
沖縄県	0●8	0●2	0●4		4

Bパート	福岡県	熊本県	佐賀県	長崎県	順　位
福岡県		2○1	2○0	1○0	1
熊本県	1●2		2○0	4○0	2
佐賀県	0●2	0●2		—	3
長崎県	0●1	0●4	—		4

国民体育大会記録

回(開催年)	1（21年）	2（22年）	3（23年）	4（24年）	5（25年）	6（26年）	7（27年）	8（28年）	9（29年）	10（30年）	11（31年）	12（32年）
開催地	西宮（兵庫県）	金沢（石川県）	福岡（福岡県）	武蔵野（東京都）	刈谷（愛知県）	広島（広島県）	仙台（宮城県）	松山（愛媛県）	岩見沢（北海道）	藤沢（神奈川県）	西宮（兵庫県）	藤枝（静岡県）
優勝	**湘南中$_1$**		**広島高師附属$_1$**	**浦和$_1$**	**修道$_1$**	**浦和$_2$**	**韮崎$_1$**	**修道$_2$**	**刈谷$_1$**	**刈谷$_2$**	**修道$_3$**	**藤枝東$_1$**
準優勝	神戸一中$_1$		湘南$_1$	宇都宮$_1$	浦和$_1$	三国丘$_1$	**明星$_1$**	韮崎$_1$	甲府一$_1$	神戸$_2$	藤枝東$_1$	山陽$_1$
三位			浜松一$_1$	修道$_1$	三国丘$_1$	甲府一$_1$	東千田$_1$	明星$_1$	修道$_2$	日立一$_1$	函館東$_1$	刈谷$_2$
四位			仙台一$_1$	池田$_1$	刈谷$_1$	国泰寺$_1$	鶴岡工$_1$	宇都宮工$_1$	上野$_1$	島原$_1$	遠野$_1$	関西学院$_1$
参加数	（2）	（0）	（8）	（16）	（12）	（12）	（24）	（30）	（22）	（29）	（32）	（32）
北海道			函館商$_1$	室蘭商$_1$	函館中部$_1$	函館中部$_2$	函館東$_1$	北海$_1$	函館商$_2$	北海$_2$	函館東$_2$	函館東$_3$
青森												弘前$_1$
岩手										遠野$_1$	遠野$_2$	盛岡一$_1$
秋田							秋田商$_1$	秋田商$_2$	秋田商$_3$	秋田商$_4$	秋田$_1$	秋田商$_5$
山形				鶴岡二$_1$	鶴岡$_1$	鶴岡工$_2$	鶴岡工$_3$	鶴岡工$_4$			鶴岡南$_2$	
宮城			仙台一$_1$					仙台育英$_1$	宮城工$_1$	宮城工$_2$	仙台育英$_2$	仙台育英$_3$
福島												
新潟												
長野							上田松尾$_1$	上田松尾$_2$	大町南$_1$	松本県ヶ丘$_1$	上田松尾$_3$	
富山				富山中部$_1$	富山中部$_2$	富山中部$_3$	入善$_1$	富山商$_1$		富山中部$_4$	富山中部$_5$	富山中部$_6$
石川							金沢大附属$_1$	金沢大附属$_2$	金沢大附属$_3$			
福井												福井農林$_1$
茨城								日立一$_1$		日立一$_2$	日立一$_3$	
栃木				宇都宮$_1$			宇都宮工$_1$	宇都宮工$_2$	真岡$_1$	宇都宮農$_1$	宇都宮工$_3$	喜連川$_1$
群馬									館林$_1$			館林$_2$
埼玉				浦和$_1$	浦和$_2$	浦和$_3$	浦和$_4$	浦和$_5$	浦和$_6$	浦和$_7$	浦和$_8$	浦和市立$_1$
東京				都立九高$_1$	大泉$_1$	北園$_2$	桐朋$_1$	教大附属$_1$	石神井$_1$	青山学院$_1$	教大附属$_2$	上井草$_1$
千葉							千葉一$_1$			長生一$_1$	長生一$_2$	千葉商$_1$
神奈川	湘南中$_1$		湘南$_2$					小田原$_1$		翠嵐$_1$	横浜商$_1$	鎌倉学園$_1$
山梨				甲府一$_1$		甲府一$_2$	韮崎$_1$	韮崎$_2$	甲府一$_3$	日川$_1$	甲府一$_4$	韮崎$_3$
静岡			浜松一$_1$		浜松北$_2$			藤枝$_1$		藤枝東$_2$	藤枝東$_3$	藤枝東$_4$
愛知				刈谷$_1$	刈谷$_2$	刈谷$_3$	刈谷$_4$	挙母$_1$	刈谷$_5$	刈谷$_6$	刈谷$_7$	刈谷$_8$
岐阜								岐阜商$_1$				岐阜工$_1$
三重			上野北$_1$				上野$_2$		上野$_3$	上野商工$_1$	上野商工$_2$	
滋賀								大津東$_1$	八幡$_1$	大津$_1$	甲賀$_1$	甲賀$_2$
京都				堀川$_1$			山城$_1$	城南$_1$	日吉ヶ丘$_1$	山城$_2$	山城$_3$	山城$_4$
奈良												
和歌山							桐蔭$_1$	桐蔭$_2$		桐蔭$_3$	桐蔭$_4$	古座$_1$
大阪				池田$_1$	三国丘$_1$	三国丘$_2$	明星$_1$	明星$_2$	明星$_3$	明星$_4$	追手門学院$_1$	天王寺$_1$
兵庫	神戸一中$_1$			神戸$_2$	長田$_1$	芦屋$_1$	神戸$_3$	兵庫工$_1$	神戸$_4$	神戸$_5$	神戸$_6$	関西学院$_1$
岡山				関西$_1$							関西$_2$	関西$_3$
鳥取												
島根											浜田$_1$	
広島			広島高師附属$_1$	修道$_1$	修道$_2$	国泰寺$_1$	東千田$_2$	修道$_3$	修道$_4$	国泰寺$_2$	修道$_5$	山陽$_1$
山口							多々良学園$_1$	多々良学園$_2$	山口$_1$	多々良学園$_3$		多々良学園$_4$
香川												高松商$_1$
徳島			富岡一$_1$	川島$_1$			富岡西$_2$	富岡西$_3$	徳島商$_1$	徳島商$_2$		徳島商$_3$
高知							高知農$_1$	高知農$_2$			高知農$_3$	
愛媛					松山東$_1$	松山南$_1$		松山南$_2$	松山商$_2$	松山工$_1$	南宇和$_1$	
福岡					山田$_1$		筑紫丘$_1$	筑紫丘$_2$	福岡商$_1$	福岡商$_2$		筑紫丘$_3$
佐賀								小城$_1$				
長崎				島原$_1$		島原$_2$				島原$_3$	島原商$_1$	島原商$_2$
大分								大分工$_1$		大分工$_2$	大分工$_3$	大分工$_4$
宮崎							富島$_1$				延岡向洋$_1$	
熊本				済々黌$_1$			八代$_1$	熊本工$_1$	熊本工$_2$	熊本工$_3$	松橋$_1$	熊本工$_4$
鹿児島			鹿児島$_1$								鶴丸$_1$	鹿児島$_2$
沖縄												
備考	中等学校の部としてスタート。東西対抗戦の形で二チームのみ参加	一般の部のみ実施され、中等学校の部は行われず	学制改革により高校の部となる 湘南←湘南中	三位決定戦行わず（5回まで） 神戸←神戸一中	浜松北←浜松一	北園←都立九高 鶴岡工←鶴岡二 三位決定戦が実施される	決勝戦引き分け、両校優勝 三位決定戦実施されず 東千田←広島高師附属 上野←上野北 富岡西←富岡一	以後、毎回三位決定戦が実施される	松山商←松山東	藤枝東←藤枝	鶴岡南←鶴岡	三位決定戦引き分け

13（33年）	14（34年）	15（35年）	16（36年）	17（37年）	18（38年）	19（39年）	20（40年）	21（41年）	22（42年）	23（43年）	24（44年）
高岡	東京	八代，松橋	仁賀保，西目	津山	小野田	新潟	岐阜	別府	浦和	三国，芦原	島原
（富山県）	（東京都）	（熊本県）	（秋田県）	（岡山県）	（山口県）	（新潟県）	（岐阜県）	（大分県）	（埼玉県）	（福井県）	（長崎県）
清水東$_1$	**浦和市立$_1$**	**山城$_1$**	**修道$_4$**	**浦和市立$_2$**	**浦和市立$_3$**	**明星$_2$**	**浦和西$_1$**	**藤枝東$_2$**	**浦和南$_1$**	**韮崎$_2$**	**浦和南$_2$**
山陽$_2$	広島大附属$_1$	秋田商$_1$	浦和市立$_1$	明星$_1$	上野$_1$	藤枝東$_2$	**仙台育英$_1$**	浦和南$_1$	韮崎$_2$	遠野$_1$	大垣工$_1$
宇都宮工$_1$	藤枝東$_1$	浦和市立$_1$	秋田商$_1$	山陽$_1$	藤枝東$_2$	広島市立商$_1$	明星$_2$	大分工$_1$	帝京$_1$	山陽$_2$	藤枝東$_3$
館林$_1$	宇都宮工$_2$	遠野$_2$	藤枝東$_1$	藤枝東$_2$	山城$_1$	都立駒場$_1$	京都商$_1$	秋田商$_2$	仙台育英$_1$	中津工$_1$	韮崎$_1$
（29）	（32）	（28）	（28）	（32）	（32）	（32）	（32）	（32）	（32）	（32）	（33）
函館有斗$_1$	美唄工$_1$	岩見沢東$_1$	室蘭清水丘$_1$	釧路工$_1$	室蘭工$_1$	函館工$_1$	函館工$_2$	釧路工$_2$	室蘭工$_2$	函館有斗$_2$	函館東$_4$
		五戸$_1$			五戸$_2$	三本木農$_1$			五戸$_3$		五戸$_4$
遠野$_3$	盛岡商$_1$	遠野$_4$	盛岡商$_2$	盛岡商$_3$		盛岡商$_4$	盛岡商$_5$	盛岡商$_6$		遠野$_5$	
秋田商$_6$	秋田商$_7$	秋田商$_8$	秋田商$_9$	船川水産$_1$	秋田商$_{10}$	西目農$_1$	秋田商$_{11}$	秋田商$_{12}$	秋田商$_{13}$	秋田商$_{14}$	
鶴岡南$_3$	興譲館$_1$		鶴岡工$_5$								
	宮城工$_3$		宮城工$_4$	石巻商$_1$	仙台育英$_4$	仙台育英$_5$	仙台育英$_6$	仙台育英$_7$	仙台育英$_8$	仙台育英$_9$	仙台育英$_{10}$
						安積$_1$	安積$_2$		安積$_3$	郡山西工$_1$	郡山商$_1$
						柏崎$_1$					
穂高$_1$	穂高$_2$	穂高$_3$	上田$_4$	松本県ヶ丘$_2$			穂高$_4$	松本県ヶ丘$_3$	上田$_5$	松本県ヶ丘$_4$	上田東$_1$
富山中部$_7$	富山商$_2$	富山北$_1$	富山北$_2$	富山一$_1$	高岡工芸$_1$	富山中部$_8$	富山中部$_9$	高岡工芸$_2$	富山中部$_{10}$		
						金沢商$_1$				金沢泉丘$_1$	
					小浜水産$_1$					坂井農$_1$	坂井農$_2$
日立一$_4$	日立一$_5$	日立一$_6$	日立工$_1$	日立一$_7$			水戸商$_1$	水戸商$_2$	水戸商$_3$		
宇都宮工$_4$	宇都宮工$_5$			宇都宮工$_6$	宇都宮工$_7$	宇都宮学園$_1$	宇都宮商$_1$	宇都宮工$_8$	宇都宮学園$_2$	宇都宮学園$_3$	宇都宮工$_9$
館林$_3$	館林$_4$	館林$_5$	館林$_6$		館林$_7$	新島学園$_1$	新島学園$_2$	館林$_8$	新島学園$_3$	高崎$_1$	新島学園$_4$
浦和市立$_2$	浦和市立$_3$	浦和市立$_4$	浦和市立$_5$	浦和市立$_6$	浦和市立$_7$	浦和市立$_8$	浦和西$_1$	浦和南$_1$	浦和南$_2$	浦和市立$_9$	浦和南$_3$
教大附属$_3$	教大附属$_4$	私立城北$_1$	私立城北$_2$	私立城北$_3$		都立駒場$_1$	帝京$_1$	私立城北$_4$	帝京$_2$		帝京$_3$
		長生一$_3$		習志野$_1$	習志野$_2$	習志野$_3$	習志野$_4$	習志野$_5$	千葉$_2$	習志野$_6$	習志野$_7$
鎌倉学園$_2$	鎌倉学園$_3$		湘南$_3$	湘南$_4$	鎌倉学園$_4$	鎌倉学園$_5$				相模工大附属$_1$	相模工大附属$_2$
甲府商$_1$	韮崎$_4$	日川$_2$	甲府商$_2$		甲府工$_1$	石和$_1$	韮崎$_5$	甲府工$_2$	韮崎$_6$	韮崎$_7$	韮崎$_8$
清水東$_1$	藤枝東$_5$	清水東$_2$	藤枝東$_6$	藤枝東$_7$	藤枝東$_8$	藤枝東$_9$	静岡工$_1$	藤枝東$_{10}$		藤枝東$_{11}$	藤枝東$_{12}$
挙母$_2$	豊田西$_3$		中京商$_1$	豊田西$_4$	豊田西$_5$			刈谷$_9$	刈谷$_{10}$	刈谷$_{11}$	熱田$_1$
	岐阜工$_2$					大垣工$_1$	大垣工$_2$	大垣工$_3$	大垣工$_4$	大垣工$_5$	大垣工$_6$
上野$_4$		上野商工$_3$	上野商工$_4$	上野$_5$	上野$_6$	上野$_7$	上野工$_5$		上野工$_6$		
甲賀$_3$	甲賀$_4$	甲賀$_5$	甲賀$_6$	甲賀$_7$	甲賀$_8$	甲賀$_9$	瀬田工$_1$	草津$_1$	甲賀$_{10}$	甲賀$_{11}$	甲賀$_{12}$
山城$_5$	山城$_6$	山城$_7$	山城$_8$	京都商$_1$	山城$_9$	京都商$_2$	京都商$_3$	京都商$_4$	山城$_{10}$	京都教大附属$_1$	洛北$_1$
									正強$_1$		
星林$_1$	古座$_2$			串本$_1$	新宮$_1$		新宮$_2$	串本$_2$		新宮$_3$	新宮$_4$
明星$_5$	明星$_6$	明星$_7$	明星$_8$	明星$_9$	明星$_{10}$	明星$_{11}$	明星$_{12}$	明星$_{13}$	明星$_{14}$	初芝$_1$	初芝$_2$
神戸$_7$	神戸$_8$	神戸$_9$	関西学院$_2$	兵庫工$_2$	神戸$_{10}$	関西学院$_3$	鳴尾$_1$	神戸$_{11}$	関西学院$_4$	関西学院$_5$	関西学院$_6$
	関西$_4$			久世$_1$	関西$_5$	津山工$_1$			玉島商$_1$		
大社$_1$		大社$_2$	大社$_3$	浜田$_2$	浜田$_3$		大社$_4$	益田産業$_1$		益田農林$_2$	益田農林$_3$
山陽$_2$	広島大附属$_3$	広島大附属$_4$	修道$_6$	山陽$_3$	修道$_7$	広島市立商$_1$	広島県工$_1$	山陽$_4$	修道$_8$	山陽$_5$	広島市立商$_2$
	山口$_2$	山口$_3$		多々良学園$_5$	小野田工$_1$	小野田工$_2$	小野田工$_3$	小野田工$_4$	小野田工$_5$	多々良学園$_6$	小野田工$_6$
									高松商$_2$	高松商$_3$	高松南$_1$
撫養$_1$	徳島商$_4$	徳島商$_5$		徳島商$_6$	徳島商$_7$		徳島商$_8$	徳島商工$_1$	徳島商$_9$	徳島商$_{10}$	
			高知農$_4$	追手前$_1$	追手前$_2$	追手前$_3$	追手前$_4$	高知商$_1$			高知農$_5$
南宇和$_2$	松山北$_1$	松山商$_3$	新居浜東$_1$	松山北$_2$	松山商$_4$	松山工$_2$	松山工$_3$	内子$_1$	新田$_1$	八幡浜工$_1$	壬生川$_1$
	嘉穂$_1$	福岡商$_3$		福岡商$_4$				山田$_2$			山田$_3$
	小城$_2$						小城$_3$	小城$_4$			多久$_1$
島原商$_3$	島原商$_4$	島原商$_5$	島原商$_6$		島原商$_7$	島原商$_8$	島原商$_9$	島原商$_{10}$	島原商$_{11}$	島原工$_1$	島原工$_2$
大分工$_5$		中津東$_1$	中津東$_2$	中津東$_3$	中津南$_1$	中津東$_4$	大分工$_6$	大分工$_7$	中津工$_1$	中津工$_2$	大分工$_8$
延岡向洋$_2$		延岡向洋$_3$	延岡向洋$_4$	延岡$_1$	延岡$_2$			宮崎商$_1$	延岡工$_5$		
熊本商$_1$	熊本商$_2$	松橋$_2$	熊本工$_5$	熊本商$_3$	熊本商$_4$	熊本工$_6$	熊本商$_5$		八代一$_1$	八代一$_2$	熊本一$_1$
	玉竜$_1$			蒲生$_1$	鹿児島商$_1$	蒲生$_2$				鹿児島工$_1$	
											那覇$_1$
	広島大附属←東千田 豊田西←挙母		上田←上田松尾				上野工←上野商工 決勝戦引き分け、両校優勝	三位決定戦引き分け	延岡工←延岡向洋 千葉←千葉一	益田農林←益田産業	

第25回大会より選抜チームが出場することに。次ページ以降「○」は選抜チーム、単独チームは校名を表記しています。

回(開催年)	25(45年)	26(46年)	27(47年)	特別(48年)	28(48年)	29(49年)	30(50年)	31(51年)	32(52年)	33(53年)	34(54年)	35(55年)	36(56年)	37(57年)	38(58年)	39(59年)	40(60年)	41(61年)	42(62年)	43(63年)	44(元年)	45(2年)	46(3年)
開催地	遠野(岩手県)	新宮(和歌山県)	鹿児島(鹿児島県)	コザ(沖縄県)	市原(千葉県)	日立(茨城県)	伊賀上野(三重県)	多久(佐賀県)	十和田(青森県)	大町(長野県)	延岡(宮崎県)	矢板(栃木県)	水口(滋賀県)	益田(島根県)	藤岡(群馬県)	橿原、大淀(奈良県)	米子(鳥取県)	韮崎(山梨県)	那覇(沖縄県)	宇治(京都府)	室蘭(北海道)	福岡(福岡県)	金沢(石川県)
優勝	**埼玉$_1$**	**静岡$_2$**	**埼玉$_2$**	**埼玉**	**静岡$_3$**	**茨城$_1$**	**静岡$_4$**	**静岡$_5$**	**静岡$_6$**	**東京$_1$**	**東京$_2$**	**静岡$_7$**	**長崎$_1$**	**兵庫$_1$**	**長崎$_2$**	**神奈川$_1$**	**静岡$_9$**	**東京$_3$**	**静岡$_{10}$**	**静岡$_{11}$**	**徳島$_1$**	**埼玉$_3$**	**静岡$_{12}$**
準優勝	**静岡$_1$**	大阪$_1$	静岡$_1$	静岡	埼玉$_1$	東京$_1$	兵庫$_1$	広島$_1$	京都$_1$	静岡$_2$	茨城$_1$	東京$_2$	埼玉$_2$	**静岡$_8$**	静岡$_3$	静岡$_4$	長崎$_1$	埼玉$_3$	滋賀$_1$	埼玉$_4$	神奈川$_1$	**千葉$_1$**	千葉$_1$
三位	広島$_1$	広島$_2$	鹿児島$_1$	鹿児島	大阪$_1$	静岡$_1$	埼玉$_1$	東京$_1$	埼玉$_2$	兵庫$_1$	千葉$_1$	栃木$_1$	滋賀$_1$	東京$_2$	埼玉$_3$	奈良$_1$	三重$_1$	栃木$_2$	埼玉$_4$	徳島$_1$	北海道$_1$	鹿児島$_2$	福井$_1$
四位	山口$_1$	千葉$_1$	秋田$_1$	高知	東京$_1$	栃木$_1$	東京$_2$	埼玉$_1$	茨城$_1$	神奈川$_1$	神奈川$_2$	長崎$_1$	茨城$_2$	富山$_1$	京都$_1$	茨城$_1$	茨城$_2$	岩手$_1$	東京$_3$	群馬$_1$	長崎$_2$	静岡$_2$	茨城$_3$
参加数	(32)	(32)	(32)	(8)	(32)	(32)	(32)	(32)	(32)	(32)	(32)	(32)	(32)	(32)	(32)	(32)	(32)	(32)	(32)	(32)	(32)	(32)	(32)
北海道	○	○	○		○	○	○	○	○	室蘭大谷$_1$	室蘭大谷$_2$	○	○	○	○	○	○	○	○	○	○	○	○
青森						○	○		○	○	○	○	○		○	○			○		○	○	
岩手	○			○							○	○	○	○	○	○	○	○	○	○	○	○	○
秋田	○	○	○		○	○	○	○	○	○							○	○					○
山形			○		○	○		○	○					○		○				○			
宮城	○	○	○			○	○	○	○	○	○			○			○	○	○	○	○	○	○
福島	○	○			○							○	○		○								
新潟					○					○	○	○			○	○			○		○	○	
長野	○	○	○		○		○	○	○	○	○	○	○	○	○		○				○	○	○
富山			○						○				○	○		○		○	○	○	○	○	○
石川		○				○			○					○	○	○	○	○	○	○			○
福井	○				○	○	○	○		○							○	○		○			○
茨城	○	○	○		○	○	○	○	○	○	○		○		○	○	○	○	○	○		○	○
栃木	○	○	○		○	○	○	○	○	○	○	○	○	○		○	○	○		○	○		○
群馬							○		○			○		○	○		○		○	○	○		○
埼玉	○	○	○	○	○	○	○	○	○	○	○	○	○	○	○	○	○	○	○	○	○	○	
東京	○	○	○		○	○	○	○	○	○	○	○	○	○	○	○	○	○	○			○	
千葉	○	○	○		○	○	○	○	○	○	○	○	○	○	○		○	○		○	○	○	○
神奈川	○	○	○		○	○		○	○	○	○	○	○	○	○	○		○	○	○	○	○	○
山梨	○	○	○		○	○	○	○		○	○	○	○		○	○		○	○		○	○	○
静岡	○	○	○	○	○	○	○	○	○	○	○	○	○	○	○	○	○	○	○	○	○	○	○
愛知	○	○	○		○	○	○	○	○	○		○		○	○	○	○	○	○	○	○	○	○
岐阜		○	○					○	○		○		○							○	○	○	
三重	○				○	○	○			四日市中央工$_1$	○	○	○	○	○	○	○	○	○		○		○
滋賀	○	○	○		○	○	○	○		○	○	○	○	○	○	○	○	○	○	○	○	○	○
京都	○	○	○	○	○	○	○	○	○	○	○	○	○	○	○	○		○	○	○	○	○	○
奈良			○						○	○		○			○	○	○			○			
和歌山	○	○			○	○	○	○	○		○	○	○										
大阪	○	○	○		○	○	○	○	○	○	○	○	○	○	○	○	○	○	○	○	○	○	○
兵庫	○	○	○		○	○	○	○	○	○	○		○	○		○	○	○	○	○	○	○	○
岡山	○	○	○	○	○	○			○		○	○	○	○		○	○		○	○		○	
鳥取								○	○	○		○		○		○	○			○	○		
島根		○			○	○	○			○				○	○			○					○
広島	○	○	○		○	○	○	○	○	○	○	○	○	○	○	○	○	○	○		○	○	○
山口	○		○				○	○			○		○		○		○	○	○	○	○	○	○
香川	○						○	○	○				○				○			○		○	
徳島	○	○					○	○	○	○	○	○		○	○	○		○	○	○	○	○	○
高知		○	○	○	○	○					○			○									
愛媛	○	○	○		○	○	○	○		○		○	○		○	○	○	○	○		○		○
福岡			○		○	○	○	○	○	○	○	○		○	○	○	○	○		○	○	○	○
佐賀		○				○	○	○		佐賀学園$_1$	○		○		○	○	○	○	○		○		
長崎	○	○	○		○	○	○	○	○	○	○	○	○	○	○	○	○	○	○	○	○	国見$_1$	国見$_2$
大分	○	○	○		○	○	○	○	○	○		○	○	○	○		○	○	○		○	○	○
宮崎		○	○		○		○				○	○		○	○		○	○	○	○		○	○
熊本	○	○	○			○					○	○	○	○		○			○	○	○	○	○
鹿児島			○	○	○			○	○	○	○	○	○	○	○	○	○	○	○	○	○	○	○
沖縄	○			○									○			○			○	○		○	
備考	決勝戦引き分け、両県優勝。各都道府県選抜チームが参加する形になる			沖縄本土復帰を記念する特別国体のため三位決定戦実施されず			高校の部から少年の部となる			単独校の出場も可能となる			外国籍の選手の参加も認められるようになる	決勝戦引き分け、両県優勝		三位決定戦引き分け	三位決定戦引き分け			成年二部実施のため登録選手が一チーム15名となる 三位決定戦引き分け	昭和天皇崩御のため、元号が「平成」となる	決勝戦、三位決定戦ともに引き分け。両県優勝	三位決定戦引き分け

47(4年)	48(5年)	49(6年)	50(7年)	51(8年)	52(9年)	53(10年)	54(11年)	55(12年)	56(13年)	57(14年)	58(15年)	59(16年)	60(17年)	61(18年)	62(19年)	63(20年)	64(21年)	65(22年)	66(23年)	67(24年)	68(25年)	69(26年)	70(27年)
鶴　岡 (山形県)	高松, 三木 (香川県)	刈　谷 (愛知県)	郡　山 (福島県)	広　島 (広島県)	高槻, 吹田 (大阪府)	横　浜 (神奈川県)	大　津 (熊本県)	富　山 (富山県)	七ヶ浜, 松島 利府, 鳴瀬 (宮城県)	南国, 野市 (高知県)	静　岡 (静岡県)	さいたま (埼玉県)	倉敷, 岡山 (岡山県)	三木, 淡路, 洲本 (兵庫県)	にかほ (秋田県)	大分, 別府 (大分県)	新　潟 (新潟県)	市　原 (千葉県)	山口, 山陽小野田 (山口県)	飛　騨 (岐阜県)	北区, 文京区, 府中, 調布 (東京都)	雲　仙 (長崎県)	田辺, 上富田 (和歌山県)
静岡13	**静岡14**	**静岡15**	**千葉2**	**静岡16**	**静岡17**	**千葉3**	**千葉4**	**国　見1**	**埼玉4** **静岡18**	**千葉5**	**神奈川2**	**静岡19**	**千葉6**	**沖縄1** **千葉7**	**東京4**	**神奈川3**	**神奈川4**	**東京5**	**千葉8** **静岡20**	**兵庫2**	**東京6**	**神奈川5**	**神奈川6** **福岡1**
岡山1	兵庫2	東京3	静岡5	熊本1	熊本2	大阪2	静岡6	静岡7		静岡8	群馬1	千葉2	群馬2		神奈川2	大阪3	大阪4	大阪5		福岡1	大阪6	群馬3	
茨城4	長崎1	群馬2	東京3	大阪2	千葉2 大阪3	岡山1	広島3	福岡1	広島4	長崎2	岡山2	埼玉5	滋賀2	兵庫2	京都1	京都2	兵庫3	兵庫4	広島5	大阪4	京都3	京都4	和歌山1
埼玉2	千葉2	千葉3	北海道1	福岡1		東京4	国　見1	宮城1	東京5	埼玉3	静岡1	石川1	東京6	石川2	宮崎1	兵庫1	京都2	神奈川3	大阪1	静岡2	福島1	新潟1	兵庫2
(32)	(32)	(32)	(32)	(32)	(32)	(32)	(32)	(32)	(32)	(32)	(32)	(32)	(32)	(24)	(24)	(24)	(24)	(24)	(24)	(24)	(24)	(24)	(24)
○	○	○	○	○	○	○	○	○	○	○	○	○	○	○	○	○	○	○	○	○	○	○	○
	○		○	○		○		○		○	○		青森山田1	○		○	○	青森山田2	○		青森山田3	○	青森山田4
○	○	○	○	○	○	○	○		○	○		○		○	○		○		○	○			
○		○			○		○		○		○				○	○							
○									○				○										
	○		○			○	○	○	○	○		○	○	○	○			○		○	○	○	○
○		○	○	○	○			○			○	○				○	○	○	○	○	○	○	○
○	○							○		○	○	○	○		○	○	○	○	○	○	○	○	○
○		○	○	○	○	○	○		○		○		○	○						○			
	○	○	○		○		○		○	○					○		○			○	○	○	
○		○	○	○	○	○	○	○		○	○	○	○	○	○	○	○	星　稜1	○			○	○
	○			○		○		○	○			○											
○	○				○	○	○	○		○		○	○							○			○
○	○		○	○		○			○		○	○					○					○	
○	○	○			○	○	○	○	○	○	○	○	○			○						○	
○		○	○	○		○	○	○	○	○	○	○	○	○	○	○	○	○	○	○	○	○	
○	○	○	○	○	○	○	○	○	○	○	○	○	○		○	○		○	○	○	○		○
○	○	○	○	○	○	○	○		○	○	○	○	○	○	○		○	○	○	○			
	○	○	○	○	○	○	○	○	○	○	○	○	○	○	○	○	○	○			○	○	○
		○	○	○	○			韮　崎9						○					○		○		○
○	○	○	○	○	○	○	○	○	○	○	○	○	○	○	○	○	○	○	○	○	○	○	○
○		○	○	○	○	○	○			○	○	○	○		○		○		○		○	○	○
	○	○	○		○	○		○	○		○		○	○		○				○			
○	○	○		○			○	○	○	○	○	○						○					
○			○	○	○			○	○	○	○	○	○									○	
○	○			○	○	○		○	○	○		○		○	○	○	○	○	○	○	○	○	
		○	○	○	○	○	○		奈良育英1	○	○	○	○		○								
	○	○					○					○											○
○	○	○	○	○	○	○	○	○		○	○		○	○		○	○	○	○	○	○	○	○
○	○	○	○		○	○	○	○	○		○		○	○	○	○	○	○	○	○	○		○
○	○		○	○	○	○	○	○	○	○	○		○	○	○		○	○	○		○	○	○
			○													○					○		○
○		○		○					○			○	○	○				○		○	○		
○	○	○		○	○	○	○	○	○	○	○	○	○	○	○	○	○	○	○	○		○	○
	○	○	○	○	○	○	○	○		○	○	○	○			○			○				
	○	○					○	○	○	○	○			○					○				
○	○		○	○	○	○	○		○	○			○		○			○		○	○	○	○
		○								○		○			○	○	○		○			○	○
○	○		○	○	○	○		○			○	○	○	○		○	○	○		○	○		
○	○	○	○	○	○	○	○	○	○		○	○	○		○	○			○	○	○	○	○
○	○						○			○					○	○		○		○			○
○	○	国　見3	○	○	国　見4	○	国　見5	国　見6	国　見7	○	国　見8	○	○				○	○			○	○	
○		○	○	○	○	○	○	○	○	○	○	○	○	○		○	○		○			○	○
○	○	○	○	○	○	○	○	○	○	○	○	○			○		○	○	○	○	○		
○	○		○	○	○	○	○	○		○	○	○	○	○				○		○	○		○
	鹿児島実1	○	○	○	○	○	○		○	○	○	○	○	○	○	○						○	
		○						○	○				○	○			○		○				
				五位～八位決定戦が廃止される。延長戦にVゴール方式が導入される	三位決定戦引き分け				決勝戦引き分け、両県優勝	夏季大会で実施。登録人数が一人ふえ16名となる。決勝戦延長Vゴール		決勝戦延長Vゴール		少年の部がU-16で実施され参加チームが24に。決勝戦引き分け。両県優勝					決勝戦引き分け、両県優勝				決勝戦引き分け、両県優勝

少年女子

回(開催年)	71(28年)	72(29年)	73(30年)	74(元年)	75(2年)	76(3年)	77(4年)		77(4年)														
開催地	遠野(岩手県)	新居浜,西条(愛媛県)	坂井(福井県)	鹿嶋(茨城県)	南さつま(鹿児島県)	四日市(三重県)	真岡,下野,益子(栃木県)		矢板,那須塩原(栃木県)														
優勝	**広島$_{1}$**	**神奈川$_{7}$**	**埼玉$_{5}$**	**静岡$_{21}$**	——	——	**神奈川$_{8}$**		**東京$_{1}$**														
準優勝	大阪$_{7}$	広島$_{2}$	石川$_{1}$	広島$_{3}$	——	——	青森$_{1}$		静岡$_{1}$														
三位	神奈川$_{1}$	大阪$_{5}$	千葉$_{3}$	山口$_{1}$	——	——	大阪$_{6}$		鹿児島$_{1}$														
四位	東京$_{7}$	青森$_{1}$	青森$_{2}$	香川$_{1}$	——	——	北海道$_{2}$		埼玉$_{1}$														
参加数	(24)	(24)	(24)	(24)	——	——	(24)		(16)														
北海道	○	○	○	○	——	——	○		○														
青森	青森山田$_{5}$	○	○	青森山田$_{6}$	——	——	青森山田$_{7}$																
岩手	○				——	——																	
秋田					——	——																	
山形			○		——	——																	
宮城	○	○		○	——	——	○																
福島		○	○	○	——	——	○		○														
新潟	○	○	○		——	——	帝京長岡$_{1}$		○														
長野	○				——	——	○		○														
富山	○			○	——	——	○																
石川		○	○	○	——	——																	
福井			○		——	——																	
茨城	○	○	○	○	——	——																	
栃木					——	——	○		○														
群馬		○			——	——																	
埼玉			○		——	——			○														
東京	○			○	——	——	○		○														
千葉	○	○	○	○	——	——	○																
神奈川	○	○		○	——	——	○																
山梨			○		——	——			○														
静岡	○	○	○	○	——	——	○		○														
愛知	○			○	——	——	○																
岐阜		○	○		——	——																	
三重					——	——																	
滋賀				○	——	——																	
京都	○	○	○	○	——	——	○		○														
奈良					——	——																	
和歌山					——	——																	
大阪	○	○	○	○	——	——	○		○														
兵庫	○	○	○		——	——	○																
岡山		○		○	——	——	○		○														
鳥取					——	——																	
島根					——	——																	
広島	○	○	○	○	——	——	○																
山口	○	○	○	○	——	——																	
香川	○			○	——	——	○		○														
徳島		○	○	○	——	——																	
高知					——	——																	
愛媛	○	○	○		——	——	○		○														
福岡	○	○	○		——	——	○		○														
佐賀	○		○	○	——	——	○																
長崎					——	——	○																
大分		○		○	——	——																	
宮崎	○	○			——	——																	
熊本	○	○	○	○	——	——																	
鹿児島			○	○	——	——	○		○														
沖縄																							
備考				元号が「令和」となる	新型コロナウイルス感染拡大の影響で令和5年の特別大会へ延期	新型コロナウイルス感染拡大の影響で中止			少年女子の部始まる														

JFA U-18 女子サッカーファイナルズ2022

JFA U-18 WOMEN'S FINALS

国内における女子サッカーの技術向上と健全な心身の育成を図り、広く女子サッカーの普及振興に寄与することを目的とした、U-18年代女子チームの真の日本一を決定する大会が新設された。第1回となる今大会は、全国高体連所属チームから総体の優勝、準優勝校、日本クラブユースサッカー連盟所属チームからXF CUP 2022 第4回 日本クラブユース女子サッカー大会（U-18）の優勝、準優勝チームが参加した。

［優勝］JFAアカデミー福島

大商学園高校［総体優勝チーム］ 0
JFAアカデミー福島［XF CUP準優勝チーム］ 5
セレッソ大阪堺ガールズ［XF CUP優勝チーム］ 1
十文字高校［総体準優勝チーム］ 2

決勝 3 2

決勝戦 JFAアカデミー福島 3-2 十文字

◀先制を許した後の前半19分、十文字FW氏原が右からのクロスを頭で合わせ同点に。氏原はこの試合2ゴールの大活躍

▼1点目のゴールをアシストした十文字右SHの三宅（背番号6）。準決勝に続きこの試合でもアシストを記録。今大会の全得点に絡んだ

▲U-18年代の女子サッカーに新たな光を当てる大会の初代女王はJFAアカデミー福島。XF CUPでは準優勝も今大会頂点に

▼一時は逆転するものの、再逆転を許し準優勝に終わった十文字。しかし、高体連女子サッカーの強さを示した

準決勝 JFAアカデミー福島 5 大商学園 0

▲新大会の記念すべき第1試合。試合前には両チーム主将がスピーチするのも本大会の魅力
◀総体で初優勝を飾った大商学園はボールを繋ごうとするも、相手の守備の網に引っかかるシーンが多かった
▼シュートは試合を通じて2本に抑えられた大商学園。守備ではJFAアカデミー福島の縦に速い攻撃に手を焼いた

準決勝 十文字 2-1 セレッソ大阪堺ガールズ

▼同点で迎えた後半32分、右サイドのクロスのこぼれ球を十文字DF新井が豪快なシュート。逆転ゴールが決まる

▲試合が動いたのは後半。先制を許した後、飲水タイム直後の21分、右サイドのクロスを氏原が頭で流し込み同点に
◀先制されたとはいえ、試合を通じて21本のシュートを放ち、逆に相手のシュートは7本。ペースは終始十文字だった

令和4年度 第31回全日本高等学校 女子サッカー選手権大会

主催／(公財)日本サッカー協会、神戸市　共催／(公財)全国高等学校体育連盟

女王・藤枝順心、史上最多6度目の日本一

十文字、6年ぶり2度目の優勝ならず

▲均衡状態が続いた決勝。後半23分、FW正野のゴールで藤枝順心が先制し喜びが弾ける

[優勝] 藤枝順心

1回戦
- 神村学園［九州①／鹿児島］ 0-3 AICJ［中国②／広島］
- 姫路女学院［開催県／兵庫］ 0-0（PK 4-3） 暁星国際［関東⑦／千葉］
- 佐久長聖［北信越②／長野］ 0-0（PK 6-7） 鎮西学院［九州④／長崎］
- 旭川実［北海道②］ 0-5 作陽［中国①／岡山］
- 大谷室蘭［北海道①］ 0-2 京都精華学園［関西④／京都］
- 高川学園［中国③／山口］ 1-1（PK 3-2） 前橋育英［関東⑤／群馬］
- 柳ヶ浦［九州②／大分］ 1-4 常葉大橘［東海②／静岡］
- 帝京長岡［北信越③／新潟］ 0-4 藤枝順心［東海①／静岡］
- 常盤木学園［東北①／宮城］ 4-2 霞ヶ浦［関東⑥／茨城］
- 日本航空［関東②／山梨］ 2-1 聖カピタニオ女子［東海③／愛知］
- 十文字［関東①／東京］ 2-0 聖和学園［東北③／宮城］
- 尚志［東北②／福島］ 3-2 開志学園JSC［北信越①／新潟］
- 四学大香川西［四国①／香川］ 0-0（PK 4-2） 東海大福岡［九州③／福岡］
- 追手門学院［関西③／大阪］ 1-0 星槎国際湘南［関東③／神奈川］
- 日ノ本学園［関西②／兵庫］ 4-0 鳴門渦潮［四国②／徳島］
- 修徳［関東④／東京］ 0-2 大阪学芸［関西①／大阪］

2回戦
- AICJ 1-0 姫路女学院
- 鎮西学院 2-2（PK 3-4） 作陽
- 京都精華学園 0-2 高川学園
- 常葉大橘 0-1 藤枝順心
- 常盤木学園 1-0 日本航空
- 十文字 4-0 尚志
- 四学大香川西 0-2 追手門学院
- 日ノ本学園 1-0 大阪学芸

準々決勝
- AICJ 2-2（PK 2-4） 作陽
- 高川学園 1-6 藤枝順心
- 常盤木学園 1-2 十文字
- 追手門学院 1-3 日ノ本学園

準決勝
- 作陽 0-1 藤枝順心
- 十文字 1-1（PK 3-1） 日ノ本学園

決勝
- 藤枝順心 1-0 十文字

第31回全日本高等学校 女子サッカー選手権大会 優秀選手21名

GK	3年	長谷川想	十文字
	2年	久田優里愛	日ノ本学園
DF	1年	柘植沙羽	藤枝順心
	1年	小島世里	十文字
	3年	島 春香	作陽
	2年	新城琴美	作陽
	3年	菅原眞名	日ノ本学園
MF	3年	浅田幸子	藤枝順心
	2年	早間美空	十文字
	2年	三宅万尋	十文字
	1年	新井萌禾	十文字
	3年	石田小桜	作陽
	3年	新谷楓華	日ノ本学園
	2年	高橋亜優	日ノ本学園
	3年	高塚映奈	常盤木学園
	3年	梅津真央	AICJ
FW	2年	久保田真生	藤枝順心
	2年	高岡 澪	藤枝順心
	3年	氏原里穂菜	十文字
	3年	中野琴音	作陽
	3年	桑原 藍	AICJ

選考／公益財団法人全国高等学校体育連盟 女子サッカー専門部技術委員会

決勝
女子選手権

▲ハイプレス、攻守の切り替えの早さ、運動量に裏付けられた献身的なサポート。両チームとも集中力は試合を通し落ちなかった

藤枝順心 1
十文字 0

◀後半、十文字は右SB野村のクロスをFW浅香がヘディングで合わせるも、藤枝順心GK菊地の好セーブで得点ならず

▼厳しいプレスをかいくぐり、十文字FW氏原はチーム最多タイの3本のシュートを放った

戦評

両チームともに攻守の切り替えが早く、GKから丁寧にビルドアップをしボールを大事にするスタイル。1対1の球際も強く、ボディコンタクトによるフィジカルも強い。タイミングの良い縦パスや状況を考えてのドリブルでスペースへ抜け出す等、判断力も早い。守備における組織力で藤枝順心はリズムを作り出し主導権を握る。前線からプレスをかけ、2ラインでしっかりとブロックを作り、十文字の攻撃を止める。奪ったボールはMF浅田を中心に展開する。ピッチの幅、深さを十分に使い、十文字を揺さぶる。十文字は間に入ってくる選手の受け渡しが遅れ、対応に苦慮するが、MF新井が藤枝順心の攻撃の芽を摘むポジショニングで再三のピンチを救う。後半に入っても藤枝順心は、組織された守備からリズムを作り攻撃を仕掛ける。十文字もセカンドボールの回収が良くなり、テンポの良い長短織り交ぜたパス回しで藤枝順心ゴールに襲いかかる。両チームともに味方との距離感が良く、全員がボールに関わっており、攻守のサポートが早く、ボールが途切れない。均衡が破れたのは23分。藤枝順心が先制する。その後、十文字は攻撃的な選手を立て続けに入れ、攻撃の厚みを増すが、藤枝順心の集中力を切らさない守備をこじ開けることができない。状況を考え、ボールを大事にするスタイルで戦い通した好ゲームは、藤枝順心が制した。敗れはしたが、十文字の迫力のある攻撃、個のスキルの高さは素晴らしいものであった。

中野進治(成立学園)

90分間
張りつめ続けた
集中力と緊張感

▶後半23分、藤枝順心FW山田が高い位置でボールを奪取。FW正野へのアシストへ繋がった
▼ゴール正面でパスを受けた正野はGKをかわし、ボールをやさしくゴールへと流し込む

藤枝順心、
ハイプレスからの
一瞬の好機を逃さず

▶藤枝順心の6度目の選手権制覇は5度の常盤木学園を抜いて単独トップに。中村監督にとっては初めての優勝になった
◀総体、U-18女子ファイナルズ、そして選手権と、すべて準優勝の十文字。悔しいが実力の高さは証明された

準決勝

女子選手権

▼作陽の粘りにあう中の後半11分、藤枝順心MF下吉（背番号15）が放った左足のロングシュートがDFに当たりゴールへ。待望の先制点を挙げ歓喜の輪

藤枝順心 1
作陽 0

▶藤枝順心は円陣で伝統の「ナンバー1」

◀シュート1本に抑えられた作陽だが、惜しみない運動量で献身的な守備を見せた

2大会前の決勝の再戦

攻めた藤枝順心が押し切る

戦評

準決勝から90分ゲームとなるが、両チームともにお互いの良さ、技術を消し合いながらプレーの強度が落ちない好ゲームとなった。作陽の攻撃はワントップのFW弓場のアクション、ポストプレーから2列目の選手がタイミング良く関わりながらのスピーディなショートカウンター。2列目からのFW中野の飛び出し、MF高橋のドリブルからもチャンスを作り出す。守備は前線を2トップにして規制から2列目で相手に時間とスペースを与えず強度が高い。プレスバックの意識も高く、ボール中心の集結集中の守備を見せる。対する藤枝順心の攻撃は前線の3枚がセンター、サイドで起点を作り2列目のMF久保田、下吉が関わりながらゴールを目指す。MF浅田が攻守にバランスをとりながらゲームコントロールしていた部分が印象的であった。守備は前線3枚の積極的なチェイシングから相手のプレーの精度を落として、2列目・3列目でボールを奪いたい意図が見られた。また、セットプレーもバリエーションが多く脅威であった。試合は後半11分に藤枝順心が先制点を奪い、決勝戦へと駒を進めた。90分間通して、全体が連動して攻守にハードワークをして、時間とスペースを消しながらお互いのプレーの意図が伝わるゲームであった。

井尻真文（星翔高校）

▶作陽を引っ張るキャプテンのFW中野。後半にはFKをバーに当てる惜しいシュートも

▲PK方式でも2人連続でストップしたGK長谷川。勝利の立役者に十文字イレブンが駆け寄る

総体に続き決勝進出の十文字

日ノ本学園追いつくもPK方式で涙

十文字 1 [3PK1] 1 日ノ本学園

先 日ノ本学園		PK		十文字
中村	×	1	○	氏原
田中	×	2	○	新井
新谷	○	3	○	小島
竹内	×	4		
久田		GK		長谷川

◀十文字GK長谷川は後半、PKのピンチにビッグセーブ

▶後半40分、十文字はFW氏原の抜け出しからボールを受けたMF三宅がシュートを決め先制

戦評

日ノ本学園はMF新谷を軸にDFラインから丁寧にボールを動かしながら、落ち着いてボールを運ぶ。ミドルサードからは少しずつテンポが上がり、ダイレクトでショートパスを繋ぎながらも両ワイドが背後を狙いゴールに向かう。前線ではFW高橋のキープ力が高く、縦パスを入れることで推進力が上がる。対する十文字は、FW浅香を中心に前線から積極的にボールを奪いにいく。ボールを奪うとMF新井を中心に展開し、両SBが積極的にMFを追い越しては、サイドで数的優位を作りチャンスを作る。日ノ本学園は中盤で規制をかけて、十文字の展開力を封じる。背後への長いボールはCB菅原を中心にDFラインのチャレンジ＆カバーが徹底されており、隙がない。後半に入っても両チームともに決定機を作れない中、13分に十文字はPKを与えてしまう。しかし、GK長谷川が見事に阻止。勢いに乗った十文字は40分、FW氏原が中盤で見事な反転で相手をかわすと、サイドからドリブル突破を仕掛け、最後はMF三宅がゴールへ流し込み、値千金の先制ゴールを挙げる。歓喜に沸く十文字であったが、直後の41分に日ノ本学園のパスワークから同点とされてしまう。試合はPK方式へ。ここでも十文字GK長谷川が見事に2本連続のビッグセーブをして勝負を決めた。

水津雅夫（登美丘高校）

▶失点から1分後。日ノ本学園は波状攻撃から最後は途中出場のDF田中が右足シュートを決め追いつく

1回戦
女子選手権

前大会覇者・神村学園が初戦敗退

関東勢も5校が敗退。尚志が初出場初勝利

AICJ 3
神村学園 0

後半14分、AICJはMF梅津のパスを受けたFW桑原が持ち込み左足シュートを決める。桑原は2ゴール1アシストの大活躍

姫路女学院 0 [4 PK 3]
暁星国際 0

暁星国際は相手より多い7本のシュートを放つも得点できず。姫路女学院は粘った末のPK方式での勝利

先 暁星国際		PK		姫路女学院
小林	×	1	○	中尾
角田	○	2	○	上野
秋山	×	3	○	岩崎
長山	○	4	×	安藤
石井	○	5	×	荒木
竹下	×	6	○	田中
竹下		GK		田中

作陽 5-0 旭川実

初出場の旭川実を相手に作陽は後半26分、FW中野がシュートのこぼれ球を押し込みハットトリック

鎮西学院 0 [7 PK 6]
佐久長聖 0

先 佐久長聖		PK		鎮西学院
眞鍋	○	1	○	増田
加藤	×	2	×	藤田(千尋)
八尋	○	3	○	福元
山﨑	○	4	○	黒田
立道	○	5	○	山尾
道繁	○	6	○	山口
馬﨑	○	7	○	川島
鈴木	×	8	○	田中
渡辺		GK		山本

佐久長聖は初出場の緊張もなく出場10回目の鎮西学院と互角の展開に持ち込んだ

◀京都精華学園は前半ラストプレーで相手GKのクリアボールをMF遠州が蹴り返し先制ゴール

京都精華学園 2
大谷室蘭 0

高川学園 1
前橋育英 1
（3 PK 2）

先 前橋育英		PK		高川学園
岩渕	○	1	×	石原
加藤	×	2	○	中原
松本	×	3	○	茅野
相場	○	4	○	山根
島村	×	5		
渡部		GK		倉光

高川学園のシュート2本に対し前橋育英は13本。猛攻をしのいだ高川学園がPK方式で勝利

常葉大橋 4
柳ヶ浦 1

ボールを保持する常葉大橋が終始試合を優位に進めた。FW後藤は後半7分に3点目をマーク

▲帝京長岡は後半29分にPKを獲得するも決め切れず
◀藤枝順心は右SBのDF加島が2点目のアシストを記録。奪ってから縦に速い攻撃を実践した

藤枝順心 4
帝京長岡 0

1回戦
女子選手権

▶初出場の霞ヶ浦は前半17分、同点に。一時は逆転もしたが……

▲常盤木学園はキャプテンのMF高塚がチームを引っ張る。チーム最多タイの4本のシュートを放ち4点目を決めた

常盤木学園 4-2 霞ヶ浦

▶日本航空の左SB杉本は後半34分、獲得したPKを決め決勝点を挙げた
▲前半10分、日本航空は右SB一瀬が切り返しから右足を一閃。先制点を決める

日本航空 2
聖カピタニオ女子 1

十文字 2
聖和学園 0

▶十文字のMF早間はチーム最多のシュート4本を記録。1ゴール1アシストで初戦突破に貢献

▲後半23分、開志学園JSCは後半出場のFW清川（背番号14）が意地の同点弾
▶後半36分、裏に抜け出した尚志FW大槻がGKをかわし決勝ゴール。初出場初勝利を手繰り寄せる

尚志 3
開志学園JSC 2

シュート2本の四学大香川西が主将のDF松村（背番号3）を中心に守り抜き、PK方式では全員が決め勝利

先 東海大福岡	PK	四学大香川西
山名 ×	1	○ 松村
浜崎 ○	2	○ 秋山
前多 ○	3	○ 松永
赤嶺 ×	4	○ 杉本
徳永	GK	内藤

四学大香川西 0 [4 PK 2] 東海大福岡 0

前半22分、追手門学院はCKからのボールをファーで待ち構えていたDF村上が押し込み先制

追手門学院 1 星槎国際湘南 0

日ノ本学園 4 鳴門渦潮 0

日ノ本学園MF林はチーム最多の3本のシュートをマークしつつ3アシスト。広い視野と早い判断から繰り出されるパスで相手DF陣の裏を突くセンスが光った

大阪学芸 2 修徳 0

▲修徳はハイプレスの前にシュートを2本に封じられた
◀大阪学芸は後半9分に、ハイプレスからボールを奪い、MF小川が豪快にゴールを決める

2回戦
女子選手権

1点差内の接戦が5試合
初出場の高川学園がベスト8へ進出

AICJ 1
姫路女学院 0

前半終了直前、AICJは、MF梅津がロングシュート。これで得たCKから先制する

作陽 2 [4 PK 3]
鎮西学院 2

▲鎮西学院FW井手は前半27分に続き、アディショナルタイムにも1人で持ち込みゴール。2点をリードする

先 鎮西学院		PK		作陽
増田	○	1	×	新城
藤田（千尋）	○	2	○	中野
黒田	×	3	○	福岡
橋本	○	4	○	西山
山本	×	5	○	森原
山本		GK		石田（ひ）

▼後半5分、作陽はCKからMF石田（小）が押し込み1点を返す。石田（小）は試合終了直前にも劇的同点弾

高川学園 2
京都精華学園 0

高川学園は同校男子サッカー部が昨年度の選手権で実施し世界的に話題となった「トルメンタ」を披露

藤枝順心 1
常葉大橘 0

▶静岡対決に藤枝順心は絶対的主将・MF三宅を先発起用。三宅は期待に応え決勝ゴールを決めた

▲後半24分、日本航空はFW大島が抜け出しGKをかわしてシュートもポスト

▲常盤木学園が前半8分に先制するも、その後は両チームとも豊富な運動量で、中盤では激しい攻防が続いた

常盤木学園 1-0 日本航空

十文字 4
尚志 0

▶前半8分、十文字MF三宅がペナルティエリア左角から豪快なシュートを決め先制

▼尚志は試合を通してFW大槻のシュート1本に封じられた

追手門学院 2
四学大香川西 0

▲追手門学院は後半25分、MF芝野がゴール正面でパスを受け、追加点となるシュートを決め破顔

▶悔し涙の四学大香川西だが、2大会連続で初戦を突破した

日ノ本学園 1
大阪学芸 0

▼大阪学芸は選手、ベンチ一体となり精神を統一

▼日ノ本学園は後半12分、CKからニアでそらしたボールをFW高橋が押し込み値千金のゴール

準々決勝
女子選手権

中国対決は
作陽がAICJの挑戦退ける

▲AICJの中盤の要、MF梅津はキャプテンFW桑原とのコンビで後半27分に同点ゴールを突き刺した
◀PK方式では作陽GK石田（ひ）が2人目のキックをキャッチ。2回戦に続き、PK方式での勝利の立役者に

▲作陽は前半16分、MF西山の右サイドのクロスから追いつく。西山は後半には自ら ゴールも決めた

作陽 2［4PK2］2 AICJ

先 AICJ		PK		作陽
桑原	○	1	○	島
當房	×	2	○	高橋
石本	×	3	○	中野
岸波	○	4	○	石田(小)
上野		GK		石田(ひ)

初出場の快進撃は準々決勝でストップ

▼U-17日本女子代表の藤枝順心MF久保田が技術を見せ、前半2ゴール。試合の主導権を握る

藤枝順心 6-1 高川学園

▼こちらもU-17日本女子代表の藤枝順心FW高岡も2分間で2得点。前半で試合を決めた

▼常盤木学園は前半、DF三浦が先制ゴールを決めたが……

▲後半31分、十文字はCKのチャンスに途中出場のFW千葉が身体ごとボールを押し込んで逆転ゴールを決める

十文字 2-1 常盤木学園

十文字 4大会ぶりのベスト4へ

日ノ本学園 3-1 追手門学院

関西決戦は日ノ本学園に軍配

◀日ノ本学園は前半、1年生FWの岡林がMFのポジションで躍動。MF林からの絶妙アシストを受け2得点

▼追手門学院も前半38分、2年生FW京田が振り足の速いシュートを決め1点を返した

女子 優勝監督 手記

藤枝順心高校サッカー部監督 **中村 翔**

「引き継ぎ繋いでいく優勝」

新たに加えた二つのテーマ

藤枝順心に来て6年目、監督を引き継いで2年目。前任の多々良先生が長年築き上げたものを引き継ぎながら、次の世代を見据えて進化させていく。歴史を繋ぐ役割としての責任を感じていました。その中で選手たちの頑張りによって優勝という結果を得られたことに、すごく安堵しています。選手たちになんとか、それぞれの良さを発揮してもらいたい一心でしたので、最後に選手権という大舞台で力を示せたことをとても嬉しく思います。

ピッチを広く使いながらボールを動かして主導権を握り、ゴールを狙う。藤枝順心のサッカーはそういうものだと、見ていただいている方はイメージしていると思います。今年度のチームはその色を引き継ぎつつ、ボールを奪った後のカウンター攻撃を強みとして取り入れました。ペナルティエリア幅で攻撃を完結させる意識を持たせ、より手数を少なくしてシンプルにゴールへ向かうことで相手を押し込むのが狙いです。さらに、狭いスペースの中でもコンビネーションで崩して得点を狙う。近年の女子サッカーはよりコンパクトになっています。それも含めた全体的なレベル向上と発展を見る中で、選手たちの将来も見据えて決めた二つのテーマでした。

夏の総体は1年生が入ってきて間もなく、チームも発展途上の最中で臨みました。結果、初戦敗退という苦い思いをしてしまいました。ただ、改めて自分たちのやっていることの「伸びしろ」を確認できた総体ともなりました。このまま続けることで最後には今年度のチームの強みになる。そう確信してやり続けたことで、選手権前には手数をかけない形でのゴールシーンも増え始めていきました。

総体初戦敗退を経ての選手権

迎えた選手権の初戦、帝京長岡戦。総体は初戦で敗退しましたので、同じ結果を繰り返してはならないと、選手たちのモチベーションは非常に高いものがありました。大会直前にはショートパスでなくミドルパスを用いた攻撃も取り入れていたのですが、試合開始2分にその形で先制することができました。その後の3ゴールも例年通り強化してきたカウンタープレスからのボール奪取の形であり、そこから手数の少ないカウンター攻撃でのゴールは、今年の強化ポイントでの得点で、できすぎではないかというくらいのパフォーマンスを見せてくれました。

2回戦の相手・常葉大橘は、静岡県、東海地域で常にしのぎを削り合う間柄で、この一年でじつに8度目の対戦となりました。互いに手の内を知り尽くしていますし、常にせめぎ合っている相手ですので、精神的にも難しい試合になりました。この試合、私はキャプテンの三宅と心中する覚悟でした。三宅は絶対的なキャプテンとして夏まではレギュラーでした。ですが、チームが彼女に頼りすぎてしまう傾向があり、三宅自身も自分を曲げることが苦手で時として視野が狭くなる傾向がありました。チームの成長を考えた際、キャプテンばかりに頼らず乗り越える術を身につける必要があると考え、本人にも柔軟な思考を身につけてほしいと話をし、夏以降は必ずしもスタメンで起用しなくなりました。それでも心を折らず先頭で引っ張ってきた彼女を、この試合ではスタメン起用しました。三宅は高校進学前の藤枝順心サッカークラブジュニアユース時から、常葉大橘中学という壁をずっと意識してきました。その壁を打ち破ろうとする気持ちの強さが､高みを目指すこのゲームには欠かせなかったのです。その三宅を後半、中盤のポジションからFWに上げて決勝点。思った通りの活躍をしてくれて勝利することができました。

大会唯一の失点を糧に

準々決勝を勝つことは、前回大会の成績に並ぶという意味で最低条件。そういう話を選手たちともしていました。相手の高川学園はセットプレーに特徴がありましたので、その良さを消しつつ、自分たちの強みを出していくように分析しました。狭い局面でのコンビネーションを駆使しながら得点は奪えましたが、今大会唯一となる失点もしました。ディフェンスに関しては、大会前の強化試合や皇后杯での格上のチームとの試合を経て、トップレベルの試合をものにするために取り組み直していました。その中で失点しましたが、私はポジティブにとらえました。むしろ失点したことを引きずらず、今後の試合で同じことをしないためのいい素材として振り返ろう、とミーティングでは話しました。

準決勝の作陽戦では、ディフェンスの反省が活きました。強烈なカウンターを持つ相手に対し､DFラインの選手たちがスペース管理とマークの監視を徹底したことで､試合を通して相手のシュートを1本に抑えることができました。攻撃は早い段階でシュートをしすぎていたので､もっと深いところまで仕掛けてボックス内に入っていこう。相手を押し込み続けようという話をハーフタイムにすることで、後半に決勝点を挙げられました。

決勝の相手・十文字はゴールを目指す意欲、意識が非常に高いパワフルなチーム。ただ、前半はディフェンス面で競り勝てていましたし、セカンドボールも拾えていたので評価できました。0-0で迎える後半、それこそ三宅ら交代選手を投入することも考えましたが、選手たちの表情や受け答えから集中力が最大限に高まっているのを感じたので、流れを切らないためにも交代しないことが最上の選択肢だと判断しました。あとは選手たちに委ねましたが、2回戦以降ノーゴールだった正野が決めてくれると確信していて、まさにその通りとなりました。

勝手に予感していた優勝

2回戦では三宅、決勝では正野と、予想通りに決勝点を決めてくれましたが、正直、イメージしたことが、ことごとくその通りになった選手権となりました。私自身、盛岡商時代に選手権で優勝して、その年度の『高校サッカー年鑑』の表紙にも写っているのですが、その時の決勝の相手が作陽。私が藤枝順心に来た最初の年の選手権で優勝した際も、決勝の相手は作陽でした。その時から、自分の選手時代と藤枝順心での日々が、どこか繋がっている気がしていました。そして今大会。優勝を決めたのは、盛岡商で優勝した日と同じ1月8日でした。選手権前に日程が発表されて決勝戦が1月8日と知った時から､「自分が監督になって初めて優勝するのもこの日なのではないか」と感じていました｡大会前から選手たちがカップを掲げる姿、自分が優勝インタビューを受けるイメージが浮かぶくらい、この選手権では勝手な安心感を抱いていました。それが現実となり感慨深く思っています。

いつも藤枝順心に思いを寄せてくださる方々には感謝しかありません。ここで名前を挙げられないくらい多くの方々に支えていただき、その期待に応えたい思いで選手も取り組み続けることができました。3種、4種の指導者の方々が選手たちを藤枝順心に進ませてくれたことも含め、関わってくださる方々は皆、ファミリーだと思っています。チームがピッチでパフォーマンスを発揮できるパワーをくださっている皆さまに、改めて感謝申し上げます。

日本の女子サッカーは一度、ワールドカップで世界一になりましたが、またすぐに世界一を取り戻す日がくると思っていますし、現場で可能性を感じています。それくらい女子サッカーには伸びしろ､選手・指導者たちの熱量があります。私も女子サッカーの指導者になって､よりサッカーが好きになりました。できることであれば、我々が取り組んでいることが、その未来に繋がってほしいと願います。また、そうなるために常にアンテナを高くして世界や日本を見て感じて、取り入れていくべきものを吟味し、伝えていくことができればと思います。藤枝順心が優勝すればいいだけではなく、彼女たちの先まで見据えて、高校3年間で選手たちをどう成長させていくか。そのことをポリシーとしながら、今後も取り組んでいきたいと思います。

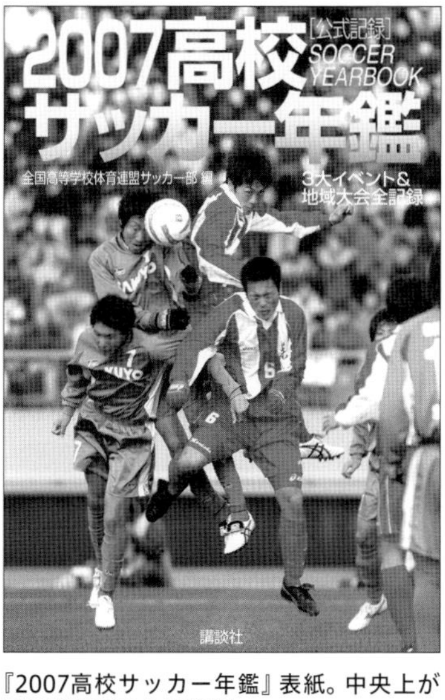

『2007高校サッカー年鑑』表紙。中央上が盛岡商時代の中村監督

第31回全日本高等学校女子サッカー選手権大会

第1回戦 12月30日 三木総合防災公園陸上競技場 主 杉本美里 副 今井努、窪辰彦

★ **神村学園**（九州1／鹿児島） **0**（0-1 / 0-2）**3** **AICJ**（中国2／広島）

得	S	学			背	背			学	S	得
0	0	③	GK	澤田 瑞希	1	31	上野 理佐	GK	①	0	0
0	0	②	DF	岩下 心々愛	3	2	柏原 凪沙	DF	①	0	0
0	0	②	DF	幸福 征良	4	3	樋口 三夏	DF	②	0	0
0	0	❸	DF	井手口 怜央	5	5	石本 千弥	DF	③	0	0
0	0	①	DF	児玉 一穂	19	4	當房 皆都	MF	③	1	1
0	0	②	MF	山田 怜愛	8	6	岸波 美采	MF	①	0	0
0	1	②	MF	黒岩 沙羽	10	7	打田 もえ	MF	②	0	0
0	0	③	MF	黒木 愛理	11	9	森田 千尋	MF	③	0	0
0	1	②	MF	三冨 りりか	14	10	梅津 真央	MF	③	2	0
0	1	①	MF	中野 美結	15	11	桑原 藍	FW	❸	4	2
0	1	③	FW	益田 萌花	9	12	高井 更紗	FW	①	0	0

【交代】（神村学園）山田怜愛→新原由菜（51分）、中野美結→岡部光流（55分）、井手口怜央→成田夢愛（63分）、黒木愛理→吉満凜（71分）／（AICJ）森田千尋→原田柚葵（HT）、桑原藍→小林万璃（75分）、石本千弥→松本百花（80分）、高井更紗→加藤咲貴（80+2分）、梅津真央→出村爽菜（80+3分）
【得点】（AICJ）桑原藍（9分、54分）、當房皆都（73分）

第1回戦 12月30日 五色台運動公園メイングラウンド 主 西嶋咲音 副 北村朋也、小林顯太

★ **姫路女学院**（開催県／兵庫） **0**（0-0 / 0-0 4 PK 3）**0** **暁星国際**（関東7／千葉）

得	S	学			背	背			学	S	得
0	0	③	GK	田中 美緒	1	1	竹下 咲那	GK	②	0	0
0	0	③	DF	安藤 真桜	2	3	石井 結	DF	❸	0	0
0	0	❸	DF	中尾 友希乃	4	4	熊原 ななみ	DF	①	0	0
0	0	①	DF	中井 星良	20	13	三輪 乙葉	DF	①	0	0
0	1	③	DF	上野 由和	22	22	長山 綾花	DF	③	1	0
0	1	②	MF	孝橋 日瑶里	8	8	秋山 実莉	MF	③	1	0
0	0	③	MF	沖 百萌花	10	10	角田 莉夏	MF	②	0	0
0	0	②	MF	川又 柚月	16	14	岩本 未颯	MF	①	2	0
0	1	③	FW	岩崎 藍奈	9	7	小林 穂双	FW	③	1	0
0	0	①	FW	長谷 莉心	13	9	土屋 琳音	FW	③	0	0
0	0	③	FW	山本 梨加	15	11	黒川 夢	FW	②	2	0

【交代】（姫路女学院）山本梨加→立野心愛（HT）、長谷莉心→木虎小菜美（HT）、沖百萌花→林田真心（68分）、孝橋日瑶里→荒木優彩（79分）

第1回戦 12月30日 いぶきの森球技場Aグラウンド 主 書間久美 副 木下博史、丸山航希

佐久長聖（北信越2／長野） **0**（0-0 / 0-0 6 PK 7）**0** **鎮西学院**（九州4／長崎）★

得	S	学			背	背			学	S	得
0	0	③	GK	渡辺 真優	1	1	山本 心彩奈	GK	②	0	0
0	0	①	DF	加藤 真実	2	2	川島 桃子	DF	③	0	0
0	0	③	DF	立道 南津帆	3	3	田中 さやか	DF	③	0	0
0	1	①	DF	鈴木 こなつ	4	9	黒田 珠樺	DF	❸	0	0
0	0	①	DF	伊藤 百花	6	21	佐藤 朱里	DF	③	0	0
0	0	❸	MF	八尋 香菜子	8	8	増田 沙美亜	MF	③	0	0
0	1	①	MF	馬崎 仁菜	9	11	福元 悠月	MF	③	1	0
0	1	③	MF	眞鍋 采希子	14	12	山尾 柚莉杏	MF	②	1	0
0	0	①	MF	山﨑 莉歩	17	16	折原 こころ	MF	①	0	0
0	0	②	FW	道繁 煌	10	17	橋本 歩愛	MF	①	1	0
0	0	②	FW	川渕 碧空	11	14	松尾 結月	FW	②	0	0

【交代】（佐久長聖）川渕碧空→三田優希（78分）／（鎮西学院）松尾結月→井手心愛（49分）、折原こころ→山口楓佳（62分）、橋本歩愛→藤田千尋（74分）

第1回戦 12月30日 みきぼうパークひょうご第2球技場 主 高橋早織 副 村井良輔、松岡伸幸

★ **旭川実**（北海道2） **0**（0-3 / 0-2）**5** **作陽**（中国1／岡山）

得	S	学			背	背			学	S	得
0	0	❸	GK	中野 美空	1	1	石田 ひなは	GK	①	0	0
0	0	③	DF	田邉 結希	2	2	松本 彩花	DF	③	0	0
0	0	③	DF	島森 凜杏	4	6	小田 紗未	DF	③	1	0
0	0	②	DF	佐野 智尋	5	7	西山 ひとみ	DF	③	1	0
0	0	①	DF	眞壁 幸来	13	12	岡本 琉奈	DF	③	0	0
0	0	①	DF	中村 杏夏	14	5	石田 小桜	MF	③	2	0
0	0	①	MF	本多 優良	6	9	伊藤 真生	MF	③	6	0
0	0	③	MF	稲村 陽奈	8	10	中野 琴音	MF	❸	5	3
0	0	③	MF	榎 静花	11	11	高橋 陽桜	MF	③	1	0
0	0	③	FW	水口 ゆいか	7	14	福岡 結	MF	②	3	0
0	0	③	FW	布施 杏和	9	20	新崎 凛粋	FW	③	5	1

【交代】（旭川実）布施杏和→澤田美月（40分）、佐野智尋→山下可鈴（40分）、澤田美月→西潟胡花（62分）、眞壁幸来→紺野千咲（75分）／（作陽）石田小桜→大井菜那海（38分）、小田紗未→大野凜果（38分）、松本彩花→大倉弓佳（56分）、西山ひとみ→森英菜（68分）、福岡結→齊藤梨華（73分）
【得点】（作陽）中野琴音（25分、28分、66分）、新崎凛粋（36分）、オウンゴール（47分）

第1回戦 12月30日 五色台運動公園メイングラウンド 主 吉永真紀 副 久保雅範、亀田詩真

大谷室蘭（北海道1） **0**（0-1 / 0-1）**2** **京都精華学園**（関西4／京都）★

得	S	学			背	背			学	S	得
0	0	①	GK	松谷 咲良	21	1	山本 梨乃	GK	③	0	0
0	0	❸	DF	中原 碧泉	4	7	田中 和佳奈	DF	③	0	0
0	0	③	DF	丸山 雪月	6	15	梶田 燈莉	DF	②	0	0
0	0	②	DF	山田 菜月	15	17	石田 萌絵	DF	❸	0	0
0	0	①	DF	白井 ゆら	20	27	吉岡 百亜	DF	①	0	0
0	0	③	MF	神田 碧	7	6	林 香町	MF	③	0	0
0	0	③	MF	繭井 琳	8	16	松本 華波	MF	②	1	1
0	0	②	MF	池野 彩花	12	18	池田 柚季	MF	②	0	0
0	0	②	MF	百石 安里	13	10	平原 花珠	FW	③	1	0
0	0	②	MF	松田 聖音	14	11	樋口 愛衣	FW	③	0	0
0	2	③	FW	石崎 唯依	9	13	前田 柊	FW	②	0	0

【交代】（大谷室蘭）百石安里→鈴木璃莱（28分）、池野彩花→浅野未來（51分）、白井ゆら→米田凪咲（62分）、神田碧→太田璃花（74分）、丸山雪月→沼田咲羽（80+3分）／（京都精華学園）池田柚季→遠州あかり（19分）、樋口愛衣→佐々木夢桜（55分）、平原花珠→高田琉那（61分）、松本華波→山田奈緒（72分）、前田柊→岡本咲菜（77分）
【得点】（京都精華学園）遠州あかり（40+1分）、松本華波（61分）

第1回戦 12月30日 五色台運動公園サブグラウンド 主 中本早紀 副 藤田和昭、藤本祐作

★ **高川学園**（中国3／山口） **1**（1-0 / 0-1 3 PK 2）**1** **前橋育英**（関東5／群馬）

得	S	学			背	背			学	S	得
0	0	①	GK	倉光 里奈	17	12	渡部 芙生	GK	②	0	0
0	0	③	DF	山代 小桜	3	2	石井 舞桜	DF	③	1	0
0	0	③	DF	古屋 心希	4	4	島村 暖	DF	②	0	0
0	1	①	DF	三戸 萌百花	5	19	並木 優佳	DF	①	2	0
0	0	❸	DF	松村 風花	13	20	堀井 咲穂	DF	①	2	0
0	0	③	MF	藤島 佑朱	6	6	小島 香凜	MF	②	1	0
0	0	①	MF	杉原 萌果	7	8	岩渕 柚月	MF	②	1	0
0	0	③	MF	石原 百華	8	13	奥山 莉乃	MF	②	2	0
1	1	②	MF	中原 凛	12	14	堀江 優香	MF	③	0	0
0	0	①	MF	下村 聖奈	14	10	加藤 満久花	FW	❸	2	0
0	0	③	FW	桝谷 琴美	9	18	綿引 涼音	FW	①	2	0

【交代】（高川学園）桝谷琴美→野中麻衣（25分）、下村聖奈→山根美咲（40+1分）、藤島佑朱→茅野愛恵（70分）、古屋心希→菅南月（78分）／（前橋育英）綿引涼音→松本きらら（HT）、小島香凜→相場絵央（52分）、奥山莉乃→長谷川紗也（63分）
【得点】（高川学園）中原凛（35分）／（前橋育英）相場絵央（63分）

第1回戦 12月30日 いぶきの森球技場Aグラウンド 主 吉田瑞希 副 西村隆宏、小畑裕作

★ **柳ヶ浦**（九州2／大分） **1**（0-1 / 1-3）**4** **常葉大橘**（東海2／静岡）

得	S	学			背	背			学	S	得
0	0	①	GK	大山 姫星	1	1	田尻 結菜	GK	①	0	0
0	0	②	DF	橋本 凜	2	4	青木 夕奈	DF	③	1	0
0	0	①	DF	江﨑 悠乃	3	5	大箸 桜子	DF	③	0	0
0	0	②	DF	重松 日菜	5	6	脇川 あかり	DF	②	0	0
0	1	①	DF	高松 芹羽	14	12	笠井 寧々	DF	②	1	0
0	0	③	MF	小林 華鳳	6	10	榊原 琴乃	MF	❸	2	0
0	0	②	MF	松﨑 陽菜	7	11	北 菜々子	MF	③	2	0
0	1	②	MF	濵田 若那	8	15	西村 優那	MF	②	1	0
0	1	②	MF	松岡 優空	11	22	浅倉 悠里奈	MF	①	2	1
0	0	③	MF	清水 瑠那	13	9	伊藤 琴音	FW	③	2	1
1	2	❸	FW	松木 葵	10	13	後藤 真生	FW	②	2	1

【交代】（柳ヶ浦）小林華鳳→山下瞬瑠（51分）、松岡優空→三代淑世（51分）、清水瑠那→篠原佐恵（77分）、濵田若那→笠紗佑里（80分）／（常葉大橘）北菜々子→中村幸来（59分）、後藤真生→伊藤朱莉（68分）、青木夕奈→内田樹梨（78分）、田尻結菜→鈴木希花（80+1分）、伊藤琴音→芝田美妃（80+1分）
【警告】（柳ヶ浦）山下瞬瑠（69分）
【得点】（柳ヶ浦）松木葵（72分）／（常葉大橘）伊藤琴音（7分）、浅倉悠里奈（42分）、後藤真生（47分）、中村幸来（80分）

第1回戦 12月30日 みきぼうパークひょうご第1球技場 主 長野涼華 副 井城直人、嶋岡大希

★ **帝京長岡**（北信越3／新潟） **0**（0-2 / 0-2）**4** **藤枝順心**（東海1／静岡）

得	S	学			背	背			学	S	得
0	0	③	GK	北市 小春	1	1	菊地 優杏	GK	②	0	0
0	0	②	DF	吉田 玲音	2	2	中井 佑姫奈	DF	③	0	0
0	0	②	DF	川村 美咲	3	3	安藤 麻耶	DF	③	0	0
0	0	②	DF	安達 雪乃	4	6	加島 希夏	DF	③	2	0
0	0	②	DF	三宅 亜依	5	18	柘植 沙羽	DF	①	1	0
0	0	②	MF	堤田 真凜	6	10	浅田 幸子	MF	❸	0	0
0	1	②	MF	坂本 聖奈	7	15	下吉 優衣	MF	②	3	0
0	0	②	MF	小山田 百恵	9	20	久保田 真生	MF	②	1	0
0	0	③	MF	川本 美羽	25	8	濱野 こゆき	FW	③	3	1
0	3	❸	FW	末次 結依	10	9	正野 瑠菜	FW	③	4	2
0	0	②	FW	日比野 夢乃	11	11	山田 歩美	FW	③	1	0

【交代】（帝京長岡）川本美羽→村山楓（28分）、小山田百恵→堤なつほ（HT）、村山楓→吉岡花菜（64分）、堤田真凜→吉田遙（76分）／（藤枝順心）中井佑姫奈→鍵谷天（HT）、山田歩美→鈴木心菜（62分）、久保田真生→三宅怜（67分）、濱野こゆき→高岡澪（69分）、下吉優衣→青井麻衣（75分）
【警告】（帝京長岡）川村美咲（71分）
【得点】（藤枝順心）正野瑠菜（2分、48分）、濱野こゆき（12分）、高岡澪（79分）

第1回戦
12月30日
みきぼうパークひょうご第1球技場
主 大谷美瑛 副 岡宏道、兵庫信行

★ 常盤木学園（東北1／宮城） 4（1-1 3-1）2 霞ヶ浦（関東6／茨城）

得	S	学			背	背			学	S	得
0	0	③	GK	中屋 音葉	1	1	中村 優乃華	GK	③	0	0
0	0	③	DF	三浦 るい	3	4	地島 愛彩	DF	②	0	0
0	1	③	DF	宮下 あつき	4	11	岡田 知里	DF	❸	1	1
0	0	③	DF	宮野 友美	6	19	足立 陽菜	DF	②	1	0
0	0	②	DF	柴山 華奈	26	20	上野 心	DF	②	0	0
0	2	②	MF	葛西 彩	5	3	折田 澪	MF	②	2	1
1	1	③	MF	伊藤 結菜	7	5	佐野 杏梨	MF	③	0	0
1	4	❸	MF	高塚 映奈	10	7	箕川 そら	MF	③	1	0
1	2	③	FW	竹内 瀬戸香	8	9	河野辺 楓果	MF	③	0	0
1	4	③	FW	伊藤 璃胡	9	2	原田 華花	FW	②	1	0
0	0	③	FW	茂垣 咲椰夏	11	10	五十嵐 和郁	FW	②	2	0

【交代】（常盤木学園）柴山華奈→澤登揚羽（50分）、茂垣咲椰夏→白木珠奈（54分）、伊藤結菜→加賀美心音（77分）／（霞ヶ浦）箕川そら→和田優芽（48分）、原田華花→鎌上真緒（65分）
【得点】（常盤木学園）伊藤結菜（4分）、竹内瀬戸香（51分）、伊藤璃胡（61分）、高塚映奈（70分）／（霞ヶ浦）折田澪（17分）、岡田知里（46分）

第1回戦
12月30日
いぶきの森球技場Bグラウンド
主 萩尾麻衣子 副 佐藤浩太、土田直紀

★ 日本航空（関東2／山梨） 2（1-0 1-1）1 聖カピタニオ女子（東海3／愛知）

得	S	学			背	背			学	S	得
0	0	③	GK	生野 文悠	12	1	花田 実悠	GK	③	0	0
1	1	③	DF	一瀬 葵夢	2	4	井川 玲菜	DF	③	1	0
0	0	②	DF	城山 にこ	3	5	岡田 萌衣	DF	❸	0	0
1	1	②	DF	杉本 結月	6	13	坂下 利里奈	DF	②	0	0
0	0	③	MF	北原 歩奈	4	15	浦前 遥楓	DF	②	0	0
0	0	②	MF	五味 小暖	5	6	下枝 彩音	MF	③	0	0
0	1	③	MF	沼中 彩里	7	8	荒川 風香	MF	③	3	0
0	0	①	MF	吉田 美のり	17	10	浦前 彩楓	MF	③	0	0
0	1	③	FW	高橋 柊	8	19	熊崎 せり乃	MF	②	2	0
0	0	❸	FW	大島 暖菜	9	25	相羽 陽菜子	MF	①	0	0
0	0	②	FW	籏崎 はるか	11	18	オーライリー 詩奈	FW	②	2	1

【交代】（日本航空）籏崎はるか→市村萌那（HT）、高橋柊→伊藤咲良（77分）／（聖カピタニオ女子）熊崎せり乃→江﨑絢羽（76分）
【警告】（日本航空）城山にこ（70分）
【得点】（日本航空）一瀬葵夢（10分）、杉本結月（74分）／（聖カピタニオ女子）オーライリー詩奈（64分）

第1回戦
12月30日
三木総合防災公園第2陸上競技場
主 曽根未宇 副 野口健太郎、中川健二

★ 十文字（関東1／東京） 2（2-0 0-0）0 聖和学園（東北3／宮城）

得	S	学			背	背			学	S	得
0	0	③	GK	長谷川 想	1	1	桑名 杏奈	GK	③	0	0
0	0	①	DF	小島 世里	2	2	小笠原 由衣	DF	③	0	0
0	0	③	DF	岡田 恭佳	5	7	川原 梨寧	DF	❸	0	0
0	1	③	DF	野村 亜未	8	21	佐々木 はるか	DF	②	0	0
0	0	②	DF	米口 和花	13	28	今野 杏凪	DF	①	0	0
1	4	②	MF	早間 美空	3	5	本城 茉弥佳	MF	③	1	0
0	2	②	MF	三宅 万尋	6	10	早瀬 彩来	MF	③	2	0
0	1	①	MF	新井 萌禾	7	20	本田 悠良	MF	②	2	0
0	0	❸	MF	野口 初奈	10	23	益子 由愛	MF	②	0	0
1	2	③	FW	氏原 里穂菜	9	9	河合 椰月	FW	③	1	0
0	0	③	FW	浅香 美結	12	11	片岡 花海	FW	③	4	0

【交代】（十文字）浅香美結→長行司百杏（31分）、野口初奈→村山茉美（40+2分）、長行司百杏→梅本恵（55分）／（聖和学園）益子由愛→遠藤瑚子（HT）、河合椰月→米村歩夏（50分）
【警告】（聖和学園）川原梨寧（76分）
【得点】（十文字）氏原里穂菜（10分）、早間美空（19分）

第1回戦
12月30日
いぶきの森球技場Bグラウンド
主 藤田美智子 副 足立正輝、谷村昌紀

★ 尚志（東北2／福島） 3（2-1 1-1）2 開志学園JSC（北信越1／新潟）

得	S	学			背	背			学	S	得
0	0	②	GK	福井 美月	12	1	山崎 真美	GK	③	0	0
2	2	③	DF	小野 羽美	5	2	大井 花鈴	DF	③	0	0
0	0	②	DF	竹野 那奈	8	3	臼井 愛莉	DF	②	0	0
0	0	③	DF	黒澤 千星	16	4	荒川 結香	DF	❸	0	0
0	0	③	MF	内田 里奈	6	13	斉藤 百音	DF	②	0	0
0	0	②	MF	厚田 亜紗稀	7	7	村松 真帆	MF	③	0	0
0	2	❸	MF	今井 鈴那	10	8	面来 佑夏	MF	③	0	0
0	1	②	MF	大宮 愛乃	11	9	坂 ふみか	FW	③	5	1
0	1	①	MF	三船 さくら	20	10	山本 葉桜	FW	③	2	0
1	3	③	FW	大槻 美生	9	11	伊藤 凜莉	FW	③	1	0
0	2	③	FW	大光 望結	17	18	大西 楓來	FW	①	0	0

【交代】（尚志）大宮愛乃→福田こはる（80+2分）／（開志学園JSC）大西楓來→清川海七（HT）
【得点】（尚志）小野羽美（9分、20分）、大槻美生（76分）／（開志学園JSC）坂ふみか（7分）、清川海七（63分）

第1回戦
12月30日
五色台運動公園サブグラウンド
主 水嶋優希 副 福吉海偉、谷淳平

★ 四学大香川西（四国1／香川） 0（0-0 0-0）0 東海大福岡（九州3／福岡）

4 PK 2

得	S	学			背	背			学	S	得
0	0	①	GK	内藤 乃彩	1	1	徳永 深南	GK	③	0	0
0	0	③	DF	秋山 来実	2	2	浜崎 こころ	DF	③	0	0
0	1	❸	DF	松村 紗弥	3	3	赤嶺 愛海	DF	③	0	0
0	0	①	DF	田渡 由奈	4	4	加藤 美有	DF	③	0	0
0	0	③	DF	杉本 美和	5	26	前多 祐里奈	DF	①	0	0
0	0	③	MF	松永 一紗	6	6	髙木 萌	MF	③	1	0
0	0	③	MF	浜浦 美瞳	7	7	黒野 美虹	MF	②	0	0
0	1	③	MF	市川 幸来	11	10	梅崎 彩芭	MF	❸	1	0
0	0	①	MF	吉田 華帆	13	11	山田 心優	MF	③	0	0
0	0	③	FW	金銅 望海	8	27	島倉 亜弥美	MF	①	1	0
0	0	①	FW	平川 璃晏	9	8	山名 映理	FW	②	1	0

【交代】（東海大福岡）山田心優→松田てん里（HT）、髙木萌→今村涼凪（54分）、島倉亜弥美→西川綾子（69分）

第1回戦
12月30日
みきぼうパークひょうご第2球技場
主 丸本明奈 副 石原良徳、寺岡大輔

追手門学院（関西3／大阪） 1（1-0 0-0）0 星槎国際湘南（関東3／神奈川） ★

得	S	学			背	背			学	S	得
0	0	②	GK	北野 未優	1	1	内海 佑南	GK	①	0	0
0	1	③	DF	金谷 こころ	3	2	坪井 茉凛	DF	②	0	0
0	1	③	DF	安田 直生	4	3	山本 怜	DF	③	1	0
1	1	①	DF	村上 琴南	7	5	中野 希音	DF	②	0	0
0	0	❸	DF	中野 涼花	10	26	駒澤 茉歩	DF	②	0	0
0	0	②	MF	芝野 珠有	2	4	小石川 叶夢	MF	②	0	0
0	1	③	MF	森 早苗	5	10	宮本 和心	MF	②	2	0
0	1	②	MF	西 杏琳	9	17	鈴木 碧華	MF	②	0	0
0	1	②	MF	藤田 祐穂	15	9	中島 咲友菜	FW	②	2	0
0	3	③	FW	草水 胡桃	6	11	国吉 花吏埜	FW	❷	0	0
0	1	②	FW	京田 七海	11	27	周藤 結椛	FW	②	1	0

【交代】（追手門学院）京田七海→宮本美優羽（61分）、草水胡桃→高谷琉那（73分）、森早苗→市平梓貴（78分）／（星槎国際湘南）周藤結椛→吉澤美波（HT）、吉澤美波→松崎茉怜（71分）、鈴木碧華→安岡若葉（76分）
【警告】（追手門学院）西杏琳（80分）
【得点】（追手門学院）村上琴南（22分）

第1回戦
12月30日
三木総合防災公園陸上競技場
主 荒木裕里香 副 青木崇文、細見雅晴

★ 日ノ本学園（関西2／兵庫） 4（1-0 3-0）0 鳴門渦潮（四国2／徳島）

得	S	学			背	背			学	S	得
0	0	②	GK	久田 優里愛	12	12	宮本 向日葵	GK	③	0	0
0	0	❸	DF	菅原 眞名	3	5	金城 来万鶴	DF	③	0	0
0	0	③	DF	荻本 里那	4	6	古田 彩瑛	DF	②	0	0
0	0	③	DF	金谷 愛心	8	10	住友 瑛	DF	❸	0	0
0	0	③	DF	古谷 千佳子	19	11	後藤 希颯	DF	③	0	0
0	0	③	MF	新谷 楓華	10	4	武田 もえ	MF	②	0	0
0	3	③	MF	林 織羽	11	18	岡本 かがり	MF	①	1	0
1	2	③	MF	藤谷 千里	14	2	松村 実春	FW	②	0	0
0	0	②	MF	高城 青空	21	3	酒井 心優	FW	③	0	0
1	2	②	FW	高橋 亜優	23	9	福島 凜歌	FW	③	2	0
0	2	①	FW	岡林 柚葉	26	14	田中 歩乃羽	FW	①	0	0

【交代】（日ノ本学園）金谷愛心→田中晴菜（58分）、藤谷千里→竹内あゆみ（58分）、高橋亜優→中村優那（64分）、岡林柚葉→藤原良（72分）、高城青空→中垣和佳奈（77分）／（鳴門渦潮）岡本かがり→松本柚葉（HT）、酒井心優→林心音（47分）、林心音→新居瑞稀（72分）、松本柚葉→井上凜花（79分）、宮本向日葵→廣瀬歩実（80+3分）
【警告】（日ノ本学園）高橋亜優（63分）
【得点】（日ノ本学園）高橋亜優（18分）、藤谷千里（41分）、中垣和佳奈（77分）、中村優那（79分）

第1回戦
12月30日
三木総合防災公園第2陸上競技場
主 稲葉里美 副 山田昌輝、矢嶋洋晃

★ 修徳（関東4／東京） 0（0-0 0-2）2 大阪学芸（関西1／大阪）

得	S	学			背	背			学	S	得
0	0	③	GK	長峰 怜愛	1	1	宜野座 令愛	GK	②	0	0
0	0	②	DF	大串 陽南	4	2	内田 衣泉	DF	❸	0	0
0	0	①	DF	高野 彩音	5	3	正木 美里	DF	③	0	0
0	0	①	DF	荻島 美空	13	4	白井 心葉	DF	②	0	0
0	0	②	DF	山西 理緒	15	5	川上 七奏	DF	③	1	0
0	1	②	MF	白城 璃々花	6	6	北川 愛唯	MF	②	2	0
0	1	❸	MF	小倉 琉海	10	8	江口 碧華	MF	②	0	0
0	0	②	MF	榎戸 りおな	16	10	小川 由姫	MF	③	1	1
0	0	②	MF	菅原 未有	19	11	山田 実来	MF	②	2	1
0	0	②	FW	那須野 陽向	9	16	難波 奏	MF	②	1	0
0	0	②	FW	矢野 幌	11	22	西 凜華	FW	②	1	0

【交代】（修徳）榎戸りおな→筒井まつり（58分）、菅原未有→小川結羽（58分）、山西理緒→青木梨緒奈（58分）、大串陽南→井上あや（67分）／（大阪学芸）難波奏→菊山裕衣（71分）、西凜華→佐藤美優（80+2分）
【得点】（大阪学芸）小川由姫（49分）、山田実来（73分）

第2回戦 12月31日 三木総合防災公園陸上競技場 主 吉田瑞希 副 道山悟至、相宮和真

★ AICJ（中国２／広島） 1（1-0 0-0）0 姫路女学院（開催県／兵庫）

得	S	学			背	背			学	S	得
0	0	①	GK	上野 理佐	31	1	田中 美緒	GK	③	0	0
0	1	①	DF	柏原 凪沙	2	2	安藤 真桜	DF	③	0	0
1	1	②	DF	樋口 三夏	3	4	中尾 友希乃	DF	❸	0	0
0	2	③	DF	石本 千弥	5	20	中井 星良	DF	①	0	0
0	2	③	MF	當房 皆都	4	22	上野 由和	DF	③	0	0
0	1	①	MF	岸波 美采	6	8	孝橋 日瑶里	MF	②	0	0
0	0	②	MF	打田 もえ	7	10	沖 百萌花	MF	③	0	0
0	1	③	MF	森田 千尋	9	16	川又 柚月	MF	②	0	0
0	2	③	MF	梅津 真央	10	9	岩崎 藍奈	FW	③	1	0
0	3	❸	FW	桑原 藍	11	11	立野 心愛	FW	②	1	0
0	1	①	FW	髙井 更紗	12	13	長谷 莉心	FW	①	0	0

【交代】（AICJ）森田千尋→原田柚葵（71 分）／（姫路女学院）上野由和→木虎小菜美（HT）、長谷莉心→桃柄来夏（HT）、川又柚月→林田真心（58 分）、沖百萌花→淺見花乃（66 分）、孝橋日瑶里→荒木優彩（78 分）
【警告】（姫路女学院）淺見花乃（79 分）
【得点】（AICJ）樋口三夏（40+2 分）

第2回戦 12月31日 みきぼうパークひょうご第1球技場 主 大谷美瑛 副 髙橋早織、和田雄次

★ 鎮西学院（九州４／長崎） 2（2-0 0-2）2 作陽（中国１／岡山） 3 PK 4

得	S	学			背	背			学	S	得
0	0	②	GK	山本 心彩奈	1	1	石田 ひなは	GK	①	0	0
0	0	③	DF	川島 桃子	2	2	松本 彩花	DF	③	1	0
0	0	③	DF	田中 さやか	3	4	新城 琴美	DF	②	1	0
0	0	❸	DF	黒田 珠樺	9	6	小田 紗未	DF	③	0	0
0	0	③	DF	佐藤 朱里	21	13	島 春香	DF	③	1	0
0	0	②	MF	藤田 千尋	5	5	石田 小桜	MF	③	2	2
0	0	③	MF	増田 沙美亜	8	8	大倉 弓佳	MF	③	1	0
0	0	③	MF	福元 悠月	11	10	中野 琴音	MF	❸	7	0
0	0	②	MF	山尾 柚莉杏	12	14	福岡 結	MF	②	2	0
0	1	①	FW	折原 こころ	16	23	原 望恵	MF	①	0	0
2	2	②	FW	井手 心愛	18	9	伊藤 真生	FW	③	1	0

【交代】（鎮西学院）福元悠月→橋本歩愛（55 分）、井手心愛→松尾結月（60 分）、折原こころ→坂口愛莉（65 分）／（作陽）原望恵→高橋陽桜（28 分）、伊藤真生→西山ひとみ（HT）、小田紗未→森原日胡（53 分）、松本彩花→岡本琉奈（62 分）
【警告】（鎮西学院）黒田珠樺（47 分）
【得点】（鎮西学院）井手心愛（27 分、40+1 分）／（作陽）石田小桜（45 分、80+1 分）

第2回戦 12月31日 みきぼうパークひょうご第2球技場 主 曽根未宇 副 杉本美里、大槻隼人

★ 京都精華学園（関西４／京都） 0（0-1 0-1）2 高川学園（中国３／山口）

得	S	学			背	背			学	S	得
0	0	③	GK	山本 梨乃	1	17	倉光 里奈	GK	①	0	0
0	0	③	DF	田中 和佳奈	7	3	山代 小桜	DF	③	0	0
0	1	②	DF	梶田 燈莉	15	4	古屋 心希	DF	③	0	0
0	3	❸	DF	石田 萌絵	17	5	三戸 萌百花	DF	①	0	0
0	1	①	DF	吉岡 百亜	27	13	松村 風花	DF	❸	1	1
0	1	③	MF	林 香町	6	6	藤島 佑朱	MF	③	1	0
0	2	②	MF	松本 華波	16	7	杉原 萌果	MF	③	2	0
0	0	③	MF	遠州 あかり	20	8	石原 百華	MF	①	1	0
0	2	③	FW	平原 花珠	10	11	山根 美咲	MF	③	1	0
0	0	②	FW	前田 柊	13	14	下村 聖奈	MF	①	1	1
0	1	②	FW	佐々木 夢桜	21	12	中原 凛	FW	②	1	0

【交代】（京都精華学園）佐々木夢桜→樋口愛衣（39 分）、前田柊→山田奈緒（49 分）、平原花珠→高田琉那（68 分）／（高川学園）下村聖奈→野中麻衣（34 分）、中原凛→茅野愛惠（39 分）、藤島佑朱→桝谷琴美（80+1 分）
【得点】（高川学園）下村聖奈（14 分）、松村風花（67 分）

第2回戦 12月31日 みきぼうパークひょうご第1球技場 主 萩尾麻衣子 副 大本剛志、佐藤翔太

★ 常葉大橘（東海２／静岡） 0（0-0 0-1）1 藤枝順心（東海１／静岡）

得	S	学			背	背			学	S	得
0	0	①	GK	田尻 結菜	1	1	菊地 優杏	GK	②	0	0
0	1	③	DF	青木 夕奈	4	2	中井 佑姫奈	DF	③	0	0
0	1	③	DF	大箸 桜子	5	3	安藤 麻耶	DF	③	0	0
0	0	②	DF	脇川 あかり	6	6	加島 希夏	DF	③	1	0
0	0	②	DF	笠井 寧々	12	18	栢植 沙羽	DF	①	0	0
0	0	❸	MF	榊原 琴乃	10	4	三宅 怜	MF	❸	1	1
0	3	③	MF	北 菜々子	11	10	浅田 幸子	MF	③	0	0
0	0	②	MF	西村 優那	15	20	久保田 真生	MF	②	1	0
0	0	①	MF	浅倉 悠里奈	22	8	濱野 こゆき	FW	③	0	0
0	1	③	FW	伊藤 琴音	9	9	正野 瑠菜	FW	③	2	0
0	1	②	FW	後藤 真生	13	11	山田 歩美	FW	③	0	0

【交代】（常葉大橘）北菜々子→中村幸来（70 分）／（藤枝順心）山田歩美→下吉優衣（HT）
【警告】（常葉大橘）榊原琴乃（20 分）／（藤枝順心）久保田真生（42 分）
【得点】（藤枝順心）三宅怜（53 分）

第2回戦 12月31日 三木総合防災公園第2陸上競技場 主 藤田美智子 副 稲葉里美、森岡宏紀

★ 常盤木学園（東北１／宮城） 1（1-0 0-0）0 日本航空（関東２／山梨）

得	S	学			背	背			学	S	得
0	0	③	GK	中屋 音葉	1	23	田中 至野	GK	②	0	0
0	0	③	DF	三浦 るい	3	2	一瀬 葵夢	DF	③	0	0
0	0	③	DF	宮下 あつき	4	3	城山 にこ	DF	②	0	0
0	0	③	DF	宮野 友美	6	6	杉本 結月	DF	②	0	0
0	0	③	DF	澤登 揚羽	16	4	北原 歩奈	MF	③	1	0
0	0	②	MF	葛西 彩	5	5	五味 小暖	MF	②	1	0
0	0	③	MF	伊藤 結菜	7	7	沼中 彩里	MF	③	0	0
1	3	❸	MF	高塚 映奈	10	17	吉田 美のり	MF	①	0	0
0	2	③	FW	竹内 瀬戸香	8	8	高橋 柊	FW	③	1	0
0	0	③	FW	伊藤 璃胡	9	9	大島 暖菜	FW	❸	1	0
0	1	③	FW	茂垣 咲椰夏	11	11	籏崎 はるか	FW	②	0	0

【交代】（常盤木学園）茂垣咲椰夏→白木珠奈（51 分）、三浦るい→柴山華奈（66 分）、竹内瀬戸香→佐藤瑞希（71 分）、佐藤瑞希→宮下紗和（80 分）／（日本航空）籏崎はるか→市村萌那（HT）、北原歩奈→佐藤マリー奈々美（64 分）、高橋柊→伊藤咲良（72 分）
【警告】（常盤木学園）伊藤璃胡（39 分）
【得点】（常盤木学園）高塚映奈（8 分）

第2回戦 12月31日 三木総合防災公園第2陸上競技場 主 丸本明奈 副 寺岡大輔、高橋謙介

十文字（関東１／東京） 4（4-0 0-0）0 尚志（東北２／福島） ★

得	S	学			背	背			学	S	得
0	0	③	GK	長谷川 想	1	12	福井 美月	GK	②	0	0
0	3	①	DF	小島 世里	2	5	小野 羽美	DF	③	0	0
0	0	③	DF	岡田 恭佳	5	8	竹野 那奈	DF	②	0	0
0	1	③	DF	野村 亜未	8	16	黒澤 千星	DF	③	0	0
0	0	②	DF	米口 和花	13	20	三船 さくら	DF	①	0	0
1	1	②	MF	早間 美空	3	6	内田 里奈	MF	③	0	0
1	4	②	MF	三宅 万尋	6	7	厚田 亜紗稀	MF	②	0	0
0	0	①	MF	新井 萌禾	7	10	今井 鈴那	MF	❸	0	0
1	1	③	MF	村山 茉美	14	11	大宮 愛乃	MF	②	0	0
1	4	③	FW	氏原 里穂菜	9	9	大槻 美生	FW	③	1	0
0	0	③	FW	浅香 美結	12	17	大光 望結	FW	③	0	0

【交代】（十文字）村山茉美→杉山遥菜（33 分）、浅香美結→千葉梨々花（HT）、岡田恭佳→安西愛（HT）、小島世里→梅本恵（52 分）、長谷川想→安田優花（59 分）／（尚志）大光望結→柳橋理奈（63 分）、大宮愛乃→福田こはる（80+1 分）
【得点】（十文字）三宅万尋（8 分）、氏原里穂菜（14 分）、村山茉美（26 分）、早間美空（39 分）

第2回戦 12月31日 みきぼうパークひょうご第2球技場 主 書間久美 副 冨田浩司、別處大輝

四学大香川西（四国１／香川） 0（0-1 0-1）2 追手門学院（関西３／大阪） ★

得	S	学			背	背			学	S	得
0	0	①	GK	内藤 乃彩	1	1	北野 未優	GK	②	0	0
0	0	③	DF	秋山 来実	2	3	金谷 こころ	DF	③	1	0
0	0	❸	DF	松村 紗弥	3	4	安田 直生	DF	③	1	0
0	0	①	DF	田渡 由奈	4	7	村上 琴南	DF	①	1	0
0	0	③	DF	杉本 美和	5	10	中野 涼花	DF	❸	0	0
0	0	③	MF	松永 一紗	6	2	芝野 珠有	MF	②	2	1
0	0	③	MF	浜浦 美瞳	7	5	森 早苗	MF	③	2	0
0	1	③	MF	市川 幸来	11	9	西 杏琳	MF	②	1	1
0	0	①	MF	吉田 華帆	13	15	藤田 祐穂	MF	②	1	0
0	1	③	FW	金銅 望海	8	6	草水 胡桃	FW	③	4	0
0	0	①	FW	平川 璃晏	9	11	京田 七海	FW	②	2	0

【交代】（追手門学院）金谷こころ→高谷琉那（59 分）、草水胡桃→宮本美優羽（66 分）、西杏琳→日下部馨音（74 分）、京田七海→松本優希奈（78 分）、藤田祐穂→祐谷くるみ（80+1 分）
【得点】（追手門学院）西杏琳（15 分）、芝野珠有（65 分）

第2回戦 12月31日 三木総合防災公園陸上競技場 主 長野涼華 副 荒木裕里香、野澤陽介

★ 日ノ本学園（関西２／兵庫） 1（0-0 1-0）0 大阪学芸（関西１／大阪）

得	S	学			背	背			学	S	得
0	0	②	GK	久田 優里愛	12	23	竹中 凜	GK	③	0	0
0	0	❸	DF	菅原 眞名	3	2	内田 衣泉	DF	❸	0	0
0	0	③	DF	荻本 里那	4	3	正木 美里	DF	③	1	0
0	0	③	DF	金谷 愛心	8	4	白井 心葉	DF	②	0	0
0	0	③	DF	古谷 千佳子	19	5	川上 七奏	DF	③	1	0
0	0	③	MF	新谷 楓華	10	6	北川 愛唯	MF	②	2	0
0	0	③	MF	林 織羽	11	8	江口 碧華	MF	②	1	0
0	0	③	MF	藤谷 千里	14	10	小川 由姫	MF	③	0	0
0	2	②	MF	高城 青空	21	11	山田 実来	MF	②	0	0
1	3	②	FW	高橋 亜優	23	16	難波 奏	MF	②	1	0
0	1	①	FW	岡林 柚葉	26	22	西 凜華	FW	②	1	0

【交代】（日ノ本学園）岡林柚葉→藤原良（HT）、林織羽→竹内あゆみ（47 分）、高橋亜優→中村優那（67 分）、金谷愛心→田中晴菜（72 分）／（大阪学芸）難波奏→菊山裕衣（53 分）、西凜華→塩見尚子（71 分）、正木美里→佐藤美優（78 分）
【警告】（日ノ本学園）新谷楓華（80 分）／（大阪学芸）川上七奏（64 分）
【得点】（日ノ本学園）高橋亜優（52 分）

準々決勝戦

1月3日 三木総合防災公園陸上競技場
主 萩尾麻衣子 副 藤田美智子、晝間久美

★ AICJ（中国２／広島） 2（1-1 1-1）2 作陽（中国１／岡山）

2 PK 4

得	S	学			背	背			学	S	得
0	0	①	GK	上野 理佐	31	1	石田 ひなは	GK	①	0	0
0	0	①	DF	柏原 凪沙	2	4	新城 琴美	DF	②	0	0
0	0	②	DF	樋口 三夏	3	6	小田 紗未	DF	③	0	0
0	2	③	DF	石本 千弥	5	12	岡本 琉奈	DF	③	0	0
0	2	③	MF	當房 皆都	4	5	石田 小桜	MF	③	0	0
0	0	①	MF	岸波 美采	6	7	西山 ひとみ	MF	③	1	1
0	0	②	MF	打田 もえ	7	8	大倉 弓佳	MF	③	0	0
0	1	③	MF	森田 千尋	9	13	島 春香	MF	③	0	0
1	1	③	MF	梅津 真央	10	14	福岡 結	MF	②	1	0
1	1	❸	FW	桑原 藍	11	10	中野 琴音	FW	❸	2	0
0	0	①	FW	髙井 更紗	12	22	弓場 麗華	FW	②	1	1

【交代】（AICJ）森田千尋→原田柚葵（51 分）／（作陽）弓場麗華→高橋陽桜（59 分）、大倉弓佳→伊藤真生（70 分）
【得点】（AICJ）桑原藍（14 分）、梅津真央（67 分）／（作陽）弓場麗華（16 分）、西山ひとみ（47 分）

準々決勝戦

1月3日 三木総合防災公園第2陸上競技場
主 荒木裕里香 副 稲葉里美、吉永真紀

高川学園（中国３／山口） 1（0-4 1-2）6 藤枝順心（東海１／静岡）★

得	S	学			背	背			学	S	得
0	0	①	GK	倉光 里奈	17	1	菊地 優杏	GK	②	0	0
0	0	③	DF	山代 小桜	3	3	安藤 麻耶	DF	③	0	0
0	0	③	DF	古屋 心希	4	5	鍵谷 天	DF	③	1	0
0	0	①	DF	三戸 萌百花	5	6	加島 希夏	DF	③	1	0
0	0	③	DF	山根 美咲	11	18	柘植 沙羽	DF	①	0	0
0	0	❸	DF	松村 風花	13	10	浅田 幸子	MF	❸	1	0
0	0	③	MF	藤島 佑朱	6	15	下吉 優衣	MF	②	1	0
0	0	③	MF	杉原 萌果	7	20	久保田 真生	MF	②	3	2
0	0	①	MF	石原 百華	8	7	鈴木 心菜	FW	③	0	1
0	0	①	MF	下村 聖奈	14	9	正野 瑠菜	FW	③	0	0
0	0	③	FW	野中 麻衣	10	17	高岡 澪	FW	②	3	2

【交代】（高川学園）下村聖奈→中原凜（37 分）、山根美咲→菅南月（55 分）、藤島佑朱→茅野愛惠（55 分）、野中麻衣→桝谷琴美（64 分）、三戸萌百花→河村菜々海（79 分）／（藤枝順心）久保田真生→植本愛実（HT）、正野瑠菜→葛西唯衣（HT）、浅田幸子→青井麻衣（64 分）、高岡澪→三宅怜（64 分）、鍵谷天→濱野こゆき（76 分）
【得点】（高川学園）桝谷琴美（74 分）／（藤枝順心）久保田真生（21 分、34 分）、高岡澪（38 分、39 分）、鈴木心菜（72 分）、三宅怜（77 分）

準々決勝戦

1月3日 三木総合防災公園第2陸上競技場
主 長野涼華 副 的崎睦子、吉田瑞希

常盤木学園（東北１／宮城） 1（1-0 0-2）2 十文字（関東１／東京）★

得	S	学			背	背			学	S	得
0	0	③	GK	中屋 音葉	1	1	長谷川 想	GK	③	0	0
1	1	③	DF	三浦 るい	3	2	小島 世里	DF	①	3	0
0	0	③	DF	宮下 あつき	4	4	杉山 遥菜	DF	❸	1	0
0	0	③	DF	宮野 友美	6	5	岡田 恭佳	DF	③	0	0
0	0	②	DF	柴山 華奈	26	8	野村 亜未	DF	③	3	0
0	0	②	MF	葛西 彩	5	3	早間 美空	MF	②	2	0
0	0	③	MF	伊藤 結菜	7	6	三宅 万尋	MF	②	3	1
0	0	❸	MF	高塚 映奈	10	7	新井 萌禾	MF	①	0	0
0	2	③	FW	伊藤 璃胡	9	14	村山 茉美	MF	③	3	0
0	2	③	FW	茂垣 咲椰夏	11	9	氏原 里穂菜	FW	③	1	0
0	0	②	FW	白木 珠奈	25	12	浅香 美結	FW	③	0	0

【交代】（常盤木学園）茂垣咲椰夏→宮下紗和（65 分）／（十文字）浅香美結→安西愛（40+1 分）、氏原里穂菜→長行司百杏（42 分）、長行司百杏→千葉梨々花（68 分）、村山茉美→梅本恵（75 分）
【得点】（常盤木学園）三浦るい（26 分）／（十文字）三宅万尋（53 分）、千葉梨々花（71 分）

準々決勝戦

1月3日 三木総合防災公園陸上競技場
主 一木千広 副 廣田奈美、杉本美里

★ 追手門学院（関西３／大阪） 1（1-3 0-0）3 日ノ本学園（関西２／兵庫）

得	S	学			背	背			学	S	得
0	0	②	GK	北野 未優	1	12	久田 優里愛	GK	②	0	0
0	0	③	DF	金谷 こころ	3	3	菅原 眞名	DF	❸	0	0
0	0	③	DF	安田 直生	4	4	荻本 里那	DF	③	0	0
0	0	①	DF	村上 琴南	7	8	金谷 愛心	DF	③	0	0
0	0	❸	DF	中野 涼花	10	19	古谷 千佳子	DF	③	0	0
0	0	②	MF	芝野 珠有	2	10	新谷 楓華	MF	③	0	0
0	0	③	MF	森 早苗	5	11	林 織羽	MF	③	0	0
0	0	②	MF	西 杏琳	9	14	藤谷 千里	MF	③	0	0
0	0	②	MF	藤田 祐穂	15	21	高城 青空	MF	②	0	0
0	2	③	FW	草水 胡桃	6	26	岡林 柚葉	MF	①	2	2
1	2	②	FW	京田 七海	11	23	高橋 亜優	FW	②	1	1

【交代】（追手門学院）京田七海→宮本美優羽（57 分）、芝野珠有→福中陽央里（72 分）、藤田祐穂→高谷琉那（78 分）／（日ノ本学園）高城青空→藤原良（43 分）、林織羽→竹内あゆみ（67 分）、高橋亜優→中村優那（72 分）、藤谷千里→今井双葉（77 分）
【警告】（追手門学院）金谷こころ（28 分）
【得点】（追手門学院）京田七海（38 分）／（日ノ本学園）岡林柚葉（11 分、40+2 分）、高橋亜優（23 分）

準決勝戦

1月5日 ノエビアスタジアム神戸
主 吉田瑞希 副 國師えりな、長野涼華

作陽（中国１／岡山） 0（0-0 0-1）1 藤枝順心（東海１／静岡）★

得	S	学			背	背			学	S	得
0	0	①	GK	石田 ひなは	1	1	菊地 優杏	GK	②	0	0
0	0	③	DF	松本 彩花	2	2	中井 佑姫奈	DF	③	0	0
0	0	②	DF	新城 琴美	4	3	安藤 麻耶	DF	③	0	0
0	0	③	DF	岡本 琉奈	12	6	加島 希夏	DF	③	2	0
0	0	③	DF	島 春香	13	18	柘植 沙羽	DF	①	0	0
0	0	③	MF	西山 ひとみ	7	10	浅田 幸子	MF	❸	0	0
0	0	③	MF	高橋 陽桜	11	15	下吉 優衣	MF	②	1	1
0	0	②	MF	福岡 結	14	20	久保田 真生	MF	②	0	0
0	0	③	FW	伊藤 真生	9	8	濱野 こゆき	FW	③	0	0
0	1	❸	FW	中野 琴音	10	9	正野 瑠菜	FW	③	2	0
0	0	②	FW	弓場 麗華	22	11	山田 歩美	FW	③	1	0

【交代】（作陽）伊藤真生→小田紗未（HT）、弓場麗華→石田小桜（61 分）、高橋陽桜→大倉弓佳（69 分）、松本彩花→森原日胡（80 分）／（藤枝順心）濱野こゆき→高岡澪（HT）、山田歩美→鈴木心菜（69 分）、久保田真生→三宅怜（87 分）、正野瑠菜→中出朱音（90+1 分）
【得点】（藤枝順心）下吉優衣（56 分）

準決勝戦

1月5日 ノエビアスタジアム神戸
主 山内恵美 副 岩本毬花、吉永真紀

★ 十文字（関東１／東京） 1（0-0 1-1）1 日ノ本学園（関西２／兵庫）

3 PK 1

得	S	学			背	背			学	S	得
0	0	③	GK	長谷川 想	1	12	久田 優里愛	GK	②	0	0
0	2	①	DF	小島 世里	2	3	菅原 眞名	DF	❸	0	0
0	0	❸	DF	杉山 遥菜	4	4	荻本 里那	DF	③	0	0
0	1	③	DF	岡田 恭佳	5	8	金谷 愛心	DF	③	1	0
0	0	③	DF	野村 亜未	8	19	古谷 千佳子	DF	③	0	0
0	1	②	MF	早間 美空	3	10	新谷 楓華	MF	③	1	0
1	2	②	MF	三宅 万尋	6	11	林 織羽	MF	③	2	0
0	0	①	MF	新井 萌禾	7	14	藤谷 千里	MF	③	3	0
0	0	③	MF	村山 茉美	14	21	高城 青空	MF	②	0	0
0	1	③	FW	氏原 里穂菜	9	26	岡林 柚葉	MF	①	0	0
0	0	③	FW	浅香 美結	12	23	高橋 亜優	FW	②	3	0

【交代】（十文字）浅香美結→長行司百杏（HT）、村山茉美→梅本恵（67 分）／（日ノ本学園）高橋亜優→中村優那（78 分）、林織羽→竹内あゆみ（78 分）、岡林柚葉→田中晴菜（80 分）
【警告】（十文字）新井萌禾（41 分）
【得点】（十文字）三宅万尋（85 分）／（日ノ本学園）田中晴菜（86 分）

決勝戦

1月8日 ノエビアスタジアム神戸
主 梶山美紗子 副 中本早紀、佐々木陽美

★ 藤枝順心（東海１／静岡） 1（0-0 1-0）0 十文字（関東１／東京）

得	S	学			背	背			学	S	得
0	0	②	GK	菊地 優杏	1	1	長谷川 想	GK	③	0	0
0	0	③	DF	中井 佑姫奈	2	2	小島 世里	DF	①	0	0
0	0	③	DF	安藤 麻耶	3	4	杉山 遥菜	DF	❸	0	0
0	0	③	DF	加島 希夏	6	5	岡田 恭佳	DF	③	0	0
0	0	①	DF	柘植 沙羽	18	8	野村 亜未	DF	③	0	0
0	0	❸	MF	浅田 幸子	10	3	早間 美空	MF	②	3	0
0	0	②	MF	下吉 優衣	15	6	三宅 万尋	MF	②	0	0
0	5	②	MF	久保田 真生	20	7	新井 萌禾	MF	①	1	0
0	0	③	FW	濱野 こゆき	8	14	村山 茉美	MF	③	1	0
1	4	③	FW	正野 瑠菜	9	9	氏原 里穂菜	FW	③	3	0
0	1	③	FW	山田 歩美	11	12	浅香 美結	FW	③	2	0

【交代】（十文字）浅香美結→長行司百杏（62 分）、村山茉美→安西愛（71 分）、長行司百杏→梅本恵（73 分）
【得点】（藤枝順心）正野瑠菜（68 分）

全日本高校女子選手権大会
【地区・地域大会記録】

北海道
●決勝トーナメント

大谷室蘭

北海道文教大附
札幌東商
函館商
帯広北
旭川実
札幌大谷
札幌北斗
函館白百合
帯広大谷
北照
旭川南
大谷室蘭

青森県
八戸学院光星
青森南
三沢・三本木
※合同
八戸工大二

→ 八戸学院光星

※合同＝百石・三本木農・三本木農恵拓

〈3位決定戦〉
三沢・三本木 2
※合同 4
→ ※合同

岩手県
●決勝トーナメント
専大北上
花北青雲
不来方
水沢
→ 専大北上

〈3位決定戦〉
花北青雲
水沢
（不戦勝）→ 花北青雲

秋田県
明桜

山形県
●決勝トーナメント
鶴岡東
酒田光陵
鶴岡中央
山形城北
山形西
山形明正
米沢中央
鶴岡北
惺山
山形商
酒田南
→ 鶴岡東

宮城県
●決勝トーナメント
常盤木学園
聖ウルスラ
仙台育英
仙台大明成
宮城第一
※合同
聖和学園
→ 聖和学園

※合同＝広瀬・東北・古川黎明・大崎中央・東北生文大

〈第3シード決定戦〉
仙台育英 0
仙台大明成 0（PK）
→ 仙台大明成

●予選リーグ

	聖ウルスラ	※合同	宮城第一	順位
聖ウルスラ		4－0	4－0	1
※合同	0－4		0－3	3
宮城第一	0－4	3－0		2

福島県
●決勝トーナメント
尚志
桜の聖母学院
ふたば未来学園
→ 尚志

茨城県
●順位決定上位リーグ

	鹿島学園	霞ヶ浦	常磐大高	明秀日立	順位
鹿島学園		1－0	7－0	4－0	1
霞ヶ浦	0－1		8－0	6－0	2
常磐大高	0－7	0－8		1－1	4
明秀日立	0－4	0－6	1－1		3

●順位決定下位トーナメント
※合同
水戸第三
大成女子
土浦第二
→ ※合同

※合同＝石岡第二・水海道第二

〈7位決定戦〉
水戸第三 6
大成女子 0
→ 水戸第三

●代表決定戦
鹿島学園
愛国学園大附龍ケ崎
※合同
→ 鹿島学園

霞ヶ浦 20
大成女子 0
→ 霞ヶ浦

常磐大高 9
土浦第二 0
→ 常磐大高

明秀日立 10
水戸第三 0
→ 明秀日立

群馬県
●決勝トーナメント
前橋育英
館林女子
前橋女子
沼田女子
伊勢崎清明
※合同
高崎商大附
関東学園大附
市立太田
太田女子
渋川女子
高崎女子
桐生第一
共愛学園
健大高崎
→ 前橋育英

※合同＝大間々・新島学園・桐生

〈3位決定戦〉
関東学園大附 0
市立太田 1
→ 市立太田

栃木県
●決勝トーナメント
宇都宮文星女子
作新学院
※合同
白鷗大足利
宇都宮女子
小山城南
宇都宮中央女子
宇都宮短大附
→ 宇都宮文星女子

※合同＝益子芳星・佐野東・鹿沼

●グループステージ

A	宇都宮文星女子	小山城南	順位
宇都宮文星女子		5－0	1
小山城南	0－5		2

B	宇都宮短大附	大田原女子	作新学院	順位
宇都宮短大附		11－0	10－0	1
大田原女子	0－11		0－0	3
作新学院	0－10	0－0		2

C	宇都宮女子	※合同	栃木翔南	順位
宇都宮女子		8－0	13－0	1
※合同	0－8		0－0	2
栃木翔南	0－13	0－0		3

D	白鷗大足利	宇都宮中央女子	栃木女子	順位
白鷗大足利		1－0	15－0	1
宇都宮中央女子	0－1		6－0	2
栃木女子	0－15	0－6		3

千葉県
●決勝トーナメント
暁星国際
千葉南・市原八幡
船橋法典
市立船橋
千葉西
成田国際
千葉経済大附
八千代松陰
幕張総合
柏の葉
市立松戸
千葉明徳
日体大柏
市立柏
※合同
流経大柏
→ 暁星国際

※合同＝浦安・行徳・市川東・船橋芝山

〈3位決定戦〉
八千代松陰 2
流経大柏 1
→ 八千代松陰

●予選リーグ

A	市立船橋	※合同	成田国際	県立千葉	順位
市立船橋		3－0	1－0	3－0	1
※合同	0－3		2－2	3－0	3
成田国際	0－1	2－2		3－0	2
県立千葉	0－3	0－3	0－3		4

B	日体大柏	市立松戸	若松	千葉経済大附	順位
日体大柏		5－0	3－0	5－1	1
市立松戸	0－5		5－0	1－1	2
若松	0－3	0－5		2－3	4
千葉経済大附	1－5	1－1	3－2		3

C	千葉明徳	市立柏	おおたかの森	千葉南・市原八幡	順位
千葉明徳		1－0	2－0	2－0	1
市立柏	0－1		5－0	2－1	2
おおたかの森	0－2	0－5		2－3	4
千葉南・市原八幡	0－2	1－2	3－2		3

D	船橋法典	千葉西	柏の葉	成田北	順位
船橋法典		1－1	0－0	5－0	2
千葉西	1－1		1－0	3－0	1
柏の葉	0－0	0－1		4－1	3
成田北	0－5	0－3	1－4		4

埼玉県
●決勝トーナメント
花咲徳栄
庄和
本庄
久喜
越ヶ谷
大宮武蔵野
所沢
浦和一女
川口市立
昌平
埼玉平成
※合同
宮代
自由の森学園
大宮南
川越南
松山女子
本庄第一
正智深谷
東野
埼玉栄
大宮開成
入間向陽
狭山ヶ丘
寄居城北
浦和実
浦和西
和光国際
山村学園
市立浦和
明の星
淑徳与野
秋草学園
叡明
南稜
→ 本庄第一

※合同＝熊谷女子・北本・大妻嵐山・日高

〈3位決定戦〉
昌平 3
浦和西 0
→ 昌平

東京都
●決勝トーナメント
十文字
第五商
八王子実践
世田谷総合
日大櫻丘
日体大桜華
野津田
帝京
国際
国分寺
若葉総合
ICU
駒沢女子
晴海総合
吉祥女子
成城学園
杉並総合
飛鳥
清瀬
東久留米総合
芦花
東大和
文京学院
千早
広尾学園小石川
青梅総合
品川エトワール
戸山
成立学園
狛江
東京成徳
王子総合
修徳
→ 十文字

〈3位決定戦〉
杉並総合 0
文京学院 1
→ 文京学院

神奈川県
●決勝リーグ

	湘南学院	星槎国際湘南	藤沢清流	大和	順位
湘南学院		3－1	1－0	2－0	1
星槎国際湘南	1－3		4－0	6－0	2
藤沢清流	0－1	0－4		4－0	3
大和	0－2	0－6	0－4		4

●決勝リーグ進出トーナメント
星槎国際湘南
桐蔭学園
相模女子大高
→ 星槎国際湘南

湘南学院
相模原弥栄
横浜翠陵
→ 湘南学院

大和
三浦学苑
二宮
→ 大和

藤沢清流
白鵬女子
伊勢原
→ 藤沢清流

●予選リーグ

A	白鵬女子	二宮	厚木東・厚木商	慶應湘南藤沢	海老名	順位
白鵬女子		3－1	7－0	8－0	9－0	1
二宮	1－3		3－0	6－0	2－0	2
厚木東・厚木商	0－7	0－3		0－0	2－0	3
慶應湘南藤沢	0－8	0－6	0－0		2－0	4
海老名	0－9	0－2	0－2	0－2		5

B	三浦学苑	相模女子大高	法政国際	旭	順位
三浦学苑		0－0	20－0	17－0	1
相模女子大高	0－0		20－0	10－0	2
法政国際	0－20	0－20		2－1	3
旭	0－17	0－10	1－2		4

C	桐蔭学園	横浜翠陵	多摩	神奈川総合	順位
桐蔭学園		4－2	5－0	6－0	1
横浜翠陵	2－4		2－2	14－0	2
多摩	0－5	2－2		13－0	3
神奈川総合	0－6	0－14	0－13		4

D	相模原弥栄	伊勢原	湘南台	相洋	順位
相模原弥栄		4－1	1－0	7－0	1
伊勢原	1－4		2－0	1－0	2
湘南台	0－1	0－2		1－1	3
相洋	0－7	0－1	1－1		4

山梨県

●決勝トーナメント

日本航空 / 富士北稜・日大明誠 / 甲府商 / 帝京第三 → 日本航空

〈3位決定戦〉

富士北稜・日大明誠 / 甲府商 → 甲府商

新潟県

●決勝トーナメント

帝京長岡 / 北越 / 開志学園JSC → 帝京長岡

長野県

●決勝トーナメント

佐久長聖 / ※合同 / 松本国際 / 上田西 / 東海大諏訪 / 松商学園 → 佐久長聖

※合同＝飯山・大町岳陽・塩尻志学館・諏訪二葉・長野日大

富山県

●決勝トーナメント

高岡商 / 呉羽 / 富山国際大付 / 富山第一 → 富山国際大付

〈3位決定戦〉

呉羽 / 富山第一 → 富山第一

石川県

●決勝トーナメント

星稜 / ※合同 / 野々市明倫 / 七尾 / 金沢伏見 → 星稜

※合同＝金沢市立工・大聖寺・金沢商・北陸学院

福井県

福井工大福井

静岡県

●決勝トーナメント

常葉大橘 / 東海大静岡翔洋 / 桐陽 / 清流館 / 磐田東 / 静岡大成 / 聖隷クリストファー / 藤枝順心 → 藤枝順心

●予選リーグ

A	桐陽	吉原	藤枝西	富士市立	静岡大成	順位
桐陽		23－0	13－1	22－0	1－0	1
吉原	0－23		0－7	0－7	0－12	5
藤枝西	1－13	7－0		2－2	0－4	3
富士市立	0－22	7－0	2－2		1－7	4
静岡大成	0－1	12－0	4－0	7－1		2

B	磐田東	清流館	磐田北	沼津西	浜松聖星	順位
磐田東		4－0	21－0	30－0	29－0	1
清流館	0－4		1－0	13－0	20－0	2
磐田北	0－21	0－1		5－0	5－0	3
沼津西	0－30	0－13	0－5		2－0	4
浜松聖星	0－29	0－20	0－5	0－2		5

愛知県

●決勝リーグ

	聖カピタニオ女子	豊川	同朋	至学館	順位
聖カピタニオ女子		2－0	2－0	4－0	1
豊川	0－2		1(5 PK 4)1	1－0	2
同朋	0－2	1(4 PK 5)1		1(4 PK 2)1	3
至学館	0－4	0－1	1(2 PK 4)1		4

●予選トーナメント

〈Aブロック代表〉

聖カピタニオ女子 / 時習館 / 金城学院 / 岡崎商 / 名経大市邨 → 聖カピタニオ女子

〈Bブロック代表〉

至学館 / 刈谷北 / 清林館 / 椙山女学園 / 松蔭 → 至学館

〈Cブロック代表〉

同朋 / 小坂井 / 岩倉総合 / 南山 / 安城学園 → 同朋

〈Dブロック代表〉

豊川 / 旭丘 / 日福大付 / 高蔵寺 / 愛知啓成 → 豊川

岐阜県

帝京大可児

三重県

●決勝トーナメント

神村学園伊賀 / 四日市南 / 津田学園 / 高田 / ※合同 / 四日市西 / 三重 → 高田

※合同＝桑名・稲生・津西

〈3位決定戦〉

津田学園 / 三重 → 津田学園

滋賀県

●決勝

八幡商 / 近江兄弟社 → 近江兄弟社

京都府

●決勝トーナメント

京都精華学園 / 向陽 / 京都聖母学院 / 京都西山 / ※合同 / 京都橘 → 京都精華学園

※合同＝京都文教・京都聖カタリナ

奈良県

●決勝トーナメント

高取国際 / 国際 / 奈良育英 → 奈良育英

和歌山県

●決勝リーグ

	和歌山北	新宮	神島	順位
和歌山北		1－1	16－0	2
新宮	1－1		23－0	1
神島	0－16	0－23		3

大阪府

●決勝リーグ

	大商学園	追手門学院	大阪学芸	大阪桐蔭	順位
大商学園		0(4 PK 3)0	0－2	2－0	3
追手門学院	0(3 PK 4)0		0－0	2－0	1
大阪学芸	2－0	0－0		0－1	2
大阪桐蔭	0－2	0－2	1－0		4

●1次トーナメント

大商学園 / 大阪女学院 / 大阪教育C附 / 茨木西 → 大商学園

星翔 / 帝塚山学院 / 山本 / 山田 / 追手門学院 → 追手門学院

大阪学芸 / 高槻北 / 桜宮 / ※合同A / リベルテ → 大阪学芸

大阪偕星学園 / 汎愛 / ※合同B / 柴島 / 大阪桐蔭 → 大阪桐蔭

※合同A＝千里青雲・大阪国際滝井・梅花・東大阪大敬愛・花園・大冠

※合同B＝鶴見商・OBF・教大平野・大阪緑涼・桜和

兵庫県

●決勝ラウンド

	日ノ本学園	神戸弘陵	姫路女学院	蒼開	順位
日ノ本学園		1－0	0－0	11－0	1
神戸弘陵	0－1		1－3	10－0	3
姫路女学院	0－0	3－1		8－0	2
蒼開	0－11	0－10	0－8		4

●1次ラウンド

日ノ本学園 → 日ノ本学園

神戸弘陵 / 夢野台 / 宝塚東・県西宮 / 啓明 / 明石南 → 神戸弘陵

六甲アイランド / 姫路女学院 / 北須磨 / ※合同 / 神戸学院 → 姫路女学院

蒼開 / 神戸 / 社 / 有馬 → 蒼開

※合同＝三田祥雲館・三田西陵

岡山県

●決勝トーナメント

作陽 / 総社 / 岡山芳泉 / 岡山学芸館 → 作陽

広島県

●決勝トーナメント

AICJ / 広島皆実 / 山陽 / 広島文教大附 → AICJ

〈3位決定戦〉

広島皆実 / 山陽 → 山陽

●予選トーナメント

沼田 / 盈進 / 山陽女学園 / 福山明王台 / 山陽 / 広陵 / 祇園北 / 廿日市 / 広島皆実 / 高陽東 → 山陽

鳥取県

●決勝トーナメント

鳥取城北 / 鳥取西 / 鳥取東 / 米子 / 鳥取敬愛 → 鳥取城北

島根県

松江商

山口県

●決勝トーナメント

高川学園 / 聖光・サビエル / 防府西 / 長門 / 熊毛南 → 高川学園

香川県

●決勝

四学大香川西 / 津田 → 四学大香川西

徳島県

●決勝トーナメント

鳴門渦潮 / 鳴門 / 徳島北 / 徳島市立 / 城北 / 徳島商 → 鳴門渦潮

愛媛県

●決勝トーナメント

宇和島南 / 松山東雲 / 新居浜商 / 小松 / 南宇和 / 済美 → 宇和島南

高知県

●決勝リーグ

	高知	高知商	大方	順位
高知		5－1	不戦勝	1
高知商	1－5		不戦勝	2
大方	不戦敗	不戦敗		3

福岡県

●決勝トーナメント

- 東海大福岡 5-0 北九州
- 福翔 1-19 福岡海星女子学院
- 福岡女学院 12-0 福岡女子商
- 九産大九州 0-11 筑陽学園
- 東海大福岡 3-0 福岡海星女子学院
- 福岡女学院 0-1 筑陽学園
- 東海大福岡 2-0 筑陽学園 ― 東海大福岡

〈3位決定戦〉
- 福岡海星女子学院 0-1 福岡女学院 ― 福岡女学院

●予選リーグ

A	福翔	九産大九州	純真・飯塚	福岡農	順位
福翔	＼	＼	4－2	17－0	1
九産大九州	＼	＼	5－1	7－0	2
純真・飯塚	2－4	1－5	＼	＼	3
福岡農	0－17	0－7	＼	＼	4

B	北九州	福岡女子商	西日本短大附	福工大城東	順位
北九州	＼	＼	3－0	4－0	2
福岡女子商	＼	＼	2－1	6－0	1
西日本短大附	0－3	1－2	＼	＼	3
福工大城東	0－4	0－6	＼	＼	4

佐賀県

●決勝トーナメント

- 佐賀女子 23-0 佐賀学園
- 神埼 7-0 佐賀女子 ― 神埼

長崎県

●決勝トーナメント

- 島原商 0-2 海星
- 鎮西学院 6-0 海星 ― 鎮西学院

大分県

●決勝

- 柳ヶ浦 7-0 稲葉学園 ― 柳ヶ浦

熊本県

●決勝トーナメント

- 慶誠 5-1 球磨中央
- 慶誠 5-2 ルーテル学院
- 秀岳館 10-0 慶誠
- 大津・松橋 6-0 玉名女子
- 東海大熊本星翔 11-0 大津・松橋
- 東海大熊本星翔 17-0 熊本農
- 秀岳館 3-0 東海大熊本星翔 ― 秀岳館

〈3位決定戦〉
- 慶誠 13-0 熊本農 ― 慶誠

宮崎県

●決勝トーナメント

- 聖心ウルスラ 10-0 都城商
- 宮崎日大 6-0 聖心ウルスラ
- 日南学園 0-6 妻
- 妻 0-6 都城聖ドミニコ学園
- 宮崎日大 0-1 都城聖ドミニコ学園 ― 都城聖ドミニコ学園

鹿児島県

●決勝トーナメント

- 神村学園 24-0 鹿屋女子
- 鹿児島女子 0-0 (PK) 鳳凰
- 神村学園 4-0 鳳凰 ― 神村学園

〈3位決定戦〉
- 鹿屋女子 (PK) 鹿児島女子 ― 鹿児島女子

※3位決定戦はPK方式のみで実施

沖縄県

●決勝トーナメント

- 首里 1-2 普天間
- 那覇 6-0 普天間
- 糸満 3-2 前原
- 那覇 11-0 糸満
- ※合同 1-0 宮古
- 豊見城 0-8 ※合同
- 球陽・八重山 8-0 那覇国際
- 球陽・八重山 2-1 那覇西
- ※合同 0-0 (PK) 球陽・八重山
- 那覇 8-0
- 読谷 1-3 那覇商
- 美里 3-0 那覇商
- 北中城 0-4 名護
- 美里 2-0 名護
- 浦添 2-0 向陽
- 小禄 2-3 西原
- 西原 0-10 コザ
- 浦添 0-3 コザ
- 美里 0-5 コザ
- 那覇 2-1 コザ ― 那覇

※合同＝浦添商・興南・首里東

地域大会対戦結果

【北海道】

※250ページのトーナメント表と同一です

優勝：大谷室蘭

- 札幌東商 2-2 (PK) 函館商
- 帯広北 0-9 旭川実
- 函館白百合 0-15 帯広大谷
- 北照 8-0 旭川南
- 北海道文教大附 7-0 札幌東商
- 旭川実 9-0 札幌大谷
- 札幌北斗 0-1 帯広大谷
- 北照 1-7 大谷室蘭
- 北海道文教大附 1-1 (PK) 旭川実
- 帯広大谷 0-1 大谷室蘭
- 旭川実 0-1 大谷室蘭

【東北】

優勝：常盤木学園

- 八戸工大二（青森県②）1-6 山形明正（山形県②）
- 不来方（岩手県②）0-16 八戸学院光星（青森県①）
- 鶴岡東（山形県①）2-1 桜の聖母学院（福島県②）
- 聖和学園（宮城県①）7-0 山形明正
- 明桜（秋田県）0-9 尚志（福島県①）
- 専大北上（岩手県①）3-1 八戸学院光星
- 鶴岡東 0-5 常盤木学園（宮城県②）
- 聖和学園 2-3 尚志
- 専大北上 0-0 (PK) 常盤木学園
- 尚志 0-4 常盤木学園

〈3位決定戦〉聖和学園
- 聖和学園 3-0 専大北上

【関東】

優勝：十文字

- 日本航空（山梨県①）3-0 健大高崎（群馬県②）
- 花咲徳栄（埼玉県①）2-1 幕張総合（千葉県②）
- 宇都宮文星女子（栃木県①）0-5 修徳（東京都②）
- 霞ヶ浦（茨城県②）1-0 湘南学院（神奈川県①）
- 暁星国際（千葉県①）6-0 宇都宮短大附（栃木県②）
- 十文字（東京都①）不戦勝 本庄第一（埼玉県②）
- 前橋育英（群馬県①）2-1 帝京第三（山梨県②）
- 星槎国際湘南（神奈川県②）2-1 鹿島学園（茨城県①）
- 日本航空 3-0 花咲徳栄
- 修徳 0-0 (PK) 霞ヶ浦
- 暁星国際 0-1 十文字
- 前橋育英 2-3 星槎国際湘南
- 日本航空 1-1 (PK) 修徳
- 十文字 5-1 星槎国際湘南
- 日本航空 1-4 十文字

〈3位決定戦〉星槎国際湘南
- 修徳 1-3 星槎国際湘南

〈5位決定戦〉前橋育英
- 花咲徳栄 0-1 霞ヶ浦
- 暁星国際 1-3 前橋育英
- 霞ヶ浦 0-1 前橋育英

〈7位決定戦〉暁星国際
- 花咲徳栄 0-1 暁星国際

【北信越】

優勝：開志学園JSC

- 福井工大福井（福井県）23-0 金沢伏見（石川県②）
- 星稜（石川県①）0-6 佐久長聖（長野県①）
- 開志学園JSC（新潟県②）14-1 富山国際大付（富山県）
- 松商学園（長野県②）1-2 帝京長岡（新潟県①）
- 福井工大福井 0-1 佐久長聖
- 開志学園JSC 1-0 帝京長岡
- 佐久長聖 0-6 開志学園JSC

〈3位決定戦〉帝京長岡
- 福井工大福井 0-2 帝京長岡

【東海】

優勝：藤枝順心

- 豊川（愛知県②）4-0 高田（三重県）
- 聖カピタニオ女子（愛知県①）5-2 帝京大可児（岐阜県）
- 藤枝順心（静岡県①）6-0 豊川
- 聖カピタニオ女子 1-3 常葉大橘（静岡県②）
- 藤枝順心 2-0 常葉大橘

〈3位決定戦〉聖カピタニオ女子
- 豊川 0-3 聖カピタニオ女子

【関西】

優勝：大阪学芸

- 日ノ本学園（兵庫県①）12-0 新宮（和歌山県）
- 近江兄弟社（滋賀県）0-5 京都精華学園（京都府）
- 大阪学芸（大阪府②）18-0 奈良育英（奈良県）
- 姫路女学院（兵庫県②）0-2 追手門学院（大阪府①）
- 日ノ本学園 1-0 京都精華学園
- 大阪学芸 1-0 追手門学院
- 日ノ本学園 0-0 (PK) 大阪学芸

〈3位決定戦〉追手門学院
- 京都精華学園 0-1 追手門学院

【中国】

優勝：作陽

- AICJ（広島県①）10-0 岡山学芸館（岡山県②）
- 長門（山口県②）0-8 広島文教大附（広島県②）
- 高川学園（山口県①）5-0 松江商（島根県）
- 鳥取城北（鳥取県）0-4 作陽（岡山県①）
- AICJ 2-0 広島文教大附
- 高川学園 0-4 作陽
- AICJ 0-1 作陽

〈3位決定戦〉高川学園
- 広島文教大附 0-0 (PK) 高川学園

【四国】

優勝：四学大香川西

- 鳴門渦潮（徳島県①）27-0 津田（香川県②）
- 高知商（高知県②）0-1 宇和島南（愛媛県①）
- 高知（高知県①）16-0 済美（愛媛県②）
- 徳島市立（徳島県②）1-18 四学大香川西（香川県①）
- 鳴門渦潮 6-0 宇和島南
- 高知 0-1 四学大香川西
- 鳴門渦潮 0-0 (PK) 四学大香川西

〈3位決定戦〉高知
- 宇和島南 0-4 高知

【九州】

優勝：神村学園

- 神村学園（鹿児島県①）9-0 東海大熊本星翔（熊本県②）
- 那覇（沖縄県①）0-4 稲葉学園（大分県②）
- 神埼（佐賀県①）1-3 宮崎日大（宮崎県②）
- 鎮西学院（長崎県①）2-1 筑陽学園（福岡県②）
- 柳ヶ浦（大分県①）4-0 コザ（沖縄県②）
- 都城聖ドミニコ学園（宮崎県①）7-0 佐賀女子（佐賀県②）
- 秀岳館（熊本県①）2-0 鳳凰（鹿児島県②）
- 海星（長崎県②）0-6 東海大福岡（福岡県①）
- 神村学園 9-1 稲葉学園
- 宮崎日大 0-5 鎮西学院
- 柳ヶ浦 4-0 都城聖ドミニコ学園
- 秀岳館 0-1 東海大福岡
- 神村学園 6-0 鎮西学院
- 柳ヶ浦 2-1 東海大福岡
- 神村学園 2-1 柳ヶ浦

〈3位決定戦〉東海大福岡
- 鎮西学院 2-5 東海大福岡

全日本高等学校女子サッカー選手権大会優勝校および本大会出場校

回数	1	2	3	4	5	6	7	8	9	10	11	12	13
年	平成4年	5年	6年	7年	8年	9年	10年	11年	12年	13年	14年	15年	16年
優勝校	**聖和学園1**	**本庄第一1**	**埼玉1**	**埼玉栄1**	**埼玉2**	**啓明女学院1**	**聖和学園2**	**湘南女子1**	**啓明女学院2**	**聖和学園3**	**常盤木学園1**	**鳳凰1**	**神村学園1**
準優勝	**埼玉1**	**啓明女学院1**	**啓明女学院2**	**埼玉2**	**啓明女学院3**	**埼玉3**	**神村学園1**	**神村学園2**	**湘南学院1**	**湘南学院2**	**聖和学園1**	**常盤木学園1**	**常盤木学園2**
三位	**入間向陽1** **埼玉栄1**	**石巻市立女子商1** **聖和学園1**	**石巻市立女子商2** **広島皆実1**	**西山1** **啓明女学院1**	**石巻市立女子商3** **聖和学園2**	**京都橘女子1** **本庄第一1**	**啓明女学院2** **埼玉1**	**藤枝西1** **聖和学園3**	**東経短大村田女子1** **聖和学園4**	**藤枝西2** **神村学園1**	**本庄第一2** **鳳凰1**	**聖和学園5** **日ノ本学園1**	**聖和学園6** **文教大明清1**
参加校	16	16	16	16	16	16	16	16	16	16	16	16	16
北海道	札幌明清1	札幌明清2	札幌明清3	札幌明清4	札幌明清5	札幌明清6	札幌明清7	文教大札幌明清8	文教大明清9	文教大明清10	文教大明清11	文教大明清12	文教大明清13
青森													
岩手													
秋田													
山形													
宮城	聖和学園1	石巻市立女子商1 聖和学園2	石巻市立女子商2 聖和学園3	石巻市立女子商3 聖和学園4	石巻市立女子商4 聖和学園5	石巻市立女子商5 聖和学園6	常盤木学園1 聖和学園7	常盤木学園2 聖和学園8	常盤木学園3 聖和学園9	常盤木学園4 聖和学園10	常盤木学園5 聖和学園11	常盤木学園6 聖和学園12	常盤木学園7 聖和学園13
福島													
東京									東経短大村田女子1		東経短大村田女子2	東経短大村田女子3 十文字1	
千葉													
茨城													
群馬				高崎商科短大附1									
栃木								宇都宮文星女子1			宇都宮文星女子2		
埼玉	入間向陽1 埼玉1 本庄第一1 埼玉栄1	松山女子1 埼玉2 本庄第一2	埼玉3 松山女子2 本庄第一3	埼玉4 埼玉栄2	埼玉5 埼玉栄3 本庄第一4	埼玉6 本庄第一5	埼玉栄4 本庄第一6 埼玉7	埼玉栄5	本庄第一7	本庄第一8 埼玉平成8	本庄第一9	埼玉栄6	埼玉栄7 埼玉平成9
神奈川						湘南女子1		湘南女子2	湘南学院3	湘南学院4		横浜国際翠陵1	横浜国際翠陵2
山梨													
静岡	桐陽1	清水南1	桐陽2	桐陽3 榛原1	桐陽4 榛原2	桐陽5	藤枝西1 榛原3	藤枝西2 沼津西1	藤枝西3 吉原1	藤枝西4 吉原2	藤枝西5 吉原3	桐陽6 吉原4	吉原5 藤枝順心1 桐陽7
愛知	春日井商1	春日井商2	春日井商3										
岐阜													
三重						四日市西1							
新潟													
長野													
富山	呉羽1	呉羽2	呉羽3	呉羽4	呉羽5	呉羽6	呉羽7	呉羽8	高岡商1	高岡商2	高岡商3	高岡商4	
福井													福井工大福井1
石川													
大阪													
和歌山											田辺商1		
奈良	登美ヶ丘1								登美ヶ丘2				
滋賀													
京都	西山1	京都橘女子1 西山2	西山3	西山4	京都橘女子2 西山5	京都橘女子3	京都橘女子4 西山6	京都橘女子5	京都橘6	京都橘7			
兵庫	啓明女学院1 塩原女子1	啓明女学院2	日ノ本学園1 啓明女学院3	須磨1 啓明女学院4	啓明女学院5	啓明女学院6 塩原女子2	啓明女学院7	啓明女学院8 日ノ本学園2	啓明女学院9	啓明女学院10 日ノ本学園3	日ノ本学園4 啓明女学院11	日ノ本学園5 啓明女学院12	日ノ本学園6 啓明女学院13
岡山								総社1	総社2				総社3
鳥取													
島根													
山口													
広島	廿日市1	広島皆実1	広島皆実2	広島皆実3	廿日市2	廿日市3	広島皆実4			広島皆実5	広島皆実6	山陽女子1	
愛媛	宇和島南1	宇和島南2	宇和島南3	済美1	宇和島南4	宇和島南5	済美2	済美3	宇和島南6	済美4	宇和島南7	宇和島南8	宇和島南9
香川													
高知													
徳島													
福岡							不知火女子1						豊国学園1
大分													
長崎													
佐賀													
熊本	大津1	大津2	大津3		大津4								
宮崎													
鹿児島		鹿屋女子1	神村学園1	神村学園2 鹿児島女子1	神村学園3	神村学園4	神村学園5	神村学園6 鳳凰1	神村学園7 鳳凰2	神村学園8 鳳凰3	神村学園9 鳳凰4	神村学園10 鳳凰5	神村学園11
沖縄						那覇西1							
校名変更および備考	第1回から10回まで会場は神戸							文教大札幌明清←札幌明清	文教大明清←文教大札幌明清 湘南学院←湘南女子 京都橘←京都橘女子	埼玉平成←埼玉	会場は磐田に	グループリーグと決勝トーナメントの形式に 会場は越谷・妻沼に	会場は磐田に

回数	14	15	16	17	18	19	20	21	22	23	24	25	26
年	17年	18年	19年	20年	21年	22年	23年	24年度	25年度	26年度	27年度	28年度	29年度
優勝校	**神村学園2**	**藤枝順心1**	**鳳　凰2**	**常盤木学園2**	**常盤木学園3**	**日ノ本学園1**	**常盤木学園4**	**常盤木学園5**	**日ノ本学園2**	**日ノ本学園3**	**藤枝順心2**	**十文字1**	**藤枝順心3**
準優勝	**常盤木学園3**	**常盤木学園4**	**神村学園3**	**鳳　凰1**	**神村学園4**	**常盤木学園5**	**大阪桐蔭1**	**神村学園5**	**藤枝順心1**	**常盤木学園6**	**神村学園6**	**大商学園1**	**作　陽1**
三　位	**桐　陽1** **鳳　凰2**	**鳳　凰3** **湘南学院1**	**聖和学園7** **常盤木学園1**	**十文字1** **日ノ本学園2**	**十文字2** **日本航空1**	**日本航空2** **神村学園2**	**十文字3** **修　徳1**	**日ノ本学園3** **京都精華女子1**	**常盤木学園2** **神村学園3**	**村田女子2** **藤枝順心1**	**大商学園1** **修　徳2**	**神村学園4** **修　徳3**	**福井工大福井1** **大商学園2**
参加校	24	24	24	32	32	32	32	32	32	32	32	32	32
北海道	文教大明清14 室蘭大谷1	文教大明清15 室蘭大谷2	文教大明清16	文教大明清17 室蘭大谷3	文教大明清18 室蘭大谷4	文教大明清19 室蘭大谷5	文教大明清20 室蘭大谷6	文教大明清21 大谷室蘭7	文教大明清22 大谷室蘭8	文教大明清23 大谷室蘭9	文教大明清24 大谷室蘭10	文教大明清25 大谷室蘭11	文教大明清26 大谷室蘭12
青　森						千葉学園1	千葉学園2	千葉学園3					
岩　手												専大北上1	専大北上2
秋　田											明　桜1		
山　形	山形西1	山形西2						山形城北1					
宮　城	常盤木学園8 聖和学園14	常盤木学園9 聖和学園15	常盤木学園10 聖和学園16	常盤木学園11 聖和学園17 東　北1	常盤木学園12 聖和学園18 東　北2	常盤木学園13 聖和学園19	常盤木学園14 聖和学園20 明　成1	常盤木学園15 聖和学園21 明　成2	常盤木学園16 聖和学園22 仙台育英1 東　北3	常盤木学園17 聖和学園23	常盤木学園18 聖和学園24	常盤木学園19 聖和学園25	常盤木学園20 聖和学園26
福　島			富　岡1	富　岡2	富　岡3	富　岡4				富　岡5			
東　京	十文字2	村田女子4	飛　鳥1 十文字3 村田女子5	飛　鳥2 十文字4 晴海総合1	村田女子6 十文字5 成立学園1	修　徳1 十文字6 村田女子7 成立学園2	修　徳2 十文字7 村田女子8 成立学園3 晴海総合2	村田女子9 十文字8 修　徳3	飛　鳥3 十文字9 修　徳4	修　徳5 村田女子10	修　徳6 十文字10	修　徳7 十文字11	修　徳8 十文字12
千　葉		成田北1				幕張総合1		幕張総合2			幕張総合3		
茨　城													
群　馬								健大高崎1		前橋育英1	健大高崎2 前橋育英2	前橋育英3	前橋育英4
栃　木					宇都宮文星女子3	宇都宮文星女子4	宇都宮文星女子5						
埼　玉	埼玉栄8 埼玉平成10	埼玉栄9 埼玉平成11 本庄第一10	埼玉栄10 埼玉平成12	本庄第一11 埼玉平成13	本庄第一12			久　喜1	本庄第一13			花咲徳栄1	花咲徳栄2
神奈川	湘南学院5	湘南学院6	湘南学院7	湘南学院8	湘南学院9			湘南学院10	湘南学院11	湘南学院12 星槎国際湘南1	湘南学院13 星槎国際湘南2	湘南学院14 星槎国際湘南3	星槎国際湘南4
山　梨			日本航空1	日本航空2	日本航空3	日本航空4	日本航空5		日本航空6	日本航空7		日本航空8	帝京第三1 日本航空9
静　岡	清水南2 藤枝順心2 桐　陽8	吉　原6 藤枝順心3 桐　陽9	藤枝順心4 桐　陽10 常葉橘1	藤枝順心5 藤枝西6 常葉橘2 桐　陽11	藤枝順心6 磐田東1 常葉橘3	藤枝順心7 磐田東2 常葉橘4	藤枝順心8 磐田東3 常葉橘5	藤枝順心9 磐田東4 常葉橘6	藤枝順心10 常葉橘7	藤枝順心11 常葉橘8	藤枝順心12 常葉橘9	藤枝順心13 磐田東5	藤枝順心14 常葉大橘10
愛　知					聖カピタニオ女子1	聖カピタニオ女子2	聖カピタニオ女子3	聖カピタニオ女子4	聖カピタニオ女子5 椙山女学園1			聖カピタニオ女子6	聖カピタニオ女子7
岐　阜													
三　重										三　重1	三　重2		
新　潟									開志学園JSC1	開志学園JSC2	開志学園JSC3	開志学園JSC4	開志学園JSC5
長　野								大町北1		松商学園1	松商学園2		松商学園3
富　山	高岡商5			高岡商6	高　岡1	高岡商7	富山国際大付1					高岡商8	
福　井	福井工大福井2	福井工大福井3	福井工大福井4	福井工大福井5	福井工大福井6	福井工大福井7	福井工大福井8	福井工大福井9	福井工大福井10	福井工大福井11	福井工大福井12	福井工大福井13	福井工大福井14
石　川									星　稜1				
大　阪			大阪桐蔭1	大商学園1	大商学園2	大阪桐蔭2 大商学園3	大阪桐蔭3 大商学園4	大阪桐蔭4 大商学園5	大阪桐蔭5 大商学園6	大阪桐蔭6 大商学園7	大阪桐蔭7 大商学園8	大阪桐蔭8 大商学園9	大阪学芸1 大商学園10
和歌山													
奈　良													
滋　賀				八幡商1									
京　都	京都橘8				京都精華女子1			京都精華女子2		京都精華女子3	京都精華女子4		
兵　庫	日ノ本学園7 啓明学院14	日ノ本学園8 啓明学院15	日ノ本学園9	日ノ本学園10	日ノ本学園11	日ノ本学園12	日ノ本学園13	日ノ本学園14	日ノ本学園15	日ノ本学園16 神戸第一1	日ノ本学園17 神戸弘陵1	日ノ本学園18 北須磨1 神戸弘陵2	日ノ本学園19 六甲アイランド1 神戸弘陵3
岡　山				作　陽1	作　陽2	総　社4 作　陽3	作　陽4	作　陽5	作　陽6	作　陽7 高梁日新1	作　陽8 高梁日新2	作　陽9	作　陽10
鳥　取													
島　根	松江商1						松江商2	松江商3					
山　口													
広　島	山陽女学園2	広島文教女子1 山陽女学園3	広島文教女子2 山陽女学園4	広島文教女子3 山陽女学園5	広島文教女子4 山陽女学園6	広島文教女子5	広島文教女子6	広島文教女子7	広島文教女子8 山陽女学園7	広島文教女子9	広島文教女子10	広島文教女子11 山　陽1	広島文教女子12 山　陽2
愛　媛	済　美5	済　美6	済　美7	宇和島南中等10 済　美8	宇和島南中等11	宇和島南中等12 松山東雲1	宇和島南中等13 松山東雲2	松山東雲3	松山東雲4	松山東雲5			
香　川									津　田1	津　田2	津　田3	四学大香川西1	四学大香川西2
高　知													
徳　島	城　東1	城　東2	城　東3	城　東4	徳島市立1 鳴　門1	鳴　門2	鳴　門3	鳴門渦潮1	鳴門渦潮2	鳴門渦潮3	鳴門渦潮4	鳴門渦潮5	鳴門渦潮6
福　岡	豊国学園2	豊国学園3	豊国学園4	豊国学園5	豊国学園6						東海大第五1	福岡女学院1	東海大福岡2
大　分								柳ヶ浦1	柳ヶ浦2	柳ヶ浦3		柳ヶ浦4	
長　崎				鎮西学院1	鎮西学院2	鎮西学院3 島原商1	鎮西学院4	鎮西学院5	鎮西学院6	鎮西学院7	鎮西学院8	島原商2	
佐　賀													
熊　本													秀岳館1
宮　崎									宮崎日大1	宮崎日大2			
鹿児島	神村学園12 鳳　凰6	神村学園13 鳳　凰7	神村学園14 鳳　凰8	神村学園15 鳳　凰9	神村学園16 鳳　凰10	神村学園17 鳳　凰11	神村学園18 鳳　凰12	神村学園19	神村学園20	神村学園21	神村学園22 鳳　凰13	神村学園23	神村学園24 鳳　凰14
沖　縄							美　里1						
校名変更および備考	参加校が24校に 啓明学院←啓明女学院 山陽女学園←山陽女子		村田女子←東経短大村田女子	参加校が32校に トーナメント方式に 宇和島南中等←宇和島南						会場は神戸に			東海大福岡←東海大第五 常葉大橘←常葉橘

27	28	29	30	31	32	33	34	35	36	37	38	39	40
30年度	令和元年度	2年度	3年度	4年度									
星槎国際湘南1	**藤枝順心4**	**藤枝順心5**	**神村学園3**	**藤枝順心6**									
常盤木学園7	**神村学園7**	**作　陽2**	**日ノ本学園1**	**十文字1**									
東海大福岡1 **十文字4**	**修　徳4** **大阪学芸1**	**帝京長岡1** **大商学園3**	**常盤木学園3** **藤枝順心2**	**作　陽1** **日ノ本学園4**									
32	32	32	32	32									
文教大明清27 大谷室蘭13	文教大明清28 大谷室蘭14	文教大明清29 大谷室蘭15	北海道文教大附30 大谷室蘭16	大谷室蘭17 旭川実1									
専大北上3	専大北上4	専大北上5	専大北上6										
常盤木学園21 聖和学園27	常盤木学園22 聖和学園28	常盤木学園23 聖和学園29	常盤木学園24 聖和学園30	常盤木学園25 聖和学園31									
				尚　志1									
修　徳9 十文字13	修　徳10 十文字14	修　徳11	修　徳12	十文字15 修　徳13									
		暁星国際1	暁星国際2	暁星国際3									
鹿島学園1		鹿島学園2	鹿島学園3	霞ヶ浦1									
前橋育英5	健大高崎3 前橋育英6	前橋育英7	前橋育英8	前橋育英9									
	宇都宮文星女子6	宇都宮文星女子7											
花咲徳栄3													
星槎国際湘南5	星槎国際湘南6	湘南学院15 星槎国際湘南7	星槎国際湘南8	星槎国際湘南9									
日本航空10	日本航空11		日本航空12 帝京第三2	日本航空13									
藤枝順心15 磐田東6	藤枝順心16 常葉大橘11	藤枝順心17 常葉大橘12	藤枝順心18 常葉大橘13	藤枝順心19 常葉大橘14									
聖カピタニオ女子8	聖カピタニオ女子9		聖カピタニオ女子10	聖カピタニオ女子11									
		神村学園伊賀1											
開志学園JSC6 帝京長岡1	開志学園JSC7 帝京長岡2	開志学園JSC8 帝京長岡3	開志学園JSC9 帝京長岡4	開志学園JSC10 帝京長岡5									
				佐久長聖1									
福井工大福井15	福井工大福井16	福井工大福井17	福井工大福井18										
大商学園11	大阪学芸2 大商学園12	大阪桐蔭9 大商学園13	大阪学芸3 追手門学院1	大阪学芸4 追手門学院2									
京都精華学園5	京都精華学園6		京都精華学園7	京都精華学園8									
日ノ本学園20 播　磨1 神戸弘陵4	日ノ本学園21 神戸弘陵5	日ノ本学園22 姫路女学院2 神戸弘陵6	日ノ本学園23 姫路女学院3	日ノ本学園24 姫路女学院4									
作　陽11	作　陽12	作　陽13	作　陽14	作　陽15									
		鳥取城北1											
松江商4													
				高川学園1									
広島文教女子13	AICJ1 広島文教大附14	AICJ2	AICJ3 広島文教大附15	AICJ4									
四学大香川西3	四学大香川西4	四学大香川西5	四学大香川西6	四学大香川西7									
鳴門渦潮7	鳴門渦潮8	鳴門渦潮9	鳴門渦潮10	鳴門渦潮11									
筑陽学園1 東海大福岡3	東海大福岡4	東海大福岡5	東海大福岡6 筑陽学園2	東海大福岡7									
		柳ヶ浦5	柳ヶ浦6	柳ヶ浦7									
	鎮西学院9			鎮西学院10									
秀岳館2	秀岳館3	秀岳館4											
神村学園25	神村学園26	神村学園27	神村学園28	神村学園29									
京都精華学園←京都精華女子	元号が「令和」に 広島文教大附←広島文教女子	姫路女学院←播磨	北海道文教大附←文教大明清										

全国高校サッカー選手権大会 歴代記録

優勝回数

	校名	県名	回数
1	御影師範	兵庫	11
2	帝京	東京	6
	国見	長崎	6
4	神戸一中(神戸)	兵庫	5
	市立船橋	千葉	5

出場回数

	校名	県名	回数
1	秋田商	秋田	46
2	徳島商	徳島	40
3	仙台育英	宮城	36
4	帝京	東京	34
	韮崎	山梨	34
	四日市中央工	三重	34

勝利数

	校名	県名	回数
1	帝京	東京	78
2	国見	長崎	68
3	四日市中央工	三重	60
4	市立船橋	千葉	59
5	青森山田	青森	56

連続出場

	校名	県名	回数
1	青森山田	青森	26
	期間 1997年度～(継続中)		
2	国見	長崎	21
	期間 1986～2006年度		
3	星稜	石川	17
	期間 1999～2015年度		
4	丸岡	福井	15
	期間 1992～2006年度		
	高川学園(多々良学園)	山口	15
	期間 1993～2007年度		

※昭和21年度(1946年度)の第25回大会は臨時大会のため数えず

連続優勝

	校名	県名	回数
1	御影師範	兵庫	7
	期間 1918～1924年		
2	御影師範	兵庫	2
	期間 1931、1932年		
	浦和	埼玉	2
	期間 1955、1956年		
	浦和市立(市立浦和)	埼玉	2
	期間 1960、1961年		
	藤枝東	静岡	2
	期間 1963、1964年		
	浦和南	埼玉	2
	期間 1975、1976年度		
	帝京	東京	2
	期間 1983、1984年度		
	東福岡	福岡	2
	期間 1997、1998年度		
	国見	長崎	2
	期間 2000、2001年度		

連続ベスト4

	校名	県名	回数
1	御影師範	兵庫	9
	期間 1918～1926年		
2	韮崎	山梨	5
	期間 1979～1983年度		
	国見	長崎	5
	期間 1989～1993年度		
	国見	長崎	5
	期間 2000～2004年度		
5	姫路師範	兵庫	4
	期間 1918～1921年		
	神戸一中	兵庫	4
	期間 1922～1925年		
	星稜	石川	4
	期間 2012～2015年度		
	青森山田	青森	4
	期間 2018～2021年度		

連続初戦突破

	校名	県名	回数
1	国見	長崎	20
	期間 1986～2005年度		
2	明星	大阪	10
	期間 1958年～1966年 1966年度		
3	御影師範	兵庫	9
	期間 1918～1926年		
	韮崎	山梨	9
	期間 1975～1983年度		
5	神戸一中(神戸)	兵庫	8
	期間 1918～1925年		
	青森山田	青森	8
	期間 2015年度～(継続中)		

全日本高校女子サッカー選手権大会 歴代記録

優勝回数

	校名	県名	回数
1	藤枝順心	静岡	6
2	常盤木学園	宮城	5
3	聖和学園	宮城	3
	日ノ本学園	兵庫	3
	神村学園	鹿児島	3

出場回数

	校名	県名	回数
1	聖和学園	宮城	31
2	北海道文教大附(札幌明清～)	北海道	30
3	神村学園	鹿児島	29
4	常盤木学園	宮城	25
5	日ノ本学園	兵庫	24

勝利数

	校名	県名	回数
1	常盤木学園	宮城	73
2	神村学園	鹿児島	71
3	藤枝順心	静岡	57
4	日ノ本学園	兵庫	52
5	聖和学園	宮城	49

連続出場

	校名	県名	回数
1	聖和学園	宮城	31
	期間 1992年度～(継続中)		
2	北海道文教大附(札幌明清～)	北海道	30
	期間 1992～2021年度		
3	神村学園	鹿児島	29
	期間 1994年度～(継続中)		
4	常盤木学園	宮城	25
	期間 1998年度～(継続中)		
5	日ノ本学園	兵庫	22
	期間 2001年度～(継続中)		

連続ベスト4

	校名	県名	回数
1	常盤木学園	宮城	13
	期間 2002～2014年度		
2	聖和学園	宮城	7
	期間 1998～2004年度		
3	啓明学院(啓明女学院)	兵庫	6
	期間 1993～1998年度		
4	埼玉平成(埼玉)	埼玉	5
	期間 1994～1998年度		
5	鳳凰	鹿児島	4
	期間 2005～2008年度		
	藤枝順心	静岡	4
	期間 2019年度～(継続中)		

連続初戦突破

	校名	県名	回数
1	聖和学園	宮城	23
	期間 1992～2014年度		
2	神村学園	鹿児島	19
	期間 1995～2013年度		
3	常盤木学園	宮城	16
	期間 2001～2016年度		
4	日ノ本学園	兵庫	14
	期間 2001～2014年度		
	藤枝順心	静岡	14
	期間 2004～2017年度		

国民体育大会(少年男子の部) 歴代記録 U-18時代(※第25～60回)

優勝回数

	都道府県名	回数
1	静岡県	19
2	千葉県	6
3	埼玉県	3
	東京都	3
	長崎県 ※国見単独チーム含む	3

出場回数

	都道府県名	回数
1	北海道 ※室蘭大谷単独チーム含む	36
	静岡県	36
	長崎県 ※国見単独チーム含む	36
4	大阪府	34
	広島県	34

勝利数

	都道府県名	回数
1	静岡県	141
2	東京都	79
3	埼玉県	76
	千葉県	76
5	長崎県 ※国見単独チーム含む	53

連続出場

	都道府県名	回数
1	北海道 ※室蘭大谷単独チーム含む	36
	期間 1970～2005年	
	静岡県	36
	期間 1970～2005年	
	長崎県 ※国見単独チーム含む	36
	期間 1970～2005年	
4	大阪府	31
	期間 1970～2000年	
5	埼玉県	21
	期間 1970～1990年	
	岩手県	21
	期間 1979～1999年	

連続優勝

	都道府県名	回数
1	静岡県	4
	期間 1991～1994年	
2	静岡県	3
	期間 1975～1977年	
3	静岡県	2
	期間 1970、1971年	
	東京都	2
	期間 1978、1979年	
	静岡県	2
	期間 1987、1988年	
	静岡県	2
	期間 1996、1997年	
	千葉県	2
	期間 1998、1999年	

※昭和48年(1973年)の特別大会は記録に数えず

連続ベスト4

	都道府県名	回数
1	静岡県	9
	期間 1970～1978年	
2	静岡県	8
	期間 1990～1997年	
3	静岡県	6
	期間 1999～2004年	
4	東京都	4
	期間 1973～1976年	
	静岡県	4
	期間 1982～1985年	

連続初戦突破

	都道府県名	回数
1	東京都	12
	期間 1973～1984年	
2	静岡県	11
	期間 1987～1997年	
3	埼玉県	9
	期間 1970～1978年	
	静岡県	9
	期間 1970～1978年	
5	福岡県	8
	期間 1993～2000年	

全国高校総体（男子）歴代記録

優勝回数

	校名	県名	回数
1	市立船橋	千葉	9
2	国見	長崎	5
3	清水東	静岡	4
	清水商	静岡	4
5	帝京	東京	3
	東福岡	福岡	3

出場回数

	校名	県名	回数
1	秋田商	秋田	34
	高松商	香川	34
3	帝京	東京	33
	丸岡	福井	33
5	韮崎	山梨	30
	星稜	石川	30
	四日市中央工	三重	30

勝利数

	校名	県名	回数
1	市立船橋	千葉	90
2	帝京	東京	81
3	韮崎	山梨	58
	国見	長崎	58
5	清水商	静岡	48

連続出場

	校名	県名	回数
1	青森山田	青森	22
	期間	2000年度～（継続中）	
2	米子北	鳥取	14
	期間	2008年度～（継続中）	
3	武南	埼玉	12
	期間	1983～1994年度	
	丸岡	福井	12
	期間	2002～2013年度	
	尚志	福島	12
	期間	2010年度～（継続中）	

連続優勝

	校名	県名	回数
1	清水東	静岡	2
	期間	1980、1981年度	
	四日市中央工	三重	2
	期間	1983、1984年度	
	市立船橋	千葉	2
	期間	1987、1988年度	
	清水商	静岡	2
	期間	1989、1990年度	
	国見	長崎	2
	期間	2003、2004年度	
	市立船橋	千葉	2
	期間	2007、2008年度	
	東福岡	福岡	2
	期間	2014、2015年度	

連続ベスト4

	校名	県名	回数
1	児玉	埼玉	4
	期間	1972～1975年度	
2	水戸商	茨城	3
	期間	1978～1980年度	
	市立船橋	千葉	3
	期間	1997～1999年度	
	国見	長崎	3
	期間	2002～2004年度	
	市立船橋	千葉	3
	期間	2015～2017年度	

連続初戦突破

	校名	県名	回数
1	帝京	東京	11
	期間	1993年～2003年度	
2	青森山田	青森	10
	期間	2000年～2009年度	
3	韮崎	山梨	8
	期間	1971～1978年度	
	市立船橋	千葉	8
	期間	1994～2001年度	
	国見	長崎	8
	期間	1997～2004年度	
	立正大淞南	島根	8
	期間	2008～2015年度	

全国高校総体（女子）歴代記録

優勝回数

	校名	県名	回数
1	日ノ本学園	兵庫	5

出場回数

	校名	県名	回数
1	藤枝順心	静岡	10
	日ノ本学園	兵庫	10
3	作陽	岡山	8
	常盤木学園	宮城	8
	神村学園	鹿児島	8

連続出場

	校名	県名	回数
1	藤枝順心	静岡	10
	期間	2012年度～（継続中）	
	日ノ本学園	兵庫	10
	期間	2012年度～（継続中）	
3	作陽	岡山	8
	期間	2013～2021年度	
4	前橋育英	群馬	6
	期間	2015～2021年度	
5	聖カピタニオ女子	愛知	4
	期間	2015～2018年度	
	十文字	東京	4
	期間	2018年度～（継続中）	
	神村学園	鹿児島	4
	期間	2018年度～（継続中）	

勝利数

	校名	県名	回数
1	日ノ本学園	兵庫	30
2	藤枝順心	静岡	15
3	作陽	岡山	13
4	常盤木学園	宮城	11
5	十文字	東京	10

連続優勝

	校名	県名	回数
1	日ノ本学園	兵庫	4
	期間	2012～2015年度	

連続ベスト4

	校名	県名	回数
1	日ノ本学園	兵庫	8
	期間	2012～2019年度	
2	藤枝順心	静岡	3
	期間	2016～2018年度	
3	作陽	岡山	2
	期間	2013、2014年度	
	作陽	岡山	2
	期間	2016、2017年度	

連続初戦突破

	校名	県名	回数
1	日ノ本学園	兵庫	10
	期間	2012年度～（継続中）	
2	作陽	岡山	6
	期間	2013～2018年度	
3	常盤木学園	宮城	3
	期間	2012～2014年度	
	常盤木学園	宮城	3
	期間	2016～2018年度	
	前橋育英	群馬	3
	期間	2016～2018年度	
	藤枝順心	静岡	3
	期間	2016～2018年度	
	神村学園	鹿児島	3
	期間	2018～2021年度	

国民体育大会（少年男子の部）歴代記録 U-16時代（※第61回以降）

優勝回数

	都道府県名	回数
1	神奈川県	6
2	東京都	3
3	千葉県	2
	静岡県	2
5	沖縄県	1
	兵庫県	1
	福岡県	1
	広島県	1
	埼玉県	1

出場回数

	都道府県名	回数
1	北海道	15
	静岡県	15
3	京都府	14
	大阪府	14
	広島県	14

勝利数

	都道府県名	回数
1	神奈川県	35
2	大阪府	34
3	東京都	22
4	静岡県	21
	兵庫県	21

連続出場

	都道府県名	回数
1	北海道	15
	期間 2006年～（継続中）	
	静岡県	15
	期間 2006年～（継続中）	
3	大阪府	13
	期間 2008年～（継続中）	
4	新潟県	12
	期間 2007～2018年	
5	埼玉県	9
	期間 2006～2014年	
	京都府	9
	期間 2006～2014年	

連続優勝

	都道府県名	回数
1	神奈川県	2
	期間 2008、2009年	
	神奈川県	2
	期間 2014、2015年	

連続ベスト4

	都道府県名	回数
1	大阪府	6
	期間 2008～2013年	
2	神奈川県	4
	期間 2007～2010年	
	神奈川県	4
	期間 2014～2017年	
4	京都府	3
	期間 2007～2009年	
	兵庫県	3
	期間 2008～2010年	

連続初戦突破

	都道府県名	回数
1	大阪府	13
	期間 2008年～（継続中）	
2	神奈川県	5
	期間 2006～2010年	
	兵庫県	5
	期間 2006～2010年	
	神奈川県	5
	期間 2013～2017年	
5	静岡県	4
	期間 2009～2012年	
	東京都	4
	期間 2010～2013年	

高円宮杯

高円宮杯 JFA U-18 サッカープレミアリーグ 2022

高円宮杯 JFA U-18 サッカープレミアリーグ 2022 プレーオフ

チーム	1回戦	2回戦	勝者
愛媛FC U-18	1		
V・ファーレン長崎U-18	0	0	
市立船橋高校		2	市立船橋高校
日本文理高校	0		
京都サンガF.C.U-18	1	0 PK 4	
旭川実業高校		0 PK 5	旭川実業高校
浜松開誠館高校	2	0	
札幌大谷高校	1		
昌平高校		2	昌平高校
尚志高校	2	2	尚志高校
岡山学芸館高校	0		
帝京長岡高校		1	
興國高校	1 (Ex)		
帝京高校	2 (Ex)	1	
米子北高校		2	米子北高校
神村学園高等部	4	2	神村学園高等部
ツエーゲン金沢U-18	3		
セレッソ大阪U-18		1	

EAST

チーム名	フロンターレ	マリノス	アルディージャ	青森山田	FC 東京	前橋育英	横浜 FC	流経大柏	レイソル	市立船橋	JFA アカデミー	桐生第一	勝点	得点	失点	得失点差	順位
川崎フロンターレU-18		3○1 4△4	1△1 1○0	1●2 2○1	1○0 3○1	1○0 1○0	2○0 8○0	2○1 0●1	5○1 5○1	3○1 1△1	0●1 1△1	4○0 2△2	47	51	20	+31	1
横浜F・マリノスユース	4△4 1●3		3○2 2△2	0●2 2○0	2△2 4○1	5○4 2○0	3○1 3○2	2●3 4○1	1●2 2○1	7○0 2●5	2●3 3○1	3△3 7○0	40	64	42	+22	2
大宮アルディージャ U18	0●1 1△1	2△2 2●3		0●1 2○0	1○0 2○1	2○0 1●2	2△2 2○1	2○0 2○0	1○0 2○1	2●3 1●2	3○1 2○1	0●1 3○1	39	35	24	+11	3
青森山田高校	1●2 2○1	0●2 2○0	0●2 1○0		1○0 1●2	1○0 2●3	0●1 1△1	1○0 1△1	3△3 3○2	3○0 2○0	0●1 1○0	2○0 1●2	36	29	23	+6	4
FC東京U-18	1●3 0●1	1●4 2△2	1●2 0●1	2○1 0●1		4○3 1△1	4○2 3○1	2○1 2○1	2○1 2●3	1○0 2○0	4○1 0●1	5○3 2●3	35	41	36	+5	5
前橋育英高校	0●1 0●1	0●2 4●5	2○1 0●2	3○2 0●1	1△1 3●4		0●1 1△1	1○0 0●1	1△1 2△2	5○1 1△1	4○2 3○2	6○1 5○1	29	42	34	+8	6
横浜FCユース	0●8 0●2	2●3 1●3	1●2 2△2	1△1 1○0	1●3 2●4	1△1 1○0		1△1 0△0	3○1 2○0	0●1 0●2	5○0 2○0	3△3 6○3	27	35	40	–5	7
流通経済大学付属柏高校	1○0 1●2	1●4 3○2	0●2 0●2	1△1 0●1	1●2 1●2	1○0 0●1	0△0 1△1		1●2 1○0	0△0 0△0	0△0 2○1	1○0 1○0	27	17	23	–6	8
柏レイソルU-18	1●5 1●5	1●2 2○1	1●2 0●1	2●3 3△3	3○2 1●2	2△2 1△1	0●2 1●3	0●1 2○1		1○0 1△1	3○1 0●1	5○1 2○0	25	33	40	–7	9
市立船橋高校	1△1 1●3	5○2 0●7	2○1 3○2	0●2 0●3	0●2 0●1	1△1 1●5	2○0 1○0	0△0 0△0	1△1 0●1		2○1 2●4	0△0 0△0	25	22	37	–15	10
JFAアカデミー福島U-18	1△1 1○0	1●3 3○2	1●2 1●3	0●1 1○0	1○0 1●4	2●3 2●4	0●2 0●5	1●2 0△0	1○0 1●3	4○2 1●2		2△2 1●2	21	26	43	–17	11
桐生第一高校	2△2 0●4	0●7 3△3	1●3 1○0	2○1 0●2	3○2 3●5	1●5 1●6	3●6 3△3	0●1 0●1	0●2 1●5	0△0 0△0	2○1 2△2		18	28	61	–33	12

WEST

チーム名	サガン	ヴィッセル	ジュビロ	静岡学園	グランパス	大津	サンフレッチェ	履正社	東福岡	セレッソ	エスパルス	ガンバ	勝点	得点	失点	得失点差	順位
サガン鳥栖U-18		3△3 3○0	4○0 2○1	4○0 0●2	2●3 1●2	3○0 2△2	2○1 4○1	3○0 2○1	3○0 1○0	1△1 1●3	2○0 3△3	5○1 3●4	43	54	28	+26	1
ヴィッセル神戸U-18	0●3 3△3		5○0 1●3	1○0 3○1	1●2 2○0	1●2 2△2	3○1 3△3	3○0 1△1	2○0 5○0	3○1 2●5	2○0 3○1	1○0 4○0	43	51	28	+23	2
ジュビロ磐田U-18	1●2 0●4	3○1 0●5		2○1 2△2	1●4 4○3	2●4 4○3	1●2 3○1	1●4 2○1	1△1 1○0	4○0 2●3	2○1 3△3	9○1 3○1	36	51	47	+4	3
静岡学園高校	2○0 0●4	1●3 0●1	2△2 1●2		1△1 1●3	2△2 4○0	1△1 3○1	3○2 3○2	6○3 1△1	4△4 3○1	1△1 1○0	3○0 1●2	34	44	36	+8	4
名古屋グランパスU-18	2○1 3○2	0●2 2○1	3●4 4○1	3○1 1△1		2●3 1○0	1△1 1●4	3○0 0●3	0●1 1○0	2○1 3○2	1△1 1●3	1△1 0●1	34	35	34	+1	5
大津高校	2△2 0●3	2△2 2○1	3●4 4○2	0●4 2△2	0●1 3○2		1△1 1●2	2△2 1●3	2○0 0●1	2○1 1○0	2○1 0●4	2○1 2○1	32	34	40	–6	6
サンフレッチェ広島F.Cユース	1●4 1●2	3△3 1●3	1●3 2○1	1●3 1△1	4○1 1△1	2○1 1△1		2○1 1●2	4○0 2○1	2△2 2○1	1△1 1●2	1○0 0△0	31	35	34	+1	7
履正社高校	1●2 0●3	1△1 0●3	1●2 4○1	2●3 2●3	3○0 0●3	3○1 2△2	2○1 1●2		1○0 1●2	2△2 3○2	2△2 4●5	4○1 5○2	28	44	43	+1	8
東福岡高校	0●1 0●3	0●5 0●2	0●1 1△1	1△1 3●6	0●1 1○0	1○0 0●2	1●2 0●4	2○1 0●1		0●7 2○1	2○1 3○2	1○0 2△2	24	20	44	–24	9
セレッソ大阪U-18	3○1 1△1	5○2 1●3	3○2 0●4	1●3 4△4	2●3 1●2	0●1 1●2	1●2 2△2	2●3 2△2	1●2 7○0		7○1 4○1	0●3 3●5	22	51	49	+2	10
清水エスパルスユース	3△3 0●2	1●3 0●2	3△3 1●2	0●1 1△1	3○1 1△1	4○0 1●2	2○1 1△1	5○4 2△2	2●3 1●2	1●4 1●7		2△2 3△3	20	38	50	–12	11
ガンバ大阪ユース	4○3 1●5	0●4 0●1	1●3 1●9	2○1 0●3	1○0 1△1	1●2 1●2	0△0 0●1	2●5 1●4	2△2 0●1	5○3 3○0	3△3 2△2		20	31	55	–24	12

北海道大会

6月14日～17日
於・網走スポーツ・トレーニングフィールド
（北海道大会は、総体の北海道予選決勝トーナメントを兼ねています。トーナメント表は170ページを参照ください）

決勝

6月17日（金） 網走スポーツ・トレーニングフィールド ラグビー場（曇）
（主）籾山智哉　（副）諏訪将太、岩本駿士

旭川実（旭川） **3**（1-1、1-1、0-0、1-0）**2** **札幌光星**（札幌）★

得	S	学		背		背		学	S	得
0	0	③	石川	1	GK	12	米田	①	0	0
0	0	③	鎌田	15	DF	15	森山	③	0	0
0	0	❸	酒井	7		24	（片岡）	①	1	0
0	1	③	（田中（翔））	21		18	横山	②	0	0
0	0	②	岡本	3		17	杉山	②	0	0
0	2	③	辻本	22		13	小渕	③	0	0
0	4	③	（久保）	19						
0	0	③	樫山	10	MF	7	竹内	②	0	0
0	0	③	（板垣）	8		6	（合坂）	③	1	0
0	5	③	五十嵐	5		23	甲田	①	0	0
0	2	③	鈴木	13		22	伊藤（瑠）	②	0	0
0	0	③	尾池	24		2	（伊藤（恒））	③	0	0
						20	青木	❷	2	1
1	2	③	大澤	9	FW	19	戸田	③	1	0
1	2	③	（田中（裕））	20		21	（守村）	①	0	0
1	1	③	須見	16		16	石田	③	2	0
						10	（佐藤）	③	1	1
3	19			3	GK	7			8	2
				4	CK	1				
				10	FK	6				
				0	PK	0				

【得点経過】
前半15分〔札〕×**青木S**
〃 25分〔旭〕鈴木→**須見S**
後半10分〔旭〕**大澤～S**
〃 28分〔札〕片岡→**佐藤S**
延後 4分〔旭〕須見→**田中（裕）S**
▼警告
〔札〕石田

決勝 戦評

シーソーゲームは延長戦決着

旭川実は1-4-4-2、札幌光星も1-4-4-2でスタートする。旭川実は両サイドを使った大きな展開とテンポの良いショートパスを駆使して多彩な攻撃でDFラインの前のスペースの攻略を試みる。札幌光星は互いの距離間を短くした守備対応でカバーリングを積極的に行い、素早い対応の後のカウンター攻撃を仕掛ける。CKの混戦から札幌光星が先制点を挙げるも、クロス、ドリブルでの中央突破で得点を挙げた旭川実が試合を優位に進めていく。札幌光星・佐藤の強烈なシュートで同点に追いつき延長戦に突入し、一進一退の攻防が続くも、クロスに合わせて得点を挙げた旭川実が勝利した。

戦評　田宮尚明（網走南ケ丘高校）

総評

令和4年度第75 回北海道高等学校サッカー選手権大会、令和4年度第11回北海道高等学校総合体育大会女子サッカー競技は、網走スポーツ・トレーニングフィールド（天然芝4面）において、高体連オホーツク支部、網走南ケ丘高校を当番校として、令和4年6月14 日～17 日の4日間の日程で実施されました。会場の網走スポーツ・トレーニングフィールドは、サッカーの合宿地だけでなくラグビーなどの競技の合宿地となっている素晴らしい環境であります。昨年度から今年度の全道大会のために準備をしていただき、素晴らしい天然芝の環境の中で、網走市、網走市の企業の方に会場準備をお手伝いいただき開催できました。大会期間中は朝晩に冷え込むことや少々の雨の時もありましたが試合開始時間には天候も回復し、オホーツクブルーの澄み渡った空の下で開催できました。開会式は、新型コロナウイルス感染対策のため実施せず、大会を開幕することになりました。

女子の部では、第1回大会が網走市にて11チームで行われてから10年が経ち、第11回大会は12チームで開催されることとなりました。毎年技術や組織的な動きが向上しており、今大会も拮抗した試合が多くありました。決勝戦では過去5回優勝している大谷室蘭と過去4回優勝している北海道文教大附の強豪同士の対戦となりました。

前半は、ロングパスから大谷室蘭のMF がスピードあるドリブルで相手陣内へ深く切り込む立ち上がりを見せました。対して北海道文教大附は、身体を上手く使い、正確なパスを繋いで攻撃を仕掛ける展開でした。北海道文教大附はロングパスで相手DFを左右に揺さぶりながら、攻撃の糸口を摑み、縦へのスルーパスにタイミングを合わせたFWが受け、GKと一対一になり先制のゴールを決めました。さらにゴール前に高く上がったボールにFWがヘディングで合わせ、追加点を決めました。後半は両チームとも相手ペナルティエリア手前でのシュートチャンスがありましたが、DFのブロックに塞がれ、最後の力を振り絞り懸命に戦い合った結果、攻守のバランスが取れた北海道文教大附が今年度の全道大会決勝戦で勝利を収めました。

男子の部では、組織的なディフェンスから攻撃へ繋げゴールを奪うチームや、スローインやCKからゴールへ結びつける攻撃など、自分たちのチームのストロングポイントを活かした明確なコンセプトを持った戦い方をするチームが多くありました。23試合中1点差の試合が13試合、2点差の試合が5試合。2点差以下の試合が20試合と接戦の好ゲームが多くありました。

準決勝では、帯広北と札幌光星が対戦。インターハイ出場を決める大事な一戦に、両チーム気合十分でキックオフを迎えた序盤、帯広北、札幌光星ともにFWをターゲットとし、ロングボールのダイレクトプレーを多用し、前進およびペナルティエリア侵入を図りました。素早いカウンターと連係のとれたパスワークから、帯広北が左CKのこぼれ球を押し込み、待望の先制点を挙げます。後半も序盤、帯広北が主導権を握りますが、前日までの3日間すべての試合で延長またはPK方式まで戦ってきた札幌光星がCK から同点に追いつきます。さらに左サイドから札幌光星が突破して逆転ゴールを決めます。札幌光星は疲労のある選手を交代して中盤の守備を厚くし、最後まで高い集中力と粘り強い守備でインターハイ出場と決勝進出を決めました。

もう一つの準決勝は、旭川実と札幌創成が対戦。札幌創成はサイドを起点に攻撃のリズムを作り、旭川実はDFラインの背後を狙いながら試合を優位に運びました。前半CKから旭川実が先制。札幌創成も球際で粘り強くボールを奪い、FWが果敢に突破を試みますが、得点には至りませんでした。後半、交代した選手がファーストチャンスを決めて同点としますが、旭川実が混戦の中からボールを奪いミドルシュートを放ち、これが決勝点となりました。旭川実がインターハイ出場の切符を手にしました。

決勝戦は試合前に少し雨が降っていましたが試合直前にやみ、天候、気温、ピッチも素晴らしい環境の中で旭川実と札幌光星が対戦しました。前半CKから札幌光星が先制するもすぐに旭川実が得点を挙げて同点でハーフタイムとなりました。後半は旭川実が追加点を挙げて2-1となるも札幌光星が再び同点となるゴールを挙げ2-2で延長戦へ。延長後半に旭川実が得点を挙げ3-2、その後も一進一退の攻防が続きそのまま試合終了。旭川実の優勝となりました。両チーム素晴らしい戦いを見せてく

※各地域大会女子の結果は193ページを参照ください。

れました。

フェアプレーの点では、男子が昨年度、警告数15、退場1。今年度は警告数17、退場1。女子が昨年度、警告数2、退場1。今年度が警告数3、退場0となり昨年より警告数が微増しました。相手の大きなチャンスとなる攻撃を阻止したことによる警告や相手競技者を無謀にタックルしたことによる警告が多くありました。今大会は試合中に大きな怪我となった報告は受けていませんが、警告であったとしても選手の大怪我に繋がるようなファウルにならないように、チーム作りの中で指導していくべきだと感じました。

審判では、今大会、ユース審判員として高校生4人（男子2人、女子2人）が活躍しました。各支部で学んできたことを、副審や第4の審判員を行うことで発揮することができていました。過去に3度、ユース年代の審判員が参加したことはありますが、毎回1名の参加でした。ユース年代の審判員が全道大会で審判員として活躍することが、一つの目標となってきているのではないかと感じております。また、各支部・各地区FA・北海道FAでのユース審判育成が順調に進んでいるのだと思います。さらに、インターハイ予選の女子サッカー競技において、初めて女性4人の審判チームを編成することができました。それも決勝戦で行うことができました。そのうち2名はユース審判員で第4の審判員1名、副審1名。その副審は道内18歳以下では男女通じて唯一の2級審判員でした。全国大会をかけて戦う選手と同じピッチに立つことで緊張があったと思いますが、毅然とした態度で臨んでいました。これもユース審判員の育成と同じように、女性審判員育成・強化が順調に進んでいるのだと思います。今後も選手の活躍の場だけではなく、審判員としての活躍の場が増えていくことを期待しています。

今回の大会は無観客試合という制限を設け、感染対策を優先に考えて運営をさせていただきました。関係者の皆さまにはご不便をおかけしたことと思います。中でも、本大会を開催・運営するにあたりましてご尽力いただいた網走市、網走市教育委員会、網走市の企業の皆さま、北海道サッカー協会ならびにオホーツク地区サッカー協会役員・2種委員の方々、北海道各地よりお集まりいただいた審判員の方々、当番校である網走南ケ丘高校の教職員と補助生徒の方々、その他関係者の皆さまに心から感謝致しまして、今大会の総評とさせていただきます。

総評　鞠古拓宏（遠軽高校）

地域大会記録2022

東北大会

6月17日～20日
於・釜石鵜住居復興スタジアムほか

決勝

6月20日（月）　釜石鵜住居復興スタジアム（晴）
（主）幅野崇久（副）手代木直美、鳴尾拓輝

青森山田 2（1-1 / 1-0）1 花巻東
（青森県1位）　（岩手県1位）★

得	S	学		背		背		学	S	得
0	0	③	代田	12	GK	1	坂上	③	0	0
0	0	②	小林	2	DF	2	菊地㊅	③	0	0
0	0	③	迫田	3		3	遠藤	③	0	0
1	2	③	三橋	4		4	及川	③	0	0
0	0	❸	多久島	5		13	船山	③	0	0
0	0	③	（谷口）	14						
0	0	②	菅澤	6	MF	5	八重樫	③	0	0
0	0	③	小野	7		7	加藤	③	0	0
0	1	③	奈良岡	11		8	工藤	③	1	0
0	0	②	（杉本）	10		9	（藤原）	③	0	0
0	1	③	成田	15						
1	1	②	（米谷）	20						
0	0	③	高良	16						
0	0	③	（中川）	8						
0	0	③	武田	9	FW	10	作山	❸	1	0
0	0	③	（衣袋）	18		11	中村	③	1	0
						17	（本多）	①	0	0
						18	加々美	③	1	1
						20	（岩渕）	②	0	0
2	5			6	GK	5			4	1
				2	CK	3				
				8	FK	12				
				0	PK	0				

【得点経過】

前半 5分〔花〕中村S(相手FP)(クリア)(こぼれ球)**加々美S**
〃 14分〔青〕CK高良→多久島→**三橋S**
後半14分〔青〕中川→(相手FP)(クリア)(こぼれ球)**米谷S**

▼警告

〔花〕船山

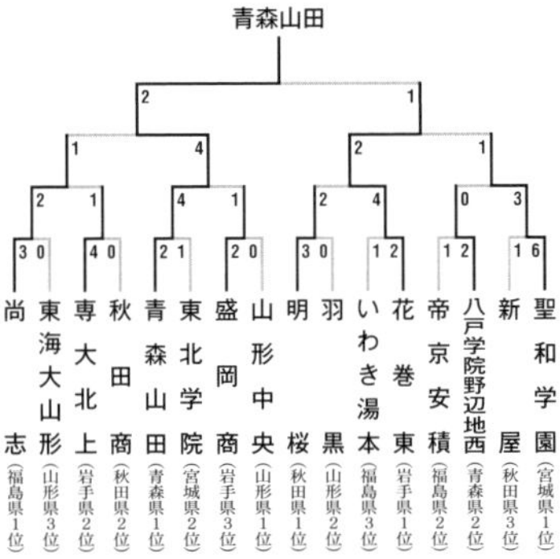

総評

新型コロナウイルス感染拡大の影響により、男女同時に実施されるのは3年ぶりとなる第64回東北高等学校サッカー選手権大会は、令和4年6月17日～20日の4日間で実施した。男子は民話とサッカーの町として知られる岩手県遠野市を、女子は鉄とラグビーで有名な岩手県釜石市をメイン会場に連日熱戦が繰り広げられた。

本県は2011年3月に東日本大震災により大きな被害を受けており、特に釜石市の鵜住居地区は甚大な被害があった地域である。男女決勝を行った釜石鵜住居復興スタジアムは、東日本大震災からの復興を目指し、アジアで初の開催となったラグビーワールドカップ2019日本大会の、まさに復興のシンボルとなった会場である。

男子決勝では、初の決勝進出を果たした開催県第1代表の花巻東（岩手県）が前半開始早々に先制するが、地力で勝る青森山田（青森県）がその後逆転し2-1で勝利、通算10度目の優勝を飾った。また、男子に先立って行われた女子決勝は1-1の延長後半9分に劇的な決勝ゴールを決めた尚志（福島県）が常盤木学園（宮城県）を2-1で下し、見事初優勝を飾った。

ピッチで堂々と、ひたむきにプレーする選手の姿に感動した。また、それと同時に着実に復興に向かい歩んでいることを実感することができた。感染状況に鑑みて、あらゆる感染対策を講じながら保護者のみの観戦を認めた形で実施したが、特に大きな混乱もなく無事に大会を終えることができた。

最後に、今大会の開催にあたり、報道及び中継に多大なご協力をいただいた河北新報社様、NHK盛岡放送局をはじめ遠野市、釜石市、そして実際の運営にあたられた東北高体連サッカー専門部、岩手県高体連サッカー専門部、審判委員会の皆さま、補助員として準備から関わってくれた各校サッカー部の生徒諸君に深く感謝をし、大会の総評とさせていただきたい。

総評　進藤祐一（盛岡市立高校）

関東大会

5月28日～30日
於・日産フィールド小机ほか

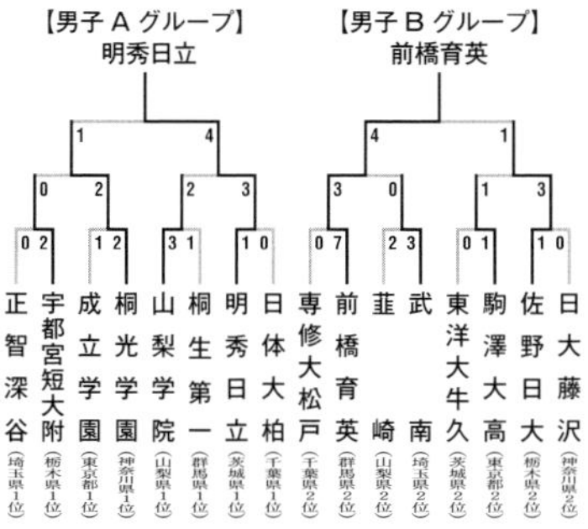

決勝

5月30日（月）　日産フィールド小机（晴）
（主）増澤輝矢　（副）小野憲一、芝胤騎

桐光学園 1 (0-1 / 1-3) 4 明秀日立
★（神奈川県1位）　（茨城県1位）

得	S	学	桐光学園	背		背	明秀日立	学	S	得
0	0	③	山田	1	GK	1	山谷	③	0	0
0	0	②	平田	4	DF	2	藍原	③	0	0
0	1	③	豊田	5		4	若田	②	0	0
0	0	③	峯岸	12		5	秋葉	③	0	0
0	0	③	（ベイリー）	7		7	本橋	❸	0	0
0	0	❸	中井	13						
0	0	①	（杉野）	2						
0	1	②	小西	6	MF	6	青木	③	0	0
0	0	②	齋藤	11		24	（根岸）	②	0	0
0	0	③	大高	15		8	阿部	③	1	1
1	1	③	（菅江）	10		14	（吉田）	②	0	0
						10	村田	③	2	2
						11	森	③	0	0
						13	（今野）	②	0	0
0	1	③	野頼	8	FW	9	熊崎	②	1	1
0	0	②	松田	14		3	（古内）	③	0	0
0	0	②	（加藤）	19		17	石橋	②	0	0
0	0	③	金岡	18		18	（山賀）	③	0	0
0	0	②	（宮下）	9						
1	4			14	GK	11			4	4
				2	CK	7				
				7	FK	8				
				0	PK	0				

【得点経過】
前半28分〔明〕石橋～→**阿部S**
後半 2分〔明〕×石橋～→**村田S**
〃 9分〔明〕×村田S**熊崎S**
〃 27分〔桐〕**菅江～S**
〃40+1分〔明〕山賀→**村田～S**

▼警告
〔桐〕加藤

決勝 戦評

明秀日立が初優勝

前線の組み合わせを変えながら決勝まで勝ち進んだ桐光学園（神奈川県）は1-3-4-2-1、対する明秀日立（茨城県）は1-4-4-2でキックオフ。明秀日立は高い守備意識でボールを奪ったらFW熊崎、石橋をターゲットに縦に速く攻めるスタイル。桐光学園はCB豊田を中心に3バックから丁寧にショートパスを繋ぎアタッキングサードに迫る。攻守の切り替えが早い桐光学園が徐々に主導権を握りボールを保持し始め、FW金岡、野頼へ縦パスが入るようになるが、明秀日立が球際の強さを発揮し、最終ラインを突破させない。桐光学園は、ショートパスを繋ぐことと相手DF背後へのパスを使い分けながらリズムを作る。明秀日立は飲水後から相手3バックに厳しくプレッシャーをかけることを徹底。その後、高い位置でボール奪取した明秀日立が先制し、前半を終える。後半開始早々、明秀日立は右サイドでMF森が仕掛け、混戦した状況の中、MF村田が追加点を決める。桐光学園は交代策を用いながら、攻撃のリズムを作ろうとするが明秀日立の組織的な守備の前になかなかチャンスを作れない。9分、明秀日立は左サイドの高い位置で攻撃を続け、村田のシュートのこぼれ球を熊崎が決め、3-0とする。桐光学園はMFベイリーを投入し、1-4-2-3-1にシステムを変更し、前線から積極的にプレッシャーをかけ、素早い攻守の切り替えから1点を返す。桐光学園は、ボランチを経由したポゼッションでリズムを作ろうとするが、明秀日立の村田、MF青木を中心に献身的な守備で桐光学園に自由を与えない。そしてミドルサードでのボール奪取から決定的な4点目を得る。明秀日立は、3日間の連戦を通じ、強度の高い守備から素早く相手ゴールに迫るプレーを終始徹底し、関東大会初優勝を遂げた。

戦評　森 政憲（桐朋高校）

総 評

5月27日に開会式を行い、5月28日～30日の3日間、好天の下、男子は日産フィールド小机をメイン会場に、保土ヶ谷公園サッカー場・ラグビー場、新横浜公園球技場の4会場で、女子は大和なでしこスタジアムをメイン会場に、IIMURO GLASS綾瀬市民スポーツセンター、荻野運動公園の3会場で実施された。

男子の部では、夏を迎える前のこの時期において、真剣勝負の中でもチーム作りの意味で戦い方をテストしている部分があると思われる。ボールを保持し後方から丁寧に組み立てるチームが多いが、GKが効果的なビルドアップに加われているのは数チームであった。交代枠をフルに使いながら、また連戦時はターンオーバーを含めて固定しない選手起用が見られた。またロングスローやデザインされたセットプレーなど、トーナメントを勝ち抜くための武器を準備している傾向にあった。その中でも勝ち上がってくるチームに共通して言えるのは、1試合を通してのポジションバランスと運動量がもたらす安定したプレッシング、カバー、セカンドボールへの鋭い反応と、個々の力強い推進力、突破力である。各都県2位で構成されるBグループでは前橋育英（群馬県）、1位で構成されるAグループでは桐光学園（神奈川県）、山梨学院（山梨県）など全国の常連校が力を見せた。中でも明秀日立（茨城県）は技術やスピードに優れたタフな選手たちがコンパクトフィールドを保ち、大会を通してハードワークを徹底。30度を超える暑さの中での3連戦を、スタメンは固定しつつ交代をうまく使いながら最後まで強度を保ち、見事初優勝を成し遂げた。決勝での4ゴールは圧巻であった。

各都県の全国総体予選が、関東大会の2週間後になったことで、昨年度よりベストメンバーでの戦いができ、質の高い大会を実施できる環境が整った印象がある。年間のカレンダーが過密な中、調整に尽力していただいた各都県の高体連やFAの皆さまには、この場をお借りして感謝申し上げたい。

女子の部は、上位3チームに全国総体出場権が与えられることもあり、こちらも暑さに負けない素晴らしいゲームが繰り広げられた。1回戦の星槎国際湘南（神奈川県）対十文字（東京都）では前半3分にCKから十文字が先制したが、その後、星槎国際湘南は選手同士の距離間を修正し、相手ゴールに迫った。この時点における星槎国際湘南のスタメンに3年生は1名しかおらず、1～2年生中心のチームであり、1回戦で敗れはしたが、来年度に上位進出が楽しみな好チームであった。宇都宮文星女子（栃木県）は1回戦でPK方式の末、強豪の前橋育英（群馬県）に競り勝った。3位決定戦で鹿島学園（茨城県）に惜敗したが、控え選手をタイミングよく交代し、持っている力を全て出し切る等、サッカーの原点を思い出させる好チームであった。日本航空（山梨県）は組織的な堅い守備と、相手に的を絞らせない中央、サイドからの多彩な攻撃を見せて見事優勝。全国総体で楽しみなチームに挙げられる（全国総体出場は日本航空、十文字、鹿島学園）。

コロナ禍の影響がまだ残る中で、男女各チームがよく準備して大会に臨んでいたように映る。都県から代表校を決定するだけでも大変なはずである。感染対策を万全にして予選を運営し、代表校を選出してくださった各都県高体連の現場の方々のお陰で、ハイレベルな大会を実施できたと感じている。

総評　永山 晃（浅野高校）

北信越大会

6月17日～19日
於・能登島グラウンド

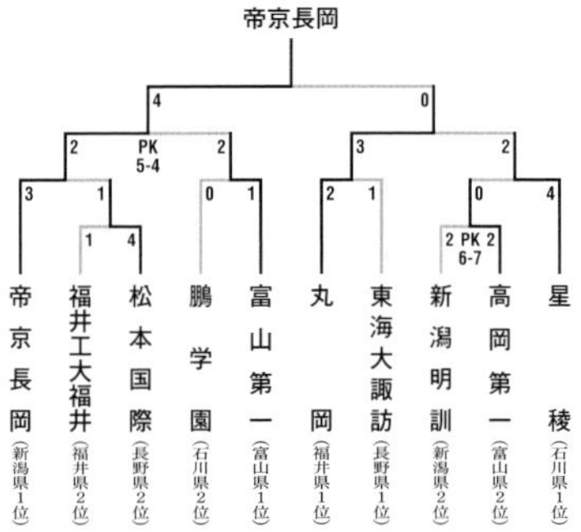

決勝

6月19日（日）　能登島グラウンドAコート（晴）
（主）原崇史　（副）竹本琉飛、麻生慶彦

帝京長岡　4（3-0 / 1-0）0　丸　岡
（新潟県1位）　（福井県1位）★

得	S	学		背		背		学	S	得
0	0	③	吉田	17	GK	17	清水	②	0	0
0	0	③	足立	3	DF	2	西田	②	0	0
0	0	③	（市川）	24		3	渡辺(颯)	③	0	0
0	0	❸	笠井	5		5	山田	❸	0	0
0	0	③	森	15		15	鷲見	③	0	0
0	0	③	（桑原）	4		23	（藤田）	③	0	0
0	0	③	蓑島	23						
0	0	③	（岩崎）	25						
0	1	③	石鉢	6	MF	6	岡	③	2	0
0	0	③	岡山	13		8	奥村	②	0	0
2	4	③	小川	16		14	渡辺(祥)	②	0	0
0	0	③	沼田	22		4	（河奥）	②	1	0
0	0	③	（田宮）	19						
0	1	③	狩野	12	FW	9	稲村	③	0	0
2	4	③	笠原	18		18	（中川(優)）	③	0	0
0	0	③	（五十嵐）	7		10	伊藤	③	0	0
						12	（金川）	③	0	0
						11	小関	③	1	0
4	10			6	GK	7			4	0
				4	CK	6				
				7	FK	8				
				0	PK	0				

【得点経過】
前半13分〔帝〕石鉢→沼田～→**小川S**
〃 22分〔帝〕（相手FP）（クリア）**笠原～S**
〃 27分〔帝〕岡山→**笠原S**
後半21分〔帝〕（相手FP）（クリア）**小川～S**

▼警告
〔丸〕西田

決勝 戦評

帝京長岡が前半3ゴール

帝京長岡は1-4-4-2で長短のパスを織り交ぜたパスワークやスピーディなドリブルを活かしながら、中央突破やサイド攻撃を仕掛け丸岡ゴールに攻め入る。丸岡も1-4-4-2で守備のバランスを整えながら、ボール奪取後は素早いカウンター攻撃で帝京長岡陣地に攻め込む。序盤から帝京長岡は厚みのある攻撃でボールを保持し続け、ボールを失った後も即時奪回をし、攻守にわたり主導権を握る。前半13分に帝京長岡MF石鉢がサイドに展開すると、左サイドで受けたMF沼田の絶妙なクロスにMF小川が飛び込み先制点を奪う。その後22分、27分と立て続けに得点をし、3-0で前半を折り返す。後半も開始直後から帝京長岡が主導権を握り攻撃を仕掛けるが、丸岡も気持ちのこもった守備で追加点を許さない。しかし、21分に丸岡DFのクリアボールを拾った帝京長岡の小川がドリブルで中央突破をし、追加点を挙げる。丸岡はFW小関のポストプレーからFW伊藤、中川（優）のコンビネーションでチャンスを作るが、帝京長岡GK吉田のナイスセーブで得点を許さない。そして4-0のまま試合が終了し、帝京長岡が4年ぶり2回目の優勝を果たした。

戦評　岡村武志（野々市明倫高校）

総評

令和4年度北信越高等学校体育大会兼第58回北信越高等学校サッカー選手権大会が6月17日～19日の3日間、石川県七尾市の能登島グラウンドにて開催された。

今大会に出場した男子10チームの傾向として、シンプルに前線へボールを運び、ポストプレーとスプリント能力を活かした素早い攻撃から、直線的にゴールに向かうチームが多く見られた。また、ボールを奪われたら即時奪回をすることが習慣化されていて、攻守においてインテンシティは高かった。そんな中、4年ぶり2回目の優勝を果たした帝京長岡はボールの状況や相手の状況を観察しながら、幅と厚みのある攻撃を繰り広げ、中央突破やサイド攻撃を織り交ぜ、多彩なプレーで相手ゴールを奪いにいっていた。攻守においてインテンシティも高く、パスやコントロール、ドリブルなど個人技能の質の違いも見せていた。決勝戦は、同日連戦ということもあり、準決勝出場メンバーから9名を替えたスターティングメンバーであったが、プレーの質は落ちず、選手層の厚さも感じられた。

女子の出場5チームにおいても、タフでテクニカルな選手ばかりで、行われた4試合すべてが好ゲームであった。決勝戦は昨年と同じカードで、帝京長岡と福井工大福井の対戦となった。一人一人のスキルが高く、多彩な攻撃を仕掛ける帝京長岡と、堅い守備ブロックを敷きながら、素早いカウンターを仕掛ける福井工大福井の試合は白熱し、後半に両チームが2得点ずつで同点のまま終了。試合は延長戦でも決まらず、PK方式での決着となり、福井工大福井が昨年のリベンジを果たし、全国総体への切符を得た。

最後に、コロナ禍での大会実施となったが、多くの方の協力で無事に大会を終えることができた。大会参加チームの選手・スタッフの皆さま、本大会開催にあたりご尽力いただいた各協会、協賛していただいた方々、そして、大会運営を支えた役員や補助役員の生徒の皆さまに深く感謝し、大会の総評とする。

総評　岡村武志（野々市明倫高校）

東海大会

6月18日～19日
於・豊田市運動公園陸上競技場ほか

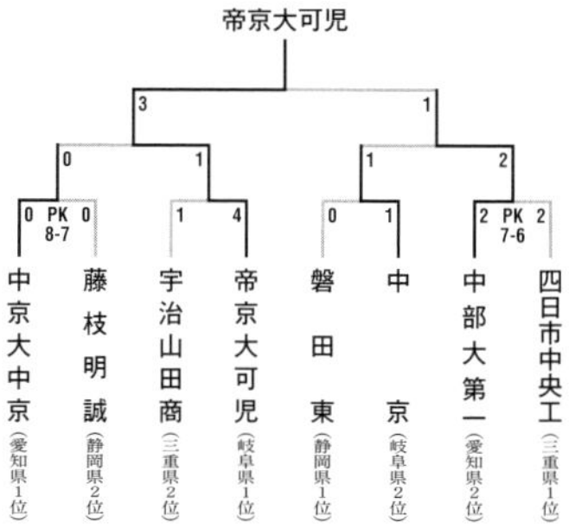

決勝

6月19日（日）　豊田市運動公園陸上競技場（晴）

（主）竹中蓮　（副）田中弥基、佐々木芳明

帝京大可児 ★（岐阜県1位）　**3**（2-1 / 1-0）**1**　**中部大第一**（愛知県2位）

得	S	学		背		背		学	S	得
0	0	③	加　納	1	GK	1	下村(駿)	③	0	0
0	0	③	（小林）	17						
1	1	❸	原　田	4	DF	2	井　上	③	1	0
0	0	③	佐々木	5		5	（中村）	③	0	0
0	0	③	（石川）	19		3	松　井	②	0	0
0	0	③	鳥居(利)	11		13	深　見	③	1	0
						15	（大久保）	③	2	0
0	0	③	松　本	20	MF	8	増　田	②	1	0
0	0	③	（兼松）	3		9	室　山	③	0	0
0	1	③	遠　藤	8		7	利　田	③	1	0
0	0	③	都　築	13		18	（柴田）	③	0	0
0	0	③	加木屋	14		14	蛯　川	②	1	0
1	5	③	藤　島	15		16	清　水	③	0	0
0	0	③	（大矢）	16		10	（木村）	②	2	0
						17	小　林	③	0	0
						4	（松下）	③	1	0
1	3	③	鳥居(風)	9	FW	11	中　嶋	❸	4	1
0	1	③	石　田	18						
0	0	③	（河合）	2						
3	11			9	GK	2			14	1
				1	CK	4				
				6	FK	11				
				0	PK	0				

【得点経過】
前半11分〔中〕利田→**中嶋HS**
〃 29分〔帝〕鳥居（風）～→藤島S×**藤島S**
〃 32分〔帝〕**FK原田S**
後半32分〔帝〕鳥居（利）～×**鳥居（風）～S**

決勝 戦評

勝負を決めたカウンター

帝京大可児は1-4-4-2、中部大第一は1-3-4-3でゲームが開始された。帝京大可児は、前半から丁寧にビルドアップを試み、中部大第一は、DF松井からのロングボールと前線からのハイプレスでペースを摑もうとした。給水後から帝京大可児はロングボール主体に戦い方を変え、セカンドボールを拾うことでペースを摑んだ。後半も両チーム強度や切り替えのスピードが落ちることなく、さらに主導権争いが激しくなる。中部大第一は、ロングボール主体に多くの選手が関わりチャンスを作った。帝京大可児はカウンターから少ないチャンスをものにした。2日で3試合という過密日程の中、最後まで走り切った両チームに拍手を贈りたい。

戦評　竹内友誠（桜丘高校）

総評

▶男子

第69回東海高等学校総合体育大会サッカー競技は、6月18日～19日の2日間にわたり、愛知県の豊田市運動公園陸上競技場、球技場において行われた。

東海4県（愛知、岐阜、三重、静岡）の総体予選上位2チームがトーナメント方式で優勝を争った。梅雨空の中始まった1回戦は、2試合がPK方式、1試合が1点差での決着と拮抗した展開となった中、帝京大可児は華麗なテクニックと素早いパス回しで宇治山田商を圧倒し、準決勝に進出した。準決勝は2試合ともに愛知県vs.岐阜県のカードとなった。

準決勝は、前日とは打って変わって晴天高温の中での試合となった。中京vs.中部大第一の試合は、中部大第一が前線からプレスをかけ先制するが、一瞬の隙を突いた中京が追いつく展開となった。消耗戦の中、中部大第一が追加点を挙げ東海大会初出場で決勝進出となった。中京大中京vs.帝京大可児の試合は、県予選から無失点で勝ち上がってきた、中京大中京が粘り強い守備で対抗したが、帝京大可児にPKを献上し準決勝敗退となった。

決勝戦は激しい攻防となったが、両チームとも疲労が色濃く、局面でのミスの目立つ展開となった。その中でも、帝京大可児のクオリティの高さは際立っていた。着実に得点した帝京大可児が勝利したが、最後まで諦めず走り切った中部大第一の今後と、全国総体に出場する4チームの徳島での活躍に期待したい。

総評　片山照章（一宮高校）

▶女子

東海4県の優勝チームによるリーグ戦により、2つの全国総体出場枠を争う。今年は藤枝順心が3戦全勝と堂々の優勝。初戦の神村学園伊賀に8-0と大差で勝利。続く第2節帝京大可児に3-0、第3節聖カピタニオ女子に5-1と強さを見せつけ全国総体へ。もう一校の切符は聖カピタニオ女子が手にした。初戦の帝京大可児との試合は拮抗。前半をスコアレスで折り返すと、後半残り5分まで0-0。引き分けで終わるかと思われたラスト5分にCKからのこぼれ球を聖カピタニオ女子が押し込み先制。残り時間、果敢に攻める帝京大可児の猛攻に耐え、見事1-0と初戦を勝利で飾る。神村学園伊賀との第2節は7-0と勝利。藤枝順心との第3節は落としたものの、2勝1敗で全国への切符を手にした。神村学園伊賀と帝京大可児の一戦は終始ボールを支配した帝京大可児が5-0と勝利。なお今大会、神村学園伊賀はけが人により9人で試合を行っており、3試合を通して気迫あふれるプレーを見せてくれた。比較的大差での勝敗が目立つが、数年前と比べても東海のレベルは年々上昇している。結果的に藤枝順心、聖カピタニオ女子の2校が全国総体出場を果たしたが、今後も目が離せない。

総評　本田裕規（同朋高校）

近畿大会

女子／2022年6月11日～19日
於・三木総合防災公園第2陸上競技場ほか
男子／2023年2月18日～23日
於・橿原公苑陸上競技場ほか

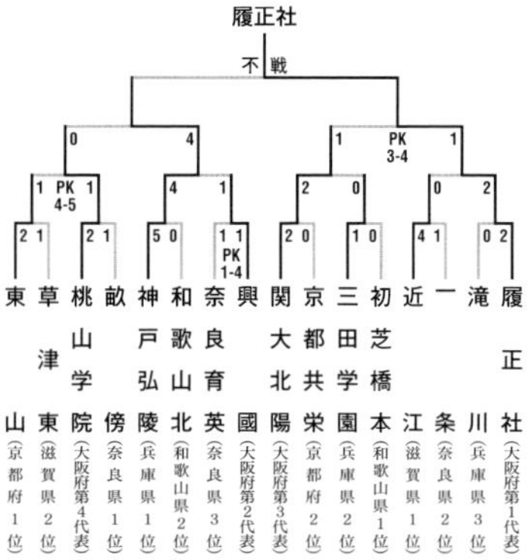

決勝 結果

2023年2月23日（木）　橿原公苑陸上競技場

神戸弘陵 （兵庫県1位） 【辞退】	履正社 （大阪府第1代表）

神戸弘陵の出場辞退により履正社が優勝

総評

第75回近畿高等学校サッカー選手権大会は、女子が2022年6月11日（土）～19日（日）、男子が2023年2月18日（土）～23日（木）の日程で行われた。今大会から開催形式が変わり、全国総体予選を兼ねる女子は例年通り6月に開催され、大阪府のJ-GREEN堺、兵庫県の三木総合防災公園第2陸上競技場が会場となった。男子は年間カレンダーの見直しが行われ、2023年2月に開催時期を変更し、奈良県の橿原公苑陸上競技場、葛城市新庄第1健民運動場、葛城市新町公園球技場、奈良県フットボールセンター、橿原運動公園多目的グラウンドを会場として行われた。

特に男子は6月から2月に開催時期が変更となり、新たな試みとなった。今回の近畿大会から、大阪府以外の府県については新人戦を勝ち上がったチームが出場権を得られ、大阪府に関しては、前年の総体予選、選手権予選の結果を年間ポイント化し、ポイント上位の4チームに「代表」という形で出場権が与えられた。その影響もあってか、1回戦では序盤、トーナメント経験のあるチームに勢いが見られる展開が多かったが、結果的には大阪府の4代表が全て初戦を突破。大阪府のレベルの高さが感じられる結果となった。

これまでの6月開催の場合、近畿大会は全国総体前の時期ということもあり、ハイレベルな試合環境の中でチームとして試してみたいことをテストする意味合いも見受けられた。一方で2月開催となった今回は、まだ新チームが立ち上がって間もないプレシーズンの時期。レベルの高い相手との対戦を通して、チーム作りの方向性やスタイル、コンセプトの確立を探るような意味合いが強くなったと感じた。大会を通して選手たちもメンバーに定着できるかどうか、自分の持ち味を高いレベルで発揮できるかどうか、よりチャレンジするシーンが多く見られたようにも思う。これまではチーム戦術によって明暗が分かれる試合が多かったのが、チーム作りを始めて間もないこの時期だと、個人戦術のレベルのほうによりフォーカスされる傾向が強まったのではないだろうか。また、特に今大会は2日目の準々決勝、準決勝が突風、横殴りの雨が降る大荒れの天候の中での試合となった。そんな中、相手の戦い方、ピッチコンディションや環境に合わせた対応力も、チームや個に求められたかと思う。いずれにしても開催時期が変わったことで、近畿大会の位置づけや価値観が大きく変わったように感じた。

運営面に関しても大きな変化があった。夏季の6月開催と冬季の2月開催とでは、同じ近畿大会といえども、準備が全く異なる。今大会開催の3～4週間前には近畿地方に大寒波が襲来。雪が積もる中、もし大会期間中に同じようなことが起きた場合、どのように対処するのか危機感が募った。夏季は夏季で熱中症や落雷といった問題があるが、また違う問題を突きつけられた。さらに天然芝の会場は冬季のため枯芝となっており、緑の芝生の上での試合とはならなかった。よりピッチコンディションのいい場所での試合開催を考えれば、今後は人工芝の会場を優先的にしたほうがいいのかもしれない、といった課題も見えた。さらに大会2日目の大荒れの天候の中、これが夏季であれば試合と試合の合間はテントの下で待機すればすむかもしれないが、冬季だと暖をとるための施設が必要になる。今回はスタンドや軒下といった場所はあったものの、選手にコンディションの準備面で苦労させてしまったかもしれない。その点に関しては申し訳なく思うとともに、今後の課題として伝えていきたい。

大会開催期間については、これまで3連戦であった大会が、2月23日の祝日を利用することで準決勝と決勝の間に中日ができたことはプラス面だったと思う。この中日を活用して選手のコンディションを整え直すことで、決勝はよりレベルの高い一戦が実現するのではないか、と期待していた。そういう意味でも決勝が行われなかったことは、個人的には正直残念であった。

あらゆる面で大きな変化が起きた今回の近畿大会。この転換期となる大会に協力してくださった皆さまには大変感謝申し上げます。同じ場所で一年に2度の大会開催が難しいため、女子の大会を開催してくださった大阪府と兵庫県の関係者の皆さま、新しい日程の中、スムーズな大会運営にご協力いただいたチーム関係者の皆さま、ありがとうございました。リニューアルした大会初日、そして2日目には横殴りの大雨の中、濡れながら運営に携わってくださった県内役員の先生方、補助員は学期末の大事な時、県内多くのサッカー部に協力してもらい、まさに「オール奈良」の態勢で運営ができましたこと、感謝いたします。

今回の経験と結果をもとに今後、近畿大会に新しい価値観が備わることを願い、総評とさせていただきます。

総評　中留学（東大寺学園高校）

中国大会

6月18日～20日
於・島根県立サッカー場ほか

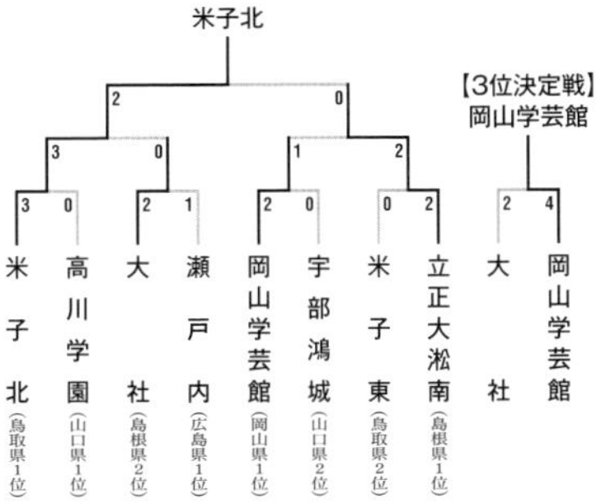

決勝

6月20日（月）　島根県立サッカー場（晴）

（主）石井修二　（副）片寄真吾、井上忠洋

米子北 ★（鳥取県1位）　**2**（1-0／1-0）**0**　**立正大淞南**（島根県1位）

得	S	学		背		背		学	S	得
0	0	③	畠山	17	GK	20	塚田	②	0	0
1	1	③	森川	2	DF	2	松本	③	0	0
0	1	❸	野田	4		18	（桃井）	③	0	0
0	0	③	倉田	5		3	西口	②	0	0
0	0	③	長谷川	14		21	（輿古田）	③	0	0
						4	三輪	③	0	0
						5	坂井	③	1	0
0	1	②	上原	6	MF	8	進	③	1	0
0	0	③	（藤木）	22		10	肥塚	❸	0	0
1	2	③	浅野	7		19	久島	②	0	0
0	1	③	（青戸）	3		7	（イゴル）	③	0	0
0	1	③	中井	10						
0	1	②	仲田	25						
0	0	②	（石倉）	23						
0	4	③	小橋川	8	FW	9	香西	③	1	0
0	1	③	（山田）	11		11	野田	③	1	0
0	0	③	福田	9		16	石田	③	0	0
						13	（山田）	③	3	0
						14	（永澤）	②	0	0
2	13			6	GK	5			7	0
				5	CK	2				
				14	FK	12				
				0	PK	0				

【得点経過】

前半 9分〔米〕仲田→野田→**浅野S**

後半16分〔米〕CK中井→**森川HS**

▼警告

〔立〕山田

決勝 戦評

効果的な得点を挙げた米子北

3日間快晴の下迎えた第69回中国高等学校サッカー選手権大会の決勝戦が、島根県益田市で行われた。決勝戦の顔合わせは鳥取県第1代表の米子北と島根県第1代表の立正大淞南であった。米子北は1-4-4-2のシステムで、コンパクトな陣形からハイプレスを仕掛けボール奪取すると、2トップを起点にサイド攻撃を展開し、ゴール前に積極的に人数をかける。対する立正大淞南は1-4-1-3-2のシステムで2トップとトップ下のコンビネーションを駆使した中央突破と、サイドハーフの縦突破など多彩な攻撃で米子北の守備の打開を試みる。

キックオフ直後から球際の激しい攻防を繰り広げていたが前半9分、米子北はドリブルとショートパスで抜け出したDF野田の左サイドからのクロスに、MF浅野が決めて先制。立正大淞南はMF久島のスピードを活かしたドリブル突破で攻勢に出る。前半31分にはFKからDF坂井がヘディングシュートを放つが、ボールは惜しくもクロスバーの上を通過した。両チームとも素早い攻守の切り替えと身体を張った守備でゴールを許さず、前半は1-0で終了する。後半も一進一退の攻防が続く中、米子北が16分にCKを獲得。MF中井の右足から放たれたボールに対し、ニアに走り込んだDF森川がヘディングシュートを決め、米子北が追加点を奪う。立正大淞南は後半から投入されたMFイゴルが右サイドで起点を作り、速いテンポでボールを動かし中央突破を試みる。試合終盤まで互いに得点を狙った積極的な試合運びで、ゴール前の局面が非常に多い手に汗握る展開となったが、終了のホイッスルが鳴り、粘り強い守備でゴールを許さなかった米子北の優勝で幕を閉じた。この3日間は非常に気温が高く、最終日は疲労困憊の状態であったことが想像される。そのような状況下で集中力を持続させ、インテンシティの高い好ゲームを展開した両チームは賞賛に値する。

戦評　清水遼（石見智翠館高校）

総評

第69回中国高等学校サッカー選手権大会、第11回中国高等学校女子サッカー選手権大会兼令和4年度全国高等学校総合体育大会サッカー競技中国地域予選会が6月18日～20日の3日間、男子は島根県立サッカー場、益田運動公園陸上競技場で、女子は松江市総合運動公園陸上競技場・補助競技場で開催された。男子の部は各県総体の優勝校に開催県（島根県）から1校、さらに3月に行われた中国新人大会決勝進出県枠（山口県・鳥取県）から2校を加えた計8校の参加となった。1回戦を勝ち上がったのは、米子北、大社、岡山学芸館、立正大淞南の4校となり、開催県の島根県から2チームが準決勝に駒を進めた。連戦にもかかわらず4チームはスピーディでタフなゲームを展開した。ロングボールから空中戦を制して攻撃の起点を作る米子北、粘り強い守備からカウンターを狙う大社、個の技術力が高くサイド攻撃を仕掛ける岡山学芸館、縦に速く、ゴール前ではテンポのよい攻撃を仕掛ける立正大淞南。いずれのチームもそれぞれの特徴が大いに発揮された好ゲームを展開した。決勝では米子北と立正大淞南が対戦。立ち上がりから米子北が優位に試合を進め前半を1-0で折り返す。同点に追いつきたい立正大淞南は後半立ち上がりから積極的な攻撃を仕掛け、相手ゴールに迫り決定機を作り出す。しかし、追加点を奪われ米子北の優勝で大会は幕を閉じた。

女子の部は、各県総体の優勝校5校が出場し、優勝校がインターハイの出場権を獲得する。決勝戦は、9年連続9回目の優勝を目指す作陽と創部4年で初優勝を目指すAICJの2年連続のカードとなった。序盤は個人スキルと速いパスワークを活かしてAICJがペースを摑むが徐々に作陽が押し返していく展開となり、一進一退の攻防が続くが、両チームとも1年生GKを中心に粘り強い守備を繰り返し、得点を与えないまま延長戦に突入する。延長戦に入り両校とも、チャンスを得るが、お互い勝利への執念と闘争心で凌ぎ、スコアレスドローで終了する。PK方式の末、AICJが初の代表権を獲得した。全体を通して拮抗したゲームが多く、中国地区全体のレベルアップを感じさせる大会となった。最後に本大会を開催するにあたりご尽力いただいた皆さまに深く感謝申しあげ、総評といたします。

総評　池野聡祐（江津高等学校）

四国大会

6月18日～20日
於・徳島スポーツビレッジほか

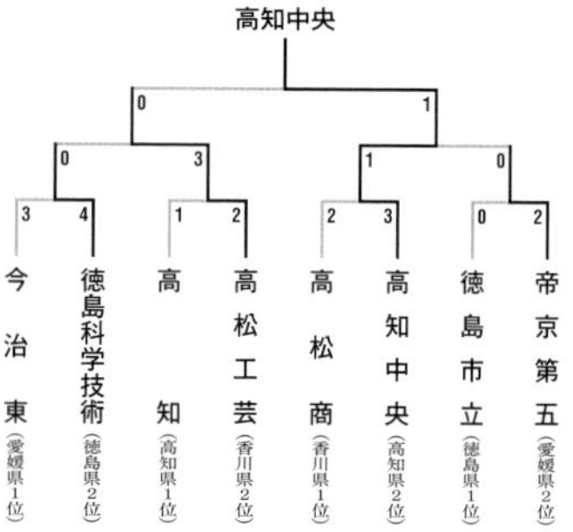

決勝

6月20日（月）　徳島スポーツビレッジ　ピッチC（晴）
（主）平島一起　（副）讃山春陽、近藤恭子

高松工芸 0（0-1 / 0-0）1 高知中央
★（香川県2位）　（高知県2位）

得	S	学		背		背		学	S	得
0	0	②	光家	1	GK	1	新田	②	0	0
0	0	❸	岡川(加)	2	DF	4	佐藤	③	0	0
0	0	③	藤本	3		16	(美藤)	①	0	0
0	0	③	遠山	4		5	小寺	❸	1	0
0	0	③	飯干	5		12	木村(斗)	②	0	0
						19	松尾	②	2	0
0	0	③	木村	6	MF	6	片山	③	1	0
0	1	③	原田	7		8	木村(駿)	③	1	0
0	0	③	逢坂	8		20	(池部)	②	0	0
0	1	③	岡川(雅)	10		14	鎌倉	③	2	0
0	0	②	浅井	15						
0	0	③	西山	9	FW	7	中西	③	0	0
0	0	③	(星野)	11		10	和氣	③	0	0
						9	(高城)	③	0	0
						17	高田	③	0	0
						13	(近藤)	②	2	1
0	2			6	GK	4			9	1
				2	CK	4				
				9	FK	8				
				0	PK	0				

【得点経過】
前半30分〔高知〕鎌倉→**近藤S**
▼警告
〔高松〕藤本
〔高知〕中西

総評

第71回四国高等学校サッカー選手権大会（男子）が6月18日～20日の3日間、徳島スポーツビレッジ（TSV）とあわぎんスポーツガーデンにて、各県予選2位までの8チームで、また、女子は第10回大会として6月18日・19日の2日間、同じくTSVにて各県1位の4チームが参加し開催された。

男子、1回戦の4試合は、いずれも各県2位代表が勝利し、徳島科学技術、高松工芸、高知中央、帝京第五の4チームが翌日の準決勝に進出した。準決勝第1試合、徳島科学技術 対 高松工芸は高松工芸が自陣でブロックを作り徳島科学技術が攻めあぐねる中、カウンターから着実に得点を重ね3-0で勝利した。準決勝第2試合、高知中央 対 帝京第五は中盤での激しい攻防が続き、お互い譲らず延長戦となった。延長戦でも激しい消耗戦が続く中、延長後半、高知中央が得点し1-0で逃げ切った。

翌日の決勝戦、高松工芸 対 高知中央の試合は試合開始から高知中央のペースで進み、前半30分に高松工芸のブロックをこじ開けて1-0で前半を終了した。後半に入っても高知中央のペースで試合が進むが、なかなか追加点を奪えない。後半の残り時間が少なくなり、高知中央の運動量が落ちたところで高松工芸が何度かカウンターを仕掛けるが、結局得点できずに試合終了。高知中央が優勝を果たした。

女子は鳴門渦潮が宇和島南中等教育に4-0、四学大香川西が昨年敗れた高知に2-0で勝利し決勝戦に勝ち上がった。翌日に行われた鳴門渦潮 対 四学大香川西の決勝戦は、序盤からお互いリスクの少ないサッカーを展開する中、前半18分、セカンドボールをうまく拾った鳴門渦潮がチャンスを作り、福島のゴールで先制点を奪う。後半に入っても一進一退の攻防が繰り広げられる中、27分に四学大香川西が鳴門渦潮の隙を突き市川のゴールで同点とする。その後も両者互いに譲らず試合は延長戦となった。延長前半5分、鳴門渦潮はCKのこぼれ球を松本が押し込み勝ち越し点を奪う。結局この得点が決勝点となり、鳴門渦潮が優勝した。

今大会は梅雨の時期にもかかわらず3日間とも天候に恵まれ、大きなトラブルもなく大会を終了することができました。大会の開催にあたりご尽力いただいた徳島県高体連サッカー専門部の方々、審判委員の方々、補助員として協力していただいた高校生の皆さまに心より感謝し、総評といたします。

総評　村山孝博（川島高校）

九州大会

6月18日～20日
於・白波スタジアムほか

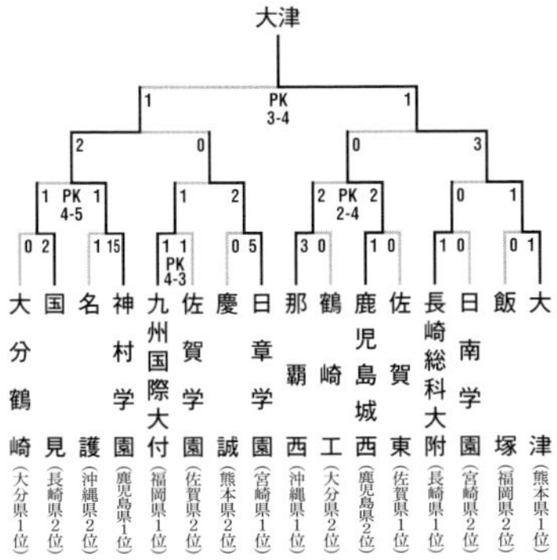

決勝

6月20日（月）　白波スタジアム（曇）
（主）山口大輔　（副）白石隆晃、萩原雅貴

神村学園（鹿児島県1位）　1（0-0 / 1-1）1　**大津**（熊本県1位）★
3 PK 4

得	S	学		背		背		学	S	得
0	0	③	広川	1	GK	1	西	③	0	0
0	1	③	大川	3	DF	3	坂本	③	1	0
1	1	③	中島	6		5	五嶋	①	0	0
0	0	②	吉永	16		12	田辺	②	0	0
0	0	②	長沼	19						
0	0	①	（川畑）	7						
0	1	③	積	9	MF	6	浅野	③	0	0
0	1	①	名和田	10		7	香山	③	0	0
0	4	❸	大迫	14		13	（中馬）	③	2	1
0	1	③	笠置	15		8	碇	②	0	0
0	1	②	高橋	20		10	田原	③	0	0
0	1	③	（福田）	13		11	（山下）	①	0	0
						15	井伊	③	0	0
						14	（稲田）	①	1	0
0	1	③	高倉	11	FW	9	小林	❸	1	0
0	0	②	（西丸）	12		19	山川	③	0	0
						2	（古川）	②	0	0
1	12			7	GK	9			5	1
				4	CK	2				
				5	FK	4				
				0	PK	0				

【得点経過】
後半25分〔神〕西丸→×**中島S**
〃 32分〔大〕中馬→坂本→×**中馬S**

決勝 戦評

後半に動いた試合、PK方式で決着

雨上がりで気温・湿度ともに高く、厳しいコンディションの中で行われた決勝戦は、互いの持ち味を出した好ゲームとなった。神村学園は1-4-4-2のシステムで、攻撃時はSBを高い位置に置きビルドアップする。大津は1-4-1-4-1のシステムで、SBとSHのコンビネーションによるサイド攻撃から得点を狙う。前半立ち上がりから互いに相手ゴール前に迫る、強度の高い一進一退の攻防が続く。大津はMF田原のカットインやMF香山の仕掛けからチャンスを作る。神村学園はMF名和田が相手DFラインの前でいいポジションをとり、巧みなターンからシュートまで持ち込むが、大津DFに阻まれる。その後は神村学園がショートパスでリズムよくボールを動かし、主導権を握るが両チーム無得点で前半を終える。後半、序盤は大津がボールを保持する時間が続き、決定機を作るが得点には至らない。膠着した時間が続く中25分、神村学園は左サイドを突破し、ゴール前のこぼれ球をDF中島が決めて先制。対する大津は試合終了直前の32分に右サイドの攻撃から、MF中馬が決めて同点に追いつくが、試合は同点のまま終了。PK方式を制した大津が勝利し、3大会ぶり4度目の優勝を果たした。

戦評　石原康彦（出水工業高校）

総評

男子第74回、女子第11回全九州高等学校サッカー競技大会が、白波スタジアム（天然芝）、鹿児島県立サッカー・ラグビー場（天然芝2面）、鹿児島ふれあいスポーツランド（天然芝2面）、いぶすきフットボールパーク（天然芝2面）にて6月18日～20日の3日間の日程で開催された。男子においてはここ2年間、新型コロナウイルス感染防止のため中止となっていたが、3年ぶりの開催となった。

男子は、決勝まで進出すると3日間で4試合を戦う厳しい日程で行われた。1回戦では大差となる試合があったものの、大会全体としては各県代表のチーム同士の対戦ということもあり、攻守に強度の高い拮抗した内容の試合が多く見られた。全般的には、出場したどのチームも志向するチームスタイルが明確であり、選手の特徴を活かした戦術のもと戦っていた。また、自チームのスタイルをやり続けるだけでなく、相手の戦術や時間帯・点差などに応じた柔軟な戦い方も見られた。今大会、決勝に進出したプレミアリーグWESTを戦う大津とプリンスリーグ九州で首位の神村学園の2チームはテクニックの質が高く、ポジショニング・プレー選択・状況判断などを含めた一人ひとりの個人戦術の高さがあり、他チームと比べてレベルの高さを感じた。また、両チームともに選手層が厚く、選手交代でプレーレベルが落ちることがなかったことも勝ち進んだ要因のひとつであった。さらに、両チームともに相手からの激しいプレッシャーの中でも個で局面を打開することのできる特徴ある選手を抱えていた。九州から全国優勝するチームを輩出するには、チームスタイルの確立・徹底とともに、レベルの高い中で通用する強烈な個の育成を併せて行う必要があるのではないだろうか。

女子は、各県1位チームが出場し、九州大会上位2チームに与えられるインターハイ出場権をかけた戦いとなった。福岡県代表の東海大福岡と鹿児島県代表の神村学園との決勝は、昨年度と同じ対戦となった。延長まで一進一退の内容となったが、相手DFを崩すには至らないまま両チーム得点を奪えず、PK方式を制した神村学園が3年ぶり6回目の優勝を果たした。

最後に本大会を開催するにあたり、ご尽力いただいた全ての関係者の皆さまに深く感謝を申し上げ、大会の総評としたい。

総評　石原康彦（出水工業高校）

全国高体連サッカー専門部だより

全国委員長会議議事録

2022年7月23日／徳島県徳島市・徳島県教育会館
司会：石川勝利（総務）

日本サッカー協会より

林義規JFA副会長よりご挨拶

審議事項

1 選手権第101回大会について
◆主催の変更。全国高体連は共催に
◆新型コロナウイルス感染症対策はJFAのガイドラインに沿う
◆メディカルチェックのお願い
◆高校選抜について

2 2023年度 北海道総体について（北海道より）
◆男子は旭川市でコンパクトな開催。女子は帯広市で開催
◆北海道は第3代表まで出場。第3代表校のシードは冬の委員長会議で審議・決定

3 人事について

4 全国高体連サッカー専門部表彰者候補案について
今回の会議で対象の都道府県にはアナウンス

報告事項

1（公財）全国高等学校体育連盟関係
◆体罰根絶（令和3年度）について
◆2024年度以降、総体固定開催へ向け、男子については福島県開催。女子については北海道室蘭市で2024、2025年度の固定開催に向けた準備
◆全国総体開催費用の個人負担金について
◆ユニフォームスポンサーについて

2 選手権第101回大会について
◆スケジュール
地区大会　11月20日（日）終了予定
組み合わせ抽選会　11月21日（月）リモートで実施予定
開会式・開幕戦は国立競技場
準々決勝会場は神奈川県会場と埼玉県会場
準決勝・決勝会場は国立競技場
◆未来検討委員会
◆地区大会運営に際するお願い（民放43社）

3（公財）日本サッカー協会関係
◆日本の育成方針
◆代表関係

4 技術部より
◆全国総体組み合わせ抽選会について
◆日本高校サッカー選抜U18　ヨーロッパ遠征について

5 審判部より
◆ユニフォームカラー表記について
◆ユニフォーム写真提出について
◆日本高校選抜合宿へのユース審判員派遣報告
◆ソックスの一部を切ってショートソックスを履くことへの対処について
◆固定開催に向けた審判員の育成・派遣について

6 記録部より
◆高校サッカー年鑑について

7 女子専門部より
◆競技人口増加に向けた取り組みについて

8 その他
◆選手権第101回大会の予選予算費について
◆慶弔費領収書について
◆次回、常任委員会・委員長会議の件

全国委員長会議議事録

2022年12月30日／東京都文京区・機山館
司会：石川勝利（総務）

日本サッカー協会より

林義規JFA副会長、反町康治JFA技術委員長よりご挨拶

審議事項

1 2023年度　北海道総体について
◆北海道第3代表校のシードの抽選について

2 2024、2025年度以降の全国総体について

3 合同チームについて

4 来年度の派遣技術・研修技術について

5 人事について
◆副部長が田内成人先生から古井成知先生に交代

報告事項

1（公財）全国高等学校体育連盟関係
◆総体中央委員会について
◆体罰根絶について

2 全国高等学校選手権大会関係
◆第101回大会の大きな変更点について
◆第102回大会について
地区大会　11月19日（日）終了予定
組み合わせ抽選会　11月20日（月）予定

開幕戦	1回戦	2回戦	3回戦	準々決勝	準決勝	決勝
12/28（木）	12/29（金）	12/31（日）	1/2（火）	1/4（木）	1/6（土）	1/8（月・祝）

準々決勝会場は未定。準決勝・決勝会場は国立競技場

3 技術部より
◆日本高校サッカー選抜、U17日本高校サッカー選抜について
◆テクニカルDVD購入のお願い
◆選手権第101回大会研修技術について
◆未来検討委員会について

4 審判部より
◆ユース審判員について
◆全国総体固定開催での審判員について

5 記録部より
◆高校サッカー年鑑について

6 女子部より
◆女子高校選手権について

7 その他

8 功労者表彰

「翔び立て若き翼 北海道総体2023」を控えて

北海道高体連サッカー専門部委員長
沖野大志
北海道札幌白石高等学校

はじめに

令和5年度の全国高等学校総合体育大会「翔び立て若き翼 北海道総体2023」は、「轟かせ魂の鼓動 北の大地へ大空へ」をスローガンに、7月22日から8月21日まで北海道、山形県（カヌー競技）、栃木県（水泳競技／飛込）、和歌山県（ヨット競技）で開催されます。サッカー競技は、女子が7月25日から30日に帯広市・音更町の4会場で、男子が7月28日から8月4日に旭川市の6会場で開催されます。北海道での開催は昭和62年以来、実に36年ぶりとなります。開催まであとわずかとなり、北海道実行委員会をはじめ、帯広市実行委員会、旭川市実行委員会、各市町担当職員の方々とともに皆さま方をお迎えすべく準備を進めているところです。

北海道の現状

北海道ではJリーグの北海道コンサドーレ札幌、なでしこリーグのノルディーア北海道を中心に、普及から競技力の向上まで各カテゴリで活発な活動が行われています。北海道は広大で、都市が離れて点在する広域性により刺激や競争力を生みづらい環境にあります。しかし、近年は選手の健康・安全面に配慮した日程や施設の整備、リーグ戦の普及等によって、ゲーム環境が年々整えられてきており、活発なトレセン活動や試合の機会の増加で選手や指導者同士の交流の機会も広がっています。一方で、大会や遠征等での移動や経費の負担が大きく、長年、運営サイドや指導者の悩みの種になっています。

北海道の高体連加盟校数（サッカー）は男子192校、女子13校、登録人数は計5785名となっています。全国大会でベスト8、ベスト16に進出するチームが出てきており、今年度の「いちご一会とちぎ国体 2022」では少年男子チームが4位という輝かしい成績を収めました。

少子化の影響で学校の統廃合が進む中、新たに立ち上がるチームもありますが、部員数の減少により部がなくなってしまう学校、合同チームで参加する学校も多くなっており、全体としては加盟校数が減少傾向にあります。少子化や活動の地域化など、部活動を取り巻く環境が大きく変化しつつある中、サッカーに興味を持ち、プレーしたいと思う気持ちが繋がっていくよう、協力して環境を整えていかなければならないと考えています。

終わりに

高校総体はサッカーを通して全国の多くの選手や指導者の方々とお会いできる絶好の機会です。熱き魂の鼓動がこの北の大地の大空に轟き、大会運営に携わる多くの地元高校生や会場を訪れる子どもたちにも、これからの成長に繋がる刺激や目標を与えてくれることと思います。2024年度、25年度には女子サッカー競技が引き続き北海道室蘭市を会場に開催されます。皆さまにとって一生の記憶に残る素晴らしい全国大会になるよう、また、今後の北海道サッカーの活性化に大きな力を与えてくれる3年間になるよう、関係者一同、その役割を担う一員として全力で準備・運営・競技に取り組んでまいります。皆さまのお越しを心よりお待ちしております。

都道府県レポート

「燃ゆる感動 かごしま国体」を控えて

鹿児島県高体連サッカー専門部委員長
鳥越美智人
鹿児島県立甲南高校

はじめに

かごしま国体・かごしま大会の2023年開催は、我が国のスポーツ界はもとより、日本全体で痛みを分かち合い、関係機関や佐賀県、滋賀県をはじめとする後催県と調整を行い、御理解と御賛同をいただき決定したものです。鹿児島県の苦境に御理解いただき、2023年の両大会開催に御協力いただいた後催県の皆さまに心から感謝を申し上げます。

2度目…

1972年の太陽国体以来51年ぶりに、2023年10月7日から「熱い鼓動 風は南から」をスローガンに特別国民体育大会「燃ゆる感動 かごしま国体」が開催されます。

サッカー競技は2023年10月12日から16日の5日間、少年男子が薩摩半島南西部の豊かな自然に抱かれた南さつま市、少年女子が県央部の雄大な霧島連山や温泉に恵まれた霧島市、成年男子が大隅半島東部の最も「こころざし」のある志布志市で開催されます。

2度目の開催地紹介となります。2019年にプレ大会を行い本番に向けていい準備ができました。2020年にかごしま国体の延期が決まり、その時は3年後に向けて気持ちを切り換えていこうとなりました。しかし2021年の三重国体の中止等を受けて、我々高校スタッフの中ではプレ大会や本国体が行われない中で、本当に2023年のかごしま国体を万全の態勢で迎えられるのかという不安のほうが大きくなってきました。2022年のプレ大会は実施できましたが、成年男子会場となる志布志市のみの実施となり、高校生スタッフも少数しか参加できず、モチベーションを上げるに至っていません。

さらに、とちぎ国体でのサッカー競技の上位進出を来年へのプラス材料にと大会に臨むも、初開催の少年女子は3位に入賞したものの、少年男子は初戦敗退。なかなかスッキリしないままに来年を迎えるのではないか、と不安は募るばかり……が正直な所です。

それでも！

我々スタッフは本当にバタバタしながら、落ち着かない大会運営になるかもしれませんが、お許しください。ですが、厳しいブロック大会を勝ち抜いてきた選手たちが全力で試合に臨める環境に関しては、開催都市と協力しながら、しっかりと取り組んでいきます。万全かどうかは分かりませんが、「チームかごしま」で準備をしながら皆さまのお越しをお待ちしております。

令和5年度各都道府県 年間計画一覧

県名	総体予選	国体予選	選手権予選	地域大会予選	新人大会	総会（※）	技術研修会	県選抜強化	U-18リーグ	その他
北海道	5月下、6月中	6月中、7月上	8月下～9月上、10月中～下	6月中	—	—	6月中、11月上、1月中	7月中、8月中、9月上、11月上	4月下～9月下	専門委員会4月中、6月中、10月／室内2月中
青森	5月下～6月上	—	一次8月下、二次10月中～11月上	—	地区8月下～9月中、県11月中	5月上、7月中、9月上、10月中、2月中	6月中	6月中	4月中～9月中	春季大会4月下～5月上
岩手	5月下～6月上	—	10月上～11月上	—	11月中	4月中、8月下、3月中	—	7月上、3月中	4月中～9月下	選抜交流大会3月中
秋田	5月下、6月上	—	10月上～下	—	地区9月上、11月上～中	5月中、2月上	—	6月中～7月中、8月上	4月中～9月下	
山形	地区4月下～5月上、県5月下～6月上	8月中	9月下～10月下	—	地区9月上、県10月下～11月上	—	11月上	4月～6月中～7月上～8月上	4月上～11月下	
宮城	5月下～6月上	—	一次7月中、県10月下～11月上	—	県11月上～下	4月中、2月中	—	8月中、9月下、12月下、3月下	4月上～12月中	
福島	地区5月中、県5月下～6月上	—	9月下～11月上	—	地区11月中～下、12月上	7月上、2月下	—	4月下～8月上、9月上～10月中、2月中～3月中	4月上～10月上	県総体4月中
東北	総会（6月中）／東北選手権（6月中）／国体予選（8月中）／東北新人大会（1月下）／プリンスリーグ東北（4月中～9月中）									
茨城	地区5月下、県6月上～下	—	9月下～11月上	地区4月中、県4月下～5月中	地区11月下～12月上県1月中～下	4月下、6月上、9月下、1月上、2月中、3月中	8月上、12月上、1月下	5月～10月各上、11月中、12月～1月各上、2月下、3月中	4月～12月	
栃木	5月下～6月下	—	10月上～11月中	4月下～5月中	1月中～2月上	4月中、5月中、9月上、12月上、3月中	—	7月上～中、12月下、3月中	4月～12月	
群馬	5月下～6月中	—	一次8月下～9月中、二次10月中～11月上	4月下～5月中	1月中～2月上	4月中、7月上、2月上	2月中	3月中～下	3月中～11月下	
埼玉	支部5月上、県6月上～下	—	一次8月下、二次10月中～11月中	4月中～下	支部1月中～下、県2月中～下	支部4月中、県5月上	3月中	4月上～7月上、8月中、9月上～11月下、1月～3月下	4月～12月	U-16リーグ6月～9月
千葉	地区4月下～5月上、県6月上～下	8月中	一次6月中～9月上、決勝10月上～11月下	4月下～5月上	地区11月中～12月上、県1月中～2月上	2月中	10月上	6月下～8月上	4月上～12月下	U-16ブロック対抗戦9月～12月
東京	地区4月下～5月上、都5月上～6月下	5月	一次8月下～9月中、二次9月下～11月中	4月上～5月上	11月中、2月	4月上	12月	6月上、8月上、9月上	2月中～10月下	
神奈川	4月下～6月中	8月中	一次T7月中、二次T9月中～11月中	4月上～5月上	地区9月下～1月下	3月上	9月上、12月上	4～6月下、7月上、9～11月下、12月上、1～3月下	3月中～12月下	
山梨	6月	8月中	10月上～11月中	4月下～5月中	1月中～2月上	4月上、6月下、9月上、10月下、11月下、2月中	2月中	4月上～6月下、8月中、9月上～11月下、1～3月下	4月上～12月上	
関東	総会（6月上）／関東大会（6月上、12月上）／国体予選（8月中）／U-18関東リーグ（4月上～12月上）									
長野	地区5月上～中、県5月下～6月上	8月中	8月下～11月中	—	12月上～中	2月上	—	7月上～8月上、1月中、2月中、3月下	4月上～9月下	
新潟	5月下～6月上	—	9月上～11月中	—	9月中、11月中	4月中	2月下	6月中、7月下、8月中、9～12月各下、1,2月各中、3月下	4月下～10月上	春季大会5月上
富山	5月中～6月上	—	9月下～11月上	—	11月中～下	3月上	—	6月中、7月下、8月中、2月中、3月中	4月上～9月中	
石川	5月下～6月上	—	9月下～11月上	—	11月中	5月中、8月中、10月下、11月下、2月下	—	4月～9月	4月上～9月下	春季大会4月上～5月上
福井	5月下～6月上	—	9月中～11月上	—	11月中	4月上、10月下	2月下	4月下～5月上、6月中～7月中、8月上～中	4月中～9月中	
北信越	北信越大会（6月中）／国体予選（8月中）／U-18北信越リーグ（4月上～10月上）									
静岡	支部4月中～5月上、県5月中～6月上	8月中	一次T9月中～10月中、決勝T11月上～中	—	12月中～1月下	支部4月上、12月上	2月上	4月下～9月下、12月下～3月中	4月上～12月上	SBSカップ8月下／フェスティバル3月下
愛知	支部4月中～5月上、県5月中～6月上	8月中	地区8月下～9月上県10月上～11月中	—	支部1月上～中、県1月下～2月中	2月	7月中、3月下	4月～3月	4月上～7月上8月下～12月上	
岐阜	5月中～6月上	8月中	9月下～11月中	5月中～6月上	1月下～2月上	2月中	11月下、2月	5月上、8月、2月下	4月～12月	U-16リーグ6月～2月
三重	5月	8月中	9月下～11月中	—	1月	4月中、11月下	11月下	4月～3月	4月～12月	伊勢市長杯4月上
東海	東海総体（6月中）／技術研修会（9月）／U-16リーグ（6月下～7月下、11月上～12月下）									
滋賀	5月中～6月上	8月中	10月下～11月中	—	12月中～1月下	4月下、9月下、11月下、2月下	11月下	5月上、7月下～8月中、3月下	2月中～10月上	
京都	5月上～6月上	8月中	地区7月下、府9月下～11月中	—	地区11月下、1月上～2月下	4月中	—	4月中～8月上	2月中～10月上	
奈良	5月上～6月中	—	10月上～11月中	—	1月上～2月上	4月中	1月下	4月～3月	4月上～11月下	U-16ユースサッカー9月
和歌山	5月下～6月上	8月中	10月下～11月中	—	1月上～2月中	5月上、9月中、2月下	2月下	7月下、8月中、3月下	2月中～10月上	
大阪	4月中～6月上	8月中	8月下～11月中	4月中～6月上	—	7月中、12月中、3月上	6月下、7月上、12月中	4月上、6月中、8月中、3月下	4月上～12月上	
兵庫	5月上～6月上	8月中	10月上～11月中	1月中～2月上	12月上～中	4月中	11月上	6月中～7月下、8月上～9月中	4月～12月中	
近畿	近畿大会（女子6月、男子2月）／国体予選（8月中）／U-18関西リーグ（4月上～10月中）									
鳥取	5月下～6月上	8月下	10月中～下	—	11月中～下	4月下、9月中、2月中	3月上、6月下、11月下、12月上	4月下～8月上	4月上～10月上	
岡山	5月中～6月中	6月中～下	9月上～11月上	—	地区12月上～1月上、県1月下～2月中	2月下	12月下	7月下、8月中、3月中	4月上～12月上	U-16大会8月下
広島	地区4月上～下、県5月下～6月中	—	一次8月下～9月上、決勝T10月下～11月中	—	県1月中～2月上	2月中	7月下、8月中、12月下、2月中	6月下、8月上、12月下、2月上、3月下	4月上～12月上	
島根	5月下～6月上	—	10月下～11月上	—	2月上	2月中	—	7月下、8月中	4月～10月	
山口	5月下～6月中	8月	10月下～11月中	5月、6月	1月、2月	9月下、2月下	12月	4月、5月下、6月中、7月、8月	4月～12月	
中国	中国大会（6月下）／国体予選（8月下）／ユース（8月下）／全国大会出場校研修大会（12月上）／U-18中国リーグ（3月下～7月中）									
香川	5月下～6月上	—	10月中～11月上	—	1月中～2月上	4月上	12月上	4月下～8月上	4月～12月	
愛媛	地区4月、県6月上	8月中	9月下～11月中	—	地区12月下、県1月下～2月上	6月下	2月中	7月、11月、2月	4月～12月	
徳島	5月下～6月上	—	10月上～11月上	—	1月中～2月上	4月上	—	5月上、6月中	4月上～12月下	
高知	5月	—	10月上～11月中	5月	12月中～1月下	2月中	7月上、12月上	4月上、一次6月、二次7月下、8月上～中、3月中	4月上～12月上	
四国	四国大会（6月下）／国体予選（7月下）／ユース（8月中）／U-18プリンスリーグ四国（4月上～12月上）									
福岡	地区4月中～5月上、県5月中～6月上	—	一次7月下、二次10月中～11月中	—	地区12月上～1月上、県1月中～2月上	4月、11月	4月、11月	4月～7月、8月中、9月中	4月上～12月上	九州高校フェスティバル3月下／サニックス杯国際ユース3月下
佐賀	6月上	—	10月上～11月中	—	1月上～2月上	2月中	—	4月上～9月中、11月中、3月中	4月～12月	
熊本	5月下～6月上	—	10月中～11月中	—	1月中～2月上	4月上、11月下	3月上	4月中～5月中、6月中～7月中	開催	熊本フェスティバル8月上
長崎	6月上	—	地区8月上～9月上、10月上～11月中	—	地区12月下～1月上、県1月下～2月上	4月中、7月上、12月上	9月下	—	4月上～11月下	島原フェスティバル4月
大分	6月上	—	10月上～11月中	—	1月中～2月上	5月上、7月上、2月下	—	7,8月各中、9月中～下、10月、1月下、2月上、3月中～下	—	FAリーグ8月下
宮崎	5月下～6月上	—	9月下～11月上	—	1月下	5月上	—	6月中、11月中	4月上～12月上	1年生大会12月中
鹿児島	5月下	—	地区9月下～10月上、県10月下～11月上	—	1月下	—	3月下	4月～3月	4月上～12月上	地区強化大会5月、12月下／1年生県大会7月下／招待サッカー12月上
沖縄	5月下～6月上	—	9月中、10月中～11月中	—	1月中～下	4月上	—	4月上～下、6月上～7月下、8月上～下、9月上～下	4月中～12月上	県サッカー祭7月下／地域強化リーグ12月中～下／招待サッカー3月下
九州	九州大会（6月下）／国体予選（8月下）／新人大会（2月中）／九州国際フェスティバル（3月下）／サニックス杯国際ユース大会（3月下）／U-18プリンスリーグ九州（4月上～12月中）									

※部または顧問・監督

注）北海道は地域と道の年間計画が重なるため、一つにまとめて表示しています。

高校サッカー師弟対談

J1で得点ランキング2位（13得点）、日本代表のデビュー戦で初ゴール、そしてFIFAワールドカップカタール2022（W杯）でメンバー入り——。2022年に大きな飛躍を遂げた町野修斗（湘南ベルマーレ）を、高校時代に全国レベルの選手に育てたのが、履正社の恩師・平野直樹監督だ。FWとしても、高校生としても成長過程にあった町野少年は、どのような3年間を過ごしたのか。高校年代からW杯まで、笑顔の絶えない対談のテーマは多岐にわたった。

平野直樹×町野修斗

履正社（大阪）

「日本でFWを育てなきゃいけない」という思いがあった(平野監督)

FWへのコンバートで類いまれなる才能が開花

いまでは「忍者ポーズ」がゴールパフォーマンスとして知られている町野修斗は、三重県伊賀市で生まれ育った。中学年代に所属していたFCアヴェニーダソルでは平野直樹監督の教え子である長島健太郎氏がコーチを務め、彼の推薦を受けて町野は履正社の練習に参加。三重県から大阪府の高校へ進学することを決意した。

平野　修斗の入学が決まった後にわかったことだけど、修斗のお父さんの理さんは僕と同郷で先輩だったんだよね。国体にも出場したサッカー選手だったし、名前を覚えていて。

町野　自分の中では県外の高校に行きたいという思いがあったんです。Jクラブの練習にも参加したんですけど、レベルが高くて……。履正社の練習に参加したときに、林大地選手(シントトロイデンVV)や田中駿汰選手(北海道コンサドーレ札幌)といった先輩方を見て、「絶対にここに行きたい」と強く思いました。

平野　監督を見て、「やさしそうな先生だな」と思ったんだよな?(笑)

町野　はい、思いました(笑)。

平野　1年生のときは、総体の府予選が終わってからメンバーに入りだした?

町野　いえ、全国大会までは応援でした。メンバーに入れたのは、その夏に石川県で行われた……。

平野　和倉ユースからか。

町野　そうでした。

平野　1年生チームのときはボランチもやっていたけど、僕の中では町野修斗はFW。修斗自身は履正社に入るときにどのポジションだと思っていたの?

町野　中学のときは前めのポジションをやっていたんですけど、FWと言われたときはコンバートされたっていう印象でした。

平野　そうだったんだ。僕の中ではFW一択。

町野　初めて聞きました。

平野　「日本でFWを育てなきゃいけない」という思いがあったから。体格的に恵まれていて、身長もまだ伸びそうだったし。履正社に入ってきたときには180cmあった?

町野　まだ180cmはなかったです。

平野　180cm近くあったのに、右足でも左足でも蹴れたし、ヘディングもうまかった。だから「FWで日本代表を目指してもらわないと困る」くらいに思っていた。実際、卒業するときには「目指せ! 日本代表」というメッセージを書いたと思う。

町野　いまFWとしてJリーグで試合に出られているのは、平野先生がFWで使ってくれたことが本当に大きいです。上の学年に、林選手をはじめ参考になる選手が多かったので、その影響もあると思います。

平野　メンタル面でもFW向きだったよ。高校生のときから、自己主張はきちんとするタイプ。たとえそれが合っていようが間違っていようがね。日常生活だと我が強すぎる側面もあるんだけど、だからといって「ダメだ」って言うのは簡単で。育成年代なんだから、足りないところは伸ばしていけばいいだけなんだよ。とはいえ、修斗がこんな立派な大人になるなんて、履正社の人間は誰も思ってなかったよ(笑)。

町野　(笑)。

1年生ながらプレミアリーグで初得点を挙げるなど、町野は得点感覚に磨きをかけていく。林や田中といった中心選手が履正社を卒業した翌2016年には、チームの中軸を担う。そして、2年生の終わりには、日本高校選抜の一員として欧州遠征も経験。遠征先のドイツでも得点を挙げた。いちサッカー選手として、また一人の人間として日に日に成長を遂げていった——。

平野　2年生になってほとんどの試合に起用していたけど、精神的にはまだまだ子どものところがあってね。僕によく叱られていたな。

町野　怒られた記憶しかないです(苦笑)。

平野　褒めると調子に乗るタイプだから(笑)。

町野　そうですね(笑)。

平野　でも、足りないところが高校で少しずつうまってきた。2年生のときにチームの中心になり、日本高校選抜にも呼んでもらって、高校サッカーを通じて多くの人とのかかわりができたからだと思う。周囲のサポートを受ける中で少しずつ成長していって、ようやく一流アスリートへの一歩を踏み出してきたのかな……。ダメだ。褒めすぎてるな(笑)。

町野　ありがとうございます(笑)。うれしいです。

平野　2年生の日本高校選抜のときに、当時監督だった黒田(剛)監督(青森山田→FC町田ゼルビア)から「スタートから使おうと思っていたのに、町野がユニフォームを忘れたもんだから使えなくて。プランがズレちゃいましたよ」とか報告を受けたこともあったか。これは褒めていないか(笑)。

町野　(笑)。

平野　そのときの日本高校選抜では青森山田のキャプテンだった住永翔(ラインメール青森FC)に面倒を見てもらって。

町野　ずっと一緒にいて、面倒を見ていただきました。

平野　彼が修斗のサッカーノートに、サクラマスの話を書いてくれたんだよね。

町野　同じサクラマスでも、生まれ育った環境によって成長の過程も大きさも変わるという話です。

平野　ノートをコピーさせてもらって、いまでも紹介させてもらってるよ。

町野　平野先生の話も覚えていますよ。村祭りのお酒の話。

平野　貧しい村でお酒がないから、みんなで枡に一杯ずつお酒を持ち寄って、樽に入れようと。それで祭りを祝おうと思って、鏡開きをしていざ飲んでみたら、中身が全部水だったっていう話ね。「一人くらいちゃんとやらなくても大丈夫だろう」と思っていたら、全員が同じ考えだった……。一人ひとり責任と自覚を持つことの大切さを生徒に伝えるときのたとえ話ね。

町野　身に覚えのある話で、自分には刺さりました。「自分くらいいいだろう」という甘い考えがサッカーでも結果に出てしまうので、いまでも覚えています。

「朝の練習は自主制。放課後に2時間半、チームで練習をしたらあとは個人練習。僕ら指導者も休みたいから、休日もつくる」と履正社の練習方針を平野監督は挙げる。日本代表のストライカーは、どのように練習に取り組んでいたのだろうか。

平野　学校とサッカー部のグラウンドが15kmくらい離れているから、放課後にスクールバスで移動して、夕方5時ぐらいから練習スタート。全体練習が終わるのが7時半で、それから個人練習をやって8時半くらいにバスに乗って戻ってくる。修斗は個人練習で、シュートしか練習していなかったんじゃないか？

町野　グラウンドに着いたらすぐに、GKを捕まえてシュート練習をしていました。全体練習が終わっても、シュート練習をやっていましたね。

平野　シュートがうまかったからね。ミドルシュートも撃てたし。そういえば、2年生の総体の(3回戦)日章学園戦か。修斗の出来が良くなくてね。もちろん暑いのもあったんだけど全然走れなくて、「もっとやる気出せ!」って発破をかけたんだけど、結局PK方式までもつれて。でも、PK方式になったら角にすごいシュートを決めたんだった。

町野　PKは得意というより、「外すわけないやん」くらいに思っていたので。PK方式では「決めたら勝ち」っていう状況で蹴らせてもらっていたので、いつもおいしいところをいただいてました。

「自分くらい いいだろう」という 甘い考えがサッカーでも 結果に出てしまう(町野)

恩師が感じた
メンタル面での覚醒

サッカーの強豪校として全国にその名を馳せる履正社は、野球部が夏の甲子園で優勝するなどスポーツが盛んな高校だ。一方で、「文武両道でした」と町野が振り返るように、大学への進学率も高い。親元を離れてひとり暮らしをはじめた町野は、どのような高校生活を送っていたのだろうか。

町野　勉強はできなかったですね。

平野　勉強ができないわけじゃないけど、興味のないものに関しては手を抜くタイプだから。でも、意外と字がうまい。字だけ見ると勉強ができる生徒かなっていう（笑）。

町野　小学生のときに習字を習っていましたから。

平野　スポーツクラスだったから、クラスにはいろいろな部活の生徒がいて、みんな仲がよかった。野球部が甲子園に出たら、サッカー部も応援に行けるときはもちろん行くし。選手権の予選に野球部や他の部活の生徒が応援に来てくれたり。

町野　仲がいいクラスでしたし、学校は毎日楽しかったんですけど、ひとり暮らしのごはんが大変でした。

平野　晩ごはんは学校の近くの飲食店でお世話になって。

町野　朝ごはんと昼ごはんは自分で用意しないといけなかったんですけど、野球部の友達のお母さんがわざわざごはんを作ってくれたりして。多くの人に助けていただきました。

平野　１年生のときはよく寝坊してたよな。先生が部屋まで起こしに行ったりして。

町野　……はい（苦笑）。

平野　それが2年生くらいになったら自覚が出てきて。遅刻をしなくなったどころか、逆に朝早く練習に来るようになって。スイッチが入ったタイミングがあったよな？

町野　あったと思います。

平野　修斗が2年生になるとサッカー部の寮ができて、ひとり暮らしをしていた生徒が寮に入る中で、唯一寮には入らなかった。

町野　ひとり暮らしでやってきたからそのままでいいかな、と思って。

平野　たまにコーチが部屋を見に行ったら、意外ときれいにしていて。几帳面だったんだっていう驚きが（笑）。

町野　きれいなほうが好きなんですよね。部活が終わって、晩ごはんを

町野修斗
（まちの・しゅうと）
1999年9月30日、三重県生まれ。履正社では、2年生から2年連続で日本高校選抜入り。同校卒業後の2018年に横浜F・マリノスに入団。ギラヴァンツ北九州を経て、2021年から湘南ベルマーレでプレー。日本代表としては2022年7月19日、EAFF E-1サッカー選手権の香港戦で代表初出場初得点を記録。同年のW杯カタール大会でもメンバー入りをはたした。185cm、80kg。

1

2

3

4

1 W杯カタール大会ではチームを盛り上げた
2 履正社2年生のときに総体で8強入りし、大会優秀選手に選出
3 2021年からプレーする湘南ベルマーレでは得点を量産
4 日本代表としては4試合3得点（2023年2月現在）
写真／1 長濱耕樹（JMPA）、2 小林洋、3 長濱耕樹、4 渡部薫

5 日本高校選抜を率いた平野監督は第56回デュッセルドルフ国際ユースサッカー大会で優勝
6 四日市中央工業を総体で日本一に導いた
7 選手時代にも日本高校選抜として欧州へ
8 現役時代はFWとして活躍した
写真／5 6 7 8 小林洋

平野直樹

（ひらの・なおき）

1965年11月2日、三重県生まれ。四日市中央工業ではFWとして、1983年の総体で日本一に。順天堂大学、松下電器産業（ガンバ大阪の前身）、ガンバ大阪でプレーし、1992年に現役を退く。引退後は指導者の道に進み、ガンバ大阪やベガルタ仙台などで育成年代を中心に指導。2003年、サッカー部を創部する履正社の監督に就任、現在まで監督を務め、同校を強豪校にのしあげた。

食べて夜10時過ぎに部屋に帰ってきて、洗濯機を回しながらお風呂に入って、洗濯物を干して、寝る。慣れてきたら楽勝でした。

平野　普通やっちゃダメだろっていうことをやっちゃうような、ある意味で宇宙人的なタイプだったけど、生活力はちゃんとあって、服装がだらしないということもなかった。ただ、性格的な部分の成長がちょっと遅かっただけ。

町野　（笑）。

3年生の10月には卒業後のＪ１横浜F・マリノス入りが内定、「プロサッカー選手になる」という目標をかなえた町野。しかし、その翌月に行われた選手権予選では決勝で惜敗。「選手権出場」という目標は、一度も達成することができなかった。

平野　修斗が3年生になって、選手権予選では3年ぶりに決勝へ行って。

町野　大阪桐蔭戦。

平野　先制された中で修斗がヘディングでゴールをとった。

町野　1-1の同点になりました。

平野　最後に1点とられて、1-2。

町野　選手権は本当に夢の舞台というか、出場したかったですし、優勝したかったです。いまでも戻りたいくらいですね。それぐらい懸けていた大会だったので、選手権に関しては悔しい3年間でした。

平野　修斗の２学年上の林たちが抜けて、全然違うチームになってしまったから。彼らの代は５～６人が１年生から試合に出ていたし、テクニカルな選手が多かった。チームとしては彼らにおんぶにだっこの感じがあったことも否めないかな。でも、修斗は大事なところでしっかりと得点に絡んでくれていたよ。

3年生の終わり、2月から4月にかけては平野監督が指揮官を務めた日本高校選抜に、町野も選出されて欧州遠征にも参加した。町野は2年連続での抜擢となった。

平野　修斗は前の年も日本高校選抜に選ばれていたから、経験値にも期待して選んだんだけど……。

町野　調子が悪くて、全然活躍できませんでした。

平野　これは僕の勝手な分析だけど、プロ入りが決まっていて、それもトップチームのマリノスで。ただ、プロサッカー選手としてやっていく覚悟が足りなかったんだと思う。覚悟ってすごく大事だから。卒業後は近くで見ていたわけではないけど、「腹をくくったな」と感じたのは、２年目にＪ３のギラヴァンツ北九州に期限付き移籍をしたとき。Ｊ１のチームからＪ３のチームに移籍したわけだから、試合には出られるだろうくらいのつもりだったのに全然そんなことはなくて、「このままだとヤバい」

次のW杯はピッチで活躍している姿が見たい（平野監督）

って思った瞬間があったんじゃないか……。なんて想像しているんだけど、実際のところはどうだった？

町野　正直なところ、移籍したてのころはプライドというか、「Ｊ１のマリノスなのに、Ｊ３のチームにいるなんて」という思いは少なからずありました。でも、シーズンが始まったら、「そんなの関係ないぞ」という気持ちになって。野心のある選手も多かったですし、チーム内の競争に勝っていくのはたいへんでした。

平野　その年に優勝してＪ２に昇格して。修斗は8ゴールでチーム得点王だっけ？

町野　はい、ただもっととれたなって思ってます。

自身初のW杯を経て見据える、次のステージ

2022年11月1日に発表されたW杯カタール大会のメンバーに、町野の名前はなかった。同年7月のEAFF E-1サッカー選手権で日本代表に初招集され、初戦の香港戦で初出場初得点。メンバー発表前最後の試合となった9月のドイツ遠征にも選出され、メンバー入りの期待が高まっていた中での落選。直後に行われたJリーグでは「4年後への競争ははじまっている」と2026年に開催されるカナダ・アメリカ・メキシコでのW杯へと目標を設定していた最中、怪我で離脱した選手に代わって急遽追加招集される。

町野　11月にメンバーの発表があって、外れたときにバックアップメンバーに入ることは言われていました。Ｊリーグのシーズンが終わっても、体は動かしていて準備はしていたんですけど、まさか自分が選ばれるとは思ってもいなくて……。

平野　9月の試合で結果を出せなかったけど、そこでまた覚悟が決まって。その後のJリーグの試合では、４試合４ゴール。それまでだったらパスを出していたところでも、強引なプレーでゴールを奪っていたから、さらに成長するんだろうなと思っていたら……。メンバーに入ったときに電話をもらって。「この間のゴールよかったね」なんて話から始まって、「実はさっき電話があって、メンバーに入りました」と。鳥肌が立ったよ。

町野　大きいスーツケースを持っていなくて、めっちゃ小さいやつに詰め込んでいきました（笑）。

平野　（笑）。でも宇宙人的な選手だから、海外でもやっていけるキャラクターだと思うよ。

初戦のドイツ戦に勝利した日本は、続くコスタリカ戦に敗れたものの、スペイン戦に勝利してグループリーグを首位で突破。決勝トーナメント1回戦ではクロアチアと対戦した。日本中を熱狂に巻き込んでいったチームにおいて、町野は出場機会に恵まれず、ベンチを温めながらW杯4試合目を迎えていた。

平野　会ったら聞いてみようと思っていたことがあって。クロアチア戦で、一度ユニフォーム姿になって「行くぞ！」みたいな雰囲気になったじゃない？

町野　「後半の終わりくらいから上げておけ」とフィジカルコーチに言われていたので、ずっと上げていて。森保（一）監督とも目が合って、「来たな」と思っていたんですけど……呼ばれたのは「町野」じゃなくて「南野（拓実）」でした。

平野　現場にいた知人から聞いたのが、「26番目の選手」という立ち位置を誰よりもわかっていたと。チームの雰囲気をよくするために練習で先頭を切って走ったり、試合のときに抜かりなくウォーミングアップをしたり、町野選手は本当によくやっていましたよ、という話を聞いて、「修斗も大人になったんだなぁ」と思わされたね。

町野　クロアチアとのPK方式でも蹴りたいと思っていましたけど出場できなかったので……、盛り上げて、

祈ることしかできなかったです。ただ、振り返るとすごい大会でしたね。（リオネル・）メッシ、クリロナ（クリスティアーノ・ロナウド）……、最高峰の選手がすべてをかけて戦うだけの価値がある大会でした。試合に出ていなくても寝られない日々が続くぐらいアドレナリンが出て。絶対に次も行きたい大会ですし、W杯でゴールを決められる選手になりたいですね。

平野　W杯を経験できる選手なんてほんのひと握りだから。でも、人って欲深いもので、さらに上を見たい生き物。今度はピッチで活躍している姿が見たい、というのが僕の本音。それは修斗自身が求めていることだと思うけど。

町野　僕はW杯予選も戦っていない、直前にいきなり呼ばれている身でしたから。試合に出られなかった大きな理由は、常に代表にいたわけではないので監督からすると信頼度が低かったというか、使いにくかったんだと思ってます。この（2026年W杯までの）3年半で、常に代表のストライカーとして戦える選手になりたい。そのためにはJリーグでの活躍が大事なので、2022年以上の結果を残したいです。

平野　僕らが高校のときはW杯なんて夢のまた夢だったよ。それがいまではJリーグができて、W杯に出るのが当たり前になった。そのうえ、教え子が日本代表として、W杯のメンバーに入るのは喜ばしいことなんだけど、「日本サッカーをさらに上のレベルへ」って考えると、修斗もさらにがんばらなきゃダメだよね。これだけの経験を23歳でさせてもらって、次のW杯は27歳という選手としていい時期に迎えられる。これからの過ごし方は、修斗本人はもちろん、日本サッカーにとっても、高校サッカーにとっても、大切になる気はしているかな。最後にちょっと重たい話になっちゃったけど。

町野　はい、がんばっていきます。

平野　もうユニフォームを自分で用意する必要がないレベルのチームでやっているから、ユニフォームを忘れて試合に出れないなんてことはない。その心配がなくなったのも、僕としてはよかったよ（笑）。

司会進行／池邉左千夫（全国高等学校体育連盟サッカー専門部）　撮影／小林洋　構成／奥山典幸
この取材は、2023年1月11日に、湘南ベルマーレクラブハウスにて行いました。

加盟校

北海道

札幌工業
札幌西
札幌南
市立札幌清田
市立札幌旭丘
[私]札幌龍谷学園
札幌北
札幌北陵
市立札幌新川
札幌国際情報
札幌英藍
[私]札幌創成
札幌手稲
札幌西陵
札幌あすかぜ
札幌稲雲
[私]札幌山の手
市立札幌藻岩
札幌丘珠
札幌東陵
札幌東豊
札幌琴似工業
札幌啓成
札幌東
札幌白石
札幌厚別
札幌月寒
札幌平岡
市立札幌平岸
[私]北嶺
札幌南陵
[私]札幌新陽
市立札幌啓北商業
[私]立命館慶祥
[私]東海大学付属札幌
[私]札幌光星
[私]札幌北斗
[私]北星学園大学附属
[私]北海
[私]北海学園札幌
[私]北海道科学大学
[私]希望学園札幌第一
[私]札幌大谷
石狩翔陽
石狩南
江別
野幌
大麻
[私]酪農学園大学付属とわの森三愛
当別
札幌白陵
市立札幌開成中等教育
[私]札幌静修
[私]クラーク記念国際 札幌大通キャンパス
函館工業
函館西
函館中部
市立函館
函館商業
[私]函館大学付属有斗
[私]函館大谷
[私]函館ラ・サール
[私]函館大学付属柏稜
江差
上磯
檜山北
七飯
森
函館水産
知内
大野農業
[国]函館高専
八雲
旭川東
旭川西
旭川北
旭川永嶺
旭川工業
旭川農業
旭川商業
[国]旭川高専
[私]旭川大学
旭川南
[私]旭川実業
[私]旭川龍谷
[私]旭川明成
留萌
富良野
小樽水産
小樽潮陵
小樽桜陽
小樽未来創造
倶知安
岩内
[私]北照
蘭越
高等聾
室蘭栄
室蘭清水丘
室蘭工業
室蘭東翔
[私]北海道大谷室蘭
登別青嶺
登別明日中等教育
伊達開来
伊達緑丘
苫小牧工業
苫小牧東
[私]駒澤大学附属苫小牧
[国]苫小牧高専
白老東
浦河
静内
静内農業
鵡川
えりも
[私]苫小牧中央
[私]北海道栄
千歳
千歳北陽
恵庭北
恵庭南
[私]北海道文教大学附属
北広島
北広島西
[私]札幌日本大学
岩見沢東
岩見沢西
岩見沢農業
岩見沢緑陵
長沼
滝川
市立滝川西
深川西
稚内
[私]稚内大谷
士別翔雲
名寄
枝幸
利尻
帯広農業
帯広柏葉
帯広三条
帯広緑陽
帯広工業
[私]白樺学園
[私]帯広北
[私]帯広大谷
音更
芽室
池田
広尾
鹿追
帯広南商業
清水
更別農業
上士幌
大樹
幕別清陵
北見北斗
北見柏陽
北見緑陵
北見工業
網走桂陽
網走南ケ丘
佐呂間
紋別
遠軽
美幌
北見商業
津別
釧路北陽
釧路明輝
[私]武修館
釧路湖陵
釧路工業
釧路江南
[国]釧路高専
厚岸翔洋
根室
中標津
別海
中標津
羅臼

青森県

青森
青森工
青森商業
青森北
青森南
青森東
青森西
青森中央
[私]青森山田
[私]東奥学園
弘前
弘前工業
弘前実業
弘前南
弘前中央
[私]東奥義塾
[私]弘前学院聖愛
[私]弘前東
八戸
八戸工業
八戸水産
八戸北
八戸西
八戸東
[私]八戸学院光星
[私]八戸工業大学第一
[私]八戸工業大学第二
五所川原
五所川原農林
五所川原工科
[私]五所川原第一
黒石
三本木
三本木農業恵拓
十和田工業
三沢商業
田名部
大湊
むつ工業
木造
柏木農業
[私]八戸学院野辺地西
百石
名久井農業
三沢
六ヶ所
[国]八戸高専
[私]八戸聖ウルスラ学院
[私]青森明の星
[私]向陵
[私]柴田学園

岩手県

盛岡第一
盛岡第三
盛岡第四
盛岡北
盛岡南
不来方
盛岡農業
盛岡商業
盛岡市立
[私]岩手
[私]江南義塾盛岡
[私]盛岡誠桜
[私]盛岡大学附属
[私]盛岡中央
[私]盛岡スコーレ
花巻北
花巻南
花北青雲
[私]花巻東
遠野
遠野緑峰
黒沢尻北
北上翔南
[私]専修大学北上
金ケ崎
水沢
水沢工業
岩谷堂
一関第一
一関第二
一関工業
[私]一関学院
千厩
釜石
釜石商工
大槌
高田
大船渡
大船渡東
岩泉
宮古
宮古商工
久慈
久慈東
葛巻
福岡
福岡工業
[国]一関高専
水沢農業

秋田県

秋田
秋田南
秋田工業
新屋
市立秋田商業
市立御所野学院
[私]ノースアジア大学明桜
[国]秋田高専
能代
能代松陽
横手
横手清陵学院
大曲
大曲農業
大曲工業
大館鳳鳴
大館桂桜
本荘
由利工業
西目
男鹿工業
湯沢
秋田西
秋田北鷹
仁賀保
角館
西仙北
大館国際情報学院

山形県

山形東
山形南
山形工業
山形中央
山形市立商業
[私]山形学院
[私]日本大学山形
[私]東海大学山形
[私]山形明正
[私]山形城北
寒河江
寒河江工業
上山明新館
[私]惺山
天童
[私]創学館
米沢興譲館
米沢工業
米沢商業
米沢東
[私]米沢中央
[私]九里学園
長井
長井工業
南陽
高畠
新庄北
新庄神室産業
[私]新庄東
鶴岡南
鶴岡工業
鶴岡中央
[私]鶴岡東
庄内農業
[国]鶴岡高専
[私]羽黒
庄内総合
酒田東
酒田西
[私]酒田南
酒田光陵
村山産業
東桜学館

宮城県

仙台第一
仙台第二
仙台第三
仙台向山
仙台南
仙台西
仙台東
宮城工業
松島
宮城広瀬
泉
泉松陵
泉館山
市立仙台
市立仙台工業
市立仙台商業
塩釜
多賀城
利府
[私]東北学院
[私]仙台育英学園
[私]東北
[私]仙台城南
富谷
[私]仙台大学附属明成
[私]東北学院榴ケ岡
[私]聖和学園
[私]東北生活文化大学
仙台二華
[私]聖ウルスラ学院英智
市立仙台青陵中等教育
[私]尚絅学院
宮城第一
宮城農業
名取
名取北
亘理
白石
白石工業
柴田農林
柴田
角田
村田
石巻
石巻商業
石巻工業
石巻北
石巻西
[私]日本ウェルネス宮城
古川
古川工業
岩出山
中新田
涌谷
小牛田農林
鹿島台商業
[私]古川学園
黒川
古川黎明
[私]大崎中央
加美農業
築館
佐沼
登米総合産業
迫桜
気仙沼
志津川
本吉響
[私]東陵

福島県

福島
福島商業
福島明成
福島工業
福島東
福島南
福島西
橘
[私]福島成蹊
[私]福島
[私]聖光学院
保原
安達
二本松工業
本宮
安積
郡山商業
郡山北工業
郡山
郡山東
あさか開成
[私]尚志
安積黎明
須賀川創英館
清陵情報
須賀川桐陽
岩瀬農業
白河
白河実業
白河旭
塙工業
田村
船引
[私]帝京安積
[私]日本大学東北
[私]石川
[私]会津北嶺
会津
若松商業
会津工業
葵
喜多方
喜多方桐桜
会津学鳳
[私]会津若松ザベリオ学園
ふたば未来学園
相馬
相馬総合
原町
相馬農業
小高産業技術
磐城
平工業
平商業
磐城桜が丘
いわき総合
いわき光洋
いわき湯本
勿来
勿来工業
福島高専
小名浜海星
[私]いわき秀英
[私]東日本国際大学付属昌平

茨城県

水戸第一
水戸商業
水戸工業
緑岡
水戸桜ノ牧
私茨城
私水戸啓明
私水城
私水戸葵陵
私常磐大学
笠間
那珂
水戸農業
常陸大宮
茨城東
中央
大子清流
日立第一
日立工業
多賀
日立商業
日立北
私茨城キリスト教学園
私明秀学園日立
私科学技術学園日立
太田第一
太田西山
那珂湊
海洋
勝田工業
勝田
佐和
国茨城高専
高萩清松
私第一学院
麻生
玉造工業
潮来
鉾田第一
鉾田第二
鹿島
私鹿島学園
私清真学園
波崎
波崎柳川
神栖
土浦第一
土浦第二
土浦第三
土浦湖北
土浦工業
私土浦日本大学
私土浦日本大学中等教育
私常総学院
石岡第一
石岡第二
竜ケ崎第一
竜ケ崎南
取手第一
取手松陽
私江戸川学園取手
藤代
藤代紫水
江戸崎総合
牛久
牛久栄進
私東洋大学附属牛久
私霞ヶ浦
つくば工科
私茗溪学園
私つくば秀英
伊奈
古河第一
古河第二
古河第三
古河中等教育
下館第一
下館第二
下館工業
鬼怒商業
結城第一
結城第二
下妻第一
下妻第二
水海道第一
水海道第二
坂東清風
境
総和工業
三和
友部
岩瀬
私岩瀬日本大学
石下紫峰
八千代
竹園
並木中等教育
私つくば国際大学
私つくば国際大学東風
守谷
筑波
明野
私茨城朝鮮初中高級

栃木県

宇都宮
宇都宮東
宇都宮南
宇都宮北
宇都宮商業
宇都宮白楊
宇都宮工業
宇都宮清陵
私文星芸術大学附属
私作新学院
私宇都宮短期大学附属
足利
足利工業
足利清風
足利南
私白鷗大学足利
私足利大学附属
真岡
真岡工業
真岡北陵
大田原
栃木
栃木工業
栃木農業
栃木翔南
私國學院大學栃木
小山
小山南
小山西
小山北桜
私佐野日本大学
私佐野日本大学中等教育
佐野松桜
佐野
佐野東
鹿沼
鹿沼東
鹿沼南
今市
今市工業
矢板
矢板東
私矢板中央
黒磯
黒磯南
茂木
益子芳星
高根沢
さくら清修
石橋
壬生
烏山
那須拓陽
那須清峰
那須
黒羽
馬頭
上三川
私幸福の科学学園
私青藍泰斗
小山城南
宇都宮中央

群馬県

前橋
前橋東
前橋南
前橋西
市立前橋
前橋工業
前橋商業
私前橋育英
私共愛学園
勢多農林
高崎
高崎北
高崎東
高崎工業
高崎商業
中央中等教育
私東京農業大学第二
市立高崎経済大学附属
私高崎健康福祉大学高崎
私高崎商科大学附属
桐生
桐生清桜
桐生工業
桐生市立商業
私桐生第一
私樹徳
伊勢崎商業
伊勢崎工業
市立四ツ葉学園中等教育
伊勢崎清明
伊勢崎
太田
太田東
市立太田
太田工業
私常磐
沼田
利根実業
館林
私関東学園大学附属
渋川
渋川工業
渋川青翠
藤岡工業
藤岡中央
富岡
私新島学園
安中総合学園
榛名
私明和県央
大間々
西邑楽
館林商工
板倉
吾妻中央
新田暁
尾瀬
利根商業
吉井
玉村

埼玉県

浦和
浦和西
浦和商業
浦和工業
浦和北
浦和東
市立浦和
市立浦和南
私浦和実業学園
私浦和学院
私浦和ルーテル学院
私浦和麗明
与野
いずみ
私開智中高
蕨
私武南
上尾
上尾南
上尾橘
私秀明英光
上尾鷹の台
川口
川口工業
川口北
川口東
川口青陵
川口市立
大宮
大宮武蔵野
大宮工業
市立大宮北
大宮東
大宮南
大宮光陵
私埼玉栄
私栄東
私大宮開成
私栄北
桶川西
北本
南稜
伊奈学園総合
桶川
私国際学院
鳩ケ谷
岩槻
岩槻北陵
私開智
岩槻商業
三郷
三郷北
三郷工業技術
春日部
春日部東
春日部工業
私春日部共栄
不動岡
私花咲徳栄
羽生実業
羽生第一
杉戸
幸手桜
栗橋北彩
吉川美南
庄和
松伏
鷲宮
私昌平
越ヶ谷
越谷北
越谷南
越谷西
越谷東
越谷総合技術
私獨協埼玉
久喜工業
久喜北陽
白岡
宮代
草加
草加南
草加東
草加西
八潮
八潮南
蓮田松韻
私開智未来
川越
川越工業
市立川越
川越南
川越西
川越初雁
私川越東
私城西大付属川越
私秀明
私城北埼玉
私星野
私山村学園
所沢
所沢商業
所沢北
所沢西
所沢中央
飯能
飯能南
私聖望学園
私自由の森学園
狭山工業
狭山清陵
狭山経済
私西武学園文理
松山
私東京農業大学第三
豊岡
入間向陽
私狭山ヶ丘
私東野
坂戸
私山村国際
富士見
坂戸西
国筑波大学附属坂戸
和光
和光国際
志木
私慶應義塾志木
私細田学園
新座
新座柳瀬
新座総合技術
私立教新座
私西武台
朝霞西
朝霞
鳩山
日高
ふじみ野
鶴ヶ島清風
私武蔵越生
私埼玉平成
小川
滑川総合
熊谷
熊谷農業
熊谷商業
熊谷工業
熊谷西
本庄
私本庄東
私早稲田大学本庄
深谷商業
深谷第一
深谷
私正智深谷
秩父
秩父農工科学
児玉
児玉白楊
寄居城北
妻沼
進修館
鴻巣
私本庄第一
私東京成徳大学深谷
私叡明
私松栄学園

千葉県

市原
京葉
市原緑
姉崎
市原八幡
私市原中央
私東海大学付属市原望洋
袖ケ浦
木更津
私木更津総合
私拓殖大学紅陵
私暁星国際
私志学館
国木更津高専
君津
私翔凜
君津商業
天羽
安房
館山総合
安房拓心
長狭
大原
大多喜
一宮商業
私茂原北陵
長生
茂原
茂原樟陽
東金
東金商業
千葉学芸
大網
成東
松尾
私横芝敬愛
八街
私千葉黎明
匝瑳
私敬愛大学八日市場
佐原白楊
旭農業
東総工業
銚子商業
市立銚子
多古
小見川
下総
佐原
成田西陵
成田国際
成田北
私成田
印旛明誠
私東京学館
富里
佐倉
佐倉西
四街道
四街道北
私千葉敬愛
八千代
八千代東
八千代西
私八千代松陰
私千葉英和
私秀明八千代
佐倉南
千葉
千葉工業
千葉南
若松
千城台
生浜
泉
私千葉明徳
土気
桜林
千葉東
千葉商業
京葉工業
検見川
千葉北
磯辺
柏井
犢橋
千葉西
市立千葉
市立稲毛
私千葉経済大学附属
私敬愛学園
幕張総合
私昭和学院秀英
私渋谷教育学園幕張
私明聖
市立習志野
津田沼
実籾
私東邦大学付属東邦
船橋
市立船橋
薬園台
船橋東
船橋芝山

船橋二和
船橋古和釜
船橋啓明
船橋法典
船橋豊富
船橋北
私日本大学習志野
私千葉日本大学第一
鎌ヶ谷
鎌ヶ谷西
白井
私東京学館船橋
柏
市立柏
私流通経済大学付属柏
我孫子
我孫子東
私中央学院
私我孫子二階堂
沼南
関宿
私二松學舍大学附属柏
柏の葉
東葛飾
柏南
柏陵
柏中央
私麗澤
私日本体育大学柏
私芝浦工業大学柏
沼南高柳
流山
流山おおたかの森
流山南
流山北
清水
野田中央
私西武台千葉
小金
松戸
松戸国際
松戸六実
松戸馬橋
松戸向陽
市立松戸
私専修大学松戸
国府台
私千葉商科大学付属
国分
行徳
市川東
市川工業
市川南
私市川
市川昴
私日出学園
私昭和学院
浦安
浦安南
私東海大学付属浦安
私東京学館浦安

東京都

江戸川
小松川
葛西南
小岩
篠崎
葛西工業
私関東第一
東
深川
城東
紅葉川
墨田工業
第三商業
科学技術
私芝浦工業大学附属
私中央学院大学中央
江東商業
葛飾野
南葛飾
葛飾商業
農産
私修徳
私共栄学園
葛飾総合
両国
墨田川
本所
橘
私安田学園
私日本大学第一
私立志舎
日本橋
荒川工業
竹台
私開成
私かえつ有明
江北
足立
足立西
青井
足立東
淵江
足立新田
足立工業
私足立学園
国筑波大学附属
竹早
向丘
小石川中等教育
私日本大学豊山
私獨協
私郁文館
私駒込
私京華
私東洋大学京北
私昭和第一
私京華商業
私中央大学
豊島
文京
千早
私学習院高等科
私豊島学院
私豊南
私本郷
私巣鴨
私城西大学附属城西
私淑徳巣鴨
私立教池袋
晴海総合
私貞静学園
私広尾学園小石川
私開智日本橋学園
板橋
北園
板橋有徳
大山
高島
北豊島工業
私城北
私帝京
私大東文化大学第一
私淑徳
上野
白鷗
蔵前工業
私岩倉
私上野学園
飛鳥
王子総合
私駿台学園
私聖学院
私成立学園
私順天
私東京成徳大学
私桜丘
私武蔵野
戸山
新宿
私海城
私成城
私早稲田
私保善
私大智学園
私目白研心
広尾
青山
第一商業
私國學院
私青山学院高等部
私渋谷教育学園渋谷
私クラーク記念国際 東京キャンパス
日比谷
千代田区立九段中等教育
私暁星
私東洋
私正則学園
私二松學舍大学附属
私錦城学園
私大原学園
私武蔵野大学附属千代田
国東京工業大学附属科学技術
芝商業
三田
私芝
私明治学院
私麻布
私高輪
私正則
私東海大学付属高輪台
私広尾学園
小山台
大崎
私文教大学付属
私立正大学付属立正
私攻玉社
私青稜
私朋優学院
私品川翔英
八潮
大森
雪谷
田園調布
蒲田
美原
私東京
私日本体育大学荏原
私大森学園
私東京実業
つばさ総合
六郷工科
大田桜台
大島海洋国際
八丈
神津
大島
三宅
小笠原
国東京学芸大学附属国際中等教育
井草
練馬
大泉
石神井
光丘
練馬工業
田柄
第四商業
私武蔵
私早稲田大学高等学院
国東京大学教育学部附属中等教育
富士
鷺宮
武蔵丘
中野工業
私明治大学付属中野
私東亜学園
私堀越
私実践学園
私宝仙学園
杉並
豊多摩
西
杉並工業
農芸
杉並総合
私専修大学附属
私佼成学園
私日本大学鶴ヶ丘
私中央大学杉並
私日本大学第二
私國學院大學久我山
私杉並学院
私東京立正
私文化学園大学杉並
田無工業
田無
保谷
大泉桜
私武蔵野大学
桜修館中等教育
目黒
駒場
国際
私目黒学院
私日本工業大学駒場
私多摩大学目黒
私目黒日本大学
私自由が丘学園
国東京学芸大学附属
国筑波大学附属駒場
芦花
松原
千歳丘
私大東学園
桜町
深沢
世田谷総合
総合工科
私駒場東邦
私成城学園
私日本大学櫻丘
私東京都市大学付属
私駒澤大学
私日本学園
私世田谷学園
私駒場学園
私東京農業大学第一
私国士舘
私東京都市大学等々力
私三田国際学園
町田
野津田
町田工業
山崎
成瀬
小川
町田総合
私玉川学園
私桜美林
私和光
私日本大学第三
狛江
若葉総合
私八雲学園
園芸
三鷹中等教育
私大成
私法政大学
神代
調布北
調布南
私明治大学付属明治
府中東
府中
府中西
府中工業
私明星学園
私明星
国立
私桐朋
立川
立川国際中等教育
私昭和第一学園
日野
日野台
南平
永山
私多摩大学附属聖ヶ丘
私帝京大学
富士森
片倉
南多摩中等教育
八王子東
八王子北
松が谷
翔陽
八王子桑志
私工学院大学附属
私八王子学園八王子
私八王子実践
私帝京八王子
私明治大学付属中野八王子
私穎明館
私ドルトン東京学園
第五商業
武蔵
武蔵野北
私成蹊
私聖徳学園
私中央国際
小金井北
多摩科学技術
私中央大学附属
私国際基督教大学
私東京電機大学
小平
小平西
小平南
私錦城
私創価
国分寺
私早稲田実業
清瀬
東久留米総合
久留米西
私自由学園
東村山
東村山西
私明治学院東村山
私明法
東大和
東大和南
武蔵村山
私拓殖大学第一
上水
秋留台
私東海大学菅生
五日市
多摩
青梅総合
羽村
昭和
拝島
私啓明学園
福生
多摩工業

神奈川県

鶴見
鶴見総合
市立東
市立横浜サイエンスフロンティア
横浜翠嵐
神奈川工業
城郷
私浅野
神奈川総合
私横浜創英
磯子工業
横浜氷取沢
横浜平沼
横浜緑ケ丘
横浜立野
私聖光学院
市立南
永谷
横浜南陵
市立横浜商業
横浜清陵
横浜国際
私関東学院
希望ケ丘
旭
私横浜商科大学
市立桜丘
光陵
商工
保土ケ谷
私横浜清風
市立金沢
金沢総合
釜利谷
私関東学院六浦
私横浜創学館
私横浜
川和
霧が丘
私森村学園
私神奈川大学附属
白山
荏田
私サレジオ学院
市ケ尾
田奈
元石川
私桐蔭学園
私桐蔭学園中等教育
港北
新羽
新栄
岸根
私武相
私慶應義塾
私日本大学
市立戸塚
上矢部
舞岡
私公文国際学園
柏陽
金井
横浜栄
私山手学院
横浜桜陽
松陽
横浜修悠館
横浜緑園
瀬谷
瀬谷西
私横浜隼人
私秀英
私横浜学園
私橘学苑
私神奈川朝鮮中高級
私横浜翠陵
私鶴見大学附属
私中央大学附属横浜
横浜旭陵
横須賀
横須賀工業
追浜
私横須賀学院
私三浦学苑
横須賀大津
津久井浜
私湘南学院
市立横須賀総合
逗子
私逗子開成
逗葉
横須賀南
三浦初声
川崎
大師
市立高津
市立川崎
市立川崎総合科学
川崎工科
市立橘
住吉
新城
川崎北
向の岡工業
生田
百合丘
生田東
多摩
菅
麻生総合
麻生
私桐光学園

[私]法政大学第二
市立幸
鎌倉
七里ガ浜
大船
深沢
[私]鎌倉学園
[私]栄光学園
藤沢西
湘南
藤沢清流
湘南台
藤沢総合
藤沢工科
[私]藤沢翔陵
[私]日本大学藤沢
[私]藤嶺学園藤沢
[私]藤嶺学園鵠沼
[私]湘南工科大学附属
[私]慶應義塾湘南藤沢
[私]湘南学園
茅ケ崎
茅ケ崎北陵
茅ケ崎西浜
鶴嶺
[私]アレセイア湘南
寒川
平塚江南
平塚工科
平塚湘風
平塚中等教育
高浜
[私]平塚学園
二宮
[私]星槎学園
大磯
足柄
小田原城北工業
小田原
西湘
[私]相洋
[私]旭丘
小田原東
山北
大井
[私]立花学園
秦野
秦野総合
秦野曽屋
厚木
厚木北
厚木東
厚木商業
厚木西
厚木清南
海老名
有馬
愛川
大和
大和南
大和東
大和西
[私]柏木学園
綾瀬
綾瀬西
座間
座間総合
伊勢原
伊志田
[私]向上
[私]自修館中等教育
津久井
城山
橋本
相原
上溝南
上溝
相模原弥栄
相模田名
神奈川総合産業
麻溝台
上鶴間
相模原中等教育
相模原
中央農業
相模原総合
[私]光明学園相模原
[私]麻布大学附属
[私]東海大学付属相模
[私]青山学院横浜英和

山梨県

甲府第一
甲府西
甲府工業
市立甲府商業
甲府南
甲府東
甲府城西
[私]駿台甲府
[私]東海大学付属甲府
[私]山梨学院
[私]甲斐清和
日川
都留
韮崎
韮崎工業
吉田
富士北稜
都留興譲館
塩山
北杜
[私]日本航空
[私]帝京第三
笛吹
青洲
甲府昭和
白根
農林
巨摩
上野原
[私]日本大学明誠
富士河口湖

新潟県

新潟
新潟商業
新潟西
新潟工業
新潟南
新潟江南
新潟東
市立万代
[私]新潟第一
市立高志中等教育
新潟北
[私]新潟青陵
[私]新潟明訓
[私]北越
[私]東京学館新潟
[私]日本文理
[私]敬和学園
新津
新津工業
新潟向陽
新津南
長岡
長岡工業
長岡商業
長岡
長岡向陵
長岡農業
[私]帝京長岡
[私]中越
高田
上越総合技術
高田商業
[私]関根学園
有恒
久比岐
新井
柏崎
柏崎工業
柏崎総合
[私]新潟産業大学附属
柏崎常盤
柏崎翔洋中等教育
三条
三条東
新潟県央工業
三条商業
見附
新発田
西新発田
新発田南
新発田商業
新発田農業
[私]新発田中央
加茂
加茂農林
[私]加茂暁星
十日町
五泉
栃尾
糸魚川
糸魚川白嶺
村上桜ヶ丘
村上
小千谷
小千谷西
豊栄
阿賀黎明
巻
巻総合
分水
吉田
村松
[私]開志学園JSC
阿賀野
津南中等教育
小出
国際情報
六日町
中条
正徳館
塩沢商工
佐渡
佐渡総合
十日町総合
村上中等教育
燕中等教育
直江津中等教育
佐渡中等教育
[私]上越
[私]開志国際

長野県

長野
長野工業
長野東
長野吉田
篠ノ井
更級農業
松代
長野南
長野西
[私]長野俊英
[私]長野日本大学
長野市立長野
松本深志
松本県ヶ丘
松本蟻ヶ崎
松本工業
松本美須々ヶ丘
[私]松商学園
[私]松本第一
[私]松本秀峰中等教育
上田
上田染谷丘
上田東
上田千曲
[私]上田西
岡谷工業
岡谷南
岡谷東
飯田OIDE長姫
飯田
飯田風越
下伊那農業
諏訪清陵
諏訪二葉
諏訪実業
須坂
須坂東
須坂創成
小諸商業
大町岳陽
伊那北
伊那弥生ヶ丘
中野立志館
中野西
飯山
赤穂
駒ヶ根工業
塩尻志学館
田川
[私]東京都市大学塩尻
屋代
[私]東海大学付属諏訪
[私]佐久長聖
佐久平総合技術
野沢北
野沢南
梓川
明科
木曽青峰
軽井沢
豊科
南安曇農業
穂高商業
辰野
上伊那農業
高遠
阿智
松川
丸子修学館
富士見
下諏訪向陽
[私]松本国際
[国]長野工業高等専門
岩村田
[私]文化学園長野
東御清翔
[私]日本ウェルネス長野
池田工業
小諸

富山県

入善
桜井
魚津
魚津工業
滑川
上市
雄山
富山北部
富山東
富山南
富山
富山いずみ
富山中部
富山工業
富山商業
水橋
呉羽
富山西
八尾
中央農業
[私]不二越工業
[私]富山第一
[私]富山国際大学付属
[私]龍谷富山
高岡
高岡工芸
伏木
新湊
高岡南
大門
高岡商業
[私]高岡第一
[私]高岡向陵
[私]高岡龍谷
氷見
砺波
砺波工業
南砺福野
福岡
[私]片山学園
[国]富山高専 本郷キャンパス
[国]富山高専 射水キャンパス

石川県

大聖寺
小松工業
小松
小松明峰
小松市立
[私]小松大谷
松任
翠星
野々市明倫
金沢錦丘
金沢泉丘
金沢二水
金沢伏見
金沢辰巳丘
県立工業
金沢商業
[私]金沢
[私]星稜
[私]金沢龍谷
[私]金沢学院大学附属
[私]遊学館
金沢桜丘
金沢市立工業
金沢西
金沢北陵
金沢向陽
津幡
羽咋
羽咋工業
鹿西
七尾
七尾東雲
[私]鵬学園
輪島
[私]日本航空石川
飯田
内灘
志賀
寺井
[国]石川高専
[私]北陸学院

福井県

羽水
科学技術
藤島
福井農林
高志
足羽
三国
坂井
丸岡
金津
勝山
大野
奥越明成
鯖江
武生
武生工業
武生商業
武生東
敦賀
敦賀工業
[私]敦賀気比
美方
若狭
福井商業
丹生
[私]福井工業大学附属福井
[私]北陸
[私]啓新

静岡県

下田
伊東
伊豆総合
伊豆中央
韮山
田方農業
三島南
三島北
[私]日本大学三島
[私]知徳
小山
御殿場
御殿場南
[私]御殿場西
裾野
沼津東
沼津城北
沼津西
沼津工業
沼津商業
市立沼津
[私]飛龍
[私]加藤学園
[私]加藤学園暁秀
[私]沼津中央
[私]桐陽
[国]沼津高専
[私]富士見
富士市立
吉原工業
富士
富士東
吉原
富士宮北
富士宮西
富岳館
富士宮東
[私]星陵
清水東
清水西
市立清水桜が丘
[私]東海大学付属静岡翔洋
[私]清水国際
静岡
静岡東
静岡西
科学技術
静岡商業
静岡城北
静岡市立
駿河総合
静岡中央
[私]静岡北
[私]常葉大学附属橘
[私]静岡学園
[私]静岡聖光学院
[私]静岡大成
[私]城南静岡
藤枝東
藤枝北
藤枝西
[私]静清
[私]藤枝明誠
焼津中央
焼津水産
島田
島田商業
島田工業
[私]島田樟誠
清流館
榛原
相良
川根
掛川西
掛川工業
掛川東
小笠
池新田
横須賀
[私]常葉大学附属菊川
遠江総合
袋井
袋井商業
天竜
磐田南
[私]磐田東
磐田西
磐田農業

磐田北
浜松北
浜松西
浜松南
浜松湖東
浜松湖南
浜松江之島
浜松東
浜松大平台
浜松工業
浜松城北工業
浜松商業
私浜松学院
私浜松日体
私聖隷クリストファー
私中野学園オイスカ浜松国際
私浜松学芸
私浜松修学舎
浜松市立
私浜松開誠館
私浜松啓陽
浜名
浜北西
新居
湖西
浜松湖北
私浜松聖星

愛知県

瑞陵
昭和
私名古屋大谷
私享栄
市立富田
市立向陽
私名古屋工業
私南山
私中京大学附属中京
天白
市立桜台
名古屋工科
名古屋南
私大同大学大同
熱田
市立工業
中川商業
惟信
南陽
市立緑
鳴海
私名古屋経済大学市邨
私名古屋国際
東郷
豊明
私星城
私愛知朝鮮
松蔭
中村
私名城大学附属
私同朋
私中部大学第一
私東海学園
私東海工業専門学校熱田校
私名古屋情報専門学校高等課程
私名古屋経済大学高蔵
私愛知みずほ大学瑞穂
日進
日進西
半田
半田東
半田工科
半田農業
常滑
東海商業
東海南
大府
大府東
内海
知多翔洋
東浦
武豊
阿久比
私日本福祉大学付属
横須賀
時習館
豊橋東
豊橋商業
豊橋工科
豊丘
豊橋南
豊橋西
私豊橋中央
私桜丘
国府
豊川工科
私豊川
蒲郡
蒲郡東
小坂井
吉良
一色
岡崎
岡崎北
岡崎工科
岡崎東
私愛知産業大学三河
私岡崎城西
岡崎西
碧南
碧南工科
国愛知教育大学附属
刈谷
刈谷北
刈谷工科
豊田
豊田西
衣台
豊田工科
松平
豊田南
豊田北
私杜若
豊野
私豊田大谷
私科学技術学園豊田
安城
安城東
安城南
安城農林
私安城学園
西尾
西尾東
知立
知立東
高浜
三好
足助
幸田
御津
千種
市立菊里
私愛知
私愛知工業大学名電
私東邦
市立名東
旭丘
明和
市立工芸
私至学館
私東海
私名古屋
市立北
名古屋西
市立山田
私菊華
瀬戸
瀬戸西
瀬戸北総合
瀬戸工科
旭野
長久手
私栄徳
春日井
春日井南
春日井商業
春日井西
春日井東
高蔵寺
春日井工科
私中部大学春日丘
一宮
一宮西
一宮工科
一宮北
一宮南
一宮興道
私大成
津島
津島東
私清林館
佐屋
犬山
犬山南
江南
私滝
尾北
木曽川
小牧
小牧南
小牧工科
私誉
稲沢東
私愛知啓成
稲沢
岩倉総合
五条
愛西工科
美和
私愛知黎明
西春
新川
丹羽
私誠信
豊田東
杏和
海陽中等教育
鶴城丘
愛知総合工科
三谷水産
新城有教館
私南山国際
緑丘

岐阜県

岐阜
加納
岐阜北
長良
岐山
岐阜商業
岐阜工業
各務原
各務原西
羽島北
羽島
山県
私岐阜聖徳学園
私岐阜東
私岐阜第一
私富田
私鶯谷
華陽フロンティア
国岐阜高専
岐阜清流高等特別支援
私クラーク記念国際 岐阜駅前キャンパス
大垣北
大垣東
大垣南
大垣西
大垣工業
大垣商業
池田
揖斐
大垣養老
私大垣日本大学
不破
関
武義
郡上
関有知
加茂
加茂農林
可児工業
東濃実業
可児
八百津
東濃
市立関商工
私美濃加茂
私帝京大学可児
多治見北
多治見
私多治見西
土岐紅陵
土岐商
恵那
中津
中津川工業
私中京
私麗澤瑞浪
飛騨高山 岡本本部校舎
飛騨高山 山田校舎
斐太
高山工業
吉城
飛騨神岡
私高山西

三重県

津
津工業
津西
津東
私高田
四日市
四日市工業
四日市西
四日市南
四日市中央工業
四日市四郷
私海星
私暁
宇治山田
伊勢
宇治山田商業
伊勢工業
私皇學館
私伊勢学園
松阪
松阪工業
私三重
桑名
桑名工業
桑名西
桑名北
私津田学園
上野
伊賀白鳳
神戸
白子
石薬師
稲生
私鈴鹿
尾鷲
名張
名張青峰
国鳥羽商船高専
木本
亀山
久居農林
久居
白山
私青山
いなべ総合学園
志摩
相可
昴学園
川越
私近畿大学工業高専
国鈴鹿工業高専
私大橋学園

滋賀県

堅田
北大津・北大津高等養護
私幸福の科学学園
私比叡山
大津商業
私滋賀短期大学附属
膳所
大津
石山
瀬田工業
東大津
玉川
草津
草津東
湖南農業
私光泉カトリック
私綾羽
栗東
国際情報
甲西
水口
水口東
甲南
守山
守山北
私立命館守山
野洲
八幡
八幡商業
八幡工業
私近江兄弟社
日野
八日市
八日市南
私滋賀学園
河瀬
彦根工業
私彦根総合
彦根翔西館
彦根東
私近江
米原
伊吹
伊香
長浜農業
長浜北
長浜北星
虎姫
高島
安曇川

京都府

国京都教育大学附属
市立紫野
山城
私立命館
私洛星
洛北
北稜
私同志社
私東山
私京都朝鮮高級
鴨沂
私京都産業大学附属
嵯峨野
北嵯峨
桂
洛西
私京都明徳
私京都先端科学大学附属
私花園
私京都外大西
市立西京
市立堀川
朱雀
私京都両洋
私洛陽総合
洛東
市立日吉ヶ丘
私大谷
私龍谷大学付属平安
鳥羽
洛水
市立塔南
私洛南
市立京都工学院
桃山
東稜
京都すばる
私京都橘
西舞鶴
東舞鶴
国舞鶴工業高専
福知山
京都府立工業
私福知山成美
私京都共栄学園
宮津天橋 宮津学舎
宮津天橋 加悦谷学舎
海洋
綾部
城南菱創
東宇治
莵道
私京都翔英
私立命館宇治
亀岡
南丹
乙訓
西乙訓
向陽
城陽
木津
南陽
私京都廣学館
園部
農芸
峰山
丹後緑風 網野学舎
丹後緑風 久美浜学舎
田辺
京都八幡
私同志社国際
久御山
大江
私京都文教
私京都聖カタリナ
私京都精華学園
私京都西山

奈良県

国奈良女子大学附属中等教育
奈良
市立一条
高円芸術
私奈良育英
私奈良大学附属
私東大寺学園
私帝塚山
私奈良学園登美ヶ丘
高田
市立高田商業
郡山
私奈良学園
二階堂
私天理
畝傍
橿原
桜井
御所実業
五條
生駒
奈良北
法隆寺国際
西和清陵
王寺工業
大和広陵
香芝
私西大和学園
高取国際
奈良南・大淀
山辺
私日本教育学院
私智辯学園
国際

商業

和歌山県

橋本
紀北工業
(私)初芝橋本
(私)高野山
笠田
那賀
粉河1
貴志川
和歌山商業
向陽
桐蔭
市立和歌山
星林
和歌山工業
和歌山北 西校舎
和歌山東
(国)和歌山工業高等専門
(私)近畿大学附属和歌山
(私)開智
海南
耐久
日高
紀央館
(私)和歌山南陵
田辺
神島
田辺工業
新翔
新宮
串本古座
(私)近畿大学附属新宮

大 阪 府

(国)大阪教育大学附属池田校舎
芥川
阿武野
池田
茨木
茨木西
園芸
春日丘
北千里
北野
淀川清流
桜塚
渋谷
大冠
吹田
吹田東
摂津
千里
高槻北
豊島
刀根山
豊中
東淀川
福井
三島
箕面
箕面東
山田
東淀工業
(私)追手門学院
(私)大阪
(私)大阪学院大学
(私)大阪青凌
(私)関西大倉
(私)関西大学高等部
(私)関西大学第一
(私)金蘭千里
(私)金光大阪
(私)早稲田摂陵
(私)高槻
(私)大商学園
(私)星翔
(私)関西大学北陽
(私)箕面学園
(私)箕面自由学園
(私)履正社
(私)英真学園
槻の木
柴島
千里青雲
北摂つばさ
(私)アサンプション国際
旭
芦間
市岡
大手前
交野
門真なみはや
門真西
香里丘
四條畷
城東工科
成城
長尾
西寝屋川
西野田工科
寝屋川
野崎
枚方
枚方津田
牧野
港
守口東
淀川工科
泉尾工業
桜宮
汎愛
東
都島工業
淀商業
(私)追手門学院大手前
(私)常翔学園
(私)大阪産業大学附属
(私)大阪電気通信大学
(私)開明
(私)関西創価
(私)常翔啓光学園
(私)太成学院大学
(私)東海大学付属大阪仰星
(私)同志社香里
大阪公立大学工業高専
(私)大阪桐蔭
枚方なぎさ
緑風冠
大阪国際
茨田
北かわち皐が丘
咲くやこの花
(私)昇陽
(私)香里ヌヴェール学院
桜和
(国)大阪教育大学附属天王寺校舎
生野
枚岡樟風
今宮
今宮工科
大塚
河南
高津
金剛
清水谷
天王寺
富田林
長吉
農芸
花園
東住吉
東住吉総合
平野
藤井寺
布施
布施北
布施工科
松原
美原
八尾
山本
八尾翠翔
夕陽丘
市立日新
(私)上宮
(私)上宮太子
(私)大阪商業大学
(私)大阪星光学院
(私)近畿大学附属
(私)興國
(私)大阪偕星学園
(私)清風
(私)初芝富田林
(私)阪南大学
(私)東大阪大学柏原
(私)東大阪大学敬愛
(私)明星
(私)金光藤蔭
(私)関西福祉科学大学
かわち野
八尾北
(私)大阪朝鮮高級
みどり清朋
懐風館
大阪ビジネスフロンティア
(国)大阪教育大学附属平野校舎
(私)あべの翔学
(私)大阪緑涼
(私)四天王寺東
阿倍野
和泉
泉大津
泉鳥取
鳳
貝塚
貝塚南
金岡
岸和田
久米田
堺上
堺工科
堺西
堺東
佐野
日根野
佐野工科
狭山
信太
住吉
泉北
泉陽
高石
登美丘
長野
西成
阪南
東百舌鳥
三国丘
大阪府教育センター附属
岸和田市立産業
(私)大阪体育大学浪商
(私)大阪商業大学堺
(私)大阪学芸
(私)清教学園
(私)清風南海
(私)帝塚山学院泉ヶ丘
(私)浪速
(私)桃山学院
(私)精華
(私)清明学院
成美
福泉
(私)近畿大学泉州
堺市立堺
(私)初芝立命館
伯太
(私)賢明学院
(私)東大谷
(私)羽衣学園
(私)大阪暁光
岬
りんくう翔南
(私)建国
泉尾工業

兵 庫 県

尼崎
尼崎小田
尼崎工業
尼崎西
尼崎北
尼崎稲園
武庫荘総合
市立尼崎
市立尼崎双星
伊丹
伊丹北
伊丹西
市立伊丹
川西明峰
川西緑台
川西北陵
猪名川
宝塚
宝塚東
宝塚西
宝塚北
西宮
西宮北
西宮南
鳴尾
西宮今津
西宮甲山
市立西宮
市立西宮東
(私)仁川学院
(私)関西学院
(私)甲陽学院
(私)報徳学園
芦屋
芦屋国際中等教育
(私)甲南
(私)雲雀丘学園
(私)芦屋学園
東灘
御影
市立六甲アイランド
(国)神戸大学附属中等教育
(私)灘
神戸
(私)六甲学院
市立葺合
市立科学技術
(私)神港学園
(私)神戸龍谷
(私)神戸第一
神戸鈴蘭台
神戸甲北
(私)神戸弘陵学園
神戸北
兵庫工業
市立神港橘
(私)神戸学院大学附属
兵庫
夢野台
長田
(私)神戸村野工業
(私)育英
北須磨
須磨東
市立須磨翔風
須磨友が丘
(私)滝川
(私)須磨学園
(私)啓明学院
(私)神戸星城
星陵
舞子
(私)神戸国際大学附属
伊川谷
伊川谷北
市立工業高専
(私)神戸朝鮮高級
(私)滝川第二
神戸高塚
(私)夙川
明石
明石南
明石西
明石北
明石清水
明石城西
市立明石商業
(国)明石高専
加古川東
加古川西
加古川北
加古川南
農業
東播工業
(私)相生学院
東播磨
播磨南
高砂
高砂南
(私)白陵
松陽
三木
三木東
三木北
吉川
社
小野
小野工業
北条
西脇
西脇工業
多可
姫路東
姫路西
姫路工業
姫路商業
姫路別所
姫路南
網干
飾磨工業
市立姫路
市立琴丘
市立飾磨
(私)淳心学院
(私)東洋大学附属姫路
太子
夢前
香寺
福崎
龍野
龍野北
相生
相生産業
赤穂
上郡
佐用
山崎
姫路飾西
兵庫県立大学附属
有馬
北摂三田
(私)三田学園
三田西陵
三田祥雲館
(私)三田松聖
篠山鳳鳴
篠山産業
柏原
氷上
八鹿
豊岡
豊岡総合
(私)近畿大学附属豊岡
出石
和田山
浜坂
洲本
洲本実業
(私)蒼開
津名
淡路
淡路三原

岡 山 県

岡山朝日
岡山操山
岡山大安寺
岡山芳泉
岡山工業
東岡山工業
高松農業
西大寺
興陽
岡山一宮
岡山城東
市立岡山後楽館
(私)岡山理科大学附属
(私)関西
(私)岡山
(私)岡山商科大学附属
(私)岡山学芸館
(私)明誠学院
(私)就実
(私)創志学園
(私)吉備高原学園
(私)山陽学園
和気閑谷
邑久
備前緑陽
(私)岡山白陵
玉野
市立玉野商工
玉野光南
倉敷鷲羽
瀬戸
倉敷青陵
倉敷天城
倉敷南
倉敷工業
水島工業
玉島
玉島商業
倉敷古城池
(私)倉敷
(私)おかやま山陽
(私)金光学園
(私)倉敷翠松
笠岡
笠岡商業
笠岡工業
(私)岡山龍谷
井原
(私)興譲館
矢掛
総社
総社南
高梁
高梁城南
新見
津山
津山商業
津山工業
津山東
(私)岡山県作陽
(私)岡山県美作
(私)朝日塾中等教育
勝山
真庭
勝間田
林野

鳥 取 県

鳥取東
鳥取工業
鳥取商業
鳥取西
鳥取湖陵
(私)鳥取城北
倉吉東
倉吉総合産業
倉吉西
(私)倉吉北
米子東
米子西
米子工業
(私)米子北
(私)米子松蔭
米子
境
境港総合技術
八頭
(私)鳥取敬愛
鳥取中央育英

島根県

情報科学
松江北
松江南
松江東
松江商業
松江工業
松江農林
(私)立正大学淞南
(私)松江西
(私)開星
三刀屋
平田
浜田商業
浜田
出雲
出雲農林
出雲工業
出雲商業
(私)出雲西
(私)出雲北陵
益田
益田翔陽
(私)益田東
(私)明誠
大田
江津工業
(私)石見智翠館
江津
大社
吉賀
隠岐水産
(国)松江工業高専

広島県

(国)広島大学附属
広島皆実
広島国泰寺
広島観音
広島工業
市立広島商業
広島市立基町
広島商業
広島市立舟入
市立広島工業
可部
高陽東
広島中等教育
安古市
安西
祇園北
広島市立沼田
高陽
広島井口
安芸南
五日市
広島市立美鈴が丘
(私)広島学院
(私)崇徳
(私)広陵
(私)山陽
(私)瀬戸内
(私)広島工業大学
(私)修道
(私)広島城北
(私)広島朝鮮高級
広
呉宮原
呉三津田
呉工業
呉昭和
呉市立呉
(私)呉港
(国)広島大学附属福山
福山誠之館
松永
福山工業
福山葦陽
福山市立福山
大門
福山商業
福山明王台
(私)盈進
(私)近畿大学附属福山
(私)銀河学院
三原
三原東
総合技術
(私)如水館
尾道東
尾道北
尾道商業
(私)尾道
府中
府中東
三次
三次青陵
庄原格致
庄原実業
東城
竹原
忠海
広島
西条農業
賀茂
(私)近畿大学附属東広島
海田
熊野
安芸府中
(私)広島国際学院
廿日市
廿日市西
宮島工業
(私)広島なぎさ
(私)広島新庄
吉田
向原
黒瀬
世羅
神辺
神辺旭
戸手
油木
日彰館
(私)広島翔洋
西城紫水
安芸
大崎海星
千代田
大柿
(私)並木学院
(国)呉高専
(私)広島桜が丘
(私)星槎国際広島
(私)広島修道大学ひろしま協創
(私)清水ヶ丘
広島商船

山口県

山口
西京
(私)野田学園
山口中央
豊浦
下関西
市立下関商業
下関工科
(私)早鞆
宇部
宇部工業
宇部中央
(私)慶進
(私)宇部鴻城
(私)宇部フロンティア大学付属香川
徳山
徳山商工
南陽工業
(私)山口県桜ケ丘
防府
防府西
(私)高川学園
下松
下松工業
岩国
岩国工業
(私)高水
岩国総合
小野田
小野田工業
光
(私)聖光
(私)長門
(私)成進
山口農業
(私)山口県鴻城
厚狭
下関北
田布施農工
(私)柳井学園
防府商工
萩
(国)大島商船高専
(国)徳山高専
(国)宇部高専

香川県

高松
高松工芸
高松商業
高松東
高松南
高松第一
高松西
高松桜井
(私)大手前高松
(私)高松中央
(私)香川誠陵
(私)英明
丸亀
丸亀城西
(私)藤井
坂出
坂出商業
善通寺第一
(私)尽誠学園
観音寺第一
観音寺総合
志度
三本松
津田
石田
(私)藤井学園寒川
小豆島中央
農業経営
飯山
多度津
琴平
高瀬
(私)四国学院大学香川西
高松北
三木
香川中央
(私)坂出第一

徳島県

城北
城東
城南
徳島科学技術
徳島商業
徳島市立
城ノ内
徳島北
(私)生光学園
(私)徳島文理
鳴門
鳴門渦潮
富岡西
富岡東
阿南光
小松島
海部
阿波
板野
川島
吉野川
脇町
穴吹
つるぎ
池田
池田辻
名西
城西

高知県

高知小津
高知追手前
高知国際
高知工業
市立高知商業
高知東
(私)土佐
(私)高知
(私)高知学芸
(私)高知中央
(私)土佐塾
高知丸の内
須崎総合
(私)明徳義塾
安芸
宿毛
宿毛工業
中村
幡多農業
清水
大方
岡豊
高知農業
高知東工業
山田
伊野商業
春野
城山
室戸

愛媛県

川之江
三島
土居
新居浜東
新居浜西
新居浜工業
新居浜商業
西条
小松
東予
丹原
今治東中等教育
今治西
今治北
今治工業
北条
松山東
松山西中等教育
松山南
松山北
松山工業
松山商業
松山中央
(私)新田
(私)愛光
(私)松山聖陵
(私)松山学院
(私)済美
東温
伊予農業
伊予
内子
大洲
大洲農業
(私)帝京第五
八幡浜工業
野村
宇和島東
宇和島南中等教育
宇和島水産
吉田
北宇和
南宇和
(私)済美平成中等教育
宇和

福岡県

福岡
筑紫丘
修猷館
福岡工業
市立福岡西陵
福岡講倫館
早良
城南
筑前
香椎工業
市立福翔
市立博多工業
宇美商業
新宮
光陵
宗像
糸島
筑紫
武蔵台
筑紫中央
春日
福岡魁誠
玄界
玄洋
須恵
太宰府
香住丘
福岡農業
柏陵
糸島農業
(私)純真
(私)福岡第一
(私)西南学院
(私)上智福岡
(私)福岡大学附属大濠
(私)東福岡
(私)博多
(私)九州産業大学付属九州
(私)福岡工業大学附属城東
(私)筑陽学園
(私)筑紫台
(私)東海大学付属福岡
(私)福岡舞鶴
(私)中村学園三陽
(私)九州産業大学付属九州産業
(私)福岡常葉
(私)福岡大学附属若葉
門司学園
門司大翔館
小倉南
小倉商業
北九州
小倉
小倉工業
小倉東
若松
八幡
八幡中央
八幡工業
東筑
北筑
八幡南
(私)折尾愛真
戸畑
戸畑工業
育徳館
苅田工業
京都
行橋
青豊
築上西
北九州市立
ひびき
中間
遠賀
(私)高稜
(私)希望が丘
(私)自由ケ丘
(私)豊国学園
(私)敬愛
(私)常磐
(私)九州国際大学付属
(私)東筑紫学園
(私)明治学園
(私)星琳
(国)北九州工業高専
三池
三池工業
ありあけ新世
大牟田北
明善
久留米
市立南筑
三井
伝習館
福島
八女農業
八女
八女工業
浮羽究真館
浮羽工業
三潴
山門
朝倉
朝倉東
朝倉光陽
久留米筑水
小郡
市立久留米商業
(私)西日本短期大学附属
(私)久留米大学附設
(私)柳川
(私)大牟田
(私)誠修
(私)祐誠
(私)八女学院
(私)久留米学園
(国)有明工業高専
田川
東鷹
田川科学技術
嘉穂総合
鞍手
直方
嘉穂
嘉穂東
稲築志耕館
(私)近畿大学附属福岡
鞍手竜徳
(私)福智
(私)飯塚
(私)久留米信愛
(私)真颯館

佐賀県

鳥栖
鳥栖工業
三養基
神埼
(私)東明館
佐賀北
佐賀東
佐賀西
佐賀商業
佐賀工業
致遠館
高志館
(私)佐賀学園
(私)龍谷
(私)北陵
(私)弘学館
(私)佐賀清和
小城
多久
唐津工業
唐津東
唐津西
唐津商業
唐津南
唐津青翔
厳木
(私)早稲田佐賀
(国)唐津海上技術学校
伊万里
(私)敬徳
有田工業

太良
嬉野 塩田校舎 工業科キャンパス
鹿島 赤門学舎
鹿島 大手門学舎
武雄
白石
佐賀農業

長崎県

長崎東
長崎西
長崎南
長崎北
長崎工業
長崎鶴洋
[私]海星
[私]長崎南山
[私]瓊浦
[私]長崎総合科学大学附属
[私]精道三川台
佐世保北
佐世保東翔
佐世保工業
佐世保西
佐世保南
佐世保商業
[私]西海学園
島原
島原商業
島原工業
諫早
諫早商業
[私]鎮西学院
[私]長崎日本大学
[私]創成館
大村
大村工業
五島海陽
猶興館
平戸
長崎明誠
長崎北陽台
西彼農業
西陵
西彼杵
[私]青雲
波佐見
口加
小浜
国見
上五島
鹿町工業
清峰
壱岐
対馬
[私]佐世保実業
[国]口之津海上技術
[国]佐世保工業高専
[私]島原中央
[私]九州文化学園
五島

大分県

大分上野丘
大分舞鶴
大分商業
大分工業
大分鶴崎
鶴崎工業
大分雄城台
大分南
大分豊府
情報科学
大分西
[私]岩田
[私]楊志館
[私]大分
[私]大分東明
別府鶴見丘
別府翔青
[私]別府溝部学園
国東
杵築
中津南
中津東
中津北
安心院
宇佐
[私]柳ヶ浦
日田
日田林工
臼杵
日出総合
津久見
佐伯鶴城
佐伯豊南
[私]日本文理大学附属
[国]大分工業高専
[私]大分国際情報
[私]昭和学園
玖珠美山
竹田
[私]藤蔭

宮崎県

宮崎大宮
宮崎工業
宮崎商業
宮崎農業
宮崎南
宮崎西
宮崎北
宮崎海洋
本庄
日南
日南振徳
福島
都城泉ヶ丘
都城農業
都城工業
都城西
小林
小林秀峰
飯野
妻
佐土原
高鍋
高鍋農業
延岡
延岡星雲
延岡工業
延岡商業
[私]聖心ウルスラ学園
富島
日向工業
日向
五ヶ瀬中等教育
高千穂
[私]日向学院
[私]宮崎日本大学
[私]宮崎第一
[私]日章学園
[私]鵬翔
[私]延岡学園
[私]都城
[私]日南学園
高城
[私]都城東

熊本県

済々黌
熊本
第一
第二
熊本商業
熊本工業
熊本農業
熊本西
東稜
熊本北
湧心館
市立必由館
市立千原台
[私]熊本国府
[私]九州学院
[私]鎮西
[私]真和
[私]開新
[私]熊本学園大学付属
[私]東海大学付属熊本星翔
[私]熊本マリスト学園
[私]文徳
[私]ルーテル学院
[私]慶誠
岱志
[私]有明
玉名
北稜
玉名工業
[私]専修大学玉名
菊池
大津
翔陽
菊池農業
阿蘇中央
鹿本
鹿本農業
[私]城北
鹿本商工
御船
矢部
宇土
松橋
小川工業
八代
八代工業
八代農業
八代清流
[私]秀岳館
水俣
芦北
球磨中央
球磨工業
南稜
人吉
天草
天草工業
天草拓心
上天草
牛深

鹿児島県

甲南
鹿児島工業
鶴丸
鹿児島南
市立鹿児島玉龍
市立鹿児島商業
鹿児島中央
錦江湾
武岡台
[私]鹿児島
[私]樟南
[私]鹿児島実業
[私]ラ・サール
[私]鹿児島情報
[私]志學館
[私]池田
明桜館
枕崎
鹿児島水産
加世田
[私]鳳凰
[私]神村学園
川内
川内商工
[私]れいめい
鶴翔
出水工業
出水
市立出水商業
[私]出水中央
大口
伊佐農林
[国]鹿児島工業高専
国分
市立国分中央
[私]鹿児島第一
鹿屋工業
鹿屋
鹿屋農業
[私]鹿屋中央
指宿
市立指宿商業
大島
奄美
薩南工業
川辺
川薩清修館
加治木
加治木工業
隼人工業
蒲生
志布志
曽於
[私]尚志館
吹上
伊集院
松陽
[私]育英館
[私]鹿児島城西
頴娃
屋久島
古仁屋
沖永良部
[私]樟南第二
徳之島
与論
種子島
種子島中央
喜界
楠隼
福山

沖縄県

名護
名護商工
石川
前原
具志川
中部農林
普天間
宜野湾
中部商業
浦添
浦添工業
陽明
[私]昭和薬科大学附属
首里
那覇
真和志
小禄
首里東
[私]沖縄尚学
那覇西
[私]興南
那覇国際
沖縄工業
糸満
宮古
八重山農林
八重山商工
八重山
美来工科
コザ
美里工業
美里
球陽
宜野座
知念
豊見城
豊見城南
南部商業
南風原
開邦
向陽
読谷
北谷
西原
与勝
具志川商業
北中城
嘉手納
本部
沖縄水産
[私]KBC学園未来
南部農林
[私]日本ウェルネス 沖縄キャンパス
宮古総合実業
久米島
中部農林

全国高等学校女子サッカー部加盟校(高体連登録)

北海道
私北海道文教大学附属
私北海道大谷室蘭
私帯広北
札幌東商業
帯広南商業
私札幌北斗
私北照
旭川南
私旭川実業
私帯広大谷
私函館白百合学園中高
函館商業
私札幌大谷

青森県
三本木
三本木農業恵拓
三沢
百石
青森南
私八戸工業大学第二
私八戸学院光星

岩手県
水沢
私専修大学北上
不来方
花北青雲

宮城県
私聖ウルスラ学院英智
私聖和学園
私仙台育英学園
私大崎中央
私常盤木学園
私東北
私仙台大学附属明成
宮城第一
古川黎明
宮城広瀬
私東北生活文化大学

秋田県
大館鳳鳴
私ノースアジア大学明桜

山形県
鶴岡北
鶴岡中央
山形西
私山形城北
私羽黒
私米沢中央
私鶴岡東
私酒田南
私山形明正
酒田光陵
山形市立商業
私惺山

福島県
磐城桜が丘
あさか開成
私桜の聖母学院
ふたば未来学園
私尚志

茨城県
日立第二
私常磐大学
水戸第三
私鹿島学園
土浦第二
私大成女子
石岡第二
私霞ヶ浦
私愛国学園大学附属龍ケ崎
私明秀学園日立

栃木県
宇都宮女子
私宇都宮文星女子
私作新学院
佐野東
栃木翔南
小山城南
大田原女子
栃木女子
宇都宮中央女子
私宇都宮短期大学附属
私白鷗大学足利
益子芳星

群馬県
館林女子
渋川女子
市立太田
私高崎商科大学附属
桐生
私高崎健康福祉大学高崎
太田女子
沼田女子
前橋女子
高崎女子
伊勢崎清明
私新島学園
私前橋育英
私関東学園大学附属
私桐生第一
私共愛学園
大間々

埼玉県
庄和
大宮南
私山村学園
入間向陽
私埼玉平成
和光国際
私埼玉栄
熊谷女子
越ヶ谷
久喜
川口市立
私淑徳与野
私大宮開成
松山女子
私本庄第一
私浦和明の星女子
杉戸農業
北本
浦和西
浦和第一女子
南稜
市立浦和
私花咲徳栄
私浦和実業学園
所沢
私昌平
私狭山ヶ丘
本庄
大宮武蔵野
私大妻嵐山
私自由の森学園
宮代
私秋草学園
寄居城北
川越南
日高
私叡明
私正智深谷
私東野
新座
私淑徳与野
私浦和学院

千葉県
成田北
成田国際
私八千代松陰
市立松戸
千葉
千葉南
流山おおたかの森
幕張総合
私中央学院
柏の葉
私市川
市川東
匝瑳
私千葉明徳
私流通経済大学付属柏
船橋法典
市立船橋
私暁星国際
市立柏
千葉西
私千葉経済大学附属
船橋芝山
浦安
私日本体育大学柏
行徳
薬園台
若松
市原八幡

東京都
私江戸川女子
私大妻多摩
私神田女学園
私吉祥女子
私共立女子第二
私恵泉女学園
私佼成学園女子
私国際基督教大学
私品川エトワール女子
私修徳
私十文字
私成城学園
私成立学園
私東京成徳大学
私中村
私日本大学櫻丘
私八王子学園八王子
私文京学院大学女子
飛鳥
青梅総合
大泉
大泉桜
国際
狛江
上水
杉並総合
第四商業
第五商業
戸山
野津田
晴海総合
東久留米総合
松原
芦花
若葉総合
私日本大学第三
世田谷総合
私広尾学園
私広尾学園小石川
私日本体育大学桜華
国分寺
私八王子実践
王子総合
私駒沢学園女子
私渋谷教育学園渋谷
清瀬
千早
私東京実業
私中央国際
東大和
私帝京
赤羽北桜
私日本ウェルネス(東京キャンパス)

神奈川県
私慶應義塾湘南藤沢
私法政大学国際
市立幸
私横浜翠陵
多摩
伊勢原
相模原弥栄
海老名
藤沢清流
私湘南学院
神奈川総合
秦野曽屋
大和
厚木東
湘南台
私相模女子大学高等部
私白鵬女子
私星槎国際湘南
私森村学園
二宮
私桐蔭学園
私相洋
私横浜学園
私三浦学苑
旭
百合丘

山梨県
市立甲府商業
富士北稜
私日本航空
私帝京第三
私日本大学明誠

新潟県
柏崎総合
国際情報
高田
私帝京長岡
私開志学園JSC
私関根学園
私北越
小千谷
高田商業
市立高志中等教育
十日町総合
私中越
長岡
村上
長岡商業
十日町
三条東

長野県
諏訪二葉
大町岳陽
私東海大学付属諏訪
塩尻志学館
私松商学園
私上田西
私佐久長聖
私長野日本大学
私松本国際
飯山

富山県
呉羽
高岡商業
私富山国際大学付属
私富山第一

石川県
金沢伏見
私星稜
金沢市立工業
内灘
七尾
金沢向陽
野々市明倫

福井県
私福井工業大学附属福井

静岡県
私静岡大成
沼津西
私桐陽
吉原
私磐田東
磐田北
藤枝西
私常葉大学附属橘
私藤枝順心
榛原
私清水国際
清水南
私東海大学付属静岡翔洋
私聖隷クリストファー
私浜松聖星
清流館
富士市立

愛知県
私椙山女学園
岩倉総合
小坂井
松蔭
旭丘
時習館
春日井商業
私名古屋経済大学市邨
私金城学院
私同朋
私愛知啓成
私聖カピタニオ女子
私安城学園
岡崎商業
私南山高等部女子
高蔵寺
私至学館
一宮商業
私清林館
刈谷北
私豊川
私日本福祉大学付属
私愛知朝鮮

岐阜県
私富田
私帝京大学可児

三重県
津西
四日市南
四日市西
私三重
桑名
私津田学園
私高田
私神村学園高等部伊賀
稲生

滋賀県
八幡商業
国際情報
私近江兄弟社

京都府
私京都聖母学院
私京都橘
私京都精華学園
私京都文教
向陽
私京都聖カタリナ
私京都西山

奈良県
国際
私奈良育英
高取国際

和歌山県
和歌山北
神島
新宮

大阪府
私大阪桐蔭
私大商学園
茨木西
柴島
私星翔
東住吉総合
千里青雲
私大阪国際滝井
市立鶴見商業
私帝塚山学院
私香ヶ丘リベルテ
私追手門学院
成美
私大阪女学院
市立大阪ビジネスフロンティア
私梅花
大阪府教育センター附属
私大阪学芸
市立桜宮
国大阪教育大学附属平野校舎
山本
私大阪偕星学園
高槻北
市立東
山田
私大阪緑涼
市立汎愛
私東大阪大学敬愛
住吉
花園
港
大冠
桜和

兵庫県
私啓明学院
播磨南
北摂三田
三田西陵
私日ノ本学園
有馬
西宮
夢野台
三田祥雲館
宝塚東
社
明石南
淡路
北須磨
私神戸学院大学附属
私蒼開
神戸
市立六甲アイランド
私神戸弘陵学園
私姫路女学院

鳥取県
鳥取東
鳥取西
米子
鳥取湖陵
私鳥取敬愛
私鳥取城北

島根県
松江商業
私明誠

岡山県
総社
岡山芳泉
私岡山県作陽
私高梁日新
私岡山学芸館
林野

広島県
廿日市
広島皆実
広島市立沼田
祇園北
私山陽女学園
私広島文教大学附属
高陽東
福山明王台
私山陽
私盈進
私広陵
私AICJ

山口県
熊毛南
防府西
私サビエル
私高川学園
私長門
私聖光

香川県
津田
私四国学院大学香川西

徳島県
城東
徳島商業
城北
徳島市立
鳴門
徳島北
鳴門渦潮

高知県
市立高知商業
高知東
私高知
大方

愛媛県
南宇和
新居浜商業
小松
宇和島南中等教育
私済美
私松山東雲

福岡県
私福岡女子商業
市立福岡女子
市立福翔
私福岡女学院
私福岡舞鶴
私西日本短期大学附属
私九州産業大学付属九州
私東海大学付属福岡
私福岡海星女子学院
私福岡工業大学附属城東
福岡農業
私飯塚
私筑陽学園
北九州
私明光学園
私純真

佐賀県
神埼
武雄
私佐賀女子短期大学付属佐賀女子
私佐賀学園

長崎県
私海星
私鎮西学院
島原商業
私長崎玉成
私佐世保実業
私活水

熊本県
大津
熊本農業
球磨中央
私東海大学付属熊本星翔
私慶誠
私秀岳館
松橋
私ルーテル学院
私玉名女子

宮崎県
都城商業
都城農業
私都城聖ドミニコ学園
私日南学園
私宮崎日本大学
妻
私聖心ウルスラ学園
宮崎大宮
私日章学園

大分県
私柳ヶ浦
私稲葉学園

鹿児島県
市立鹿児島女子
私鳳凰
私神村学園
市立鹿屋女子
明桜館
私鹿児島城西

沖縄県
名護
浦添
那覇国際
首里東
小禄
那覇商業
読谷
那覇
那覇西
糸満
豊見城
首里
美里
球陽
前原
コザ
宮古
西原
北中城
普天間
嘉手納
向陽
私興南
浦添商業
八重山

令和4年度 高校サッカー年鑑
編集委員会名簿

顧問	滝本　寛	都立南葛飾
部長	玉生　謙介	学習院高等科
副部長	川人健太郎	都立立川
	田内　成人	府立富田林
	床爪　克至	文京学院大女子
編集委員長	嶋野　雅春	城西大附属城西
総務委員長	石川　勝利	都立東大和南
技術委員長	蔵森　紀昭	成城学園
編集委員	北原　由	都立武蔵
	小尾　敏明	都立新宿
	横尾　智治	筑波大附属駒場
	長山　拓郎	都立狛江
	梅原　聖和	杉並総合
編集総括	小林　洋	スタジオO_2
	伊藤　亮	
北海道	石尾　浩一	旭川東
青森県	齋藤　康弘	五所川原
岩手県	大峠　要	水沢
宮城県	宍戸　善彦	石巻工
秋田県	髙橋　佳照	大曲工
山形県	三浦　裕生	鶴岡東
福島県	小林　幸大	安積
茨城県	海老原義信	伊奈
栃木県	臼井　紀仁	宇都宮白楊
群馬県	栗原　智彦	藤岡工
埼玉県	青柳　友哉	浦和商
千葉県	平塚　智	薬園台
東京都	池邉左千夫	足立工
神奈川県	三木　巧哉	霧が丘
山梨県	土屋　安晴	甲府城西
長野県	唐澤　亮	伊那弥生ヶ丘
新潟県	今野　茂	長岡大手
富山県	本田　達也	氷見
石川県	山上　茂信	小松工
福井県	小阪　康弘	丸岡
静岡県	大川　晃広	清水西
愛知県	吉岡　建二	名古屋
三重県	平松蒼一朗	石薬師
岐阜県	川村真太朗	帝京大可児
滋賀県	今居　利彦	石山
京都府	安部　俊之	莵道
大阪府	西澤　恭平	布施工科
和歌山県	東芝　稔	那賀
奈良県	山岡　敬弘	五條
兵庫県	笠原　弘樹	御影
鳥取県	中林　直樹	八頭
島根県	清水　亘	松江農林
岡山県	吉田　賢二	美作
広島県	六郎　真暁	舟入
山口県	大和　健一	南陽工
香川県	濵﨑　夏規	丸亀城西
徳島県	村山　孝博	川島
愛媛県	藤本　賢二	小松
高知県	一柳　孝伸	高知小津
福岡県	古川　淳	伝習館
佐賀県	田中　哲也	小城
長崎県	渡邉　健	猶興館
熊本県	厚　晴仁	熊本学園大付
大分県	西尾　秀一	中津南
宮崎県	増田　浩樹	五ヶ瀬中等
鹿児島県	鳥越美智人	甲南
沖縄県	金城　武治	那覇西

2022-23 高校サッカー年鑑

CONTENTS

STAFF CREDIT

■取材撮影
小林洋（編集総括）
長濱耕樹（本社写真部）
清水和良
藤田孝夫
渡辺伸雄
加藤誠夫
長尾亜紀
各務あゆみ
村井詩都
佐藤明
川本学（女子選手権チーフ）
小善薫
佐藤真一
中辻楓太

■表紙写真
各務あゆみ
■校閲
講談社 校閲第二部
KPSプロダクツ 校閲課
■装丁・レイアウト
タケウチクマヒコ（Espe-Runser）
■編集
伊藤亮（編集総括）
吉田太郎
奥山典幸
折戸岳彦
■選手権スタッフ
（県立京葉高校）椿原千遥
阿部春斗

Printed in Japan ISBN978-4-06-528933-4　定価は表紙に表示してあります。

2022-23 高校《こうこう》サッカー年鑑《ねんかん》

KODANSHA　2023年3月17日　第1刷発行

■編著者　（公財《こうざい》）全国高等学校体育連盟《ぜんこくこうとうがっこうたいいくれんめい》サッカー専門部《せんもんぶ》

■発行者　鈴木章一
■発行所　株式会社講談社
東京都文京区音羽2-12-21（〒112-8001）
電話　編集　03-5395-3735
販売　03-5395-4415
業務　03-5395-3615
■印刷所　株式会社東京印書館
■製本所　株式会社若林製本工場